Brigitte Jäger-Dabek

Polens Ostseeküste und Masuren

IWANOWSKI´S REISEBUCHVERLAG

Im Internet:

www.iwanowski.de

Hier finden Sie aktuelle Infos
zu allen Titeln, interessante
Links –und vieles mehr!

Einfach anklicken!

4., komplett bearbeitete Auflage 2005

Salm-Reifferscheidt-Allee 37 - 41540 Dormagen
Telefon 0 21 33/2 60 311 - Fax 0 21 33/26 03 33
E-Mail: info@iwanowski.de
Internet: http://www.iwanowski.de
USA-Büro:POB 542, Inverness, FL 34450, Telefon/Fax 352 637 4852

Titelfoto: Masuren Jez. Prosbarskie, Bildagentur Huber
Farb- und Schwarzweißabbildungen:
Brigitte Jäger-Dabek, Dr. Volkmar Janicke (Farbbildteil: Seite 76 (2x), Seite 78 oben, Seite 79 unten, Seite 82 oben, Seite 86, Seite 87 unten)
Redaktionelles Copyright, Konzeption und dessen ständige Überarbeitung: Michael Iwanowski
Karten: Palsa-Graphik, Lohmar
Reisekarte: Thomas Buri, Bielefeld
Lektorat: Rüdiger Müller
Layout-Konzeption: Studio Schübel, München
Layout: Ulrike Jans, Krummhörn

Gesamtherstellung: B.o.s.s Druck und Medien, Kleve
Printed in Germany

ISBN 3-933041-16-3

Inhaltsverzeichnis

ÜBERBLICK

REISEROUTEN

REISEROUTEN

REISEROUTEN

INTERESSANTES

Außerdem weiterführende Informationen zu folgenden Themen:

Verzeichnis der Karten und Grafiken:

Farbkarten im Umschlag:

Vordere Umschlagklappe:
Dreistadt, Stettin
Hintere Umschlagklappe:
Masurische Seenplatte
Buchrückseite:
Übersicht Polens Ostseeküste mit Seitenverweisen

So funktioniert's

Das Buch ist so aufgebaut, dass dem eigentlichen Reiseteil ein Einblick in Geschichte und Kultur vorausgeht, aber auch andere Aspekte des Reisezieles, ebenso allgemeine Tipps zur Planung und Ausführung einer Reise (Gelbe Seiten, Allgemeine Reisetipps von A–Z, S. 89ff, sowie Regionale Reisetipps für das Zielgebiet, S. 127ff). Im Anschluss folgt der Reiseteil, in dem auf alle wichtigen und wesentlichen Sehenswürdigkeiten eingegangen wird. Ein ausführliches System der Seitenverweise erleichtert Ihnen das schnelle Zurechtfinden.
Da wir unsere Bücher regelmäßig aktualisieren, kann es in den Gelben Seiten zu Verschiebungen kommen. Verweise auf diese Seiten geben wir daher nur in Form der ersten Seite des Gelben Teils (ⓘ S. 127).
Ein ausführliches Register im Anhang gibt Ihnen die Möglichkeit, schnell und präzise den gesuchten Begriff zu finden.
In den Grünen Seiten sind Preisbeispiele des Reiselandes angegeben.
Wir freuen uns über Kritik, Anregungen und Verbesserungsvorschläge:
info@iwanowski.de

INTERESSANTES

Legende

Autobahn/beschriebene Route	Leuchtturm
Fernstraße/beschr. Route	Mühle
Hauptstr./beschr. Route	Hotel/Restaurant
Nebenstraßen/beschr. Route	Strand
Orte	Hafen
Bahnhof	Fähre
Busbahnhof	Marina
Parkplatz	Kanuroute
Touristeninformation	Wasserstation
Toiletten	Museum
Sehenswürdigkeit	Theater
Friedhof	Oper
Dom/Kathedrale	Bibliothek
Kirche	Palast
Kloster/Klosterruine	Ausgrabungsstätte
Schloss/Schlossruine	histor. Gebäude
Burg	wichtige Gebäude
Turm/Tor	Grenzstation
Denkmal	Promenade
Aussichtspunkt	Skigebiet

Einleitung

Immer noch ist Polen unser unbekannter Nachbar, dabei liegt die polnische Grenze gerade mal eine Autostunde östlich von Berlin.

Der polnische Schriftsteller *Stefan Chwin* fragte während einer Bahnreise einen deutschen Mitreisenden nach dessen Ansichten über Polen. Die Antwort lautete „ja, das Land des Papstes, der Störche, der Solidarność und der Autodiebe".

Bezeichnend auch ein Dialog bei der polnischen Literaturnobelpreisträgerin *Wisława Szymborska*: „La Pologne? La Pologne? Schrecklich kalt dort, nicht wahr?", fragt sie mich und atmet erleichtert auf. „Es gibt jetzt so viele von diesen Ländern, dass es am sichersten ist, über das Klima zu sprechen."

„Oh, ja", möchte ich entgegnen, „die Dichter meines Landes schreiben in Handschuhen. Ich behaupte nicht, sie zögen sie niemals aus; wenn der Mondschein wärmt, dann schon..."

reiche Kultur, unberührte Landschaften

Die allesamt auf Nichtwissen beruhenden Klischees wuchern europaweit, dabei ist es lohnend, sich auf diesen unbekannten Nachbarn einzulassen, denn Polen hat Europa viel zu geben, eine reiche Kultur, unberührte Landschaften, die ihresgleichen suchen, und Menschen, die unsere Sympathie verdienen.

Die eigene Geschichte ist für jeden Polen ein lebendiger Teil seiner persönlichen Existenz. Jahrhundertelang Verfügungsmasse der Geschichte wurden die Polen je nach Gusto ihrer übermächtigen Nachbarn mal aufgeteilt wie ein Stück Beutefleisch und mal kurzerhand wie eine Schachfigur in die eine oder andere Richtung verschoben. Dennoch war ihr Motto stets „nie damy sie" – wir lassen uns nicht unterkriegen.

Polen hatte gewaltige Umbrüche zu verzeichnen nach der Wende 1989, die in Deutschland im Zuge des Vereinigungstaumels kaum wahrgenommen wurden. Dabei ging die Bewegung in Osteuropa von Polen aus, die Solidarność-Gründung vor zwanzig Jahren war der Anfang vom Ende.

Wende 1989 – große Veränderungen

Die Wende 1989 hat Polen allein geschafft, als bei uns die Mauer fiel, hatte Polen mit *Tadeusz Mazowiecki* schon einen nicht kommunistischen Ministerpräsidenten. Wie groß die Veränderungen seit 1989 nicht nur in der Gesellschaft waren mag ersichtlich werden, wenn man einmal die polnischen Grenzen betrachtet. Nur die Ostsee blieb, alle anderen Nachbarn sind neue Staaten, von der Bundesrepublik im Westen bis zu Weißrussland und der Russischen Föderation in Osten.

Die abwechslungsreiche Landschaft Polens zieht jährlich gut 13 Millionen Touristen an, Tendenz steigend. Was man in Polen so ohne weiteres vielleicht nicht vermutet ist das relative beständige Wetter des kontinentalen östlichen Klimaraumes mit den kurzen, heißen Sommern in denen Sie als Touristen an der Ostsee und den Masurischen Seen durchaus mit flirrender Sommerhitze rechnen können.

Paradies für Naturliebhaber

Vor allem eines werden Sie in Polen finden: Platz, denn es ist nur halb so dicht besiedelt wie die Bundesrepublik, und außerhalb der Ballungsgebiete um die großen Städte ist es sogar noch menschenleerer. Das macht Polen zu einem Paradies für Individualtouristen und Naturliebhaber, denen besonders die Nationalparks liegen werden.

Auch für die Aktivurlauber bietet gerade Nordpolen einiges. Masuren, die grüne Lunge Polens, die auch für Fahrradtouristen wie geschaffen ist, lädt ein zum Segeln oder Kajakfahren. Reiten kann man bei einer Vielzahl von Gestüten und Reiterhöfen, auch viele Hotels offerieren Urlaub im Sattel. Wer eine prickelnde Abwechslung sucht, fährt nach Stańczyki zum Bungeejumpen.

Polens Naturparadiese sind wie geschaffen für Individualtouristen, für die dieses Buch vor allem gedacht ist. Es bringt dem Leser nicht nur Routenvorschläge, Hintergrundinformationen und Beschreibungen der Hauptsehenswürdigkeiten, sondern nimmt ihn mit ins Leben Nordpolens.

Mein besonderer Dank gilt meiner Mutter *Rosemarie Jäger*, die mein Interesse für diese Region weckte, und *Gertrud Hoch*, die mir so viel vom Leben in diesem Land erzählte. Danken möchte ich auch *Ingrid* und *Adam Lipka* aus Ostróda sowie *Swetlana Nedosekina* aus Tschernjachowsk, die all meine Fragen so geduldig beantworteten.

Sie als Leser möchte ich ermutigen diesen Regionalführer nicht nur zu lesen, sondern sich auf zu machen, unseren unbekannten Nachbarn kennen zu lernen. Ich wünsche Ihnen traumhafte Naturerlebnisse und spannende Begegnungen in einem unschlagbar gastfreundlichen Land.

Stade, im Mai 2005

I. POLEN AUF EINEN BLICK

Name	Rzeczpospolita Polska, Republik Polen
Flagge	waagerecht geteilt, oben weiß unten rot
Fläche	312.683 km², das entspricht etwa der Größe der alten Bundesländer
Lage	zwischen 14° und 24° östlicher Länge sowie 49° und 55° nördlicher Breite
National-feiertag	3. Mai (Jahrestag der ersten polnischen Verfassung von 1791; 11. November (Jahrestag der Unabhängigkeit 1918)
Sprache	Polnisch, zur westslawischen Sprachenfamilie gehörend
Bevölkerung	38,62 Millionen Einwohner, darunter 98,7 % Polen, dazu kommen etwa 300.000 Deutsche, 250.000 Ukrainer, 200.000 Weißrussen sowie 25.000 Litauer
Bevölke-rungsdichte	125 Einwohner pro Quadratkilometer (Deutschland: 228 EW/km²)
Religionen	95 % Katholiken, der Rest verteilt sich auf 544.860 Orthodoxe, 110.380 Unierte, 100.000 Lutheraner, 5.000 Juden
Hauptstadt	Warszawa/Warschau, 1.628.500 Einwohner
Großstädte	Łódz 818.000 Einwohner, Kraków 740.700, Wrocław 640.600, Poznań 580.800, Gdańsk 462.300
Staats- und Regierungs-form	Unabhängige Republik mit parlamentarischer Demokratie; zwei Kammern, Parlament Sejm mit 460 Abgeordneten und dem Senat mit 100 Abgeordneten; allgemeine geheime Wahlen alle vier Jahre; 5 %-Sperrklausel für Parteien, 8 %-Sperrklausel für Wahlbündnisse
Staats-oberhaupt	Staatspräsident, der alle fünf Jahre direkt gewählt wird, maximal zwei Amtszeiten. Amtierender Präsident ist seit 1995 Aleksander Kwaśniewski, SLD
Wirtschaft	Bruttoinlandsprodukt 2003: 189,3 Milliarden US$, Bruttoinlandsprodukt pro Kopf: 4.954 US$, durchschnittliche Zuwachsrate BIP: 6,1 %, Anteil der Bruttowertschöpfung am BIP in %: Land- und Forstwirtschaft mit Fischerei 2,6 %; Produzierendes Gewerbe 40,2 %; Dienstleistungen 54,5 %, Brutto-Auslandsverschuldung: 66 Milliarden US$
Währung	Złoty, 1 Złoty = 100 Groszy
Tourismus	3,85 Millionen deutsche Urlauber jährlich bei einem Gesamtvolumen von 24,9 Millionen Grenzübertritten zwischen Deutschland und Polen. Nach dem EU-Beitritt stieg die Zahl der deutschen Besucher um 16,7 %. Insgesamt geben 18 Millionen Touristen jährlich 6,5 Milliarden USD aus.

2. POLEN: LAND UND LEUTE

Historischer Überblick

Zeittafel zur polnischen Geschichte

986	*Mieszko I.* huldigt Kaiser *Otto III.* auf dem Quedlinburger Hoftag als Vasall.
1000	Kaiser *Otto III.* macht eine Pilgerfahrt zum Grab des Heiligen *Adalbert* in Gnesen, Errichtung des Erzbistums Gnesen und damit Beginn einer eigenständigen polnischen Kirche.
Ende 1024	*Bolesław I. Chrobry (der Tapfere)* lässt sich in Gnesen zum König krönen.
1025	König *Bolesław I.* stirbt, es kommt zu Nachfolgestreitigkeiten unter seinen Söhnen.
1138	Einführung der Senioratsverfassung nach dem Tod *Bolesławs III. Krzywousty*.
1038–1058	Erneuerung des Staates unter *Kazimierz I.*
1180	Mit der Aufhebung der Senioratsverfassung zerfällt Polen in Teilherzogtümer.
1230	Der 1225 durch Herzog *Konrad von Masowien* ins Land gerufene Deutsche Ritterorden beginnt seinen Feldzug gegen die heidnischen Pruzzen.
1240/41	Während des Mongoleneinfalls wird Krakau zerstört.
1309	Pommerellen fällt an den Deutschen Orden.
1339	*Kazimierz III.* verzichtet auf Schlesien.
1364	Gründung der Universität Krakau.
1386	Polnisch-litauische Union durch Heirat des Litauers *Wladysław Jagiełło* mit der polnischen Thronerbin *Jadwiga*, Litauen wird christlich.
1410	In der Schlacht bei Grunwałd (Tannenberg) siegen Polen und Litauer über den Deutschen Ritterorden.
1466	Zweiter Thorner Friede zwischen Polen-Litauen und dem Deutschen Orden.
1506–1572	Polens Goldenes Zeitalter unter *Zygmunt I.* und *Zygmunt II.*
1569	In der Union von Lublin gibt Litauen seine Selbstständigkeit auf.
1573	Erste Wahl eines Königs, Polen ist nun Adelsrepublik.
1575–1586	*Stefan Batory* ist polnischer König.
1621	Der Krieg mit Schweden beginnt.
1648	Kosakenaufstand unter *Chmielnicki*.
1655–1660	Kriege Polens gegen Schweden und Russland.
1697–1763	Sachsenzeit in Polen *August II. (der Starke)* und *August III.* sind Könige von Polen.
1772	Erste Polnische Teilung.

1791	Am 3. Mai wird die polnische Verfassung als erste in Europa verabschiedet.
1793	Zweite Polnische Teilung.
1794	Der Kościuszko-Aufstand wird niedergeschlagen.
1795	Dritte Polnische Teilung.
1807	*Napoleon* bildet das Herzogtum Warschau.
1815	Aus dem Herzogtum Warschau wird durch den Wiener Kongress das unter russischer Oberhoheit stehende Königreich Polen, auch Kongresspolen genannt.
1830	November-Aufstand in Kongresspolen.
1846	Aufstand in Galizien.
1848	Aufstand in Posen.
1863–1864	Januar-Aufstand im russischen Teilgebiet Polens.
1914	Der Erste Weltkrieg beginnt. Polnische Legionen unter *Piłsudski* kämpfen zunächst auf österreichischer Seite, später auf Seiten der Alliierten.
1916	Die Mittelmächte proklamieren den Vasallenstaat „Königreich Polen“.
1918	*Piłsudski* kehrt im November aus der Festung Magdeburg nach Polen zurück und wird allgemein als Staatschef des nun wieder unabhängigen Polen anerkannt.
1919	Der Vertrag von Versailles legt die Westgrenze Polens fest, große Teile des deutschen Reichsgebietes werden abgetrennt, Danzig wird Freie Stadt.
1919/1920	Polnisch-sowjetischer Krieg und Festlegung der Ostgrenze Polens im Frieden von Riga (1921).
1920/1921	Volksabstimmungen in Ostpreußen und Schlesien ergeben Mehrheiten für Deutschland, Oberschlesien wird geteilt.
1926	Nach dem Staatsstreich führt Piłsudski ein autoritäres Regime.
1934	Nichtangriffspakt Polens mit Deutschland.
1939	Der Hitler-Stalin-Pakt wird am 23.08.1939 unterzeichnet. Am 01.09.1939 überfällt das Deutsche Reich Polen, die Rote Armee marschiert am 17.09.1939 in Ostpolen ein.
1943	Während des Aufstandes im Warschauer Ghetto gibt es etwa 60.000 jüdische Opfer.
1944	Gründung des kommunistisch kontrollierten „Polnischen Komitees für nationale Befreiung“, das nach seinem Gründungsort Lubliner Komitee genannt wird. Vom 01.08.–02.10. findet der Warschauer Aufstand statt, bei dem mindestens 150.000 Polen ihr Leben verlieren.
1945	Im Potsdamer Abkommen kommen die Gebiete östlich der Oder-Neiße-Linie unter polnische Verwaltung.
1950	Im Görlitzer Abkommen erkennt die DDR die Oder-Neiße-Linie an.
1956	Posener Aufstand und Wiedereinsetzung *Gomułkas*.
1970	Warschauer Vertrag zwischen der Bundesrepublik Deutschland und Polen am 07.12. unterzeichnet, Kniefall *Willy Brandts*.

	Aufstände wegen Lebensmittelpreiserhöhung im Dezember, in deren Folge *Gomułka* durch *Gierek* ersetzt wird.
1978	*Karol Wojtyla* wird zum Papst *Johannes Paul II.* gewählt.
1980	Im August Beginn der Arbeiterunruhen in Polen und Danziger Abkommen.
1981	Der neue Premier *Jaruzelski* verhängt am 13. Dezember den Kriegszustand über Polen.
1983	Am 22.07. endet der Kriegszustand.
1989	Gespräche am Runden Tisch zwischen Partei und Opposition; am 05.04. erfolgt die Wiederzulassung der „Solidarność", teilweise Demokratisierung der politischen Institutionen; am 4. und 18.6. finden Wahlen zum Sejm und dem neu geschaffenen Senat statt; *Tadeusz Mazowiecki* wird am 19.7. zum Ministerpräsident ernannt. Der Sejm beschließt am 27.12. das Balcerowicz-Programm zur Umsetzung der Wirtschaftsreform und verabschiedet am 29.12. ein Gesetz zur Verfassungsänderung.
1990	Am 14.11. wird der deutsch-polnische Grenzvertrag in Warschau unterzeichnet. *Lech Wałęsa* wird zum Präsidenten gewählt.
1991	Der deutsch-polnische „Vertrag über gute Nachbarschaft und freundschaftliche Zusammenarbeit" wird am 17.06. in Bonn unterzeichnet. Die ersten vollständig demokratischen Wahlen zu Sejm und Senat finden am 17.10. statt.
1992	Am 07.12. tritt die „Kleine Verfassung" in Kraft.
1995	*Aleksander Kwaśniewski* wird zum Präsidenten gewählt. Die Parlamentswahlen vom 21.09. führen zu einer neuen Regierung von Wahlbündnis Solidarność (AWS) und Freiheitsunion (UW). Die neue Verfassung tritt am 17.10. in Kraft.
März 1998	Beginn offizieller Beitrittsverhandlungen mit der EU.
1999	Polen wird am 12.03. in die NATO aufgenommen.
2000	Am 08.10.2000 wird Präsident *Kwaśniewski* für weitere 5 Jahre gewählt.
2001	Bei den Parlamentswahlen vom 23. September 2001 siegt die Linke. Fortan regiert eine Koalition zwischen der sozialdemokratischen SLD und der Bauernpartei PSL unter Ministerpräsident *Leszek Miller*.
2003	Im Februar zerbricht die SLD-PSL-Koalition, *Leszek Miller* führt nun eine Minderheitsregierung der SLD an. Im März nimmt Polen an der Seite der USA am Irak-Krieg teil. Der Medien-Korruptionsskandal „Rywingate" erschüttert das Land. Das Juni-Referendum ergibt ein klares „Ja" der Polen für den EU-Beitritt. Im Dezember lässt Polen zusammen mit Spanien den EU-Gipfel platzen, die EU-Verfassung wird nicht verabschiedet.
März 2004	Die regierende SLD spaltet sich, *Leszek Miller* tritt vom Parteivorsitz zurück und kündet seinen Rücktritt als Ministerpräsident für den 2. Mai 2004 an.

1. 5. 2004	Beitritt Polens zur EU
2004	Nach dem Rücktritt von Ministerpräsident *Leszek Miller* am 2.Mai tritt Marek Belka seine Nachfolge an. Die Minderheitsregierung unter Belka übersteht vier Misstrauensvoten.
13. 6. 2004	Bei der Europawahl hat Polen mit 20,87 % die zweitniedrigste Wahlbeteiligung aller EU-Länder, Wahlsieger mit knapp 24 % ist die oppositionelle „Bürger Plattform“ (PO)
2005	Parlaments- und Präsidentenwahlen.

Das erste Großreich und sein Zerfall

Stammland des späteren polnischen Staates war die heute Großpolen genannte Region zwischen Weichsel und Warthe. In diesem Raum siedelte der von westeuropäischen Chronisten erstmals im 10. Jahrhundert so genannte Stamm der **Polanen**. Den Polanen gelang es rasch, ihr Territorium zu erweitern, ihr Staat umfasste bald das ganze heutige Zentralpolen mit dem Hauptort Gnesen. Nach einer vernichtenden Niederlage seiner Heere an der Oder war der erste namentlich bekannte Piastenfürst *Mieszko* (960–992) dem deutschen *Kaiser Otto I.* tributpflichtig geworden. Sein Tauftag, der Ostermontag 966, markiert **den Beginn der katholischen Tradition Polens**.

Polanen – Piastendynastie

Bolesław Chrobry

Mieszkos Sohn *Bolesław I. der Tapfere (Chrobry)* folgte ihm 992 auf den Thron und ließ den Leichnam des später heilig gesprochen böhmischen Bischofs *Adalbert* in Gnesen beisetzen. Die Loyalität der Piasten dem Reich gegenüber trug Früchte, als Kaiser *Otto III.* im Jahre 1000 im **„Akt von Gnesen“** das Piastenreich von allen Tributpflichten befreite. *Ottos* Nachfolger *Heinrich II.* regierte ab 1002 und versuchte sein Reich zu Ungunsten Polens nach Osten auszudehnen. *Bolesław* aber zeigte sich weit stärker als erwartet, marschierte im Westen bis nach Böhmen und Bayern und eroberte im Osten Gebiete um Bug und San.

Das **erste polnische Großreich** war nur von kurzer Dauer und hatte seine größte Ausdehnung erreicht, als *Bolesław Chrobry* sich 1024 zum König krönte und 1025 starb. Schon *Mieszko II.* wurde 1033 wieder reichsuntertänig. Auch die eroberten Gebiete der Lausitz, Mährens, der Territorien an Bug und San sowie Pommern gingen verloren.

Die Erneuerung Polens

König Kazimierz I., der ab 1034 herrschte, verlegte die Residenz in die neue **Hauptstadt Krakau**, von wo aus er den Wiederaufbau des Landes betrieb. 1050 hatte *Kazimierz der Erneuerer (Kazimierz Odnowiciel)* mit Schlesien auch das

Hauptstadt Krakau

letzte der verlorenen Gebiete zurück gewonnen. Obwohl *Bolesław III. Krzywousty (Schiefmund)* die Herrschaft über Pommerellen (1119) und über Pommern (1122) zurück erlangte, ließ sich der absolutistische Anspruch der Piasten gegen den erstarkenden Adel nicht länger durchsetzen. Polen drohte in lauter einzelne Herzogtümer zu zerfallen.

Konrad von Masowien

Bolesławs Testament stellte einen letzten das Reich einenden Kompromiss dar. Die **Senioratsverfassung** trat gleich nach seinem Tod 1138 in Kraft und sah vor, dass der jeweils Erstgeborene der Dynastie (Senior) die absolute Herrschaft erbte. Die inneren Konflikte waren damit allerdings nicht beseitigt, und Polen begann nach der Abschaffung der Senioratsverfassung von 1180 in einzelne Provinzen zu zerfallen. Fast zweihundert Jahre sollte in Polen die Zeit der **Teilfürstentümer** dauern.

Deutscher Orden

Ein Strom von vorwiegend deutschen Siedlern wurde ins Land gerufen, neue Ackerflächen wurden gerodet, Städte wurden gegründet, und der Handel blühte auf. Doch auch diese **Blütezeit** war kein goldenes Zeitalter des Friedens. Im Osten der Provinz Masowien kam es immer wieder zu Scharmützeln mit den pruzzischen Nachbarn. Daher bat Herzog ***Konrad von Masowien*** 1226 den Deutschen Orden um Hilfe, dem er im Gegenzug die eroberten Pruzzenterritorien sowie das Kulmerland übereignete, worauf der Orden nach Osten vorrückte und **das Pruzzenland eroberte**. Das Ordensland konsolidierte sich, wurde zum modernsten und effektivsten Staat seiner Zeit in Europa und wuchs zu einer Militärmacht heran, der polnischen Fürsten zunehmend als Gefahr erschien.

Pommerellen war bis 1295 selbstständiges Herzogtum. Nachdem Herzog *Swantopolk* 1266 gestorben war, brachen Erbfolgekämpfe zwischen seinen Söhnen *Mestwin* und *Wartislaw* aus, an denen sich sowohl Polen als auch der Deutsche Orden beteiligten. Den Polen ging es um einen **Zugang zu Meer**, dem Deutschen Orden hingegen um eine **Landverbindung zum Deutschen Reich**.

Mestwin siegte, aber da er sich von den Brandenburgern bedrängt sah, schenkte er 1282 dem polnischen Herzog *Przemysław II.* (1279–1295) Pommerellen. Mit *Mestwins* Tod im Jahre 1294 trat *Przemysław II.* in Pommerellen die Herrschaft an und wurde 1295 zum polnischen König gekrönt. *Przemysław II.* wurde genauso ermordet wie 1306 sein Nachfolger und Schwiegersohn, der böhmische König *Wenzel II.* Darauf erklärte sich *Wladysław Łokietek*, der Herrscher von Kujawien, zum Erben Polens und rief den Deutschen Orden zu Hilfe. Dieser half aber nicht nur Danzig von den Brandenburgern zu befreien, sondern vertrieb **1309** die Polen aus Pommerellen – eine Erbfeindschaft war geboren.

Łokietek vereinigte die beiden zentralen polnischen Provinzen Groß- und Kleinpolen 1314 und wurde 1320 auf dem Wawel zum König des vereinigten Königreiches Polen gekrönt. *Kazimierz III. der Große* (1333–1370) folgte seinem Vater auf dem Thron und war der **letzte Herrscher aus der Piastendynastie**.

Die Jagiellonen

Kazimierz' Tochter und Thronerbin *Jadwiga* heirate den litauischen Großfürsten *Jagiełło*, der sich taufen ließ. Unter dem Namen ***Władysław Jagiełło*** (1386–1434) wurde er König von Polen. Mit ihm wurden auch seine litauischen Untertanen Christen, wodurch über Nacht ein **polnisch-litauisches Großreich** entstanden war.

Tannenberg-Schlacht

Am **15. Juli 1410** kam es bei **Grunwałd (Tannenberg)** in Masuren zur größten Schlacht des Mittelalters. Die vereinigten polnisch-litauischen Heere unter *Władisław Jagiełło* konnten das Ordensheer unter Hochmeister *Ulrich von Jungingen* entscheidend schlagen und die Vormachtstellung des Ordens in der Region brechen. Die Auseinandersetzungen hörten nicht mehr auf, mit dem Aufstand der Städte des Preußischen Bundes gegen den Orden begann der **dreizehnjährige Krieg (1454–1466)** an dem sich bald auch Polen beteiligte, erst der **Zweite Thorner Friede von 1466** schaffte dauerhafteren Frieden. Der Orden verlor das Kulmer Land, Pommerellen, Westpreußen und das Ermland an polnisch-litauische Lehnhoheit. Damit war auch wieder ein Zugang Polens zur Ostsee geschaffen.

Polen-Litauen orientierte sich unter *Kazimierz IV. Jagiellończyk* (1447–1492) immer weiter nach Westen. Eine kurzzeitige Verbindung mit Böhmen und Ungarn machte **Polen-Litauen zu einem Riesenreich zwischen Ostsee und dem Schwarzem Meer**.

Das Ende der Jagiellonen und die Adelsrepublik

Unter *Jan Olbracht* (1492–1501) und *Zygmunt I. dem Alten* (1506–1548) ging ein Großteil der Landerwerbungen wieder verloren. Ungarn und Böhmen fielen 1526 an das erstarkende Habsburg. Herzog *Albrecht von Brandenburg-Ansbach*, der 1525 das Ordensland in ein säkulares **Herzogtum Preußen** umwandelte**,** stellte sich unter polnische Lehnshoheit.

In der Jagiellonenzeit nahm der Einfluss der Adelsfamilien beständig zu, und der König musste Zugeständnisse machen. Aus der Adelsversammlung ging 1505 der Polnische Reichstag „Sejm" hervor, der allein Gesetze verabschieden konnte. Auch das **Liberum Veto**, mit dem eine einzige Stimme ein Gesetz verhindern konnte, wurde dabei eingeführt, was letztlich zu Polens Untergang führte. Der Sejm wurde 1569 nach **Warschau** verlegt.

Adelsrepublik Polen

Zygmunt II. August (1548–1572) war **der letzte Jagiellone**. Nach seinem Tod wurde der König nur noch auf Lebenszeit gewählt und hatte innenpolitisch kaum noch Rechte, seine Domäne war die Außenpolitik. Polen war nun zur **Adelsrepublik** geworden, die Bürgerschaften der Städte blieben ohne Vertretung, und die Szlachta, der polnische Adel, baute seine Rechte kontinuierlich aus. Aus der ersten Königswahl 1573 ging *Henri de Valois* als Sieger hervor, er war der Erste in einer langen Reihe ausländischer Könige.

Nach ***Stefan IV. Batory* (1576–1586)**, einem Ungarn aus Siebenbürgen, entschied sich der Sejm für die schwedischen Wasas, drei Mitglieder dieser schwedischen Dynastie wurden hintereinander auf den polnischen Thron gewählt. Aus der erhofften Personalunion mit Schweden wurde nichts. Schon unter *Zygmunt III. Wasa* (1587–1632) wurde Polen ab 1621 in einen langwierigen Krieg gegen Schweden gezogen, aber *Wladysław IV. Wasa* (1632–1648) gelang es immerhin Polen aus dem Dreißigjährigen Krieg heraus zu halten. *Jan II. Kazimierz* wurde 1648 zum König gewählt und musste während der polnisch-schwedisch-russischen Kriege die schwedische **Besetzung Polens** zwischen1655 und 1660 hinnehmen.

Besetzung Polens

Der Sieg über die Schweden folgte 1660 am **Hellen Berg Jasna Góra** bei Tschenstochau und wurde zu einem wichtigen Mythos der polnischen Geschichte, denn er war der *Schwarzen Madonna*, der Königin Polens, zu verdanken gewesen, glauben die Polen bis heute.

Jan III. Sobieski, der „Retter des Abendlandes"

Das bis zum Exzess betriebene Liberum Veto machte Polen unregierbar, daran konnte auch ein starker König ***Jan III. Sobieski*** (1674–1696) nichts ändern, der **1683 die Türken vor Wien zurückschlug**. Unter russischem und habsburgischem Druck wurde 1697 mit dem **sächsischen Kurfürsten *August II. dem Starken*** der erste Wettiner auf den polnischen Thron gewählt. Nach seinem Tod versuchte der Sejm 1733 einen Polen zum König zu wählen, worauf russische Truppen Polen besetzten und *Stanisław Leszczyński* zum Abtreten zwangen. An seine Stelle setzten sie den *Wettiner August III.* (1733–1763).

Tadeusz Kościuszko

Preußen und Russland bestimmten von nun an die Politik Polens und setzten *Stanisław II. August Poniatowski* (1764–1795) als nächsten polnischen König ein. Doch der einstige Liebhaber der russischen Zarin *Katharina* zeigte sich undankbar und versuchte eine eigenständige Politik zu betreiben.

erste Polnische Teilung

Es kam **1772 zur ersten Polnischen Teilung** zwischen Preußen, Russland und Habsburg, Polen verlor 30 % seines Staatsgebietes. Erstaunlicherweise erholte sich aber Restpolen, und *Stanisław August* setzte ein innenpolitisches Reformprogramm durch. Während des vierjährigen Sejm von 1788–1791 wurde die **erste Verfassung Europas** ausgearbeitet, die am 3. Mai 1791 in Kraft trat. Daraufhin marschierten die Russen nach Polen ein, worauf es **1793 zur 2. Polnischen Teilung** kam, an der Österreich nicht beteiligt war. Doch Polen wehrte sich: ***Tadeusz Kościuszko***, ein General aus dem amerikanischen Unabhängigkeitskrieg, rief zum Widerstand auf. Seine Truppen konnten allerdings auf Dauer den Russen nicht standhalten und wurden im November 1794 bei Warschau geschlagen.

Was folgte, war die **dritte Teilung Polens 1795**, die den Staat von der Landkarte radierte.

Volk ohne Staat

Nach dem Sieg über Preußen und dem Frieden von Tilsit 1807 musste Preußen seine Gebietsgewinne aus den polnischen Teilungen wieder abtreten, woraus Napoleon die **Freie Stadt Danzig und das Herzogtum Warschau** bildete. Auch der **Wiener Kongress** ließ Polen nicht wieder erstehen. Den größten Teil des Herzogtums Warschau erhielten die Russen unter dem Namen Königreich Polen, es wurde allgemein nur Kongress-Polen genannt.

Eine Reihe von Aufständen folgte. Mit dem **November-Aufstandes von 1830** unter Fürst *Adam Czartoryski*, dem Verwalter Kongress-Polens und dem gescheiterten Attentat auf den Bruder des Zaren, wollte man *Nikolaus I.* treffen, der die polnische Verfassung ausgesetzt hatte, aber eine russische Invasion schlug den Aufstand nieder.

Auch am geschwächten Polen ging der **europäische Völkerfrühling von 1848** nicht ganz vorbei, eine Freiwilligenarmee in Posen musste aber vor der preußischen Militärmacht kapitulieren. Ein letzter großer Aufstand gegen die Russen unter ***Romuałd Traugutt*** fand 1863–1864 statt, auch er wurde brutal niedergeschlagen. Im preußischen Teil Polens nahmen die **Germanisierungsbestrebungen** zu, Bismarcks Kulturkampf gegen alles Katholische traf die polnischen Bevölkerungsteile im Posener Raum besonders hart.

Arbeiterbewegung und Politisierung

Die Arbeiterbewegung und die Politisierung des Proletariats erreichten auch Polen. Die Polnische Sozialistische Partei PPS wurde 1892 gegründet, ein Jahr später die „Sozialdemokratie des Königreichs Polen und Litauen". Auch Parteien des bürgerlichen Spektrums entstanden, die Nationalistische Liga, die Bauernbewegung sowie die Christdemokratie. Die politischen Zielsetzungen polnischer Organisationen im Ersten Weltkrieg liefen teils gegeneinander. Zu Kriegsbeginn waren die Nationaldemokraten prorussisch, etliche bürgerliche Bewegungen auf Seiten der Entente, die Linke setzte auf die Weltrevolution.

Polnisches Nationalkomitee

Im Sommer 1917 wurde in Paris das **Polnische Nationalkomitee unter *Roman Dmowski*** als Exilregierung gegründet und fand schnell die Anerkennung aller Alliierten. Bereits im Januar hatte US-Präsident *Woodrow Wilson* in seinem Vierzehn-Punkte-Plan ein freies Polen in den Bedingungskatalog für einen europäischen Frieden aufgenommen, zwei gewichtige Schritte auf dem Weg in die Unabhängigkeit waren damit erfolgt.

Schon vor der **Waffenstillstandserklärung vom 11. November 1918** wurde in Lublin am 3. November die Republik Polen ausgerufen, Warschau wurde befreit, General *Józef Piłsudski* erhielt den Oberbefehl über alle Truppen und wurde am 22. November 1918 als Staatsoberhaupt Polens vereidigt.

Die Republik Polen und ihr Weg in den Zweiten Weltkrieg

Punkt 13 von ***Woodrow Wilsons* Plan** sah vor, Polen solle alle Gebiete mit unbestreitbar polnischer Bevölkerung umfassen und einen freien Zugang zum Meer erhalten. Beeinflusst war *Wilson* vom polnischen Pianisten *Jan Ignacy Paderewski*, der unablässig für ein souveränes Polen warb. *Paderewski* vertrat Polen bei der Pariser Friedenskonferenz, die im Januar 1919 begann und sechs Monate später am **28. Juni mit der Unterzeichnung des Versailler Vertrages** endete. Danach erhielt Polen Westpreußen und die Provinz Posen, im südlichen Ostpreußen sowie in Oberschlesien sollten Volksabstimmungen über die Staatszugehörigkeit entscheiden, und Danzig würde freie Stadt unter dem Schutz des Völkerbundes werden.

Versailler Vertrag

In Posen war es Polen gelungen, noch vor der Friedenskonferenz Tatsachen zu schaffen und die Provinz im Handstreich zu besetzen. Der gleiche Versuch in Oberschlesien scheiterte im Sommer 1919, die Reichswehr schlug den ersten Schlesischen Aufstand nieder. Bei der Volksabstimmung in Ostpreußen vom 11. Juli 1920 **votierten 97,8 % der Abstimmenden für einen Verbleib beim Deutschen Reich**.

Da man nun für Schlesien ein ähnliches Ergebnis befürchtete, kam es im August 1920 zum zweiten **Schlesischen Aufstand**, der aber schnell scheiterte. Die Abstimmung im März 1921 ergab eine sechzigprozentige Mehrheit für Deutschland. Auch der Dritte Schlesische Aufstand wurde im Mai 1921 in der Schlacht am Annaberg zu Gunsten der deutschen Freikorps entschieden, und Polen musste die Teilung des oberschlesischen Industriereviers hinnehmen.

Seit April 1920 befand sich Polen mit der Sowjetunion im Krieg, und versuchte seine durch die **Curzon-Linie** markierten Grenzen im Osten zu verändern. Erst das „Wunder an der Weichsel" brachte Polen auf die Siegerstraße. Polnische Truppen eroberten in der Folge beträchtliche Teile des alten Gebietes der polnisch-litauischen Union, der **Vertrag von Riga** vom März 1921 schuf auch im Osten Frieden.

Vertrag von Riga

Nur **69,2 % der 27 Millionen Einwohner waren Polen**. Außenpolitisch war die Lage Polens also schwierig, innenpolitisch nicht minder. Eine rasche Folge von Regierungen – meist nationaldemokratisch dominiert – scheiterte immer wieder an den Wirtschaftsproblemen. Bei dieser ersten Präsidenten-Wahl siegte der Linke *Gabriel Narutowicz*, der aber am 16. Dezember 1922 von Nationaldemokraten ermordet wurde. Die inneren Probleme nahmen nicht ab, die Wirtschaft kam nicht in Gang, dafür stieg die Inflation, einflussreiche Gruppen von Offizieren wurden immer unzufriedener.

Józef Piłsudski

In dieser Situation **putschte 1926 *Józef Piłsudski*** und bestimmte die Geschicke Polens bis zu seinem Tod 1935 auf formell zwar verschiedenen Positionen, de facto aber einem Diktator nicht unähnlich. Er verschärfte innenpolitisch den Kurs gegen die nationalen Minderheiten und forderte die „Sanacja", eine gesellschaftliche Gesundung mit Beschneidung der Rechte des Parlaments. Einen starken Staat erforderten die Zeiten, der wichtiger sei als Demokratie, war seine Maxime. *Piłsudski* versuchte die polnischen Grenzen durch Verträge abzusichern, **1932 wurde der Nichtangriffspakt mit der Sowjetunion** geschlossen, **1934 folgte der mit Deutschland**. Sowohl Außenminister *Józef Beck* als auch *Piłsudski* war klar, dass über kurz oder lang der deutsch-sowjetische Gegensatz aufbrechen würde und Polen wiederum von der Landkarte zu verschwinden drohte.

Hitler kündigte den deutsch-polnischen Freundschaftsvertrag im April 1939, und **der Hitler-Stalin-Pakt vom 23. August 1939** besiegelte Polens Schicksal, denn nach dem geheimen Zusatzprotokoll war die Aufteilung Polens längs der Linie Narew, Weichsel und San zwischen *Hitler* und *Stalin* beschlossene Sache. Am **1. September 1939** schlug die Deutsche Wehrmacht zu und fiel in Polen ein. Zwar erklärten Engländer und Franzosen Deutschland am 3. September den Krieg, sie verharrten aber im „Sitzkrieg". In der ersten Oktoberwoche kapitulierte Polen. Inzwischen war am **17. September die Sowjetunion in den Osten Polens eingefallen** und rückte bis zur vereinbarten Demarkationslinie vor.

Überfall auf Polen

Deutschland hatte den westlichen Teil des besetzten Polens annektiert, die Reichsgaue Wartheland und Danzig-Westpreußen gehörten von da an zum Reich, die an Schlesien und Ostpreußen grenzenden Territorien wurden diesen Provinzen zugeschlagen. Der östliche Teil des von den Deutschen besetzten polnischen Gebietes wurde zum **Generalgouvernement Polen** mit Krakau als Hauptstadt erklärt. Die annektierten Gebiete sollten rein deutsch werden, **sofort setzte die Jagd auf die polnischen Eliten und den Klerus ein**, Tausende wurden schon in den ersten Monaten ermordet, schnell wurde über eine Million Polen aus den annektierten Reichsgauen ins Generalgouvernement vertrieben. **Mehr als ein Fünftel aller Polen – 6 Millionen – sollten das Nazireich nicht überleben**, die meisten wurden ermordet.

Generalgouvernement Polen

Nach dem Angriff auf die Sowjetunion im Sommer 1941 wurden die großen Vernichtungslager eingerichtet und die „Endlösung der Judenfrage" vom Dritten Reich in Angriff genommen. In Polen sollte die **Ausrottung des jüdischen Volkes** stattfinden. Es begann mit Massenerschießungen schon in den ersten Kriegstagen, wurde fortgeführt durch das Zusammentreiben von Millionen Juden in den eigens eingerichteten Ghettos polnischer Städte. Von dort wurden die Juden in die Vernichtungslager abtransportiert, nach Auschwitz, Treblinka, Sobi-

Holocaust

Auschwitz

bor und Majdanek – millionenfacher Mord, der mit der Vernichtung der polnischen Juden endete. Vor dem Krieg lebten 3,5 Millionen Juden in Polen, heute sind es ein paar Tausend.

Aufstand im Warschauer Ghetto

Zentrum des polnischen Widerstandes gegen das Naziregime war Warschau. Der **Aufstand im Warschauer Ghetto** dauerte vom 19. April bis zum 16. Mai 1943. Von den 500.000 Juden im Ghetto starben 60.000, Zehntausende wurden noch während der Kämpfe nach Treblinka deportiert.

Der Osten Polens wurde ab dem Frühsommer 1944 von der Roten Armee befreit und stand nun unter dem Einfluss des kommunistischen Komitees für nationale Befreiung, das nach seinem Gründungsort **Lubliner Komitee** genannt wurde. Dieses Komitee bildete eine provisorische Regierung und übernahm nach und nach alle von der Roten Armee eroberten und in polnische Verwaltung übergehenden Gebiete. Als im Sommer 1944 die vorrückende Rote Armee sich Warschau näherte, **erhob sich die polnische Heimatarmee am 1. August gegen die Deutschen**. Doch *Stalin* gab seinen Truppen den Haltebefehl. Vom Ostufer der Weichsel sah die Rote Armee zu, wie der Aufstand ausblutete. Block für Block machten Wehrmacht und SS Warschau dem Erdboden gleich, nach der Kapitulation vom 2. Oktober besorgten Sprengkommandos den Rest, nichts sollte bleiben von Warschau.

Den Versuch der Selbstbefreiung hatten über 150.000 Warschauer mit dem Leben bezahlt, 200.000 wurden deportiert, entweder zur Zwangsarbeit oder in Konzentrationslager, wo viele starben. Die Rote Armee ließ sich Zeit, erst im Zuge der am **12. und 13. Januar 1945 einsetzenden großen Offensive gegen das Reich** setzte sie über die Weichsel und fand noch etwa 5.000 Überlebende in den Trümmern von Warschau.

Potsdamer Konferenz

Das Schicksal Polens war schon auf den **Konferenzen von Teheran im November 1943 und Jalta im Februar 1945** Verhandlungspunkt gewesen, wo die Westmächte die Abtrennung der polnischen Ostgebiete zu Gunsten der Sowjetunion beschlossen, die **Potsdamer Konferenz** vom Sommer 1945 verfügte die Westverschiebung Polens bis an Oder und Neiße. Polen verlor große Gebiete im Osten und erhielt zum Ausgleich den Süden von Ostpreußen, Westpreußen mit Danzig, Pommern und Schlesien, Territorien, die von nun an **„wiedergewonnene Gebiete“** genannt wurden.

Etwa 1,5 Millionen Polen wurden aus den verlorenen Ostgebieten zwangsausgesiedelt. Sie wurden überwiegend nach **Flucht und Vertreibung** der deutschen Bevölkerung in den bis dahin deutschen Ostgebieten angesiedelt.

Die Volksrepublik

Von Anfang an überwog der kommunistische Einfluss bei der Regierung der nationalen Einheit, die aus Mitgliedern der Londoner Exilregierung und des Lubliner Komitees bestand. Die Polnische Arbeiterpartei wurde gegründet, ihr erster Generalsekretär wurde ***Wladysław Gomułka***. Unter ihm setzte eine Gleichschaltung der Oppositionsparteien ein.

Die Wahlen von 1947 brachten einen mit über 80 % der Stimmen deutlichen Sieg des hauptsächlich aus Kommunisten und Sozialisten bestehenden Demokratischen Blocks. Staatspräsident wurde der „polnische Stalin" ***Bolesław Bierut***. *Gomułka* selbst wurde bald des „Nationalkommunismus" bezichtigt, 1948 als KP-Führer abgesetzt und 1949 verhaftet. Damit war der Weg frei für die Vereinigung von KP und Sozialisten, die 1948 die Polnische Vereinigte Arbeiterpartei „PZPR" bildeten. Das Machtmonopol, die „führende gesellschaftliche Rolle", hatte die PZPR, das wurde auch in der neuen Verfassung von 1952 bekräftigt.

Volksrepublik Polen

Wladysław Gomułka

Im Unterschied zu anderen sozialistischen Ländern gab es in Polen **keine allgemeine Zwangskollektivierung des Bodens**, und es gelang nie, den Einfluss der katholischen Kirche auf die Gesellschaft zu beschneiden.

Im beginnenden Kalten Krieg war Polen als ein für die Sowjetunion unverzichtbarer Pfeiler der sozialistischen Welt dem 1955 gegründeten Warschauer Pakt beigetreten. Im Inneren des Landes war die Industrie verstaatlicht, Drei- und Sechsjahrespläne sollten die Wirtschaft effektiv arbeiten lassen. Das Land war zu Kriegsende in einem desolaten Zustand, die Zerstörungen riesig. Die Schwerindustrie musste fast komplett neu aufgebaut werden. Eine Schiffbauindustrie im Norden wurde aus dem Boden gestampft, im Süden die Stahlindustrie. Neue Transportwege wurden gebaut, um die in Schlesien gewonnene Kohle in die neuen Industriezentren bringen zu können. Und es wurde politisch aufgeräumt unter Bierut – Tausende politischer Todesurteile, Zehntausende in Lagern umgebrachter Intellektueller verbreiteten eine Atmosphäre der Angst.

Arbeiterunruhen in Posen

Die erste große Systemkrise gab es **1956, als Arbeiterunruhen in Posen** ausbrachen. Es ging um höhere Löhne, niedrigere Preise und bessere Arbeitsbedingungen. Bei schweren Zusammenstößen zwischen Demonstranten und Staatsorganen, starben etwa 80 Menschen.

Dennoch passierte etwas für den Ostblock Außergewöhnliches, Reformkräfte in der Partei forderten die Freilassung des immer noch inhaftierten *Gomułka*. Die Bevölkerung ging für *Gomułka* auf die Straße und erzwang letztlich seine Freilassung und Wiedereinsetzung. *Chruschtschow*, der kein zweites Ungarn wollte, akzeptierte die Entwicklung in Polen.

Doch die Hoffnung auf Reformen blieb Traum, die Tauwetterperiode unter Gomułka währte nicht lange. Ein Beispiel dafür war die berüchtigte **antisemitische Kampagne von 1968**. Die Kampagne diffamierte und entfernte Juden sowohl aus dem Bildungsapparat als auch der Partei und führte zu einer Auswanderungswelle der jüdischen Intelligenz.

Ein Stück polnischer Eigenständigkeit bewies die Unterzeichnung des **deutsch-polnischen Vertrags am 7.12.1970**, in dem die Bundesrepublik die polnische Westgrenze akzeptierte. Der **Kniefall *Willy Brandts* am Ghetto-Ehrenmahl** bewegte Polen. Eine gewisse Normalisierung der Beziehungen trat ein, als in der Folge die Entschädigung für die Naziherrschaft geregelt wurde und Deutschstämmige in die BRD übersiedeln durften.

Der Kniefall

Mitte Dezember 1970 ordnete die polnische Regierung eine drastische Erhöhung der Lebensmittelpreise an. Von der Ostseeküste ausgehend breiteten sich Unruhen aus, Zentrum der Proteste war Danzig. *Gomułka* ließ die Aufstände in Danzig erbarmungslos niederschlagen, die Regierung selbst gab 42 Tote zu. *Gomułkas* Ablösung aus der Parteiführung und die Rücknahme der Preiserhöhungen nahm den Dampf aus den Protesten. Sein **Nachfolger *Edward Gierek*** versuchte der gewaltigen wirtschaftlichen Probleme des Landes Herr zu werden. Durch Auslandskredite versuchte er mehr Konsumgüter ins Land zu bringen und die Industrialisierung voran zu bringen. Doch der vermeintliche Boom war ein Aufschwung auf Pump, bald drückten Riesenschulden das Land.

Schon 1976 versuchte *Gierek* daher die Lebensmittelpreise zu erhöhen, was wiederum zu Streiks und Unruhen führte, die mit harter Hand niedergeschlagen wurden und in deren Folge das Komitee zur Verteidigung der Arbeiter KOR gegründet wurde. Eine Welle der Euphorie löste **1978 in Polen die Wahl des Krakauer Erzbischofs *Karol Wojtyła* zum *Papst Johannes Paul II.*** aus. Er ist über seinen Tod hinaus das Symbol nationaler Identität, und seine Rolle in der Demokratisierung Polens kann nicht hoch genug bewertet werden.

Wahl Karol Wojtyłas zum Papst

Solidarność

Polen hing am Tropf des Westens, die Zahlungsfähigkeit konnte nur mit weiteren Krediten aufrechterhalten werden. Noch einmal versuchte *Gierek* im **Sommer 1980** die Subventionsausgaben durch eine hundertprozentige Anhebung der Lebensmittelpreise zu entlasten. Die zunächst punktuellen Streiks weiteten sich schnell zu einer nationalen Streikwelle aus. Nicht nur gegen die Preiserhöhungen wurde gestreikt, schnell ging es auch um Liberalisierung des politischen

Systems, um die Freilassung aller politischen Gefangenen, freie Gewerkschaften und Pressefreiheit. Zentrum der Aktionen war die Danziger Leninwerft wo der charismatische Elektriker ***Lech Wałęsa*** die Arbeiter führte.

Streikwelle und Solidarność

In der Aufbruchstimmung **des August 1980 erzwangen die Streikenden im Danziger Abkommen die Zulassung der Solidarność**, an deren Spitze *Lech Wałęsa* stand, gestützt von Intellektuellen wie dem späteren Ministerpräsidenten *Tadeusz Mazowiecki*. In der Staatsführung versuchte man mit einem erprobten Mittel gegenzusteuern und die Gemüter wieder zu beruhigen: *Edward Gierek* wurde abgelöst und von *Stanisław Kania* ersetzt. Schnell hatte die Solidarność **12,5 Millionen Mitglieder**, nach einer chaotische Zeit mit immer wieder einsetzenden Streikwellen war die Lage wirtschaftlich desolat und instabil, woraufhin Verteidigungsminister ***Wojciech Jaruzelski*** zum neuen Ministerpräsidenten und Ersten Sekretär der Partei bestimmt wurde.

Jaruzelski verkündet das Kriegsrecht im Fernsehen

Wojciech Jaruzelski bildete den „Militärrat der Nationalen Rettung" der am 13. Dezember 1981 das **Kriegsrecht** verhängte. Solidarność wurde verboten, die führenden Gewerkschafter und Oppositionellen wurden verhaftet, die Zensur wurde eingeführt und nächtliches Ausgangsverbot verhängt. Gleichzeitig erhöhte *Jaruzelski* die Lebensmittelpreise drastisch. Ob er damit – wie er selbst nicht müde wird zu behaupten – einer sowjetischen Invasion zuvorgekommen ist, ist nicht belegbar.

Zum Positiven geändert hatte sich an der Lage Polens nichts, als das **Kriegsrecht am 22. Juli 1983 endete** und der Militärrat aufgelöst wurde. Die Bilanz zeigte später über 13.000 Internierte, um 25 Tote sowie mehr als zehn unaufgeklärte politische Morde sowie fast 800.000 Polen, die ins Exil gegangen waren, unter ihnen unzählige Hochqualifizierte aller Berufe.

Der Weg in die Demokratie

Demokratisierung der Institutionen

Bei allem, was man *Jaruzelski* vorwerfen muss, hatte er doch die Zeichen der Zeit erkannt und begann mit vorsichtigen Lockerungen, wobei ihm die Tatsache half, dass der mächtige Mann in Moskau mittlerweile *Michail Gorbatschow* hieß. Der Druck der Verhältnisse führte zu der Erkenntnis, dass die Partei nicht mehr gegen das polnische Volk regieren konnte. *Jaruzelski* stimmte den **Gesprächen am „Runden Tisch"** zu und begann die Diskussion mit der Opposition. Zum Abschluss dieser Gespräche am 5. April 1989 wurde die Solidarność wieder zugelassen, erste Demokratisierungen der politischen Institutionen begonnen, vor allem aber erste freie Wahlen beschlossen.

Bei diesen **Wahlen wurden die Abgeordneten des neu eingeführten Senats und des Parlamentes Sejm am 4. und 18. Juni 1989 gewählt**. Das Wahlergebnis brachte einen 99 %igen Sieg für die Solidarność. Im Sejm ging es bei dieser ersten partiell freien Wahl nur um 35 % der Sitze, welche die Solidarność mühelos gewann. Bald darauf wurde *Wojciech Jaruzelski* erster vom Parlament gewählter Präsident der Volksrepublik Polen und ***Tadeusz Mazowiecki*** **am 19. Juli Ministerpräsident** einer Allparteienregierung.

deutsch-polnischer Grenzvertrag

Noch im gleichen Jahr beschloss der Sejm ein durchgreifendes Programm zur Wirtschaftsreform, und am 29. Dezember wurde die Verfassung geändert, die Wende war vollzogen und wurde nun durch den **neuen Namen manifestiert: Republik Polen**. Die Selbstauflösung der PZPR im Januar 1990 war nur noch eine Randnotiz. Ebenfalls **1990 wurde im November der deutsch-polnische Grenzvertrag unterschrieben**, der die Unverrückbarkeit der Grenzen Polens nach der deutschen Wiedervereinigung unterstrich. Bei der kurz darauf folgenden ersten Präsidentenwahl im neuen Polen siegte *Lech Wałęsa* im ersten Wahlgang.

Im **Juni 1991** folgte ein weiterer Meilenstein auf dem Weg zur deutsch-polnischen Versöhnung, als in Bonn **der Nachbarschaftsvertrag** unterzeichnet wurde, der erstmals auch die Existenz einer deutschen Bevölkerungsgruppe in den ehemals ostdeutschen Landesteilen eingestand und ihr Minderheitenschutz einräumte. Im **Oktober 1991 fanden die ersten ganz freien Parlamentswahlen** statt, die eine Folge von wackligen Koalitionsregierungen mit sich brachten. Innenpolitisch war Polen noch alles andere als mit stabilen Regierungen gesegnet, die wirtschaftlichen Probleme drückten, die Inflation stieg Furcht erregend an, die Arbeitslosigkeit explodierte fast, der Lebensstandard fiel. Die Arbeiten an einer neuen Verfassung kamen voran, im Dezember 1992 wurde die „Kleine Verfassung" verabschiedet, die alle kommunistischen Relikte abschaffte.

Niederlage Lech Wałęsas

Schon **1993 mussten die Polen wieder an die Wahlurnen**, der Mitte-Rechts-Regierung unter *Hanna Suchocka* war das Misstrauen ausgesprochen worden. Die sozialdemokratische SLD, eine Nachfolgerin der PZPR, erhielt die Mehrheit und regierte fortan in einer Koalition mit der Bauernpartei PSL. Dieser Linksruck setzt sich 1995 scheinbar fort, als der SLD-Mann ***Aleksander Kwaśniewski*** den einstigen Volkshelden *Lech Wałęsa* bei der Präsidentenwahl besiegte.

Mitglied in der NATO

Bei den **Parlamentswahlen von 1997** wurde der Linksruck jedoch revidiert, Wahlsieger war das aus der Solidarność hervorgegangene Wahlbündnis AWS und die liberale Freiheitsunion UW, die fortan in einer Koalition unter Premier *Jerzy Buzek* regierten. Noch im selben Herbst trat die endgültige neue Verfassung in Kraft, eine gewisse Stabilität zog ein, ***Buzek*** **wurde der erste polnische Premier, der eine ganze vierjährige Amtsperiode durchhielt**. Inzwischen hatte die Wirtschaft Tritt gefasst, die Polen waren zu Musterknaben der EU geworden. Beitrittsverhandlungen mit der EU wurden 1998 offiziell aufgenommen, und bereits 1999 wurde Polen Mitglied in der NATO. Innenpolitisch begann ein Prozess der Veränderung, der zu einem allmählichen politischen Abschied von den einstigen Solidarność- und Bürgerbewegungshelden führte. Das musste auch *Wałęsa* bei der **Präsidentschaftswahl 2000** spüren, als Kwaśniewski nicht einmal einen zweiten Wahlgang brauchte und der Friedensnobelpreisträger *Wałęsa* in der politischen Bedeutungslosigkeit landete.

Präsident Kwaśniewski mit Papst Johannes Paul II.

Die Auflösungstendenzen der Regierung *Buzek* gegen Ende der Legislaturperiode kamen aus dem Inneren. Dauernde Korruptionsskandale, nicht zu Ende geführte Reformen, Selbstbereicherungen – die Zahl der Vorwürfe war schier unendlich, kein Fettnäpfchen wurde ausgelassen. Das Milliardenloch im Haushalt war nur noch der berühmte letzte Tropfen. In der **Wahl vom 23. September 2001** wurde die Regierung *Buzek* entsprechend abgestraft. Sowohl AWS als auch UW schafften nicht einmal mehr den Sprung ins Parlament. Eine völlige Veränderung der Parteienlandschaft war geschehen, die christlich-demokratisch geprägte bürgerliche Mitte war weggebrochen, und die Parteien des rechten Spektrums, die allesamt EU-Gegner sind, nahmen stark zu. Ministerpräsident *Leszek Miller* stand nun einer Koalition mit der Bauernpartei PSL vor.

Diese Koalition zwischen PSL und SLD zerbrach im Februar 2003. Zwar war *Leszek Miller* der PSL beim Brüsseler Gipfel weit entgegen gekommen, als er sich vehement für Polens Bauern einsetzte, die ja die Stammwählerschaft der PSL stellen, dennoch zerbrach das Bündnis. Anlass war die anstehende Abstimmung über die Einführung einer Maut auf Polens Straßen, bei der die PSL die Zustimmung versagte.

EU-Referendum

Der Kraftakt des **Referendums zum EU-Beitritt** gelang, erstmals seit der politischen Wende gingen mehr als 50 % der wahlberechtigten Polen an die Urnen. Das Referendum war extra auf zwei Tage ausgedehnt worden und die Stimme des Papstes, der ein vehementer Beitritts-Verfechter war, hatte großen Anteil daran, dass am 7./8. Juni 2003 immerhin 58,85 % der Polen abstimmten, von denen trotz aller Propagandafeldzüge der rechts- und nationalkatholischen Parteien 76,9 % für den Beitritt stimmten.

In der Folge regierte die SLD unter dem zunehmend unbeliebten *Leszek Miller* allein und trudelte immer weiter in die Krise, das Ansehen des Premiers wurde immer geringer. Gründe hierfür waren unter anderem der „Rywingate" genannte Medien-Korruptionsskandal. Von Anfang an hielt die polnische Öffentlichkeit die SLD-Spitze für darin verwickelt. Dazu kamen viele gescheiterte Reformansätze, die anhaltend hohe Arbeitslosigkeit und ein Wirrwarr im Gesundheitswesen, wo mittlerweile die Reform der Reform läuft. Den vorläufigen Höhepunkt im Zerfallsprozess der SLD stellte im Frühjahr 2003 die Spaltung dar, in deren Folge sich mit der SdPL eine neue sozialdemokratische Partei bildete. Einzig

Staatschef *Kwasniewski* überstand die Krise seiner angestammten Partei schadlos und erfreut sich hoher Popularitätswerte.

Am 1. Mai 2004, dem Tag des EU-Beitritts, durfte Premier *Miller* noch in der ersten Reihe mitfeiern, am 2. Mai trat er zurück. Neuer Premierminister der Minderheitsregierung wurde der parteilose *Marek Belka*, ein anerkannter Wirtschaftsfachmann. Er überstand drei Misstrauensvoten und versprach Neuwahlen für der Frühsommer oder Sommer 2005.

Eine verheerende Rechnung stellten die Polen am 13.6.2004 bei der **Europawahl** ihrer Politikerkaste aus. Ob der Politikverdrossenheit nach einem weiteren Riesen-Korruptionsskandal, dem „Orlengate", der Unzufriedenheit mit der wirtschaftlichen Entwicklung und der mangelnden Informationen über die Bedeutung der Wahl gingen nur 20,8 % der Polen zur Wahl und sorgten für die zweitniedrigste Wahlbeteiligung in der EU. Wahlsieger war die „Bürger-Plattform" (PO) mit knapp 24 % der Stimmen. Diese „Bürger-Plattform" wird allgemein auch als mutmaßlicher Sieger der **2005 anstehenden Parlamentswahl** erwartet. Zwar hat sich *Marek Belka* den Respekt seiner Landsleute erarbeitet, er steht aber, obwohl selbst parteilos, für die SLD und damit für die „falsche" Partei.

Nach dem Parteiaustritt von Wirtschaftsminister *Jerzy Hausner* im Februar 2005, der die Gründung einer neuen Partei der Mitte anstrebt, wird sogar ein Abrutschen der SLD unter die Fünfprozenthürde für möglich gehalten. Damit wäre sie nicht mehr im polnischen Parlament vertreten.

Polen und Deutsche – eine schwierige Geschichte

Der Tannenbergmythos

Die vergangenen tausend Jahre deutsch-polnischer Geschichte waren voller Missverständnisse, voller Gewalt und voller Unversöhnlichkeiten. Vieles wurde in den Geschichtsschreibungen beider Länder verdreht, verzerrt und verleugnet. Dabei hatte im Jahre 1000 alles so viel versprechend begonnen, als Kaiser *Otto III.* und *Bolesław der Tapfere* sich am Grab des *Heiligen Adalbert* in Gnesen trafen und einander **ewige Freundschaft** schworen. Ein Meilenstein im polnischen Geschichtsempfinden ist dieses Datum, gilt es doch als Eintritt Polens in die europäische Völkerfamilie.

Doch die Eintracht währte nicht lange, schon nach zwei Jahren begannen kriegerische Auseinandersetzungen, als *Ottos* Nachfolger *Heinrich II.* das Reich nach Osten ausdehnen wollte. Von nun an war die Geschichte der Polen und Deutschen geprägt von dauernden Kämpfen um die Grenzen Polens.

Beginn der Feindschaft

Es war ein Pole, der 1226 den Deutschen Orden rief, *Konrad von Masowien* bat ihn allerdings nicht etwa nach Polen, sondern zur Unterwerfung seiner

Die Tannenbergschlacht von 1410, Gemälde von Jan Matejko

heidnischen Nachbarn ins Pruzzenland. Diese Tatsache war bis nach der Wende in Polen vergessen und wurde von der Geschichtsschreibung verschwiegen. Als **1309** der wiederum zur Hilfe gerufene Deutsche Orden nicht nur die Brandenburger aus Danzig vertrieb, sondern auch noch gleich die Polen aus Pommerellen verjagte, war das Tuch zerrissen – für Jahrhunderte. Die Eroberung brachte dem Orden die erstrebte Landverbindung zum Reich, stand aber dem polnischen Streben nach freiem Zugang zur Ostsee diametral entgegen.

Das Fatale war die Unmöglichkeit einer Kompromisslösung, ein Eingehen auf die Forderungen einer Partei schloss die Berücksichtigung der anderen aus. Ein bisschen Ostseezugang gibt es so wenig wie ein bisschen Landverbindung, und so war dies die Geburtsstunde einer Erbfeindschaft. Der Mythos des **expansionslüsternen, Land raubenden Kreuzritterordens** wurde zum ersten Deutschlandbild in Polen. Letztlich war der **freie Ostseezugang** der Komplex, um den sich fortan alle Streitigkeiten zwischen Polen und Deutschen drehten.

Schlacht bei Tannenberg

Die erste Tannenbergschlacht von 1410 wurde später von Polen in genau diesem Sinne instrumentalisiert und als großer Sieg Polen-Litauens gegen den räuberischen Deutschen Orden gefeiert. Tatsächlich ging es bei dieser größten Schlacht des Mittelalters schlicht um die Vormachtstellung in der Region. Vor allem in den dunklen Stunden der Nichtexistenz des polnischen Staates idealisierten polnische Nationalisten die Schlacht von Grunwałd, wie sie in Polen heißt, als Sieg der Einheit ihrer Nation. Bis vor kurzem noch sah man 1945 in gerader Linie als Folge von 1410.

Der polnische **Grunwałdmythos** ist zählebig und bleibt als einer der wenigen großen Siege im geschichtlichen Bewusstsein der Polen, das ansonsten vom ewigen Martyrium der Nation getragen ist. Niederlagen feiert man nicht, und so hielt sich die Mythenbildung auf deutscher Seite zunächst in Grenzen, zumal der Deutsche Orden zwar eine schwere Niederlage erlitten hatte, sich die Gebietsverluste nach dem Ersten Thorner Frieden von 1411 aber in Grenzen hielten, denn die Marienburg, das Zentrum der Ordensmacht, hatte standgehalten. Der deutsche **Tannenbergmythos** ist eine jüngere Schöpfung, die ihren Ausgang in der zweiten Tannenbergschlacht vom August 1914 nahm, als *Hindenburg* und

Ludendorff die nach Ostpreußen eingefallenen russischen Truppen in einer gigantischen Kasselschlacht besiegten. *Ludendorff* selbst muss als Schöpfer des Namens „Tannenbergschlacht" gelten, denn er schlug diesen Namen als Antwort auf den polnischen Grunwałdmythos vor. Schnell ging die Mythen- und Sagenbildung so weit, dass die Schlachten an den Masurischen Seen und die Masurische Winterschlacht, durch die Ostpreußen erst endgültig befreit wurde, in Vergessenheit gerieten.

Die Tannenbergschlacht von 1410 war – räumt man alle Legendenbildungen beiseite – bestenfalls der Anfang vom Ende der Ordensmacht, die erste große Niederlage, nicht mehr und nicht weniger. Die Auflösung des Ordensstaates begann im Inneren, weil er nicht fähig war, sich zu reformieren und sowohl Städten als auch Landständen, welche die Ordensmacht zunehmend als Fremdregierung empfanden, die Mitsprache verweigerte.

Polnisches Plakat zum Grunwałdmythos

Nationen und Nationalismen

gleiches Nationalitätsverständnis

Im Gegensatz zum Nationalverständnis des als Mutter der modernen Nationalstaaten geltenden Frankreichs fanden sowohl Polen als auch Deutsche – zu jenen Zeiten beides Nationen ohne Staat – zu einem ganz anderen Verständnis der Nation. Gingen die Franzosen von einer Republik aller Einwohner ohne Rücksicht auf ihre Abstammung oder Religionszugehörigkeit aus, erträumten sich Polen und Deutsche ein rigoroses Zusammengehörigkeitsmodell des Blutes, in dem die Staatsangehörigkeit auf ethnischen, kulturellen und in Polen zunehmend auch religiösen Elementen beruhte.

Dieses Nationalverständnis musste zwangsläufig zu Problemen mit der polnischen Bevölkerungsgruppe in Preußen führen. Nach diesem Verständnis waren sie in Preußen nur noch Menschen zweiter Klasse, die zwar Staatsbürger waren, aber nicht zum Volk gehörten. Dieses Nationenverständnis wurde zum Wegweiser in die rassistischen Katastrophen des 20. Jahrhunderts.

Bismarcks Kulturkampf

Nach dem nationalpolnischen Aufstand von 1863–64 begann der preußische Ministerpräsident ***Otto von Bismarck*** mit der „Germanisierung" der Provinz Posen, diesbezügliche Forderungen der extremen Rechten waren ihm willkommener Anlass. Preußen brachte 1871 seine 2,4 Millionen polnischen Einwohner (10 % der preuß. Bevölkerung) mit ins Reich ein. Gleich nach der Reichsgründung begann der nun zum Reichskanzler aufgestiegene *Bismarck* den Kulturkampf. Eigentlich als eine Auseinandersetzung des Staates mit dem Katholizismus und dessen Universalismus deklariert, war er auch ein Kampf um wirtschaftliche Macht und politischen Einfluss im Reich zwischen den katholischen rheinisch-bürgerlichen Industriellen und dem protestantischen preußischen Landadel.

Im Osten des Reiches wurde der **Kulturkampf** zum Kampf der Nationen, denen die Religion zugeordnet war, hier preußisch-protestantisch, da polnisch-katholisch. Durch die verstärkte **Germanisierungspolitik** des Reiches sollte die polnische, meist bäuerliche Bevölkerung zwangsweise assimiliert werden. Die Rechte auf polnischsprachigen Religionsunterricht, polnische Seelsorge und Polnisch als Schulsprache wurden gestrichen, was die bisher politisch uninteressierte polnische Bevölkerung zuhauf in die Arme der polnischen Nationalbewegung und die wie Pilze aus dem Boden schießenden polnischen Bauernverbände trieb. In den folgenden Jahrzehnten bildete sich eine breite polnische Volksbewegung in Preußen heraus, ausgelöst fast ausschließlich durch preußisch-deutsche Zwangsmaßnahmen.

polnische Nationalbewegung

Im letzten Viertel des 19. Jahrhunderts wuchs mit dem Gründerzeitboom in Deutschland der Bedarf an Arbeitskräften, sowohl auf den riesigen Landgütern des deutschen Ostens als auch in den Industriezentren an Rhein und Ruhr, stark an. Besonders Polen und Ostpreußen, die daheim kein Auskommen fanden, wanderten ins Ruhrgebiet ab. Durch die Massenzuwanderung von Polen preußischer Staatsangehörigkeit ins Ruhrgebiet und die von den Gutsbesitzern herbeigeführte Zuwanderung von Polen russischer Staatsangehörigkeit brach im Reich eine geradezu panische Angst vor Überfremdung aus. Die preußisch-deutsche Verwaltung errichtete als Antwort auf die vermeintliche polnische Bedrohung die erste überhaupt existierende Behörde zur Ausländerüberwachung, die explizit der Überwachung der **Ruhrpolen und Ruhrmasuren** diente, die man der Einfachheit halber in einen Topf warf.

Wie sehr die restriktiven Maßnahmen gegen alle Bürger polnischer Herkunft den eigenen wirtschaftlichen Interessen schadeten, merkten die ostelbischen Großgrundbesitzer 1885. Damals folgte die preußische Regierung der allgemeinen Überfremdungshysterie und verfügte die Ausweisung von über 30.000 Polen russischer oder ungeklärter Staatsangehörigkeit. Des Weiteren verfügte sie, dass die Saisonarbeiter Deutschland während der Wintermonate zu verlassen hatten. Es kam zu heftigen Protesten selbst preußischer Konservativer, denen ihre billigen Arbeitskräfte abhanden kamen.

restriktive Maßnahmen gegen Polen

Die Zwingen, die man den Polen im Lande angelegt hatte, wurden nun immer dichter gezogen, die Auseinandersetzungen wurden immer bösartiger. Bald genügten dem Reich die Zwangsassimilationsmaßnahmen nicht mehr. *Bismarck* wendete sich nun auch gegen den polnischen Adel, nach der Germanisierung der Menschen sollte nun die Germanisierung des Bodens forciert werden. Eine eigens gegründete Ansiedlungskommission versuchte ab 1886 massiv polnische Güter aufzukaufen und dann aufgeteilt an deutsche Siedler zu geben, ab 1908 hatte sie sogar ein Enteignungsrecht.

Der Versuch, die polnische Bevölkerung zu verdrängen und ihren Boden zu germanisieren, scheiterte, es fanden sich nicht genügend deutsche Siedler für das Vorhaben.

Die Zwischenkriegsrepublik

Es klang so einfach: „Ein unabhängiger polnischer Staat sollte nach Ende des Ersten Weltkriegs entstehen, mit allen von unbestreitbar polnischer Bevölkerung bewohnten Gebieten." So lautete **Artikel 13 im Friedensplan das amerikanischen Präsidenten *Woodrow Wilson*** vom Januar 1918.

Versailler Vertrag und Volksabstimmungen

Aber der Text ging noch weiter, denn außerdem sollte der neue polnische Staat einen freien und sicheren Zugang zum Meer bekommen. Im Grunde waren die beiden Punkte unvereinbar, denn nirgends an der Ostseeküste gab es eine polnische Bevölkerungsmehrheit. Da war er also wieder, der alte Streit von 1309 um den Zugang zum Meer.

Polnisches Plakat zur Volksabstimmung in Ostpreußen

Danzig wurde gemäß Versailler Vertrag – obwohl zu 95 % von Deutschen bewohnt – aus dem Reichsverband herausgelöst und Freie Stadt. Im Vorfeld der von den Alliierten angeordneten **Volksabstimmungen** über die Staatszugehörigkeit kam es in Ostpreußen zu nationalistischen Ausschreitungen, in Schlesien sogar zu drei Aufständen. Im Endeffekt blieben die ostpreußischen Abstimmungsgebiete beim Reich, und Oberschlesien wurde geteilt. Die Realität der Zweiten Republik Polen entsprach weder der Idee vom polnischen Staat noch dem von *Wilson* vorgegebenen Territorium überwiegend polnischer Bevölkerung. Polen besaß einige Gebiete, in denen andere Nationen wie Litauer, Ukrainer, Weißrussen und Deutsche die Bevölkerungsmehrheit stellten. Die Wirklichkeit war ein multiethnisches Land, in denen gerade mal 2/3 der Bevölkerung Polen waren.

Nun wurden zwei Jahrzehnte lang die **deutsche Minderheit in Polen** ähnlich drangsaliert und diskriminiert wie zuvor die Polen im Reich. Daher war es ein Leichtes vom Reich aus diese Deutschen und ihre Minderheitenorganisationen zu instrumentalisieren. Obendrein strebte die überwiegende Bevölkerungsmehrheit der jungen deutschen Republik nach Revision des Versailler Vertrages und akzeptierte die polnischen Grenzen nie.

Zu einem entspannten Verhältnis konnte es zwischen diesen beiden Nachbarn nicht kommen, wenn es auch den Nichtangriffspakt von 1934 gab. Wir erinnern uns: die beiden Forderungen nach einer Landverbindung Ostpreußens mit dem Reich und der Wunsch nach einem freien Zugang zur Ostsee schlossen sich aus. Die 1930er Jahre waren im deutsch-polnischen Verhältnis gekennzeichnet von einem auf beiden Seiten von Propaganda geprägten Grenz- und „Volkstumskampf". Sympathien mit dem jeweiligen Nachbarn wurden als Verrätertum ausgelegt. In einer Atmosphäre, wie sie vergifteter kaum sein konnte, führte der Weg in die Sackgasse unversöhnlichen Hasses.

Der Zweite Weltkrieg und die Folgen

Von Anfang an machte das Deutsche Reich den Unterschied zu früheren Kriegen klar. Das Kriegsziel war die Auslöschung Polens als Nation und die Herabwürdigung der überlebenden Bevölkerung zu einem **Sklavenvolk der Deutschen**, die 3,5 Millionen polnischen Juden sollten dem Holocaust zum Opfer fallen. Im deutschen Terror starb mehr als ein Fünftel aller Polen, sechs Millionen Menschen, von denen die meisten nicht durch Kriegseinwirkungen umkamen, die Masse der polnischen Opfer wurde ermordet.

Holocaust

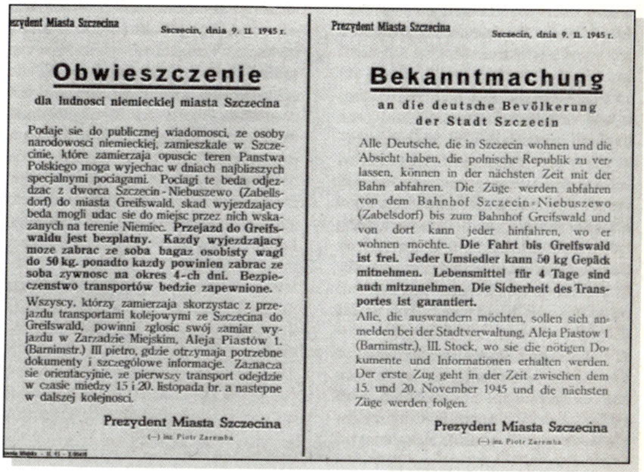

Prezydent Miasta Szczecina

Szczecin, dnia 9. II. 1945 r.

Obwieszczenie

dla ludnosci niemieckiej miasta Szczecina

Podaje sie do publicznej wiadomosci, ze osoby narodowosci niemieckiej, zamieszkale w Szczecinie, które zamierzaja opuscic teren Panstwa Polskiego moga wyjechac w dniach najblizszych specjalnymi pociagami. Pociagi te beda odjezdzac z dworca Szczecin-Niebuszewo (Zabellsdorf) do miasta Greifswald, skad wyjezdzajacy beda mogli udac sie do miejsc przez nich wskazanych na terenie Niemiec. **Przejazd do Greifswaldu jest bezplatny. Kazdy wyjezdzajacy moze zabrac ze soba bagaz osobisty wagi do 50 kg, ponadto kazdy powinien zabrac ze soba zywnosc na okres 4-ch dni. Bezpieczenstwo transportów bedzie zapewnione.**

Wszyscy, którzy zamierzaja skorzystac z przejazdu transportami kolejowymi ze Szczecina do Greifswald, powinni zglosic swój zamiar wyjazdu w Zarzadzie Miejskim, Aleja Piastów 1. (Barnimstr.) III pietro, gdzie otrzymaja potrzebne dokumenty i szczególowe informacje. Zaznacza sie orientacyjnie, ze pierwszy transport odejdzie w czasie miedzy 15 i 20. listopada br. a nastepne w dalszej kolejnosci.

Prezydent Miasta Szczecina

(–) inz. Piotr Zaremba

Prezydent Miasta Szczecina

Szczecin, dnia 9. II. 1945 r.

Bekanntmachung

an die deutsche Bevölkerung der Stadt Szczecin

Alle Deutsche, die in Szczecin wohnen und die Absicht haben, die polnische Republik zu verlassen, können in der nächsten Zeit mit der Bahn abfahren. Die Züge werden abfahren von dem Bahnhof Szczecin-Niebuszewo (Zabelsdorf) bis zum Bahnhof Greifswald und von dort kann jeder hinfahren, wo er wohnen möchte. **Die Fahrt bis Greifswald ist frei. Jeder Umsiedler kann 50 kg Gepäck mitnehmen. Lebensmittel für 4 Tage sind auch mitzunehmen. Die Sicherheit des Transportes ist garantiert.**

Alle, die auswandern möchten, sollen sich anmelden bei der Stadtverwaltung, Aleja Piastow 1 (Barnimstr.), III. Stock, wo sie die nötigen Dokumente und Informationen erhalten werden. Der erste Zug geht in der Zeit zwischen dem 15. und 20. November 1945 und die nächsten Züge werden folgen.

Prezydent Miasta Szczecina

(–) inz. Piotr Zaremba

Vertreibungsbefehl

Mit dem Ende des Zweiten Weltkrieges entstand Polen neu und wurde gemäß Potsdamer Abkommen **nach Westen verschoben**, es folgte die größte ethnische Säuberung der Geschichte.

Bitter traf es die Deutschen, die in den ehemaligen deutschen Ostgebieten lebten. Millionen flohen vor der anrückenden Roten Armee. Die im Lande Verbliebenen wurden großenteils vertrieben, oft unter Anwendung großer Brutalität und Erniedrigung und lange vor dem Beschluss von Potsdam. Auch Lager gab es für Deutsche, in denen Hunger und Willkür herrschten, und Tausende Deutsche starben. Es war die **„Rache der Opfer“**, wie die Publizistin *Helga Hirsch* das in ihrem gleichnamigen Buch nannte. Getroffen wurden die Menschen vom Echo auf Jahre deutschen Terrors ohne individuellen Schuldnachweis, sie zahlten die Zeche stellvertretend für die Verbrechen der Nazis und der Wehrmacht. Millionen Deutsche verloren ihre Heimat, in der nun ihrerseits vertriebene Polen aus den nun sowjetischen Territorien angesiedelt wurden.

Deutsche und Polen im Kalten Krieg

Das am Gängelband der Sowjetunion geführte Nachkriegs-Polen hing in der Luft, denn die neue Grenze im Westen an Oder und Neiße blieb strittig, wenn sie auch von der DDR bereits 1950 anerkannt wurde. Der viele Jahre lang immer wieder betonte Anspruch der Bundesrepublik auf die Ostgebiete schwebte als stiller Unsicherheitsfaktor über dem Land. Der Konflikt zwischen der Bundesrepublik und Polen fand als eines der Kampffelder stetige Nahrung im Kalten Krieg.

Polen und Deutschland im Kalten Krieg

Aus dem alten polnischen Angstkomplex der Mittellage zwischen mächtigen Nachbarn entsprang nun die Angst vor „revanchistischen“ Tendenzen der Bundesrepublik, welche die Sicherheit der polnischen **Westgrenze an Oder und Neiße** bedrohten. Folglich wurde die Sicherung dieser Grenze zum Hauptziel der polnischen Außenpolitik der Nachkriegszeit.

Die Deutschen in Polen mussten nun zwar nicht mehr um ihr Leben fürchten, aber Druck, Bespitzelung und Benachteiligungen gingen weiter. Politisch wurde die deutsche Minderheit im Land totgeschwiegen. Nach dem Ende der Vertreibungen und dem polnischen Staatsangehörigkeitsrecht von 1950 waren die Deutschen nun polnische Bürger. Für vier Jahrzehnte verstummten sie, sprachen auch untereinander kaum noch Deutsch und verschwiegen womöglich ihre Herkunft. Nur im Familienkreis, der ganz privaten Wagenburg, konnte ein wenig Identität erhalten bleiben.

Volle zwanzig Jahre dauerte es nach Kriegsende, bis es Deutschen und Polen gelang, den Dialog miteinander zu eröffnen. Die **Ostdenkschrift der Evangelischen Kirche Deutschlands** ließ selbst polnische Regierungskreise aufhorchen, da sie Flucht und Vertreibung als direkte Folge des Naziterrors anerkannte. Zu weit allerdings ging vielen Offiziellen in Polen der **Brief polnischer Bischöfe** an ihre deutschen Amtsbrüder, in dem sie Verzeihung gewährten und selbst um Vergebung baten.

Unterzeichnung des Warschauer Vertrages

Ein Wendepunkt in der Geschichte der deutsch-polnischen Beziehungen war der Besuch ***Willy Brandts*** **in Warschau 1970**. Der Kniefall vor dem Denkmal für den Ghettoaufstand war eine Geste, die für die Polen eine unendlich viel größere Bedeutung hatte, als für uns Deutsche, stellte sich doch ein persönlich unbelasteter Deutscher der kollektiven Verantwortung des deutschen Volkes. Diese Übernahme der Verantwortung erst machte es den Polen möglich, das Kollektivschuld-Urteil allmählich zu revidieren und die Deutschen ein wenig differenzierter zu betrachten. Der bei diesem Besuch unterzeichnete **Warschauer Vertrag** garantierte die Unantastbarkeit der polnischen Westgrenze und regelte die Ausreise deutschstämmiger Polen.

Diese Neuorientierung, in den deutsch-polnischen Beziehungen wurde ermöglicht durch die neue Ostpolitik der seit 1969 regierenden sozialliberalen Koalition unter *Willy Brandt*. Der Abschied von jahrzehntelang gepflegten – wenn auch längst nur noch rhetorischen Forderungen – geschah auch in der Bundesrepublik nicht ohne Verwerfungen. Bis zum Bundesverfassungsgericht gingen die Gegner der Ostverträge. Aber gerade dieser Schritt in die Aussöhnung mit dem Osten bleibt *Willy Brandts* großes historisches Verdienst.

Solidarność-Logo

Kurz nach Unterzeichnung des Warschauer Vertrages kam es auch in Polen zu einem Regierungswechsel. *Edward Gierek* begann mit Reformen, führte Lockerungen und Reiseerleichterungen ein. Bald konnten auch deutsche Touristen Polen ohne Einschränkungen besuchen. Anders als DDR-Bürger konnten die Polen auch ins westliche Ausland reisen. Diese Öffnungen führten zu einem wachsenden Interesse aneinander. Ganz langsam begann sich das Bild des bösen Deutschen in der polnischen Gesellschaft zu wandeln, es kam zu zahlreichen Kontakten auf allen Ebenen und wachsendem Verständnis.

neue Entwicklung im deutsch-polnischen Verhältnis

Die Gründung der Solidarność und die **Streikwelle des Sommers 1980** leiteten einen neuen Schub in der Entwicklung des deutsch-polnischen Verhältnisses ein. Viele polnische Intellektuelle reisten in die Bundesrepublik aus und waren begehrte Interviewpartner der deutschen Medien. Unvergessen vor allem aber sind in Polen die vielen deutschen Solidaritätsbeweise und die Welle der Hilfsbereitschaft mit den Millionen von Lebensmittelpaketen während Polens härtester Winter.

Neue Zeiten, neue Nachbarn

Als die Mauer im November 1989 fiel, war Bundeskanzler *Kohl* in Warschau bei *Tadeusz Mazowiecki*, dem ersten nicht sozialistischen Ministerpräsidenten des Ostblocks. Im anschließenden Trubel war die große **Versöhnungsgeste zwischen *Kohl* und *Mazowiecki*** in Kreisau fast aus den Nachrichten gefallen. Mit der Kreisauer Umarmung war das Eis endgültig gebrochen, auch wenn es in Polen noch einmal großes Unbehagen über einen nach der raschen Vereinigung nun scheinbar übermächtigen westlichen Nachbarn gab. Der alte Komplex der Mittellage meldete sich in Polen noch einmal zu Wort.

Kohl und Mazowiecki in Kreisau

Mit dem **Nachbarschafts- und Freundschaftsvertrag von 1991** wurden die zwischen den neuen Nachbarn stehenden großen Problemkreise beseitigt. Deutschland erkannte die polnische Westgrenze als endgültig an, und Polen räumte den Deutschen im Lande Minderheitenrechte ein.

neue Nachbarn in Ost und West

Was für Umwälzungen in den Köpfen mussten die Polen nach der Wende bewältigen! Lauter neue Nachbarn hatten sie bekommen, denn nach dem Zerfall der Sowjetunion lag buchstäblich **hinter jedem polnischen Grenzabschnitt ein neues Nachbarland**. Dann waren da noch die Deutschen im Lande, die es nach bisherigen Regierungsstatements gar nicht gegeben hatte. Nun gründeten sie deutsche Kulturvereine und traten zu Tausenden bei. Polen musste Abschied nehmen von der Doktrin der „wiedergewonnenen Gebiete“ und die Geschichte neu lernen. Mit dem Begreifen, dass „wiedergewonnen“ nur für einen kleinen, ehemals zum alten Piastenreich gehörenden Teil der Polen zugeschlagenen Gebiete zutraf, ein Großteil dieser Territorien aber niemals polnisch waren, kam mehr und mehr auch das Thema Vertreibung auf die Tagesordnung der gesellschaftlichen Diskussion. Besonders dieses Kapitel der Geschichte war anfangs sehr schmerzhaft für unsere Nachbarn, stellte es doch das historische Grundverständnis in Frage, das Polen in der stetigen Opferrolle des Märtyrertums sieht.

Das Ende der Missverständnisse?

neues Vertrauen in die Beziehungen

Es war ein langer Weg, unendlich mühsam und schmerzhaft, der mit dem Brief der polnischen Bischöfe im Jahre 1965 begann. Seit das polnische Urtrauma der Mittellage ausgeräumt war, da die Grenze nach Westen gesichert war, konnte in den letzten Jahren Vertrauen aufgebaut werden. Heute ist Deutschland Polens wichtigster Fürsprecher für einen raschen EU-Beitritt, und das Verhältnis ist so entspannt wie nie zuvor. Dennoch ist das Verhältnis fragil, was an den Reaktionen sofort bemerkbar ist, wenn wieder einmal Neonazis ausländerfeindliche Parolen grölend und prügelnd durch deutsche Städte ziehen. Auch der anstehende **EU-Beitritt Polens** sorgt auf beiden Seiten nicht nur für ungetrübte Freude. Immer noch tauchen diffuse Ängste auf, in Deutschland vor einer Masseneinwanderung polnischer Arbeitskräfte und in Polen vor einem Ausverkauf des Landes an deutsche Rückwanderer. Das empfindliche Verhältnis bedarf dauernder Pflege, um Missverständnisse schon im Ansatz aus dem Weg zu räumen.

Noch vor wenig mehr als einem Jahrzehnt war völlig undenkbar, was der polnische Präsident *Aleksander Kwaśniewski* am 3. Oktober 2001 in Mainz sagte: „Die Steine in Danzig und Kolberg sprechen nicht nur Polnisch, sie sprechen auch Deutsch. Die Polen, die jetzt dort leben und selber vertrieben worden sind, nehmen das Erbe an." Ferner dankte er allen, die heute versuchen, die Vergangenheit mit der Zukunft zu verbinden, und forderte, die Aussöhnung mit Deutschland müsse die gleiche Qualität wie diejenige Deutschlands mit Polen erreichen.

zerbrechliches Verhältnis

Wie empfindlich und zerbrechlich das deutsch-polnische Verhältnis noch immer ist, zeigte sich im Spätsommer 2003, als die Debatte um das vom Bund der Vertriebenen initiierte „Zentrum gegen Vertreibungen" eskalierte. Mitte September erschien das Magazin „Wprost" (Direkt) anlässlich des Besuches von *Erika Steinbach* mit einem reißerischen Titelbild, das eine Kanzler Schröder reitende Präsidentin des Bundes der Vertriebenen in SS-Uniform zeigt. Unter der Überschrift „Das deutsche Trojanische Pferd" machte das Blatt Polens Rechnung an die Deutschen auf, falls der BdV weiterhin irgendwelche Rückgabeforderungen erhebe, nämlich eine Billion Dollar an Wiedergutmachungskosten.

Trotz einer daraus erwachsenden erheblichen Belastung der deutsch-polnischen Beziehungen beharrt der Bund der Vertriebenen auf einem „Zentrum gegen Vertreibungen" in Berlin. Die Irritationen reichen bis tief hinab in bis dahin gut funktionierenden deutsch-polnischen Gemeinschaftsprojekte und Initiativen.

Landschaftlicher Überblick

Lage und Größe

Die Republik Polen liegt als Nachbar Deutschlands im östlichen Mitteleuropa zwischen 14° und 24° östlicher Länge sowie 49° und 55° nördlicher Breite. Mit einer Fläche von 322.577 km² ist Polen etwas größer als die alten Bundesländer zusammen und nimmt **Rang 67 auf der weltweiten Größenskala der Länder** ein. Im Westen bilden Oder und Neiße die Grenze, im Süden die Gebirgszüge Schlesiens, der Beskiden, der Tatra und der Bieszczady, während im Nordwesten die 440 Küstenkilometer der Ostsee Polens natürliche Grenze bilden.

Von den Nachbarn im Nordosten und Osten trennen Polen 1.300 Grenzkilometer, von denen nur die mittleren Abschnitte um den Bug eine natürliche Grenze darstellen. Sieben Nachbarstaaten liegen hinter den 3.495 Kilometer langen polnischen Grenzen, Deutschland, Tschechien, die Slowakei, die Ukraine, Weißrussland, Litauen und die Russische Föderation. Damit hat die Republik Polen nach dem Zusammenbruch der Sowjetunion und der politischen Neuordnung des östlichen Mitteleuropa **keinen einzigen seiner alten Nachbarstaaten behalten**.

Der Mauersee

Die polnische Landschaft gliedert sich in Zonen, die von Ost nach West verlaufen. Von Nord nach Süd beginnen die Streifen mit der Ostseeküste und den daran sich anschließenden Moränenlandschaften der Pommerschen und Masurischen Seenplatten, welche durch die Weichselniederung voneinander getrennt sind. Südlich folgen die Tiefebenen von Großpolen und Masowien, denen sich wiederum ein Riegel von Mittelgebirgen anfügt. Die sich anschließenden Hochgebirgsgürtel bilden Polens Südgrenze. Die südpolnischen Gebirgsketten haben alpinen Charakter, höchster Berg Polens ist der Rysy in der Hohen Tatra mit 2.499 m.

Moränenlandschaften und Seenplatten

Dominierender Landschaftsteil Polens ist das Tiefland. Drei Viertel der Oberfläche sind Ebenen und Hügelformationen mit bis zu 200 Metern Höhe, fast 90 % Polens liegen unter 300 Metern Höhe. Längster Fluss Polens ist die in den schlesischen Beskiden entspringende und nach 1.047 km unweit von Danzig in die Ostsee mündende Weichsel. Diese abwechslungsreichen Landschaften Polens ziehen jährlich **dreizehn Millionen Touristen** an, Tendenz: steigend.

Die Landschaften Nordpolens

ausgedehntes Schwemmland

Fünfhundert Kilometer lang ist die polnische Ostseeküste. Herrliche breite Sandstrände und wüstengleiche über 40 Meter hohe Dünen säumen die buchtenreiche Ostseeküste. Die Ausgleichsküste hat ausgedehnte Schwemmlandebenen im Oder- und Weichseldelta und verfügt mit dem Stettiner sowie dem Frischen Haff gleich über zwei **Haffgebiete**. Gewaltige Mischwälder reichen oft bis an den Strand heran, sodass viele Badeorte Ferienquartiere in geschützten und angenehm schattigen Waldregionen bieten können. Kilometerlang lassen die dichten Wälder auch von den Küstenstraßen kaum einen Blick auf das Meer zu.

An diesen Küstenstreifen schließt sich eine abwechslungsreiche hügelige Jungmoränenlandschaft an, die zum baltischen Höhenrücken gehört. Im Westen schuf die letzte Eiszeit den **Pommerschen Höhenrücken**, der östlich bis an Danzig und die Weichselmündung heranreicht und sich im Süden in den sandigen, seenreichen pommerschen Weiten und der folgenden Großpolnischen Seenplatte verliert. Gletscher formten hier eine bewegte Landschaft mit einer Folge von lang gezogenen Rinnenseen in den alten Schmelzwasserfurchen sowie kreisrunden Seen in Toteislöchern, umrahmt von rundlichen Grundmoränenhügeln oder lang gestreckten Endmoränenzügen.

Land der tausend Seen und Nationalparks

Östlich der Weichselniederung schließt sich der Masurische Höhenrücken mit der **Masurischen Seenplatte** an. Der Name „Land der tausend Seen" für diese Region ist eine glatte Untertreibung. Je nach Größe der berücksichtigten Seen kommt man auf zwischen 1.800 und 3.300 Seen. Zur Masurischen Seenplatte gehören auch Polens **größte Seen**, der Jezioro Śniardwy/Spirdingsee mit 114 km² und der Jezioro Mamry/Mauersee mit 104 km².

Die Nationalparks

Die hohe Zahl von Landschaftsschutzgebieten und Nationalparks zeigt die Verankerung des Umweltgedankens im Bewusstsein der polnischen Gesellschaft. Insgesamt verfügt Polen über **22 Nationalparks** mit 300.000 ha Fläche, 88 Naturparks und fast 1.000 Reservate.

Alle polnischen Nationalparks sind großflächige Gebiete außergewöhnlicher, oft sogar einzigartiger Landschaft und Natur. Flora und Fauna dieser besonders geschützten Dünen-, Seen- und Sumpflandschaften sollen als Teil des kulturellen Erbes erhalten werden. Einige dieser Parks liegen in Nordpolen.

Ältester Nationalpark Polens ist der bereits 1921 geschaffene **Białowiźa-Park**. Dieser letzte Urwald Europas wurde 1979 in die *UNESCO*-Liste des Weltkulturerbes eingetragen. Im Białowiźa-Park an der weißrussischen Grenze leben 11.000

Tierarten, darunter 200 verschiedene Vogelarten und auch 250 wild lebende Wisente.

Wisente im Woliński-Park

Der **Woliński-Nationalpark** umfasst mit 11.000 ha Fläche ein Fünftel der Insel Wollin und wurde 1960 gegründet. Er reicht von Międzyzdroje/Misdroy bis zum Oderhaff. Zu ihm gehören vier Seen aus der letzten Eiszeit und die höchste Steilküste Polens. Im hügeligen Waldgebiet des Parks wurde ein Wisentreservat eingerichtet, daneben gibt es weitere 270 geschützte Tierarten und allein 1.100 teils seltene Pflanzenarten. Bedeutend ist Wollin als Rast- und Überwinterungsplatz vieler Vogelarten aus Sibirien und Skandinavien, über 230 teils vom Aussterben bedrohte Vogelarten sind im Park heimisch.

Der **Slowiński-Nationalpark** verdankt seinen Namen dem einst in dieser pommerschen Küstenregion ansässigen slawischen Stamm der Slowinzen. In diesem rund um das Ostseebad Łeba liegenden Schutzgebiet gibt es vier salzige, vom Meer getrennte Seen, die mehr als 200 Vogelarten als Brutrevier dienen. Eine einzigartige Dünenlandschaft gehört ebenfalls zum Park. Die 42 Meter hohe Lonsker Düne/Łąska Góra erstreckt sich auf 300 ha Fläche und schiebt sich jährlich 10 Meter weiter landeinwärts. Das größte Sumpfgebiet Europas umfasst der 90.000 ha große **Biebrza-Nationalpark**, der bei Augustów keine 200 km nordöstlich von Warschau liegt. In diesem fern aller menschlichen Einflüsse gelegenen Terrain hat sich um die Flüsse Biebrza und Czarna Hańcza ein einmaliges Stück Natur erhalten, in dem alleine mehr als 230 Vogelarten heimisch sind.

größtes Sumpfgebiet Europas

Nur ein wenig nördlich liegt bei Suwałki auf 15.000 ha der 1989 gegründete **Wigry-Nationalpark**. Mit dem Biebrza-Nationalpark ist der Wigry-Park, der nach dem gleichnamigen See bei Suwałki benannt ist, durch die Czarna Hańcza verbunden. Ausgedehnte Wälder und Seen sind Heimat für Biber und sogar Wölfe. Damit entspricht gerade dieser Park dem Klischee des wilden Landes im Nordosten besonders.

Jeder der nordpolnischen Nationalparks vermittelt ein für die jeweilige Gegend charakteristisches Landschaftsbild und ein ursprüngliches Naturerlebnis, das man sich nicht entgehen lassen sollte.

Die Pflanzenwelt

Einst waren große Teile Polens von schier undurchdringlichen Forsten bedeckt, heute bestehen noch 28 % der polnischen Landflächen aus Wäldern.

Nadel- und Mischwald

Die Wälder Nordpolens sind überwiegend Nadelwälder mit Kiefern, Fichten, Lärchen und Tannen sowie Mischwälder, die meist aus Kiefern, Birken, Eichen und Buchen bestehen. Nicht selten findet man auch Erlenwälder in den Sumpfgebieten des Nordostens sowie weite mit Pappeln und Weiden bestandene Marschlandschaften in den breiten Flussniederungen. Längs der Küste gedeihen vornehmlich **Mischwälder** mit oft hohem Buchenanteil. Selbst am Ostseestrand und in den Dünengebieten sind noch große Bereiche unberührter Natur zu sehen. Dort wachsen vom Strandhafer über Stranddistel bis hin zum Kiefernrand alle für diese Vegetationszone typischen Pflanzen.

Polnische Urwälder

Viele Seen der Pommerschen und Masurischen Seenplatte sind noch heute kaum oder gar nicht belastet. Dicht mit Kalmus, Schilf und Rohrkolben bewachsene Uferzonen erschweren den Zugang, Hechtkraut, Tannenwedel und verschiedene Seerosenarten bilden kleine **biologische Klärwerke**. Verträumte, glasklare Flüsse mit urwüchsigen Ufern mäandern durch die Landschaft, von denen manche wie die Krutynia/Krutinne und die Czarna Hańcza von atemberaubender Schönheit sind. Im Nordosten und in Masuren verbindet ein System von alten Kanälen die Flüsse und zahlreichen Seen. Längst hat die Natur die künstlichen Wasserwege zurück erobert, gelbe Mummeln (Teichrosen) spenden dem Leben im Wasser Schatten.

Vielfältige, oft **urwaldähnlich dichte Mischwälder** von schier endloser Ausdehnung überwuchern Masuren und den Nordosten auch heute noch. Auf den sandigen Böden Masurens haben die Wälder einen hohen Kiefern- und Fichtenanteil. Viele Moorarten vom Tiefmoor bis hin zum Hochmoor finden sich gleichfalls im Land der großen Seen, Wollgras und Sonnentau sind keine Seltenheit.

Polens Nordosten ist auch das Land der **großen Heidelandschaften**, der Puszcza Piska/Johannisburger Heide, Puszcza Romincka/Romintener Heide, Puszcza Borecka/Borkener Heide, und Puszcza Augustowska. Krüppelkiefern, Wacholder, weite hellrosa bis tiefviolett blühende Heideteppiche wechseln sich ab mit Anemonenfeldern und dichten Urwäldern.

Vielfalt an Vegetation

In den siedlungsnahen Gebieten werden die Wälder intensiv von den Polen genutzt. Legionen von Eimerträgern ziehen besonders an den Wochenenden in die Forsten. Der **immense Pilz- und Beerenreichtum** der nordpolnischen Wälder ist eine willkommene kostenlose Bereicherung des Speisezettels der Menschen.

Das Magazin „*Wprost*" berichtete, dass in der Hauptpilzsaison im September/Oktober mindestens 10 Millionen Polen zum Pilze sammeln in die Wälder strömen. In den armen Gebieten Masurens ist der Verkauf dieser Pilze obendrein eine wichtige Einnahmequelle für die Menschen.

Die Tierwelt

Der Waldreichtum und die Undurchdringlichkeit der nordpolnischen Urwälder ließen dort bis in unsere Tage hinein Tierarten überleben, die anderswo längst ausgestorben sind. Bären waren in dieser Region noch bis vor wenig mehr als 150 Jahren heimisch und Elche gab es in so großer Zahl, dass eine **Elchschaufel** das inoffizielle Wappen Ostpreußens zierte. Sprichwörtlich war auch der Waldreichtum der Region, sowohl Kaiser *Wilhelm II.* als auch Reichsjägermeister *Hermann Göring* hatten vor allem die Rominter Heide als hervorragendes Jagdrevier entdeckt.

Und heute? Ein wenig ist geblieben von der **großen Wildnis**, besonders in den großen Nationalparks, wo die Wisente im Gegensatz zu den Bären überleben konnten. Sogar die kleinen polnischen Wildpferde, die Tarpane, traben wieder durch Masuren. Der Elchbestand, der durch die Kriegswirren stark dezimiert war, erholt sich wieder, selbst Wölfe kommen vereinzelt wieder vor, und der Wildreichtum lockt wieder zahlreiche Jäger aus aller Herren Länder an. Die großen Wälder sind auch **Heimat seltener Raubvögel**. Bussarde, Habichte, Falken sowie diverse Adlerarten konnten schon beobachtet werden. Mit etwas Glück trifft man auch auf Eulen und Käuzchen in Masurens Wäldern.

Wildpferde und Wisente

Der Wasserreichtum Nordpolens macht die Region zu einem **Paradies für Wasservögel** und Fische. Der Fischreichtum der Seen half in schlechten Zeiten der Bevölkerung schon immer zu überleben. Barsche, Hechte, Zander, Karauschen und Aale bevölkern fast jeden See, auch Forellen und Karpfen werden gefangen. Der Königsfisch Masurens allerdings ist die Maräne (*sielawa*), die besonders in den großen Seen vorkommt. Goldgelb geräuchert sind Maränen gefragte Delikatessen auf polnischen Tischen.

Die Wasservögel stehen unter speziellem Schutz, so konnten sich die Kormoran-, Graureiher- und sogar die Kranich-Populationen trotz wachsender Touristenzahlen erholen, so sehr sogar, dass nun die Fischer über sie klagen. Auch Wildenten, Wildgänse und Wildschwäne sieht man recht häufig in Nordpolen,

Paradies für Wasservögel

Der Storch ist Masure

sowie Dutzende andere geschützte Vogelarten wie Rohrdommeln, Kiebitze, Blesshühner und Haubentaucher.

Das Symbol des Nordostens aber ist der Storch. Folgerichtig präsentierte sich die Region bei der Expo 2000 in Hannover unter dem Motto „**der Storch ist Masure**". Tatsächlich ist jeder zweite europäische Storch Pole. Die Mehrzahl davon wiederum verbringt den Sommer in Nordpolen. Das Zahlenverhältnis bei den seltenen Schwarzstörchen ist ähnlich, jeder zweite europäische Schwarzstorch ist gleichfalls Pole. Besonders in Masuren gehören Weißstörche, die menschliche Nähe nicht scheuen, zu jedem Dorf. Die Zahl der Horste ist Legion, und man kann sie zu Dutzenden mit ihrem feierlich gesetzten Schritt hinter den Mähmaschinen der Bauern her schreiten und die frisch gemähten Wiesen nach Beute absuchen sehen.

Ende August sind sie dann über Nacht verschwunden. Auf der Ostroute über den Bosporus fliegen sie in ihr Winterquartier Südafrika. Nur ein paar flugunfähige Störche bleiben in fast jedem größeren Ort zurück und lassen sich bereitwillig von Menschen durchfüttern. Sie danken es mit einer für diese an sich stimmlose Spezies erstaunlichen Vielfalt von Lauten, die man rasch verstehen lernt.

Die Umweltsituation

hohe Umweltbelastungen bis in die 1990er Jahre

Zu Zeiten der kommunistischen Volksrepublik spielte der Umweltschutz keine große Rolle. Einzige Ausnahme waren die Natur- und Nationalparks des Landes, in denen strenge Schutzrichtlinien galten. Noch in den ersten Jahren nach der Wende war Umweltschutz für das junge demokratische Polen ein **unbezahlbares Luxusproblem**. Mittlerweile ist auch in Polen eine starke Sensibilisierung für den Umweltschutz vorhanden, gemäß einer Allensbach-Studie ist den Polen der Umweltschutz sehr wichtig und liegt auf Rang vier der von ihnen benannten wichtigsten Probleme, bei den Deutschen steht er nur auf Rang sechs. Derzeit sehen 83 % der Polen die Umwelt als ziemlich zerstört an. Trotz des wachsenden Wohlstands der letzten Jahre ist man in Polen noch immer mit der Aufarbeitung der zahlreichen Altlasten befasst. Eine erste Investitionswelle im Bereich des Umweltschutzes betraf den Aufbau eines Netzes von modernen Abwasserkläranlagen. Vor allem die Regionen der Odermündung, die Weichselniederung und das Weichseldelta waren extrem von ungeklärt eingeleiteten Abwässern der Städte und großen Industrieanlagen belastet.

Als besonders schädlich zeigte sich dort die in den ersten beiden Nachkriegsjahrzehnten ohne Rücksicht auf die Natur aus dem Boden gestampfte gigantische Werftindustrie, die Unmengen von Energie benötigte. Vor allem Kohlekraftwerke belieferten Industrie und Haushalte mit Strom. Kohle aus dem Schlesischen Revier war bis weit ins letzte Jahrzehnt hinein bevorzugtes Heizmaterial, sie war hoch subventioniert und daher für den Verbraucher preiswert. Filteranlagen kannte man nicht, alle Emissionen wurden einfach in die Luft geblasen, die Abwässer meist ungeklärt in die Ostsee geleitet. Besonders zahlte sich der Einsatz von EU-Fördermitteln vor allem aus den ISPA und PHARE-Programmen zum Bau von zahlreichen **modernen Kläranlagen** aus, hier seien nur Świnoujście/Swinemünde, Toruń/Thorn und Danzig genannt.

Verbesserung der Umweltsituation

Nicht nur die Gewässer- und Trinkwasserqualität hat sich durch die EU-Beihilfen verbessert. In den letzten sieben Jahren konnten in städtischen Bereichen Gasheizungen mit reduzierten Emissionen zum Standard gemacht werden. Der Effekt ist spürbar, man kann im Winter wieder freier atmen. Allerdings ist das Heizen mit Erdgas spürbar teurer geworden, seit die Förderprogramme zur Umstellung für Hausbesitzer ausgelaufen sind.

Eine gewisse Entlastung der städtischen Umwelt brachte zunächst die rasche Erneuerung des polnischen Autoparks. Es gibt heute kaum noch veraltete Abgasschleudern auf Polens Straßen. Andererseits wuchs eben dieser Autopark sehr schnell gewaltig an, heute kommen über 300 Autos auf 1.000 Polen, in Deutschland sind es 540 pro 1.000 Einwohner. Der Lkw-Verkehr explodierte geradezu, was weder dem polnischen Straßennetz noch der Umwelt zuträglich ist. Man rechnet bis zur vollständigen Implementierung von EU-Standards, die man zwischen 2010 und 2015 erwartet, mit einem weiteren Investitionsbedarf um 40 Milliarden Euro.

Das Wissen um die **Bedeutung des Umweltschutzes** konnte binnen weniger Jahre im gesellschaftlichen Bewusstsein verankert werden. Immer mehr Polen akzeptieren, dass es eine intakte Umwelt nicht zum Nulltarif gibt. Nach Umfragen des Allensbach-Instituts steht der Umweltschutz in der Prioritätenliste der Polen auf Platz vier, 97 % der Menschen dort haben Interesse am Umweltschutz.

Bedeutung des Umweltschutzes nimmt zu

Masuren und der ganze Nordosten sind von den weiten Wäldern sowie der Landwirtschaft geprägt. Die Landwirtschaft in dieser Region ist immer noch von kleinen und kleinsten Einheiten bestimmt. Bei einer durchschnittlichen Hofgröße von 7,5 ha hat der Bauer kein Geld für den Einsatz von Kunstdünger und Pestiziden. Anders war das bei den großen Staatsgütern, aber die sind seit Jahren außer Betrieb. Eine stärkere Bodenbelastung durch Landwirtschaft ist dort also nicht gegeben. Besonders gefördert wird in Masuren die ökologische Landwirtschaft in Verbindung mit dem Öko-Tourismus, hierin sieht man eine der Entwicklungschancen der Region.

Nicht ganz so schadlos haben Polens Wälder die Zeiten der straflosen Umweltsünden überstanden, auch nicht im **kaum industrialisierten Nordosten**. Insgesamt sind 10 % der polnischen Wälder durch Industrieabgase angegriffen, fast 50 % werden regelmäßig von Schadstoffwolken berührt. Der Nordosten wurde von diesen Waldschädigungen nicht so stark betroffen, einmal wegen der Abge-

Städtisches Freibad Ostróda

schiedenheit, zum anderen wegen der herrschenden Hauptwindrichtungen.

Schon in den 1970er und 1980er Jahren erkannte man, dass auf Dauer auch die außergewöhnlichen Naturparadiese des Nordostens gefährdet sind, und schuf ausgedehnte Schutzgebiete, die weit über die betroffenen Naturobjekte hinausreichten. Bereits 1983 wurde von *Krzysztof Wolfram* die Konzeption „**Grüne Lunge Polens**" begründet. Dieses großräumige Projekt verarbeitete erstmals in Polen die gesamten wirtschaftlichen, landwirtschaftlichen, ökologischen und gesellschaftlichen Prozesse zu einem schlüssigen Gesamtkonzept, das weiter ausgebaut wird.

sanfter Tourismus

Ganz im Sinne dieser Konzeption setzt die Region auf sanften Tourismus, der die Umwelt schont. Das setzt natürlich saubere Seen voraus. Das Problem war bei den Seen ähnlich gelagert wie an der Ostsee, es gab zu wenig moderne Klärwerke mit biologischer Abwasserreinigung. So waren vor allem die Seen, an denen größere Orte und Feriensiedlungen lagen, stark verschmutzt. Besonders galt das für die Gegenden um Nikolaiken und Lötzen sowie die großen Seen. Mittlerweile wurde auch hier ökologisch nachgerüstet, über 100 Klärwerkanlagen wurden in der Wojewodschaft Warmia i Mazury seit der Wende gebaut oder modernisiert. Die Allensbacher Umfrage bestätigt, dass die Wasserqualität den Menschen in Polen unter den Umweltproblemen am wichtigsten ist.

Heute steht die **Wasserqualität in Masurens Seen** unter ständiger Kontrolle der Gesundheitsämter „Sanepid", die auch bei kleinen Veränderungen sofort Alarm schlagen. Die Luftverschmutzung in der Region wurde durch die bessere Filterung der Emissionen von Kohleheizungen und der Propagierung von Gasheizungen auf ein Zehntel der Vorwendezeit reduziert. Nennenswerte Industrie gibt es in Masuren nicht. Der Straßenverkehr hat sich zwar binnen zehn Jahren vervierfacht, moderne Motoren blasen aber weit weniger Abgase in die Luft als die alten Ostblockmodelle, sodass die Belastung besonders durch CO_2 jahrelang abnahm und nun stagniert.

Ein Problem könnte gerade im waldreichen Masuren die wachsende Zahl der Holzverfeuerung in dafür nicht konstruierten Anlagen werden, die für die Gasverbrennung ausgelegt sind. Das zeigt, wie gefährdet der Umweltschutzgedanke in einem immer noch keineswegs reichen Land ist. Immerhin hat man erkannt, wie überlebenswichtig eine **ökologische Ausrichtung** aller Entwicklungsstrategien gerade für Masuren ist. Eine intakte Umwelt ist die Voraussetzung aller Entwicklung und wird vor Ort als der einzigartige Pluspunkt der Region verstanden, der nun auch werblich genutzt wird.

Klima und Reisezeit

klimatische Schnittstelle

Polen liegt in jeder Hinsicht an der Schnittstelle zu Osteuropa, auch klimatisch gesehen. Genau im Übergangsbereich zwischen kontinentalem osteuropäischem Klima mit den langen, kalten Wintern und kurzen, heißen Sommern einerseits sowie dem ozeanischen mitteleuropäischen Klima mit milden Wintern und relativ feuchtem Sommer liegt unser Nachbarland.

Diese Mittellage bringt zwar größere Wetterschwankungen mit sich, deren Ausschlag aber nicht so stark ist wie in Norddeutschland und dem westlichen Mitteleuropa.

So kann man denn in Polens Norden etwa westlich der Weichsel mit etwas kühleren und feuchteren Sommern als im Nordosten rechnen. **Gemäßigte Seewetterlagen** sind die Regel, wenig beständig, aber selten mit längeren Schlechtwetterphasen. Das milde Ostseeklima verspricht im Sommer sowohl deutlich mehr Sonnentage als im Nordwesten Deutschlands als auch höhere Temperaturen. Dabei kann man das Gebiet bis gegen Kołobrzeg/Kolberg als **polnische Riviera** einstufen, je weiter man nach Osten kommt, desto kontinentaler wird das Klima, heißer im Sommer, kälter im Winter.

Badeurlaub an der Ostsee

Das Risiko eines total verregneten Badeurlaubs an der polnischen Ostseeküste ist also relativ gering. Im Gegenteil, nach einem Gewitter mit Platzregen scheint Pommern kurz das Wasser abzuschütteln, die Pfützen versickern im dampfenden Boden, und bald scheint die Sonne wieder, als ob nichts gewesen wäre. Häufiger wird man über 30° heiße Sommertage erleben. Ein Bad in der Ostsee ist auch im Hochsommer erfrischend, wird sie doch in Polen selten über 20° warm, auf der frischen Nehrung werden es meist gar nur 17–18°.

Der Nordosten, also vornehmlich die östlich der Weichsel gelegenen Regionen Ermland und Masuren sind, was das Wetter betrifft, schon stark **kontinental geprägt**. Hier herrschen kurze, heiße Sommer und klirrend kalte Winter vor. Im äußersten Nordosten Polens, in der Gegend um Suwałki, liegt der **Eiskeller Polens** mit nicht selten mehr als 30° Frost und ergiebigen Schneefällen.

Wenn man eine Frühjahrsreise ins nordöstliche Polen plant, sollte man bedenken, dass dort der Frühling erst spät einsetzt. Möchte man sicher sein, schöne, warme Tage zu erleben, sollte man erst im Mai reisen. Selbst dann muss man noch mit Frostnächten rechnen. So weit im Osten geht alles viel schneller, die Natur hat nicht viel Zeit nach den langen, harten Wintern. Im Nu sprießt das Grün zwischen den letzten Schneeinseln hervor, ein paar Tage nur, und es grünt und blüht allenthalben.

heiße Sommer

Die Sommer im Nordosten sind oft flirrend heiß, mit **brütender Sonnenglut** und einem alles ausdorrenden, gleichmäßigen Landwind. Gewitter sind in Masuren ein Naturschauspiel urwüchsiger Gewalt, zuckende Blitze am schwarzvioletten Himmel, ein Donnerkrachen, das immer noch der Pruzzengott Perkunos zu dirigieren scheint, und Platzregen, der die Wege kurzfristig zu reißenden Strömen macht. Genauso schnell wie es kam, ist alles wieder vorbei, die Sonne kommt hervor und trocknet das dampfende Land im Nu, bald ist nichts mehr zu sehen von der Urgewalt, nur ein wenig frischer und klarer ist die Luft. Die Wassertemperaturen der Masurischen Seen erreichen allemal die 20°, abhängig von der Tiefe auch schon einmal 25°.

Herbst in Masuren

Eine traumhafte Reisezeit ist der **Frühherbst** mit seinen noch warmen Tagen, und wenn im September die Schulferien vorbei sind, hat man Masuren fast für sich allein. Auch der Oktober hat in Masuren noch seine sprichwörtlich goldenen Tage, selbst wenn sie oft sehr unscheinbar beginnen. Neblig hellgrau hängen Dunstschichten über den Seen, und Feuchte fällt aus den grauen Schleiern, bevor es zügig aufklart. Dann aber belohnt eine wahre Farborgie die Geduld, kaum einen Zwischenton der Farbpalette lassen Masurens Wälder aus.

Der Winter ist auch nicht mehr das, was er einmal war, sagen die heutigen Masuren. Oft mangelt es sogar hier an Schnee, und die Seen frieren erst spät zu. Ab Januar tragen die Eisdecken aber auch heute noch, und dann kommt die beste Zeit für eine **Winterreise**, wenn das Eis dick genug ist für Eislauftouren und Eissegelregatten.

Nordpolen als Kulturlandschaft

Überblick über die polnische Kultur

Die Jahrhunderte der Nichtstaatlichkeit Polens ließen die Kultur des Landes für das breite Publikum des Auslands vielfach im Verborgenen bleiben. Wie Polen insgesamt, ist auch seine Kultur gerade in Deutschland seltsam unbekannt, was auch eine Folge der unseligen Politik des letzten Jahrhunderts ist.

Nein, in Warschau laufen nicht die weißen Bären auf den Straßen umher, Polen ist eine Kulturnation von hohem Rang. Dennoch, fragt man in Deutschland nach polnischer Kultur, kommt höchstens ein Name zurück: ***Frédéric Chopin*** (1810–1849), der in Żelazowa Wola bei Warschau geboren wurde. *Chopins* Bedeutung für Polen liegt in der eigenen Musiksprache die er schuf, in dem er in seinen Mazurkas Elemente polnischer Volksmusik aufgriff und verewigte. So wurde er in den Augen der Polen in seiner zweiten Lebenshälfte im französischen Exil zum wichtigsten Botschafter seines Landes. Andere Komponisten wie *Krzysztof Penderewski* (geb. 1939), *Ignacy Paderewski* (1860–1941) und *Henryk Górecki* (geb.1933) kennen schon nur noch eingeweihte Kreise.

Frédéric Chopin

Jan Matejko im Selbstportrait

Außerhalb des Landes gänzlich unbekannt ist die polnische Malerei. Mehr noch als die anderen Kunstgattungen ist die **polnische Malerei** von Nationalismus und Heroismus geprägt. Polnische Maler sahen mehr noch als Schriftsteller, Komponisten und Baumeister ihre Hauptaufgabe darin, das Ideal der polnischen Nation hochzuhalten. In Polen gilt ***Jan Matejko*** (1838–1893) als größter Maler seines Landes. Monumentale Historiengemälde machten den Hauptteil seines Werkes aus. „Die Schlacht bei Grunwałd“ glorifizierte den Sieg der polnisch-litauischen Heere von 1410 und kann als typisch für eine polnische Kunst gelten, die auch das Geschichtsverständnis der Nation entscheidend mitprägte.

Nicht die künstlerische Qualität ist sowohl bei *Matejko* als auch bei vielen anderen polnischen Malern und Literaten für den außen stehenden Betrachter das Problem. Es ist die Wahl der Themen, die sehr auf Polen fixiert bleiben und aus so sehr verengten spezifisch polnischen Blickwinkeln betrachtet werden, dass die Werke den Nichtpolen einfach nicht ansprechen.

Das nationale Pathos beiseite gezogen zu haben, ist das besondere Verdienst von ***Stanisław Wyspiań***, der zum Wegbereiter der polnischen Moderne wurde.

polnische Moderne

Selbst die polnische Literatur hat kaum Eingang in die Bücherschränke breiter Massen in Westeuropa gefunden, obwohl die meisten polnischen Literaten zeitweise im Exil lebten. Unter diesen Exilanten war auch ***Adam Mickiewicz*** (1798–1855) der von den Polen selbst als größter Dichter ihres Landes verehrt wird. Er schrieb das polnische Nationalepos „Pan Tadeusz".

Literaturnobelpreisträger

Bereits vier polnische Namen zieren die Liste der Literaturnobelpreisträger. ***Henryk Sienkiewicz*** (1846–1916) erbaute seine Landsleute mit Historienromanen, allerdings ohne die Historie dabei allzu wissenschaftlich zu sehen. Den Nobelpreis erhielt er 1905 für „Quo Vadis", das durch die Hollywoodverfilmungen ebenso weltberühmt wurde wie „Ben Hur", ohne dass dabei die polnische Urheberschaft ins Bewusstsein der Welt drang. ***Władysław Reymont*** (1867–1925) wurde 1924 für sein Werk „Die Bauern" mit dem Literaturnobelpreis ausgezeichnet. Der Autor ***Czesław Miłosz*** (geb. 1911) erhielt die Auszeichnung 1980, die Dichterin ***Wiesława Szymborska*** (geb. 1923) wurde 1996 geehrt. Weitere bekannte polnische Autoren, die ins Deutsche übersetzt wurden, sind der Science-Fiction-Autor ***Stanisław Lem*** (geb. 1921), der Lyriker ***Stanisław Jerzy Lec*** (1909–1966) sowie ***Andrzej Szczypiorski*** (1924–2000). Gerade die polnischen Schriftsteller haben immer wieder die Brücke zum Westen geschlagen und die Zugehörigkeit ihres Landes zu Europa betont.

polnische Architektur

Die polnische Architektur ist geprägt von der Vielfalt der Einflüsse an dieser Schnittstelle zwischen Ost und West. Hier gaben sich die von polnischen Herrschern gerufenen größten Baumeister und Künstler ihrer Zeit ein Stelldichein. Die Literatur hat es einfacher als das steinerne Kulturerbe, man kann sie leicht mitnehmen. Das Problem bei vielen Baudenkmälern dieses Raumes ist die **nationale Zuordnung** – was ist ein polnisches Bauwerk? Bei Krakau ist es eindeutig, aber wie ist es mit Lemberg/Lviv oder Wilna/Vilnius oder Gdańsk/Danzig? Die über die Jahrhunderte immer wieder großen Verschiebungen der polnischen Grenzen brachte es mit sich, dass Bauwerke – die nicht portativen Denkmäler polnischer Kultur – heute vielfach außerhalb des Landes liegen. Andererseits befinden sich nach der Westverschiebung des Landes im südlichen Schlesien sowie im gesamten Norden viele Kulturdenkmäler auf dem Territorium des Landes, die nicht polnisch sind. Wie dem auch sei, Polen hat eine **Vielzahl kulturhistorisch bedeutender Bauwerke**, die nach den kolossalen Kriegsschäden vorzüglich wieder aufgebaut wurden. Mehrere von ihnen stehen auf der UNESCO-Liste des Weltkulturerbes, so die Altstädte von Warschau, Thorn und Krakau, die Renaissancestadt Zamość, das Salzbergwerk Wieliczka, die Deutschordensburg Marienburg in Malbork sowie das Konzentrationslager Auschwitz.

Von Burgen, Schlössern und Kirchen – das deutsche Erbe

Der Unterschied ist augenfällig, Nordpolens Baudenkmäler sehen anders aus als das kulturelle Bauerbe der übrigen Landesteile.

Backsteingotik

Die Straße der **Backsteingotik** führte von Stettin quer durch das heutige Nordpolen und bis weit über die polnisch-russische Grenze hinaus. Backstein blieb ein charakteristischer Baustoff dieser Gegend, nicht nur bei Wehrburgen und Sakralbauten. Ein ganzes Netz von Wehrburgen aus der Zeit des Deutschen

Ordens überzieht die Region östlich der Weichsel, allen voran die gewaltige **Marienburg in Malbork** an der Nogat. Aber auch die kleineren Burgen in Olsztyn, Reszel und Lidzbark Warmiński sind hervorragende Zeugen mittelalterlicher Baukunst. Gewaltige Backsteinkirchen sind gleichfalls steinerne Zeugen dieser Epoche, die Danziger Marienkirche, der ganze Fromborker Domhügel stehen hier nur als herausragende Beispiele.

Die Marienburg

Jahrhundertelang wurden auch Profanbauten immer wieder aus den charakteristischen roten Ziegeln errichtet, von preußischen Postämtern, Finanzämtern und Schulen bis hin zu Privathäusern reicht die Reihe der trutzigen Bauten aus Backstein.

Deutsche Siedler folgten dem Deutschen Orden und brachten Traditionen und Baustile ihrer Heimatregion mit, die andere waren als sie in Süd- und Mittelpolen zu finden sind. Vor allem handelt es sich dabei um die sowohl unter repräsentativen Bürgerdomizilen als auch unter schlichteren Bauten anzutreffende **Giebelarchitektur**, die in Polen weniger üblich war. Genauso fremd ist in Polen der im Norden besonders unter alten Speicherhäusern immer noch zu findende **Fachwerkstil**. Fachwerkmauern wurden wegen ihrer Herkunft in Polen „pruski mur", preußische Mauer genannt.

Fachwerkstil

Aber nicht nur Backstein- und Fachwerkarchitektur im heutigen Norden sind anders als traditionelle polnische Bauweisen. Spuren hat dort auch die **Hanse** hinterlassen, viele Stadtkerne erinnern im alten Pommern und Ostpreußen heute noch an die Hansestädte Norddeutschlands. So sprechen in großen Teilen Pommerns, Danzigs und Masurens die Steine immer noch deutsch, denn diese Gebiete gehörten für Jahrhunderte zum deutschen Kulturkreis. Nach dem Krieg waren zwar die Deutschen fort, aber ihre Baudenkmäler blieben. Lange war es ungeliebt, dieses **deutsche Erbe**, erst mit der politischen Wende begann man, sich auch der Bauten anzunehmen, die man nicht überall wie in Danzig geschehen per Dekret „polonisiert" hatte und die vor sich hin rotteten.

Heute betrachtet man die deutschen Hinterlassenschaften als diesen Regionen eigene, bereichernde Vielfalt und bekennt sich zu Erhalt und Pflege des **gemein-**

Bekenntnis zum gemeinsamen Kulturerbe

samen Kulturerbes. Längst arbeiten dabei Deutsche und Polen Hand in Hand, Kultur kennt keine Grenzen mehr.

Viele dieser Kulturdenkmäler erstrahlen in frischem Glanz. Altstadtkerne selbst kleinerer Städte wie Kamień Pomorski/Cammin, Trzebiatów/Treptow a. d. Rega, Darłowo/Rügenwalde oder Lidzbark Warmiński/Heilsberg sind wieder zu kleinen Schmuckkästlein geworden, und in **Elbląg**/Elbing wird ein wahrer restaurativer Kraftakt versucht. Bis auf die Nikolaikirche und einige Häuser war nicht viel geblieben von der historischen Altstadt der heutigen 100.000-Einwohner-Stadt, nun werden die riesigen Baulücken Straßenzug für Straßenzug wieder geschlossen.

Scheinbar mit jedem Bau, mit jeder komplettierten Straße, mit jedem vervollständigten Altstadtkern ändert sich die Sicht auf die Geschichte des polnischen Nordens. Immer mehr kommen die Polen zu einer an den Fakten ausgerichteten Betrachtungsweise ihrer Geschichte mit einer **Anerkennung der zivilisatorischen Leistung** des Deutschen Ordens, der Hanse und selbst der Preußen.

Die Literatur und die deutsche Vergangenheit des Nordens

Lange herrschte auf Seiten der polnischen Literatur Sprachlosigkeit über die deutsche Vergangenheit Nordpolens sowie über den Komplex Flucht und Vertreibung der deutschen Bevölkerung. Erst nach der politischen Wende entdeckten polnische Autoren vermehrt dieses Thema für sich. Auch wenn es anders gewesen wäre, hätte das vorher in Deutschland kaum jemand erfahren, denn selbst die kongenialen Übersetzungen eines *Karl Dedecius* vermochten es nicht, polnische Literatur in Deutschland bekannt zu machen.

Flucht und Vertreibung als literarisches Thema

Seit dem Barock hat Polens Literatur immer wieder ihren **europäischen Rang** bewiesen, beteuern Literaturwissenschaftler. Allerdings bezogen polnische Schriftsteller ihre Themen überwiegend aus der nationalen Geschichte, dem Kampf um die staatliche Souveränität und das mit einer sehr polnischen Sichtweise, die einer über Polen hinausgehenden Verbreitung nicht förderlich war.

Polen als Gastland bei der Buchmesse

Einen Schub hin zu größerer Bekanntheit dürfte allerdings die **Frankfurter Buchmesse 2000** bewirkt haben, bei der Polen Gastland war. Besonders die Gegenwartsliteratur Polens mit ihrer Offenheit und Abkehr von den alten Themen erfreut sich steigender Beliebtheit. *Czesław Miłosz* begann als einer der Ersten vom Zusammenleben der Völker zu schreiben. An ein verlorenes Stück europäischer Kultur erinnert sein Buch „Die Straßen von Wilna". Auch das „Tal der Issa" beschreibt einen scheinbar fremden Traum von Heimat, ein Arkadien des friedlichen Miteinanders.

Die **Nachbarn wurden also zum Thema**, seien es Juden, Ukrainer, Weißrussen oder auch Deutsche. Irritiert stellten die Polen fest, dass auch ihre Nachbarn Opfer gewesen waren, sogar auf Deutsche traf das zu. Geradezu verstört nahm die polnische Öffentlichkeit zur Kenntnis, dass es unter den Deutschen

Hunderttausende gab, die unter Polen gelitten hatten. Selbst das Tabuthema Flucht und Vertreibung wurde nun angegangen und mit ihm die deutsche Vergangenheit großer Teile Nordpolens. Ins Deutsche übersetzt wurde *Stefan Chwins* „Tod in Danzig“ und *Paweł Huelles* „Weiser Dawidek“. Beide Autoren befassen sich in ihren Büchern immer wieder mit dem deutschen Danzig.

Stefan Chwins „Tod in Danzig“

Deutsche Schriftsteller befassten sich gleichfalls mit dem heutigen Nordpolen, das einst deutsch und ihre Heimat war. Ihre wichtigsten Bücher sind längst auch in polnischer Sprache erhältlich. ***Ernst Wiechert*** (1887–1950) machte seine Heimat Masuren bekannt. Die Weite, Stille und das Hohelied des einfachen Lebens beschwört er in „Die Jerominkinder“, „Wälder und Menschen“ sowie „Das einfache Leben“. Letzterer Roman erschien erst jüngst in polnischer Sprache, die anderen bereits in den 1970er Jahren, da Wiechert als politisch opportun galt, weil er Antifaschist war und sich niemals abfällig über Polen geäußert hatte.

Auch *Siegfried Lenz, Wolfgang Koeppen* und *Arno Surminski* sind heute hoch angesehene Schriftsteller und werden in ihrer engeren Heimat Masuren besonders geschätzt. Gerade *Siegfried Lenz* betonte in „So zärtlich war Suleyken“ und im „Heimatmuseum“ den speziell **masurischen Charakter** seiner Heimat. Aber selbst Autoren wie *Hans Hellmut Kirst*, der in Ostróda/Osterode geboren wurde, wird heute als großer Sohn der Stadt betrachtet, und seine 08/15-Trilogie fehlt dort in keiner Buchhandlung.

Danzig und Günter Grass

Günter Grass wurde nach dem Erhalt des Nobelpreises nirgends so gefeiert wie in seiner Heimatstadt. Die Danziger schienen schier zu platzen vor Stolz, als er erstmals nach der Verleihung in seine Vaterstadt kam. Eine Parade der Blechtrommler geleitete ihn durch Wrzeszcz/Langfuhr. Unmengen von Kindern waren ausgestattet mit allem, was nur irgend zum Scheppern taugte, und erinnerten an die „**Blechtrommel**“. Nicht nur wegen der literarischen Denkmäler, die *Grass* seiner Stadt in der „Danziger Trilogie“ setzte, ist der Schriftsteller so populär. In Polen schätzt man sein politisches Engagement, das immer zur Versöhnung mit dem Nachbarn aufrief. Er war der erste Deutsche, dem man im Lande gestattete, das Thema Flucht und Vertreibung vor laufenden Kameras mit polnischen Journalisten und Schriftstellerkollegen zu diskutieren.

Ihm gelang damit, was noch vor zehn Jahren undenkbar war, eine **vorurteilsfreie Diskussion**, sichtbar schmerzhaft für *Grass* und seine Gesprächspartner, voll Bemühen um Aufrichtigkeit und getragen von dem Gedanken, dass Nachbarn auf dem Weg zur Aussöhnung sich alles sagen können müssen.

Die polnische Sprache

slawische Sprache

Bis zu fünf Konsonanten hintereinander, die eine Vielzahl von Zischlauten ausdrücken, schier unendliche Reihen von Konjugationen und Ausnahmen sowie Deklinationen mit sieben Fällen lassen auch den willigsten Polnisch-Schüler ins Schwitzen kommen. Eindeutig: Polnisch zu lernen ist mühsam, denn es gilt als **die schwerste der slawischen Sprachen**. Selbst das Russische, zu dessen Beherrschung man immerhin zunächst einmal das kyrillische Alphabet lernen muss, ist bei weitem einfacher strukturiert. Nicht nur zig verschiedene Zischlaute gibt es, eine Vielzahl von Vokalen kommen noch dazu. Zu den uns bekannten Selbstlauten kommen noch Nasallaute dazu, und mit Sonderzeichen bringt es das polnische **Alphabet auf 32 Zeichen**.

Polnisch gehört zum Stamm der westslawischen Sprache, zu dem noch das Tschechische, das Slowakische sowie das Sorbische gehören. So kommt es, dass Polen und Tschechen sich noch am ehesten verstehen, nicht aber Russen und Polen, da Russisch wie Weißrussisch und Ukrainisch zu den ostslawischen Sprachen gehört. Dennoch gilt für Westeuropäer: wer Russisch spricht, wird Polnisch leichter lernen und umgekehrt. Das Beherrschen einer slawischen Sprache erleichtert den Zugang zu anderen, da zumindest die Bedeutungen vieler Wortstämme bereits bekannt sind.

Einer der Gründe der Kompliziertheit dieser Sprache liegt in ihrer **relativen Altertümlichkeit**, an der wiederum die lange Nichtexistenz des polnischen Staates nicht ganz schuldlos ist. Es fehlte der Modernisierungsdruck gerade der letzten beiden Jahrhunderte, der in anderen europäischen Ländern zu Straffungen und Vereinfachungen führte.

RZECZPOSPOLITA

DOBRA Firma

Zastrzelony z zimną krwią?

Akcyza i tak będzie wyższa

Hrabina Marion Dönhoff nie żyje

Jesteśmy gotowi

Polnische Zeitung

Weil jahrhundertelang die Sprache relativ rein erhalten wurde, schlug im Jahrzehnt nach der Wende eine wahre Nachholflut über das Land. Nicht nur Sprachpuristen sahen die polnische Sprache an der amerikanisierenden Globalisierung zerbrechen. Zwar wurde ein **Gesetz zur Reinhaltung der polnischen Sprache** erlassen, das vor allem in den Schulen und den Medien gutes Polnisch ohne allzu viel Amerikanismen verlangt, die Mittel zur Durchsetzung sind allerdings beschränkt. Das Gesetz ist nicht einmal unpopulär, dennoch kann es höchstens solchen Auswüchsen Paroli bieten, wie sie auch in unseren TV-Werbespots gängig sind, von denen etliche längst völlig ohne die Landessprache auskommen.

Als bedenklich sieht man, dass viele der neuesten Anglizismen nicht einmal mehr „polonisiert“ werden, sondern eins zu eins übernommen werden.

Da versucht man nun anzusetzen. Bis dato wurde nämlich fast alles wenigstens **in der Schreibweise in die polnische Sprache übertragen**. Den Computer schreibt man in Polen komputer und spricht ihn auch so aus. Sogar die Hamburger bekommen wenigstens noch die korrekte Pluralendung und heißen hamburgery, auch die Pommes frites werden schlicht zu frytki gemacht.

Die Tradition, Begriffe ins Polnische zu übertragen ist alt und betrifft auch Namen und Orte. Auch heute noch sagt man Nowy Jork zu New York und Waszyngton zu Washington. Kein Mensch würde sich in Polen quälen, um München richtig auszusprechen, man sagt Monachium und zum Fußballclub Bawaria Monachium. Über die Versuche der Deutschen, Wrocław oder Szczecin richtig auszusprechen, amüsiert man sich im heutigen Polen nur noch, immer öfter hört man „Sagen Sie doch Breslau oder Stettin!".

Natürlich gibt es auch **Fremdwörter** im Polnischen, Worte wie bagaż (Gepäck) und bagietka (Baguette) können ihre französische Herkunft nicht verleugnen. Auch viele deutsche Einsprengsel gibt es, was nicht eben erstaunlich ist wenn man bedenkt, dass Teile Polens lange unter deutscher Herrschaft standen, von fajerant (Feierabend) über den handel (Handel) und den majster (Meister) geht es bis zu szlam (Schlamm) und szlif (Schliff).

fajerant = Feierabend

Das kann natürlich nur eine kleine Ermutigung sein, es wird eine ganze Zeit dauern, bis der Sprachschüler das polnische Gegenstück zu Fischers Fritze auch nur halbwegs verständlich herausbekommt: chrząszcz brzmi w trzcinie w Szczebrzeszynie.

Gesellschaft und Politik

Bevölkerungsstruktur

Im Gegensatz zum Vorkriegspolen, in dem nur 69 % der Einwohner Polen waren, ist die heutige Republik ein Nationalstaat mit einer **ethnisch sehr homogenen Bevölkerung**, 97 % der 38 Millionen Einwohner sind Polen. Die großen Dramen des vergangenen Jahrhunderts, das Kriegsgeschehen und der Holocaust, in dessen Verlauf die jüdische Bevölkerung Polens ausgelöscht wurde, hatten das bewirkt. Dazu kamen die Grenzverschiebung nach Westen, Flucht und Vertreibung der deutschen Bevölkerung. Umsiedlungsaktionen wie die der Ukrainer im Südosten Polens taten ein Übriges.

ethnisch homogene Struktur

Nach dem Ende des Zweiten Weltkrieges gab es **große Wanderungsbewegungen** in der polnischen Bevölkerung. Millionen folgten den Industrialisierungskampagnen vom Land in die Städte, Menschen aus den verlorenen polnischen Ostgebieten wurden meist in den ehemals deutschen Gebieten angesiedelt.

Nur knapp 24 Millionen Menschen lebten nach dem Kriegsende im heutigen Polen, vor dem Krieg waren es noch 35 Millionen gewesen. Entscheidend begann sich das erst in den 1960er Jahren zu ändern, es gab keinen Pillenknick wie im Westen, sondern die Geburtenrate blieb bis in die 1980er Jahre hin hoch.

Erst nach der Wende begann die Geburtenrate in etwa auf das deutsche Niveau abzusinken, denn im Gegensatz zu früher betreibt der Staat keine Rundumfürsorge mehr, es gibt keine kostenlose Betreuung und keinen mehrjährigen bezahlten Erziehungsurlaub mit Wiedereinstellungsgarantie mehr, Kinder wurden auch in Polen plötzlich zum Kostenfaktor im Familienbudget, der nicht mehr so ohne weiteres tragbar war.

junge Gesellschaft

Noch aber ist Polen eine **junge Gesellschaft**, 68 % der Bevölkerung sind im Alter zwischen 15 und 65 Jahren, nur 12 % sind im Rentenalter. Die Entwicklung geht auch in Polen deutlich hin zum Kippen der Alterspyramide, das Bevölkerungswachstum ist zum Stillstand gekommen mit der Tendenz Richtung Abnahme.

Polen ist im Vergleich zur Bundesrepublik ein dünn besiedeltes Land mit durchschnittlich 123 Einwohnern pro Quadratkilometer (BRD: 228). Dabei gibt es große regionale Unterschiede, in den Ballungsräumen um die großen Städte und Industriezentren leben bis zu 500 Einwohner auf einem Quadratkilometer, in Masuren nur gerade mal 60. Zwar hat die Verstädterung der polnischen Bevölkerung nach dem Zweiten Weltkrieg einen rasanten Zuwachs genommen und schnellte von 31,8 % bis auf heutige 61,6 % hoch, aber **38,4 % Landbevölkerung** sind immer noch fast so viel wie beispielsweise im Vorkriegs-Ostpreußen mit damaligen 40 %.

Generationen in Polen

dünn besiedeltes Land

Die nichtpolnische Bevölkerung des Landes besteht aus etwa 300.000 Deutschen im Norden und in Schlesien, um 250.000 Ukrainern im Südosten, 200.000 Weißrussen im Osten und 25.000 Litauern im Nordosten sowie etwa gleichviel Tschechen und Slowaken im Südwesten. Dazu kommen noch um die 5.000 Juden. Genaue Zahlen gibt es nicht, Statistiken über die Volkszugehörigkeit werden in Polen nicht geführt. Alle nationalen und ethnischen **Minderheiten** sind als solche anerkannt und genießen besonderen gesetzlichen Schutz sowie Förderung ihrer kulturellen und sprachlichen Identität.

Nordpolnische Besonderheiten – die deutsche Minderheit

Im Norden Polens, im ehemaligen Pommern, Ostpreußen und in Danzig, wurde die Bevölkerung bei Kriegsende fast vollständig „ausgetauscht“, mehr noch als im südlichen Schlesien, wo es noch geschlossene deutsche Siedlungsgebiete gibt.

anerkannte nationale Minderheit

Es gibt auch in Nordpolen noch Reste der deutschen Bevölkerung, allerdings leben sie dort verstreut. Bis zur politischen Wende war sowohl von offiziellen Stellen als auch von Seiten des Klerus die Existenz einer deutschen Volksgruppe in Polen geleugnet worden. Das hat sich fundamental geändert, die Deutschen sind eine anerkannte nationale Minderheit, deren Schutz der **deutsch-polnische Nachbarschaftsvertrag** absichert.

Jugendgruppe der deutschen Minderheit Ostróda

Es war ein langer Weg vom Kriegsende, als die Deutschen zur Minderheit wurden, bis zur Registrierung der ersten deutschen Vereine nach der Wende. Dazwischen lagen die Verifizierung als „zwangsgermanisierte Polen“, dauernder Druck, der Spagat zwischen dem Erhalt der eigenen Identität und dem Verbergen der eigenen Volkszugehörigkeit, um Pressionen zu entgehen.

Deutsche Gesellschaften

Wie Pilze schossen nach der Wende deutsche Vereine aus dem Boden, die Polen trauten ihren Augen kaum, hatte man ihnen doch Jahrzehnte lang erklärt, es gäbe keine Deutschen mehr im Lande. Den **Deutschen Sozio-Kulturellen Gesellschaften** gehören rund 285.000 Mitglieder an, der weit überwiegende Teil von ihnen allerdings in Schlesien. In Masuren dürften noch etwa 20.000 Deutsche leben.

Es wird besonders im Norden zunehmend schwierig, zwischen polnischer Mehrheit und deutscher Minderheit zu trennen, denn mehr als fünfzig Jahre nach Kriegsende leben mittlerweile fast alle in gemischten Familien, die Assimilierung schreitet zwangsläufig rasch voran.

Im Norden Polens gibt es **46 deutsche Vereine**. Wegen der verstreuten Siedlungsstruktur gibt es politische Erfolge hier nur für einzelne Vertreter der Minderheit, gemeinsame Listen hätten anders als in Schlesien keine Erfolgschancen. Dort nimmt die deutsche Minderheit mit eigenen Listen an den Wahlen zum Nationalparlament teil. Im Herbst 2001 konnten zwei Mandate aufgrund des **Minderheitenprivilegs** errungen werden, das die Volksgruppen von der 5-%-Sperrklausel ausnimmt. In einem unterschied sich die Minderheit bei dieser Wahl überhaupt nicht mehr von der Mehrheit, auch unter ihren Mitgliedern nimmt die Wahlbeteiligung von Wahl zu Wahl ab.

große Fortschritte

Große Fortschritte erzielte die deutsche Minderheit im Bildungswesen, Deutschunterricht ist den deutschen Kindern garantiert, die Zahl der Deutschlehrer, die vor der Wende kaum vorhanden waren, wächst stetig.

Doppelstaatsbürgerschaft

Und noch etwas haben die Deutschen in Polen erreicht, etwas, was es theoretisch weder in Polen noch in Deutschland gibt, denn die meisten von ihnen sind mittlerweile neben dem polnischen auch im Besitz eines deutschen Passes. Von beiden Staaten wird die **Doppelstaatsbürgerschaft** stillschweigend geduldet, da sie die Menschen in ihrer Heimat hält. Der zweite Pass ermöglicht den Deutschen aus Polen eine legale Arbeitsaufnahme in Deutschland. Diese Möglichkeit wird wegen der räumlichen Nähe zum Großraum Berlin vor allem von Menschen aus Schlesien genutzt, was am vergleichsweise hohen Lebensstandard in der Region sichtbar wird. Sich selbst sehen die Deutschen in Polen in der Funktion einer Brücke zwischen Deutschen und Polen, zwischen Vergangenheit und Zukunft.

Religion

Nicht nur was die ethnische Zusammensetzung betrifft ist das heutige Polen ein sehr homogenes Land, bei der Religionszugehörigkeit ist es so ähnlich. Die mit **95** % überwältigende Mehrheit der Polen bekennt sich zum **römisch-katholischen Glauben**. Unter den anderen Religionsgemeinschaften sind die Orthodoxen mit 550.000 Gläubigen – meist Weißrussen oder Ukrainer – die stärkste Glaubensgemeinschaft. Weiterhin gibt es in Polen noch gut 100.000 Protestanten der Augsburgisch-Lutherischen Kirche, etwa 110.000 ukrainische Unierte sowie um die 5.000 Juden.

Jahrhunderte lang galt in unserem Nachbarland **polnisch gleich katholisch** und die Rolle der Kirche in der polnischen Geschichte kann nicht hoch genug bewertet werden. Sie trug entscheidend zum Zusammenhalt der Nation während der Fremdherrschaft bei und war Hort der Sprache und Kultur.

aktiver Widerstand

Die katholische Kirche stand auch während der schlimmen Zeit der nationalsozialistischen Gewaltherrschaft an der Seite der Menschen in Polen, **große Teile des Klerus nahmen aktiv am Widerstand teil.** Die Kirche zahlte einen hohen Preis für die Solidarisierung mit dem bedrängten polnischen Volk, fünf Bischöfe und über 2.000 Priester wurden ermordet. Auch die kommunistische Partei war nicht in der Lage, das Band zwischen Kirche und Volk zu zertrennen.

Trotz aller anfänglichen Zwangsmaßnahmen im Kirchenkampf und der Inhaftierung des **Kardinals *Stefan Wyszyński*** gelang es der Partei nicht, die Kirche zu kontrollieren. Mit der Tauwetterphase von 1956 lief der Kirchenkampf sang- und klanglos aus.

Wie so oft in der Geschichte wurde auch die katholische Kirche Ende der 1970er Jahre zunehmend zu Zuflucht und Freiraum der Opposition.

Die Kirche lebt

Vor allem der 1978 zum Papst gewählte Krakauer Kardinal ***Karol Woytyła*** spielte einen entscheidenden Part für das Entstehen der Solidarność und letztlich die politische Wende im Land. Schon sein erster Besuch in seinem Heimatland stellte klar, hinter wem das Volk stand, zehn Millionen Polen jubelten ihrem Papst zu.

Es war die katholische Kirche, die eine **entscheidende Rolle bei der Demokratisierung** spielte. Während des Kriegsrechts manifestierte sie durch ihre Forderungen, wen sie favorisierte, der Ton blieb aber immer so besonnen und gemäßigt, dass die Kirche weiter nicht nur ihre Rolle als Zufluchtsort sondern auch als Ordnungsfaktor im Land spielen konnte. Als die Parteiherrschaft sich 1989 unter dem Einfluss der Perestroika in Nichts aufgelöst hatte, wähnte sich der polnische Primas *Józef Glemp* am Ziel. Es zeigte sich aber, dass die Kirche zu den **eigentlichen Verlierern des gesellschaftlichen Umbruchs** nach der Wende wurde.

wichtige Rolle bei der Demokratisierung

Längst spricht sich die Mehrheit der Polen gegen den übergroßen Einfluss der Kirche in Politik und Gesellschaft aus, sogar die Zahl der Kirchgänger nahm deutlich ab. Die Jahrhunderte währende Funktion des Wahrers polnisch-katholischer Traditionen und Werte kann vom Episkopat nicht in die freie, demokratische Gesellschaft hinüber transportiert werden. Die Kirche tut sich schwer mit der Säkularisierung der Gesellschaft und der Verwestlichung des Landes sowie der Abnahme ihrer Bedeutung für die polnische Gesellschaft.

Dennoch ist Polen **immer noch ein katholisches Land**, in dem die weit überwiegende Mehrzahl der Menschen treu zur Kirche steht. Immer noch bezeichnen sich 93 % aller Polen als gläubige Katholiken und 55 % gehen regelmäßig zur Messe, was Polen zum „zweitkatholischsten Land“ nach Irland macht.

Johannes Paul II. starb am 2. April 2005. Für die Polen war dieser Papst nicht nur religiöses Oberhaupt, er war DIE Autorität in einer Gesellschaft im Umbruch, stand tatsächlich wie ein Fels gegenüber einer Politikerschaft, die den Polen selbst zunehmend desavouiert gegenüber stand, verstrickt in Skandale, sich selbst demontierend. Er gab Halt und Orientierung auch in politischen Fragen, wie zuletzt beim EU-Beitritt, als sein Wort fast allein die Polen dazu brachte, in ausreichender Anzahl zum Referendum zu gehen. Nun gibt es diesen Übervater nicht mehr, den auch fast alle diejenigen Polen als Autorität anerkannten, die sich selbst als nicht gläubig oder als eifrige Kirchgänger bezeichneten. Aber nicht nur eine Autorität war *Karol Woityła*, er war wie ein persönliches Familienmitglied eines jeden Polen, entsprechend groß ist die Trauer.

Man hatte nicht ernsthaft damit gerechnet, dass *Johannes Paul II.* in seinem Testament verfügt haben könnte, er wolle in Polen beigesetzt werden, obwohl mancher Pole dies insgeheim gehofft hatte. Eine andere Variante scheint aber möglich: Nach einer Seligsprechung könnten die Gebeine des Papstes exhumiert und nach Polen überführt werden. Polen stand still am 8. April 2005, dem Tag der Beisetzung in Rom. Staatstrauer war angeordnet, alle Flaggen wehten auf Halbmast, alle Schulen, Läden und Betriebe waren geschlossen. Millionen von Polen strömten in die Gottesdienste im Lande, folgten gemeinsam den auf Großbildwände übertragenen Feierlichkeiten in Rom, empfingen zeitgleich die Kommunion. Allein auf der Błonia-Wiese bei Krakau fanden sich wie an allen Tagen zuvor eine Million Gläubige ein, mindestens zwei Millionen Polen waren nach Rom gereist.

In Polen bricht nun eine Zeit des Suchens nach neuen Orientierungen und Identifikationen an, eine Zeit, in der man sich ein wenig verwaist fühlen und weiter Halt in den Worten des polnischen Papstes suchen wird, seine Schriften eifrig studieren wird.

Verwaltung und Politik nach der Wende

Die Republik Polen ist seit dem 1.1.1999 verwaltungsmäßig in drei Ebenen gegliedert. Sie besteht aus 16 Wojewodschaften, 308 Land- sowie 65 Stadtkreisen und 2.489 Gemeinden. Die kleinste Verwaltungseinheit bilden also ähnlich wie bei uns die **Gemeinden**, mit in allgemeinen Wahlen gewählten Gemeinderäten. Oberster Repräsentant ist je nach Größe der Gemeindevorsteher, Bürgermeister oder bei kreisfreien Städten der unserem Oberbürgermeister entsprechende Stadtpräsident.

Die **mittlere Verwaltungsebene ist der Landkreis**, dem jeweils bis zu 20 Gemeinden angehören. Ebenfalls in allgemeinen Selbstverwaltungswahlen wird der Kreisrat gewählt, an dessen Spitze der Starost steht, der unserem Landrat gleichkommt. Erst nach der Wende wurde diese mittlere Ebene wieder eingeführt, die man 1975 abgeschafft hatte.

Wojewodschaft

Die **größte Verwaltungseinheit Polens ist die Wojewodschaft**. Seit der territorialen Dezentralisierung von 1999 besitzt das Land nun 16 große, unseren Ländern ähnliche Wojewodschaften. Gegenüber den alten 49 bezirksähnlichen Wojewodschaften sind die neuen Verwaltungseinheiten mit wesentlich mehr Kompetenzen ausgestattet.

Die Macht in der Wojewodschaft geht vom gewählten Regionalparlament Sejmik aus, an dessen Spitze der Wojewodschaftsmarschall (Parlamentspräsident) steht. Der **Wojewode** hingegen ist kein aus dem Parlament gewählter Funktionsträger, sondern örtlicher Interessenvertreter der Warschauer Zentralregierung und wird vom Ministerpräsidenten ernannt. Dieses Amt ist also ein ähnliches Konstrukt wie unser Regierungspräsident. Die polnische Wojewodschaft, die ja de facto wie ein Bundesland ist, hat also keine vollständige eigene Regierung, die vom Parlament kontrolliert wird, Teile der Exekutive wie eine Regierung mit Ministerpräsident fehlen. *fehlende Exekutive*

Seit dem 17.10.1997 ist die neue **polnische Verfassung** in Kraft, die alle Verfassungsprovisorien beendete. Nach dieser Verfassung ist Polen ein demokratischer Rechtsstaat, der auf Gewaltenteilung, eine auf Selbstverwaltungswahlen gestützte dezentrale Ordnung und auf die Grundsätze der sozialen Marktwirtschaft baut.

Bundeskanzler Schröder und der polnische Präsident Aleksander Kwaśniewski

Gegenüber den vorherigen Provisorien hat die neue Verfassung vor allem die Stellung des Präsidenten abgeschwächt. Es bedarf jetzt nur noch einer Dreifünftelmehrheit des Parlamentes, um ein Präsidentenveto zu überstimmen, gegenüber der alten Zweidrittelmehrheit. An der Spitze der Exekutive steht der **polnische Staatspräsident** – derzeit der seit 1995 amtierende *Aleksander Kwaśniewski*. Fünf Jahre dauert die Amtszeit des polnischen Präsidenten, einmal kann er wiedergewählt werden. *polnischer Staatspräsident*

Die polnische Regierung besteht aus dem Ministerrat, dem der Premierminister vorsteht, dem wiederum das Parlament das Vertrauen ausspricht.

Die polnische Legislative besteht gemäß Verfassung aus einem Zweikammerparlament. Der Senat, das Oberhaus Polens, hat 100 Abgeordnete, der **Sejm**, die untere Parlamentskammer, besteht aus 460 Abgeordneten. Zusammen bilden beide Kammern die Nationalversammlung und beraten unter dem Vorsitz des Sejmmarschalls (Parlamentspräsident) in bedeutenden Fragen gemeinsam.

Amtierender Premierminister einer Minderheitsregierung der SLD, die aus der kommunistischen Polnischen Vereinigten Arbeiterpartei hervorgegangen war, ist der parteilose *Marek Belka*, ein anerkannter Wirtschaftsfachmann. Er über- *Ministerpräsident Belka*

stand drei Misstrauensvoten und versprach Neuwahlen für der Frühsommer oder Sommer 2005.

Die „Bürger-Plattform" (PO) wird allgemein als mutmaßlicher Sieger der **2005 anstehenden Parlamentswahl** erwartet. Zwar hat sich Marek Belka den Respekt seiner Landsleute erarbeitet, er steht aber obwohl selbst parteilos für die SLD und damit für die „falsche" Partei. Nach dem Parteiaustritt von Wirtschaftsminister *Jerzy Hausner* im Februar 2005, der die Gründung einer neuen Partei der Mitte anstrebt, wird sogar ein Abrutschen der SLD unter die Fünfprozenthürde für möglich gehalten. Damit wäre sie nicht mehr im polnischen Parlament vertreten.

unter 5 %?

Die Wirtschaft

Wirtschaftlicher Überblick

Transformations- und Reformprozesse

Eine enorme Entwicklung hat die polnische Wirtschaft nach der Wende genommen, knallhart war der Wandel zur Marktwirtschaft und eine ausgesprochene Erfolgsstory. Die Regierungen wechselten, der von ***Leszek Balcerowicz*** geplante und begonnene harte Transformations- und Reformprozess der Wirtschaft wurde eisern durchgezogen. Fast alles wurde umgekrempelt oder neu geschaffen, noch nicht alles ist perfekt, nicht alle Reformen gelangen. Die Verwaltungsreform stärkte die Regionen, im Gesundheitswesen wurden Krankenkassen eingeführt und das Bildungssystem westkompatibel gemacht.

Die Steuerreform ist und bleibt umstritten, genau wie das immer noch stark subventionierte Sozialversicherungssystem. Nach der **Schocktherapie der ersten Jahre**, die weite Bevölkerungskreise zunächst verarmen ließ, mauserte sich Polen binnen eines knappen Jahrzehntes zum Tigerstaat des Ostens. In nicht einmal zehn Jahren wurde die Industrieproduktion um 20 % erhöht. Der Fortschritt ist hausgemacht, die Auslandsinvestitionen spielten in den ersten Jahren keine Rolle. Diese offensichtliche Fähigkeit zu aktivem Unternehmertum, die zentrale Lage in Europa, die Tatsache, dass Polen den größten Markt unter den Reformländern darstellt und wachsende Rechtssicherheit im Lande machten Polen zunehmend auch für ausländische Investoren interessant. Das verhalf unserem Nachbarn zum ersten Platz unter den Reformländern, was die Attraktivität für ausländische Investitionen betrifft.

hohe Investitionen

Diese **Auslandsinvestitionen**, die im Jahre 2000 die Grenze von 50 Milliarden Dollar überstiegen, ermöglichten bis dahin eine halbwegs ausgeglichene Zahlungsbilanz. Die hohen Wachstumsraten in den Jahren 1992–2000 schwächten sich 2001 aber stark ab, was zu einem Haushaltsdefizit von etwa 3 % in 2002 führte.

Eine der noch zu bewältigenden Altlasten ist der Abschluss der **Privatisierung** und die Umstrukturierung der noch existierenden Staatsbetriebe. Etwaige Subventionen müssen spätestens zum EU-Beitritt auslaufen. Es wird hier in den nächsten Jahren zu weiteren Entlassungswellen kommen.

Die härteste Nuss, die das Land noch zu knacken hat, ist die Umgestaltung der ineffizienten **Landwirtschaft**. Mehr als ein Viertel der polnischen Beschäftigten sind immer noch in der Landwirtschaft tätig, fünfmal so viel wie im EU-Durchschnitt, dabei erwirtschaften sie aber nur 6 % des Bruttoinlandsproduktes. Zwei Millionen kleine Familienbetriebe zählt man in Polen, die durchschnittliche Hofgröße beträgt 7,5 ha, und das Einkommen dieser Kleinbauern liegt um ein Viertel unter dem Landesschnitt. Zwar hat es während der ganzen kommunistischen Zeit in Polen einen hohen Anteil privater Landwirtschaft gegeben, aber es existierten auch 1.500 Staatsgüter, deren 300.000 Arbeitsplätze mit der Wende ersatzlos wegfielen, fast alle betroffenen Familien leben heute von der Sozialhilfe.

Wirtschaftsmotor Werftindustrie

Man ging beim Beitritt Polens in die EU davon aus, dass vier von fünf polnischen Bauernhöfen auf Dauer nicht überlebensfähig sein werden – ein sozialer Sprengsatz, den es mit Hilfe von Brüssel zu entschärfen gilt, muss man doch davon ausgehen, dass dann 3 Millionen Polen einen Arbeitsplatz außerhalb der Landwirtschaft brauchen.

Wenn man von diesem Problemkreis Landwirtschaft absieht, war Polen jahrelang **Musterschüler** der EU-Neulinge. Ein beständiges Wachstum des Bruttosozialproduktes von über 6 % und eine unter Kontrolle gehaltene Inflationsrate von 4 % beschrieben bis vor kurzem das polnische Wirtschaftswunder.

Wirtschaftsmotor gerät ins Stocken

Doch um die Jahrtausendwende geriet der Motor ins Stottern, Polen ging es wirtschaftlich so schlecht, wie seit Jahren nicht. Vorbei waren plötzlich die Zeiten des rasanten Wirtschaftswachstums, das **Haushaltsdefizit** war mit 88 Milliarden Złoty fatal groß, und Polen taumelte in die weltweite Flaute. Das Budgetdefizit alleine gefährdete sogar den EU-Beitritt, es lag im Haushaltsjahr 2003 bei mehr als 12 % und verfehlte die Vorgaben des Maastricht-Vertrages um ein Vielfaches. Die Arbeitslosigkeit stieg im Jahr 2003 auf fast 19 % im Landesdurchschnitt.

Auch die Fehlleistungen der vorigen Regierung drückten: die Reform des polnischen Gesundheitswesens ist noch unwirksamer als bei uns in Deutschland, und das will etwas heißen. Die Altersvorsorge, die man sich in Polen leistet, wäre auch von reicheren Staaten nicht tragbar. Die sozialdemokratische **Regierung *Miller*** musste harte Schnitte machen, um die Staatsfinanzen zu konsolidieren, was aber nicht immer gelang. Der ausgewiesene Wirtschaftsfachmann und derzeitige Premierminister *Marek Belka* führte diesen Kurs rigoros, aber planvoller weiter.

Die Arbeitslosigkeit stieg von 10,4 % im Jahr 1998 auf nun 19,3 % zur Jahresmitte 2004. Zwar stiegen die monatlichen Bruttolöhne im gleichen Zeitraum von 1.250 zł auf 2.265 zł und verdoppelten sich damit fast, das reale Lohnwachstum betrug aber nur 1,9 %, und das polnische Zinsniveau ist immer noch eines der höchsten in Europa. Vor allem aber musste die Wachstumsprognose immer weiter nach unten korrigiert werden,

drohende Rezession

Die drohende **Rezession**, den Wirtschaftsblues, hat man vor allem durch den immer näher rückenden EU-Beitritt halbwegs auffangen können. Heute beträgt das Wachstum des polnischen Bruttoinlandsproduktes wieder um 6 %. Dennoch hatte es bisher noch keinen durchschlagenden Effekt auf die Arbeitslosenzahlen, die nur langsam, aber stetig fallen. Sollte das Wachstum sich aber in diesem Bereich einpendeln, wird die Arbeitslosigkeit weiter zurückgehen.

Der Publizist und Herausgeber der „Polytika" *Adam Krzeminski* charakterisierte die Lage so: 1/3 der Polen ist auf der sicheren Seite der Transformation angekommen, 1/3 sind Verlierer, die den Anschluss nicht mehr finden, weil sie entweder zu alt sind oder in strukturschwächeren Regionen leben, 1/3 merkt nervös, dass ihm die Zeit wegläuft.

Strukturschwaches Masuren

Zwei große Problemkreise springen ins Auge: die Landwirtschaft und die Arbeitslosigkeit, zwei Kernpunkte der **wirtschaftlichen Strukturschwäche Masurens**, die obendrein auch noch voneinander abhängen.

Zwar scheint der Boom Olsztyn aus allen Nähten platzen zu lassen, aber der Aufschwung ist nie über Olsztyn hinausgekommen, Stadt und Land driften immer weiter auseinander, und je weiter man sich von Olsztyn entfernt oder sich der polnisch-russischen Grenze zum Kaliningrader Gebiet nähert, desto trüber wird die Lage. Werden in der gesamten Wojewodschaft schon nur noch 75 % des gesamt-polnischen Lebensstandards erreicht, sind es dort noch gerade 50 %.

dramatische Arbeitsmarktsituation

Auf dem **Arbeitsmarkt wird die Lage insgesamt immer dramatischer**, am schlimmsten ist die Situation in den Kreisen an der Grenze zum Kaliningrader Gebiet. Das Schlusslicht bildet der Kreis Bartoszyce/Bartenstein mit 33,4 %, dabei gibt es durchaus Orte mit mehr als 50 % Arbeitslosen. Mehr als 80 % der Arbeitslosen haben seit mehr als einem Jahr keine Arbeit mehr und bekommen daher nur noch Sozialhilfe.

In Masuren landen unterdurchschnittlich wenig ausländische Investitionssummen, und wenn, dann hauptsächlich im Tourismusbereich. Masuren ist darüber hinaus als Markt nicht besonders interessant – zu wenig Kaufkraft in einer dünn besiedelten Region mit vielen Arbeitslosen. **Die schlechter als anderswo ausgebildeten Arbeitskräfte** sind auch nicht eben investitionsfördernd, die Randlage mit langen Transportwegen, um andere Märkte zu erreichen, tut ein Übriges.

Den Menschen auf dem Land droht die Zukunft wegzulaufen. Mit dem hohen Tempo der polnischen Wirtschaftsanpassung an EU-Verhältnisse hält Masuren nicht Schritt und droht zum Armenhaus zu werden. Man braucht nur einmal durch die Wojewodschaft zu fahren, schon wird es augenfällig, verträumte Naturlandschaft hin, Idylle her, wenn man genauer hinsieht, bemerkt man den zunehmenden Verfall der Dörfer, kann die immer größeren brach liegenden Flächen nicht mehr übersehen. Der Unterschied zur Hochglanzstadt Olsztyn wächst proportional zur Entfernung von ihr.

Problemkreis Landwirtschaft

Ganz Polen ist noch immer ein Agrarland, 38 % der Einwohner leben auf dem Land. In Masuren, **wo es mit 40,4 % noch mehr Landbevölkerung gibt** und nur ein Drittel der Menschen außerhalb von Landwirtschaft und Lebensmittelverarbeitung tätig sind, werden die Auswirkungen des zu erwartenden Höfesterbens besonders drastisch sein. Transformation wird diese Katastrophe für die Betroffenen umschrieben.

hoher Landbevölkerungsanteil

Im Gegensatz zu anderen Landesteilen war die Zahl der Staatsgüter „PGR" hier verhältnismäßig hoch. Noch heute hat Masuren den höchsten Anteil von Staatsland am anbaufähigen Boden. Der Bevölkerungsaustausch nach dem Krieg brachte es mit sich, dass hier relativ problemlos und ohne große Proteste Boden verstaatlicht werden konnte.

Nach dem Ende des Sozialismus sitzt man jetzt da mit der Altlast, die **Staatsgüter sind geschlossen**, die 40.000 Arbeitsplätze ersatzlos weggefallen, und nur selten gelang es, wenigstens ein paar Hektar zu verpachten, da den Privatbauern das Geld fehlt. So ist es nicht verwunderlich, dass Masuren auch den höchsten Anteil an Brach- und Ödland im polnischen Staatsgebiet hat.

Brach- und Ödland

Auch die meisten der von den PGRs betriebenen Lebensmittel verarbeitenden Betrieben sind geschlossen und nicht an den Investor zu bringen. Ein großer Teil der freigesetzten Arbeitskräfte ist auf dem Arbeitsmarkt kaum vermittelbar. Arbeit findet sich ohnehin fast ausschließlich im Dunstkreis der Städte, die Wege sind weit, das Verkehrsnetz ist nicht eben dicht, denn Masuren ist ein dünn besiedeltes Gebiet mit gerade mal 60 Einwohnern pro km^2.

Viele Kleinbauern, die früher nebenher erwerbstätig waren, haben sich inzwischen ganz in die eigene Landwirtschaft zurückgezogen. Wenn sie überhaupt noch Arbeit hatten, war der Weg so weit, dass der niedrige Lohn die Fahrtkosten kaum deckte. Auch wenn es in erreichbarer Nähe Arbeit gibt, kommen meist nur die schlecht bezahlten, unqualifizierten Jobs in Frage, denn das **Bildungsniveau ist niedrig auf dem Land**, jeder zweite Landbewohner hat keine Berufsschule von innen gesehen und nur einen Grundschulabschluss, jeder zehnte nicht einmal das. Fatal daran ist, dass vom Bildungsstandard das erzielte Einkommen direkt abhängt. Der Qualifikationsbedarf ist riesig, denn das niedrige Bildungsniveau verhindert obendrein viele Modernisierungsbestrebungen.

Von den masurischen Privatbauern leben nicht einmal 40 % ausschließlich von der Landwirtschaft, der Rest bezieht meist Rente, Arbeitslosengeld oder Sozialunterstützung. Selbst wenn also die Hälfte der Privathöfe eigentlich Nebenerwerbswirtschaften sind, das Problem daran ist: diese Nebenverdienste werden zum Überleben gebraucht. Auch in Masuren kommt so zur gemeldeten noch diese **latente Arbeitslosigkeit** in der Landwirtschaft hinzu, die nach Schätzungen des Landwirtschaftsministeriums insgesamt etwa 1 Million Menschen betrifft, mindestens 100.000 davon in Masuren. Obendrein gehen die Realeinkommen in der Landwirtschaft durch heftig steigende Produktionskosten immer schneller zurück. Das führt zu Kaufkraftverlusten, die sich sofort auf die ganze Wirtschaft niederschlagen.

geringe Kaufkraft

Sieht man das alles, ist es kein Wunder, dass Masuren die weitaus **höchste Arbeitslosenzahl** in ganz Polen hat, 30 % gegenüber einem Landesdurchschnitt von 19 %, das heißt, 180.000 Menschen haben dort keine Arbeit, die Hälfte von ihnen lebt auf dem Land. Es gibt sowieso **kaum größere Unternehmen** in der Region, die viele Arbeitsplätze geschaffen haben. Nur drei Firmengruppen haben jeweils mehr als 3.000 Arbeitsplätze. Jeweils fünf dieser Firmen haben sich in den Ballungsräumen um Elbing und Allenstein angesiedelt. Auf dem flachen Land fehlen derzeit sowohl die Infrastruktur, als auch die gut ausgebildeten Arbeitskräfte, wie sie in Produktion und Dienstleistung gebraucht werden und anderswo in Polen zu finden sind.

Entwicklung tut also Not, damit Masuren den Anschluss nicht vollends verpasst.

Polens Weg in die EU

Seit dem 14. März 1996 strebte Polen die EU-Mitgliedschaft an, 1999 begannen die Beitrittsverhandlungen. Ein endgültiges Beitrittsdatum gibt es noch nicht, aber es galt immer als sicher, dass Polen zu den ersten Reformländern gehören würde, welche die Mitgliedschaft erhalten. Das lag auch im Interesse der EU, denn Polen war das **größte Land unter den Beitrittskandidaten** und mit seinen 38 Millionen Einwohnern allemal ein interessanter Markt.

EU-Beitrittsverhandlungen

Der **Problembereich Landwirtschaft** sowie die **Themenkreise Freizügigkeit der Arbeitnehmer sowie Grunderwerb durch Ausländer** bestimmten die öffentliche Diskussion, die oft von tief sitzenden, uralten Ängsten geprägt war. Deutsche und Österreicher fürchteten um ein Anwachsen der Kriminalität und ein Überschwemmen der heimischen Märkte mit billigen polnischen Arbeitskräften. Die Polen wiederum hatten Angst vor dem Ausverkauf des eigenen Bodens an ausländisches Kapital.

Angst vor dem Ausverkauf des Bodens

Langsam kam Bewegung in die Verhandlungen und Polen nahm den EU-Kompromissvorschlag ann. Dieser sieht eine fünfjährige **Übergangsfrist** bis zur Freizügigkeit auf dem Arbeitsmarkt vor, die bei Bedarf um höchstens zwei Jahre verlängert werden kann. Auch bei den Fragen des Grunderwerbs gab es eine Einigung, hier lief es auf eine siebenjährige Übergangsfrist hinaus.

Die Beitrittsverhandlungen wurden im Dezember 2002 beim **Kopenhagener Gipfel** abgeschlossen, die Osterweiterung zum 1. Mai 2004 beschlossen. Der Beitritt Polens zum Schengenabkommen sowie die Teilnahme an der Wirtschafts- und Währungsunion sollen dem Beitritt dann möglichst rasch folgen. Die Hürde des EU-Referendums wurde genommen und nun gehört Polen also seit 1.5.2004 der Europäischen Union an und ist unser zweitgrößter EU-Nachbar.

seit 1.5.2004 in der EU

Es gilt zu hoffen, dass sich die Unstimmigkeiten und Irritationen, die es in dem deutsch-polnischen Verhältnis immer wieder gab, in der Zukunft auflösen oder zumindest entspannen werden. Der EU-Beitritt Polens ist vor allem auch für die polnische Bevölkerung mit vielen Fragezeichen versehen. Neben Hoffnung und Zuversicht gibt es auch Ängste, insbesondere in dem Bereich der Landwirtschaft und insbesondere in Masuren. Viele Bauern haben z.B. Angst, ihren Hof in dem neu geschaffenen großen Markt „Europa" nicht halten zu können.

Für einigen Wirbel in den Beziehungen zur EU sorgte kurz vor dem Beitritt im Dezember 2003 allerdings das Verhalten der polnischen Delegation beim EU-Gipfel, in dem der vom Konvent unter dem Vorsitz des französischen Ex-Präsidenten *Valery Giscard d'Estaing* ausgearbeitete Entwurf einer **europäischen Verfassung** angenommen werden sollte. Jedoch blockierten Spanien und Polen den Entwurf, denn dort befürchtete man gegenüber dem Nizzaer Vertrag eine Verschlechterung der eigenen Position bei künftigen Abstimmungen, vor allem bei denen, in denen es um die Verteilung der EU-Mittel geht. Das neue, große Europa hingegen wird dadurch aber nach der Erweiterung durch die beibehaltenen Blockademöglichkeiten nur schwer handlungsfähig.

So hat sich Polen, das obendrein im März 2003 auch an der Seite der USA, Großbritanniens und Spaniens am Irak-Krieg teilnahm, etwas ins europäische Abseits manövriert und ging mit einem leichten Kater in die letzte Vorbeitrittsphase. Die enormen wirtschaftlichen Hoffnungen, die man in Polen an die Kriegsbeteiligung geknüpft hatte, wurden nicht einmal im Ansatz erfüllt, dafür kostete die Mission Unsummen an Geld und auch Opfer.

Das Verhältnis zu den Hauptfürsprechern des polnischen Beitrittes, besonders zu Deutschland, ist leicht getrübt, der Versuch, direkt in die Reihe der Großen Europas aufzusteigen, hat Porzellan zerschlagen, das nun wieder gekittet werden muss.

Nach dem Regierungswechsel in Spanien vom März 2004 sah sich die polnische Regierung auf dem Brüsseler EU-Gipfel gezwungen, ihre Positionen zu überdenken, stand man doch plötzlich isoliert da. Besonders im Streit um die europäische Verfassung bahnt sich nun ein Einlenken Polens an, was die Regelung der doppelten Mehrheit betrifft.

Nach dem ersten halben Jahr der Mitgliedschaft **beginnt die EU zum Alltag zu werden**, Ängste relativieren sich mit dem Ausbleiben des großen Runs auf den polnischen Boden, nicht Polen wird mit Lebensmittel-Billigimporten überschwemmt, das Land exportiert hochwertige landwirtschaftliche Produkte und erreichte in diesem Bereich eine positive Handelsbilanz.

Auch die Bauern, die zuvor die vehementesten EU-Gegner waren, haben sich mit der EU angefreundet, nachdem sie mit den Direktbeihilfen nun die ersten Zahlungen aus Brüssel erhielten, ihr Einkommen erhöht sich bis Ende 2005 um ein Drittel. Eines verdeutlicht das wachsende Vertrauen: Im Herbst 2004 gab es zum ersten Mal seit der politischen Wende 1989 keine Bauerndemonstrationen anlässlich des Erntedankfestes.

Leben in Polen

Feste und Bräuche

Polen ist eine Gesellschaft im Wandel mit großen Unterschieden zwischen Großstadt und Land, was den Lebensstil betrifft. Die urbane Gesellschaft nimmt immer mehr Sitten und Bräuche des globalen Dorfes an. Besonders unter den jungen, dynamischen Mitgliedern der polnischen Spaßgesellschaft nimmt die Bedeutung der großen, traditionellen Familienfeste ab. Das Gros der polnischen Gesellschaft ist allerdings der traditionellen Lebensweise bis heute stark verhaftet. Immer noch bestimmt das **katholische Kirchenjahr** die festlichen Höhepunkte im Jahreslauf, die kirchlichen Feste waren und sind die wichtigsten Feiertage.

traditionelle Lebensweise

Weihnachtsbrauch

kirchliche und staatliche Feiertage

traditionelle Küche

Bigos

Vieles wird dem deutschen Gast vertraut erscheinen, den Osterhasen und Ostereier gibt es in Polen genauso wie den Weihnachtsbaum und den Nikolaus. Einiges allerdings unterscheidet sich schon von deutschen Sitten und Gebräuchen – co kraj, to obyczaj, andere Länder andere Sitten. Obwohl Polen das Herkunftsland der Weihnachtsgans ist, gibt es dort **am Heiligen Abend kein Fleisch**. Da ist man ganz den uralten Bräuchen der Zeit vor der Reformation verhaftet, als der Heilige Abend noch ein Fasttag war. Hauptgerichte sind meistens Variationen von Karpfen, dazu kommen traditionelle Gemüsegerichte und Salate.

Zwölf verschiedene Speisen stehen auf der traditionellen Weihnachtstafel in Erinnerung an die zwölf Apostel. Nach altem Brauch wird immer **ein Gedeck mehr aufgelegt** als nötig, es könnte ja noch ein Überraschungsgast kommen, und in Polen heißt es gość w domu, bóg w domu – Gast im Haus, Gott im Haus. Ein wichtiger Weihnachtsbrauch ist das Brechen und Teilen einer geweihten **Oblate**, wobei die Familienmitglieder sich Glück und Frieden wünschen. Alkohol gibt es am Weihnachtsabend nicht, denn nach dem Festmahl besuchen die Familien noch die Mitternachtsmesse.

Pilger wandern nach Tschenstochau

Auch zu Ostern gibt es einige speziell polnische Bräuche. Am Karsamstag bringen Kinder die mit Brot, Salz,

Pfeffer, Eiern, Wurst, Meerrettich, Rote Bete und Kuchen gefüllten Osterkörbe zum Segnen in die Kirche. Ganz früh am Ostermorgen strömen die Polen zur Auferstehungsmesse in die Kirchen, beim anschließenden Osterfrühstück biegen sich die Tische unter den traditionellen Speisen. Ein so nur in Polen bekannter Brauch ist **Smigus-Dyngus** am Ostermontag, der Tag des Wassergießens. Heute wird von jungen Leuten dabei jeder bespritzt, der vorbeikommt. Es ist der Tag mit dem höchsten Wasserverbrauch im Jahr. Dieser Brauch hat sehr alte Wurzeln, die bis in vorchristliche Zeiten zurückgehen. In seiner christlichen Form stammt er wohl aus dem Jahr 966, als der polnische Herrscher *Mieszko I.* am Ostermontag getauft und ganz Polen damit christlich wurde.

Ein wichtiger Kirchenfeiertag ist auch **Mariä Himmelfahrt** am 15. August. Bei unseren Nachbarn wird *Maria* als Königin Polens verehrt, das ganze Land ist ihr geweiht. Daher ist die Marienverehrung in Polen besonders stark. An Mariä Himmelfahrt treffen die Marienwallfahrten in Tschenstochau ein, Tausende vor allem junge Menschen laufen dabei Hunderte Kilometer zu Fuß. Am Heiligen Berg Jasna Góra feiert der polnische Primas Kardinal *Józef Glemp* mit Hunderttausenden von Gläubigen die Heilige Messe.

Der letzte große Feiertag im polnischen Jahreslauf ist **Allerheiligen** am 1. November, der Tag, an dem die Polen ihrer Toten gedenken. An diesem Tag strömt ganz Polen zu den Friedhöfen, trifft sich an den geschmückten Gräbern der Angehörigen, zündet Lichter an und besucht Andachten. Eine große Familientafel gehört natürlich auch dazu. Man hat Gäste an diesem Tag, denn in Polen ist keine Reise zu weit, um der verstorbenen Angehörigen an den Gräbern zu gedenken, eine regelrechte Reisewelle sorgt für Straßenstaus.

Es gibt auch nichtkirchliche Feste in Polen. **Staatliche Feiertage** sind seit der Wende 1989 der 3. Mai, an dem der ersten polnischen Verfassung von 1791 gedacht wird, und der 9. Mai zur Erinnerung an das Kriegsende 1945. Weitere staatliche Gedenktage sind der Jahrestag des Beginn des Warschauer Aufstandes am 1. August 1944, der Jahrestag des Angriffs des Deutschen Reiches auf Polen am 1. September 1939 sowie der Unabhängigkeitstag, an dem des Wiedererstehens der Republik Polen am 11. November 1918 gedacht wird.

Essen und Trinken

Wie bereits erwähnt, ist Polen eine Gesellschaft im Wandel, und das wirkt sich natürlich auch auf die Ess- und Trinkgewohnheiten unserer Nachbarn aus. Vom Land der Teetrinker wird Polen immer mehr zum Land der Kaffeetrinker, und immer mehr Wodkatrinker steigen auf Bier um.

Der **Siegeszug des Bieres** begann in Polen nach der Wende, als die Qualität der einheimischen Biere einen Quantensprung machte. War polnischer Gerstensaft früher ein schales, nichts sagendes Gebräu und mindestens so trüb wie die Lage im Lande, können sich polnische Biere wie Żywiec, Lech und EB heute durchaus mit westlichen Produkten messen.

Allen Modernisierungstendenzen zum Trotz hat sich die traditionelle polnische Küche bis heute behauptet. Auch in Zeiten von McDonalds und Fast Food haben sich polnische Leib- und Magengerichte selbst in den unzähligen kleinen Imbissen halten können. In jedem polnischen Lokal vom Straßenimbiss bis hin zum feinen Restaurant gehören **Flaki** zum Angebot. Flaki ist eine Suppe aus in schmale Streifen geschnittenen Kutteln, die in Rinderbrühe mit Gemüse gekocht werden, gewürzt und mit Majoran geschmacklich abgerundet werden. Diese Art der Kuttelsuppe ist auch jedem Ostpreußen als Königsberger Fleck bekannt.

Eine weitere Traditionssuppe in Polen ist **Barszcz Czerwony**, eine klare Rote-Rüben-Brühe, zu der meist kleine Pastetchen gereicht werden. Barszcz so heiß wie möglich getrunken wärmt an kalten Tagen Leib und Seele, taugt aber ebenso gut zur Katerbekämpfung. Chłodnik ist eine Sommervariante des Barszcz, die kalt gegessen wird, dazu kommen saure Sahne, saure Gurken, Dill und gehacktes Ei in die sonst klare Brühe.

Einige Charakteristika der Küche Ostmitteleuropas kommen auch in Polen vor. Auch dort gibt es die vielfältige Verwendung von saurer Sahne, Majoran als eines der wichtigsten Gewürze sowie ein gewisses Faible für Süßsaures. Żur ist eine dieser Vorliebe entsprechende Sauerteigsuppe aus Roggenmehl mit Wurst und Kartoffeln. Eine weitere Lieblingsspeise der Polen sind **Pierogi**, das sind Teigtaschen, die in unzähligen Varianten existieren. Es gibt sowohl süße Pierogi mit Quarkfüllungen, die mit Sahne oder brauner Butter angerichtet werden, als auch herzhafte mit Hackfleisch oder Sauerkraut gefüllte Arten.

Das wohl bekannteste Gericht im Lande aber ist zweifellos **Bigos**, der polnische Jägertopf. Als Eintopf werden Weißkohl oder Sauerkraut mit Fleisch, Pilzen, Zwiebeln sowie Tomatenmark zusammen gekocht. Auf keiner Tafel in Polen fehlt dieses Nationalgericht.

Als Hauptgerichte kennt man in Polen viele Speisen, die unserem Geschmack nicht allzu fern sind, wie gebratene Ente mit Äpfeln, Kohlrouladen, Schweinerücken mit Pflaumen, Schweinebraten in Honigkruste, Kotelettvarianten und vor allem eines: Eisbein.

Gerade in Nordpolen mit seinem Wasserreichtum muss man einfach **Fisch** empfehlen. Selbst in kleinen Lokalen und Imbissen erhält man vorzüglichen frischen Fisch, an der Ostseeküste Seefisch, in Masuren Süßwasserfisch. Frisch geräucherte Flunder an der Ostsee oder goldgelb geräucherte Maränen aus den Masurischen Seen sind die Fischleckerbissen der Region.

Sorten, die bei uns als teure Delikatessen und Edelfische gelten, wie Hecht oder Zander, bekommen Sie in Nordpolen preiswert und fangfrisch an jeder Ecke. In guten Restaurants werden Sie auch heimische Flusskrebse genießen können.

Und so kocht man das polnische Nationalgericht Bigos:

Man nehme 1 kg Weißkohl, den man klein schneidet, übrigens kann man genauso gut Sauerkraut nehmen oder halb und halb mischen. Den Kohl in einen großen Topf geben und mit 400 ml kochendem Wasser übergießen. Getrocknete Steinpilze (oder andere vorhandene Pilze, Menge nach Geschmack) 15 Minuten in Wasser einweichen, herausnehmen, in Streifen schneiden und zum Kohl tun. Einen säuerlichen Apfel schälen, in Würfel schneiden und in den Kohltopf geben. Zwei Zwiebeln abziehen, fein hacken, leicht bräunen und ebenfalls in den Bigostopf tun. 400 Gramm Krakauer Wurst sowie 400 Gramm geräuchertes Schweinefleisch (Fleisch- und Wurstsorten können ebenfalls nach Geschmack variiert werden) würfeln und dem Kohl beifügen.

Die Mischung anderthalb Stunden köcheln lassen. Mit fünf Wacholderbeeren, 1 Lorbeerblatt, Pfeffer und Salz sowie Tomatenmark (um 50 Gramm) abschmecken.

Am besten schmeckt Bigos in einem ganz großen Topf für ganz viele Leute gekocht. Je länger man es kocht, je öfter man es aufwärmt, desto besser wird es.

Guten Appetit oder „Smacznego", wie die Polen sagen!

Bigos, das polnische Nationalgericht

Schroffe Abbruchkanten über weißen, breiten Strandstreifen kennzeichnen die pommerschen Steilküstenabschnitte an der Ostsee. Das mit 95 m höchste Kliff ist die **Góra Gosań** bei Międzyzdroje im Woliński Park Narodowy.

Gleich hinter dem Küstenstreifen mit den quirligen Badeorten erstreckt sich die dünn besiedelte, stille Weite der **pommerschen Landschaft**.

Durch grüne Tunnel fährt man auf den immer noch zahlreichen **Alleen** Pommerns und Masurens.

Kristallklares Wasser und kaum berührte Uferlandschaften findet man bei einer Paddeltour auf der **Krutynia** vor.

Eine Wanderung zur **Łącka-Düne** durch die „polnische Sahara“ bei Leba ist ein anstrengendes, aber einmaliges Erlebnis.

Das an der Mottlau gelegene **Krantor** prangt auf allen Ansichtskarten und ist das Wahrzeichen der Ostseemetropole Danzig.

Immer frische, leckere Ware finden Danziger und Touristen auf dem **Wochenmarkt** in der Rechtstadt.

Auf dem meist in der zweiten Augusthälfte stattfindenden **Fest der Nationen** in Olsztyn treten Folkloregruppen aller in der Region lebenden Volksgruppen auf.

Ein Paradies für alle Wassersportler und ein tolles Segelrevier sind **Masurens Große Seen**, die fast alle durch Kanäle miteinander verbunden sind.

Am schönsten lässt sich die vielfältige masurische Landschaft bei einer Schiffstour mit der **„Weißen Flotte“** genießen.

Im „Mazurski Eden“ kann man am besten herausfinden, warum der **Jezioro Beldany** als schönster See Masurens gilt.

Neben dem Tourismus ist Fischfang in den kleinen polnischen Küstenorten wie hier in **Darłówko** der zweite wichtige Wirtschafszweig.

Selbst um die Stadt **Kołobrzeg** herum ist auf **Polens Ostseestränden** genug Platz für viele Urlauber und allerlei Sommerspaß.

Immer wieder sind Land und Menschen an der **Weichsel**, Polens größtem Strom, von Hochwasserwellen bedroht.

Zwischen Ostsee und dem Łebsko-See nichts als Sand und Wind mit einem tiefblauen Himmel darüber. **Die Wanderdünen im Slowiński-Nationalpark** sind ein beeindruckendes Urlaubsziel.

Der Astronom *Nikolaus Kopernikus* und der Dichterbischof *Ignacy Krasicki* waren die berühmtesten Bewohner des Schlosses der ermländischen Bischöfe in **Lidzbark Warmiński**.

Den sprichwörtlichen Fischreichtum der Seen nutzen zahlreiche **Angler** und machen Fisch zum festen Bestandteil des masurischen Speisezettels.

Ein wahres Wasserlabyrinth mit unzähligen, kleinen Wasserläufen ist die Marschlandschaft des **Weichselwerders** zwischen Gdańsk und Elbląg.

An der polnischen Ostseeküste gibt es wie hier bei **Darłówko** meist ein wenig Brandung und vor allem noch genug Strand für alle.

Auch heute noch ist der katholische Glaube fest in der polnischen Gesellschaft verankert, was die zahlreichen Teilnehmer an **Wallfahrten und Prozessionen** belegen.

Ein Ort unbeschreiblichen Leidens, an dem Worte versagen, ist das mitten in idyllischer Urlaubslandschaft nahe am Ostseestrand gelegene **Konzentrationslager Stutthof**.

Wie selbstverständlich fahren im Verlaufe des **Elbląg-Ostróda-Kanals** Schiffe über Land, bewegt von einer alten, europaweit einmaligen Technik.

Die **Marienburg** ist die zu Stein gewordene Ordensmacht und eine der größten mittelalterlichen Burganlagen der Welt.

Im **Schloss von Olsztyn** war einst *Nikolaus Kopernikus* als Domadministrator tätig, noch heute kann man hier seine astronomische Tafel zur Tag- und Nachtgleiche bewundern.

Immer wieder eindrucksvoll über den **Tausenden Seen Nordpolens** ist der hohe, weite Himmel mit den weißen Pustewolken.

Die Ostseebrandung spült auch heute noch beständig unscheinbare, Steinen ähnliche Brocken an den Strand, die sich bei näherem Betrachten als **Bernstein** erweisen – das Gold der Ostsee.

Masuren ist ein Paradies für **Wassersportler**. Gerade Kanuten finden hier noch verträumte Wasserläufe und naturbelassene Landschaften, in denen die Zeit stehen geblieben zu sein scheint.

3. POLEN ALS REISELAND

Hinweis

Die gelben Seiten werden regelmäßig aktualisiert, so dass sie auf dem neuesten Stand sind. In den Allgemeinen Reisetipps (S. 90ff) finden Sie – alphabetisch geordnet – reisepraktische Hinweise für die Vorbereitung Ihrer Reise und Ihren Aufenthalt in Polen. Die Regionalen Reisetipps (S. 127ff) geben Auskunft über Unterbringungsmöglichkeiten etc. in den ebenfalls alphabetisch geordneten Städten/Regionen.

Allgemeine Reisetipps von A–Z

A

Angeln

Während der Hauptreisezeit ab dem 1. Juli gibt es keine Schonzeiten in Nordpolens Gewässern. Zum legalen Angeln ist auch in Polen eine Angelkarte nötig. Die meisten Vermieter werden Ihnen behilflich sein, diese Angelkarte zu besorgen. Der Preis variiert je nach Fanggebiet und Dauer zwischen 10 und 60 €.

Angeln im Fischreichtum – das hat doch was!

Angelkarten gibt es bei den örtlichen Orbis-Büros, beim ortansässigen Fischereizentrum oder bei den Wojewodschaftszentren oder der Zentrale des polnischen Anglerverbandes PZW, ul. Twarda 42, PL 00-831 Warszawa, Tel. 022-6208966, E-Mail: zgpzw@zgpzw.pl, Internet www.zgpzw.pl, die wichtigsten Regularien sind hier auch in deutscher Sprache hinterlegt. Auf dem Internetportal www.fishing.pl finden Sie viele Informationen, Artikel und Revierbeschreibungen in englischer Sprache.

Anreise

Mit dem Flugzeug

Einziger internationaler Flugplatz mit Linienbetrieb in Nordpolen ist Gdańsk (www.airport.gdansk.pl), wo es eine Direktverbindung mit Hamburg gibt. Warszawa-Okęcie (www.lotnisko-chopina.pl) wird von vielen deutschen Flughäfen sowie von Zürich und Wien angeflogen. Auskünfte und Buchungen gibt es bei der polnischen Fluglinie Lot (www.lot.com) in

- Budapester Str. 18, D-10787 Berlin, Tel. 030-261505
- Wiesenhüttenplatz 26, D-60329 Frankfurt, Tel. 069-2400100
- Ernst-Merck-Str. 12–14, D-20099 Hamburg, Tel. 040-24 47 47
- Trankgasse 7–9, D-50667 Köln, Tel. 0221-133078
- Mariahilferstr 103/1/25, A-1060 Wien, Tel. 01-961-08-85
- Schweizergasse 10, CH-8001 Zürich, 01-2115390

Mit dem Zug

Die derzeitig wichtigsten Zugverbindungen von Deutschland nach Polen sind:

- **Tagverbindungen**
- 3 x tgl. Berlin Zoo – Warszawa/Warschau (EC 41/40, 45/44, 47/46)
- 3 x tgl. Berlin Zoo – Poznan/Posen (EC 49/48, 41/40, 45/44, 47/46)
- 1 x tgl. Amsterdam – Berlin – Szczecin/Stettin (EC 143/144)

- **Nachtverbindungen**
- Köln – Hannover – Warszawa/Warschau (EN 249/248)
- Berlin Lichtenburg – Warszawa/Warschau (D 345/344)
- Berlin Lichtenberg – Gdansk/Danzig (D 345/344) (mit Schlafwagen nach Kaliningrad)

Zur Grenzstadt Kostrzyn/Küstrin gibt es mehrere Regionalexpresse täglich. Nach Szczecin gibt es von Berlin täglich mehrere Regionalexpress-Verbindungen, nur einer dieser Züge ist durchgehend, der Rest mit Umsteigen in Angermünde, die Fahrzeit beträgt etwa 2,5 Stunden. Im Sommer besteht sogar wieder eine durchgehende Bäder-Verbindung von Berlin nach Świnoujście, Fahrzeit 4,5 Stunden.

Mit dem Bus

Die günstigste Möglichkeit nach Polen zu kommen, ist die Fahrt mit einem der zahlreichen Linienbusse. Von fast allen größeren Städten Deutschlands fahren Busse in alle möglichen polnischen Regionen, auch in den Norden, An jedem deutschen ZOB finden sich zahlreiche Agenturen, die Tickets verkaufen. Ein Preisbeispiel: Hamburg–Olsztyn Hin- und Rückfahrt 77 €, von Frankfurt 100 €, von München 105 €, von Köln 100 €.
Buslinien Polen – Deutschland: Buslinien nach Polen erfragen Sie bei: Deutsche Touring-Gesellschaft (Eurolines), Am Römerhof 17, D-60488 Frankfurt am Main, Tel. 069-79030, Fax 069-7074904, www.touring.de.
Oder telefonische Buchung am Hamburger ZOB (auch andere Abfahrtsorte):

Interglobusreisen: 040-2804550
Polen-Reisen: 040-241428
Polen-Tours: 040-2809310
Polturist: 040-2809414

Weitere Linienverbindungen unterhalten unter anderen:
Berlin Linienbus, Berlin, www.berlinlinienbus.de
Becker Reisen GmbH, Torstedt, www.becker-reisen.de
Koziol Reisebüro, Hamm, www.koziol-reisen.de
Pol-Plus Reisebüro, Wuppertal, www.polplus.de
Reisebüro Eurotrans, Herne, www.eurotrans-bus.de
Reisebüro Pürschel, Dortmund, www.polonia-holiday.com
Reisebüro Wanderer, Köln, www.reisebuero-wanderer.de

Mit dem Auto

Zur Einreise mit dem Auto benötigen Sie einen nationalen Führerschein, den Fahrzeugschein und eine Grüne Versicherungskarte. Es gibt mehrer Grenzübergänge, die für eine Fahrt nach Nordpolen in Frage kommen. Die geringste Wartezeit werden Sie erfahrungsgemäß in Pomellen-Kołbaskowo benötigen (siehe auch Grenzübergänge). Bei der Anreise mit dem Auto bieten sich die Übergänge von Kołbaskowo im Norden bis Słubice bei Frankfurt/Oder an, die anderen sind unnötig weit im Süden. Wenn man gemütlich fährt, schafft man die Anreise z.B. von Hamburg nach Olsztyn noch gut an einem Tag, 16 Stunden sollte man hier ungefähr einkalkulieren. Sie können auf den Hauptstraßen mit einer Fahrleistung von 70 km pro Stunde kalkulieren, auf kurvigen Nebenstraßen mit einem Schnitt von 60 km.

Auto fahren

Vor Fahrtantritt sollten Sie sich bei Ihrem Versicherer eine Grüne Versicherungskarte (kostenlos) besorgen und einen Feuerlöscher kaufen, dessen Fehlen Sie sonst 25 € kostet. Zwar ist die Grüne Karte seit dem EU-Beitritt nicht mehr zwingend vorgeschrieben, aber sie dabei zu haben erleichtert im Fall eines Falles so manches. Generell gilt: das Europakennzeichen am Fahrzeug als Bestätigung für das Bestehen einer Haftpflichtversicherung. Und denken Sie bitte daran: in Polen müssen Sie vom 1. Oktober bis zum 1. März auch tagsüber mit Licht fahren (Zuwiderhandlung 25 €), und die Alkoholgrenze liegt dort bei 0,2 Promille. Lassen Sie sich nicht von der polnischen Fahrweise an Fußgängerüberwegen anstecken, an denen vielfach nicht gehalten wird. Auch in Polen müssen Sie dort nach mittlerweile geltendem Recht anhalten, die Nichtbeachtung kann Sie sonst 100 € kosten.

Der Zustand polnischer Straßen ist weit besser als ihr Ruf, mit Schlaglöchern müssen Sie nur auf kleinen Nebenstraßen und in Orten rechnen. Der Verkehr hat sich in den letzten Jahren verzehnfacht, entsprechend voll sind die Straßen um die Ballungsräume herum, besonders aber die Expressstraßen zwischen den Großstädten. Fahren Sie defensiv, polnische Autofahrer sind mit sehr viel Gottvertrauen unterwegs, auf den vollen, mit rotem S plus Straßennummer markierten Schnellstraßen oder den mit grünen Tafeln bezeichneten Europastraßen, beispielsweise zwischen Danzig und Warschau, ist die Unfallhäufigkeit hoch. Wenn Sie können, meiden Sie diese Straßen. Die nur mit einer roten Nummer markierten Nationalstraßen oder die gelb nummerierten Regionalstraßen haben ebenfalls ordentliche Fahrbahndecken und sind oft menschenleer.

Autopannen

Der Pannendienst des polnischen Automobilverbandes PZM ist landesweit unter der Telefonnummer 981 zu erreichen. Die internationale Pannenhilfe des PZM können Sie unter 022-825 97 34 erreichen. Diese Pannenhilfe ist gebührenpflichtig, Schutzbriefinhaber des ADAC und ÖAMTC können mit den Kreditbriefen bezahlen. Vom ADAC und ÖAMTC gibt es einen deutschsprachigen Notrufdienst, der 24 Stunden unter der Nummer 0103322-6222060 zu erreichen ist. Den ACE-Euro-Notruf erreichen Sie unter: 0049 – 1802 34 35 36.

Werkstätten für ein defektes Auto zu finden ist in Polen kein Problem mehr, ein Blick in das Verzeichnis des Autoherstellers, das in jedem Handschuhfach liegt, überzeugt davon. In größeren Städten wie Szczecin oder Olsztyn und Słupsk finden sich selbst Werkstätten ausgefallener Kfz-Marken. Kleinere Reparaturen werden auch an den zahlreichen modern ausgestatteten und zu Servicecentern ausgebauten Tankstellen erledigt. Wo der Mechaniker nicht weiter weiß, wird man Ihnen zur nächsten Kfz-Werkstatt weiterhelfen, sei es zu einer Vertragswerkstatt Ihrer Automarke oder einer der vielen freien Werkstätten. In jedem Fall bleibt eine Hoffnung: Die Polen sind überaus begabte Improvisationskünstler.

Benzin

Polen verfügt über ein gut ausgebautes Tankstellennetz, und das Benzin ist immer noch billiger als in Deutschland. Mittlerweile bekommen Sie längst an jeder Tankstelle auch bleifreies Benzin. Um die Benzinsorten zu unterscheiden, müssen Sie sich keine komplizierten Vokabeln einprägen. Bleifreies Benzin erkennen Sie an dem durchgestrichenen „Pb“, die dabeistehende Zahl gibt die Oktanzahl an. Diesel ist mit weißem „ON“ auf schwarzem Feld gekennzeichnet. Die meisten Tankstellen haben zur Sommerzeit zwischen 6 und 22 Uhr geöffnet und sonntags von 7 bis 17 Uhr. Moderne Großtankstellen sind fast immer rund um die Uhr geöffnet. Aktuelle Benzinpreise finden Sie hier: www.paliwa.pl.

Bußgeldkatalog

Die Zeiten, in denen man über den Preis bei Verkehrsverstößen mit der Polizei verhandeln konnte, sind vorbei, seit dem 2004 ist in Polen ein neuer Bußgeldkatalog in Kraft. Überholen im Überholverbot macht demnach 55–170 €, bei Rot über die Ampel 35–170 €, geringste Überschreitungen der 0,2-Promille-Grenze ab 145 €, 20 km/h zu schnell fahren 35–170 €, das Parken im Parkverbot je nach Schwere der Verkehrsbehinderung zwischen um 60 €, das Telefonieren mit dem Handy ohne Freisprecheinrichtung schlägt mit 25–1.100 (!) € zu Buche, besonders schwere Verkehrsgefährdung mit Führerscheinentzug. Besonders teuer kann es kommen beim Rauchen am Steuer erwischt zu werden! **Neu:** Von deutschen Touristen in Polen gesammelte Strafpunkte werden dem Zentralregister in Flensburg gemeldet!

Die in dem neuen Katalog festgelegten Strafen sind empfindlich: Das Nichtbeachten der Vorfahrt kostet 300 Zloty (65 €), wer einem Bus die Ausfahrt aus der Haltestelle nicht gewährt, muss 200 Zloty (43,50 €) zahlen. Auch zu schnelles Fahren schlägt mit ab 25 € je zehn überschrittenen Stundenkilometern (Faustregel) schon spürbar zu Buche. Strafen müssen Ausländer übrigens an Ort und Stelle in Zloty berappen. Wer nicht genug polnisches Geld dabei hat, muss bei einer Bank wechseln und wer nicht zahlt, dem droht ein Gerichtsverfahren.

Höchstgeschwindigkeiten

Generell dürfen Sie folgende Geschwindigkeitslimits nicht überschreiten:

	Auto/Motorrad	Pkw m. Anhänger
Landstraße 1 Fahrbahn	90	70
Landstraße 2 Fahrbahnen	100	80
Schnellstraße 1 Fahrbahn	100	80
Schnellstraße/Autobahn	130	80
Ort (bebauter Kern)	60*	60*

* Neue Regelung: Das Tempolimit im bebauten Kern von Ortschaften ist von 5–23 Uhr auf 50km/h reduziert worden, 60km/h darf man dort nur noch zwischen 23 und 5 Uhr fahren.

Verkehrszeichen

Polnische Verkehrszeichen sind bereits dem europäischen Standard angepasst, Überraschungen erwarten Sie da nicht. Die Aufschriften auf Verkehrszeichen bedeuten:

Kolejni - Spurrillen
Kontrola Radarowa - Geschwindigkeitskontrolle mit Radar
Objazd - Umleitung
Piesi - Fußgänger
Uwaga - Achtung

Die Ortsschilder unterliegen einer etwas anderen Systematik, in Polen wird zwischen bebautem und unbebautem Bereich eines Ortes unterschieden. Im unbebauten Bereich müssen Sie die Geschwindigkeit nicht senken, nur im bebauten Gebiet gilt Tempo 60.

Ein **bebauter** Bereich fängt mit einem Zeichen mit dem schwarz auf weißem Grund geschriebenen Ortsnamen an und endet dort, wo dieses Schild mit einem roten Diagonalbalken versehen steht. Die neuen Schilder, die nach und nach die eben beschriebenen ergänzen, sehen für den als bebaut gekennzeichneten Teil eines Ortes eine weiße Tafel mit einem schwarzen bildlich dargestellten Ort vor und für die Aufhebung des Tempolimits dasselbe Schild mit diagonalem roten Balken. Ein **nicht bebauter Ortsbereich** wird durch den weißen Ortsnamen auf grünem Hintergrund gekennzeichnet.

B

▶ Baden

An bewachten Stränden „Kąpiel strzeżony" haben die mit der Aufschrift WOPR bezeichneten im Baywatch-Stil orange gekennzeichneten Rettungsschwimmer das Sagen. Wer über die Bojen-Markierungen hinausschwimmt, wird erbarmungslos zurückgepfiffen. Das gilt auch für gute Schwimmer, die notfalls mit dem Boot zurückgeholt werden. Beachten Sie an der See auch die Badeverbotssignale und halten Sie sich zu Ihrer eigenen Sicherheit an Badeverbote bei Sturm.

▶ Bahn fahren

Die Bahn ist immer noch das Hauptverkehrsmittel in Polen und mit seinen 25.000 km Länge größer als das Frankreichs. Seit einiger Zeit ist Polen auch ans Euro- und Intercitynetz angeschlossen. Informationen bekommen Sie bei den Polnischen Staatsbahnen PKP, Schillerstraße 20, 60313 Frankfurt/M., Tel. 069-294366, Fax 28367, oder Panoramastr. 1, 10178 Berlin, Tel. 030-2423453, Fax 24729999.

Schauen Sie doch mal bei der deutschsprachigen Fahrplanauskunft der PKP herein, dort können Sie sich schon daheim einen Überblick verschaffen: www.rozklad.pkp.pl. Seit kurzer Zeit sind dort auch die Fahrpreise angegeben.

▶ Bank

Banken gibt es in Polen selbst in Kleinstädten reichlich. Geöffnet haben sie meist montags bis freitags von 8–17 Uhr und samstags von 8–14 Uhr. Bei den Geldautomaten „Bankomat" können Sie problemlos Geld gleich in polnischer Landeswährung abheben. Bei Einführen Ihrer deutschen Karte schalten die meisten Automaten auf englische oder deutsche Sprache um, manche haben auch eine Wahlmöglichkeit.

▶ Begrüßung und Umgangsformen

Immer öfter erlebt man das lockere „cześæ" als Begrüßung, bei förmlicheren Anlässen heißt es „dźien dobry" – „guten Tag". Gesiezt wird im Polnischen mit der Anredeform

„pan/pani", dann heißt es „czy ma pan/pani..." „haben Sie", was wörtlich so viel wie „hat der Herr, hat die Dame..." bedeutet. Recht schnell wird man in Polen ein wenig vertraulicher, dann lautet die Anrede pan/pani plus Vorname, also Frau Anna, Herr Peter...

Immer noch häufig anzutreffen ist die Begrüßung einer Frau mit Handkuss. Seien Sie also nicht erstaunt, wenn Sie einem Mann vorgestellt werden und dieser Ihnen die Hand küsst. Betrachten Sie es bitte als Landessitte und ziehen Sie die Hand nicht gleich zurück.

C

▶ Camping

Polnische Campingplätze machten schon immer einen günstigen Urlaub möglich, aber inzwischen bieten sie auch Komfort und Sicherheit. So wurde Camping in Polen bereits zu einem Geheimtipp in der Szene. Die Mehrzahl der Plätze entsprechen westeuropäischem Standard. Man findet gute Plätze sowohl in Großstädten als auch in landschaftlich reizvollen Gegenden, obendrein ist Camping in Polen immer noch sehr preiswert.

Etwa 220 der 250 polnischen Campingplätze sind Mitglied der Polnischen Camping-Vereinigung **Polska Federacja Campingu i Caravaningu PFCC**, ul. Grochowska 331, 03-838 Warszawa, Tel./Fax 0048-22-8106050. Die Campingplätze werden in der Regel vom 1. Mai bis 30. September geöffnet, immer mehr sind auch ganzjährig geöffnet. Mittlerweile gibt es eine neue Klassifizierung. Nach dem gewohnten alten System wurden die Campingplätze in die Kategorien 1 bis 3 eingeordnet, wobei 1 die höchste Kategorie war. Nun wird schrittweise eine neue Klassifizierung mit ein bis vier Sternen eingeführt. Plätze der Kategorie vier Sterne haben dabei den höchsten Komfort.

Alle Campingplätze auf der Liste der PFCC verfügen über Stellplätze für Zelte und Wohnwagen, die mit Elektroanschlüssen (220 Volt) ausgestattet sind. Alle diese Plätze sind obendrein bewacht, haben eine Rezeption sowie sanitäre Anlagen und Kochstellen mit warmem Wasser. 83 dieser von der polnischen Camping-Vereinigung betreuten Plätze sind sogar in den ADAC-Camping-Caravaning-Führer aufgenommen worden und daher von geprüfter Qualität.

Die **Polska Federacja Campingu i Caravaningu PFCC** hat eine Website (www.pfcc.info), auf der es eine Liste mit allen angeschlossenen Campingplätzen gibt sowie Hinweise auf die jeweilige Ausstattung und so vorhanden Links zu einzelnen Plätzen. Noch gibt es dieses Angebot nur in polnischer Sprache. Auf der linken Navigationsleiste auf „baza campingowa" klicken, auf der dann erscheinenden Seite in der Spalte „województwo" die gewünschte Region – z.B. „pomorskie" für Pommern – anklicken und die Liste mit Adressen und international verständlichen Piktogrammen für diese Wojewodschaft erscheint.

Auf der Internetseite www.campingpolska.com ist man darangegangen, diese Listen ins Deutsche zu übersetzen.

Camping in Litauen
Noch ist es in Litauen weitgehend üblich, dass Camping das Bewohnen einfacher Holzhäuschen bedeutet, die oft fast mehr Platz einnehmen als für Zelte und Wohnmobile reserviert ist. Plätze mit westeuropäischem Standard gibt es wenige. Eine Liste empfehlenswerter Campingplätze in Litauen erhalten Sie hier: www.baltikuminfo.de/unterkunft/camping. Eine Alternative ist es, einen Bauern zu fragen, ob man auf seinem Grund zelten oder im Wohnmobil übernachten darf.

Im Nationalpark Kurische Nehrung ist das Campen streng verboten, sonst wird wildes Campen meist toleriert. Überall wo Sie an einem Parkplatz das blaue Schild mit der weißen Tanne finden, dürfen Sie im Wohnmobil übernachten.

D

▶ Diplomatische Vertretungen

Diplomatische Vertretungen in Polen

- **Botschaft der Bundesrepublik Deutschland in Polen**, Ambasada Republiki Federalnej Niemiec, ul. Dąbrowiecka 30, PL-03-932 Warszawa, Tel. 022-5841700, Fax 5841739, Internet: www.ambasadaniemiec.pl, E-Mail: info@ambasadaniemiec.pl
- **Generalkonsulat der Bundesrepublik Deutschland in Gdańsk**, Konsulat Generalny Republiki Federalnej Niemiec, Al. Zwycięstwa 23, PL-80-219 Gdańsk, Tel. 058-3406540, 058-3406550, Fax 058-3406560
- **Botschaft der Republik Österreich in Polen**, Ambasada Republiki Austrii, ul. Gagarina 34, PL-00-748 Warszawa, Tel. 022-8410081, Fax 022-8410085, E-Mail: warschau-ob@bmaa.gv.at, www.ambasadaaustrii.pl
- **Honorarkonsulat der Republik Österreich in Gdynia**, Konsulat Honorowy Republiki Austrii, ul. Podolska 21, PL-81-321 Gdynia, Tel. 058-6201993, Fax 058- 661 19 12
- **Botschaft der Schweizer Eidgenossenschaft in Polen**, Ambasada Konfederacji Szwajcarskiego, al. Ujazdowskie 27, PL-00-540 Warszawa, Tel. 022-6280481, Fax 6210548, E-Mail: vertretung@var.rep.admin.ch

Diplomatische Vertretungen in Deutschland

- **Botschaft der Republik Polen**, Lassenstraße 19–21, D-14193 Berlin, Tel. (030) 22 31 30, Fax (030) 22 31 31 55, E-Mail: info@botschaft-polen.de, Internet: www.botschaft-polen.de
- **Konsularabteilung der Botschaft der Republik Polen**, Richard-Strauß-Straße 11, D-14193 Berlin, Tel. (030) 22 31 30, Fax (030) 22 31 32 12, E-Mail: Konsulat.Berlin@botschaft-polen.de, Internet: www.botschaft-polen.de
- **Generalkonsulat der Republik Polen in Köln**, Lindenallee 7, D-50968 Köln, Tel. (0221) 93 73 00, Fax (0221) 34 30 89, E-Mail: konsulat.koeln@botschaft-polen.de, Internet: www.botschaft-polen.de

Botschaft der Republik Polen in Österreich, Hietzinger Hauptstraße 42C, A-1130 Wien, Tel. (01) 8 70 15 00, Fax (01) 87 01 52 22, E-Mail: sekretariat@botschaftRP.at

Botschaft der Republik Polen in der Schweizer Eidgenossenschaft, Elfenstraße 20A, CH-3000 Bern, Tel. (031) 358 02 02, Fax (031) 358 02 16, E-Mail: polishemb@dial.eunet.ch, www.pol-amb.ch

Diplomatische Vertretungen von Litauen

- **Botschaft der Republik Litauen in der Bundesrepublik Deutschland**: Charitéstr. 9, 10117 Berlin-Mitte, Tel. 030-8906810, Fax. 030-89068115, E-Mail: info@botschaft-litauen.de, Konsularabteilung: Tel. 030-89068119 (Visastelle 030-89068121), Fax 030-89009593
- **Konsulat der Republik Litauen in der Schweiz**: Avenue du Bouchet 18, CH - 1209 Genf, Tel. +41 - (022) 734 51 01, Fax +41 - (022) 734 50 70, E-Mail: mission.lithuania@ties.itu.int
- **Botschaft der Republik Litauen in Österreich**: Löwengasse 47, A - 1030 Wien, Tel. +43 - (01) 718 54 67/68, Fax +43 - (01) 718 54 69, E-Mail: chancery@mail.austria.eu.net

Diplomatische Vertretungen in Litauen

- **Botschaft der Bundesrepublik Deutschland**: Sierakausko gatve 24/8, 03105 Vilnius, Tel. (00370 5) 210 64 00, Fax (00370 5) 210 64 46, E-Mail: germ.emb@takas.lt
- **Österreichische Botschaft**: Gaono 6, LT-01131 Wilna (Vilnius), Tel. (+370/5) 2660 580, (+370/5) 2878 17 34, Fax (+370/5) 279 13 63, E-Mail: wilna-ob@bmaa.gv.at
- **Schweizer Generalkonsulat in Vilnius**: Consulate General of Switzerland, Gostauto 12 A, LT-01108 Vilnius, Tel. (00370 5) 268 38 33, Fax (00370 5) 268 38 40, E-Mail: schweizer-gk-vilnius@gmx.ch

Diplomatische Vertretungen der Russischen Föderation

- **Botschaft der Russischen Föderation in Deutschland**: 10117 Berlin, Unter den Linden 63–65; Konsularabteilung der Russischen Botschaft, 10117 Berlin, Behrenstr. 66, Tel. 030/22912 07, Visastelle: Tel. 030/226 511 84, Passstelle: Tel. 030/226 511 84, Sprechzeit: Mo–Fr 9–13 Uhr
- **Botschaft der Russischen Föderation in Österreich**: Reisnerstraße 45–47, 1030 Wien, Österreich, Tel. (+43-1) 712-1229, 713-1215, Fax (+43-1) 712-3388, E-Mail: rusemb@chello.at
- **Botschaft der Russischen Föderation in der Schweiz**: Brunnadernrain 37, 3006 Bern, Schweiz, Tel. (+41-031) 352-0566, 352-6465 (+41-031) 352-5595, E-Mail: rusbotschaft@dplanet.ch

Diplomatische Vertretungen in der Russischen Föderation

- **Generalkonsulat der Bundesrepublik Deutschland in Kaliningrad**: ul. Demjana Bednogo 13 A, 236000 Kaliningrad, Tel. (+7) (0112) 326923, Fax 326917, E-Mail: info@kaliningrad.diplo.de. Für die Ausstellung von Pässen und Passersatzpapieren ist seit dem 01.04.2004 die Botschaft Moskau zuständig.
- **Botschaften der Russischen Föderation in Deutschland/Österreich/der Schweiz** s.o.

E

▶ Einreise

Zur Einreise nach Polen brauchen Bürger der EU seit dem 1.5.2004 – dem Tag des Beitritts Polens zur EU – keinen Reisepass mehr an der polnischen Grenze. Nun genügt auch hier der Personalausweis. Kinder und Jugendliche unter 16 Jahren benötigen einen Kinderausweis mit Lichtbild oder einen Eintrag im Pass der Eltern. Für Nicht-EU-Bürger ändert sich nichts. Es ist aber darauf hinzuweisen, dass sich die Anwendung der neuen europäischen Einreisebestimmungen möglicherweise in der Praxis nicht sofort in die Tat umsetzen lässt. Hier gelten die gelten die bisherigen Regelungen. Personenkontrollen finden aber nach wie vor statt.

Einreise nach Litauen

Durch den Beitritt Litauens in die EU genügt zur Einreise und einem Aufenthalt bis zu 90 Tagen der gültige Reisepass oder ein Personalausweis. Kinder bis 16 können im Reisepass der Eltern eingetragen sein, Jugendliche ab 16 Jahren benörigen einen eigenen Ausweis. Ein Kinderausweis muss ab dem 7. Lebensjahr mit einem Lichtbild versehen sein.

Die Anreise über das Territorium der Russischen Föderation (Kaliningrader/Königsberger Gebiet) ist nur mit einem russischen Visum möglich!

Einreise in die Russische Föderation

Für eine Reise in das Königsberger Gebiet (Kaliningradskaja Oblast) in Russland hingegen brauchen Sie zwingend einen gültigen Reisepass und ein russisches Visum. Das Visum erhalten Sie beim **zuständigen** russischen Generalkonsulat. Für die Visaerteilung müssen dort eingereicht werden:

1. Der Reisepass im Original
2. Der ausgefüllte Visumantrag
3. Ein Passbild
4. Der Nachweis einer Reisekrankenversicherung von einem in Russland anerkannten deutschen Versicherungsunternehmen
5. Entweder

a) die förmliche Originaleinladung, die von russischen Staatsbürgern bei den zuständigen örtlichen Pass- und Visabehörden des russischen Innenministeriums (OWIR) beantragt wurden

Oder

b) die förmliche Reisebestätigung des russischen Reiseveranstalters, ein Voucher des deutschen Reisebüros oder des russischen Reiseveranstalters bei PKW- oder Motorradreisen ist ein entsprechender Vermerk im Visum erforderlich; unbedingt Kennzeichen, Modell und Farbe angeben!

Zusammenfassend gesagt gibt es also zwei Möglichkeiten, an ein russisches Visum zu kommen: 1. man lässt sich von einem russischen Bürger einladen oder 2. man bucht seine Reise oder zumindest die Unterkunft von Deutschland aus. Zwar kann man ein Visum auch bei einem der zahlreichen Visa-Expressdienste besorgen lassen, die Voraussetzungen für eine Visaerteilung allerdings ändern sich dadurch nicht, nur dass man Ihnen dort eine Einladung gegen Gebühr besorgen kann. Ob das von Vorteil ist, sollten Sie genau kalkulieren.

Noch etwas, woran Sie denken sollten: Wenn Sie durch Russland nach Litauen fahren und genauso wieder zurück fahren wollen, brauchen Sie zwingend ein russisches Visum für zweifache Einreise (dwukhratnaja).

Die aktuellen Bedingungen, die Gebühren, die Adresse des zuständigen Generalkonsulates und einen Visumantrag finden Sie hier: www.russische-botschaft.de/Konsulat/visa.htm.

Zur Einreise mit dem Pkw benötigen Sie außer Reisepass und Visum den Nationalen Führerschein (weniger Probleme bereitet der EU-Führerschein), den Fahrzeugschein sowie die Grüne Versicherungskarte. Seit Herbst 2003 gibt es ein russisches Gesetz, das eine Mindest-Haftpflichtversicherung vorschreibt. Obwohl die Grüne Karte verlangt wird, ist bisher keine westliche Versicherung in Russland zugelassen. So müssen Sie an der Grenze eine russische Versicherung für bis zu 2 Monate kaufen, was je nach kW, Hubraum und Aufenthaltsdauer zwischen 30 und 70 € kostet. Reiben Sie sich nicht daran, es ist halt so: eta Rossija – so ist Russland.
Russische Autoversicherung:

Ingosstrakh, Pyatnizkaya ulica 12, GSP 8, 115998 Moskwa,Tel. (095) 2 32 32 11 / 9 59 46 77, Fax (095) 9 59 45 18 /9 59 44 05, E-Mail: ingos@ingos.ru.

Ebenfalls an der Grenze wird für Ihren Pkw ein Zolldokument ausgestellt, das für die Dauer Ihres Aufenthaltes neben dem Pass das zweitwichtigste Dokument ist und bei jeder der zahlreichen Straßenkontrollen vorgewiesen werden muss.

▶ Eintrittsgebühren

In polnischen Museen müssen Sie mit Eintrittsgebühren ab 5 Złoty rechnen, die Preise differieren allerdings, es kann auch schon einmal 12 zł kosten. Ermäßigungen wie sie in Deutschland üblich sind, werden Sie höchstens bei Vorlage eines internationalen Studentenausweises erhalten, aber darauf bauen sollten Sie nicht, man ist da vom Wohlwollen abhängig. Durchschnittlich zwischen 15 und 50 zł zahlen Sie in der Danziger Baltischen Staatsoper für eine Karte, in der Philharmonie und in den Theatern sind die Kartenpreise vergleichbar. Kinokarten in den neueren Kinos kosten zwischen 16 und 22 zł, in den kleineren älteren Häusern auch schon einmal 10 zł.

▶ Essen

In den Restaurants werden die Preise für Fleisch und Fisch oft nach Gewicht berechnet. Angegeben ist dann meist der Preis für 100 g, manchmal aber auch das etwaige Gewicht der Portion, also z.B. 200 g für ein Stück Fleisch. Nachprüfen können Sie das Gewicht nicht, Sie müssen es schon glauben. Für ein Mittagessen in einem Bistro, einer Raststätte oder einer Bar müssen Sie für ein Hauptgericht mit alkoholfreiem Getränk mit Preisen ab 7 € rechnen, in einem einfachen Restaurant kostet so ein Mittagessen ab 9 € und in einem guten Restaurant ab 18–20 €.

Alle Restaurantpreise in Polen sind Inklusivpreise, in denen Service und alle Steuern enthalten sind. Trinkgelder sind üblich und sollten etwa 10 % der Verzehrsumme betragen.

Folgende Gerichte finden Sie auf polnischen Speisekarten:

Suppe - zupa
- Barszcz Czerwony - Rote-Bete-Suppe
- Chłodnik - Kaltschale auf Borschtsch-Basis mit Sauermilch, Sahne, Gurken, Dill und hart gekochtem Ei
- Czernina - Gänseschwarzsauer
- Flaki - Kuttelsuppe, der Kłnigsberger Fleck sehr ähnlich
- Grzybowa - Pilzsuppe
- Kapuśniak - Sauerkrautsuppe
- Ogórkowa - Gurkensuppe
- Rosół z kołdunami - Brühe mit Fleischtaschen
- Szczawiowa - Sauerampfersuppe
- Żeberka - Rippchen
- Żurek - Sauermehlsuppe

Fleisch - mięso
- Bigos - Kohleintopf mit Sauerkraut und/oder Weißkohl und verschiedenen Fleischsorten
- Boczek - Speck
- Galaretka z nóżek - Schweinsfußsülze
- Golonka - Eisbein
- Gołąbki z ryżem i mięsem - Kohlrouladen mit Reis und Fleisch
- Kiełbasa - Wurst
- Kotlet Schabowy - Schweinekotelett
- Kotlet mielony - Frikadelle
- Pieczeń - Braten
- Pieczeń sarnia - Rehbraten
- Pieczeń z dzika - Wildschweinbraten
- Polędwica wołowa z rusztu - Rinderlendenstück vom Rost
- Schab - Schweinerücken
- Szynka - Schinken
- Tatar - Beef Tatar

Teigwaren
- Bułka - Brötchen
- Chleb - Brot
- Naleśniki - Eierpfannkuchen
- Placzki ziemniaczane - Kartoffelpuffer
- Pierogi - Mehltaschen gefüllt mit Fleisch, Pilzen, Kohl oder Quark mit Kartoffeln

Dessert
- Babka - Hefekuchen
- Ciasto - Kuchen
- Lody - Eis
- Makowiec - Mohnkuchen
- Pączki - Krapfen, Berliner
- Sernik - Käsekuchen
- Tort - Torte

Beilagen
- Buraczki - Rote Beete
- Fasolki - Bohnen
- Kapusta - Kohl
- Pomodory - Tomaten
- Ryż - Reis
- Sałatka - Salat
- Surówka - Rohkostsalat
- Ziemniaki - Kartoffeln

Geflügel - Eier
- Indyczka pieczona - gebraten Pute
- Kaczka z jabłkami - Ente mit Äpfeln
- Kurczak pieczony - gebratenes Hähnchen
- Jaja faszerowane - gefüllte Eier

Fisch - ryba
- Karp - Karpfen
- Karp po polsku w szarym sosie - Karpfen polnisch in grauer Soße
- Karp po żydowsku - Karpfen jüdische Art
- Łin - Schlei
- Pstrąg - Forelle
- Okon - Barsch
- Raki - Krebse
- Sandacz - Zander
- Sielawa - Maräne
- Śledzie w śmietanie - Hering in Sahnesoße
- Szczupak - Hecht
- Węgorz - Aal

Grzyby - Pilze
- Borowik - Steinpilz
- Kurka - Pfifferling
- Masłak - Butterpilz

Mittagessen

In Polen wird das Mittagessen traditionell meist gegen 15 Uhr eingenommen. Das hängt mit dem Arbeitsrhythmus zusammen, denn immer noch arbeiten viele Polen wie zu kommunistischer Zeit von 7 bis 15 Uhr.

F

Feiertage und Ferien

Tiefgläubig sind die Teilnehmer an Prozessionen und Wallfahrten

Gesetzliche Feiertage sind in Polen:
1. Januar
Ostersonntag und Ostermontag
3. Mai - Verfassungstag
11. Juni - Fronleichnam
15. August - Mariä Himmelfahrt
1. November - Allerheiligen
11. November - Unabhängigkeitstag
25. und 26. Dezember - Weihnachten

Die Sommerferien dauern landesweit immer von Ende Juni (meist 22. Juni) bis Ende September.

Ferienhäuser/Ferienwohnungen

Neben unzähligen privaten Angeboten können Sie Ferienhäuser in Polen auch nach Katalog bei einer Agentur buchen. Dort können Sie sicher sein, vor Ort kompetente Ansprechpartner zu haben und genau den Standard vorzufinden, den Sie haben möchten.

- **Novasol Ferienhausvermittlung GmbH**, Gotenstr. 11, 20097 Hamburg, Tel. 040-238859-82, E-Mail: novasol@novasol.de, www.novasol.de
- **PolFer Ferienhausvermittlung**, Tel. 030-70604627, Fax 70783471, E-Mail: contact@polfer.de

FKK

In Polen ist FKK weitestgehend unüblich, selbst das Baden „oben ohne" erregt sowohl Aufsehen als auch immer noch weit verbreitete Ablehnung im katholischen Polen. Sogar das Umkleiden am Strand erfolgt unter sorgfältiger Bedeckung sämtlicher Blößen. Anders als in der ehemaligen DDR fehlt dem Nacktsein gegenüber jegliche Akzeptanz. Die Naturisten sind eine verschwindend kleine Minderheit geblieben. Bitte respektieren Sie als Gast in unserem Nachbarland die Sitten und Gefühle der Menschen.

Foto/Film

Foto- und Filmmaterial gibt es in allen größeren Orten zu kaufen, selbst in Kleinstädten, auch Kamerateile und Zubehör, wobei man dann allerdings mit höheren Preisen als in Deutschland rechnen muss. Relativ preiswert und schnell sind Filmentwicklungen, man erhält sie in Fotofachgeschäften in vergleichbarer Qualität, Expressentwicklungen sind deutlich billiger als in Deutschland. Wenn Sie Filme benötigen, kaufen Sie diese besser im Fachgeschäft, wo sie frische und sachgerecht gelagerte Ware erhalten. Aber auch in Supermärkten und Kaufzentren bekommen Sie alles nur denkbare Filmmaterial. Kaufen Sie nicht an den Straßenständen, dort haben die Filme im Sommer meist schon wer weiß wie viele 35°-Tage durchlitten.

Fotografieren

Kasernen und militärische Gelände, Objekte und Einrichtungen dürfen Sie nicht fotografieren. Meist sehen Sie dort auch eine eindeutige Tafel platziert. Ansonsten gibt es keine generellen Einschränkungen mehr, nur noch bei Einzelobjekten kann ein Fotoverbot ausgesprochen sein. Es gilt also generell: wenn Sie das Symbol mit dem durchgestrichenen Fotoapparat nicht sehen, können Sie fotografieren oder filmen. Falls sie Menschen fotografieren oder filmen wollen, gelten die üblichen Höflichkeitsregeln, nicht jeder mag gern fotografiert werden, also fragen Sie lieber. Keine Angst, ein fragendes Zeigen auf die Kamera und ein kurzes, fragendes „mogę“ (gesprochen mogä) reicht.

Fußgänger

Es ist sicherer, sich nicht darauf zu verlassen, dass polnische Autofahrer an einem Fußgängerüberweg auch anhalten. Der Fußgänger kann im Verkehrsalltag in Polen nicht mit allzu viel Rücksicht rechnen. Im Gegenteil, obwohl sein Schutz mittlerweile auch in Polen geltendes Verkehrsrecht ist und er genau wie bei uns an Fußgängerüberwegen „Vorfahrt“ hat, kümmern sich in Polen immer noch die wenigsten Autofahrer darum. Daher ist also Vorsicht geboten.

G

Geld

Die polnische Währung heißt Złoty, gesprochen etwa „Swoti“. 1 Złoty (zł) ist unterteilt in 100 Groszy. Polnische Banknoten gibt es im Wert von 200, 100, 50, 20 und 10 zł. Münzen kursieren in den Nennbeträgen 5, 2 und 1 Złoty sowie 50, 20, 10, 5, 2 und 1 Groszy.

Geldumtausch
Geld tauschen können Sie in Polen in jeder der inzwischen zahlreichen Banken oder bei den Wechselstuben „Kantor“. Tauschen Sie keinesfalls auf der Straße privat Geld um, es handelt sich bei solchen Angeboten generell um Betrugsversuche.

Devisen
Die Ein- und Ausfuhr der Landeswährung Złoty ist nach wie vor verboten. Seit 1990 ist auch der Złoty frei konvertierbar. Ausländische Devisen können in beliebiger Höhe ein- und ausgeführt werden. Bei Summen, die über ein angemessenes Urlaubsgeld hinausgehen (ca. 3.000 €), sollte man zur Sicherheit eine Devisenerklärung ausfüllen.

Gesundheit

Es gibt ein Krankenversicherungsabkommen zwischen Deutschland und Polen, besorgen Sie sich rechtzeitig vor Reiseantritt einen Auslandskrankenschein/Europäische Krankenversicherungskarte Ihrer Krankenkasse. Das polnische Krankenversicherungsgesetz wird derzeit überarbeitet. Dies kann für Versicherte zu Problemen bei der Sachleis-

tungsaushilfe (Vorlage des Auslandskrankenscheines) in Polen führen. Das Vorzeigen des Krankenscheins ist im Krankheitsfalle in Polen zwar meistens hilfreich, deckt aber nicht zuverlässig alle Behandlungen und Krankheitskosten ab. Sie müssen im Krankheitsfalle damit rechnen, Teile der allerdings um die Hälfte niedrigeren Arzt- und Apothekenkosten erst einmal selbst bezahlen zu müssen. Zwar können Sie die Quittungen bei Ihrer Krankenkasse nach der Rückkehr vorlegen, ob die dann alles bezahlt, ist fraglich.
Genaueres erfahren Sie im Mekblatt „Polen" der AOK:
www.aok.de/bund/htm/reiseinfo/download/pdf/merkb_polen.pdf

Den Abschluss einer privaten Reisekrankenversicherung sollten Sie daher unbedingt erwägen. Sie kostet bei Reiseveranstaltern, Automobilclubs, Ihrer Krankenkasse oder Ihrer Versicherungsgesellschaft nur ab 10 € für insgesamt 42 Reisetage während der ein Jahr währenden Vertragslaufzeit (siehe auch Versicherung). Diese Versicherung deckt dann auch das Risiko des Rücktransportes ab. Wenn Sie dieser Versicherung die polnischen Quittungen vorlegen, bekommen Sie die Kosten erstattet.

Impfempfehlung

Die ausgedehnten Waldgebiete Nordpolens gehören zu den besonders FSME-gefährdeten Gebieten. Nicht nur in den Wäldern, auch im Gras an den Seen liegend ist man vor Zeckenbissen nicht sicher. Man sollte sich daher unbedingt rechtzeitig gegen FSME, die gefährliche Frühsommer-Meningoenzephalitis, impfen lassen. Gegen die Borreliose, die ebenfalls durch Zecken übertragen wird, gibt es keine Impfung, sie kann aber behandelt werden. Bei auffälligen Rötungen um Zeckenbissstellen also bitte sofort den Arzt aufsuchen.

Apotheke

Apotheken gibt es in Polen in ähnlicher Dichte wie in Deutschland. Apotheke heißt auf Polnisch „apteka". Erkennbar sind Apotheken oft an dem gleichen stilisierten „A" wie bei uns. In jedem Falle sollte man sich seine regelmäßig benötigten Arzneimittel in ausreichender Menge mitbringen. Nicht jedes bei uns gängige Mittel wird auch in Polen verwandt und könnte daher womöglich nicht vorrätig sein. Auch die Liste der rezeptfreien Mittel ist in Polen nicht mit der unseren gleich. So kann es passieren, dass Sie ein vermeintlich harmloses Mittel wie Fenistil-Gel gegen Mückenstiche nicht so ohne weiteres rezeptfrei erhalten.
Notdienste für Apotheken gibt es selbst in kleineren Orten, eine hat immer geöffnet. Welche das ist, erfährt man – wie bei uns – aus der lokalen Zeitung. Meist ist die Adresse der diensthabenden Apotheke bei den anderen Apotheken ausgehängt. Die normalen Dienstzeiten polnischer Apotheken sind Mo–Fr 8–18 Uhr.

Arzt

Wenn Sie einen Arzt brauchen, können Sie als Selbstzahler sowohl eine staatliche als auch eine private Praxis oder Klinik aufsuchen. Das polnische Gesundheitswesen ist in letzter Zeit ins Gerede gekommen, das staatliche System zahlt auch für polnische Verhältnisse lediglich Hungerlöhne.
In jedem Falle müssen Sie in der privaten Praxis oder Klinik mit höheren Tarifen rechnen, die aber immer noch um die Hälfte unter den deutschen Sätzen liegen, dafür werden Sie dort aber auch erstklassig und nach modernstem Stand der Medizin behan-

delt und versorgt. Wenn Sie allerdings schnelle Hilfe brauchen und nicht erst langatmig Erkundigungen einziehen können, wenden Sie sich an das nächste Krankenhaus – polnisch „szpital“ und dort an die Ambulanz „ambulans“, oder an eine „przychodnia“, das ist eine Art Poliklinik.

Litauen
Seit dem EU-Beitritt Litauens gilt Ähnliches wie für Polen, auch hier besteht nun ein Krankenversicherungsabkommen mit Deutschland und Sie können sich bei Ihrer Krankenkasse einen Auslandskrankenschein/Europäische Krankenversicherungskarte ausstellen lassen.
Genaue Informationen bietet das Merkblatt „Litauen“ der AOK: www.aok.de/bund/htm/reiseinfo/download/pdf/merkb_litauen.pdf.

Russland
In der Russischen Föderation gilt eine Krankenversicherungspflicht für alle Ausländer, die privat, touristisch oder geschäftlich nach Russland einreisen. Schon zur Beantragung des Visums ist ein Nachweis über eine abgeschlossene Auslandsreise-Krankenversicherung zusammen mit den Antragsunterlagen einzureichen.
Eine Liste der anerkannten Versicherungsgesellschaften (diese und nur diese werden akzeptiert!) finden Sie hier: www.russische-botschaft.de/Konsulat/versicherungen.htm.

▶ Grenzübergänge

Folgende rund um die Uhr geöffneten Grenzübergänge gibt es zwischen Deutschland und Polen:

Ahlbeck-Świnoujście; nur Fußgänger, Fahrräder, Pendelbus
Linken-Lubieszyn; Personen- und Güterverkehr
Pommellen-Kołbaskowo; Personen und Güterverkehr
Rosow-Rosowek; nur Personenverkehr
Schwedt-Krajnik Dolny; Personen- und Güterverkehr
Hohenwutzen-Osinow Dolny; keine Lkw, keine Reisebusse
Kietz-Kostrzyn; Personen- und Güterverkehr ohne Gefahrgut
Frankfurt/O.-Słubice; keine Lkw, keine Reisebusse
Frankfurt/O.-Świecko; Personen- und Güterverkehr
Guben/Gubin; Personen- und Güterverkehr
Guben/Gubinek; Personen- und Güterverkehr
Forst/Olszyna; Personen- und Güterverkehr
Bad Muskau/Leknica; nur Personenverkehr
Podrosche/Przewoz; Personenverkehr, keine Busse
Ludwigsdorf/Jedzychowice; Personen- und Güterverkehr
Görlitz/Zgorzelec; nur Personenverkehr
Ostritz/Krzewina Zgorzelec; nur Fußgänger und Fahrrad
Zittau Chopin-Str./Sieniawka; Personen- und Güterverkehr bis 7,5 t
Zittau Friedensstr. Porajow Personenverkehr, keine Busse

H

▶ Hilfe aus Deutschland

Eine weltweit erreichbare Telefon-Hotline für deutsche Urlauber in Not bietet das Auswärtige Amt unter der Nummer **0049-1888-17 44444** an. Rund um die Uhr kann man sich über einen Ansagedienst mit einem Ansprechpartner verbinden lassen, wofür immer mindestens zwei Beamte zur Verfügung stehen. Man wird erforderlichenfalls direkt an den Bereitschaftsdienst der Botschaft in Polen weiterverbunden, wo Fachleute Hilfe organisieren. Für die Kosten muss man allerdings später in Deutschland aufkommen. Hier können Sie sich informieren, wer Ihnen im Notfall welche Hilfe bieten kann: www.auswaertiges-amt.de, dort unter Länderinformationen – Überblick – Konsularische Hilfe in Notfällen.

▶ Homosexuelle

Homosexuelle bezeichnen sich in Polen als „gej", Lesben als „lesbijki" und sie haben immer noch einen schweren Stand in Polen. Wenn Sie Hand in Hand mit Ihrem Partner auf einer Promenade flanieren, müssen Sie damit rechnen, angepöbelt zu werden. Die polnische Schwulenszene ist eine geschlossene Gesellschaft und wird von der Mehrheit der Bevölkerung abgelehnt, das kommt vom immer noch großen Einfluss der katholischen Kirche. Wenn Sie mehr über die polnische Schwulen- und Lesbenszene wissen wollen, werden Sie auf der Internetseite bei „Inna Strona" (www.innastrona.pl) fündig, in deutscher Sprache gibt es die Infos auch hier: www.gej.net/de, E-Mail: deutsch@gej.net. Dort gibt es auch den Gay Guide, in dem Sie Szenetreffpunkte und Kneipen finden, sogar ganze Reisen können Sie hier buchen, Hotels sogar mit sagenhaften Rabatten! Dieses Portal ist übrigens genauso für Lesben gedacht.

I

▶ Internet

Nichts ändert sich so schnell wie das weltweite Netz und genauso schnell entstehen und verschwinden Internetcafés in Polen, alles ist ständig im Wandel. Damit Sie dennoch eine Möglichkeit haben, sich aktuell zu informieren, wo sich ein Internetcafé befindet, hier eine stets aktualisierte Liste auch mit englischsprachigen Informationen: www.yp.pl/ca/190008/World/Polska/Komputery/Internet/Kawiarnie_internetowe. Oder schauen Sie mal hier: www.worldofinternetcafes.de/Europe/Poland/.

Tipp

Schauen Sie mal bei der polnischen Telekom Telekomunikacja Polska SA herein. Selbst in den kleinen Provinzstädten ist meist ein Internet-Terminal vorhanden. Übrigens kann man sich polenweit über die Telekom Polska mit diesen Nummern ins Internet einwählen: 0 20 21 22 oder ISDN 0 20 24 22.

Von Jahr zu Jahr wächst sprunghaft die Zahl der Hotels und Pensionen, die einen Internetzugang anbieten, in den größeren Städten können Sie davon ausgehen, einen Internetzugang zur Verfügung zu haben.

J

Jugendherbergen

In Polen ist das Jugendherbergswesen anders organisiert als in Deutschland. Man unterteilt in polenweit 150 ganzjährig geöffnete Herbergen (10.000 Plätze), wie wir sie kennen, und 450 saisonbedingte, nur während der Sommerferien geöffnete Herbergen (17.000 Plätze), die sich in aller Regel in Schulgebäuden befinden. Entsprechend ist ein über die reine Übernachtung hinausgehendes Angebot an Aktivitäten kaum vorhanden. Dort werden einfache Unterkünfte in Mehrbettzimmern mit Benutzung der schuleigenen Sanitäreinrichtungen angeboten. Die PTSM (siehe unten) ist Mitglied in der International Youth Hostel Federation IYHF, Reisende mit IYHF-Ausweis erhalten daher die gleichen 25 %igen Ermäßigungen wie polnische PTSM-Mitglieder. In polnischen Jugendherbergen kann man mit Übernachtungspreisen ab 12 Złoty rechnen.

Listen mit Jugendherbergen in Polen bekommt man bei:

- Polski Towarzystwo Schronisk Młodzieżowich PTSM (Polnischer Verband der Jugendherbergen), ul. Chocimska 28, 00-791 Warszawa, Tel. 0048-22-8498128, Fax 8494251, E-Mail: hostelling.ptsm@pro.onrt.pl, www.hostelling.com.pl. Hier gibt es Mail- und Internetadressen, man kann auch Reservierungen vornehmen.
- Hier eine vollständige Liste im Internet: www.ptsm.org.pl
- Deutsches Jugendherbergswerk, Postfach 1455, 32704 Detmold, Tel. 05231-74010

K

Kartenmaterial

- Eine garantiert aktuelle Reisekarte im Maßstab 1:875.000 liegt diesem Buch bei.
- In jeder Buchhandlung und Tankstelle Polens können Sie die Straßenkarten erwerben, die Sie benötigen. Vor allem in Buchhandlungen bekommen Sie auch zweisprachige Karten, die sogar alte deutsche Ortsnamen enthalten.
- In Deutschland erhalten Sie beim Rautenberg-Verlag, Blinke 8, 26789 Leer, Tel. 0491-92 97 02, Fax 0491-92 97 06, E-Mail: Verlag@Rautenberg-Druck.de, auch alte Kreiskarten, falls Sie auf Erkundung Ihrer Familienspuren gehen möchten.
- Hervorragend sortiert ist dieser Anbieter: Geo Buchhandlung Kiel, Schülperbaum 9, 24103 Kiel, Tel. 0431-91002, Fax 94249, E-Mail: info@geobuchhandlung.de, www.geobuchhandlung.de. Garantiert aktuelles Kartenmaterial auch im Versand.
- Wenn es um Straßenkarten geht, achten Sie bitte auf das Herstellungsdatum, denn in den Jahren 2000/2001 sind die Nummern vieler Straßen geändert worden. Im Zweifelsfall besorgen Sie sich am besten an der ersten Tankstelle in Polen einen preiswerten polnischen Straßenatlas Jahrgang 2004, den es zu Preisen ab 20 Złoty gibt.

Klima

Das Klima Nordpolens ist unserem nicht unähnlich, allerdings muss man im Winter in Masuren und dem Nordosten mit strengem Frost von bis zu -30 Grad und viel Schnee rechnen. Schönste Reisezeit für die Ostseeküste sind die Sommermonate Juli und August, denn dann sind dort auch die Wassertemperaturen mit 18–19 Grad am höchsten. In Masuren kann es zu dieser Zeit sehr heiß sein, stabile Schönwetterlagen mit Tag für Tag mehr als 30 Grad sind nicht selten, die Seen sind dann alle 22 Grad warm oder auch schon mal bis zu 25 Grad, was zum Baden ideal ist. Für eine Wander- oder Radtour bieten sich die nicht so heißen Früh- oder Spätsommermonate Juni und September an. Auch der Herbst hat vor allem in Masuren seine goldenen, warmen Tage, und die Wälder präsentieren sich dann in einem wahren Farbenrausch, bevor die Bäume ihr Laub verlieren.

Folgende durchschnittliche Tagestemperaturen erwarten Sie in Polen:

	Jan	*März*	*Mai*	*Juni*	*Juli*	*Aug*	*Sept*	*Okt*	*Dez*
Gdańsk:	1	1	15	18	21	21	17	12	3
Olsztyn:	-6	5	16	19	25	25	21	12	4

Aktuelle Informationen über das Wetter in Polen gibt es hier: www.wetteronline.de/Europa.htm.

▶ Kreditkarten

Die Akzeptanz der gängigen Kreditkarten Visa, Master/Eurocard und American Express – letztere jedoch mit Einschränkungen – wächst in Polen täglich. In den großen Supermärkten, in Hotels, aber auch schon in vielen Läden und Restaurants sowie den meisten Tankstellen können Sie mit Plastikgeld bezahlen.

▶ Kriminalität

Nein, ganz entschieden, Polen ist kein Paradies für Gangster, Autodiebe und Schieber. Dennoch sind Gewalttaten gegen Touristen wie Überfälle, Raub und Diebstahl von Wertgegenständen, Handtaschen und Papieren an der Tagesordnung. Aber wo ist das nicht so? Welche Touristenhochburg leidet nicht darunter, sei es in Deutschland, Spanien oder eben Polen? Auch Autos, vor allem deutsche Wagen der Marken Mercedes, VW und BMW sind begehrt unter den oft aus Polens östlichen Nachbarländern gesteuerten Banden. Die Diebesbanden agieren natürlich genau dort, wo diese Wagen verstärkt auftauchen, also in den Touristenzentren, besonders in Danzig. Aber mal ehrlich: wer das Auto beim Gepäck ausladen vor dem Hotel offen lässt oder gar den Zündschlüssel stecken lässt, dürfte sich auch bei uns nicht wundern, wenn der Wagen weg ist. Also: immer sofort abschließen und vor allem dort, wo viele Touristen sind, nur auf bewachten Parkplätzen parken.

Handtaschen werden auch bei uns geraubt, am helllichten Tag und sogar in Kleinstädten, warum dann ausgerechnet in Polen nicht? Also: Wertsachen, Geld und Pass in den Hotelsafe legen. Mitgeführte Papiere, Geld und Kreditkarten im Brustbeutel unter der Kleidung tragen. Handtaschen möglichst gar nicht, sonst mit langem Gurt diagonal über den Oberkörper hängen, genau wie Kamerataschen. Relativ sicher sind auch Rucksäcke mit schwer zu öffnenden, umlaufenden Reißverschlüssen.

M

Medien

Zeitungen
Die wichtigsten polnischen Zeitungen sind die liberale, aus der Bürgerrechtsbewegung hervorgegangene „Gazeta Wyborcza" (www.gazeta.pl) des Ex-Dissidenten und Publizisten Adam Michnik, die konservative „Rzeczpospolita" (www.rzeczpospolita.pl), die ein wenig unserer „Welt" ähnelt, und die linke „Trybuna" (www.trybuna.com.pl). Das polnische Boulevardblatt, also eine Art polnischer Bild-Zeitung, ist der „Super Express", www.se.com.pl. Informationen der polnischen Nachrichtenagenturen PAP und PAI können Sie auch in englischer Sprache im Internet lesen: www.dziennik.pap.com.pl. Und bei www.polishnews.pl. Von Null auf Platz drei der Auflagenzahlen polnischer Tageszeitungen schaffte es der polnische Bild-Zeitungs-Klon „Fakt".

Polen hat drei große politische Wochenmagazine. Die „Polityka", www.polityka.onet.pl, ist unserem „Spiegel" vergleichbar, die www.wprost.pl „Wprost" dem „Focus", dazu kommt noch die „Newsweek Polska". Die bekannte linke satirische Wochenzeitung „Nie" des ehemaligen Pressesprechers von General Jaruzelski, Jerzy Urban, lässt auch Tabus nicht unberührt. Teile gibt es jetzt auch in Englisch unter www.nie.com.pl. In der Wochenzeitung „The Warsaw Voice" (www.warsawvoice.pl), die man in gedruckter Ausgabe auch in Deutschland abonnieren kann, können Sie sich ebenfalls in englischer Sprache über Polen informieren. Seit 2004 gibt es auch eine deutschsprachige Publikation, die „Polen Rundschau".

Polen verfügt inzwischen über eine Vielzahl an **Radiosendern** und längst auch mehr **Fernsehsender** als nur Televisia Polska. Eine umfangreiche Liste von im Internet empfangbaren polnischen Radio- und Fernsehstationen finden Sie unter: www.radiostacje.terramail.pl.

Unter www.tvpolonia.com erhalten Sie täglich frische Meldungen von Radio Polonia. Die tägliche halbstündige deutschsprachige Nachrichtensendung des Senders empfangen Sie via Internet hier: www.radio.com.pl/polonia/de, E-Mail: deutsche.redaktion@radio.com.pl, oder auf Kurzwelle:

12.30–13 Uhr auf 31,50 m, 9.525 KHz, sowie 49,22 m, 6.095 KHz, sowie
15–15.30 Uhr auf 41,18 m, 7.285 KHz, sowie 49,22 m, 6.095 KHz
19–19.30 Uhr auf 41,18 m, 7.285 KHz
SAT: 12.30–13 Uhr GMT, Astra 1B, 11.612, Horizontal Polarization, Audio 7.38 MHz

Mietwagen

Mietwagen der großen internationalen Firmen können Sie in Nordpolen in Szczecin, Gdańsk und Olsztyn buchen und natürlich auch am Flughafen Warszawa-Okęcie. Günstiger wird es, wenn Sie das Fahrzeug über einen der großen Reiseveranstalter als Paket mit einem Hotelaufenthalt buchen. In vielen Städten gibt es mittlerweile auch lokale Anbieter, der Wechsel ist allerdings noch groß.

Die unten genannten Preise gelten inklusive Versicherung und ohne Kilometerbeschränkung (Mietzeit Mai 2005):

Anbieter	***Fahrzeugtyp***	***/ Woche***
Avis	Opel Corsa	336 €
Avis	Toyota Corolla	421 €
Europcar	Opel Corsa	359 €
Hertz	Opel Corsa	435 €

N

▶ Nationalparks

Auch im Norden Polens gibt es einige sehenswerte Nationalparks, die zum Naturerleben einladen und Erholungsmöglichkeiten der besonderen Art bieten. Alle Informationen gibt es direkt bei den Parkverwaltungen:

- **Biebrzański Park Narodowy**/Biebrzański Nationalpark, 19-252 Osowiec 3, Tel. 086-272062021
- **Słowiński Park Narodowy**, Słowiński Nationalpark, ul. Bohaterów Warszawy 1, 76-214 Smoldzino b. Słupsk
- **Wigierski Park Narodowy**/Wigierski Nationalpark, Krzywe 82, 16-400 Suwałki, Tel. 087-5651433, Fax 5666322
- **Woliński Park Narodowy**, Woliński Nationalpark, ul. Niepodległości 3, 72-510 Międzyzdroje, Tel. 091-3280737, Fax 3280357

▶ Notrufnummern

In Polen gibt es landesweit gleiche Notrufnummern. Es bedeuten:

981 - Pannendienst	998 - Feuerwehr
997 - Polizei	999 - Krankenwagen

Notrufnummer vom 1. Mai bis zum 30. September zwischen 8 und 22 Uhr für deutschsprachige Touristen: Festnetzanschluss: 0800-200 300. Vom Handy aus: 0048-22-601 55 55. Hier wird bei Unfällen, Diebstählen oder Problemen mit der Polizei geholfen.

O

▶ Öffnungszeiten

In Polen gibt es kein Ladenschlussgesetz, folglich können nur grobe Zeitrahmen für die Öffnungszeiten angegeben werden. Banken haben meist montags bis freitags von 8 bis 17 Uhr geöffnet, manche auch am Samstag zwischen 8 und 14 Uhr, die Wechselstuben „Kantor" sind montags bis freitags von 9 bis 18 Uhr und samstags von 9 bis 13 Uhr offen. Generell haben die Einzelhandelsgeschäfte meist montags bis freitags von 10 bis 17 Uhr (viele aber auch bis 19 Uhr) und samstags zwischen 9 und 14 Uhr geöffnet. Viele Lebensmittelgeschäfte öffnen schon um 6 Uhr, manche haben 24 Stunden geöffnet. Gekennzeichnet ist das meist durch die Aufschrift: cała dobę. Große Supermärkte haben zumindest werktags von 6 bis 22 Uhr und an den Wochenenden (auch sonntags) bis 20 Uhr geöffnet, oft durchgehend. Kaufhäuser sind in der Regel werktags von 9 bis 20 Uhr geöffnet.

P

▶ Parken

Sicher steht Ihr Auto auf einem bewachten Parkplatz, der mit einem normalen Parkplatzschild gekennzeichnet ist (weißes P auf blauem Grund). Auf diesem Schild darf die zusätzliche Aufschrift „parking strzeżony“ nicht fehlen. Außerdem sollte das Gelände eingezäunt sein, und der Wärter muss Ihnen eine Marke oder einen Coupon aushändigen, dann können Sie beruhigt auf Entdeckungstour gehen. Scheuen Sie die vergleichsweise geringen Kosten (2–4 Złoty pro Stunde) vor allem in den großen Städten und an den Touristenzentren nicht.

Parkgebühren
Rechnen Sie mit Parkgebühren von mindestens 2 Złoty pro Stunde, an besonders begehrten Plätzen auch mehr, an der Ostseeküste bis 3 Złoty, in Danzig bis 4 Złoty. Wohlgemerkt: hier handelt es sich um „parking płatny“, also nur um einen Zone mit kostenpflichtigen Parkplätzen, wie sie in fast allen Ortskernen zu finden ist. Das bedeutet nicht, dass dieser Parkplatz bewacht wird!

▶ Post

Die Post heißt auf Polnisch „Poczta“ und ist montags bis freitags zwischen 8 und 19 Uhr geöffnet. Das Porto für einen Inlandsbrief oder eine Inlandskarte beträgt zurzeit 1,30 Złoty, das Porto für den Auslandsbrief oder die Ansichtskarte ins Ausland 2,20 Złoty.

▶ PTTK

Bei der polnischen Gesellschaft für Touristik und Landeskunde können Sie Kajaks und Kanus mieten, einfache Holzhäuschen und Übernachtungsplätze in einer „stacja wodna“ (Wasserstation) buchen. Die PTTK ist erste Ansprechstation, wenn es um das Wandern zu Fuß, per Fahrrad oder auf dem Wasser geht.

Informationen und Reservierungen bekommen Sie in den Regionalbüros:
• PL 80-827 Gdańsk, ul. Długa 45, Tel. 058-3019151, Fax 058-3016096 www.pttk-gdansk.pl/, E-Mail: biuro@pttk-gdansk.pl
• PL 16-950 Olsztyn, ul. Staromiejska 1, Tel. 5235320 www.pttk.olsztyn.pl/, E-Mail: biuro@pttk.olsztyn.pl
In diesen Büros mit dem Service von Touristikinformations- oder Reisebüros erhalten Sie auch Broschüren. Zentrale: Polskie Towarzystwo Turystyczno-Krajoznawcze PTTK, ul. Senatorska 11, 00-075 Warszawa, Tel. 022-8262251, Fax 022-8262505, E-Mail: poczta@pttk.pl, www.pttk.pl.

R

Rauchen

Es gibt kaum öffentliche Räume in Polen, in denen das Rauchen erlaubt ist. Allenfalls in größeren Restaurants gibt es eine Raucherecke als Zugeständnis an den Tourismus. Auch auf fast allen Bahnhöfen ist das Rauchen verboten. Bei Zuwiderhandlungen vor allem auf großen, polizeiüberwachten Bahnhöfen riskiert man einen Platzverweis, wenn man sich nicht daran hält. Auch wenn Sie bei einer polnischen Familie zu Gast sind, werden Sie selbst bei rauchenden Gastgebern feststellen, dass diese zum Rauchen auf den Balkon gehen. In den Raucherabteilen der Eisenbahn werden Sie ebenfalls niemanden rauchen sehen, man geht dazu aus dem Abteil auf den Gang.

Reiseanbieter

Natürlich kann man auch mit TUI oder Quelle nach Polen fahren, deren Kataloge erhalten Sie problemlos im nächsten Reisebüro an der Ecke, und eine Masurenfahrt bietet wahrscheinlich auch der lokale Busunternehmer. Im Folgenden sind ein paar Spezialanbieter aufgezeichnet, die eine besondere Kompetenz für Reisen nach Polen haben und die Sie auch an Stellen führen, welche die Generalisten nicht kennen.

- **Albatros Outdoor-Natur-und AktivReisen**, Bertholdplatz 6, 15848 Beeskow, Tel. (03366)153375, E-Mail: info@albatros-outdoor.de, www.albatros-outdoor.de
- **Reisebüro Darpol**, Kaiser-Friedrich-Str.19, 10585 Berlin, Tel. 030-3420074, Fax 3422472, E-Mail: info@darpol.com, www.darpol.com
- **DNV-Touristik GmbH**, Heubergstraße 21, 70806 Kornwestheim, Tel. (07154) 13 18 30, Fax (07154) 13 18 33, E-Mail: info@dnv-tours.de www.dnv-tours.de
- **Hercus Monte Fahrradreisen Michael Lösch**, Arndtstr. 21, 10965 Berlin, Tel./ Fax 030/2141295, E-Mail: loesch@hercusmonte.de, www.hercusmonte.de/masuren.htm
- **Natours Reisen**, Untere Eschstr. 15, 49179 Ostercappeln, Tel. 05473 9229 0, Fax 05473 8219, E-Mail: info@natours.de, www.natours.de
- **Nature Travel**, PL-15 - 888 Białystok 17, Tel. 085-7444562, Fax 7444534, nattrav@masuren.travel.pl, www.masuren.travel.pl, E-Mail: nattrav@masuren.travel.pl
- **Natur & Kultur W. Bosch**, Blütenweg 32, 89155 Erbach-Ringingen, Deutschland, Tel. 07344-92 12 22, Fax 07344-92 16 62, E-Mail: info@natur-und-kultur.de, www.natur-und-kultur.com
- **Polonia Reisebüro GmbH**, Lange Reihe 45, 20099 Hamburg, Tel. 040-243634, Fax 2801034, E-Mail: info@polenreisen-polonia.de, www.polenreisen-polonia.de
- **Sausewind Reisen**, Meeschweg 9, 26127 Oldenburg, Tel. 0441-935650, Fax 0441-3047109, E-Mail: info@sausewind.de, www.sausewind.de
- **Schnieder Reisen**, Harkorstr. 121, 22765 Hamburg, Tel. 040-38002060, Fax 388965, E-Mail: info@schniederreisen.de, www.schniederreisen.de
- **StattReisen Berlin e.V**, Malplaquetstr. 5, 13374 Berlin, Deutschland, Tel. 0730-45803947, Fax 45800003, E-Mail: studienreisen@stattreisenberlin.de, www.stattreisenberlin.de
- **Urania Tours**, Buchwaldstr. 13, 60385 Frankfurt, Tel. 069-4691534, 46999852, Fax 94592375, E-Mail: urania@urania-reiseveranstalter.de, www.urania-tours.com
- **Wikinger Reisen GmbH**, Kölner Str. 20, 58135 Hagen, Tel. 0 23 31 - 90 47 41, Fax 0 23 31 90 47 04, E-Mail: mail@wikinger.de, www.wikinger-reisen.de

Reisen für Behinderte

Inzwischen sind viele öffentliche Gebäude und Unterkünfte in Polen behindertengerecht eingerichtet, das gilt besonders für die meisten neu eröffneten oder frisch renovierten Hotels und Pensionen. Ein Problem ist jedoch nach wie vor das Reisen mit öffentlichen Verkehrsmitteln. Rollstuhl fahrende Individualtouristen sollten daher besser mit dem eigenen Pkw anreisen.

Einen deutschsprachigen Reiseführer speziell für Behinderte gibt es bisher nur für Szczecin/Stettin. Darin finden Sie detaillierte Hinweise über Besichtigungsrouten für Rollstuhlfahrer, detaillierte Informationen über behindertengerechte Hotels, Gastronomie sowie Kultureinrichtungen und Transportmöglichkeiten. Das Heft bekommen Sie bei der örtlichen Touristikinformation. Adresse s. Regionale Reisetipps Szczecin.

Weitere Informationen über Reisen für Behinderte in Polen sind auf den polnischsprachigen Internetseiten, www.integracja.org und www.niepelnosprawni.info erhältlich.

Reisezeit

s. S. 47f

Reiten

Mit folgenden Anhaltspreisen sollten Sie rechnen: Reiten ab 40 Złoty pro Stunde, mit Begleitung 10 Złoty extra, Kutschfahrten ab 90 Złoty.

S

Sicherheit

Polen ist zweifellos sicherer als sein Ruf, wenn auch in der Tat verhältnismäßig etwas mehr Autos gestohlen werden als in Deutschland. Dennoch, überall wo viele Touristen sind, finden sich auch die Kriminellen eines Landes ein, das ist beileibe nicht nur in Polen so. Auch in Deutschland wird Frauen mehr und mehr geraten, die Handtaschen sowie nicht benötigte Wertsachen daheim zu lassen und Geld und Ausweispapiere am Körper zu tragen. Also bitte: nicht zwingend benötigte Wertsachen in den Hotelsafe geben, Ausweispapiere, Führerschein, Kreditkarten und Geld in den Brustbeutel oder eine Jackeninnentasche stecken.

Das sollte man allerdings in jedem touristischen Ballungszentrum beherzigen, nicht nur in Polen. Krass gesagt: wer in Danzig mit locker umgehängter Handtasche durch das Gewusel schlendert, animiert den Straßenräuber zur Tat. Genauso tun dies Autofahrer, die ihren Pkw mit im Zündschloss steckendem Schlüssel für eine Minute vor dem Hotel stehen lassen, um das Gepäck auszuladen. Bei solchem Verhalten darf man auch in Deutschland mit dem Diebstahl des Autos rechnen. Auch wenn man das Auto nur für einen Augenblick verlassen möchte also bitte immer abschließen. Parken Sie im

Übrigen wo immer möglich auf einem bewachten Parkplatz. Vor allem in Touristenzentren wie Danzig sollten Sie dafür auch einen weiteren Fußweg zu Gunsten der Sicherheit Ihres Wagens in Kauf nehmen. Während der Fahrt durch Städte, in denen Sie damit rechnen müssen an roten Ampeln anzuhalten, schließen Sie bitte die Fenster der rechten Autoseite und drücken Sie die Zentralverriegelung, dann kann Ihnen auch niemand Gegenstände blitzschnell aus dem Auto reißen.

Sollten Sie nachts unterwegs sein und auf einer freien Strecke angehalten werden, halten Sie nicht an, die Polizei kontrolliert nachts nicht außerhalb von geschlossenen Ortschaften, vermutlich handelt es sich um Gauner. Selten, aber immer noch vorhanden, ist der Trick, ahnungslose Touristen tagsüber anzuhalten. Wenn Sie von zivil gekleideten Menschen in Zivilfahrzeugen gestoppt werden, halten Sie ebenfalls nicht an. Es gilt: Die polnische Polizei wird Sie nur in Uniform anhalten.

Bahnreisende sind am besten in einem voll besetzten Abteil aufgehoben. Schnell wird man Sie dort in eine Familie auf Zeit integrieren und auch auf Ihr Gepäck aufpassen, wenn Sie einmal zur Toilette gehen.

In jedem Fall empfiehlt sich die Mitnahme eines Fahrradkabelschlosses. Das nimmt im Gepäck nicht so viel Platz weg, und Sie können damit Ihren Koffer an der Ablage anschließen oder das ganze Abteil verschließen, wenn Sie nachts allein sein sollten.

▶ Souvenirs

Das Souvenir in Polen ist natürlich der Bernstein, der Ihnen überall an der Ostseeküste aber auch im tiefsten Masuren angeboten wird. An unzähligen Stränden wird Ihnen mehr oder minder Originelles zu mehr oder minder günstigen Preisen angeboten. Relativ einheitlich ist das Preisgefüge in Danzig, wo Bernstein an den Straßenständen und in den kleinen Läden nach Gewicht verkauft wird. Anders ist das in den kleinen Galerien ähnlichen Läden in der ul. Mariacka/Frauengasse, denn dort sind die Künstler der Branche angesiedelt, die dafür aber auch wunderbare Symbiosen von Silberschmiedekunst und Bernsteinschleiferei anbieten.

Weitere beliebte Mitbringsel sind die traditionellen Schnitzarbeiten, besonders die volkstümlichen Holzstatuen, die oft Fischer aber auch christliche Motive darstellen. Es gibt sie vor allem in der Kaschubei auch bunt bemalt. Volkskunsterzeugnisse finden Sie polenweit in den Cepelia-Läden, die ausschließlich Kunstgewerbe verkaufen. Sowohl in der Kaschubei als auch in Masuren werden gerne die mit uralten Motiven in traditionellen Farben bestickten Tischdecken verkauft.

▶ Sprachkenntnisse

Polen

In Polen kommt man mit Deutsch noch am weitesten und gerade junge Leute verfügen verbreitet auch über Englischkenntnisse. Mit Deutsch wird man vor allem auf den Einkaufsmärkten in Grenznähe und in den Touristenhochburgen Danzig und Stettin sowie auch in den Urlaubsorten in Masuren halbwegs klar kommen. In den pommerschen Badeorten ist die deutsche Sprache nicht so verbreitet, weil die Urlaubsgebiete doch weitgehend von polnischen Gästen leben. Die Gleichung ist einfach: je ländlicher und abgeschiedener die Region, je weniger Touristen es dort gibt, desto schwieriger wird es ohne Polnischkenntnisse. Generell kann man aber sagen, dass man in Polen auch als Individualtourist mit Deutsch und Englisch recht gut zurecht kommt, im Schnitt spricht mehr als jeder dritte Pole wenigstens ein wenig Deutsch.

Litauen
Vor allem mit Englisch und eingeschränkter auch mit Deutsch kommt man in Litauen ganz gut zurecht. Das gilt besonders in den Touristenregionen Klaipeda und Kurische Nehrung. Russisch wird wie überall im Baltikum verstanden. Man sollte seinem Gegenüber aber sofort klar machen, dass man kein Russe ist, die Ressentiments gegen die Sprache der alten Unterdrücker sitzen noch tief.

Russland
Ohne Grundkenntnisse der russischen Sprache geht gar nichts. Wer nicht in der Lage ist, ein Straßen- oder Ortsschild in kyrillischer Schrift flott entziffern zu können, wird Schwierigkeiten bekommen, sich zu orientieren. Und wer nicht wenigstens in russischer Sprache nach dem Weg fragen kann, wird außerhalb von Kaliningrad und den wenigen anderen Städten als Individualtourist nur schwer klar kommen. Deutsch und Englisch helfen da nicht weiter.

Sprachführer

s. Literaturverzeichnis im Anhang, S. 428ff

Sprachkurse

Sommersprachkurse in Polnisch mit zwei bis sechs Wochen Dauer bieten die Universitäten in Kraków, Łódz, Lublin, Poznań und Wrocław an. Auskünfte erhält man bei den Osteuropa-Instituten deutscher Universitäten sowie bei der polnischen Botschaft Berlin. Private Sprachschulen gibt es unter anderem in Warszawa, Kraków und Sopot.

Zwei Anbieter für Sprachreisen:
- **Perelingua-Sprachreisen**, Varziner Str. 5, 12159 Berlin, Tel. 030-8518001, Fax 8516983 (Sopot und Warszawa)
- **Dr. Frank Sprachen & Reisen GmbH**, Kleiner Markt 11, 64646 Heppenheim, Tel. 06252 - 93 32-0, Fax 933260

Sport/Freizeit

Auf den malerischen Seen und Flüssen Masurens eine Kanu- oder Kajaktour zu unternehmen, bringt die Natur auf eine ungewöhnlich unmittelbare Art nahe. Hier finden sich die anerkanntermaßen schönsten Paddeltouren Europas in einer ursprünglichen Umwelt. Von der mehrtägigen Tour mit Übernachtungen in der Natur, Lagerfeuern und einem Bad im See statt einer Dusche bis hin zu einem beschaulichen nachmittäglichen Ausflug reicht die Palette. Auch hier gilt: Das eigene Boot muss nicht mitgebracht werden, auch keine Campingsausrüstung, es gibt alles vor Ort günstig zu mieten.

Kanu/Kajak

Die Verleihgebühren für Kanus und Kajaks unterscheiden sich nicht so sehr. In Krutyń kostet ein Boot etwa 20–30 Złoty pro Tag, für die Abholung am Ende einer Tagestour zahlen Sie dort 2–3 Złoty pro Kilometer Fahrstrecke. Bei der PTTK kostet ein Boot ebenfalls je nach Art 20–30 Złoty pro Tag. Eine Schwimmkarte oder sonstiger Nachweis der eigenen Schwimmkünste wird seit vier Jahren nicht mehr verlangt, man gleicht sich EU-Standards an.

Kein Wunschtraum – kristallklares Wasser!

- **Polnischer Kajakverband Polski Związek Kajakowy**, ul. Erazma Ciołka 17, 01 - 445 Warszawa, Tel. 022-8371470, 8374059, Fax 8772460, www.pzkaj.pl, E-Mail: office@pzkaj.pl
- **Deutscher Kanu-Verband e.V.**, Postfach 100315, 47003 Duisburg, Tel. 0203/99759–0, Fax 0203/ 99759–60, www.kanu.de. Hier gibt es erstaunlich viele Informationen zu Polen, sowohl über das Küstenkanuwandern als auch über die polnischen Binnenreviere, auch Karten, Spezialführer und Literatur bekommt man hier.

PTTK (Polnische Gesellschaft für Touristik und Heimatkunde), ul. Senatorska 11, 00 - 075 Warszawa, Tel. 022 - 8262251-55, www.pttk.pl, E-Mail: biuro-zg@pttk.pl. Auf der Homepage findet man auch Listen aller Wander- und Wasserwanderunterkünfte sowie aller Büros und Wasserstationen. Bei jedem PTTK-Büro bekommt man Informationsmaterial und kann auch Boote mieten. Das Büro in Olsztyn findet man unter: Biuro podróży PTTK „Mazury sp. zo.o.“, 10-950 Olsztyn, ul. Staromiejska1, Tel./Fax (0-89) 527-34-42, Tel. (0-89) 5353565.

Reiseanbieter für Kanutouren

- **Panek Touristik**, Ommerbornstr. 9, D-51515 Kürten, Tel. (02207) 911 452, Fax (02207) 911 453
- **DNV-Touristik GmbH**, Heubergstraße 21, 70806 Kornwestheim, Tel. (07154) 13 18 30, Fax (07154) 18 29 24, E-Mail: info@dnv-tours.de www.dnv-tours.de
- **Natours Reisen**, Untere Eschstr 15, 49179 Ostercappeln, Tel. 05473 9229 0, Fax 05473 8219, E-Mail: info@natours.de, www.natours.de

Rad fahren

Radfahrer brauchen ihr Fahrrad nicht unbedingt mitbringen, wenn sie nur ab und zu eine Tour machen wollen. Räder, auch Trekking- und Mountainbikes in solider, moderner Ausführung kann man mittlerweile fast an jeder Ecke mieten. Garantiert kann man Ihnen in Ihrer Pension oder Ihrem Hotel ein Rad besorgen oder einen Verleiher empfehlen, die meisten Pensionen und Hotels verleihen selbst Räder.

Was das Rad fahren selbst betrifft, bedenken Sie bitte, dass es in Polen keine Radwege neben den Straßen gibt, Sie müssen also am allgemeinen Verkehrsgetümmel teilnehmen. Wenn Sie die großen mit S oder E plus Straßennummer markierten Expressstraßen aber meiden, macht das kaum etwas aus, denn die kleineren Straßen sind überaus verkehrsarm und heben oft kilometerlange im Hochsommer wunderbar schattenspendende Alleen. Berücksichtigen Sie bitte bei Ihren Planungen auch, dass nicht überall in den Nationalparks Rad gefahren werden darf. Weiterführende Informationen erhalten Sie bei:

- **Allgemeiner Deutscher Fahrrad Club**, ADFC Bundesverband, Postfach 107747, 28077 Bremen, Tel. 0421-346290, Fax 3462950, E-Mail: kontakt@adfc.de, www.adfc.de. Hier bekommt man Informationen aller Art über das Radfahren, auch Tipps zu Polen, Karten und Spezialführer.
- **Polnischer Radfahrerverband Polski Związek Kolarski**, Tor Kolarski ul. Andrzeja 1, 05-800 Pruszków Tel. 022-4998300, E-Mail: biuro@pzkol.pl, www.pzkol.pl

Reiseanbieter speziell für Radurlaub

Eine vom ADFC geprüfte Liste für Radreisen nach Polen finden Sie bei: www.radreisen-online.de.

- **Panek Touristik**, In der Mackenbach 2, D-51597 Morsbach, Tel. 02294-999 555, Fax 999 557, E-Mail: info@panek-touristik.de, www.panek-touristik.de
- **Nature Travel**, 15 - 888 Bialystok 17, Tel. 085 - 7444562, Fax 7444534, E-Mail: nattrav@mauren.travel.pl, www.masuren.travel.pl
- **Hercus Monte Fahrradreisen**, Arndtstr. 21, 10965 Berlin, Tel./Fax 030/2141295, E-Mail: loesch@hercusmonte.de, www.hercusmonte.de/masuren.htm
- **Sausewind Reisen**, Meeschweg 9, 26127 Oldenburg, Tel. 0441-935650, Fax 0441-3047109, E-Mail: info@sausewind.de, www.sausewind.de
- **DNV-Touristik** GmbH, Heubergstraße 21, 70806 Kornwestheim, Tel. (07154) 13 18 30, Fax (07154) 18 29 24, E-Mail: -info@dnv-tours.de www.dnv-tours.de

Besonderheit: Kombinierte Rad-Seereisen, tagsüber radeln Sie, den Abend verbringen Sie auf einem Hotelschiff und lernen so gleichzeitig die Masurischen Seen auf dem Wasserweg kennen.

- **Natours Reisen**, Untere Eschstr 15, 49179 Ostercappeln, Tel. 05473 9229 0, Fax 05473 8219, E-Mail: info@natours.de, www.natours.de
- **Die Radreisen-Datenbank** www.fahrradreisen.de, Fahrradreisen aller Art.

Segeln

Über 400 km Küstenlänge und Tausende traumhafte Seen machen Polens Norden zu einem idealen Segelrevier. Egal ob man einen mehrwöchigen Segeltörn plant oder nur einmal einen Schlag auf einem der masurischen Seen machen möchte, es ist nicht nötig, sein Boot mitzubringen, man kann ohne weiteres in einem polnischen Hafen chartern oder ein Boot stunden- oder tageweise mieten. Auf jeden Fall sollte man seinen DSV-Segelschein dabei haben, ohne den nichts geht.

Eine Revierführer-Broschüre über Segeln/Motorbootfahren in Polen kann man sich hier herunterladen: www.dmyv.de/broschur/Polen.pdf.

Literatur

- *Hafenhandbuch Polen inkl. Nachtrag*
- *Stettiner Haff, Polnische Ostseeküste, Danziger Bucht, Frisches Haff. DSV-Verlag, Hamburg*
- *Revierführer Ostsee, alle nautischen Informationen, die Sie nicht in den Hafenhandbüchern oder im Yachtpilot finden. Einschließlich Skagerrak, Kattegat, Belte und Sund und*

erweitert um die Küsten von Polen, der baltischen Staaten und Russland. 492 Seiten, 94 Karten, 139 farbige Abbildungen, 2001. DSV-Verlag, Hamburg

- *Monika und Johannes Ritter, **Segeln in Masuren**, Edition Maritim 1992, leider nur noch antiquarisch oder bei Restauflagenversendern wie www.jokers.de*
- ***Crewliste**. Hier kann man sich ein achtsprachiges Crewlistenformular herunterladen: www.esys.org/ftp/crewliste.doc*

Internationaler Bootsschein: Den Antrag (gibt's gedruckt beim DSV) kann man sich hier herunterladen: www.dsv.org

Yachtcharter

Längst gibt es in Polen an der Ostsee und in Masuren mehrere Charterfirmen, die Boote der unterschiedlichsten Größen tage- oder wochenweise vermieten. Allein an den Großen Seen um Gizycko/Lötzen vermieten 25 Charterfirmen rund 300 Yachten. Einfache Boote bekommt man für etwa 30 € am Tag, komfortable Yachten für 5 Personen etwa ab 100 €. Meist wird vom Vermieter eine Kaution und ein Segelschein verlangt.

- Kormoran Yachting, Wasserstr. 12, 59558 Lippstadt, Telefon/Fax 02941/17182
- Jagodnie Wielkie, 11 - 511 Rydzewo, Tel. 087 - 81163, 7–8 Meter lange Yachten, Wochenpreis um 400 €.
- Hier finden Sie die Adressen verschiedener Charterunternehmen:
  www.e-masuren.com/charter.htm
  www.rentabo.com
  www.masuren.de/freizeit/segeln.php, hier gibt es reichlich Informationen über das Segeln in Masuren

Yacht Service

- **Yachtcharter Haber 660** u.a. am Jeziorak-See/Geserich-See, Eylauer Seenplatte, 13-300 Nowe Miasto Lubawskie, ul. Piastowska 7A, Tel./Fax (004856) 47 254 24, Tel. (004856) 47 254 04, E-Mail: haber@yacht-service.com.pl, www.yacht-service.com.pl
- **Panek Touristik**, In der Mackenbach 2, D-51597 Morsbach, Tel. 02294-999 555, Fax 999 557, E-Mail: info@panek-touristik.de, www.panek-touristik.de

Segelreisen: Eine Segelreise auf einem Zweimaster (Mitsegeltour) durch Masuren können Sie hier buchen: in naTOURa Natur- und Erlebnisreisen, Zum Gallbühl 32, 37079 Göttingen, Tel. 0551-5046571, Fax 5046924, E-Mail: info@innatoura-polen.de, www.innatoura-polen.de. Dieser Zweimaster kann auch für individuelle Touren mit Skipper gechartert werden.

Seglerverbände

- **Polnischer Seglerverband Polski Związek żeglarski**, ul. Chocimska 14, 00 - 791 Warszawa, Tel. 022 - 8480483, Fax 8480482, www.pya.org.pl
- **Deutscher Seglerverband**, Geschäftsstelle: Gründgensstr.18, 22309 Hamburg, Tel. 040-6320090, Fax 040- 63200928, www.dsv.org

Wandern

Im Norden Polens findet man viele Gelegenheiten für ausgiebige Wanderungen und Möglichkeiten für ganze Trekkingtouren auf markierten Wanderwegen. Die Markierungen auf den farbigen Streifen der Wegweiser beginnen mit den Buchstaben „E" oder „T", denen die Wegnummern folgen. Wichtigste Wanderwege in Nordpolen sind die Europäischen Fernwanderwege „E 9" und „E 11". Der polnische Verband für Touristik und Landeskunde ist hier erster Ansprechpartner für Informationssuchende.

Reiseanbieter für Wanderurlaub:

- **DNV-Touristik GmbH**, Heubergstraße 21, 70806 Kornwestheim, Tel. (07154) 13 18 30, Fax (07154) 18 29 24, E-Mail: info@dnv-tours.de www.dnv-tours.de
- **cG Touristic,** Wilhelm-Diess-Straße 16, 94149 Kösslarn, Tel. 08536-91229, Fax 912296, E-Mail: info@cgtouristic.de, www.cgtouristic.de
- **Wikinger Reisen GmbH**, Kölner Str. 20, 58135 Hagen, Tel. 0 23 31 - 90 47 41, Fax 0 23 31 90 47 04, E-Mail: mail@wikinger.de, www.wikinger-reisen.de

Verbände

- **Verband Deutscher Gebirgs- und Wandervereine e.V.**, Wilhelmshöher Allee 157-159, 34121 Kassel, Tel. 0561-9 38 73-0, Fax 0561-9 38 73-10, E-Mail: info@wanderverband.de
- **European Ramblers Association**, Generalsekretariat, Wilhelmshöher Allee 157-159, D-34121 Kassel, E-Mail: secretariat@era-ewv-ferp.org.
- Polnischer Partnerverband ist: **PTTK** (Polnische Gesellschaft für Touristik und Heimatkunde), ul. Senatorska 11, 00 - 075 Warszawa, Tel. 022 - 8262251-55, www.pttk.pl, E-Mail: biuro-zg@pttk.pl.

▶ Strände

An der gesamten polnischen Ostseeküste trifft man auf herrliche, bis über 50 m breite Strände mit wunderbarem, feinem weißen Sand. Selbst vor den schroff abfallenden Kliffs vor den Steilküstenabschnitten zieht sich noch ein weißes Band an der See entlang. Die steinigen Abschnitte mit grobem Kies kann man an einer Hand abzählen.

Strand heißt auf Polnisch „plaża", und so werden allgemein auch Badestellen an den Seen bezeichnet, auch wenn es dort gar keine Strände gibt. Fast immer sind es Wiesen, die dort bis ans Wasser reichen, Sandstrände sind hier seltene Ausnahme.

Besonders schöne Sandstrände findet man in Świnoujście, in Ustka, an der Seeseite der Halbinsel Hel sowie der Frischen Nehrung. In der Russischen Föderation sind die Strände der Samlandküste bei Swetlogorsk/Rauschen und in Zelenogradsk zu nennen. Fast 100 km lang ist der vielleicht schönste, auf jeden Fall aber längste Sandstrand Europas, die Kurische Nehrung im russischen und litauischen Teil.

Blick bis zum Horizont – hier von der 95 m hohen Góra Gosań

Strom

In Polen wird 220 V Wechselstrom verwendet, deutsche Flachstecker passen immer, Rundstecker soweit sie zwei runde Aussparungen haben.

T

Taxi

Die sicherste Art nicht betrogen zu werden, ist ein Funktaxi zu bestellen. Alle Taxis sind in Polen mit gelb-roten Streifen an den Türen gekennzeichnet und haben ein beleuchtetes Signal auf dem Dach. Die teuersten Taxis finden Sie immer an Bahnhöfen, Flughäfen und Touristenzentren. Sprechen Sie vor allem bei Überlandfahrten unbedingt den Preis vor Fahrtantritt ab. Mit folgenden Preisen müssen Sie rechnen: Grundgebühr um 6 zł, dazu kommen max. 3 zł pro gefahrenem Kilometer und eventuell weitere Zuschläge für Nacht und Feiertag um 50 %.

Telefonieren

Wenn Sie nach Polen telefonieren wollen, wählen Sie zuerst die Ländervorwahl 0048 für Polen, dann die Ortsvorwahl unter Weglassung der 0 und dann die gewünschte Rufnummer, das sähe dann, wenn Sie nach Olsztyn (Ortsvorwahl 089) telefonieren wollen, also so aus: 0048 89 – Teilnehmernummer.

Innerhalb von Polen wählen Sie die gewünschte Nummer in Olsztyn genau wie bei uns mit der Vorwahl inklusive der 0 an: 089-Teilnehmernummer.

Wenn Sie von Polen nach Deutschland telefonieren wollen, wählen Sie die Ländervorwahl 0049 für Deutschland, dann die Ortsvorwahl ohne 0, dann die Teilnehmernummer. Wollen Sie nach Hamburg (040) anrufen, wählen Sie also 004940-Teilnehmernummer.

Telefonieren mit dem Handy ist wegen guter Netzabdeckung durchweg möglich, aber mit vergleichsweise teuer, der Minutenpreis beträgt um die 0,50 €. Der durchschnittlich preiswerteste polnische Roamingpartner ist IDEA. Fast alle in Deutschland tätigen Provider bieten Telefonieren mit polnischen Partnern (meist GSM) im Roamingverfahren an, entweder im „direct call", bei dem man direkt die gewünschte Nummer wählen kann, oder im „call back", d.h. man wählt einen Code, dann die gewünschte Nummer und wartet dann auf den Rückruf, der die Verbindung herstellt. Derzeit arbeiten die meisten Anbieter mit letzterem Verfahren, da es für sie lukrativer ist. So ist nämlich jeder Anruf, egal ob Sie Oma von Ihrer glücklichen Ankunft verständigen, Ihre Mobilbox abfragen oder eine Nummer innerhalb Polens anrufen, immer ein Auslandsgespräch und kostet bis 1,50 € die Minute.

Billiger als vom Hotelzimmer aus ist Telefonieren mit einer Telefonkarte, die Sie in den Kiosken der Gruppe „Ruch" oder in jedem Postamt erhalten. Die neuen Karten mit Chip oder Magnetstreifen (nicht jeder Automat akzeptiert jede Version) zu 15, 30 oder 60 Einheiten kosten 9, 15 oder 24 Złoty. Am billigsten ist der Einheitspreis auf der Karte mit 60 Einheiten. Zur Orientierung: Inlandsgespräche kosten pro Minute je nach Tarif etwa um 0,70 Złoty, Auslandsgespräche nach Deutschland, Österreich oder die Schweiz 1,77 Złoty.

Aktuelle Informationen über das Telefonieren in Polen finden Sie in Internet bei www.teltarif.de/i/reise-plf.html. Auch über Internetzugangsmöglichkeiten wird dort ausführlich und immer aktuell informiert.

Telefonieren im Kaliningrader Gebiet

- Russische Föderation: 007, Kaliningrad 0112 (822), Tschernjachowsk 001141 (8241), Gusew 01143 (8243), Sowjetsk 01161 (8261), Zelenogradsk 01150(8250). Wenn Sie von Deutschland aus in Kaliningrad anrufen wollen, wählen Sie bitte 007-0112, die Null der Kaliningrader Ortsvorwahl muss unbedingt mit gewählt werden.
- Von Russland nach Deutschland: 1049, davor die 8.
- Wenn Sie vom Hotel nach Berlin anrufen wollen, wählen Sie also bitte 8-1049-30-xxx. Aus manchen Hotels müssen Sie noch eine zweite 8 voran stellen und nach Berlin 88-1049-30-xxxx wählen.

Wenn Sie aus dem russischen Mutterland ins Kaliningrader Gebiet anrufen wollen, benutzen Sie bitte die gleichen Vorwahlen wie von Deutschland aus. Wenn Sie aber innerhalb des Kaliningrader Gebietes von Ort zu Ort telefonieren wollen, benutzen Sie bitte die in Klammern gesetzten Vorwahlen.

Telefonieren in Litauen

- Die Vorwahl von Deutschland nach Litauen ist 00370, die Nummer der englischsprachigen Auskunft 118.
- Die Vorwahl von Litauen nach Deutschland ist 0049.

Ein Anruf von Litauen nach Deutschland funktioniert so: Wenn Sie nach Berlin anrufen wollen, wählen Sie die Ländervorwahl für Deutschland 0040 und dann die Vorwahl ohne Null, folgend von der Anschlussnummer: 004930xxxx

- Städtevorwahlen: Vor der eigentlichen Vorwahl wählt man zunächst eine 8 (nicht bei Anrufen aus dem Ausland!). Die Ortsvorwahlen werden umgestellt, der Prozess ist weitgehend abgeschlossen, derzeit laufen nur noch ganz vereinzelt alte Vorwahlnummern neben den neuen Ziffern. Die Vorwahlen sind immer mitzuwählen!

  Vilnius: 5,
  Klaipėda: 46,
  Palanga: 460,
  Kaunas: 37,
  Neringa (alle Orte auf der Nehrung): 469

Am billigsten telefoniert man aus der Telefonzelle. Die rechteckigen Kartentelefone sind für Magnetstreifenkarten (Taxofon-Karte) gedacht, die man in Kiosken, Tankstellen und Postämtern erhält.

Toilette

An polnischen Toiletten findet man häufig die Symbole Kreis und Dreieck ohne weitere Beschriftung. Der Kreis bedeutet „Damen" und wird auch mit der Aufschrift „dla Pań" bezeichnet, das Dreieck bedeutet „Herren" und wird auch mit der Bezeichnung „dla Panów" versehen.

Touristikinformationen

- **Polorbis Reiseunternehmen GmbH**, Hohenzollernring 99–101, D-50672 Köln, Tel. 0221-95 15 34 30/31 (Flug/Bus/Weltweit), 95 15 34 20 (Einzelreisen), 95 15 34 41 (Gruppenreisen), Fax 0221-52 82 77. Ernst-Merck-Str. 12, D-20099 Hamburg, Tel. 040-28052230, Fax 248103. Bei Polorbis bekommen Sie Unterlagen, Informationen und Tickets.
- **Austro-ORBIS Touristik- und Handels-GmbH** *und* Polnisches Informationszentrum für Touristik, Lilienbrunngasse 5, A-1020 Wien, Tel. (01) 214 76 88, 212 13 56. Telefax: (01) 214 76 89. Unterlagen, Informationen und Tickets
- **Polski Związek Motorowy**, ul. Solec 85, PL-00-950 Warszawa, Tel. 022-6259539, Fax 6259734. Polnischer Automobilclub, Partnerorganisation des ADAC und ÖAMTC
- **Polnisches Fremdenverkehrsamt**, Kurfürstendamm 71, 10709 Berlin, Tel. 030-210092-0, Fax 030-21009214, E-Mail: info@polen-info.de, www.polen-info.de
- **Polnisches Fremdenverkehrsamt Österr./Schweiz**, Mariahilfer Straße 32–34/102, A-1070 Wien, Tel. (01) 524 71 91 12, Fax (01) 524 71 91 20, E-Mail: polska@netway.at
- **Warszawskie Centrum Informacji Turystycznej** (Warschauer Touristeninformationszentrum), Płac Zamkowy 1/13, PL-00-262 Warszawa, Tel./Fax (022) 635 18 81, E-Mail: mit@supermedia.pl *oder* mit@mufa.pl

Touristeninfos gibt's hier:

- **Polnische Tourismuskammer**, Polska Izba Turystyki, ul. Astronomow, PL-01-450 Warszawa, Tel./Fax (022) 836 99 471, Fax 836 99 73, E-Mail: bwpit@pit.org.pl, www.pit.org.pl
- **Polnische Tourismusorganisation POT**, ul. Chalubinskiejo 4–6, PL-00-928 Warszawa, Tel. (022) 630 17 36, Fax (022) 630 17 42, E-Mail: pot@pot.gov.pl, www.pot.gov.pl

U

Unfall

Sollten Sie an einem Verkehrsunfall beteiligt sein, sind Sie als Kraftfahrer zunächst verpflichtet, den Unfallort zu sichern. Grundsätzlich muss bei jedem Unfall die Polizei gerufen werden, die Sie mit dem landesweiten Notruf 997 erreichen. Versuchen Sie besser nicht, eine lokale Polizeinummer zu wählen, immer noch spricht dort oft niemand Englisch oder Deutsch, sodass Sie Ihre Anliegen nicht deutlich machen können. Wenn möglich, bitten Sie Ihren polnischen Unfallgegner, dies zu tun, und zeigen Sie ihm folgenden Satz:

> Ich spreche leider kein Polnisch, bitte helfen Sie mir? Bitte rufen Sie die Polizei.
> *Niestety nie mówię po polsku, proszę o pomóc. Proszę wezwaæ policje.*

Unterkunft

Die Güte polnischer Hotels wird mit ein bis fünf Sternen gekennzeichnet. Es gibt mittlerweile eine ganze Reihe von Fünfsternehotels, aber auch eine Vielzahl preiswerter Häuser mit weniger Sternen, aber annehmbarem Komfort. Das Land stellt sich immer besser auf die differenzierten Wünsche seiner Gäste ein. In den Urlaubshochburgen sollte man auch in Polen vorab ein Zimmer buchen, wenn man ein bestimmtes Hotel oder eine bestimmte Kategorie bevorzugt. Zimmer in der Preisklasse von 15–30 € oder preiswerte Privatquartiere ab 15 € pro Person bei Übernachtung mit Frühstück wird man fast immer finden. Nur in der Hochsaison im Juli und August kann es an der Ostsee und um die Großen Seen Masurens herum einmal knapp werden mit der Bettenkapazität. Es ist nicht unüblich, dass man von Ihnen bei Reservierung per Internet oder vor Ort eine Voraus- oder Anzahlung verlangt.

Weitere preisgünstige Alternativen sind:

- ***Ferien auf dem Bauernhof***

- **Polska Federacja Turystyki Wiejskiej,** „Gospodarstwo Goscinnie", ul. Wspolna 30, p. 544, 00-930 Warszawa, Tel./Fax 022-3981434, E-Mail: www.agroturystyka.pl, Informationen über Ferien auf dem Bauernhof und Beschreibung agrotouristischer Betriebe (mit Ökohöfen!) auch in englischer Sprache
- **ECEAT Polen**, Bakówka 71, 58-420 Lubawka 156, Tel./Fax 0048-(075)7411395, E-Mail: info@poland.eceat.org, www.poland.eceat.org
- **Ermländisch-Masurischer Verband** deutschstämmiger Landfrauen in Olsztyn, Anna Wagner-Rybinska, ul. Partyzantów 3, 10-522 Olsztyn, Tel./Fax (089) 527 2081
- Ferienhäuschen der **PTTK**, ul. Senatorska 11, 00-075 Warszawa, Tel./Fax 0048 - 22-826-16-91, E-Mail: poczta@pttk.pl, www.pttk.pl

- ***Jugendherbergen*** (Schroniska Młodzieżowe) beim Hauptbüro des polnischen Jugendherbergsverbands PTSM, ul. Chocimska 28, 00-791 Warszawa, Tel./Fax 0048 -22-8498128

Eine Auswahl empfehlenswerter Unterkünfte wird Ihnen in den Regionalen Reisetipps gegeben. Die Preiskategorien dieser Tipps beziehen sich auf ein Doppelzimmer pro Tag zum Standardpreis und verwenden folgenden Schlüssel:

€ = < 40 €	€€€ = 80–120 €	€€€€€ = > 160 €
€€ = 40–80 €	€€€€ = 120–160 €	

V

Versicherung

Für eine Reise nach Polen ist der Abschluss einer **privaten Reisekrankenversicherung** empfehlenswert. Sie kostet bei Reiseveranstaltern, Automobilclubs oder Ihrer bevorzugten Gesellschaft nur ab 10 € für insgesamt 42 Reisetage während der ein Jahr währenden Vertragslaufzeit (siehe auch Versicherung). Sinnvoll ist auch eine **Reisege-**

päckversicherung. Versichern können Sie Ihr Gepäck gleichfalls auf Urlaubsreisen für bis zu 42 Tagen innerhalb der einjährigen Vertragslaufzeit. Je nach Wert Ihres Gepäcks gibt es verschiedenen Prämien: 1.500 € Gepäckwert versichern Sie für 17 €, bei einem Gepäckwert von 3.000 € zahlen Sie um 33 € Prämie. Dies alles sind nur Preisbeispiele, die Zahl der Versicherungsgesellschaften und verschiedenen Tarife sind Legion.

▶ Visabestimmungen

Für Polen und Litauen brauchen Sie kein Visum mehr, Sie können mit Ihrem Reisepass oder Personalausweis einreisen. Für eine Reise in das Königsberger Gebiet (Kaliningradskaja Oblast) in Russland hingegen brauchen Sie zwingend einen gültigen Reisepass und ein russisches Visum.

Das Visum erhalten Sie beim **zuständigen** russischen Generalkonsulat.

Für die Visaerteilung müssen dort eingereicht werden:

1. Der Reisepass im Original
2. Der ausgefüllte Visumantrag
3. Ein Passbild
4. Der Nachweis einer Reisekrankenversicherung von einem in Russland anerkannten deutschen Versicherungsunternehmen
5. Entweder

a) die förmliche Originaleinladung, die von russischen Staatsbürgern bei den zuständigen örtlichen Pass- und Visabehörden des russischen Innenministeriums (OWIR) beantragt wurden

oder

b) die förmliche Reisebestätigung des russischen Reiseveranstalters, ein Voucher des deutschen Reisebüros oder des russischen Reiseveranstalters; bei PKW- oder Motorradreisen ist ein entsprechender Vermerk im Visum erforderlich; unbedingt Kennzeichen, Modell und Farbe angeben!

Zusammenfassend gesagt gibt es also zwei Möglichkeiten, an ein russisches Visum zu kommen: 1. man lässt sich von einem russischen Bürger einladen oder 2. man bucht seine Reise oder zumindest die Unterkunft von Deutschland aus. Zwar kann man ein Visum auch bei einem der zahlreichen Visa-Expressdienste besorgen lassen, die Voraussetzungen für eine Visaerteilung allerdings ändern sich dadurch nicht, nur dass man Ihnen dort eine Einladung gegen Gebühr besorgen kann. Ob das von Vorteil ist, sollten Sie genau kalkulieren.

Noch etwas, woran Sie denken sollten: Wenn Sie durch Russland nach Litauen fahren und genauso wieder zurück fahren wollen, brauchen Sie zwingend ein russisches Visum für zweifache Einreise (dwukhratnaja).

Die aktuellen Bedingungen, die Gebühren, die Adresse des zuständigen Generalkonsulates und einen Visumantrag finden Sie hier: www.russische-botschaft.de/Konsulat/visa.htm.

W

Wasserqualität

Bis auf den Jezioro Długie bei Olsztyn sind keine größeren Masurischen Seen bekannt, in denen Sie nicht bedenkenlos baden könnten. Sollte es einmal zu Algenblüten kommen, sind das nun einmal Erscheinungen, mit denen man auch bei gesunden natürlichen Gewässern nach anhaltender Sommerhitze rechnen muss. Beim geringsten Verdacht warnt das jeweils zuständige sehr rührige Kreisgesundheitsamt „Sanepid" sofort mit Tafeln. Vor allem gilt das bei Blaualgengefahr, die eine wirkliche Gesundheitsgefährdung bedeutet. Wenn Sie besonders in Ufernähe einen dichten blaugrünen oder grünen Algenteppich sehen und die Sichttiefe deutlich herabgesetzt ist, baden Sie bitte nicht. Bestimmte Blaualgenarten bilden nämlich Gifte, die beim Schlucken von Wasser zu Übelkeit, Erbrechen und Durchfall führen können oder Hautreizungen hervorrufen. Besonders gefährdet sind Kinder, wenn sie schlucken sollten. Da das Sanepid nicht täglich überall sein kann und man mit Prüfintervallen von vierzehn Tagen rechnen muss, kann es schon einmal vorkommen, dass es zwar allgemeine Warnungen gibt, aber ein spezielles Gewässer noch nicht überprüft wurde.

An der Ostseeküste gelten Badeverbote wegen schlechter Wasserqualität nur noch in kleinen Gebieten um die Mole von Gdynia und in Danzig sowie in direkter Nähe der Industrie- und Werftanlagen, aber wer will schon in deren Nähe baden?

Z

Zeit

In Polen gilt wie bei uns die Mitteleuropäische Zeit MEZ. Im Kaliningrader Gebiet/ Russland und in Litauen gilt die Osteuropäische Zeit OEZ, die genauso wie die Mitteleuropäische Zeit eine Sommerzeit kennt, die Zeit dort ist uns eine Stunde voraus. Es gilt also: OEZ/OESZ = MEZ/MESZ + 1 Std.

Zoll

Mit dem EU-Beitritt Polens und Litauens am 1.5.2004 hat sich in den Zollvorschriften einiges geändert, auch entfielen die Zollkontrollen an den Grenzen, es gelten für die Ein- und Ausfuhr von Waren die EU-Bestimmungen. Was die Einfuhr von Zigaretten nach Deutschland betrifft, werden auf deutscher Seite Überlegungen angestellt, die zollfreie Einfuhr wie bisher auf 200 Zigaretten pro Person über 18 Jahren zu beschränken, da Polen bis 2008 deutlich günstigere Steuersätze bei Tabakwaren haben wird und die Zigaretten bis dahin erheblich billiger bleiben als in Deutschland.

Vorsicht beim Erwerb von Antiquitäten in Polen: Für die legale Ausfuhr aller Gegenstände, die vor dem 9.5.1945 hergestellt wurden, brauchen Sie die Genehmigung des zuständigen Wojewodschaft-Denkmalskonservators (wojewódzki konserwator zabytków).

3.3 Entfernungstabelle

	Augus-tów	Byd-goszcz	Elbląg	Gdańsk	Gorz. W	Hel	Kołbas	Koszal	Olsztyn	Piła	Słubice	Słupsk	Suwa	Świn	Szczec	Toruń
Byd-goszcz	400	---	171	350	615	444	688	428	197	496	692	468	31	688	681	354
Elbląg	291	171	---	59	336	153	381	247	97	226	415	177	277	400	374	166
Gdańsk	350	167	59	---	315	94	355	188	156	205	394	118	336	341	348	181
Gorzów W.	614	603	336	315	---	387	107	215	431	122	79	278	613	178	105	260
Hel	444	257	153	94	387	---	384	217	250	277	466	147	430	370	377	271
Kołbas-kowo	688	274	381	355	107	384	---	167	491	182	141	237	658	110	16	320
Koszalin	538	198	247	188	215	217	167	---	344	143	294	70	524	153	160	236
Olsztyn	197	217	97	156	431	250	491	344	---	313	504	274	200	491	484	172
Piła	496	96	226	205	122	277	182	143	313	---	201	178	503	224	175	142
Słubice	692	287	415	394	79	466	141	294	504	201	---	358	692	233	155	338
Słupsk	468	208	177	118	279	147	237	70	274	178	358	---	454	223	230	226
Suwałki	31	417	277	336	613	430	658	524	200	503	692	454	---	667	651	372
Świnou-jście	688	312	400	341	178	370	110	153	491	224	233	223	667	---	108	358
Szczecin	681	267	374	348	105	377	16	160	484	175	155	230	651	108	---	313
Toruń	354	46	166	181	260	271	320	236	172	142	338	226	372	358	313	---

Regionale Reisetipps von A–Z

Hinweis

Die Preiskategorien der Übernachtungstipps beziehen sich auf ein Doppelzimmer pro Tag zum Standardpreis und verwenden folgenden Schlüssel:

€ = < 40 €
€€ = 40–80 €
€€€ = 80–120 €
€€€€ = 120–160 €
€€€€€ = > 160 €

News im Web: www.iwanowski.de

A

Augustów (S. 372)

Vorwahl Region Augustów: 087

Touristeninformation

Informacja Turystyczna, Rynek Zygmunta Augusta, Tel. 6432883, www.um.augustow.pl, www.augustow.pl

Unterkunft

- *Hotel Warszawa €€, ul. Zdrojowa 1, Tel./Fax 643 28 05, E-Mail: hotel-warszawa@hot.pl, www.hotelaugustow.home.pl. Außerhalb des Zentrums am Necko-See gelegenes Dreisternehotel für Familienurlaub und Wassersport. Viele Zimmer mit Seeblick und eigenem Balkon; bestes Haus in Augustów, www.hotelaugustow.home.pl.*
- *Hotel Delfin €€, ul. Turystyczna 81, Tel. 6443112, Fax 6443588, E-Mail: marketing@hotel-delfin.com.pl. Das Hotel ist auf der Halbinsel „Lisi ogon" (Fuchsschwanz), am Białe-See gelegen. Es eignet sich hervorragend für Ausflüge in die Natur und besitzt einen eigenen Strand sowie eine eigene Ausleihstation für Fahrräder und Boote.*
- *Hotel Dom Nauczyciela €, ul. Listopada 9, Tel. 6432021. Das „Haus des Lehrers" liegt in einem Sportzentrum und ist für Lehrer konzipiert, die Sportgruppen begleiten. Es bietet einfach eingerichtete, saubere Zimmer sowie ein reichhaltiges Sportangebot und ist familiengeeignet.*

Gastronomie

Restaurant Albatros, ul. Mostowa 3, Tel. 6432123, das bekannteste Restaurant von Augustów bietet traditionelle, gutbürgerliche polnische Küche mit soliden Fischgerichten.

Jugendherberge

Ul. Konopnickiej 4, Tel. 6432115, vom 15.6.–15.9. geöffnete Saisonherberge mit einfachen Mehrbettzimmern.

Camping

Kemping przy Hotelu HETMAN, Campingplatz am See neben dem Hotel Hetman, ul. Sportowa 1, Tel. 6445345, wohnmobiltauglich, schön am Wasser gelegen.

Wassersport

- *Stanica Wodna Zajazd Hetman, ul. Sportowa 1, Tel. 6433455, hier gibt es alle Arten Boote zu mieten, vom Kajak bis zum Kanu oder Surfbrett.*
- *Stanica Wodna PTTK, 16-300 Augustów, Tel./Fax 643 31 18*
- *Wypożyczalnia Sprze ótu Wodnego Jan Wojtuszko, ul. Nadrzeczna 62 A, 16-300 Augustów, Tel. 644 75 40, Mobil 0 604 95 86 73, Wassersportzubehör, Boote und Fahrräder aller Art, www.sprzetwodny.prv.pl.*

Weiße Flotte

Rundfahrten auf dem Augustowski-Kanal starten am Anleger an der ul. 29 Listopada 7, dort bekommt man auch Billets.

Biebrzański Park Narodowy (S. 372)

Vorwahl Region Biebrzański-Park: 086

Touristeninformation

Osowiec-Twierdza, 19-110 Goniądz, Tel./Fax 2720785, E-Mail: eco-travel@biebrza.com. Hier bekommt man nicht nur Infos, sondern kann auch Führungen und Nachtquartiere im Park buchen sowie Boote mieten.

Nationalpark-Direktion

Osowiec-Twierdza 8, 19-110, Goniądz, Tel./Fax 2720620, 7380802, E-Mail: biebrza@biebrza.org.pl, www. biebrza.org.pl

Unterkunft

- ***Hotel Knieja €**, ul. Leśna 21, Rajgrod, Tel. 2721468. Einfaches Hotel, aber nicht ohne Komfort, etwas für Naturfreunde, die hier unter sich sind. E-Mail: knieja@rajgrod.pl, www.knieja.rajgrod.pl.*
- ***Bartlowizna €**, ul. Nadbiebrzańska 32, 19-110 Goniądz, Tel. 2720630-32, der Komplex aus drei Pensionen bildet eine Einheit mit dem Restaurant Karczma Bartka, einem schönen Holzhaus im für die Region typischen Baustil. Hier lässt es sich gut ausspannen in herrlicher Natur und bei einem reichhaltigen Sportangebot vom Kajakfahren bis Tennis, auch für Schulungen geeignet. www.biebrza.com.pl/bartek/glownaN.html.*
- ***Hotel Zbyszko €**, ul. św.Rozalii 13, 19-110 Goniądz, Tel./Fax 2720074, E-Mail: goniadz@zbyszko.com www.zbyszko.com, 60 Betten, großes Restaurant und drei Konferenzsälen mit allem Equipment, unweit vom alten Stadtkern und der Biebrza gelegen, alle Zimmer mit Bad.*

Czarna-Hańcza-Route (S. 379)

Spezialanbieter vor Ort

- *Hier kann man die ganze Tour buchen*
  - ***„AS-TOUR"**, Biuro Turystyki Kajakowej, Krutyń 4, 11-710 Piecki, Tel./Fax (089) 742 1430, 0-601 650 669, 0608 319 014*
  - ***Piwek Tours**, ul. Polna 19, 16-300 Augustów, Fax 0 87 6447628, E-Mail: piwek@kki.net.pl, piwek@alpha.pl*
- *Hier gibt es Boote, aber man kann auch gleich die ganze Tour mit allen Übernachtungen buchen:*
  - ***PTTK Augustów**, ul. Nadręczna 70 a, 16-300 Augustów, Tel. 087-6433580*
  - ***PTTK Suwałki**, ul. Kościuszki 37, 16-400 Suwałki, Tel. 087-5665961*

Darłowo/Rügenwalde (S. 242)

Vorwahl Region Darłowo: 094

Notruf

- ***Krankenwagen**: 999*
- ***Polizei**: 997*
- ***Feuerwehr**: 998*
- ***Pannenhilfe** (poln.): 981*
- ***ADAC-Pannenhilfe Warschau**: (022) 6222060*

D

E

- *Intern. Pannenhilfe des poln. Autoclubs PZM: (022) 825 97 34*
- *Notruf Auswärtiges Amt: 0049-1888-17 44444*

Touristeninformation
Informacja Turystyczna,76-150 DarB´owo, ul. Pomorska 2/2, Tel. 314 32 39 Mo–Fr 9–15 Uhr, Juni bis August 9–17 Uhr, www.darlowo.com.pl, www.darlowo.info, und im Herzogsschloss ul. Zamkowa 4, 76-150 DarB´owo, Tel. 3143572, Juni bis August Mo–Fr 8–16 Uhr, samstags und sonntags 8–13 Uhr.

Unterkunft

- ***Hotel Lidia €€**, ul. Dorszowa 3, 76-153 DarB´ówko, Tel. 314 30 38, 0 609 800 423, Fax 314 43 33, www.hotel-lidia.pl. Schmuckloser Bau, der mit einigem Komfort aufwartet, Hallenbad, Sauna und ansprechende Zimmer gehören dazu.*
- ***Pension Klub Plaza €€**, ul. Słowiańska 3, 75-153 Darłowo, Tel./Fax 3142407, Apartments der Extra-Klasse, direkt am Wasser, 50 m vom Strand mit tollem Freizeitangebot von Yacuzzi bis Hallenbad.*
- ***Hotel Eryk €**, 76-150 DarB´owo, ul. Rynkowa 2d, Tel. 314 36 86, www.eryk.com.pl, in der Altstadt gelegen. Ein Internetcafé ist im Haus.*
- ***Hotel Róża Wiatrów €**, ul. J. Muchy 2, 76-150 Darłówek, Tel. 3142127, Fax 3143103, in Waldumgebung schön gelegenes Haus und Ferienzentrum, einfach aber mit für die Preislage erstaunlich viel Komfort, auch Campinghäuschen können gemietet werden. Das Haupthaus ist behindertengerecht eingerichtet.*
- ***Nadmorski Pensjonat €**, Inh. Katarzyna u. Krzysztof Orłowski, Wicie, ul. Słoneczna 11 a, 76-150 Darłowo, Tel. 3155464, Handy 0608586104, www.nadmorze.pl/nadmorski_pensjonat/index.shtml, E-Mail: oaska@interia.pl. Zwischen Darłówek und Jarosławiec in Wicie etwa 300 m vom Meer gelegene komfortabel ausgestattete Pension, die sich gut für Familien eignet.*

Camping
Ul. Konrada 20, 76-150 Darłówko, Tel. 3142872, geöffnet 15.6.–15.9., wohnmobiltauglich und sehr schön in baumbestandener Umgebung unweit des Strandes gelegen, Zweisterneplatz nach neuer Klassifizierung der PFCC.

Elbląg/Elbing (S. 309)

***Vorwahl** Region Elbląg: 055*

Notruf

- ***Krankenwagen**: 999*
- ***Feuerwehr**: 998*
- ***Polizei**: 997*
- ***Pannenhilfe** (poln.): 981*
- *ADAC-Pannenhilfe Warschau: (022) 6222060*
- *Intern. Pannenhilfe des poln. Autoclubs PZM: (022) 825 97 34*
- *Notruf Auswärtiges Amt: 0049-1888-17 44444*

Wichtige Adressen

- ***Stadtwache Straż Miejska**, ul. Łącznosci 1, Tel. 239 30 34, Notruf 986 (kostenlos)*
- ***Polizei: Komenda Rejonowa**, al. Tysiąclecia 35, Tel. 2301555, Notruf 997, www.elblag.policja.gov.pl*

Touristeninformation

• ***Gesellschaft der deutschen Minderheit Stadt und Kreis Elbing***, *Kopernika 18/1, 82-300 Elbląg Tel./Fax 0048-55-234 68 52*

• ***Ośrodek Informacji Turystycznej***, *Czerwonego Krzyża 2, 82-200 Elbląg, Tel./Fax 232 42 34, E-Mail: touristinfo@wp.pl, www.it.elblag.com.pl, www.elblag.pl, www.elblag.com*

Banken

• ***Bank PKO (Polska Kasa Opieki SA)***, *ul. Hetmańska 3, Tel. 2354700*

• ***Multibank***, *ul. 12 Lutego 2-4, Tel. 236 99 00*

• ***BIG Bank Gdański I Oddział***, *ul. Królewiecka 11, Tel. 232 77 89*

• ***Kredyt Bank SA***, *ul. 1 Maja 16, Tel. 232 55 01*

• ***Citibank handlowy***, *ul. Hetmańska 1, Tel. 237 03 23*

• ***Bank PKO BP***, *ul. 1 Maja 1, Tel. 232 69 01, 2396300*

Krankenhaus

Krankenhäuser mit Poliklinikbetrieb oder Ambulanzen und Gemeinschaftspraxen:

• ***110 Szpital Wojskowy z Przychodnią***, *ul. Komeńskiego 35, Tel. 2303700, Armeekrankenhaus, das Sie im Notfall in Anspruch nehmen können*

• ***Wojewódzki Szpital Zespolony***, *ul. Królewiecka 146, Tel. 2344111, www.szpital.elblag.pl*

Unterkunft

• ***Hotel Elzam €€***, *Pł. Słowiański 2, 82-300 Elbląg, Tel. 2306191, 2306238, Fax 232 40 83. Erstes Haus am Platze im ehem. Polizeipräsidium, komfortables Hotel mit 112 Zimmern, zentral gelegen. Gutes Reisebüro, das Ausflüge organisiert und auch Formalitäten erledigt, wie z.B. für einen Trip nach Kaliningrad, auch das Restaurant kann sich sehen lassen, www.elzam.com.pl.*

• ***Vivaldi Mieczysław Walentynowicz €€***, *ul. Stary Rynek 16, 82-300 Elbląg, Tel. 236 25 42, E-Mail: viwaldi@elblag.com.pl, Kleines, ganz neues, aber gemütliches Haus mit gediegenem Komfort, mitten in der Altstadt gelegen.*

• ***Hotel Zulawy €€***, *ul. Królewiecka 126, Tel. 00 48 55/234 57 11, E-Mail: hotel-zulawy@hotel-zulawy.com.pl, kleines Haus mit 30 Zimmern, alle mit Bad, Telefon und TV-Sat ausgestattet, www.hotel-zulawy.com.pl.*

Camping

Camping 61, *ul. Panienska 14, Tel./Fax 2324307, 82-300 Elbląg, zentral fast im Altstadtzentrum am Oberlandkanal gelegen, E-Mail: camping@camping61.com.pl, www.camping-elblag.alpha.pl, Zweisterneplatz nach Klassifizierung der PFCC.*

Internet-Cafés

Virtual Cafe, *ul. Grunwaldzka 2, Tel. 239 73 33*

Klub komputerowy Gabo, *ul. Garbary 21, Tel. 236 19 16*

Fähren

• ***Elbląg-Ostróda-Kanal***, *Reederei: Żegluga Ostródzko-Elbląska, 14-100 Ostróda, ul. Mickiewicza 9A, Tel./Fax (0-89) 6463871, (089) 6464246, www.zegluga.com.pl (deutschsprachig)*

• ***Żegluga Ostródzko-Elbląska***, *82-300 Elbląg, ul. Panieńska 14 (Camping), Tel./Fax (0-55) 324307*

E

Die Schiffe verkehren vom 01.05. bis zum 30.09.
Von Ostróda fährt das Schiff um 8 Uhr ab und kommt um 19 Uhr in Elbląg an, umgekehrt gelten die gleichen Zeiten, eine Fahrt kostet 80 zł.

Ełk/Lyck (S. 365)

Vorwahl Region Ełk: 087

Notruf

- *Krankenwagen: 999*
- *Polizei: 997*
- *Feuerwehr: 998*
- *Pannenhilfe (poln.): 981*
- *ADAC-Pannenhilfe Warschau: (022) 6222060*
- *Intern. Pannenhilfe des poln. Autoclubs PZM: (022) 825 97 34*
- *Notruf Auswärtiges Amt: 0049-1888-17 44444*

Touristeninformation

- ***Verein der deutschen Minderheit in Lyck**, Stowarzyszenie Mniejszości Narodowej Niemieckiej „Mazury" w Ełku, ul. 11-ego Listopada 4, 19-300 Ełk, Tel. 6213200, täglich 10–18 Uhr.*
- *Ul. Armii Krajowej 58a, Tel. 6217010, E-Mail: info@turystyka.elk.pl, www.turystyka.elk.pl, www.elk.pl.*

Unterkunft

- ***Hotel „Rydzewski" €€**, ul. Armii Krajowej 32, 19-300 Ełk, Tel. 621 60 53, Tel./Fax 610 37 53, www.rydzewski.pl (deutschsprachig), E-Mail: hotel@rydzewski.pl, www.rydzewski.pl,. Komfortable Zimmer (60 Betten) in einem kleinen Hotel mitten in der Stadt mit einem gutem Restaurant.*
- ***Hotel Lega Inn €€**, Chełchy k/Ełku, 19-300 Ełk, Tel./Fax 6104443. Das etwa 10 km außerhalb von Ełk gelegene Hotel hat 41 Zimmer mit Spitzenkomfort, ein hauseigenes Hallenbad, Sauna, Fitnessraum und Tennisplätze sowie einen Verleih von Fahrrädern. Besondere Attraktionen: im Sommer Hubschrauberflüge und im Winter Schneescooterfahrten und Organisation von Überlebenstrainings und Hundeschlittenfahrten.*
- ***Hotel Dworek AS Straduny €€**, Beata i Jarosław Palczewscy, 19-325 Straduny, ul. Szkolna 7, Tel./Fax 6196622, Tel. 0 502 046528, E-Mail: dworekas@go2.pl. Reiten, Jagen, Ausflüge in die Umgebung machen oder einfach nur die Seele baumeln lassen in komfortablen Zimmern der Hotelpension im alten Herrenhaus Stradaunen am Lyckfluss.*
- ***Masurenhof €**, Szarejki Kol. 14, 19-321 Nowa Wieś gm. Ełk/Lyck, Tel. 087-6197495, (Handy) 0502-133 553, Fax 621 32 00, E-Mail: baerenpost@masurenhof.pl. Nur für Reisende, die es rustikal mögen: Urlaub auf dem Bauernhof, mit Übernachtung auf dem Heuboden oder Zelten im Ostgarten für je 5 € pro Person, auch Caravanstellplätze für 5 € pro Person sind vorhanden, dazu wird jedes nur denkbare Programm geboten. Für Gäste, die das ursprüngliche Masuren aus Erzählungen von Siegfried Lenz zwar lieben, aber etwas mehr Komfort schätzen: auf dem Masurenhof gibt es auch ein Doppelzimmer für 14 €.*

E

F

Camping
Camping Plaża Miejska, ul. Parkowa 4, Tel. 6109700, 19-300 Ełk, E-Mail: mosir@elk.com.pl, www.mosir.elk.com.pl/camping.htm. Schön stadtnah am Lycker See gelegen, sicher, behindertengerecht, Bar, Kochmöglichkeiten, Strand, Verleih von Wassersportausrüstung. Dreisterneplatz nach Klassifizierung der PFCC.

Gastronomie
- *Restauracja „Rydzewski"*, ul. Armii Krajowej 32, 19-300 Ełk, Tel. 621 60 53, Tel./Fax 610 37 53, E-Mail: hotel@rydzewski.pl, gepflegtes Ambiente, masurische und polnische Spezialitäten, aber auch internationale Küche.
- *Restauracja Różowa*, Restaurant im Hotel Lega Inn, Chełchy k/Ełku, 19-300 Ełk, Tel./Fax 6104443. Dem Hotelstandard angemessene Küche mit Variationen masurischer und polnischer Traditionsgerichte.
- *Restauracja Onyx*, ul. Wojska Polskiego 38, Tel. 6101070. Hier wird regionale Küche mit traditionellen masurischen Gerichten serviert. Es gibt während der Jagdsaison erstklassige Wildgerichte.
- *Karczma „Bocian" - Masurenhof - Hofcafé*, Szarejki Kol. 14, 19-321 Nowa Wieś gm. Ełk/Lyck, Tel. (Handy) 0502 133 553, Fax 621 32 00, E-Mail: baerenpost@masurenhof.pl. Die Bratkartoffelgerichte sind unschlagbar, eine Mischung von norddeutscher und polnisch-masurischer Küche.

Internet-Cafés
- *Centrum Internetowe*, ul. Wojska Polskiego 69, Tel. 621 32 81
- *Netklub*, ul. Wojska Polskiego 43, Tel. Handy 0503 46 05 05

Wassersport
PTTK Stanica Wodna/Wasserstation, ul. Kąpielowa 2, Tel. 6103771. Hier kann man alles mieten, was man zum Wassersport braucht.

Frombork/Frauenburg (S. 312)
Vorwahl Region Elbląg 055

Notruf
- *Krankenwagen*: 999
- *Polizei*: 997
- *Feuerwehr*: 998
- *Pannenhilfe* (poln.): 981
- *ADAC-Pannenhilfe Warschau*: (022) 6222060
- *Intern. Pannenhilfe des poln. Autoclubs PZM*: (022) 825 97 34
- *Notruf Auswärtiges Amt*: 0049-1888-17 44444

Touristeninformation
- *Globus*, ul. Elbląska 2, 14-530 Frombork, Tel. 2437500, geöffnet tägl. 8–19 Uhr, außerhalb der Saison Mo–Sa 7–16 Uhr
- *Informacja Turystyczna*, ul. Portowa 4, 14-530 Frombork, Tel. 2437052, E-Mail: informacja.turystyczna@frombork.pl, www.frombork.pl

F

G

Unterkunft

• *Hotel Kopernik* €, *ul. Kościelna 2, 14-530 Frombork, Tel. 2437285, E-Mail: hotel@zastal.pl. Modernes Haus unweit der Kathedrale gelegen mit ordentlichen Zimmern, nichts großartiges, aber ein hervorragendes Preis-Leitungs-Verhältnis. Familien sind hier willkommen. E-Mail: hotel.kopernik@wp.pl, www.frombork.iq.pl/reklama/hotel/index.htm.*

• ***PTTK-Gästehaus Dom Wypoczynkowy**, ul. Krasickiego 2, 14-530 Frombork, 2437252, unschlagbar im Preis, dafür wohnt man in 27 Mehrbettzimmern.*

• ***Dom Familijny „Rheticus"**, ul. Kopernika 10, Tel./Fax 2437800, www.frombork.pl, E-Mail: domfamilijny@gabo.pl, schöne, voll ausgestattete Appartements (von TV bis zur Küche) in einem restaurierten alten Haus direkt in Frombork, Garage vorhanden.*

Jugendherberge

***Szkolne Schronisko Młodzieżowe „Copernikus"**, ul. Elbląska 11, 14-530 Frombork, Tel. 2437453. Diese Ganzjahresjugendherberge bietet nur Unterbringung in Mehrbettzimmern.*

Camping

Ul. Braniewska 14, 14-530 Frombork, Tel. 2437368, geöffnet 1.5.–30.9., wohnmobilgeeignet und mit behindertengerechten Sanitäranlagen, Kategorie 2. Hier mietet man gute Campinghäuschen in baumbestandener Umgebung, einen Laden, eine Bar und Waschmaschinen gibt es auch.

Ausflugsschiffe

Nach Krynica Morska, Tolkmicko, Elbląg sowie mit dem wodolot/Tragflächenboot Polesie nach Kaliningrad und Svetlyj, beide Russland. Für die Butterfahrt nach Svetlyj/Zimmerbude reicht der Pass, für die Tour nach Kaliningrad wird ein Visum benötigt.
*Infos bei **Globus** oder bei **Żegluga Gdańska**, Przystań Pasażerska Żeglugi Gdańskiej Frombork, ul. Portowa 4 Tel. 2437500 oder 2437231.*

Gdańsk/Danzig (S. 263)

***Vorwahl** Region Gdańsk: 058*

Notruf

- ***Krankenwagen**: 999*
- ***Feuerwehr**: 998*
- ***Polizei**: 997*
- ***Pannenhilfe** (poln.): 981*
- ***ADAC-Pannenhilfe Warschau**: (022) 6222060*
- ***Intern. Pannenhilfe des poln. Autoclubs PZM**: (022) 825 97 34*
- ***Notruf Auswärtiges Amt**: 0049-1888-17 44444*

Touristeninformation

• ***Touristik Informationszentrum der Wojewodschaft Gdańsk**, ul. Heweliusza 27, 80-861 Gdańsk, Tel. 3014355, Fax 301 66 37, E-Mail: itgdansk@op.pl, www.gdansk.pl*

• ***Touristeninformation der PTTK**, ul. Długa 45, 80-831 Gdańsk, Tel. 301 91 51, Fax 301 13 43,www.pttk-gdansk.pl, E-Mail: biuro@pttk-gdansk.pl*

• *Auch Stadtführer kann man hier vorbestellen: **PTTK O/Gdańsk**, ul. Długa 45, 80-831 Gdańsk, Tel. 3019151*

Zimmervermittlung

- *Biuro Zakwaterowań „Gdańsk-Tourist"*, ul. Heweliusza 8, 80-890 Gdańsk, Tel. 3012634
- *Biuro Zakwaterowań „Mac-Tour"*, ul. Bethovena 8, 80-171 Gdańsk, Tel. 3024170
- *Bund der deutschen Minderheit in Danzig*, ul. Waryńskiego 36, PL-80-433 Gdańsk-Wrzeszcz (Langfuhr), Tel. 341 14 27, Fax 344 93 52, E-Mail: dfkdanzig@wp.pl, www.dfk-danzig.com. Hier bekommen Sie Informationen aller Art über das Leben in Danzig und auch ein privates Zimmer vermittelt.

Banken

- *BRE Bank*, ul. Wały, Jagiellonskie 8, Tel. 301 28 52
- *PKO Bank Polska SA*, ul. Marynarki Polskiej 59, Tel. 343 12 71/81
- *Bank Pekao SA*, ul. Marynarki Polskiej 15, Tel. 343 98 09
- *Deutsche Bank 24 S.A*, ul. Długi Targ 8, Tel. 305 82 72
- *Bank Millenium*, Al. Jana PawB´a II 20, Tel. 346 67 23
- *PKO Bank Polska SA*, ul. Chlebnicka 48/51 Tel. 305 35 16

Konsulat

Generalkonsulat der Bundesrepublik Deutschland: Konsulat Generalny Republiki Federalnej Niemiec, Al. Zwycięstwa 23, 80-219 Gdańsk, Tel. 3406540, 3406550, Fax 3406560

Krankenhäuser

- *Wojewódzki Szpital Specjalistyczny im. MikoB´aja Kopernika*, ul. Nowe Ogrody 1/6, Tel. 302 30 31
- *Okręgowy Szpital Kolejowy*, ul. Powstańców Warszawskich ½, Tel. 302 00 11
- *Państwowy Szpital Kliniczny nr 2 AM*, ul. Kliniczna 1a, Tel. 349 22 22
- *Szpital Zespół Opieki Zdrowotnej dla Szkół Wyższych*, al. Zwycięstwa 30, Tel. 347 27 71
- *Szpital Marynarki Wojennej*, ul. Polanki 117, Tel. 552 63 26
- *Państwowy Szpital Kliniczny nr 3*, ul. Kieturakisa 1, Tel. 301 27 26
- *Szpital Przyzakładowy Stoczni Gdańskiej*, ul. Jana z Kolna 22/26, Tel. 309 39 83
- *Szpital Specjalistyczny Św. Wojciecha Adalberta*, al. Jana Pawła II 50, Tel. 768 40 00
- *Klinika Chorób Oczu AMG*, ul. Dębinki 7, Tel. 349 23 70 - Augenklinik
- *Samodzielny Publiczny Szpital Kliniczny Nr 1*, ul. Dębinki 7, Tel. 349 28 00

Kultur

- *Musik*

Beide Danziger Musikhäuser sind in Polen sehr renommiert und gehören zur Spitze des Landes. Die Oper bietet auch Ballettaufführungen. Die Kartenpreise liegen zwischen 15 und 50 Złoty, das Programm steht auch im Internet.

- *Baltische Staatsoper*, Al. Zwycięstwa 15, Tel. 763 49 12-13, Fax 763 49 14, www.operabaltycka.pl, opera@operabaltycka.pl. In Langfuhr/Wrzeszcz unweit des deutschen Konsulats gelegenes Opernhaus.

- *Baltische Philharmonie*, Olowianka 1, Tel. 320 62 62 (Karten), www.filharmonia.gda.pl, pfb@poczta.wp.pl. In der Philharmonie finden nicht nur klassische Konzerte statt, sondern alles, was mit Musik zu tun hat.

- *Theater*

- *Teatr Wybrzeże*, ul. Sw. Ducha 2, 80-804 Gdańsk, Tel. 301 70 21, www.teatrwybrzeze.pl. Das Danziger Theater bietet auch sehr viele moderne polnische Stücke. Preise von 15–40 zł.

G

• *Kino*

- ***Helikon***, *ul. Długa 57, Tel. 301 53 31. Größtes und modernstes Kino in Danzig mit Dolby Digital.*
- ***Multikino***, *Al. Zwycięstwa 14 Tel. 340 30 99. Erstes Multipleks-Kino in Danzig.*
- ***Kinoplex***, *Kołobrzeska 41C, Tel. 767 99 80, noch ein Multiplex-Kino.*
- ***Superkino Krewetka***, *ul. Karmelicka 1, Tel. 769 30 00, www.superkino.info. Supermodernes Riesenkino mit acht Sälen.*

• ***Festivals und Veranstaltungen***

- ***Bremer Tage in Danzig/Gdańsk***: *Ende Juni, ein vielfältiges kulturelles Programm feiert die Städtepartnerschaft mit Bremen, viele (zweisprachige) Vorträge, Konzerte und auch Kleinkunstvorstellungen werden geboten.*
- ***Festiwal Folkloru Ludów Północy/Festival der Folklore nordischer Länder***: *Im Juli finden diese Tage der nordischen Folklore statt. Nicht nur aus dem Ostseeraum, sogar aus dem Norden Sibiriens präsentieren Gruppen der Tschuktschen und Jakuten ihre Folklore.*
- ***Dominikanermarkt***: *Erste beide Augustwochen. Eine uralte Tradition von 1260. Konzerte, Theateraufführungen und allerlei Kleinkunst findet statt, die Hauptattraktion ist der große Flohmarkt mit vielen kunstgewerblichen Ständen in der Rechtstadt. Unbedingt sehenswert – eine tolle Atmosphäre des Hökerns und Handelns.*

Unterkunft

• ***Hotel Hanza €€€€***. *Ideal mitten in der Altstadt am Krantor gelegenes kleineres, gediegenes Haus mit 60 Zimmern, essen können Sie polnische Spezialitäten im hauseigenen Restaurant direkt an der Mottlau, ul. Tokarska 6, 80-888 Gdańsk, Tel. 3053427, Fax 3053386, E-Mail: hotel@hanza-hotel.com.pl.*

• ***Hotel Podewils €€€€***, *ul. Szafarnia 2, Tel. 300-95-60, Fax 300-95-70, E-Mail gdansk@podewils-hotel.pl, www.podewils-hotel.pl, am Yachtanleger genau gegenüber dem Krantor mit Blick auf die Mottlau gelegenes kleines Haus für gehobene Ansprüche, von Saunen über Internetanschluss bis zu Marmorbädern ist alles da, was der Gast so braucht.*

• ***Hotel Mercure Hevelius Gdańsk €€€€***. *Günstig direkt am Rande der Rechtstadt, wie ein Turm unübersehbar gelegenes Hotel. Die Aussicht von den oberen Etagen ist herrlich. 281 komfortable Zimmer warten auf Gäste, das Haus ist behindertengerecht ausgestattet. Ul. Jana Heweliusza 22, 80-890 Gdańsk, Tel. 32100020, Fax 3210020, E-Mail: hevelius@orbis.pl, www.orbis.pl.*

• ***Holiday Inn Gdańsk €€€€***. *Direkt am Bahnhof gelegenes neues (1998) Viersternehotel mit 143 Zimmern, Restaurant T.G.I. Friday mit amerikanischer und internationaler Küche sowie Lobby Bar mit vorzüglicher großer Auswahl auch exotischster Kaffeesorten aus aller Welt, Kuchen und Eis oder amerikanischem Lunch. Podwale Grodzkie 9, 80-895 Gdańsk, Tel. 3006001, Fax 3006003, E-Mail: smm@gdansk.globalhotels.pl, www.holidayinn.pl.*

• ***Szydłowski €€€€***. *Im Vorort Wrzeszcz unweit des Bahnhofs 5 km nordwestlich vom Zentrum gelegenes Lieblingshotel von Günter Grass mit 35 Zimmern. Gediegen und ruhig, stilvolles Hotelrestaurant mit leckeren Kuchen aus der eigenen Bäckerei sowie hervorragender Regionalküche. Ul. Grunwaldzka 114, Tel. 345 70 40, Fax 344 38 77, E-Mail: hotel@szydlowski.pl, www.szydlowski.pl.*

• ***Hotel Posejdon €€€***. *Auf halbem Wege zwischen Danzig und Sopot nur 100 m vom Strand gelegen, an dem man bis Sopot laufen kann, gutes Restaurant mit polnischer und internationaler Küche, auch vegetarische Küche und Diätgerichte. Das Hotel verfügt über 176 komfortabel eingerichtete Zimmer, ul. Kapliczna 30, 80-341 Gdańsk, Tel. 5113000, Fax 5113200, E-Mail posejdon@orbis.pl.*

- ***Hotel Królewski €€€***, *Wyspa Ołowianka, ul. Ołowianka 1, Tel. 3261111, Fax 3261110, www.hotelkrolewski.pl, neu eingerichtetes schönes Hotel in einem Speicher an der Mottlau neben der Philharmonie gelegen, mit Blick auf das alte Danzig.*
- ***Novotel €€€***. *Am östlichen Rand der Rechtstadt gelegen, preiswerter als das Hevelius mit vergleichbarem Standard, mit 152 geräumigen Zimmern. Das Haus ist behindertengerecht eingerichtet. Ul. Pszenna 1, 80-749 Gdańsk, Tel. 300 27 50, Fax 300 29 50, hgdansk@orbis.pl.*
- ***Pensjonat „Bartan" €€***. *Wer lieber außerhalb wohnt: an der Ostsee auf der Insel Sobieszewska gelegene familiäre Pension mit komfortablen Zimmern. Ul. Turystyczna 9A, 80-680 Gdańsk, Tel. 308 09 99, 308 09 43, www.bartan.pl.*
- ***Dom Harcerza €***. *Ideal fürs enge Budget ist das Pfadfinderhaus, nahe der Altstadt gelegenes mittelgroßes Haus. Einfache, saubere Zimmer. Za Murami 2/10, 80-823 Gdansk, Tel. 301 36 21, Fax 301 24 72, E-Mail: domharcerza@go2.pl, www.domharcerza.prv.pl.*

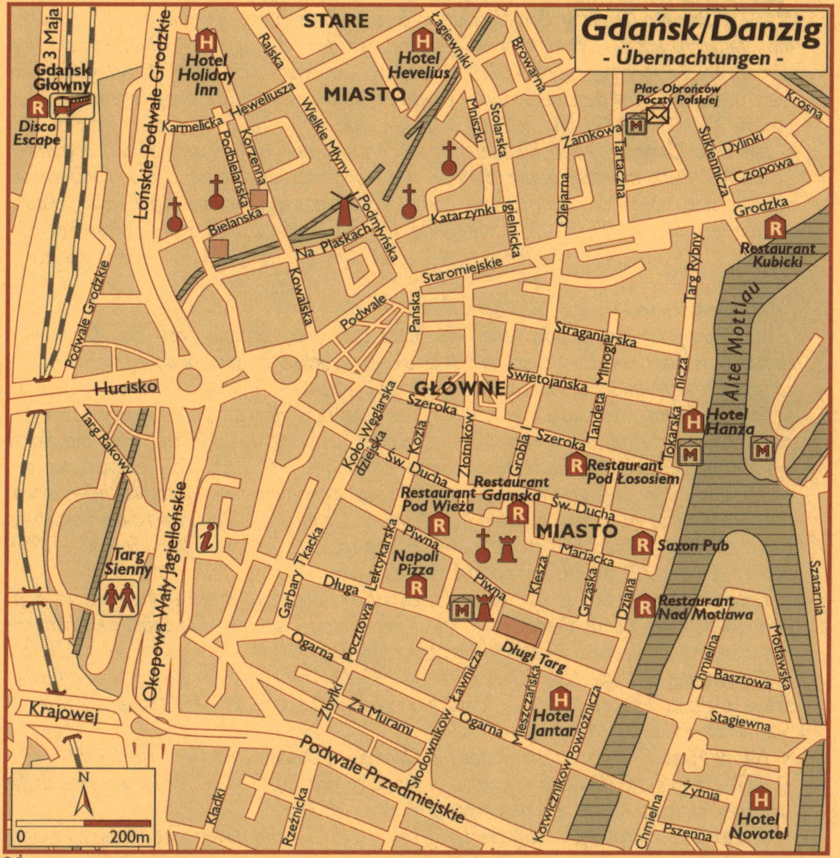

© Igraphic

• *Minihotel Mac-Tur €*, ul. Beethovena 8, Tel./Fax 302 41 70 3, E-Mail: mac.tur@wp.pl, www.mactur.gda.pl, an der Buslinie 115 ruhig aber verkehrsgünstig gelegene Pension mit einfachen, sehr preiswerten Zimmern.

Jugendherbergen

• *Schronisko Młodziezowe*, ul. Walowa 21, Tel. 301 23 13, E-Mail: biuro@mokf.com.pl, www.mokf.com.pl. Wird abends um 22 Uhr geschlossen. Hier gibt es auch Einzel- und Doppelzimmer sowie eine Kantine.

• *Schronisko Młodziezowe Nr. 4*, ul. Grunwaldzka 244, Tel. 341 41 32. Liegt in Wrzeszcz/Langfuhr an der Straße nach Sopot und Gdynia. Bietet auch Einzel- und Doppelzimmer mit Waschgelegenheit sowie eine Kantine.

• *PTSM*, ul. Kartuska 245, Tel. 302 60 44. Nahe am Zentrum. Hier kann man auch in Einzel- und Doppelzimmern wohnen und in der hauseigenen Kantine essen.

Camping

• *Brzeżno Camping*. Campingplatz in Brzeżno/Brösen mit sehr gutem Service, wohnmobiltauglich, auch Hütten können gemietet werden, Bar und Waschmaschinen sind vorhanden, Entsorgung chem. Toiletten möglich. Geöffnet 1.05.–30.09, I. Kategorie. Unweit des bei Grass beschriebenen legendären Strandes von Brösen gelegen. Al. Gen. Hallera 234, 80-502 Gdańsk, Tel. 3435531, Fax 3435547.

• *Jelitkowo Camping*. Zehn Kilometer vom Zentrum nur 100 m vom Strand entfernter bewachter Platz, mit sehr gutem Service, der wohnmobiltauglich ist. Bar und Waschmaschinen sind vorhanden, Entsorgung chem. Toiletten möglich. Hier kann man Hütten mieten, geöffnet 01.05.–30.09, I. Kategorie. Ul. Jelitkowska 23, 80-342 Gdańsk, Tel. 553 27 31.

Gastronomie

Danzig ist eine große, lebendige Stadt und entsprechend groß die Zahl seiner Restaurants, Bars und Lokale, schnell ist auch der Wechsel in der noch jungen Marktwirtschaft. Wir können daher nur einige Anregungen geben.

• *Pod Łososiem*. Der Lachs war und ist „das" Danziger Restaurant, er wurde 1598 von dem Holländer Ambrosius Vermöllen gegründet, der aus den Niederlanden die Kunst mitbrachte, feine Liköre herzustellen. Seine Likörfabrik war auch die Geburtsstätte des berühmten Likörs „Danziger Goldwasser. Im Lachs bekommen Sie Spitzenküche in einem Spitzenambiente zu – im polnischen Maßstab – Spitzenpreisen. Dennoch ist ein Besuch im Lachs ein Muss – hier wird das alte Danzig lebendig. Ul. Szeroka 52/54, Tel. 301 76 52, 305 14 44, Fax 301 56 48, www.podlososiem.com.pl.

• *Greeen Way*. Vegetarisches Restaurant zwischen Rechtstadt und Bahnhof. Snacks, Suppen, Salate und kleine Gerichte zu günstigen Preisen wie der Riesenpfannkuchen mit Kirschen und Sahne für 8 Złoty. Ul. Garcarska 4/6, Tel. 301 41 21.

• *Goldwasser*, DB´ugie Pobrzeże 22, Tel 301 88 78, Treffpunkt der Kultur- sowie Politikszene Danzigs an der Mottlau. Polnisch-europäische Küche in gemütlichem Ambiente, Spezialität: Forelle in Mandeln um 40 Złoty.

• *Napoli Pizza*. Die wohl beste Pizzeria in Danzig. Ul. Długa 62/63, Tel. 301 41 46.

• *T.G.I Friday's*, ul. Podwale Grodzkie 3 (im City Forum), Tel. 3058833. Amerikanische und mexikanische Küche. Hauptgerichte gibt es ab 18 Złoty.

• *Trattoria La Primavera*, ul. Grobla 1/13, Tel. 3051525. Gute italienische Küche zu moderaten Preisen.

G

• **Piwnica Rajców (Ratsherrenkeller),** *ul. Długi Targ 44, internationale Küche mit Hauptgerichten zu moderaten Preisen ab 40 Złoty. Das Besondere ist die Lage: im Keller des Artushofes.*

• **Gdańska.** *Hervorragende polnische Küche, mit Wild und Wildschwein als Spezialität. Ambiente mit massiven Holztischen und dekoriert mit historischen Motiven. Das Restaurant der Danziger Geschäftsleute. Ul. Św. Ducha 16, Tel. 305 76 72, Fax 305 76 71, www.trojmiasto.pl/gdanska.*

• **Kubicki.** *Das seit 1918 bestehende Restaurant ist der älteste Familienbetrieb der Stadt. Traditionelle polnische Küche mit Riesenportionen. Von der Seefahrt angehauchtes Interieur und eine interessante Dokumentation zur Geschichte Danzigs und des Restaurants. Ul. Wartka 5, Tel./Fax 301 00 50.*

• **Pod Wieża.** *Kellerrestaurant mit Danziger Regionalküche. Treffpunkt der Segler mit maritimem Ambiente. Ul. Piwna 51/52, Tel./Fax 301 39 24.*

Pubs, Bars, Kneipen und Dicsos

• **Irish Pub.** *Einer der schönsten Pubs der Stadt in den Kellergewölben des Altstädtischen Rathauses. Täglich gibt es hier Livemusik, am Wochenende wird auch getanzt, und im Sommer kann man draußen sitzen. Hier bekommt man auch nach Mitternacht noch einen Absacker. Ul. Korzenna, Tel. 3202474.*

• **Pub Flisak.** *Treffpunkt der Jugend, sowohl einheimische als auch ausländische junge Leute begegnen sich hier. Chlebnicka 9/10, Tel. 301-85-62.*

• **Tropikalna Wyspa,** *ul. Kolodziejska 4, Tel. 305 75 50 Karibik und Reggae in Danzig mit angeschlossenem witzigen Kaffeemühlenmuseum.*

• **Tiger,** *ul. Rajska 4, Tel. 3000085, In-Pub, hier treffen sich die Danziger, die „dazu gehören", Tiger Dariusz Michalszewski ist Besitzer und Programm zugleich.*

• **Cotton Club.** *In der Rechtsstadt gelegener Club mit freiem Eintritt. Häufig Konzerte polnischer Jazzgruppen. Ul. Zlotnikow 25/29, Tel. 301 88 13, E-Mail: cotton@innet.pl.*

• **Bar Kubicki.** *Die ruhige Bar neben dem gleichnamigen Restaurant, der Günter Grass authentische Danziger Atmosphäre bescheinigt hat. Ul. Wartka 5, Tel. 301 0 50.*

• **Parlament,** *ul. św. Ducha 2 (Keller des Teatr Wybrzeże), Tel. 320 13 65, größte Disco im Zentrum.*

• **Kwadratowa.** *Studentenklub der polytechnischen Hochschule mit Disco in Wrzeszcz mit großer, rechteckiger Tanzfläche, auf der Di–Fr ab 21 Uhr zu Rock und Pop – auch viel Polnisches – abgehottet werden kann. Ul. Siedliecka 4.*

Über der Mottlau thront das Krantor

Internetcafés

• **Kawiarenka Internetowa,** *Dworzec Główny PKP (Hauptbahnhof bei McDonald), Tel. 301 28 41*

• **Internet Cafe Spacja,** *ul. Motławska 14, Tel. 301 62 12*

• **Jazz'n'java Internet Cafe,** *ul. Tkacka17/18, Tel. 305 36 16*

G

Bewachte Parkplätze

- *Targ Sienny*
- *in der Nähe der Brigittenkirche und der ul. Podwale Staromiejski*
- *ul. Katarzynki*
- *unweit der ul. Stagiewna auf der Mottlauinsel*
- *am Novotel*

Flughafen

***Port Lotniczy Gdańsk-Trójmiasto**, 8 Kilometer westlich von Danzig gelegener Flughafen der Stadt. Ul. Slowackiego 200, Gdańsk-Rebiechowo, Tel. 348 11 54, Fax 345 22 83, Flug Info, Tel. 348 11 63, airport@airport.gdansk.pl, www.airport.gdansk.pl.*

Fluglinien

- ***Kaliningrad Airlines**, Gdańsk, ul. Podwale Staromiejskie 102, Tel./Fax 301 33 37*
- ***LOT (Polnische Fluggesellschaft)**, Gdańsk, ul. Wały Jagiellońskie 2/4, Tel. 301 11 61, www.lot.com.pl.*
- ***Lufthansa**, Gdańsk, ul. Ogarna 124, Tel. 305 86 27, warszawa@lufthansa.pl, www.lufthansa.pl*
- ***SAS (Scandinavian Airlines)**, Gdańsk, ul. Slowackiego 200, Tel. 341 31 11, Fax 348 14 39, www.sas.se*

Bus und Bahn

- ***Bus-Bahnhof (Dworzec PKS)**, ul. 3 Maja 12, Tel. 302 00 48, 302 25 32. Information: Tel. 302 15 32*
- ***Hauptbahnhof (Gdańsk Glówny)**, ul. Podwale Grodzkie 1, Tel. 301 11 12, 301 52 60. Information: Tel. 94 36*

Autovermietung

- ***Avis**, ul. Podwale Grodzkie 9, Tel. 300 60 05, www.avis.pl. Auch ul. Slowackiego 200 (Flughafen), Tel. 0601 317 123*
- ***Budget**, ul. Slowackiego 200, Tel./Fax 3481298, www.budget.pl*
- ***Europcar**, ul. Slowackiego 200 (Flughafen), Tel. 3419843, Fax 3419843, gdansk@europcar.com.pl*
- ***Hertz**, ul. Slowackiego 202a, Tel. 3014045, Fax 3419843, gdansk.hertz@zigzag.pl*

Taxis

- ***MPT**. Die Firma der Wahl, hier sprechen die Fahrer Deutsch und Englisch, auch sonst guter Service, Internetbestellung schon von daheim aus für ein Taxi zum Flughafen. Das alles zu moderaten Preisen. Ul. Myśliwska 25, Tel. 96 33, 348 02 02, Fax 348 02 22, artusmpt@artusmpt.gda.pl, www.artusmpt.gda.pl.*
- ***Taxi Plus**. Zumindest die Taxivermittlung spricht Englisch, Tel. 9625, 30535835, 0800-444-444*
- ***Neptun Taxi**. Ul. Zablockiego 126, Tel. 96 26*
- ***Eskort Radio Taxi**. Ul. Jagiellońska 126, Tel. 341 14 11*
- ***Hallo**, ul. Cieszyńskiego 1, Tel. 91 97, 301 59 59*

Einkaufen

Bernstein kann man in Danzig überall kaufen. In den Läden und Ständen an der Mottlau bekommt man durchaus schönen Bernsteinschmuck nach Gewicht verkauft und auch sehr preiswerte Ketten mit sehr kleinen Bernsteinstücken sowie Kruzifixe und andere einfache Anhänger aus gepresstem Bernstein. Die schönen, anspruchsvoll und kreativ verarbeiteten Stücke erhält man in den kleinen Läden unter den Beischlägen der ul. Mariacka.

Gdynia/Gdingen (S. 288)

Vorwahl Gdynia: 058

Notruf

- *Krankenwagen: 999*
- *Polizei: 997*
- *Feuerwehr: 998*
- *Pannenhilfe (poln.): 981*
- *ADAC-Pannenhilfe Warschau: (022) 6222060*
- *Intern. Pannenhilfe des poln. Autoclubs PZM: (022) 825 97 34*
- *Notruf Auswärtiges Amt: 0049-1888-17 44444*

Touristeninformation

Miejska Informacja Turystyczna, Pl. Konstytucji 1, Tel. 628 54 66, E-Mail: it@gdynia.pl, www.gdynia.pl

Diplomatische Vertretung

Honorarkonsulat der Republik Österreich: Konsulat Honorowy Republiki Austrii, ul. Śląska 17, 81-319 Gdynia, Tel. 6201993, Fax 6211912

Unterkunft

- *Hotel Gdynia Orbis €€€, ul. Armii Krajowej 22, Tel. 058-666 30 40, Fax 620 86 51, E-Mail gdynia@orbis.pl www.orbis.pl. Etwas nichtssagender Riesenkasten in der Stadtmitte, dafür mit modernem Inneren, 297 komfortablen Zimmern und Extras wie Swimming-Pool (Nutzung im Preis inbegriffen).*
- *Nadmorski €€€, ul. Ejsmonda 2, Tel. 622 37 78, Fax 699 72 72, hotel@nadmorski.pl, www.nadmorski.pl. Tolle Lage auf dem Hohen Ufer direkt am Meer, drei km vom Zentrum mit sehr gut ausgestatteten Zimmern (Internetanschluss) mit 184 Betten. Die gute Rehabilitations- und Gesundheitsabteilung lässt Wellness und Fitness zum Erlebnis werden, es gibt auch 3 behindertengerechte Zimmer.*
- *Willa Lubicz €€€, ul. Orłowska 43, Tel. 668 47 40, Fax 668 47 41, E-Mail: info@willalubicz.pl, www.willalubicz.pl. Stimmungsvolle, elegante Villa von 1936 im Villenviertel Orłowo. Hotel und Restaurant sind ganz im Stile der 1930er Jahre eingerichtet, die Zimmer mit allem Komfort inkl. Internetzugang.*
- *Antracyt €€, ul. Korzeniowskiego 19d, Tel. 620 68 11, Fax 620 65 11, E-Mail: gdynia@antracyt.home.pl www.antracyt.home.pl. Auf einer Anhöhe ruhig gelegen mit Traumblick auf die Bucht, Zimmer mit allem Komfort.*

G

Restaurants

• ***Pod Dębem**, ul. Armii Krajowej 22, Tel. 666 30 40. Restaurant im Hotel Gdynia, mit überraschenden Qualitäten, die Fleischgerichte wurden vom American Beef Club prämiert, für polnische Verhältnisse außerordentlich gut sortierter Weinkeller.*

• ***Polonia**, ul. Świętojańska 92/94, Tel. 6205818, Fax 620 58 46. Eines der ältesten Restaurants in Gdynia, sehr geräumig, gute Küche mit polnischen Spezialitäten.*

Internetcafés

• ***Silver Zone**, ul. Waszyngtona 21, Tel. 660 12 20, info@silverscreen.com.pl. Ultramoderne Einrichtung, Preis: 6 zł pro Stunde.*

• ***Klub Internetowy plac Konstytucji 1** (Bahnhof), Tel. (0602) 65 73 84*

Kino

***Kino Silver Screen**, ul. Waszyngtona 21, Tel. 6606080, www.silverscreen.com.pl. Modernes Multiplex-Kino mit allem Komfort, das die wirklich allerneuesten Hollywoodfilme und europäischen Produktionen zeigt, wenn Sie Glück haben, im Original, nur mit polnischen Untertiteln. Preise um 18 Złoty.*

Ausflugsschiffe

fahren vom Hafen (Skwer Kościuszki) nach Hel, Sopot, Gdańsk und zur Westerplatte. Auch Rundfahrten durch die Danziger Bucht und andere kurze Ausflugsfahrten gehen hier ab. Selbst Tagesausflüge nach Kaliningrad werden angeboten, dazu wird allerdings ein russisches Visum benötigt, was Sie über die Touristeninformation oder Ihr Hotel besorgen lassen können.

Bahnverbindungen

Vom Bahnhof tagsüber etwa alle halbe Stunde Verbindungen der Vorortbahn Richtung Gdańsk.

Einkaufen

Souvernirs aller, aber wirklich aller Art kauft man auf dem „Sommermarkt" rund um den Skwer Kościuszki.

Giżycko/Lötzen (S. 354)

***Vorwahl** Region Giżycko: 087*

Touristeninformation

• ***CIT - Touristik-Informationszentrum**, ul. Warszawska 7, 11-500 Giżycko, Tel. 4285265, E-Mail: infogizycko@post.pl, www.gizycko.turystyka.pl, www.gizycko.um.gov.pl*

• ***Deutscher Sozial-Kultureller Verein Lötzen**, ul. Gdańska 11, 11-500 Giżycko, Tel. 4282015, immer besetzt Mo u Mi 9–13 Uhr*

Unterkunft

• ***Hotel Helena €€**, Al. Wojska Polskiego 58, 11-500 Giżycko, Tel./Fax 429 22 09, E-Mail: hotelhelena@post.pl, www.mazury.com.pl. Nur hundert Meter vom Kissain-See gelegenes kleines Hotel mit komfortablen Zimmern und familiärer Atmosphäre.*

• ***Hotel Wodnik €€***, *ul. 3. Maja 2, 11-500 Giżycko, Tel. 428 38 71, Fax 4283958, www.cmazur.elknet.pl. Im Zentrum der Stadt gelegener postsozialistischer Klotz, das erste Haus am Platze besitzt aber 67 recht komfortable Zimmer. Das Dreisternehotel bietet eine große Vielfalt an Ausflügen und ein gutes Serviceangebot.*

• ***Hotel Europa €€***, *Giżycko, al. Wojska Polskiego 37, 11-500 Giżycko, Tel. 429300-031, Fax 4292554, E-Mail: hoteleuropa@mazury.info.pl, www.hoteleuropa.mazury.info.pl. Am Kisajno-See schön gelegenes modernes Haus mit viel Komfort.*

• *Hotel im Wassersportzentrum* ***Centralny Ośrodek Sportu €***, *Moniuszki 22, 11-500 Giżycko, Tel./Fax 428 23 35, E-Mail: cosgiz@post.pl. Ideal für Wassersportler im größten Wassersportzentrum Masurens gelegen, mit Bootsverleih und Yachthafen. Das Hotel mit der maritimen Atmosphäre besitzt 165 einfache aber günstige Zimmer. Im Restaurant mit ordentlicher, gutbürgerlicher polnischer Küche genießt man den Blick über den See.*

• ***Motel und Camping Zamek €***, *ul. Moniuszki 1, 11-500 Giżycko, Tel. 4282419, Fax 4283958, E-Mail: info@cmazur.pl, www.cmazur.pl. In der Grünanlage der Ordensburg am Kanal gelegenes Hotel mit einfachen, ordentlichen Zimmern. Anlage verfügt über einen eigenen, wohnmobiltauglichen Campingplatz der Kategorie 2, hier werden auch Campinghäuschen vermietet, beides geöffnet 01.05.–30.09. Der ganze Komplex ist sehr familienfreundlich.*

JH

Wanderheim/Herberge

• ***Dom Wycieczkowy „Bijo" €***, *ul. Nadbrzeżna 11, 11-500 Giżycko, Tel. 4282905, schlichtes Haus, einfache, saubere Zimmer, aber unschlagbar günstig.*

• ***Jugendherberge***, *Turystyczna 1, 11-500 Giżycko, Tel. 4282959, die außerhalb des Zentrums in der Feste Boyen gelegene Herberge ist von April bis September geöffnet und bietet Unterbringung in Mehrbettzimmern.*

Restaurants

• ***Restaurant Wodnik***, *ul. 3. Maja 2, 11-500 Giżycko, Tel. 4283872. Im Hotel Wodnik, zentral gelegen, solide internationale Küche mit einigen polnische Spezialitäten.*

• ***Restauracja Pod Kominkiem***, *ul. Olsztyńska 1h, 11-500 Giżycko, Tel. 428 40 81, prima Kurzgebratenes mit italienischem Touch wie Kalbssteak an Käsesauce.*

Wassersport

Hier gibt's Wassersportausrüstung aller Art: ***Centralny Ośrodek Sportu Oddział w Giżycku***, *Moniuszki 22, 11-500 Giżycko, Tel./Fax 428 23 35.*

Weiße Flotte

Żegluga Mazurska, *Al. Wojska Polskiego 8, 11-500 Giżycko, Tel. 4285332, Fax 4283050, Schiffsbetrieb: 15.4. bis 31.10.*

Gołdap/Goldap (S. 368)

Vorwahl *Region Gołdap: 087*

Notruf

• ***Krankenwagen:*** *999*
• ***Polizei:*** *997*
• ***Feuerwehr:*** *998*
• ***Pannenhilfe*** *(poln.): 981*
• ***ADAC-Pannenhilfe Warschau:*** *(022) 6222060*

- *Intern. Pannenhilfe des poln. Autoclubs PZM: (022) 825 97 34*
- *Notruf Auswärtiges Amt: 0049-1888-17 44444*

Touristeninformation

- *Touristeninformation, pl. Zwycięstwa 16, 19-500 Gołdap, Tel. 6150177, Mo–Fr 8–16 Uhr.*
- *Centrum Promocji Regionu Gołdap, 19-500 Gołdap, Pl. Zwycięstwa 16, Tel./Fax (087) 6152090, E-Mail: slapik@go2.pl, www.centrum.goldap.info, www.goldap.pl.*
- *Goldaper Gesellschaft der Deutschen Minderheit, ul. Żeromskiego 16 a, 19-500 Gołdap, Tel. 6150385, Di u Fr 9–12 Uhr.*

Unterkunft

- *Hotel „Janczes" Hotel-Cukiernia-Restauracja €, Pl. Zwycięstwa 22, Gołdap, Tel. 6151377, 6153656, www.janczes.tourshop.com.pl. Im Zentrum der Stadt gelegen, die 24 Zimmer sind durchaus mit einigem Komfort versehen. Das Haus hat ein gutes Restaurant, das gutbürgerliche polnische Küche bietet.*
- *Zajazd „Pod Piękną Górą" €, Konikowo 11, 6153255, Fax 6153275, E-Mail: zajazdpg@polbox.com, www.pieknagora.com. Hotel und Restaurant im Erholungs- und Sportzentrum Piękna Góra auf Goldaps Hausberg, tolle Aussicht, hier gibt's sogar einen Skilift und im Winter jede Menge Trubel, aber auch im Sommer ein lohnendes Ziel. Hier wohnt man in wunderbarer Umgebung mit Traumausblick.*

Jugendherberge

Bursa Szkolna, Ul. Wojska Polskiego 16, 19-400 Gołdap, Tel. 6150266, Saisonherberge in einer Schule nur im Juli und August, Unterbringung in Mehrbettzimmern.

Camping

Camping Nr. 220 Gołdap, ul. Stadionowa 8, 19-500 Gołdap, Tel. 6150629, Fax 6150641, geöffnet 15.06.–15.09., wohnmobiltauglicher Platz der Kategorie 2 in baumumstandener Umgebung, direkt am See gelegen, prima Service.

Halbinsel Hela (S. 258)

Vorwahl Region Hel: 058

Touristeninformation

Informacja Turystyczna, ul. Wiejska 78, Tel. 6751010, Mo–Fr 10–14 Uhr, E-Mail: info@hel-miasto.pl, www.hel-miasto.pl

Veranstaltungen

- *Regatta „Kaszëbsczie botë pod żoglame", am 1. Sonntag nach dem 22. Juli, Chałupy. Alles was alt ist und segelt ist bei dieser Regatta auf dem Wasser unterwegs, ein herrlicher Anblick für Liebhaber alter Schiffe. Rundherum wird ein Volksfest geboten.*
- *Fischerwallfahrt, St. Peter u. Paul am 29. Juni, Jastarnia. Von Jastarnia nach Puck über die Danziger Bucht führt die Wallfahrt. Sie ist ein Manifest des Glaubens und ein fröhliches Volksfest zugleich. Bunt geschmückte Boote und Wallfahrer in alten Trachten sowie uralte kaschubische Gesänge sind sehens- und hörenswert.*

Unterkunft

• ***Hotel Bryza €€€€***, *ul. Międzymorze 2, 84-141 Jurata, Tel. 6755200, 6755300, Fax 6755480, E-Mail: recepcja@bryza.pl www.bryza.pl. Hotel mit großem Wellnessangebot sowie Kurhaus und Schönheitsfarm in einem, die modernen Zimmer haben allen Komfort und Meeresblick. Außerhalb der Hochsaison Juli/August wesentlich günstiger zu haben.*

• ***Hotel Lido €€€***, *ul. Wojska Polskiego 20, Jurata, Tel. 6752554, Fax 6752880, www.maxmedia.pl/lido E-Mail: lido_jurata@poczta.onet.pl; hotel.lido@post.pl. 150 m vom Strand gelegen, hier wird Englisch und Deutsch gesprochen, sehr komfortables Haus, viele Zimmer mit Balkon und Seeblick. Berühmtes Haus aus den 1930ern und immer noch Prominentenhotel.*

• ***Hotel Pod Orłem €€€,*** *ul. Hermanna 1, Jastarnia Tel. 6753050, Fax 6753046, E-Mail: hotel@icp.com.pl, www.podorlem.icp.com.pl, kleines Haus mit 18 Zimmern, mitten in Jastarnia und doch nur 250 m vom Meer gelegen.*

Camping

• ***Camping Jastarnia (Camping 110)***, *ul. Bałtycka 3, 84-140 Jastarnia, Tel. 6752084, www.camping110.webpark.pl, der vom 15.06.–30.09. geöffnete Campingplatz der Kategorie 2 ist wohnmobiltauglich, hat Waschmaschinen und vermietet auch Campinghäuschen.*

• ***Camping 195 Wojskowy, Zespół Wypoczynkowy***, *ul. Wojska Polskiego, Jurata, Tel./Fax 675-20-61 Fax 6754262. Der wohnmobiltaugliche Platz ist von Mai–September geöffnet und ist nur 500 m vom Meer entfernt sehr schön im Wald zwischen Jastarnia und Hel gelegen.*

• ***Nowa Maszoperia***, *ul. Mickiewicza, 84-140 Jastarnia, Tel. 6752348, Fax 6711764. Der vom 15.5.–30.9. geöffnete und zwischen Bäumen gelegene Platz der Kategorie 1 ist wohnmobiltauglich, hat behindertengerechte Sanitäranlagen, Waschmaschinen, Laden und Restaurant.*

Gastronomie

• ***Fiszeria***, *ul. Wiejska 100, Hel. Hier gibt es immer prima frische Fischgerichte in großer Vielfalt.*

• ***Wanoga***, *ul. Wiejska 96, Hel, Tel. 675 05 86. Gute Küche mit kaschubischen Spezialitäten, Fisch und Meeresfrüchten wird hier geboten.*

• ***Restauracja Norda***, *ul. Wiejska 123, Hel, Tel. 675 07 02, E-Mail: RestauracjaNorda@wp.pl, www.restauracjanorda.webpark.pl, frische polnische Küche mit guten Fischgerichten.*

• ***Captain Morgan***, *ul. Wiejska 2,1 84-150 Hel, Tel. 675 00 91, Fax 774 72 94, www.captainmorgan.cypel.pl/nur ein Bier in der gemütlichen Atmosphäre trinken oder eines der hervorragenden Fischgerichte probieren, Restaurant und Pub sind im Stil einer Fischerkneipe dekoriert.*

Weiße Flotte

• ***Żegluga Gdyńska***, *Aleja Zjednoczenia 1, 81-345 Gdynia, Tel./Fax 661 21 01, www.wodoloty.pl. Tragflächenboote u. Katamarane, Spazierfahrten u. Liniendienst.*

• ***Żegluga Gdańska***, *80-830 Gdańsk, ul. Ponczosznikow 2, Tel. 3016335, Tel./Fax 3017231, E-Mail: zegluga@zegluga.pl, www.zegluga.gda.pl. Linienverkehr und Spazierfahrten, der komplette Fahrplan steht im Internet.*

I

Iława/Deutsch Eylau (S. 308)

Vorwahl Region Iława: 089

Notruf

- *Krankenwagen*: 999
- *Feuerwehr*: 998
- *Polizei*: 997
- *Pannenhilfe* (poln.): 981
- *ADAC-Pannenhilfe Warschau*: (022) 6222060
- *Intern. Pannenhilfe des poln. Autoclubs PZM*: (022) 825 97 34
- *Notruf Auswärtiges Amt*: 0049-1888-17 44444

Touristeninformation

- *Touristeninformation*, ul. Niepodległości 13, 14-200 Iława, Tel. 6485800, Fax 6488248, geöffnet Mo–Fr 9–18 Uhr, Sa 9–14 Uhr, E-Mail: ilawainfo@poczta.onet.pl, ilawainfo@op.pl, www.it.ilawa.com.pl, www.ilawa.com.pl, www.ilawa.pl.
- *Gesellschaft der Deutschen Minderheit in Deutsch Eylau*, ul. Niepodległości 13, 14-200 Iława, Tel. 6488420, geöffnet Di 9–12 Uhr, Fr 13–17 Uhr.

Unterkunft

- *Hotel Kormoran €€*, ul. Chodkiewicza 3, 14-200 Iława, Tel. 648 26 77, Fax 6482677. Wunderschön direkt am Wasser gelegenes Haus mit 30 komfortablen Zimmern.
- *Hotel Zajazd Wieka Żuława €*, ul. Ostródzka 3, 14-200 Iława, Tel. 648 77 30, kleineres am Wasser gelegenes Haus, rührige Bewirtung, viele nette Ideen, Kutschfahrten werden vom Hotel genauso angeboten wie Lagerfeuer auf einer Seeinsel.

Jugendherberge

Szkolne Schronisko Młodzieżowe, 14-200 Iława, ul. Mierosławskiego 10 A, Tel. 648 64 64, Jugendherberge in einer Schule, nur Mehrbettzimmer.

Camping

Camping Leśna, ul. Sienkiewicza 9, 14-200 Iława, Tel. 6487730, Fax 6488188, E-Mail: ilawa-lesna@wp.pl, vom 15.4.–30.10. geöffneter Platz der Kategorie 2. Nicht weit vom Jeziorak-See im Wald gelegen mit Restaurant, behindertengerechten Sanitäranlagen, Waschmaschinen, Entsorgung chemischer Toiletten.

Skiausrüstung

LZS, ul. Kościuszki 31, Tel. 6482592

Wassersportausrüstung/Segelbootsverleih

- *Perkoz*, Iława, ul. Konstytucji 3 Maja 7, Tel. 648 03 17, alles vom Tretboot bis zum Segelboot.
- *Pod Omegą*, Iława, ul. Sienkiewicza 24, Tel. 648 40 93, E-Mail: podomega@cybersails.info.pl, www.podomega.pl, vom Kajak bis zur Segelyacht bekommt man hier alles, was auf dem Wasser fährt.

Kadyny/Cadinen (S. 313)

Vorwahl Region Elbląg: 055

Unterkunft

Kadyny Country Club €€, 82-340 Tolkmicko, Tel. 2316120, Fax 2316200, E-Mail: kadyny@kadyny.com.pl, kadynycountryclub@kadyny.com.pl, www.kadyny.com. Gediegenes Hotel im ehemaligen Sommerpalast von Kaiser Wilhelm II., inmitten des Gestüts gelegen, mit 80 Betten in modernen Zimmern, die auch Internetanschluss haben, Reitunterricht wird gerne erteilt, Tennisplätze und Swimmingpool gehören zum Haus.

Kamień Pomorski/Cammin (S. 225)

Vorwahl Region: 091

Notruf

- *Krankenwagen: 999*
- *Polizei: 997*
- *Feuerwehr: 998*
- *Pannenhilfe (poln.): 981*
- *ADAC-Pannenhilfe Warschau: (022) 6222060*
- *Intern. Pannenhilfe des poln. Autoclubs PZM: (022) 825 97 34*
- *Notruf Auswärtiges Amt: 0049-1888-17 44444*

Touristeninformation

Tourismusbüro OTTON, Biuro Katedralny, Pł. Kathedralny 1, 72-400 Kamień Pomorski, Tel. 3821856, geöffnet Mo–Sa 9–19 Uhr, So 13–16 Uhr. Neben Infomaterial erhält man hier auch Karten fürs Orgelfestival. www.kamienpomorski.pl.

Unterkunft

- *Hotel Staromiejski €€, ul. Rybacka 3, 72-400 Kamień Pomorski, Tel. 3822644, Fax 3822643, E-Mail: kamien@hotel-staromiejski.pl, www.hotel-staromiejski.pl. 1998 eröffnetes im Zentrum der Altstadt gelegenes Haus mit 38 komfortablen Zimmern, viele davon mit Blick über den Bodden.*
- *Hotel Restauracja Pod Muzami €, Gryfitów 1, 72-400 Kamień Pomorski, Tel. 382 22 40, Fax 382 22 41, E-Mail: kamien@podmuzami.pl, www.podmuzami.pl. Zentral am Stary Rynek gelegenes Fachwerkhaus, einige Zimmer mit Blick auf den Bodden, nur 25 Betten, etwas einfacher als das Staromiejski.*

Jugendherberge

Schronisko Młodzieżowe, ul. Konopickiej 19, Tel. 3820784, Saisonherberge in einer Schule unweit des Bahnhofs gelegen, Unterbringung in Mehrbettzimmern.

Camping

Am schönsten ist der Platz an der Bucht, al. Wyzwolenia, Tel. 3820076, er ist wohnmobiltauglich und vom 1.5.–15.9. geöffnet.

Gastronomie

Restaurant Pod Muzami, ul. Gryfitów 1, 72-400 Kamień Pomorski, Tel. 3822240. Am Nordostende des Stary Rynek mit Blick auf den Bodden gelegen, gediegene, gute polnische Küche, besonders die Fischgerichte sind empfehlenswert.

K

Kętrzyn/Rastenburg (S. 360)

Vorwahl Region Kętrzyn: 089

Touristeninformation

• *Biuro Orbis Kętrzyn, pl. Piłsudskiego 1, 11-400 Kętrzyn, Tel. 7574765, E-Mail: it@ketrzyn.com.pl, www.ketrzyn.com.pl.*

• *Gesellschaft der Deutschen Minderheit in Rastenburg, ul. Polna 12, 11-400 Kętrzyn, Tel. 7512582, geöffnet Fr 15–17 Uhr.*

Unterkunft

• *Hotel Koch €€, ul. Traugutta 3, 11-400 Kętrzyn, Tel. 7522058, Fax 7522390, E-Mail: koch@post.pl, www.mazury.com.pl/hotele/koch. In der Stadt gelegenes gemütliches und komfortables Haus (100 Betten) mit einigen Extras wie Sauna und Yacuzzi, auch Fahrräder gibt's hier. Kaum ein Ausflug, ob Bootstour oder Kutschfahrt, der nicht organisiert werden kann.*

• *Agros Zajazd-Hotel €€, ul. Kasztanowa 1, 11-400 Kętrzyn, Tel. 7515240, Fax 7515240. Am Stadtrand Richtung Bartoszyce im Grünen gelegenes kleines Haus (37 Betten) mit gutem Restaurant.*

• *Hotel Wanda €€, ul. Wojska Polskiego 2, Tel. 751 85 84, Fax 751 00 88, E-Mail: info@wandahotel.com, www.wandahotel.com, in einem schönen Haus vom Anfang des 20. Jahrhunderts in der Stadt gelegenes Hotel mit 47 Betten und gutem Restaurant.*

• *Księżycowy Dworek €€, ul. Ogrodowa 11, 11-400 Gierłoż k. Kętrzyna, Tel./Fax 752 26 79, E-Mail: hotel@ksiezycowydworek.pl, www.ksiezycowydworek.pl, einen Kilometer von der Wolfsschanze entferntes ehem. Herrenhaus der Familie von Knyphausen, mit 33 komfortablen Doppelzimmern und einem guten Restaurant.*

JH **Jugendherberge**

Schronisko Młodzieżowe, ul. Kopernika 12, 11-400 Kętrzyn, Unterbringung in Mehrbettzimmern.

Kołobrzeg/Kolberg (S. 230)

Vorwahl Region Kołobrzeg: 094

Notruf

• *Krankenwagen: 999*
• *Polizei: 997*
• *Feuerwehr: 998*
• *Pannenhilfe (poln.): 981*
• *ADAC-Pannenhilfe Warschau: (022) 6222060*
• *Intern. Pannenhilfe des poln. Autoclubs PZM: (022) 825 97 34*
• *Notruf Auswärtiges Amt: 0049-1888-17 44444*

Touristikinformation

• *Al. 1. Armii Wojska Polskiego 6 c, 78-100 Kołobrzeg, Tel./Fax 3527220, E-Mail: cepit@post.pl, geöffnet täglich 10–16 Uhr.*

• *Punkt Informacji Turystycznej, ul. Dworcowa 1, 78-100 Kołobrzeg, Tel. 352-79-39 Fax 3527939, E-Mail: turystyka@home.pl, www.kolobrzeg.turystyka.pl, geöffnet Juli-August täglich 7–13 und 15–19 Uhr, sonst 8–16 Uhr.*

• *CPiIT, ul. Łopuskiego 36-38, 78-100 KoB´obrzeg, Tel./Fax 35-513-20, E-Mail: cepit@ post.pl, geöffnet Mo–Fr 8–16 Uhr.*
• *Im Internetportal der Touristikinformation, www.kolobrzeg.turystyka.pl/niemcy, können Sie in deutscher Sprache Informationen über zahlreiche Pensionen und Kurheime finden.*

Wichtige Adressen
• ***Krankenhaus/Szpital**, ul. Łopuskiego 3, Tel. 3528261*
• ***Polizeikommandantur**, ul. Kilińskigo 20, Tel. 3549290*
• ***Feuerwehr**, ul. Źrawia 12 b, Tel. 3516820*

Unterkunft
• ***Budzistowo Palace €€€**, ul. Pałacowa 19, 78-100 Kołobrzeg, Tel. 3547212, Fax 3546645, E-Mail: budzistowo@poczta.onet.pl, www.maxmedia.pl/palacbudzistowo/. An der Parsęta gelegenes schönes altes Palais mit allem Komfort, gepflegtes, stilvolles Ambiente und schön eingerichtete Komfortzimmer.*
• ***Hotel New Skanpol €€€**, ul. Dworcowa 10, 78-100 Kołobrzeg, Tel. 3528211, Fax 3524478, www.newskanpol.pl, E-Mail: info@newskanpol.pl. Dänisches Hotel, am Kurpark,*

K

einen halben km vom Meer gelegener Betonkasten, 145 Zimmer mit allem Komfort und Meerblick, tolles Frühstücksbuffet.

- ***Hotel Etna €€€***, *ul. Portowa 18, 78-100 Kołobrzeg, Tel. 3550012, Fax 3550013. E-Mail: hotel@hoteletna.pl, www.hoteletna.pl. Kołobrzegs neuestes Hotel, einem Schiff nachempfunden, 100 m von Yachthafen, mit allem Komfort und in den oberen Etagen mit traumhaftem Blick, desgleichen vom Café Panorama.*
- ***Hotel Solny €€***, *ul. Fredry 4, 78-100 Kołobrzeg, Tel. 3545700, Fax 3545828, E-Mail: solny@orbis.pl. Einen Kilometer vom Zentrum entfernt gelegenes komfortables Haus mit tollen Fitnessanlagen und 150 geräumigen Zimmern. Das richtige Haus für einen Urlaub in Strandnähe.*

Jugendherberge

Ul. Śliwińskiego 1, Tel. 3522769, Saisonherberge, die nur im Juli und August geöffnet ist, mit Unterbringung in Mehrbettzimmern.

Gastronomie

In der Altstadt gibt es eine Vielzahl von Kneipen, Bistros und Pubs, die allerdings einem raschen Wechsel unterliegen, die Szene sieht alle paar Monate völlig verändert aus.

- ***Restaurant Skandynawia***, *im Hotel New Skanpol, ul. Dworcowa. Polnische und internationale Küche mit skandinavischem Touch und breite vegetarische Auswahl.*
- ***Quo Vadis***, *ul. Emilii Gierczak 26a, Tel. 35289-61, gutes Restaurant im Zentrum, Spezialität ist Seezunge an Kapern, danach flambierte Bananen.*
- ***Taaakaryba***, *ul. BaB´tycka 1, Tel./Fax 94 351 62 94, E-Mail: biuro@taaakaryba.pl, www.taaakaryba.pl, nicht weit von Yachthafen und Park i. Jedności Narodowej gelegen und „das" Fischrestaurant Kołobrzegs.*

Camping

Camping Baltic (Mister Camping 99), *ul. IV. Dywizji Wojska Polskiego 1, Tel./Fax 3524569, geöffnet 1.5.–30.9. Wohnmobiltauglicher baumumstandener Platz am Meer, unweit des Hotels Solny 400m vom Strand gelegen, behindertengerecht ausgestattet, Entsorgung chemischer Toiletten, Zimmer, Laden, Bar. Dreisterneplatz nach Kategorisierung der PFCC.*

Internetcafés

- ***Matrix***, *ul. A. Krajowej 24/7, Tel. 354 43 30*
- ***Kawiarnia Internetowe***, *ul. Wschodnia 3, Tel. 354 72 23*
- ***NetSpin***, *ul. Giełdowa 7c/12, Tel. 354 73 66*

Koszalin/Köslin (S. 235)

Vorwahl *Region Koszalin: 094*

Notruf

- ***Krankenwagen***: *999*
- ***Polizei***: *997*
- ***Feuerwehr***: *998*
- ***Pannenhilfe*** *(poln.): 981*
- ***ADAC-Pannenhilfe Warschau***: *(022) 6222060*

- *Intern. Pannenhilfe des poln. Autoclubs PZM: (022) 825 97 34*
- *Notruf Auswärtiges Amt: 0049-1888-17 44444*

Tourismusinformation

- *Tourismusinformation der Regionalen Agentur für Tourismusförderung, ul. Dworcowa 10, 75-201 Koszalin, Tel. 3427399, Fax 3424340, www.koszalin.pl, geöffnet Mo–Fr 8–16, Sa 10–14 Uhr. In der Nähe des Bahnhofs.*
- *Informacja Turystyczna PTTK Koszalin, ul. Dworcowa 4, Koszalin, Tel. 342 26 52, E-Mail: biuro@koszalin.pttk.pl, am Bahnhof.*

Unterkunft

- *Hotel Gromada (Ex-Arka) €€/€€€, ul. Zwycięstwa 20-24, 75-035 Koszalin, Tel./ Fax 342 79 11, E-Mail: recepcja@gromada.koszalin.pl, www.gromada.koszalin.pl An der Hauptstraße unweit des Bahnhofs gelegen, Internetbuchung lohnt sich wegen vieler Rabattmöglichkeiten. Im neuen Teil sehr komfortabel, im älteren Teil kleine Zimmer, die deutlich preiswerter zu haben sind (Doppelzimmer unter 50 €). Hier wird besonders auf Sicherheit geachtet, erstklassiger Service.*
- *Gościniec-Gasthof Villa Genevra €, Hubalczyków 13, Koszalin 75-016 Koszalin, Tel. 3403498, Fax 3403498, www.ta.pl/genevra. Der kleine Gasthof bietet in seinen 10 Zimmern für den Preis von 160 Złoty erstaunlich viel Komfort, an der Rezeption wird Deutsch gesprochen.*
- *Motel Monika €, Inhaber: Janusz M. Kopczyński, ul. Św. Wojciecha 45, 75-666 Koszalin, Tel. 094 340 50 77, Fax 094 340 20 54, E-Mail: biuro@motel-monika.com.pl, www.monika.afr.pl. Kleines, am Stadtrand gelegenes sehr familiäres Haus mit für den Preis sehr komfortablen Zimmern.*

Jugendherberge

„Gościniec", ul. Gnieźnieńska 8, 75-735 Koszalin, Tel. 3426068. Ganzjährig geöffnete Dauerjugendherberge mit Unterbringung in Mehrbettzimmern.

Gastronomie

- *Restauracja Neubrandenburg, ul. Okulnickiego 26, 75-950 Koszalin, Tel. 451788. Originelles Restaurant mit mecklenburgischen Spezialitäten.*
- *Gospoda Jamneńska, ul. MB´yńska 37, 75-420 Koszalin, Tel. 345 -09-82, E-Mail: gospoda@gospoda.koszalin.pl, am Museum befindliches Restaurant mit ausgezeichneter altpolnischer Küche.*

Krokowa/Krockow (S. 256)

Vorwahl Region Krokowa: 058

Notruf

- *Krankenwagen: 999*
- *Polizei: 997*
- *Feuerwehr: 998*
- *Pannenhilfe (poln.): 981*
- *ADAC-Pannenhilfe Warschau: (022) 6222060*
- *Intern. Pannenhilfe des poln. Autoclubs PZM: (022) 825 97 34*
- *Notruf Auswärtiges Amt: 0049-1888-17 44444*

K

Touristeninformation

• ***Informacja Turystyczna***, *Urząd Gminy Krokowa, ul. Szkolna 2, Tel. 774 21 80 App.35, Mo–Fr 9–15 Uhr, E-Mail: urzad@krokowa.pl, www.krokowa.pl.*

• ***Stiftung Europäische Begegnung***, *Fundacja Europejskie Spotkania, Kaszubskie Centrum Kultury Krokowa, ul. Zamkowa 1, 84-110 Krokowa, Tel. 7742274, Fax 7742126, fes@post.pl. Hier bekommt man das Veranstaltungsprogramm, es gibt viele interessante Seminare.*

Unterkunft

Schlosshotel Krokowa €€, *Krokowa-Kaszubskie Centrum Europejskich Spotkań, na Zamku w Krokowej Tel. 774 21 11, Fax 7742110, E-Mail: krokowa@z.pl, zamek@centrum.home.pl, www.centrum.home.pl. Schlafen wie einst die Grafen, wunderbare Atmosphäre.*

Gastronomie

Restaurant „Zamkowa", *84-110 Krokowa, Tel. 774 21 11, im Schlossrestaurant kann man stilvoll hervorragend essen, geboten werden internationale Küche sowie kaschubische Spezialitäten.*

Krutyń/Krutinnen (S. 346)

Vorwahl *Region Krutyń: 089*

Unterkunft

• ***Pensjonat Habenda €***, *Krutyń 42, 11-710 Piecki, Tel. 742 12 18, Handy 0 604 868 039, E-Mail: info@habenda.com, www.habenda.com. Pension mit komfortablem Neubau, hier geht's familiär zu, Seniorchefin Brigitta Nosek weiß alles über Masuren und gibt gern Anekdoten weiter, vor allem aber kennt sie im weiten Umkreis jeden Busch. Eigener Fahrrad- und Bootsverleih. Auch Dreibettzimmer für Familien werden vorgehalten.*

• ***Pension „MAZUR" €***, *Krutyń 36 11-710 Piecki, Tel./Fax 742 18 36. Ebenfalls familiär geführte Pension mit eigenem Fahrrad- und Bootsverleih.*

• ***Pensjonat Magda €***, *Krutyń 74, 11-710 Piecki, Tel./Fax 7421407, 7421321, E-Mail: pensjonat.mazur@wp.pl, www.krutyn.mazury.info.pl/krutyn. Familienpension mit einfachen Zimmern, ebenfalls mit Fahrrad- und Bootsverleih.*

Gastronomie

• ***Restaurant Krutynianka***, *Krutyń, 11-710 Piecki, Tel. 7421026, nicht ganz billig aber gut, von Pizza bis Fisch ist für jeden etwas dabei, mit Terrasse am Fluss, auf der sich abends noch auf ein Bier verweilen lässt.*

• ***Restaurant Mazurska***, *Krutyń 34 a, 11-710 Piecki, Tel. 7421440, ausgezeichnete Fischspezialitäten, heimische Fische werden frisch zubereitet.*

• ***Karczma Zacisze***, *Malgorzata i Marek Cesarek, Krutyn 33, 11-710 Piecki, Tel. (karczma) (0-89) 742 21 50, Tel. (dom) 0-89) 742 11 31. Von leckeren Fischgerichten bis zu Pizza alles, was das Urlauberherz erfreut, zu moderaten Preisen. Besonders schön die Lage mit einer großen Holzterrasse am Fluss.*

Wassersport

Allgemeiner Satz in Krutyń ist für eine Staktour nicht mehr als 30 zł pro Person, für ein Paddelboot 25–30 zł pro Tag und für das Abholen vom Tagesziel 2 zł pro gefahrenem Kilometer.

- *Habenda, Krutyń 42, 11-710 Piecki, Tel. 742 12 18, Handy 0 604 868 039, E-Mail: info@habenda.com, www.habenda.com. Andrzej Nosek vermietet Paddelboote, fährt Sie zu Ihrem Startpunkt und holt Sie mitsamt dem Boot an Ihrem selbst gewählten Endpunkt wieder ab.*
- *PTTK Stanica Wodna, Krutyń, 11-710 Piecki, Tel. 7421293. Hier kann man Boote leihen und auch übernachten.*
- *„AS-TOUR" Biuro Turystyki Kajakowej, Krutyń 4, 11-710 Piecki, Tel./Fax 742 1430, 0-601 650 669, 0-608 319 014. Auch organisierte Tagestouren inklusive Abholung mit Kleinbus, z.B. Krutyń-Ukta 25 zł mit dem Kajak, mit dem Kanu 40 zł.*
- ***Krutynia-Route***

Spezialanbieter vor Ort – hier kann man die ganze Tour buchen:

*- **Masurenteam**, 10-690 Olsztyn, ul. Herdera 8/7, Tel./Fax 089-5411412, E-Mail: masurenteam@masurenteam.pl, www. masurenteam.pl.*
*- **Akwen**, Gajewo ul. Suwalska 6E, 11-500 Giżycko, Tel. 0604-518206, 087-4282014, www.akwen.pl/akwen/index.de.html.*
*- **„AS-TOUR"**, Biuro Turystyki Kajakowej, Krutyń 4, 11-710 Piecki, Tel./Fax 089-742 1430, Handy: 0601 650 669, 0608 319 014.*
__Wodniak__, Roman Prusiński, Krutyń 18, 11-710 Piecki, Tel. 0 742 22 17, E-Mail: splywy_wodniak@o2.pl, www.turysta.net.pl/atrakcje/wodniak/index-1.php.htm.

Łeba/Leba (S. 248)

__Vorwahl__ Region Łeba: 059

Notruf

- *__Krankenwagen__: 999*
- *__Feuerwehr__: 998*
- *__Polizei__: 997*
- *__Pannenhilfe__ (poln.): 981*
- *__ADAC-Pannenhilfe Warschau__: (022) 6222060*
- *__Intern. Pannenhilfe des poln. Autoclubs PZM__: (022) 825 97 34*
- *__Notruf Auswärtiges Amt__: 0049-1888-17 44444*

Touristeninformation

- *__Biuro Promocji Miasta i Informacja Turystyczna__, ul. 11-go Listopada 5a, Tel 8662600, Tel./Fax 8662565, Juli u. August 8–18 Uhr, sonst Mo–Fr 8–16 Uhr, E-Mail: promocja@leba-kurort.pl, www.leba-kurort.pl, www.leba.pl.*
- *__Biuro Turystyczne „Centrum"__, ul. Kościuszki 63, Tel. 866 22 77 u. 866 22 88.*

Unterkunft

Die Zahl der Übernachtungsmöglichkeiten vom Hotel bis zum Campingplatz in Łeba ist enorm groß. Hier kann nur eine ganz kleine Auswahl erfolgen:

- *__Schlosshotel Neptun, Hotel Zamkowy na Plaży €€€__, ul. Sosnowa 1, 84-360 Łeba, Tel. 8661432, 8662331, Tel./Fax 8662357, E-Mail: reserwacja@neptunhotel.pl, www.neptunhotel.pl. Stilvolles 1903 erbautes Haus in toller Lage direkt am Strand, toller Komfort, das beste Haus am Platz mit 33 Zimmern.*
- *__Hotel Wodnik €€__, ul. Nadmorska 10, 84-360 Łeba, Tel. 8661366, Fax 8661542, E-Mail: wodnik@wodnik.leba.pl, www.wodnik.leba.pl. Unweit vom Strand gelegen, von Wald um-*

L

geben und nicht weit entfernt vom Lebsko und Sarbskosee, üppige Ausstattung und 145 geräumige, komfortable Zimmer.

- ***Hotel Soplica (Dwór)*** ***€€***, *ul. Jziaorna 2, 84-360 Łeba-Nowęcin, Tel. 8551615, Fax 8661947, E-Mail: soplica@dwor.com.pl, www.soplica.com.pl. Etwas südwestlich von Łeba gelegenes Hotel im Schloss Nowęcin/Neuhof. In komfortablen Zimmern können Sie Schlossatmosphäre schnuppern.*
- ***Pensionen:***

\- ***Angela €€***, *Plac Dworcowy 2 a, 84-360 Łeba, Tel. 8662647. Zentral im Ort gelegenes geschmackvoll ausgestattetes Haus mit gemütlichen Zimmern, die allen Komfort bieten.*

\- ***Zofia €***, *ul. Łąkowa 10, 84-360 Łeba, Tel. 8661181, Tel./Fax 8662893, www.leba.pl/output/pokoje181.html. Vierhundert Meter vom Zentrum und tausend Meter vom Strand sehr ruhig gelegen, hier wird auch Abendessen angeboten. Gute Ausstattung, alle Zimmer mit Bad und TV-Sat.*

\- ***Pensjonat Krystyna €***, *K.Oppermann, ul. Łebska 128, 84-360 Łeba-Nowęcin, Tel./Fax 866 21 27, Handy 605 536 322, E-Mail: krystyna@leba.pl. Herrlich ruhig unweit des Sarbsko-Sees gelegene familiäre, ausgezeichnet geführte Pension mit komfortablen Zimmern. Hier spricht man Deutsch und hat Zeit für den Gast.*

Hier kann man „Ostseegold" suchen!

Camping

- ***Ambre***, *ul. Westerpaltte 10, 84-360 Łeba, Tel. 8662472, Fax 8662601. Gepflegter Platz der ersten Kategorie, unweit des Strandes gelegen, wohnmobiltauglich, geöffnet 1.05..–30.09., Zimmervermietung, Laden, Bar, Waschmaschinen, Entsorgung chemischer Toiletten vorhanden.*
- ***Intercamp 84***, *ul. Turystyczna 6, 84-360 Łeba, Tel. 8662430, Fax 8661206. Wohnmobiltauglicher baumumstandener Platz der Kategorie I mit dem besten Service am Ort und behindertengerechten Sanitäranlagen, geöffnet 1.06.–30.09., mit Restaurant, Waschmaschinen, Entsorgung chemischer Toiletten.*

JH

Jugendherberge

Młodzieżowa Baza Noclegowa, *ul. Nadmorska 21, 84-360 Łeba, Tel. 866 15 01, Nur im Juli und August geöffnete Saisonherberge mit Unterbringung in Mehrbettzimmern.*

Fahrräder

Biuro Turystyczne „Centrum", *ul. Kościuszki 6,3, Tel. 866 22 77, 866 22 88. Hier werden Fahrräder verliehen.*

Wassersportgeräte

Biuro Turystyczne „Centrum", *ul. Kościuszki 63, Tel. 866 22 77, 866 22 88. Hier werden Surfbretter, Kajaks und Kanus vermietet beziehungsweise vermittelt.*

Boots- und Schifffahrten
Hochseeangeln bieten viele Kutter an, einfach mal am Hafen nachschauen, wer als nächster Kutter ausläuft, ansonsten hier die Telefonnummern der Kutter: Delfin III - Tel. 86 61 460, Halny - Tel. 86 61 460, Księżna Łeby - Tel. 86 61 460, Kubuś - Tel. 86 61 460, Łeb - 22 - Tel. 86 61 460, Łeb - 44 - Tel. 86 61 460, Łeb - 94 - Tel. 86 61 460, Wędkarz Morski - Tel. 59 86 61 460, Złota Rybka - Tel. 86 61 460.

Lidzbark Warmiński/Heilsberg (S. 337)

Vorwahl Region Olsztyn 089

Touristeninformation
Gesellschaft der Deutschen Minderheit „Ermland" in Heilsberg, ul. Polna 36, 11-100 Lidzbark Warmiński, Tel. 7674351, geöffnet Mi 16–18 Uhr.

Unterkunft
Hotel „Pod Kłobukiem" €€, ul. Olsztyńska 4, Lidzbark Warmiński, Tel. 7673291, klobukhotel(@poczta.onet.pl. Gutes Hotel mit 66 recht komfortablen Zimmern, guter Service, von Kutschtouren bis Fluss-Rafting wird alles organisiert. Im Winter kann man Skiausrüstungen leihen, und eine Zehnerkarte für den Skilift ist im Preis inbegriffen. Auch das Restaurant bietet ansprechende gutbürgerliche polnische Küche.

Malbork/Marienburg (S. 301)

Vorwahl Malbork: 055

Notruf
- *Krankenwagen: 999*
- *Feuerwehr: 998*
- *Polizei: 997*
- *Pannenhilfe (poln.): 981*
- *ADAC-Pannenhilfe Warschau: (022) 6222060*
- *Intern. Pannenhilfe des poln. Autoclubs PZM: (022) 825 97 34*
- *Notruf Auswärtiges Amt: 0049-1888-17 44444*

Touristeninformation
Centrum Informacji Turystycznej, Malbork, ul. Piastowska 15, Tel. 272-92-46, E-Mail: promocja@um.malbork.pl, www.malbork.pl, geöffnet nur Juli–August 10–17 Uhr.

Unterkunft
- *Hotel Zamek €€ Schlosshotel, ul. Starościńska 14, 82-200 Malbork, Tel. 272 33 67, 272 27 38. Eintauchen ins Mittelalter und das Erlebnis Marienburg abrunden. Das Hotel ist in der Vorburg der Marienburg untergebracht, hat 42 Zimmer und ist stilvoll eingerichtet, überaus freundlicher Service und tolles Frühstück.*
- *Hotel Stary Malbork €€, ul. 17-Marca 26-2, 7, Tel. 647 24 00 Rezeption, 647 24 12 Büro. E-Mail: stary.malbork@interia.pl, hotel@hotelstarymalbork.com.pl, www.hotelstarymalbork.com.pl neues Hotel in der Innenstadt mit allem Komfort.*
- *Dedal Hotel €, 5 Generala De Gaulle'a Street, 82-200 Malbork, Tel. 2726850, 2726851, Tel./Fax 2723137, E-Mail: hotel.dedal@wam.net.pl, www.dedal.malbork.top.pl. Etwas au-*

ßerhalb gelegenes Haus mit annehmbarem Komfort in 87 Zimmern und günstigen Preisen, auch Restaurant und Café sind ihr Geld allemal wert.

Jugendherberge
Ul. Żeromskiego 45, Tel. 2722408, nur im Juli und August geöffnete Saisonherberge mit Mehrbettzimmern.

Camping
***Malbork-Camping Nogat**, ul. Portowa 3, Tel. 2722413, Fax 2723012, wohnmobiltauglicher Platz mit gehobenem Standard und sehr gutem Service mit behindertengerechten Sanitäreinrichtungen, Zimmervermietung, Laden, Bar, Waschmaschinen, Entsorgung chemischer Toiletten. Viersterneplatz nach Kategorisierung der PFCC.*

Masurischer Landschaftspark (S. 349)

*Siehe auch die anderen im Park liegenden Ortschaften wie **Krutyń** und **Ruciane-Nida**.*
***Vorwahl** Region 087*

Auskunft
***Verwaltung des Masurischen Landschaftsparks**, Mazurski Park Krajobrazowy, Krutyń, 11- 710 Piecki, Tel. 7421405, E-Mail: mpkraj@box43.gnet.pl, geöffnet Mo–Fr 8–15 Uhr. Im Sommer auch Sa u. So geöffnet.*

Unterkunft
***Galindia-Mazurski Eden €€**, Bartlewo 1, 12-210 Ukta, Tel. 4231862, Tel./Fax 4231416, Handy 090508235, E-Mail: galindia@poczta.onet.pl, www.galindia.com.pl. Die Zimmereinrichtungen sind aus Hölzern der Region hergestellt. Mazurski Eden ist ganz den alten Pruzzen gewidmet und ein toller, allerdings nicht ganz billiger Urlaubsort, man hat hier dafür aber Möglichkeiten wie sonst nur in einem Club, von Paddeln bis Katamaransegeln und viel Unterhaltung. Dafür ist es hier nicht so ruhig, wie an anderen masurischen Orten. Familien mit Kindern werden das vielfältige Angebot schätzen, Ruhesuchende sind in Krutyń besser bedient. Auch der Campingplatz hat einen hervorragenden Standard. Das Haus besitzt 36 Zimmer.*

Camping
***Horst Kruska**, Wygryny 52, 12-220 Ruciane-Nida, Tel. 087-4231597, wohnmobiltauglich, drei km nordwestlich der Schleuse von Ruciane in Wygryny gelegen, hier wird Deutsch gesprochen, tolle Angebote wie Aalräuchern, Fischfang, Lagerfeuer und geführte Paddeltouren.*

Międzyzdroje/Misdroy (S. 221)

***Vorwahl** Region Międzyzdroje: 091*

Notruf

- ***Krankenwagen**: 999*
- ***Polizei**: 997*
- ***Feuerwehr**: 998*

- *Pannenhilfe* (poln.): 981
- *ADAC-Pannenhilfe Warschau*: (022) 6222060
- *Intern. Pannenhilfe des poln. Autoclubs PZM*: (022) 825 97 34
- *Notruf Auswärtiges Amt*: 0049-1888-17 44444

Touristikinformation

• Im **Büro „Viking Tour"**, ul. Niepodległości 2 a, 72-510 Międzyzdroje, Tel. 3280209 oder 3280768, www.vikingtour.com.pl, E-Mail: office@vikingtour.com.pl.

• **Biuro Obsługi Ruchu Turystycznego**, Touristikdienste im PTTK-Büro, ul. Kolejowa 2, 72-510 Międzyzdroje, Tel. 3280462, 3280382, Fax 091 3280086, E-Mail: pttkmje@polbox.com.

• Offizielle **Internetseite** des Ortes: www.miedzyzdroje.pl mit Reiseleiter/Fremdenführerverzeichnis, weitere Seiten zum Ort: www.miedzyzdroje.net, www.misdroy.de.

Wichtige Adressen

• **Post**, ul. Gryfa Pomorskiego 7, Tel. 328 02 00

• **Polizei**, ul. Mickiewicza 14, Tel. 328 04 44

• **Stadtwache**, ul. Książąt Pomorskich 5, Tel. 328 03 51

Unterkunft

• **Hotel Amber Baltic €€€€€**, ul. Promenada Gwiazd 1, 72-510 Międzyzdroje, Tel. 3281000, Fax 3281022, www.hotel-amber-baltic.pl, E-Mail: amberbaltic@inet.com.pl. Einen halben Kilometer vom Zentrum entfernt direkt am Meer gelegenes Luxushotel mit 160 Zimmern, erstes Haus am Platze, das keine Wünsche offen lässt. Hier können Sie auf hauseigenem Platz golfen.

• **Hotel Rybak €€€**, ul. Promenada Gwiazd 36, 72-500 Międzyzdroje, Tel. 3281124, Fax 3281125, www.miedzyzdroje.to.jest.to/rybak, E-Mail: rybak@sz.onet.pl. Hundert Meter vom Meer wie das Slavia an der Promenade gelegen, guter Standard, freundlicher Service und gutes Restaurant mit prima Gerichten der polnischen bürgerlichen Küche.

• **Hotel Slavia €€**, Promenada Gwiazd 34, 72-510 Międzyzdroje, Tel. 3280106, www.hotelslavia.pl. Hierher können Sie auch Ihr Haustier mitbringen, Familien können hier auch Drei- und Vierbettzimmer mieten. Architektonisch keine Perle aber mit gutem Preis-Leistungs-Verhältnis und direkt am Strand. Hier gibt es auch Führungen durch den Nationalpark.

• **Hotel Marina €€**, ul. Gryfa Pomorskiego 1, 72-500 Międzyzdroje, Tel. 32 80 449, Fax 32 82 382, www.marinahotel.az.pl, E-Mail: marinahotel@az.pl. Im stilvollem Ambiente einer – allerdings neu erbauten – Jugendstilvilla im Ortskern wohnen Sie in diesem neuen Haus. Sehr familiär mit hervorragendem Restaurant.

• **Dom Turysty-Hotel der PTTK €**, ul. Kolejowa 2, 72-510 Międzyzdroje, Tel. 3280382 Fax 3280086, E-Mail: pttkmje@polbox.com. Ganzjährig geöffnetes Haus im Ortszentrum, 350 m vom Meer gelegen. Die fröhliche Stimmung ist hier ein wenig wie in der Jugendherberge, ein fast unschlagbar preiswertes Angebot für Urlaub unter Polen, Doppelzimmer mit WC und Dusche, Essen im Hause möglich, 32 Zimmer, an der Rezeption wird Deutsch und Englisch gesprochen, bewachter Parkplatz vorhanden.

• **Willa Dusia €,** ul. Mickiewicza 17, 72-500 Międzyzdroje, Tel. 3280020, E-Mail: biuro@dusia.pl, www.dusia.pl, alte Villa im Bäderarchitektur-Stil, schön in der Nähe des Strandes gelegen, ruhig, preiswert.

M

Camping
Camping Międzyzdroje (Camping 24), ul. Polna 10 A, 72-510 Międzyzdroje, Tel. 3282355. Campingplatz der ersten Kategorie mit ordentlichem Service, Zimmervermietung und Bar, von Bäumen umgeben und strandnah gelegen, wohnmobilgeeignet, 1.06. bis 15.09. geöffnet.

Gastronomie
Restaurant Marina, im Hotel Marina, ul. Gryfa Pomorskiego 1, 72-500 Międzyzdroje, Tel. 3280449. Im Jugendstil eingerichtetes Restaurant, in dem die Küche des Mittelmeerraums serviert wird und vor allem: moderne Variationen polnischer Traditionsgerichte. Besonders die Fischgerichte sind empfehlenswert, versuchen Sie Zander blau.

Mielno/Großmöllen (S. 240)

Vorwahl Region Mielno: 094

Touristeninformation
Touristeninformation, ul. Bolesława Chrobrego 3, 76-032 Mielno, Tel./Fax 3189955, geöffnet Mo–Fr 10–17 Uhr, Juli u. August täglich 9–20 Uhr, www.mielno.pl.

Unterkunft
- *Pensjonat Lazur €€, ul. Parkowa 4, 76-032 Mielno, Tel. 3189334, Fax 3189977, www.lazur.com.pl. Nur 100 m vom Strand nahe des Haupteingangs gelegenes modernes Haus mit allem Komfort.*
- *Pensjonat Ster €, ul. Chrobrego 35 a, 76-032 Mielno, Tel. 3166083, Fax 3166071, www.ta.pl/ster. Neues Haus mit allem Komfort im Zentrum Mielnos, wer Yachthafenflair und ein wenig abendlichen Trubel in der Nähe möchte, ist hier bestens bedient.*
- *Villa Chrobry €, ul. B. Chrobrego 47 B, 76-032 Mielno, Tel. 3166 132, Handy 0696 449 409, Fax 3166 133, E-Mail: info@chrobry.mielno.pl, www.chrobry.mielno.pl, kleines neues Haus mit 50 Betten, gutes Preis-Leistungsverhältnis.*
- *Villa Europa €, ul. Nadbrzeżna 12, 76-032 Mielno, Tel. 3166027; 0604-426937, E-Mail: biuro@villaeuropa.mielno.pl, www.villaeuropa.republika.pl/, in einem schön restaurierten Haus direkt an der Strandpromenades gelegene Pension mit ansprechendem Komfort und moderaten Preisen.*

JH **Jugendherberge**
Ul. Świerczewskiego, 76-032 Mielno, Tel. 3189399. Dauerjugendherberge der ersten Kategorie in Unieście. Hier gibt es sogar Zimmer mit Bad, die Herberge ist je 500 m vom Jamundsee und der Ostsee entfernt gelegen.

Camping
Camping Sard, ul. Orła Białego 1, 76-032 Mielno, Tel. 3189240, wohnmobiltauglich, mit Vermietung von Campinghäuschen, Entsorgung chemischer Toiletten, Waschmaschinen und Laden. Geöffnet 15.05.–30.09. Zweisterneplatz nach Kategorisierung der PFCC.

Mierzeja Wiślana/Frische Nehrung (S. 296)

Vorwahl Region Mierzeja Wiślana: 055

Notruf

- *Krankenwagen: 999*
- *Feuerwehr: 998*
- *Polizei: 997*
- *Pannenhilfe (poln.): 981*
- *ADAC-Pannenhilfe Warschau: (022) 6222060*
- *Intern. Pannenhilfe des poln. Autoclubs PZM: (022) 825 97 34*
- *Notruf Auswärtiges Amt: 0049-1888-17 44444*

Internetseiten

- *Region Frische Nehrung: www.frischeshaff.de, www.zalew.org.pl, www.mierzeja.com.pl*
- *Orte auf der Frischen Nehrung: www.stegna.com.pl, www.krynicamorska.pl*

Unterkunft

- ***Hotel Kahlberg €€**, ul Bosmanska 1, 82-120 Krynica Morska, Tel. 2476017, 2335629,E-Mail: kahlberg@mierzeja.pl, www.kahlberg.mierzeja.pl. Im Zentrum des Ortes gelegenes bestes Haus am Platze mit 70 Betten, knapp einen Kilometer vom Meer. Guter Standard in einem komplett modernisierten Haus, das eine lange Tradition als Hotel hat.*
- ***Hotel Continantal €**, ul. Przyjaźni 7, 82-120 Krynica Morska, Tel. 2476094, E-Mail: recepcja@hotel-continental.pl, www.hotel-continental.pl, nicht weit vom Zentrum im Grünen gelegen mit ansprechenden Zimmern.*
- ***Apartamenty Cztery Pory Roku €**, ul. Żeromskiego 6, 82-120 Krynica Morska, Tel. 2396057, Handy 0608-270001, Fax 2396055, E-Mail: apt@mierzeja.pl, www.apt.mierzeja.pl, im Nehrungswald gelegenes Haus mit kleinen Ferienappartements und recht komfortablen Zimmern.*
- ***Hotel Tawerna €**, ul. Morska, 82-103 Stegna, Tel. 247 82 84, E-Mail: stegna@wp.pl, tawerna@kki.net.pl, www.stegna.com.pl/hotele/tawerna, www.stegna.webpark.pl/, 100 m vom Meer entfernt im Wald gelegen, mit behindertengerechter Einrichtung und einfachen Zimmern.*

Camping

- ***Gniazdo Kormorana**, ul. Morska 7, 82-104 Kąty Rybackie, Tel. 2478705, geöffnet 1.5.–30.8. Wohnmobiltauglicher, schön von Bäumen umstandener Platz, mit mittelprächtigem Service, Laden, Bar, Zimmervermietung und Strandzugang, keine Waschmaschinen, aber Entsorgung chemischer Toiletten.*
- ***Krynica Morska, Camping Gallus**, ul. Marynarza 2, 82-120 Krynica Morska, Tel./Fax 2476126,E-Mail: gallus@mierzeja.pl, www.gallus.mierzeja.pl, geöffnet 1.5.–30.9. Wohnmobiltauglich, schön im Wald gelegen, guter Service, große Auswahl an ausleihbaren Wassersportgeräten, Zimmervermietung, Laden, Bar, Waschmaschinen und Entsorgung chemischer Toiletten vorhanden, einer der besten Plätze auf der Nehrung.*
- ***Stegna**, ul. Morska 15, 82-103 Stegna, Tel. 2478294, E-Mail: camp180@mierzeja.pl, www.camp180.mierzeja.pl, geöffnet 1.5.–15.9. Wohnmobiltauglicher von Bäumen umstandener Plaz mit Strandzugang, ordentlicher Service, mit Laden, Bar und Waschmaschinen, sowie Entsorgung chemischer Toiletten. Dreisterneplatz nach Kategorisierung der PFCC.*

M

Ausflugsschiffe
Krynica Morska Przystań Pasażerska Żeglugiej Gdańskiej, Tel. 2476023.
Von Krynica Morska aus fahren sowohl Ausflugsdampfer als auch Tragflächenboote bzw. Schnellkatamarane über das Haff nach Elbląg und Frombork. Die „wodolot" genannten Tragflächenboote fahren auch nach Kaliningrad.

Mikołajki/Nikolaiken (S. 348)

Vorwahl Region Mikołajki: 087

Notruf

- *Krankenwagen: 999*
- *Polizei: 997*
- *Feuerwehr: 998*
- *Pannenhilfe (poln.): 981*
- *ADAC-Pannenhilfe Warschau: (022) 6222060*
- *Intern. Pannenhilfe des poln. Autoclubs PZM: (022) 825 97 34*
- *Notruf Auswärtiges Amt: 0049-1888-17 44444*

Touristeninformation

- ***Urząd Miasta (Stadtamt)**, ul. Kolejowa 7, 11-730 Mikołajki, Tel. 216348*
- *Nur in der Saison: **Biuro IT**. Pl. Wolności 3, 11-730 Mikołajki, Tel. 42 16 850, E-Mail: info@mikolajki.pl, www.mikolajki.pl, www.mikolajki.com.pl, www.mikolajki.com*

Unterkunft

- ***Hotel Gołębiewski €€€**, ul. Mrągowska 34, 11-730 Mikołajki, Tel. 4290700-702, Fax 4290744, E-Mail: mikolajki@golebiewski.pl, www.golebiewski.pl. Am Ortsrand auf einer Anhöhe über dem Talter Gewässer gelegenes riesiges Areal. Das Hotel der Superlative in Masuren inklusive Spaßbad Tropikana und Golfakademie. Mit 595 Zimmern – das sind rund 1.200 Betten – eine Stadt in der Stadt. Trotz der Massen geht das Management auch auf Individualisten ein und organisiert alle nur erdenklichen Ausflüge, sogar nach Kaliningrad.*
- ***Hotel Mazurski Dworek €€**, Centrum Konferencyjno-Szkoleniowe, Stare Sady 1, 11-730 Mikołajki, Tel. 421 50 01, 421 69 18, Fax 421 50 08, E-Mail: hotel@mazurskidworek.pl, hotel@dworek.pl, www.mazurskidworek.pl. Neues Hotel im Landhaus-Stil, am Tałty-See drei Kilometer außerhalb von Mikołajki gelegen. Gediegen eingerichtet, komfortable Zimmer. Eigener Strand, eigener Anleger, als Konferenzort geeignet, alle Technik und Säle vorhanden.*
- ***Hotel Król Sielaw €€**, ul. Kajki 5, 11-730 Mikołajki, Tel. 42 16 323, E-Mail: krolsielaw@mazury.info, www.krolsielaw.mazury.info, am Mikołajkisee mitten im Ortskern gelegen. Hier herrscht Trubel, nicht Ruhe, die 16 Zimmer sind sehr komfortabel.*
- ***Pensjonat Relax €€**, Krystyna & Jurek Zakrzewscy, os. Na Gorce 3, 11-730 Mikolajki, Tel./Fax 42 16 319, E-Mail: zakrzewski@pro.onet.pl, www.mikolajki.of.pl/. Pension und komfortable Bungalows um 80 €. Nicht nur im Sommer: Hier ist das Zentrum des Eissegelns. Der Pensionsinhaber ist einer der besten Eissegler Polens und bietet ein Eisssegelkomplettprogramm.*
- *Zum Angebot der Zakrzewskis gehört jetzt auch das neue **Hotelik Caligula €€**, Plac Handlowy 7, 11-730 Mikołajki, Tel. 42 19 845, Handy: 0609 219 383, E-Mail: jurek.*

zakrzewski@wp.pl, caligula@caligula.pl, www.caligula.pl, das mitten im trubeligen Zentrum von Mikołajki gelegen ist und sechzehn Zimmer hat.

• **Hotel Robert's Port €€**, ul. Stare Sady 4, 11-730 MikoB´ajki, Tel. 4298400/4216520, Fax 429 84 84, neues am Talter Gewässer gelegenes Haus mit 83 Komfortzimmern.

Jugendherberge

Ul. Łabędzia, 11-730 Mikołajki, Tel. 216041, 5216434, nur im Juli und August geöffnete Saisonherberge, Unterbringung in Mehrbettzimmern.

Camping

Camping Wagabunda, ul. Leśna 2, 11-730 Mikołajki, 4216018, 1.06.–30.09. Wohnmobiltauglicher, unweit des Nikolaikersees gelegener baumumstandener Platz mit ordentlichem Service, Zimmervermietung, Restaurant, Waschmaschinen und Entsorgung chemischer Toiletten. Dreisterneplatz nach Kategorisierung der PFCC.

Gastronomie

Restaurant im Hotel Kól Sielaw, ul. Kajki, 11-730 Mikołajki, Tel. 42 16 323. Gute Wildgerichte und natürlich Fischspezialitäten, goldgelb geräucherte Maränen muss man probiert haben.

Wassersport

Hier können Sie Boote ausleihen:

- **Cicha Zatoka**-Paddelboote, Segelboote, Al. Spacerowa 11, Tel. 42 15 011
- **Fun**-Paddelboote, Segelboote, ul. Kajki 82, Tel. 42 16 277
- **Rybitwa**-Windsurfing, Kanadier, Motorboote, ul. Okrężna 5, 42 16 163

Weiße Flotte

Żegluga Mazurska, Al. Kasztanowa 1, 11-730 Mikołajki, Tel. 4216102, 1.5.–30.10.

Mrągowo/Sensburg (S. 344)

Vorwahl Region Mrągowo: 089

Notruf

- **Krankenwagen**: 999
- **Polizei**: 997
- **Feuerwehr**: 998
- **Pannenhilfe** (poln.): 981
- **ADAC-Pannenhilfe Warschau**: (022) 6222060
- **Intern. Pannenhilfe des poln. Autoclubs PZM**: (022) 825 97 34
- **Notruf Auswärtiges Amt**: 0049-1888-17 44444

Touristeninformation

• **Mrągowska Agencja Turystyczna MAT**, ul. Ratuszowa 5, 11-700 Mrągowo, Tel. 7418151, Mo–Fr 9–17 Uhr, Sa 9–14 Uhr geöffnet.

• **Informacja Turystyczna**,ul. Królewicka 2, 11-700 Mrągowo, Tel. 7412662, E-Mail: it.mragowo@wp.pl, www.powiat.mragowow.pl, www.mragowo.um.gov.pl.

• **Mrągowskie Centrum Informacji Turystycznej**, ul. Warszawska 26, Tel. 741 80 39.

M

- *Sensburger Deutsche Gesellschaft „Bärentatze“, ul. Wolności 15, 11-700 Mrągowo, Tel. 7413295, geöffnet Mo u. Do 10–12 Uhr.*

Unterkunft

- ***Hotel Mercure Mrongovia €€€**, ul. Gizycka 6, 11-700 Mrągowo, Tel. 741 32 21, Fax 741 32 20, E-Mail: rez.mer.mrongovia@orbis.pl, www.orbis.pl/indexH.php4?h=8&j=1. „Das“ Hotel dieser Gegend, am Stadtrand auf einer Anhöhe über dem Czos- See gelegen mit allem Komfort und einem Freizeitangebot von Tennis über Reiten und Surfen bis zum Segeln, 215 geräumige Zimmer.*
- ***Hotel Mazuria €€**, ul. Jaszczurcza Góra 28, 11-700 Mrągowo, Tel. 741 29 75, 741 59 75, www.mazury.com.pl. Sehr schön direkt am Czos-See unweit des Amphitheaters im Kiefernwald gelegen, 30 komfortable Zimmer.*
- ***Hotel-Pensjonat Solar €€**, Jaszczurcza Góra 24, 11-700 Mrągowo, Tel. 741 2484, 741 3402, Handy 0-601 631 371, Fax 741 4913, solar@sprint.com.pl. Am Czos-See in der Nähe des Mronovia gelegene stilvolle alte Villa mit liebevoll eingerichteten Zimmern und 30 Betten.*
- ***Hotel Kowalski €**, ul. MC Skłodowskiej 1A, 11-700 Mrągowo, Tel. 741 41 31, einfaches, preiswertes Haus mitten in der Stadt.*

Jugendherberge

***Schronisko szkolne**, ul. Mrongowiusza 65 B, Tel. 741 2043, nur im Juli u. August zur Verfügung stehende Schulherberge mit ausschließlich Mehrbettzimmern.*

Camping

***Camping Cezar**, 11-700 Mrągowo, ul. Jaszczurcza Góra, Tel. 7412533, 1.06.–30.09., wohnmobiltauglicher auf einem Riesenareal im Wald gelegener Platz, toller Service, Kategorie II.*

Gastronomie

Alles keine Gourmettempel oder kulinarische Offenbarungen, aber gutbürgerliche, solide Küche:

- ***STARA CHATA**, ul. Warszawska 9B, Tel. 741 45 02, schmackhafte polnische Küche.*
- ***BEI SIGI Smażalnia ryb**, ul. Giżycka 6, Tel. 741 3221, prima Bratfisch im Fischrestaurant, immer frisch.*
- ***STAROMIEJSKA Restauracja**, ul. Mały Rynek 6, Tel. 741 2152, das gediegenste Restaurant in Mrągowo.*
- ***Restauracje „Błękitna“**. Am besten isst man hier im Restaurant des Hotels Mrongovia, ul. Ul. Gizycka 6, internationale Küche.*

Internetcafé

***Matrix**, ul. os. Mazurskie 15a, Tel. 7412116*

Bootsverleih

***PPUH „Kanu“**, ul. Traugutta 4 b, Tel. 7413721*

Olecko/Treuburg (S. 368)

Vorwahl Region Olecko: 087

Notruf

- *Krankenwagen: 999*
- *Polizei: 997*
- *Feuerwehr: 998*
- *Pannenhilfe (poln.): 981*
- *ADAC-Pannenhilfe Warschau: (022) 6222060*
- *Intern. Pannenhilfe des poln. Autoclubs PZM: (022) 825 97 34*
- *Notruf Auswärtiges Amt: 0049-1888-17 44444*

Touristeninformation

- ***Punkt Informacji Turystycznej**, Oleckie Centrum Kultury, Plac Wolności 22, 19-400 Olecko, Tel. 520 49 48, 520 20 59, Fax 520 49 48, it@um.olecko.pl, www.um.olecko.pl/i/index.html, www.olecko.pl, Mo+Di 12–17 Uhr, Do 12.30–16 Uhr, Fr–So 12–16 Uhr.*
- ***Treuburger Gesellschaft der Deutschen Minderheit**, c/o Ośrodek Szkolno-Wychowawczy dla Dzieci Gluchych, ul. Słowiańska 2, Zimmer 101, 19-400 Olecko, geöffnet Fr. 15–17 Uhr.*

Unterkunft

- ***Hotel Centrum €**, Pl. Wolności 8c, 19-400 Olecko, Tel./Fax 520 12 00, 520 40 50, www.mazury-centrum.com.pl. Im Stadtzenrum gelegen mit ordentlichem Komfort, guter Service, von Kleinbusausflügen bis Reiten wird alles organisiert, 25 Zimmer.*
- ***Hotel Mazury €**, ul. Goldapska 10 a, Tel./Fax 520 40 50, www.mazury-centrum.com.pl, am Park gelegenes Haus mit 45 Zimmern, gleicher Eigner wie Hotel Centrum.*
- ***Pensjonat Śnieżka €**, Warmińska 2c, 19-400 Olecko, Tel. 520 21 16, 0607285316, www.meteo.ids.pl/sniezka. Am See gelegenes kleineres Haus mit familiärer Atmosphäre, wunderbarer Blick auf den See besonders von der Terrasse aus.*

Camping

***Camping PTTK, ul.** Zamkowa, 19-400 Olecko, Tel. 5202795, hinter dem Polizeigebäude zentral und schön am See gelegener Platz, wohnmobilgeeignet, geöffnet 15.5.–30.9.*

Olsztyn/Allenstein (S. 324)

Vorwahl Region Olsztyn: 089

Notruf

- *Krankenwagen: 999*
- *Feuerwehr: 998*
- *Polizei: 997*
- *Pannenhilfe (poln.): 981*
- *ADAC-Pannenhilfe Warschau: (022) 6222060*
- *Intern. Pannenhilfe des poln. Autoclubs PZM: (022) 825 97 34*
- *Notruf Auswärtiges Amt: 0049-1888-17 44444*

Tourismusinformation

- *Hier bekommen Sie Broschüren und Pläne sowie Auskünfte auch in englischer oder deutscher Sprache: **Olsztyńskie Centrum Informacji Turystycznej**, ul. 1 Maja 3, Tel. (089)535 38 38, ul. Staromiejska 1, Tel. (089) 535 35 65, E-Mail: wcit@warmia.mazury.pl, www.it.olsztyn.pl, www.olsztyn.com.pl beide geöffnet täglich 9–17 Uhr.*

O

- *Allensteiner Gesellschaft Deutscher Minderheit*, Dom Kopernik, ul. Partyzantów 3 (Hofeingang), 10-522 Olsztyn, Tel./Fax523 69 90, Tel. 535 39 31, 535 23 94, E-Mail: agdm@skrzynka.pl, Di, Do, Fr 9–12 Uhr, Mi 13–16 Uhr: Hier gibt es Infos zu Stadt und Region beim Klönschnack in deutscher Sprache.
- *PTTK Oddział Olsztyński i Warmińsko-Mazurski*, 10-950 Olsztyn, ul. Staromiejska 1, skr. poczt. 92, Tel. 5235320, 5273665, E-Mail: biuro@pttk.olsztyn.pl, www.pttk.olsztyn.pl.

Wichtige Adressen und Telefonnummern

- *Feuerwehr/Straż Pożarna*: landesweit 998
- *Feuerwehr Olsztyn PSP*, Komenda Miejska, ul. Niepoległości 16, Tel. 535 30 05, www.strazolsztyn.pl/
- *Stadtpolizei, Komenda Miejska Policji*, ul. Partyzantów 23, Tel. 533 65 08
- *Wojewodschaftspolizei*, ul. Partyzantów 6/8, Tel. 522 39 00, www.kwp.olsztyn.pl
- *Rettungswagen/Pogotowie Ratunkowe*: ul. Niepoległości 16, Tel. 527 22 22 oder landesweit 999
- *Stadtkrankenhaus/Szpital Miejski*, ul. Niepodległości 44, Tel. 527 25 99, Ambulanz (24 Std. geöffnet): 527 50 11
- *Wojewodschaftskrankenhaus/Szpital Wojewódzki*, ul. Żołnierska 18, Tel. 539 12 29; Ambulanz (tägl. 16–7 Uhr): 533 78 45, Tel./Fax 538 63 56, www.wsz.olsztyn.pl/

Banken

- *Bank Polska Kasa Opieki SA*, ul. 1 Maja 10 Tel. 534 90 60
- *Bank Milleniumn*, ul. Piłsudskiego 11/17 Tel. 527 22 77
  weitere Filialen: ul. Mickiewicza 4; Plac Jana Pawła II 2/3
- *Bank Polska Kasa Opieki SA*, ul. Piłsudskiego 63 Tel. 534 24 75
- *Citibank*, ul. Mochnackiego 13 Tel. 535 34 50
- *Narodowy Bank Polski*, ul. Piłsudskiego 11 lok. 17 Tel. 527 05 01
- *Bank Gospodarki Żywnościowej S.A.*, ul. J.Piłsudskiego 11/17, Tel. 5279988
- *Bank Zachodni*, ul. B. Linki 2, Tel. 522-00-00
- *Kredyt Bank*, ul. Wojska Polskiego 62, Tel. 53 88 110, 53 88 114
- *Kredyt Bank*, ul. Krasickiego 1b, Tel. 542 63 02
- *Bank Polskiej Spółdzielczości S.A.*, Al. M. J. Piłsudskiego 32, Tel. 53 50 264, 53 50 265

Unterkunft

- *Hotel Park €€€*, al. Warszawska 119, Tel. 524 06 04, Fax 524 00 77, www.polhotels.com/Olsztyn/HPPark/, www.beph.pl. Schon am Stadtrand an der Straße nach Olsztynek gelegenes neues, gepflegtes Haus, nicht ganz billig, aber mit hervorragendem Service – das Olsztyner Spitzenhotel mit 100 großen, komfortablen Zimmern.
- *Novotel €€€*, ul. Sielska 4a, Tel. 522 05 00, Fax 527 54 03, www.orbis.pl/novotelolsztyn. Etwas außerhalb der Stadt an der Straße nach Ostróda gelegenes Mittelklasse-Hotel mit gutem Service und 87 geräumigen Zimmern mit allem Komfort. Umwerfend ist die Lage am Ukiel-See mit Bademöglichkeit.
- *Hotel Centrum €€*, Polsko-Niemieckie Centrum Młodzieży. Polnisch-Deutsches Jugendzentrum, ul. Okopawa 25, Tel. 5340780, Fax 5276933. Alles andere als Jugendherbergsniveau, sondern ein ausgesprochenes Komforthotel mit 30 sehr bequem eingerichteten Zimmern, direkt neben dem Schloss gelegen. Das Haus eignet sich hervorragend für Tagungen.

• *Gromada Hotel „Kormoran" €€, pl. Konstytucji 3 Maja 4, Tel. 534 58 64, 533 71 05, www.polhotels.com/cities/olsztyn, www.gromada.pl. Ideal für Bahnreisende, direkt am Bahnhof gelegenes solides Hotel mit Resten sozialistischen Charmes. Hier schlafen Sie ruhig, denn alle Fenster der 98 nicht allzu großen Zimmer haben Lärmschutzverglasung.*
• *Warmiński Hotel €€, ul. Kołobrzeska 1, Tel. 522 14 00, Fax 533 67 63, E-Mail: hotel@hotel-warminski.pl, www.hotel-warminski.pl Das früher heruntergekommene Haus ist nach der Komplettrenovierung kaum wiederzuerkennen. Das Hotel im Stadtzentrum bietet heute in 135 Zimmern allen Komfort und viele Extras im Wellnessbereich.*
• *Villa Pallas €€, ul. Żołnierska 4, Tel. 535 01 15, Fax 535 99 15, www.wczasy.ta.pl. Stilvolle zum Hotel umgebaute Gründerzeitvilla, ein kleines, intimes Haus mit dem Ambiente einer Stadtvilla des alten Großbürgertums, klein, aber fein, mit 32 Zimmern.*
• *Hotel Pod Zamkiem €€, 10-162 Olsztyn ul. Nowowiejskiego 1, Tel. 535 12 87, Tel./Fax 534 09 40, E-Mail: hotel@olsztyn.com.pl, www.hotel.olsztyn.com.pl. In einem früheren Jagdklub der Gründerzeit befindliches kleines Hotel, mitten in der Stadt im Stadtpark an der Allee unweit des Schlosses gelegenes, dennoch ruhiges kleines Haus.*

Ferien auf dem Bauernhof

Ermländisch-Masurischer Verband deutschstämmiger Landfrauen in Olsztyn, Dom Kopernik, ul. Partyzantów 3 (Hofeingang), 10-522 Olsztyn, Tel./Fax 527 20 81, E-Mail: landfrauen@olsztyn.ken.pl. Hier werden Ihnen Unterkünfte in ganz Masuren ausschließlich bei deutschsprachigen Bauern vermittelt, alle Zimmer haben Bäder, und für das Auto gibt es eine Garage.

Jugendherberge

Szkolne Schronisko Młodzieżowe, ul. Kościuszki 72/74, 10-555 Olsztyn, Tel./Fax 5276650, E-Mail: ssmolsztyn@ptsm.com.pl, www.ptsm.com.pl/olsztyn

Camping

„Ukiel", ul. t Poranna 6, 11-041 Olsztyn, Tel./Fax 5238245, E-Mail: zbyszekmalag@wp.pl, www.ukiel.prv.pl. Schön in Gutkowo (Göttkendorf) direkt an der Südseite des Ukiel-Sees gelegener Platz der Kategorie 1, sicher und mit komfortablen Sanitäreinrichtungen, wohnmobiltauglich, 15.5.–30.9.

Gastronomie

• *Villa Pallas, ul. Żołnierska 4, Tel. 535 01 15. Internationale Küche und moderne, leichtere Versionen polnischer Küche, empfehlenswert: Gebratene Ente an Kirschensoße sowie die russischen Spezialitäten.*
• *Yu Grill Boro, ul. Nowowiejskiegoo, Tel. 523 53 01. Schön an der Łyna gelegenes Balkanrestaurant mit guten Fischgerichten. Spezialitäten: Fischsuppe und Geflügelleber im Speckmantel.*
• *Nowoczesna, ul. Kołobrzeska 1 (im Hotel Warminski), Tel. 522 15 60, E-Mail: hotel@hotel-warminski.pl, www.hotel-warminski.pl. Hier bekommen Sie erstklassige polnische Küche mit hervorragenden leichteren Interpretationen, Spezialität ist Hähnchen mit Kastanienmousse an Moosbeerensoße.*
• *Restauracja Hotelu Novotel, ul. Sielska 4a, Tel. 522 05 00; 522 05 01. Hier können Sie die traditionelle polnische Küche schmecken, es gibt aber auch gute Grillgerichte, Spezialität: gebratenes Eisbein, Ente altpolnisch, Karpfen Agretan.*

- ***Staromiejska**, Stare Miasto 4/6, Tel. 527 58 83. Altstadtcafé mit Anklängen eines Wiener Caféhauses, oft mit Livemusik und mehr als nur Süßem, Spezialitäten: Naleśniki Gundel, ein süßer Eierpfannkuchen-Traum, aber auch Rouladen altpolnisch.*
- ***Centrum**, ul. Okopowa 25, Tel. 534 07 80. Gutes Restaurant im Hotel Centrum, wo es auch leckere regionale Spezialitäten gibt wie die Olsztyner Suppe oder das Reh-Carpaccio.*
- ***Tawerna Pirat**, ul. Bałtycka 95, Tel. 523 82 17, www.pirat.com.pl. Schön am Ukiel-See gelegenes Ausflugslokal mit Fischspezialitäten. Sie können hier einmal die Riesenportionen bürgerlicher polnischer Küche versuchen, mit allen Fischen der Region, besonders lecker: gebratener Zander.*
- ***Havanna Club**, ul. Prosta 10/11, Tel. 535 06 40, ein Stück Karibik in Olsztyns Fußgängerzone, atmosphärisch zwischen Che, Fidel und Kubaurlaub angesiedelt, mit preiswerten Gerichten wie Schwein à la Fidel für 13 Złoty.*

UMGEBUNG VON OLSZTYN:

- ***Zajazd U Leszka**, Bartąg 107, Tel. 541-03-66, etwas außerhalb (7km) in Bartąg gelegen, von der Straße nach Warschau kurz nach dem Ortsausgangsschild nach links einbiegen. Hier gibt es traditionelle regionale Küche und das beste Eisbein östlich von Berlin.*
- ***Karczma Warmińska**, Gietrzwałd 32, Tel. 089-5123457, halb Restaurant, halb ermländisches Museum, hier kümmert man sich um einheimische Traditionen, auch was die exzellente Küche anbelangt. Dazu gibt es sehenswerte Themenabende, vom jüdischen Klezmerabend bis zu verschiedensten Folkloreangeboten. Ein Besuch lohnt, man kann ihn mit der Besichtigung der gegenüber liegenden Wallfahrtskirche verbinden.*

Disco

*Die immer noch angesagteste Olsztyner Disco auch mit ausländischen DJs ist das **Come in**, ul. Knosały 7 c, Tel. 527 42 79.*

Internetcafés

- ***Arena**, ul. Barcza 7 Tel. 542 88 51, E-Mail: kawiarenka_arena@wp.pl, www.arena.olsztyn.com.pl*
- ***Sky Net**, ul. Mickiewicza 9a/1, Tel. 5353749, E-Mail: lech@skynet.neostrada.pl*
- ***Intermouse**, ul. Krasickiego 6, Tel. 5418344*
- ***Kawiania.Net**, ul. Okopowa 23, Tel. 5272290, 508163267*

Autoverleih

***Hertz**, ul. Dąbrowszczakow 1, Tel. 527 57 93, Fax 527 78 56, www.hertz.de/loc/getloc.cfm*

Rundflüge

***Aeroklub Warmiński-Mazurski**, ul. Sielska 34, Tel. 527 52 40*

Wassersportausrüstung

***PTTK Oddział Olsztyński i Warmińsko-Mazurski**, 10-950 Olsztyn, ul. Staromiejska 1, skr. poczt. 92, Tel. 5235320, 5273665. Hier können Sie Kajaks oder Kanus mieten und ganze Touren mit Übernachtung buchen.*

Schiffstouren

*Mit der Weißen Flotte auf dem Ukiel/Krzywe-See, **„Mors-Sport“**, ul. Jeziorna 6, Tel. 527 64 33*

Ostróda/Osterode (S. 307)

Vorwahl Region Ostróda: 089

Notruf

- *Krankenwagen: 999*
- *Feuerwehr: 998*
- *Polizei: 997*
- *Pannenhilfe (poln.): 981*
- *ADAC-Pannenhilfe Warschau: (022) 6222060*
- *Intern. Pannenhilfe des poln. Autoclubs PZM: (022) 825 97 34*
- *Notruf Auswärtiges Amt: 0049-1888-17 44444*

Touristeninformation

- *Im **Büro der Weißen Flotte** an der Uferpromenade, ul. Mickiewicza 9 A, Żegluga Ostródzko-Elbląska, 14-100 Ostróda, ul. Mickiewicza 9a, Tel./Fax 6463871, E-Mail: inf@zegluga.com.pl, www.zegluga.com.pl www.ostroda.pl, www.ostrodaonline.pl, www.ostroda.info.*
- ***Deutsche Gesellschaft „Tannen"**, ul. Herdera 7, 14-100 Ostróda, Tel. 6467021. Verein der deutschen Minderheit in Ostróda, hier kann man sich über die Stadt informieren, es ist immer jemand im Haus, der Deutsch spricht, auch Privatquartiere bei deutschsprachigen Familien werden hier vermittelt.*

Wichtige Adressen

- ***Polizei**: Komenda Powiatowa Policji, ul. Handlowa 6, Tel. 642-72-00*
- ***Stadtpolizei**: Straż Miejska, ul. Mickiewicza 24, Tel. 646 30 00*
- ***Krankenhaus**: ul. Jagie33y 1, Tel. 646 06 00*

Veranstaltungen

*Anfang August: **Ostróda Summer Hot Days**, viel Rock- und Popmusik in der ganzen Stadt und Spektakel wie Ritterspielen und dem Brand des Schlosses, Klassikkonzerten und Abschlussfeuerwerk.*

Unterkunft

- ***Park Hotel €€**, 14-100 Ostróda, ul. 3 Maja 21, Tel. 6462227, 6462228, Fax 6463849. Das Beste ist die Lage des größten Hotels von Ostróda, am See im Grünen neben den Tennisplätzen mit Traumblick auf die Stadt, das Hotel hat einen deutschen Besitzer, 70 Zimmer, einen mauligen Service und ist **nicht empfehlenswert**.*
- ***Pensjonat Sajmino €**, 14-100 Ostróda, Kajkowo, ul. Michała Kajki 6, Tel. 646 71 24, Tel./Fax 646 69 47, www.sajmino.pl. Eher ein kleines Hotel als eine Pension mit 50 Betten, unweit eines Sees ruhig im Grünen am Stadtrand gelegen mit individuellem Service und sehr preiswert.*
- ***Hotel Promenada**, 14-100 Ostróda, ul. Mickiewicza 3, Tel. 642 81 00, Fax 642 81 01, E-Mail: biuro@hotelpromenada.pl, www.hotelpromenada.pl. Zentrale Lage, vorn die Seepromenade mit lärmendem Trubel hinten die Hauptstraße an einem beschrankten Bahnübergang mit auch nachts befahrener Linie. Nur etwas für lärmunempfindliche Gemüter.*
- ***Gästezimmer**: Deutsche Gesellschaft „Tannen", ul. Herdera 7, 14-100 Ostróda, Tel. 6467021. Verein der deutschen Minderheit in Ostróda, hier kann man für 15 € pro Person mit Frühstück in den vier Gästezimmern übernachten, es ist immer jemand im Haus, der Deutsch spricht.*

O

Jugendherberge
Schronisko Młodzieżowe przy Szkole Podstawowej Nr 4, ul. Kościuszki 14, Tel. 6465563, nur im Sommer betriebene Schulherberge in einem Schulinternat, nur Mehrbettzimmer.

Gastronomie
- *Pod Ostródzkim Smokiem, ul. Olstyńska 6, Tel. 6464235, der Gourmet-Tempel in Ostróda, mit gediegenem Service, teuer und recht gut.*
- *Kafeteria Cliff-Cafe, ul. Mickiewicza 1 a3, Tel. 646 25 98, Bier, Eis und pfiffige Snacks direkt an der Uferpromenade.*
- *Pub La Luna, ul. Mickiewicza 13 B, Tel. 6468908. Nicht nur Pub, in dem man abends gemütlich sein Bierchen trinkt, sondern prima Restaurant auch mit ausgefalleneren Fischspezialitäten wie Lachs mit Spargel auf Spinat 26 zł oder Lachs-Carpaccio für 4,50 zł.*
- *Bar Kormoran, ul. Drwęcka 5 a, Tel. 6463966, Mo–Fr. 8–16 Uhr. Hier essen die „kleinen Leute", Küche wie bei Muttern, für 2–3 € wird man hier noch pappsatt und sieht etwas vom Leben der Menschen. Ehemalige PGR (poln. LPG)-Kantine mit sozialistischem Charme im Interieur.*

Internetcafés
- *Bluenet, ul. Przechodnia 5b*
- *Czytelnia miejska, im Schloss, ul. Mickiewicza 22*
- *Labirynt, ul. Czarnieckiego 47*

Wassersport
Boote kann man hier leihen (alle unmittelbar südlich des Bahnhofs am See):
- *Ośrodek Sportów Wodnych Zakładów Miąsnych „Morliny" SA, ul. Sowińskiego 12, Tel. 6462164*
- *Klub Sportowy „Sokół", ul. Słowackiego 40, Tel. 646 47 01*
- *Przystań Ośródka Sportów Wodnych LOK, ul. Słowackiego 38 A, Tel. 6463454*

Weiße Flotte
- *Żegluga Ostródzko-Elbląska, 14-100 Ostróda, ul. Mickiewicza 9a, Tel./Fax (089) 646 38 71*
- *82-300 Elbląg, ul. Panieńska 14, Tel./Fax (0-55) 232-43-07, E-Mail: inf@zegluga.com.pl*

Ostródas Umgebung

Unterkunft
KARNITY
Hotel Zamek Karnity €€, 14-140 Miłomłyn, Karnity 10, Tel. (089) 6473465-67, 6473464, E-Mail: zamek@karnity.pl, karnity_recepcja@onet.pl www.karnity.com. Hotel in einem 1855 erbauten neogotischen Schloss, direkt am See gelegen – im Urlaub einmal Graf sein, hier geht das. Das Haus hat 30 Zimmer und ist wegen seiner Lage am See besonders für Familien geeignet. Das Haus hat einen deutschen Besitzer, fast immer ist einer der Dolmetscher im Hause. Auf einer Anhöhe über dem Schloss liegen die Campinghäuser, die besonders für Familien geeignet sind. Es besteht auch die Möglichkeit im Hotelrestaurant Vollpension zu buchen.

TARDA

Ośrodek wypoczynkowy Tarda €, *Nad jeż. Batążek, Tel./Fax (088) 6473033, www.podreka.pl/detail.php?siteid=1664. Fernab der Zivilisation außerhalb eines verträumten Dorfes gelegenes Ferienzentrum, noch im sozialistischen Stil. Im Ferienheim (mit Restaurant) gibt es 60 ordentliche, einfache Zimmer. Reizvoll für Familien sind die Campinghäuschen im Wald (Vierpersonenhaus mit Bad 120 zł).*

SOPLE

Dworek Sople €, *14-330 Małdyty, Sople 11, Tel. (089) 7586092, Fax 758683, E-Mail: sople@gmx.net, www.dworeksople.pl/germany/index1.php. Hotel in einem Herrenhaus aus dem 19. Jahrhundert, stilvoll eingerichtetes, familiäres Haus mit 24 schönen Zimmern. Die Plakette „der besten Wirtin" sagt alles.*

STARE JABŁONKI

- ***Hotel Anders €€***, *14-133 Stare Jabłonki, Tel./Fax 6411489, 6411425, 6411426, E-Mail: anders@hotelanders.com.pl, www.hotelanders.com.pl. Am hohen Ufer des Szeląg-Sees traumhaft gelegener Komplex, das Haupthaus ist ein altes Herrenhaus, die ganze Anlage fast wie ein Club, von Segeln bis Reiten alle Möglichkeiten, dazu 47 komfortable Zimmer im Haupthaus und ein gepflegtes Restaurant. Zum Komplex gehören auch hervorragend ausgestattete Campinghäuschen für 140–250 zł pro Tag.*
- ***PTTK Stacja Wodna*** *Stare Jabłonki, 14-133 Stare Jabłonki, Tel. 6411422. Wenn Sie unter Polen Urlaub machen wollen: die Campinghäuschen der PTTK sind ordentlich ausgestattet. Traumhafte Lage am See, ein 4-Personen-Haus kostet 120 zł pro Tag. Hier können Sie auch Boote mieten: Pro Tag kostet ein Kajak 25 zł.*

GODKOWO

Hotel Młyn Klekotki €€€, *Klekotki, 14-407 Godkowo, Tel./Fax (055) 249 00 00, E-Mail: klekotki@polbox.com, www.hotelmlynklekotki.pl. Das exquisiteste, aber auch bei weitem schönste Hotel in Masuren. Versteckt auf dem Land in einer alten Wassermühle am See gelegen. Auch im Winter immer interessant zu Schilanglauf, Schlittenfahrten und langen Spaziergängen. Spezialität: Kochkurse zur polnischen Küche, komplette Spa-Pakete, Ayurveda, eigener Tennisplatz.*

NIDZICA

Hotel Gregorovius €€, *ul. Zamkowa 2, 13-100 Nidzica, Tel. (089) 625 51 93, E-Mail: info@hotelgregorovius.com.pl, www.hotelgregorovius.com.pl. Stimmungsvolles Hotel mit 24 Zimmern im Neidenburger Schloss.*

Gastronomie

Hotel Gregorovius €€, *ul. Zamkowa 2, 13-100 Nidzica, Tel. (089) 625 38 77, E-Mail: info@hotelgregorovius.com.pl, www.hotelgregorovius.com.pl. Spezialität des Restaurants im Neidenburger Schloss sind die Rittermahle, wahre Schlemmerorgien altpolnischer und regionaler Küche.*

P

Pisz/Johannisburg (S. 347)

Vorwahl *Region Pisz: 087*

Notruf

- *Krankenwagen: 999*
- *Feuerwehr: 998*
- *Polizei: 997*
- *Pannenhilfe (poln.): 981*
- *ADAC-Pannenhilfe Warschau: (022) 6222060*
- *Intern. Pannenhilfe des poln. Autoclubs PZM: (022) 825 97 34*
- *Notruf Auswärtiges Amt: 0049-1888-17 44444*

Touristeninformation

- *Centrum Informacji Turystycznej, pl. Daszyńskiego 16, Tel./Fax 4250947, E-Mail: it@pisz.home.pl, www.pisz.pl, nur 15.06.–15.09.*
- *Johannisburger Deutscher Freundschaftskreis „Rosch" für Stadt und Kreis Johannisburg, ul. Węglicka 1, 12-200 Pisz, Tel. 4233709, geöffnet Di u. Do 11–14 Uhr.*

Unterkunft

Hotel Nad Pisą €€, ul. Ratuszowa 13, 12-200 Pisz, Tel. 4233253, Fax 4233176,E-Mail: hotelnadpisa@post.pl www.hotelnadpisa.pl. Direkt an der Pisa im Zentrum gelegenes Hotel mit 102 komfortablen Zimmern, es wird Deutsch gesprochen. Auch Präsident Kwaśniewski war hier bereits zu Gast.

Jugendherberge

Ul. Gizewiusza 10, 12-200 Pisz, Tel. 4232027, nur im Juli/August betriebene Saisonherberge mit Unterbringung in Mehrbettzimmern.

Camping

Camp Pisz Aleja Turystów 1, 12-200 Pisz, Tel. 423 44 63, am Fluss kurz vor der Einmündung in den Ro ś-See gelegener ordentlicher Platz.

Pobierowo/Poberow (S. 227)

Camping

Campingplatz 7 Zab/7 Frösche, ul. Moniuszki 10, 72-346 Pobierowo, Tel. 0048-9138-64373, E-Mail: gradowski@wp.pl. Der Platz liegt mitten im Wald, 300 m vom Strand, Top-Service, sehr gepflegt, nicht ganz billig: 8 zł pro Erwachsener, Schüler 6 zł, Zelt 5 zł, Auto 5 zł pro Tag.

Puck/Putzig (S. 260)

Vorwahl *Region Puck: 058*

Notruf

- *Krankenwagen: 999*
- *Feuerwehr: 998*

- *Polizei: 997*
- *Pannenhilfe (poln.): 981*
- *ADAC-Pannenhilfe Warschau: (022) 6222060*
- *Intern. Pannenhilfe des poln. Autoclubs PZM: (022) 825 97 34*
- *Notruf Auswärtiges Amt: 0049-1888-17 44444*

Touristeninformation
Centrum Informacji Turystycznej, Pl. Wolności 2, 84-100 Puck, Tel. 673 24 03, www.miasto.puck.pl

Unterkunft
Hotel Admirał €€, ul. Morska 9, 84-100 Puck, Tel. 6731197, 6732823, www.nadmorze.pl/admiral. Schönes kleines zentral gelegenes Hotel mit komfortablen Zimmern.

Camping
Camping Omega (66), ul. Nowy Świat 23, Tel. 6732980, E-Mail: omega@si.pl, www.omega.si.pl, 1.05.–30.09., toller Service, wohnmobiltauglicher Platz der Kategorie 2, inmitten von Bäumen gelegen.

Gastronomie
- *Admirał, ul. Morska 9, 84-100 Puck, Tel. 6731197 gutes Restaurant im Hotel Admirał, viel Fischgerichte polnischer Art, aber auch internat. Küche.*
- *Restauracja Nadmorska, ul. Lipowa 4, 84-100 Puck, Tel. 6732168, unweit des Yachthafens gelegen, gute polnische Küche, nicht nur Fisch-, auch Fleischgerichte.*
- *Bursztynia, ul. Lipowa 84-100 Puck, Tel. 6730777, www.bursztynya.pl sehr schön auf dem Seestag gelegen, Fisch in allen erdenklichen Variationen, aber auch traditionelle polnische Fleischgerichte.*

Bootsverleih
Miejski Ośrodek Kultury, Sportu i Rekreacja w Pucku, ul. Lipowa 3c, 84-100 Puck, Tel. 6732951, Fax 6732610, direkt am Yachthafen, Tel. 6731149, Fax 6732505. Boote mieten, kleine Yachten chartern.

Reisen in Litauen (S. 409)

ALLGEMEINES

Einreise
Durch den Beitritt Litauens in die EU genügt zur Einreise und einem Aufenthalt bis zu 90 Tagen der gültige Reisepass oder ein Personalausweis. Kinder bis 16 können im Reisepass der Eltern eingetragen sein, Jugendliche ab 16 Jahren benörigen einen eigenen Ausweis. Ein Kinderausweis muss ab dem 7. Lebensjahr mit einem Lichtbild versehen sein.
Die Anreise über das Territorium der Russischen Föderation (Kaliningrader/Königsberger Gebiet) ist nur mit einem russischen Visum möglich!

Auto fahren

• *Die deutsche Grüne Versicherungskarte ist in Litauen seit dem Beitritt zur EU nicht mehr zwingend vorgeschrieben. Auch muss an der Grenze keine Zusatzversicherung für deutsche Pkws mehr abgeschlossen werden. Dennoch ist es ratsam, die Grüne Karte nach wie vor dabei zu haben, sie erleichtert im Fall des Falles die Abwicklung sehr. Achten Sie aber darauf, dass Litauen in Ihrer Grünen Karte auch eingetragen ist.*

• ***Verkehrsvorschriften:***

- *Promillegrenze: 0,0*
- *Höchstgeschwindigkeit: innerorts generell 50 km/h, außerorts für Pkws, Motorräder sowie Wohnwagen und Gespanne bis 3,5 t bei 90 km/h, für Wohnmobile und Gespanne bis 7,5 t bei 70km/h und auf Autobahnen generell bei 110 km/h.*
- *Vom 1. November bis 1. März muss auch tagsüber mit Abblendlicht gefahren werden. Dazu vom 1.9–7.9.*
- *Vom 1. November bis 1. April sind Winterreifen Pflicht.*
- *Telefonieren ist nur mit Freisprecheinrichtung erlaubt, bei Unfällen muss immer die Polizei verständigt werden, ein Feuerlöscher ist Pflicht.*

Tanken

Auch bleifreies Benzin ist in Litauen zumindest an allen großen, modernen Tankstellen erhältlich und kostet knapp 1 € pro Liter. Mit einer guten Benzinqualität kann man vor allem bei den Ketten Neste, Statoil, Lithofinn und den bekannten Marken wie Shell erhalten.

Telefonieren

• *Litauen: 00370*

• *Nummer der englischsprachigen Auskunft: 118*

• *Vorwahl von Litauen nach Deutschland: 0049.*

Das funktioniert so: Wenn Sie nach Berlin anrufen wollen, wählen Sie die Ländervorwahl für Deutschland 0040 und dann die Vorwahl ohne Null folgend von der Anschlussnummer: 004930xxxx

• *Städtevorwahlen: Vor der eigentlichen Vorwahl wählt man zunächst eine 8 (nicht bei Anrufen aus dem Ausland!). Die Ortsvorwahlen werden umgestellt, der Prozess ist weitgehend abgeschlossen, derzeit laufen nur noch ganz vereinzelt alte Vorwahlnummern neben den neuen Ziffern. Die Vorwahlen sind immer mitzuwählen!*

Vilnius: 5, Klaipėda: 46, Palanga: 460, Kaunas: 37,
Neringa (alle Orte auf der Nehrung): 469

Am billigsten telefoniert man aus der Telefonzelle. Die rechteckigen Kartentelefone sind für Magnetstreifenkarten (Taxofon-Karte) gedacht, die man in Kiosken, Tankstellen und Postämtern erhält.

Notruf

Landesweit Polizei 02, Unfall 03, Feuerwehr 01. Diese Nummern werden nach und nach durch die zentrale Notfallnummer 112 ersetzt, die heute schon aus allen Handynetzen gilt.

Entfernungen
- *Klaipėda – Šilute: 42 km*
- *Klaipėda – Kaunas: 63 km*
- *Klaipėda – Palanga: 25 km*
- *Kaunas – Grenzübergang bei Ogrodniki: 98 km*
- *Klaipėda – Sowetsk: 93 km*
- *Klaipėda – Nida: 50 km*

Tourismusinformationen
***Baltikum Tourismus Zentrale**, Katharinenstr. 19, 10711 Berlin, Tel. 030 - 890 090 91, Fax 030 - 890 090 92, E-Mail: info@baltic-info.de, www.baltic-info.de. Weitere touristische Internetseiten: www.tourism.lt, www.travel.lt, www.litauen-info.de.*

Diplomatische Vertretungen
- ***Botschaft der Republik Litauen in der Bundesrepublik Deutschland**: Charitéstr. 9, 10117 Berlin-Mitte, Tel. 030-8906810, Fax. 030-89068115, E-Mail: info@botschaft-litauen.de, www.amb.urm.lt, Konsularabteilung: Tel. 030-89068119 (Visastelle 030-89068121), Fax 030-89009593*
- ***Konsulat der Republik Litauen in der Schweiz**: Avenue du Bouchet 18, CH - 1209 Genf, Tel. +41 - (022) 734 51 01, Fax +41 - (022) 734 50 70, E-Mail: mission.lithuania@ties.itu.int*
- ***Botschaft der Republik Litauen in Österreich**: Löwengasse 47, A - 1030 Wien, Tel. +43 - (01) 718 54 67/68, Fax +43 - (01) 718 54 69, E-Mail: chancery@mail.austria.eu.net*
- ***Botschaft der Bundesrepublik Deutschland**: Sierakausko gatve 24/8, 03105 Vilnius, Tel. (00370 5) 210 64 00, Fax (00370 5) 210 64 46, E-Mail: germ.emb@takas.lt*
- ***Österreichische Botschaft**: Gaono 6, LT-2001 Wilna (Vilnius), Tel. (+370/5) 2660 580, (+370/5) 2878 17 34, Fax (+370/5) 279 13 63, E-Mail: wilna-ob@bmaa.gv.at*
- ***Schweizer Generalkonsulat in Vilnius**: Consulate General of Switzerland, Rudninku gatve 18/2, LT-2001 Vilnius, Tel. (00370 5) 212 08 37, Fax (00370 5) 279 14 84, E-Mail: schweizer-gk-vilnius@gmx.ch*

Pannendienst
*Helfer in der Not ist der Straßenhilfsdienst des **Automobilclub von Litauen (LAS)**, der unter der Telefonnummer 8 80 00 00 00 oder 5 21 04 42 1/2 sowie im Mobilnetz unter 18 88 rund um die Uhr erreichba ist.*
***Lietuvos Automobilininku Sajunga (LAS)**, Antakalnio 28, 2055 Vilnius, Tel. (5) 2 10 44 21, Fax (5) 2 70 95 92, E-Mail: info@las.lt, www.las.lt*

Währung
Litas (LTL), 1 Litas = 100 Centas, 1 EUR = 3,4508 LTL, 1 LTL=0,29 EUR
Seit 2. 2. 2002 ist der Litas an den Euro gebunden.
Ähnlich wie in Polen können Sie in Litauen auch an jedem Bankautometen mit Ihrer EC-Karte Geld abheben. Kreditkarten werden in den meisten größeren Geschäften, Tankstellen und Hotels akzeptiert.

Reiseveranstalter

• ***Ebden Reisen***, *Frankfurter Str. 54, 35440 Linden, Tel. 06403-74117, Fax 72953, E-Mail: info@ebden-reisen.de*

• ***hercus Monte Fahrradreisen*** *Michael Lösch, Arndtstr. 92, 10965 Berlin Tel./Fax 030/2141295 E-Mail: loesch@hercusmonte.de*

• ***Nehrung Reisen***, *Am Martinshof 21, 79263 Simonswald, Tel./Fax 07683-1300. Adresse in Litauen: Pamario 35-7, 5872 Nida, Tel./Fax 00370-5952135, Handy: 00370-8666896, E-Mail reisen@nehrung-reisen.de*

• ***Schnieder Reisen***, *Schillerstraße 43, 22767 Hamburg, Tel. 040-3802060, Fax 388965, E-Mail: info@schniederreisen.de*

• ***Ost-Reise-Service GmbH***, *Am Alten Friedhof 2, 33647 Bielefeld, Tel. 0521-417 33-33, Fax 417 3344, E-Mail: ors@ostreisen.de*

Linienbusse nach Litauen

• ***Deutsche Touring GmbH***, *Am Römerhof 17, 60486 Frankfurt am Main, Tel. (069) 79 03-50, Fax 79 03-219, E-Mail: service@deutsche-touring.com, www.deutsche-touring.com. Preisbeispiel: Hin- und Rückfahrt Berlin – Kaunas 84 €*

• ***Salza Tours Lutz König***, *Am Fliegerhorst 5, 99947 Bad Langensalza, Tel. 03603-82670, Fax 8267333, E-Mail: info@salzatours.de, www.salzatours.de. Preisbeispiel: Berlin – Klaipėda: 107 €*

Bahn

Eine Bahnfahrt im Eurocity über Kaunas oder mit dem internationalen Nachtschnellzug dauert 23 bis 32 Stunden von Berlin über Warschau nach Klaipėda, www.bahn.de.

Litauische Staatsbahn: JSC „Lithuanian Railways", Pelėsos Str. 10, LT – 2030 Vilnius, Tel. (+ 370-5) 269 20 54, Fax (+370-5) 212 09 26, E-Mail: passenger@litrail.lt, www.litrail.lt, englisch: www.litrail.lt/KelEN.nsf.

Flugzeug

Palanga wird regelmäßig von der Deutschen Lufthansa, der Lithuanian Airlines und der Air Lithuania ab Hamburg, Hannover, Frankfurt/Main u. Berlin-Tegel angeflogen.

• ***Lithuanian Airlines***,*Sonnenstr. 9, 80331 München, Tel. 089 - 23 66 21 827, Fax 089 - 23 66 21 820, E-Mail: info@lithuanian-airlines.de, www.lal.lt*

• ***AirLithuania***, *Sonnenstr. 9, 80331 München, Tel. 089 - 23 66 21 825, Fax 089 - 23 66 21 820, E-Mail: infoTT@air-services.org, www.al.lt*

Preisbeispiel: ab Hamburg: Hin- und Rückflug ab 110 €, von München ab 118 €.

Fähre

• ***LISCO Baltic Service GmbH***, *Ostuferhafen 15, 24149 Kiel, Tel. 0431-209760, Fax 20976555, E-Mail: info@lisco-baltic-service.de. Kiel – Klaipėda: Fahrtdauer 25 Std., 5x wöchentlich*

• ***Scandlines Deutschland GmbH***, *Hochhaus am Fährhafen, 18119 Rostock-Warnemünde, Tel. 0381-54 350, Fax 0381- 5435209, E-Mail: info@scandlines.de, www.scandlines.de/timetable/de/timetable.aspx. Kiel – Klaipėda: Fahrtdauer 25 Std., 6x wöchentl. Preisbeispiel: 2 Erwachsene mit PKW bis 6 m in Doppelkabine (Hochsaison Juni–September): 420 €*

Feiertage

01.01.	*Neujahr*
16.02.	*Nationalfeiertag*
11.03.	*Wiedererlangung der Unabhängigkeit*
Karfreitag, Ostersonntag, Ostermontag	
01.05.	*Tag der Arbeit*
24.06.	*Mittsommernacht*
06.07.	*Krönung des Königs Mindaugas (Staatsgründung 1250)*
15.08.	*Mariä Himmelfahrt*
01.11.	*Allerheiligen*
25.12.	*1. Weihnachtsfeiertag*
26.12.	*2. Weihnachtsfeiertag*

Museen

Litauische Museen im Internet: Selten etwas Besseres gesehen, hier bekommt man umfassende Informationen über alle Museen Litauens, auch in deutscher Sprache, www.muziejai.lt/Turinys.de.htm.

Preise

Generell sind die Lebenshaltungskosten in Litauen um etliches niedriger als bei uns. Anders sieht das vor allem bei den Hotelpreisen in den Touristenhochburgen wie der Kurischen Nehrung aus, die für den Standard, den sie manchmal bieten als gepfeffert gelten können und spielend mit Westeuropa mithalten.

KLAIPĖDA/MEMEL *(S. 412)*

Touristeninformation

***Klaipėda Tourist Information Centre**, Turgaus g. 5,7, 5800 Klaipėda, Tel. 00370- 46- 412186, E-Mail: kltic@takas.lt, tic@one.lt, www.klaipeda.lt/klaipeda/index.jsp, www.neringainfo.lt. Es wird Englisch und Deutsch gesprochen.*

Unterkunft

- ***Hotel Radisson SAS** Klaipėda €€€€€, Sauliu 28, 92224 Klaipėda, Tel. 46-404372, Fax 46-404373, E-Mail: info.klaipeda@radissonsas.com, www.radissonsas.comklaipeda.lt. Klaipėdas bestes und teuerstes Hotel, mitten in der Stadt gelegen. Überaus komfortable Zimmer verschiedener Preisklassen, fast jeder Luxus ist hier möglich, fast jeder Service wird geboten, Preise von 180–450 € pro Doppelzimmer.*

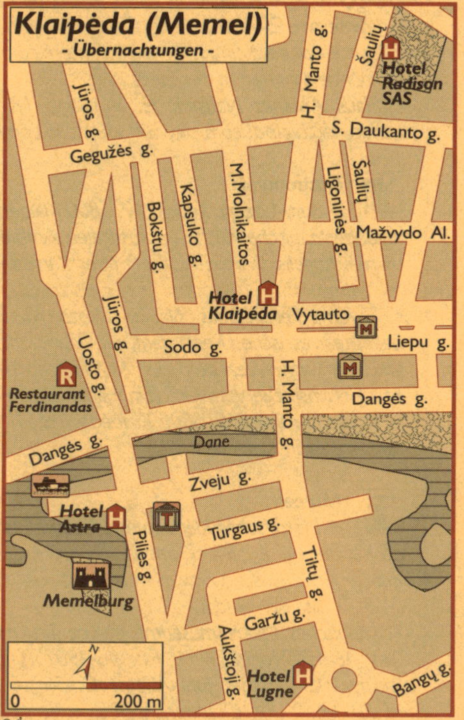

© igraphic

R

• ***Hotel Klaipėda €€€***, *Naujojo sodo 1, 92118 Klaipėda,. Tel. 00370 46 404372, Fax 00370 46 404373, E-Mail: hotel@klaipedahotel.lt, www.klaipedahotel.lt. Klaipėdas mit über 200 Zimmern größtes Hotel unterscheidet sich in nichts von anderen unpersönlichen internationalen Großhotels. Dafür gibt es hier wirklich alles, Mietwagen, Dolmetscherdienst, Reisebüro sind im Hause und komfortable Zimmer selbstverständlich. Vom 12. Stock wunderbare Aussicht auf die Stadt.*

• ***Hotel Lugne €€€***, *Galinio pylimo g.16, 91232 Klaipėda, Tel./Fax 46-411884, E-Mail: lugne@pajuris.lt, www.lugne.com. Am Zentralmarkt in der Innenstadt gelegnes kleineres Haus. Das freundliche, intime Lugne bietet auch dem Geschäftsreisenden alle Annehmlichkeiten. Die Zimmer mit dem goldenen Stern sind besonders luxuriös.*

• ***Hotel Astra €€***, *Pilies 2, 91240 Klaipėda, Tel. 46-313851, 313849, Fax 46-21 64 20, E-Mail: hotelastra@takas.lt. Ein paar Schritte vom Theaterplatz. Das Astra verwöhnt seine Gäste mit wenigen, aber geräumigen Zimmern und großen Bädern.*

• ***Hotel-Restaurant Morena €€***, *Audros g. 8a, Melnarage, 92277 Klaipėda, Tel. 46-351314, Fax 46-401905, E-Mail: admin@MorenaHotel.lt, www.MorenaHotel.lt. Etwas nördlich von Klaipėda nur 300 m vom Strand in schöner waldreicher Umgebung gelegenes kleines Hotel, familiäre Atmosphäre. Schöne Apartments (70 €) und Suiten (100 €), die ganz in Holz gehalten sind.*

Preisgünstige Alternative ab 20 €/Person: Bed and Breakfast in Klaipėda

• ***Litinterp €€***, *Puodziu. 17, Tel. (+370-46) 41 06 44, Fax (+370-46) 42 01 76, E-Mail: klaipeda@litinterp.lt, www.litinterp.com/indexDE.html, Gästehaus aus dem 18. Jahrhundert mitten in der Stadt.*

• ***Haus Antanas Nauseda €***, *Virsutine 18, 5813 Klaipėda, Tel. 213363, E-Mail: bandb_kl@bigfoot.com, www.homestead.com/bandb_kl.*

Gastronomie

• ***Buru Uzeiga***, *Kepeju 17, 5800 Klaipėda, Tel. 46-411319. Hier gibt es hervorragende litauische Küche im rustikalen Ambiente, üppige Portionen. Unbedingt probieren: Kugelis (Kartoffelauflauf) oder Kartoffelklöße mit Hackfleisch-Füllung und saurer Sahne.*

• ***Taverna Ferdinandas***, *Naujoji Uosto 10, 5800 Klaipėda, Tel. 31 36 81. Neues, beliebtes russisches Restaurant, mit Traditionsgerichten, die ausschließlich nach überlieferten Originalrezepten der Altgläubigen gekocht werden, freundliche Bedienung,; toll: Fleischspieße vom Grill. Ein Hauch altes Russland.*

• ***Kajute***, *Sukilėlių 10, 5800 Klaipėda, Tel. 31 44 71. Eines der wenigen guten Fischrestaurants in Klaipėda.*

Museen

• ***Historisches Kleinlitauen Museum/Mažosios Lietuvos istorijos muziejus***, *Didžioji Vandens g. 6, 5800 Klaipėda, Tel. 46-410523, 46-410524, Fax 46-312139, E-Mail: info@mlimuziejus.lt, www.mlimuziejus.lt. Geöffnet: 1.6.–31.8. Mi–Sa 10–18 Uhr, 1.9.–31.5. Di–So 10–18 Uhr.*

• ***Litauisches Meeresmuseum/Lietuvos jūrų muziejus***, *Smiltynės pl. 3, 5800 Klaipėda, Tel. 46-470940; 470954, Fax 46-490750, E-Mail: ljm@juru.muziejus.lt, www.juru.muziejus.lt, geöffnet Juni–August Di–So 10.30–18.30 Uhr, Mai–September Mi–So 10.30–17.30 Uhr, Oktober–April Sa u. So 10.30–16.30 Uhr.*

• ***Litauisches Uhrenmuseum/Klaipėdos laikrodžių muziejus**, Liepų g. 12, 5800 Klaipėda, Tel. 46-213694, Fax 46-215544. Führungen sind unter Tel. +370-6-213531 zu bestellen, E-Mail: klm@takas.lt, www.muziejus.cjb.net, geöffnet: Di–Sa 12–18, So 12–17 Uhr.*

KURISCHE NEHRUNG/STADT NERINGA (S. 400)

Touristeninfos

• ***Neringa Tourist Information Centre „Agila"***

- Taikos 4, 93121 Nida, Tel./Fax 469-52345, E-Mail: agilainfo@is.lt, www.neringainfo.lt/index_de.html

- L.Rėzos 54, 93101 Juodkrantė, Tel./Fax 469-53490

• ***Nationalpark Kurische Nehrung**: Verwaltung des Nationalparks Kurische Nehrung/Kuršių Nerijos Nacionalinis parkas, Smiltynės 18, 93100 Klaipėda, Tel./Fax (46) 39 11 13, E-Mail: info@nerija.lt, kinfo@takas.lt, www.nerija.lt/en/tourist.*

JUODKRANTĖ/SCHWARZORT (S. 420)

Unterkunft

Auf der Kurischen Nehrung ist man sich der Einmaligkeit der Landschaft bewusst und lässt den Gast das manchmal im Hotel spüren. Nicht immer sind die Preise dem Gebotenen angemessen, oft ist der Zimmerstandard innerhalb eines Hauses völlig unterschiedlich und das Personal im Gegensatz zu den Litauern sonst eher arrogant als freundlich.

• ***Hotel Egliu Slenis €€/€€€**, Ievos Kalno g. 28, 5870 Juodkrantė, Neringa, Tel. 469-53170, Fax 469-53364, E-Mail: reception@egliuslenis.lt, www.egliuslenis.lt. Komfortables, neues, wie der Name besagt, im „Tal der Tannen" gelegenes Hotel für 50 Gäste, das jeden erdenklichen Service bietet – gegen gutes Geld.*

• ***Hotel Ąžuolynas €€**, Rėzos g. 54, 93101 Juodkrantė, Neringa, Tel. 469-53316, 469-53310, Fax 469-255838, E-Mail: hotelazuolynas@takas.lt. Nicht weit vom Wasser in waldiger Umgebung gelegenes gemütliches Hotel mit komfortablen Zimmern und Tennisplatz, das jede Menge Ausflugsangebote bereit hält.*

• ***Bed&Breakfast Prie azuolo €€**, L. Rezos g. 54, 93101 Juodkrantė, Neringa, Tel. 00370 698 00345. 00370 699 33831, E-Mail: vaidas@prieazuolo.lt, www.prieazuolo.lt.*

NIDA/NIDDEN (S. 417)

Kultur

• ***Bernsteingalerie**/Gintaro galerija-muziejus, Pamario g. 20, LT-5872 Nida, Tel./Fax (8-259) 52573, Tel./Fax (8-259) 52712, Fax (8-259) 52141, E-Mail: info@ambergallery.lt, www.ambergallery.lt, geöffnet Mo–So 9–21 Uhr.*

• ***Historisches Museum der Stadt Neringa**/Neringos istorijos muziejus, Naglių g. 4, 5870 Nida, Tel. 52372, 52164, Fax 52601, E-Mail: neringosmuz.@is.lt, geöffnet Di–So 11–19 Uhr, 15.9.–1.5. Mi–Sa 10–17 Uhr.*

• ***Thomas Mann Museum**/Tomo Mano memorialinis muziejus Nidoje und Thomas Mann Kulturzentrum/Tomo Mano kultūros centras, Skruzdynės g. 17, 5872 Neringa, Tel./Fax (8-259) 52260, E-Mail: mann@nida.omnitel.net, www.mann.lt, www.thomas-mann-haus.de.*

R

Unterkunft

• ***Hotel Parnidžio Kopa €€€***, *Taikos g. 26, 93121 Nida, Neringa, Tel. 469-52631, Fax 469-52794, E-Mail parnidis@kds.lt, parnidziokopa@email.lt, www.parnidziokopa.lt. Das wohl beste und auch teuerste Hotel von Nida. Am Stadtrand gelegen, vom überdachten Pool bis zur Sauna fehlt es an nichts.*

• ***Hotel Nidos Smiltė*** *(Niddener Sand)* ***€€***, *Skruzdynės g. 2, Nida, 5872 Neringa, Tel. 469-52221, 469-52219, Fax 469-52762, E-Mail: smilte@is.lt, www.is.lt/smilte. Das ehemalige Hotel Hermann Blode, in dem nur noch einige Fotos an die Künstlerkolonie und Ernst Mollenhauer erinnern. Sehr schön am Haffufer zwischen Ortskern (den man auf der Haffpromenade entlang spazierend in zehn Minuten erreicht), komfortable Zimmer, die aber in der Ausstattung sehr unterschiedlich sind, im Haupthaus durchweg besser als im Nebengebäude. Zum Nidos Smiltė gehört das Nidos Pusynas.*

• ***Hotel Auksinės Kopos (Goldene Dünen) €€***, *Kuverto 17, 93121 Nida, Neringa, Tel. 469-52 212, Fax 469-52 947. Großes Hotel (150 Betten) im Wald auf der Höhe zwischen Haff und Meer, aber ohne Aussicht. Dafür gibt es Sauna, Dampfbad, Hallenbad und Freibad, Konferenzräume, Fahrradverleih, Reiten, Akupunktur und vieles mehr. Das Freibad ist für Hotelgäste gratis, andere zahlen 10–15 Lt.*

• ***Hotel Jurate €€***, *Pamario 3, 93124 Nida, Neringa, Tel. 469-52 618, 469-52 619, Fax 469-51 118, E-Mail: jurate-nida@takas.lt, www.kopos.lt/jurate/viesbutis.php. Großes Hotel (200 Betten) mitten in Nida mit großem Angebot vom Fitnesscenter bis zum Fahrradverleih. Beliebtestes Hotel deutscher Reiseveranstalter.*

• ***Hotel Lineja €€***, *Taikos 18, 93121 Nida, Neringa, Tel. 469-52 390, Fax 469-52 718, E-Mail: info@lineja-hotel.lt, www.lineja-hotel.lt. 26 Zimmer, 10 Doppelzimmer (200 Lt.), 16 Suites (380 Lt.). Zentral gelegenes freundliches kleines Hotel mit Sauna, Fahrradverleih und zwei Bowlingbahnen, komfortable Zimmer, keine architektonische Perle, aber guter Standard.*

• ***Hotel Nidos Ruta €€***, *Kuverto 15, 93013 Nida, Neringa, Tel. 469-52 229/469-52 367, Fax 469-52 819, E-Mail: info@nidus.lt, www.nidos-ruta.lt. Liegt neben dem Hotel Auksinės Kopos auf einem Hügel zwischen Haff und Ostsee. Früher für die kommunistischen Parteibosse reserviert, dann für die Ferien des Präsidenten und andere VIPs. Dennoch ist der große (300 Betten) Komplex im Wald mit Hallenbad und Fahrradverleih etwas unscheinbar.*

• ***Hotel Villa Jelita €€,*** *G.D. Kuverto g. 7f, 7d, 93121 Nida, Neringa, Tel. 00370 469 51150, 52276, Fax 00370 469 52287, E-Mail: jelita@jelita.lt,www.jelita.lt. ml Ortskern gelegenes schönes altes Holzhaus im typischen Nehrungsstil, mit schönen Zimmern, sehr familiäre Atmosphäre.*

• ***Hotel Nidos Pusynas €***, *Purvynes 3, 93123 Nida, Neringa, Tel. 469-52 221, Fax 469-52 762, E-Mail: smilte@is.lt, www.is.lt/smilte. Hier gibt es Zimmer in unterschiedlicher Ausstattung in vier urigen Holzhäusern, den „Fischerhütten", vom Jugendherbergsniveau bis zum Komfortzimmer mit Bad gibt es alles. Hier gibt es für Jugendliche die Möglichkeit für 5 € zu übernachten, auch für Jugendgruppen geeignet!*

Camping

Nidos Kempingas, *Taikos g. 45a, 93121 Nida, Neringa, Tel. (00370-469) 52045, Mob. Tel. (00370-682) 41150. Tennisplätze, Swimmingpool, Sauna und Zimmervermietung, hier gibt es alles, das aber dann nicht zum Spartarif. Der Wohnmobilstellplatz kostet etwa 15 €, pro Person zahlen Sie 4,30 €.*

Gastronomie

• ***Restaurant Kuršis***, *Nagliu 29, 5872 Nida, Neringa, Tel. 469-52804, www.freewebs.com/kursis/index.htm. Reichhaltige Speisekarte auch mit günstigen Gerichten. Sieger des Wettbewerbs „Beste Küche 97" und mitten in der Stadt gelegen. Hier isst man gut und günstig mit Blick aufs Haff. Besonders lecker die kleinen Snacks, die in der litauischen Küche eigentlich Vorspeisen sind, z.B. Kepta duona, in Streifen geschnittenes Knoblauchbrot.*

• ***Restaurant Ešerine***, *Nagliu 2, 5872 Neringa, Tel. 469-52752, E-Mail: eserine@takas.lt, mit toller Aussicht auf Haff und Düne und urigem Ambiente. Versuchen Sie ein Fischgericht, z.B. überbackenes Zanderfilet mit Oliven oder etwas typisch Litauisches wie Rukytos Ausis, geräucherte Schweinsohren.*

Reisen in der Russischen Föderation (S. 386)

Diplomatische Vertretungen

• *In der Kaliningradskaja Oblast gibt es nun ein deutsches Konsulat:* ***Generalkonsulat der Bundesrepublik Deutschland in Kaliningrad***, *c/o Hotel Albertina, ul. Demjana Bedwono 13 A, 236000 Kaliningrad, Tel. (+7) (0112) 326923, Fax 326917. Für die Ausstellung von Pässen und Passersatzpapieren ist seit dem 01.04.2004 die Botschaft Moskau zuständig.*

• ***Deutsche Botschaft Moskau***, *Mosfilmovskaya 56, 119285 Moscow, Tel. (007) (095) 937-95-00, Fax (007) (095) 938-23-54, E-Mail: germanmo@aha.ru, www.deutschebotschaft-moskau.ru.*

• ***Russische Botschaft in Deutschland***, *Unter den Linden 63–65, 10117 Berlin, Tel. (030) 229 12 07, Fax (030) 229 93 97, E-Mail: info@russische-botschaft.de, www.russische-botschaft.de, Konsularbezirk: Berlin, Brandenburg, Mecklenburg-Vorpommern und Sachsen-Anhalt.*

• ***Russisches Generalkonsulat Bonn***, *Waldstraße 42, 53177 Bonn, Tel. (0228) 38 67 930, Fax (0228) 31 21 64, Visaabteilung: (0228) 38 67 930, E-Mail: bonn-info@russische-botschaft.de, www.bonn.russische-botschaft.de. Konsularbezirk: Länder Nordrhein-Westfalen, Baden-Württemberg, Hessen, Rheinland-Pfalz.*

• ***Generalkonsulat Hamburg***, *Am Feenteich 20, 22085 Hamburg, Tel. (040) 29 11 10, 229 11 29, 224 87 135, 224 87 136, Fax (040) 229 93 97, E-Mail: general.konsulat-hamburg@debitel.net, www.homepage.hamburg.de/generalkonsulat-russland/home.htm Konsularbezirk: Hamburg, Bremen, Niedersachsen und Schleswig-Holstein.*

• ***Generalkonsulat Leipzig***, *Turmgutstr.1, 04155 Leipzig, Tel. (0341) 585 18 76, Fax (0341) 564 95 89, E-Mail: rusgenkon_leipzig@t-online.de, Konsularbezirk: Sachsen und Thüringen.*

• ***Generalkonsulat München***, *Seidlstraße 28, 80335 München, Tel. (089) 59 25 28, 59 25 03, Fax (089) 550 38 28, Konsularbezirk: Bayern.*

Entfernungen

• *Kaliningrad – Bagrationowsk: 39 km*
• *Kaliningrad – Tschwernjachowsk: 86 km*
• *Kaliningrad – Sowjetsk: 108 km*
• *Kaliningrad – Swetlogorsk: 31 km*
• *Kaliningrad – Zelenogradsk: 23 km*

R

Grenzübergänge

Nur folgende Übergänge (24 Std.) können von EU-Bürgern genutzt werden:

- ***Auto:***
  - *Mamonowo/Braniewo*
  - *Bagrationowsk/Bezledy*
  - *Zhelesnodoroshnij/Gołdap*
- ***Eisenbahn:*** *Braniewo/Mamonowo*
- ***Autoübergänge nach Litauen:*** *Sowjetsk und Nida*

ANREISE

Bus

Es gibt preiswerte Linienbusse von Deutschland nach Kaliningrad. Anbieter sind:

- ***Deutsche Touring GmbH**, ZOB Hamburger Allee 19, 30161 Hannover, Tel. 0511-329419, 3631088, Fax 368135, fährt von verschiedenen Orten aus.*
- ***Reisedienst von Rahden**, Haidkamp 49, 28790 Schwanewede, Tel. 04209-916221, fährt von verschiedenen Städten aus.*
- ***König Avto**, Moskowskij pr. 184, 236006 Kaliningrad, Tel. 0070112467652, von verschiedenen deutschen Städten aus.*

***Preisbeispiele** jeweils mit Hin- und Rückfahrt: Kaliningrad – Hannover 99 €, Kaliningrad – Stuttgart 105 €.*

Bahn

Über Gdańsk, Elbląg und den Grenzübergang Braniewo ist Kaliningrad mit dem Zug im normalen Linienverkehr erreichbar. Derzeit gibt es wieder eine direkte Verbindung zwischen Berlin-Lichtenberg und Kaliningrad. Der Nachtschnellzug D 345 führt seit gut einem Jahr einen Schlafwagen der Russischen Eisenbahnen nach Kaliningrad mit.

Schnellboot von *Elbląg*

***Żegluga Gdańska**, Bulwar Z. Augusta, 82-300 Elbląg, Tel. (0048-55) 232 73 19, Fax (0048-55) 232 60 8, E-Mail: zegluga@zegluga.pl, www.zegluga.gda.pl/polesied.htm. Das Tragflächenboot Polesie fährt von Anfang Mai bis Mitte September täglich ab Elbląg 7.30 und 10 Uhr, Ankunft Kaliningrad Ortszeit 11.45 und 12 Uhr im Flusshafen Prawaja Nabereschnaja. Abfahrt Kaliningrad 18 Uhr, Ankunft Elbląg 20,25 Uhr, Preis pro Erwachsener: 42 €.*

Flugzeug

Die Landebahnen des Kaliningrader Flughafens Chrabrowo sind in einem sehr schlechten Zustand. Daher gibt es eine Gewichtsbeschränkung für startende und landende Maschinen von 70t. Es gibt derzeit keine Nonstopverbindung aus Deutschland.

Die russische Fluglinie Aeroflot fliegt Kaliningrad-Chrabrowo täglich ab Frankfurt an (ab 332 €), die Pulkovo Aviation (www.eng.pulkovo.ru) ab Hamburg, Hannover, Frankfurt und München über St. Petersburg (je ab 350 €). Von Warschau fliegt die polnische Linie LOT Kaliningrad täglich an (Warschau – Kaliningrad hin und zurück um 160 €), Zubringerflüge von Berlin, Düsseldorf und Frankfurt werden angeboten. Für Norddeutsche könnte auch die Verbindung der Danish Air von Kopenhagen nach Kaliningrad sein.

Vorwahl

Russische Föderation: 007, Kaliningrad 0112 (822), Tschernjachowsk 001141 (8241), Gusew 01143 (8243), Sowjetsk 01161 (8261), Zelenogradsk 01150(8250). Wenn Sie von Deutschland aus in Kaliningrad anrufen wollen, wählen Sie bitte 007-0112, die Null der Kaliningrader Ortsvorwahl muss unbedingt mit gewählt werden.
Von Russland nach Deutschland: 1049, davor die 8.
Wenn Sie vom Hotel nach Berlin anrufen wollen, wählen Sie also bitte 8-1049-30-xxx. Aus manchen Hotels müssen Sie noch eine zweite 8 voran stellen und nach Berlin 88-1049-30-xxxx wählen.
Wenn Sie aus dem russischen Mutterland ins Kaliningrader Gebiet anrufen wollen, benutzen Sie bitte die gleichen Vorwahlen wie von Deutschland aus. Wenn Sie aber innerhalb des Kaliningrader Gebietes von Ort zu Ort telefonieren wollen, benutzen Sie bitte die in Klammern gesetzten Vorwahlen.

Notruf

- ***Notruf Auswärtiges Amt**: 0049-1888-17 44444*
- ***landesweit Feuerwehr**: 01, **Miliz**: 02, **„Schnelle medizinische Hilfe"**: 03*

Währung

Die russische Währung heißt Rubel (1 Rubel = 100 Kopeken). Kurs März 2005:
1 € = 26,68 Rubel, 1 Rubel = 0,0375 €

Zeitunterschied

In Kaliningrad gilt die Osteuropäische Zeit (OEZ), Zeitunterschied zu Deutschland im Kaliningrader Gebiet ganzjährig + 1 Stunde.

Feiertage

01.01.	Neujahr
02.01.	Neujahr (2. Feiertag)
07.01.	Orthodoxes Weihnachten
14.01.	Orthodoxes Neujahr
23.02.	Tag der Vaterlandsverteidiger
08.03.	Internationaler Frauentag
01.05.	Maifeiertag
09.05.	Tag des Sieges
12.06.	Unabhängigkeitstag
letzter Sonntag im Juli:	Tag der Marina
07./8.11.	Tag der Verständigung
12.12.	Tag der Verfassung
31.12.	Silvester

Gesundheit

In der Russischen Föderation gilt eine Krankenversicherungspflicht für alle Ausländer eingeführt, die privat, touristisch oder geschäftlich nach Russland einreisen. Schon zur Beantragung des Visums ist ein Nachweis über eine abgeschlossene Auslandsreise-Krankenversicherung zusammen mit den Antragsunterlagen einzureichen. Eine Liste der anerkannten Versicherungsgesellschaften (diese und nur diese werden akzeptiert!) finden Sie hier: www.russische-botschaft.de/Konsulat/versicherungen.htm.

Auto fahren

Einreise:

Zur Einreise mit dem Pkw benötigen Sie außer Reisepass und Visum den Nationalen Führerschein (weniger Probleme bereitet der EU-Führerschein) sowie den Fahrzeugschein und die Grüne Versicherungskarte. Seit Herbst 2003 gibt es ein russisches Gesetz, das eine Mindest-Haftpflichtversicherung vorschreibt. Obwohl die Grüne Karte verlangt wird, ist bisher keine westliche Versicherung in Russland zugelassen. So müssen Sie an der Grenze eine russische Versicherung für bis zu 2 Monate kaufen, was je nach kW, Hubraum und Aufenthaltsdauer zwischen 30 und 70 € kostet. Reiben Sie sich nicht daran, es ist halt so: eta Rossija – so ist Russland.

Ingosstrakh, Pyatnizkaya ulica 12, GSP 8, 115998 Moskwa, Tel. (095) 2 32 32 11/9 59 46 77, Fax (095) 9 59 45 18/9 59 44 05, E-Mail: ingos@ingos.ru.

Ebenfalls an der Grenze wird für Ihren Pkw ein Zolldokument ausgestellt, das für die Dauer Ihres Aufenthaltes neben dem Pass das zweitwichtigste Dokument ist und bei jeder der zahlreichen Straßenkontrollen vorgewiesen werden muss.

Verkehrsbestimmungen:

- *Promillegrenze: 0,0*
- *Höchstgeschwindigkeit: innerorts für alle 60 km/h, außerorts für Pkw, Motorräder, sowie Wohnmobile bis 3,5 t 90 km/h, außerorts auf der Autobahn 110 km/h. Wohnmobile und Gespanne über 3,5 t dürfen außerorts 70 km/h und auf der Autobahn 90 km/h fahren.*
- *Jedes Kfz muss mit einem Feuerlöscher ausgestattet sein.*
- *Fahrzeugen und Konvois mit Blinklicht muss das Überholen ermöglicht werden.*
- *Überholverbot gilt im Bereich von Kreuzungen und Eisenbahnübergängen.*
- *Grundsätzlich ist bei größeren Pannen und allen Verkehrsunfällen die Polizei unter Telefon 02 oder über die Notrufsäulen an den Straßen zu verständigen. Jeder Unfall ist der Versicherungsagentur „Ingosstrakh", Pjatnizkaja ulica 12, 113805 Moskwa, Telefon (095) 655 55, zu melden.*

Tanken

Das Tankstellennetz im Kaliningrader Gebiet wächst ständig und die Zeiten, in denen man kein bleifreies Benzin erhalten konnte, sind vorbei. Man erhält es heute an den großen, modernen Tankstellen in Kaliningrad (z.B. am Moskowski pereulok) und den anderen größeren Städten wie Tschernjachowsk (z.B. Gusewer Straße). Bevorzugen sollte man die Sorten 92 (Normal) und 95 (Super), deren Oktanzahl hoch genug ist. Gibt es nur eine Sorte mit den Ziffern „95", ist die in der Regel bleifrei, eindeutig ist es aber nur, wenn es neben 95 auch 95E gibt, die Sorten mit E, also 92E oder 95E, sind mit Sicherheit bleifrei.

Diesel zu bekommen ist kein Problem, er wird mit den kyrillischen Buchstaben DT bezeichnet und kann qualitativ sehr unterschiedlich sein. Wer seinen Turbodiesel nicht ruinieren will, sollte nur an einer der großen, neuen Tankstellen von Neste, Lukoil u.ä. tanken.

Pannenhilfe/Notruf

Die Straßenwacht des russischen Automobilclubs RAS ist unter der zentralen Moskauer Rufnummer (095) 229 81 38 zu erreichen.

R

***Russian Automobile Society (RAS)**, Leontjevskij pereulok 23, 125009 Moskwa, Tel. (095) 229 75 40/229 07 07, Fax (095) 299 75 40/292 99 98.*
Hilfe über die Notrufnummer des ADAC erhalten Sie hier: 8 10 49 89 22 22 22. Bei dieser Nummer sind Sie richtig bei Verlust oder Diebstahl von Reisepapieren, Diebstahl des Autos und Unfällen.

KALININGRAD/KÖNIGSBERG *(S. 391)*
***Vorwahl:** 0112, innerhalb des Kaliningrader Gebietes 822*

Adressen

- ***Deutsch-Russisches Haus**, Jaltinskaja 2 a, 236001 Kaliningrad, Tel. 469682, 450631, 536825, E-Mail: DRH@KGD.CITYLINE.RU oder WUNSCH@MAIL.RU. Wer mehr über das Leben in Kaliningrad erfahren möchte, kann sich hierhin wenden.*

Kaliningrad/Königsberg - Übernachtungen -

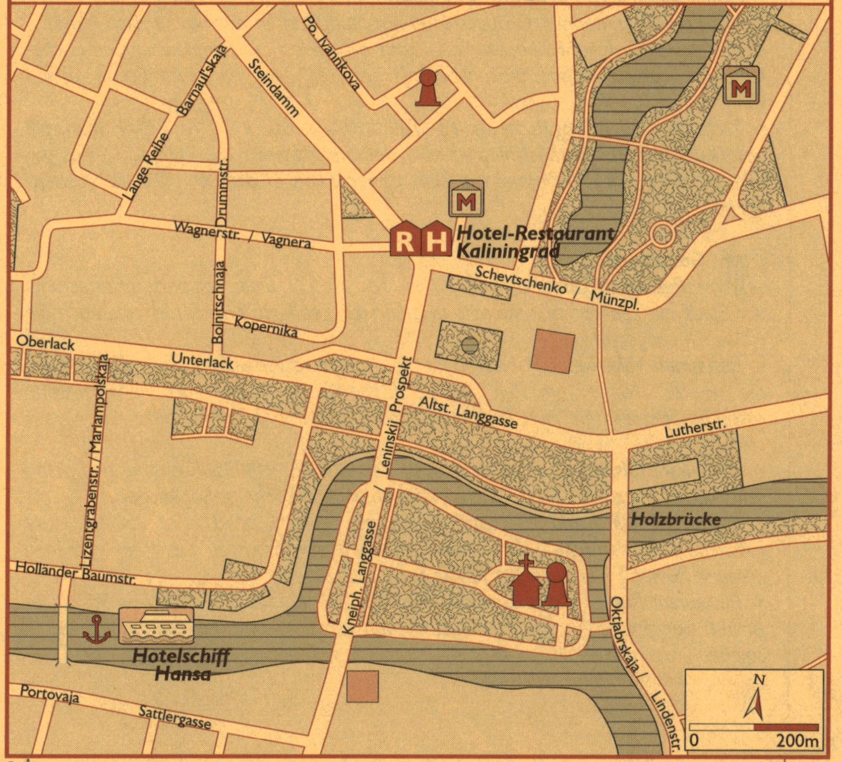

• *IHK Hamburg, ul. Kutusowa 39, 236010 Kaliningrad, Tel. 211538, 95 55 44, Fax 554236, E-Mail: service@kgd.hk24.biz, www.hkhamb-ahk-kaliningrad.com/de/info.html, Dependance der Handelskammer Hamburg.*

Unterkunft

• ***Best Eastern Hotel Deima €€€**, ul. Generala Tolstikowa 15-2, 236011 Kaliningrad, Tel. 449214, 710814, Fax 449200, E-Mail: www.besteastern.com/online/gethoteldescription.asp?id=3. Kleines neu gebautes Haus mit sehr schönen Zimmern, unweit des Hauptbahnhofs im Süden der Stadt gelegen.*

• ***Best Eastern Hotel Dohna €€€**, ul. Marschall Vasileevskovo 2, 236016 Kaliningrad, Tel. 351650, www.besteastern.com/online/gethoteldescription.asp?id=201188, neues, recht schönes Hotel mit skandinavischem Interieur, unweit des Dohnaturms zentral gelegen.*

• ***Hotel Kaliningrad €€**, Leninskij pr. 81, Tel. 350500, 469440, Reservierung: 53602, Fax 469590, 536021, E-Mail: market@hotel.kaliningrad.ru, www.hotel.kaliningrad.ru. Betonklotz, nicht schön, aber zentral gelegen und mit aller nötigen touristischen Infrastruktur inklusive bewachtem Parkplatz.*

• ***Hotel Baltika €€**, Moskovski pr 202, Tel. 455541, 353511, Fax 353507, E-Mail: baltika-hotel@gazinter.net. Großes Hotel am Stadtrand an der Straße nach Moskau/Tschwernjachowsk auf Höhe des Polizeikontrollpunktes an einem kleinen See Uschakowskoje Oziero/Lauther Mühlenteich) gelegen, an dem man auch Boote mieten kann.*

• ***Tschaika €€**, ul. Pugatschewa 13, Tel. 210729, Fax 212816, E-Mail: market@hotel.kaliningrad.ru, www.kaliningrad-hotel.de/hotels/tschaika_tourist.html. Kleines gepflegtes Hotel mit 24 Zimmern in einem alten Haus in der der Nähe der Luisenkirche.*

Gastronomie

• ***Restaurant Universal**, Mira pr. 43, Tel. 216931. Eines der besten Restaurants der Stadt mit gepflegtem Ambiente und Service, gepflegte Küche, hier sind auch die einfachen Dinge gut.*

• ***Restaurant Valensia**, pl. Pobedy 1, im Haus der Stadtverwaltung, Tel. 433820, nicht nur wie der Name vermuten lässt spanische Küche, e gibt auch hervorragende russische Spezialitäten. Hier finden die Empfänge der politischen Spitze Kaliningrads statt.*

• ***Restaurant Olsztyn**, ul. Olschtynskaja 1, Tel. 444646, 444635. Russische und polnische Küche, Spezialität: Salat Olsztyn, köstlich auch die Schnitzelvariationen.*

• ***Restaurant Kaliningrad**, im Hotel Kaliningrad, Leninskij pr. 81, Tel. 350773. Gute russische und deutsche Küche, das Restaurant der frisch zu Geld gekommenen „Neuen Russen", hier fließt der Kaviar noch in Strömen.*

• ***Restaurant Rus**, ul. Tschernjachowskogo 78, Tel. 436582. Im russischen Stil eingerichtet, hier gibt es zu russischen Spezialitäten von Blinis über Pelmeni bis zu Fleischspießen „russische Seele" dazu.*

ZELENOGRADSK/CRANZ (S. 400)
Vorwahl: *01150, innerhalb des Kaliningrader Gebietes 8250*

Unterkunft
- ***Hotel Korolewa Luisa/Königin Luise €€***, *Moskowskaja 50, 238530 Zelenogradsk, Tel./Fax 32164. Das am alten Platz völlig neu aufgebaut mit dem Traditionsnamen ist stilvoll und bietet allen Komfort, dazu liegt es nur einen Steinwurf vom Meer entfernt.*
- ***Hotel Baltiskaja Korona/Baltische Krone €€***, *ul Wolodarskowo 8, 238530 Zelenogradsk, Tel./Fax 31268. Schön in Strandnähe gelegenes kleineres Haus mit angenehmen Zimmern und einem recht guten Restaurant.*
- ***Villa Lana €€***, *ul. Gagarina, 238530 Zelenogradsk, Tel./Fax 433727, 433055, Fax 536382, E-Mail: septima@gazinter.ru, www.villa-lana.ru, aus zwei Gästehäusern bestehende kleine Ferienanlage mit Restaurant, familiäre Atmosphäre, es wird Deutsch gesprochen. Nur einen Steinwurf vom Ostseestrand entfernt gelegen.*

LESNOJE/SARKAU (S. 401)
Vorwahl: *01150, innerhalb des Kaliningrader Gebietes 8250*

Unterkunft
Hotel Kurshkaja Kossa/Kurische Nehrung €€, *238530 Kaliningradskaja Oblast, Zelenogradskaja Rayon, Lesnoje, ul. Zentralnaja 17, Tel./Fax 8-01150-452-42, E-Mail: holiday@39rus.ru, cs1@baltnet.ru, www.holiday.39rus.ru. Unweit des Haffs direkt an der Nehrungsstraße gelegenes neues, komfortables Hotel, zum Ostseestrand 300 m.*

RIBATSCHIJ/ROSSITTEN (S. 401)
Vorwahl *01150, innerhalb des Kaliningrader Gebietes 8250*

Unterkunft
Postojalij Dwor €€, *238535 Ribatschij, direkt an der Nehrungsstraße am Ortsrand gelegen. Im Jahr 2000 im ländlichen Stil erbautes Hotel. Es verfügt über ein Restaurant mit erstklassigen Fischspezialitäten.*

Gastronomie
U dorogi, *238535 Ribatschij, an der Nehrungsstraße, wo die Straße in den Ort abzweigt gelegenes rustikales Holzhaus. Umfangreiche Karte mit leckeren Fischspezialitäten.*

MORSKOJE/PILKOPPEN (S. 402)
Vorwahl *01150, innerhalb des Kaliningrader Gebietes 8250*

Unterkunft
Dosug, *ul. Datschnaja 17, 238530 Bezirk Zelenogradsk, Morskoje, Tel. 41285, 41109, Fax 41396, E-Mail: info@gas-gaz.lt,dosug-na-kose@39rus.ru, www.dosug.39rus.ru. Vier direkt am Haffufer gelegene Bungalows mit Blick auf die Epha-Düne, Restaurant, Fahrrad- und Bootsverleih sind vorhanden. In Morskoje kann man die Stille dieser grandiosen Landschaft genießen.*

R

TSCHERNJACHOWSK/INSTERBURG (S. 403)
Vorwahl *01141, innerhalb des Kaliningrader Gebietes 8241*

Unterkunft

• ***Hotel u Medwedja/Hotel zum Bären €€***, *ul. Tonnelnaja, 238100Tschernjachowsk, Tel./Fax 34815. Zu buchen von Deutschland aus über: Greif Reisen A Mathey GmbH, Universitätsstraße 2, 58455 Witten, Tel. 023002-24044, Fax 25050. Sehr familiäres kleines Haus mit gemütlichen, komfortablen Zimmern (49 Betten), toller Atmosphäre und einem fast unschlagbaren Service.*

• ***Hotel Piwnoj Dwor/Bierhof €€***, *ul. Suworova 14, 238100 Tschernjachowsk, Tel. 34627, Fax 32808, kleines Haus mit Restaurant, unweit der reformierten Kirche gelegen.*

Gastronomie

Cafe Traktir, *direkt an der Straße vom Kaliningrad nach Tschernjachowsk in Meschdureschje/Norkitten gelegen, erstklassige russische Küche.*

GUSEW/GUMBINNEN (S. 405)
Vorwahl: *01143, aus dem Kaliningrader Gebiet 8243*

Unterkunft

Hotel Rossija €€, *ul. Soi Kosmodemjanskoi 2, Tel. 30872, 31568, im ehemaligen Hotel Kaiserhof mitten in der Stadt gelegenes Haus mit einfachem aber brauchbaren Standard, ein recht ansprechendes Restaurant ist im Haus.*

SOWJETSK/TILSIT (S. 407)
Vorwahl: 01161, aus dem Kaliningrader Gebiet 8261

Unterkunft

• ***Hotel Tilsitskij Dwor/Tilsiter Hof €€***, *ul. Iskry 15, 238700 Sowetsk, Tel. 26177171. Im Stadtzentrum gelegenes Hotel mit 20 Zimmern (alle mit Dusche/WC) und Restaurant.*

• ***Hotel Rossja €€***, *ul. Lunatscharskowo 2, 238700 Sowetsk, Tel. 75372. Im Jahr 1996 total renoviertes Hotel im Stadtzentrum mit eigenem bewachten Parkplatz.*

SWETLOGORSK/RAUSCHEN (S. 396)
Vorwahl: *01153, innerhalb des Kaliningrader Gebietes: 8253*

Unterkunft

• ***Universal Hotel €€€***, *ul. Nekrassowa 3, Swetlogorsk, 238560 Russland, Tel. 0070112916653, Fax 0070112951932. Im Zentrum keine 200 m vom Strand gelegenes neues, sehr gut geführtes Haus mit allem Komfort in 32 Zimmern, das weiter ausgebaut wird. Hier logieren auch die politischen Spitzen, Bundesaußenminister Fischer war auch schon hier.*

• ***Hotel Swetlogorsk €€€***, *Kaliningradskaja pr. 70 b, Swetlogorsk, 238560 Russland, Tel./Fax 36184. Schön renovierte, komfortable Zimmer findet man in diesem Hotel am Kurviertel.*

• ***Hotel Jantarnij Bereg €€***, *ul. Wereschagina, 4, Swetlogorsk, 238560 Russland, Tel. 21578, Fax 53216, E-Mail: yantarbereg@baltnet.ru, www.yantarbereg.ru. Im ehemaligen Kurhaus der höheren Parteifunktionäre bekommt man nicht nur komfortable Zimmer, sondern kann auch Kuranwendungen buchen.*

• ***Hotel Baltijskaja Schemtschuschina/Baltische Perle €€***, *238560 Kaliningradskaja Oblast, Swetlogorsk, ul. Baltijskaja 15A, Tel./Fax 8-01153-2-13-51, 8-01153-2-10-25, E-Mail: holiday@39rus.ru, www.holiday.39rus.ru. In der Stadt gelegenes kleines Hotel mit ansprechendem Komfort.*

• ***Hotel Starui Doktor/„Alter Doktor" €€***, *ul. Gagarina 12, Kaliningradskaja Oblast 238560 Swetlogorsk, Tel./Fax 00701153-21362, E-Mail: alterdoktor@baltnet.ru, www.alter-doctor.ru. Kleines Hotel mit 23 Zimmern im alten Lärchenpark in einem schön restaurierten alten Haus.*

Gastronomie

• ***Chromaja Loschad/Lahmer Gaul***, *ul. Oktjabrskaja 23, Tel. 33513, eines der wenigen wirklich originellen Restaurants im Kaliningrader Gebiet, man wähnt sich hier im Westernsaloon, phantasievoll sind auch die Snacks, abends kann man sich hier prima zum Bier treffen.*

• ***Seestern***, *ul. Morskaya 11, Tel. 21 508, an der Promenade unweit des Liftes gelegenes Restaurant mir deutschem Touch, sehr gute Küche mit entsprechenden Preisen. Gilt als teuerstes Lokal in Swetlogorsk.*

Reszel/Rößel (S. 338)

Vorwahl *Region Olsztyn 089*

Touristeninformation

• ***Informacja Turystyczna***, *ul. Rynek 24, Tel./Fax 7550097, E-Mail: it_reszel@o2.pl, www.reszel.ug.gov.pl.*

• ***Rößeler Vereinigung Deutscher Bevölkerung***, *ul. Warmińska 9/1, 11-440 Reszel, Tel. 7550386, geöffnet Mo u. Do 10–12 Uhr.*

Unterkunft

• ***Kreativ Hotel Sp z o.o. €€***, *Im Schloss Reszel, ul. Podzamcze 3, 11-440 Reszel, Tel. 7550109, info@.zamek-reszel.com, www.zamek-reszel.com/. Originelle Möbel – alles Unikate des Bildhauers und langjährigen Verwalters und Restaurators der Burg Bolesław Marschall – zaubern eine ganz besondere Atmosphäre in das alte Gemäuer, 18 ordentliche Zimmer mit Bad, tolles Ambiente, Mix aus Schlossromantik und Künstler-Bohème.*

• ***Hotel w Świ ętej Lipcej €€***, *Świ ęta Lipka 16, 11-440 Reszel, Tel. 089-7553737, Fax 7553733, E-Mail: hotelw@swietalipka.pl, www.swietalipka.pl, nahe an der Wallfahrtskirche gelegenes neues Hotel der polnischen Gruppe „Hotel 500" mit 30 komfortablen Zimmern, einem Restaurant und einer tagsüber stark frequentierten SB-Gaststätte.*

Gastronomie

Bar und Restaurant „Zamek", *ul. Podzamcze 3, 11-440 Reszel, Tel. 7550109. Das Schlosscafé hat sich zum Restaurant gemausert, stilvolles Schlossambiente, ebenfalls mit einem Schuss von Bohème.*

R

Jugendherberge
Szkolne Schronisko Młodzieżowe, ul. Krasickiego 7, 11-440 Reszel, Tel. 7550012, Schulherberge mit Mehrbettzimmern, geöffnet Juli und August.

Rewal/Rewahl (S. 228)

Vorwahl Region Rewal: 091

Touristeninformation
Gemeindeamt – Abteilung für Tourismusförderung, ul. Mickiewicza 19, Tel. 3862624, 3862758, E-Mail: gorew@sz.onet.pl, www.rewal.pl

Unterkunft
Pensjonat Lena €€, Leon Stolz, ul.Kościuszki 1, 72-344 Rewal, Tel. 3862714, Fax 3840892, E-Mail: pensjonat@lena.prv.pl,www.lena.prv.p, nur 50 m vom Strand gelegenes kleines Haus mit komfortablen Zimmern (Internetanschluss vorhanden), das ganzjährig geöffnet ist.

Camping
- *Camping Nr 192 Klif €, ul. Kamieńska, 72-344 Rewal, Tel. (09138)62618, Handy 0601 74-10-74. Am See gelegener wohnmobiltauglicher Platz der, an der Rezeption wird Deutsch gesprochen, auch Campinghäuschen von 75–140 zł pro Tag werden vermietet sowie Zimmer im Haupthaus mit ordentlichem Komfort, Waschmaschinen und ein Restaurant sind vorhanden, geöffnet ist der Platz vom 15.5.–30.9. Dreisterneplatz nach Kategorisierung der PFCC.*
- *Camping Tramp, 72-514 Kołczewo, Świętouść, Tel. 32 65 383, Fax 32 65 517, www.campingtramp.pti.pl, www.maxmedia.pl/campingtramp. Unweit von Rewal im Küstenwald gelegen, mit eigenem Zugang zum Meer. Einer der wenigen ganzjährig geöffneten Plätze.*

Ruciane-Nida (S. 347)

Vorwahl Region Ruciane-Nida: 087

Touristeninformation
Touristeninformation, ul. Dworcowa 14, 12-221 Ruciane-Nida, Tel. 4231989, Mo–Fr 9–16 Uhr geöffnet, itruciane_nida@poczta.onet.pl, www.ruciane-nida.pl.

Unterkunft
- *Hotel Nidzki €€, ul. Nadbrzeżna 1, 12-221 Ruciane Nida, Tel. 423 64 01, 423 64 02, Fax 423 64 03, E-Mail: hotel.nidzki@ta.pl, www.hotel.nidzki.ta.pl, neues behindertengerechtes Hotel mit 31 komfortablen Zimmern, wunderbar am Niedersee gelegen, hier war die spanische Königin zu Gast.*
- *Hotel und Erholungszentrum „Guzianka" €, ul. Guzianka 7, 12-220 Ruciane-Nisa, Tel. 4231138, noch recht neue Anlage am Beldany-See im Wald, einfach eingerichtete Zimmer, die aber alles haben, was man für einen Urlaub mit der Familie braucht. Sehr ansprechendes Preis-Leistungs-Verhältnis.*
- *PTTK OTW „U Andrzeja" €, Al. Wczasów, 12-220 Ruciane-Nida, Tel. 4231012, Fax 4231131, E-Mail: uandrzeja@interia.pl, kontakt@uandrzeja.pl, www.uandrzeja.pl. Ferienheim*

mit einfachen Zimmern mit Bad im Haupthaus (120 zł), das wunderbar direkt am See gelegen ist und eine deutschsprachige Rezeption besitzt. Auch Appartements für 180 zł kann man hier mieten sowie einfache Hütten für 60 zł pro Tag und komfortable Bungalows bis 200 zł. Die Anlage ist hervorragend für Familien geeignet und hat auch einen Campingplatz mit Waschmaschinen, Laden und Bar.

Slowiński Park (S. 251)

Vorwahl Region: 059

Naturkunde- und Forstmuseum

- *Ul. Mostnika 1, 72-214 Smołdzino, Tel. 8117204, 8117339, 8117368, Fax 8117509, Spn_park@sl.onet.pl, 1.5.–30.9. täglich 9–17 Uhr*
- ***Direktorium des Parks**, ul. Bohaterów Warszawy 1 a, 72-214 Smołdzino, E-Mail: spn_park@sl.onet.pl*
- *Latarnia morska w Czołpinie/Leuchtturm Czołpin, Leuchtturm Czołpino, 1.5.–31.8. 10–19 Uhr*
- ***Muzeum Wsi Słowińskiej w Klukach**, Museum des Slowinzischen Dorfs*
- ***Freilichtmuseum Kluki**, 76-214 Smołdzino, Tel. 8463020, geöffnet 15.5.–15.9. Di–So 9–18 Uhr, Mo 9–15*

Ob da hinter der Düne jemand raucht?!

Słupsk/Stolp (S. 245)

Vorwahl Region Słupsk: 059

Notruf

- ***Krankenwagen**: 999*
- ***Polizei**: 997*
- ***Feuerwehr**: 998*
- ***Pannenhilfe** (poln.): 981*
- ***ADAC-Pannenhilfe Warschau**: (022) 6222060*
- ***Intern. Pannenhilfe des poln. Autoclubs PZM**: (022) 825 97 34*
- ***Notruf Auswärtiges Amt**: 0049-1888-17 44444*

Tourismusinformation

***Ośrodek Informacji Turystycznej i Promocji Miasta**, ul. H. Sienkiewicza 19, Tel. 43 26, 842 07 91, E-Mail: it.slupsk@mars.slupsk.pl,www.slupsk.pl, geöffnet im Sommer Mo–Fr von 8–18 Uhr, außerhalb der Saison Sa 8–15 Uhr, sonst Mo–Fr–16 Uhr.*

Unterkunft

- ***Piast €€€**, ul. Jedności Narodowej 3, 43-200 Słupsk, Tel. 8425286, 8425287. Das teuerste und erste Haus am Platze mit schönen, weiten Zimmern (52 Betten) und viel Komfort.*
- ***Atena €€**, ul. J. Kilińskiego 7, 76-200 Słupsk, Tel. 842814, www.hotelatena.ta.pl, E-Mail: hotelatena@onetpl. Kleines, in einem schönen Altbau gelegenes Hotel mit individuellem Service und 18 stilvollen Zimmern, nur einige Fußminuten von der Innenstadt unweit der Słupia gelegen.*

S

• *Staromiejski €€, ul. Jedności Narodowej 4, 76-200 Słupsk, Tel. 842 63 48, www.staromiejska.slupsk.pl. Schönstes Hotel in Słupsk, mitten im Stadtzentrum in einem Bereich mit restaurierten Gründerzeithäusern und Jugendstilvillen, in genau solch einem Haus untergebracht. Mittelklassehotel mit gutem Preis-Leistungs-Verhältnis und 41 bequemen Zimmern.*

• *Zamkowy €€, ul. Dominikańska 9, 76-200 Słupsk, Tel. 8425294/95, Fax 842 8464, 8428465. Direkt neben dem Schloss in einem unscheinbaren Kasten gelegenes Mittelklassehaus mit gutem Service und 32 gemütlichen Zimmern.*

Gastronomie

• *Karczma pod Kluką, ul. Kaszubska 22, 76-200 Słupsk, Tel. 842 34 69, spezialisiert auf regionale polnische Küche.*

• *Staromiejska, ul. Jedności Narodowej 4, 76-200 Słupsk, Tel. 842 03 36, E-Mail: laci@staromiejska.slupsk.pl, www.staromiejska.slupsk.pl. Gute polnische und internationale Küche im gleichnamigen Hotel.*

• *Zamkowa, ul. Dominikańska 9, 76-200 Słupsk, Tel. 842 04 79. Altpolnische und internationale Küche im gegenüber dem Schloss gelegenen gleichnamigen Hotel, Ente altpolnisch ist die Spezialität des Hauses.*

Sopot/Zoppot (S. 283)

Vorwahl Sopot 058

Notruf

• *Krankenwagen: 999*
• *Feuerwehr: 998*
• *Polizei: 997*
• *Pannenhilfe (poln.): 981*
• *ADAC-Pannenhilfe Warschau: (022) 6222060*
• *Intern. Pannenhilfe des poln. Autoclubs PZM: (022) 825 97 34*
• *Notruf Auswärtiges Amt: 0049-1888-17 44444*

Touristeninformation

Informacja Turystyczna, ul. Dworcowa 4, 81-704 Sopot, Tel. 550 37 83, Fax 555 12 27, E-Mail: it@sopot.pl, www.sopot.pl/sts/, www.sopot.pl, geöffnet 01.06–15.09. von. 9–20 Uhr, sonst 10–18 Uhr. Weitere Internetseiten: www.sopot.net, www.wirtualny.sopot.pl.

Kultur

• *Sopot Festival in der Opera Leśna, ul. Moniuszki 61, Tel. 551 01 15. Einst Ostblock-Gegenveranstaltung zum Grand Prix D'Eurovision ist das Sopot Festival heute ein tolles Songfestival von Mitte bis Ende August.*

• *Sopot Molo Jazz Festival, Seesteg, Organisation: PTH KMS, Sopot, ul. Chopina 10, Tel. 551 0002, Jazz vom feinsten auf dem Seesteg im August.*

• *Staatliche Kunstgalerie, Państwowa Galeria Sztuki, ul. Powstańców Warszawy 2-6, Tel. 551 06 21, Fax 551 32 61, www.pgs.pl. Geöffnet Di–Fr 11–18 Uhr.*

Unterkunft

• *Hotel Villa Hestia €€€€€, ul. Wladyslawa IV 3-5, 81-703 Sopot, Tel. 5512100, Fax 5503253, E-Mail: villa@hestia.pl, www.maxmedia.pl/villahestia. Eine wunderschöne Jugendstilvilla mit einem vielfach prämierten Restaurant. Eines der schönsten kleinen Hotels in Polen (nur 5 Zimmer bzw. Suiten), hier stimmt einfach alles, Ambiente, Service und Lage.*

- ***Hotel Haffner €€€**, 81-715 Sopot, ul. Haffnera 59, Tel. 550 99 99, Fax 550 98 00, E-Mail: office@hotelhaffner.pl, www.hotelhaffner.pl. Sopots neuestes Hotel, unweit des Kurparks gelegen, mit 100 voll klimatisierten und hervorragend behindertengerechten Zimmern. Hier ist auch der anspruchsvolle Gast zufrieden.*
- ***Grand Hotel €€€**, ul. Powstańców Warszawy 12/14, Tel. 551 00 41 – 551 00 49, Fax 551 61 24, rez.sogrand@orbis.pl, www.orbis.pl. Das legendäre Hotel, in dem die Großen der Welt wohnten, ist immer noch eindrucksvoll in seiner Eleganz, ein behindertengerechtes Haus mit Stil und Gesicht. Die 112 Zimmer der Nordseite haben einen traumhaften Meeresblick (Preis dann ab 520 Złoty). Im Restaurant Weranda essen Sie – nicht top, aber doch recht gut – gleichfalls mit Sicht auf das Meer. Die Atmosphäre gibt es zu einem wirklich annehmbaren Preis.*
- ***Europa €€€**, Al. Niepodległości 766, Tel. 551 44 90, Fax 551 44 65, hotel@hotel-europa.com.pl, www.hotel-europa.com.pl. Oben in der Stadt an der Hauptstraße nach Danzig nicht weit vom Bahnhof gelegen. Modernes Haus mit 30 hervorragend ausgestatteten Räumen und gutem Fitnessangebot.*
- ***Bursztyn €€**, ul. Emilii Plater 12/19, Tel. 551 40 68, Fax 550 09 67, www.sopot.pl/cit. Preiswertes Haus mit 37 netten Zimmern in einem Kiefernwald am Meer gelegen, inmitten teils etwas in die Jahre gekommener ehemaligen Villen kommunistischer Funktionäre.*

Jugendherberge

***Schronisko Młodzie**żowe PTSM al. Niepodległości 751; 81-838 Sopot, Tel. 551 14 93*

Camping

Auch diese Campingplätze sind besser geworden, Service und Angebote den gestiegenen Bedürfnissen angepasst. Dennoch gilt im Vergleich zur übrigen Ostseeküste immer noch: Man würde Sopot bessere Campingplätze wünschen.

- ***Sopot Kamienny Potok (Nr. 19)**, ul. Zamkowa Góra 21-25, Tel. 550 04 45, vom 15.5.–15.9. geöffneter Platz der Kategorie 1 mit Zimmervermietung, Laden, Bar, Waschmaschinen und Entsorgung chemischer Toiletten.*
- ***Sopot Przy Plaży (Nr. 67)**, ul. Bitwy Pod Płowcami 69, Tel. 551 65 23, im Wald gelegener, vom 15.6.–31.8. geöffneter Platz der Kategorie 2 mit behindertengerechten Sanitäranlagen, Entsorgung chemischer Toiletten, Laden und Bar.*
- *Bessere Campinghäuschen als auf den Campingplätzen gibt es hier: **Maryla-domki kempingowe**, al. Sępia 22, 81-713 Sopot, Tel. 551 00 34, zum Betrieb gehören auch eine gute Pension und eine Disco.*

Gastronomie

- ***Restaurant „Fukier" Villa Hestia**, ul. Wladyslawa IV 5, 81-703 Sopot, Tel. 5512100, Fax 5503253, E-Mail: villa@hestia.pl, www.maxmedia.pl/villahestia. Der Gourmettempel der Region, dafür nicht eben billig. Besonders lecker: Seezunge in Knoblauchbutter mit jungem Schnittlauch (125 zł).*
- ***Bar Przystań**, Al. Wojska Polskiego 11, Tel. 550 02 41, Fax 555 06 61, www.barprzystan.pl, bar@barprzystan.pl. Am Strandweg nach Brzeźno gelegen mit schöner Sicht aufs Meer, bietet eine ungeheure Vielfalt von Fischgerichten, von Aal bis zu Shrimps. Gleich nebenan ist eine Bar.*

• *Pod Strzechą, ul. Bohaterów Monte Cassino 42, Tel. 551 24 76, Fax 551 24 76. Hier findet man beides, rechts ist der Imbiss, links das Restaurant, etliche einfachere Gerichte gibt es auch im Imbiss, dort aber deutlich billiger, gute traditionelle polnische Küche, die unserer bürgerlichen Küche gar nicht so unähnlich ist, auch jüdische Gerichte finden sich auf der Karte.*

• *Złoty Ul., ul. Bohaterów Monte Cassino 31/33/35, Tel. (58) 555 14 81, www.ul.gdanet.pl. Restaurant, Bar und Pub in einem mit Ausblick auf das Treiben der Sopoter Paradestraße. Europäische Küche, aber die Überraschung ist die Spezialität des Hauses: brasilianische Küche. Versuchen sollte man den Riesenspieß mit 16 Fleischsorten für 55 zł.*

Bars, Pubs, Kneipen

• *Kinsky, ul. Kościuszki 10, Tel. 550 48 91, 802 56 38, geöffnet täglich 12- 24 Uhr. Die Bar in Kinskis Geburtshaus, tolle Atmosphäre, und der Filmbösewicht ist allgegenwärtig.*

• *Language Pub, ul. Pułaskiego 8, Tel. 550 00 14, geöffnet täglich 15–2 Uhr. Very british, schottisch ausgerichteter Pub mit Elektronikdartboard und vielen englischen Zeitungen.*

Internetcafés

• *Net Cave, ul. Pułaskiego 7a, Tel. 555 11 83, E-Mail: netcave@coco.pl, www.netcave.coco.pl. Kellercafé mit neuen Plätzen für 5 zł pro Stunde, Scanner sowie Farb- und Schwarzweißdrucker vorhanden.*

• *Prestige, ul. Paderewskiego 1, 81-831 Sopot, Tel. 551 72 67, Fax 550 22 02*

• *Progamer-Internet Caffe, ul. Chopina 1/3, 81-752 Sopot, Tel. 5550183, Fax 5550183*

Ausflugsschiffe

fahren vom Seesteg nach Hel, Gdynia, Gdańsk und zur Westerplatte. Auch Rundfahrten durch die Danziger Bucht und andere kurze Ausflugsfahrten gehen hier ab.

Bahnverbindungen

Vom Bahnhof tagsüber etwa alle halbe Stunde Verbindungen der Vorortbahn Richtung Gdynia und Gdańsk.

Einkaufen

• *Vom täglichen Bedarf, also Getränken, Lebensmitteln, Kosmetika, bis hin zu Sonnenbrillen, Büchern, aber auch Souvenirs wie Bilder von Straßenkünstlern, Poster, Sopot-T-Shirts bis zum Bernstein findet man alles in der* ***Shoppingmeile um die ul. Bh. Monte Cassino****.*

• *Auch in den* ***Arkaden des Skwer Kuracyjny*** *bekommt man alle Souvenirs, die das Herz begehrt. Grafiken und Gemälde gibt es in den umliegenden Galerien.*

Sorkwity/Sorquitten (S. 343)

Vorwahl Region Sorkwity: 089

Touristeninformation

Informacja Turystyczna, ul. Olsztynska 21 a, Tel. 7428125, E-Mail: gok.sorkwity@poczta.wp.pl

Unterkunft

• ***Hotel im Park €€***, *Jędrychowo 15, 11-713 Sorkwity, Tel./Fax 7428189, www.masuren-hotel.de, E-Mail: v.kalckstein@cso.com.pl. Albrecht von Klitzing (klitzing@poczta.onet.pl) hat im einstigen Heinrichshöfen ein altes Landhaus liebevoll restauriert und ein komfortables, stilvolles Hotel daraus gemacht. Zimmer, Suiten und Appartements stehen zur Verfügung. Paddeltouren auf der Krutinna werden hier genauso organisiert wie Kutschfahrten. Infos und Buchung Wilfried von Kalckstein, E-Mail: v.kalckstein@cso.com.pl.*

• ***Hotel Pałac Sorkwity €€***, *ul. Zamkowa 15, 11-731 Sorkwity, Tel. 7428189, Fax 7428251, E-Mail: recepcja@palacsorkwity.pl, www.palacsorkwity.pl/pokoje.htm. Wohnen in einem veritablen Schloss in 29 komfortablen Zimmern, herrlich im Park am See gelegen.*

Wassersport

Stacja Wodna/Stanica Wodna PTTK Sorkwity, *ul. Zamkowa 13, 11-731 Sorkwity, Tel./Fax 742-81-24, E-Mail: sorkwity@pttkmazury.pl, www.sorkwity.pttk.pl/. Wasserstation am See. Hier kann man Boote von 1. Mai bis 30. September mieten und Teile oder die ganze Krutynia-Route buchen, mit Boot und Unterkunft in einfachen Holz-Campinghäuschen, Juli u. August oft ausgebucht, wenn möglich vorbestellen.*

Suwałki (S. 371)

Vorwahl *Region Suwałki: 087*

Notruf

- ***Krankenwagen***: *999*
- ***Polizei***: *997*
- ***Feuerwehr***: *998*
- ***Pannenhilfe*** *(poln.): 981*
- ***ADAC-Pannenhilfe Warschau***: *(022) 6222060*
- ***Intern. Pannenhilfe des poln. Autoclubs PZM***: *(022) 825 97 34*
- ***Notruf Auswärtiges Amt***: *0049-1888-17 44444*

Touristeninformation

Informacja Turystyczna, *ul. Kościuszki 45, Tel. 5665872, Fax 5665494, E-Mail: sirt@suwalki-turystyka.info.pl, www.suwalki-turystyka.info.pl, www.suwalki.com.pl, www.suwalszczyzna.pl.*

Unterkunft

• ***Hotel Suwalszczyzna €€***, *ul. Noniewicza 71, Tel. 5651900, Fax 5651900. Direkt im Zentrum gelegenes neues komfortables Haus, das allen Ansprüchen gerecht wird, mit 31 schönen Zimmern und einem ordentlichen Restaurant. An der Rezeption wird Deutsch gesprochen.*

• ***Hotel Dom Nauczyciela €€***, *ul. Kościuszki 120, Tel. 5666900, 5666908, Fax 5666270, E-Mail: biuro@domnauczyciela.suwalki.pl www.domnauczyciela.suwalki.pl. Modernen, mitteleuropäischen Komfort sowie ein gutes Restaurant bietet dieses Haus mit 26 gut ausgestatteten Zimmern. Die erste Wahl in Suwałki.*

• ***Hotel Hańcza €***, *ul. Wojska Polskiego 2, Tel. 5663281, Fax 5666633, E-Mail: hotel@hotelhancza.pl, www.hotelhancza.com. Zentral gelegenes Haus im Plattenbauformat mit relativ schlichter Ausstattung, aber 67 für den Preis überraschend komfortablen Zimmern.*

S

Jugendherberge
Ul. Wojskiegi Polskiego 9, Tel./Fax 5665878, Schulherberge

Restaurant
Restaurant Suwalszczyzna im gleichnamigen Hotel, ul. Noniewicza 71, Tel. 5651900, tolle Grillteller und einheimische Gerichte.

Świnoujście/Swinemünde (S. 216)
Vorwahl Region Świnoujście: 091

Notruf
- *Krankenwagen: 999*
- *Polizei: 997*
- *Feuerwehr: 998*
- *Pannenhilfe (poln.): 981*
- *ADAC-Pannenhilfe Warschau: (022) 6222060*
- *Intern. Pannenhilfe des poln. Autoclubs PZM: (022) 825 97 34*
- *Notruf Auswärtiges Amt: 0049-1888-17 44444*

Touristeninformation
- *Informacja Turystyczna, ul. Wybrzeże Władysława IV (Fähranleger), 72-600 Świnoujście, Tel./Fax 3224999, Mo–Fr von 9–17 Uhr, im Sommer zusätzlich Sa und So 10–16 Uhr, E-Mail: cit@um.swinoujscie.pl.*
- *Internet: www.swinoujscie.com.pl, www.swinoujscie.pl, hier gibt es alle Informationen, auch eine Zimmervermittlung gehört zum Service.*

Unterkunft
- *Hotel Albatros €€, ul. J. Kasprowicza 2, 72-600 Świnoujście, Tel. 3212335, Fax 3212336. Von Schweden geführtes kleineres Mittelklassehotel (80 Betten) mit der anheimelnden Atmosphäre eines schönen, villenartigen alten Hauses. Ihr Haustier können Sie mitbringen. Unter dieser Telefonnummer können Sie sich in deutscher Sprache über Kurangebote erkundigen: 0048-91-321 23 36.*
- *Hotel Polaris €€, ul. Słowackiego 33, 72-600 Świnoujście, Tel. 3215412, Fax 3212473, E-Mail: jchudzyn@um.szczecin.pl, www.hotelpolaris.pl. Nördlich des Kurparks, mitten im Kurviertel nahe der Ostsee gelegenes kleines Haus mit gutem, familiärem Service, schönen Zimmern und preiswerten Wochenangeboten.*
- *Hotel Fontane €€, ul. Słowackiego 5, 72-600 Świnoujście, Tel. 32157 80-85. Nur 150 m vom Meer im Kurviertel gelegener Betonklotz mit gepflegtem Interieur und 220 Betten In den oberen Etagen Zimmer mit prächtigem Seeblick.*
- *Hotel Belweder €€, ul. Wyspiańskiego 1/9, 72-600 Świnoujście, Tel. 3271678, Fax 3271677, E-Mail: recepcja@hotel-belweder.pl, www.hotel-belweder.pl. Unweit des Rathauses und des Stadtzentrums gelegenes neues Haus mit komfortablen Zimmern und vielen Behandlungsmöglichkeiten für Kurwillige.*
- *Pensjonat Victoria €€, ul. Słowackiego 27, 72-600 Świnoujście, Tel. 327 09 99, E-Mail: biuro@pensjonat.victoria.pl, www.pensjonat-victoria.pl. Nur 150 m von der Ostsee entfernt in schöner alter Villa des Kurviertels gelegenes Haus mit familiärer Atmosphäre. Das Haus hat 3 Appartements und drei Zimmer.*

Camping
Camping Relax, ul. Słowackiego 1, 72-600 Świnoujście, Tel. 3214700, Fax 3213912, E-Mail: relax@fornet.com.pl, www.camping-relax.com.pl. Der Dreisterneplatz nach Kategorisierung der PFCC hat mittlerweile einen guten Service, ist wohnmobilgeeignet und liegt im Grünen an der Ostsee. Hier gibt es auch Bungalows, Entsorgung chemischer Toiletten, Waschmaschinen, Laden und Restaurant, geöffnet 01.02. bis 30.11.

Jugendherberge
Schronisko Młodzieżowe, ul. Gdyńska 26, 72-600 Świnoujście, Tel. 327 06, ganzjährig geöffnete Jugendherberge, in der es auch Doppelzimmer gibt.

Gastronomie
- *Restauracja Fogt, 72-600 Świnoujście, ul. Pulaskiego 1, Tel./Fax 3279459, Handy: 060176855,6 E-Mail: www.fogt-tak.pl, neben traditionellen polnischen Gerichten gibt es französische, italienische und griechische Küche. Empfehlenswert sind der gegrillte Lachs (30 zł), die Flunder Müllerin Art (23,50 zł) und als kleines Gericht die köstlichen Fleischpiroggen (6,50 zł).*
- *Restauracja Gospodnik, 72-600 Świnoujście, ul. Rybaki 13, Tel. 321 10 36, 322 48 00, www.uznam.net.pl/~gospodnik. Hier bekommen Sie immer preiswerte Mittagsgerichte, man kann hier Coupons für eine Woche oder zehn Tage im Voraus kaufen und zahlt dann nur 7 zł für eine Mahlzeit mit Vorsuppe, auch Diätküche wird angeboten. Besonders lecker ist die Geflügelleber.*
- *Pizzeria Grota, 72-600 Świnoujście, ul. Konstytucji 3-Maja 59, Tel. 322 48 24, www.grota.com.pl, Świnoujścies beste Pizzeria, von der Pizza Margherita für 16 zł bis zur Riesen-Pizza Frutti del Mare für 32 zł ist hier alles wie daheim beim Italiener um die Ecke.*

Szczecin/Stettin (S. 206)

Vorwahl Region Szczecin: 091

Notruf
- *Krankenwagen: 999*
- *Polizei: 997*
- *Feuerwehr: 998*
- *Pannenhilfe (poln.): 981*
- *ADAC-Pannenhilfe Warschau: (022) 6222060*
- *Intern. Pannenhilfe des poln. Autoclubs PZM: (022) 825 97 34*
- *Notruf Auswärtiges Amt: 0049-1888-17 44444*

Tourismusinformationen
- *Hier bekommen Sie Broschüren und Pläne sowie Auskünfte auch in englischer oder deutscher Sprache: Centrum Informacji Turystycznej CIT, Al. Niepodległości 1, 70-412 Szczecin, Tel. 4340440, E-Mail: cit@szczecin@wp.pl, www.szczecin.pl.*
- *Besser noch im Schloss: Centrum Informacji Kulturalnej i Turystycznej, Zamek Książąt Pomorskich, ul. Korsarzy 34, 70-540 Szczecin, Tel. 4891630, Fax 4340286, E-Mail: cikit@zamek.szczecin.pl.*

Wichtige Telefonnummern und Adressen

- *Polizei-Stadtkommandantur: Komenda Miejska, ul. Kaszubska 35, Tel. 8213015*
- *Polizei-Wojewodschaftskommandantur: Komenda Wojewódzka, ul. Małopolska 47, Tel. 4333201, Zentrale: 4517000*

Krankenhäuser

- *Samodzielny Publiczny Szpital Kliniczny Nr.1, ul. Unii Lubelskiej 1, Tel. 425 33 63*
- *Samodzielny Publiczny Szpital Kliniczny Nr.2, al. Powstańców Wielkopolskich 72, Tel. 466 10 00*
- *Okręgowy Szpital Kolejowy, al. Wyzwolenia 52, Tel. 445 53 94*

Die wichtigsten Banken

- *Bank PEKAO S.A., ul. Grodzka 9, Tel. 434 3630, 4489991*
- *Deutsche Bank SA, al. Wyzwolenia 12, Tel. 431 48 80*
- *BIG Bank Gdański S.A., ul. Boh. Getta Warszawskiego 24, Tel. 433 81 95*
- *Kredyt Bank PBI S.A., ul. Matejki 8, Tel. 814 45 110, 814 51 23*
- *Invest Bank S.A., ul. Bol. Krzywoustego 51/1, Tel. 432 91 35*
- *Bank PKO B.P., al. Niepodległości 40, Tel. 488 23 05*
- *Bank Gospodarki Żywnościowej, ul. Jagielońska 97, Tel. 480 02 00*
- *Bank Millenium, Pl. Zwycięstwa 1, Tel. 0 801 12 1000*

Kultur

- *Filharmonia im. Mieczysława Karłowicza, Pl. Armii Krajowej 1, Tel. 422 47 23, Die Stettiner Philharmonie ist weit über die Grenzen der Region bekannt und oft in Deutschland zu Gast. Hier bekommt man erstklassige Konzerte zu Kartenpreisen ab 15 Złoty geboten.*
- *Opera na Zamku/Oper im Schloss, ul. Korsarzy 34, 70-540 Szczecin, Tel. 4890340, Fax 4334007, E-Mail: opera@opera.szczecin.pl. Hier sehen Sie das ganze klassische Opern- und Operettenrepertoire zu Preisen zwischen 15 und 50 Złoty. Besonders schön sind die sommerlichen Freiluftveranstaltungen.*
- *In beiden Theatern der Stadt werden auch anspruchsvolle Stücke gespielt, allerdings natürlich in polnischer Sprache.*
  - *„Polski" Theater, ul. Swarożyca 5, Tel. 433 00 75.*
  - *„Współczesny" Theater, ul. Wały Chrobrego 3, Tel. 434 54 14.*

Unterkunft

- *Radisson SAS €€€€, pl. Rodła 10, Tel. 35 95 595, Fax 3595018, E-Mail: guest.szczecin@radissonsas.com, www.szczecin.radissonsas.com. Im Kultur- und Einkaufszentrum Pazim-Zentrum gelegenes einziges Viersterne-Luxushotel Szczecins, das Top-Hotel der Stadt, von den oberen Etagen hat man einen traumhaften Blick über die Stadt, die Ausstattung der 369 Zimmer genügt auch gehobenen Ansprüchen.*
- *Orbis Hotel „Neptun" €€€, ul. Jana Matejki 18, 70-530 Szczecin, Tel. 48 83 883, Fax 48 84 117, E-Mail: neptun@orbis.pl, www.orbis.pl/polish/hot_nep_p.html. Am Park Żeromskiego ruhig gelegenes und hervorragend ausgestattetes Dreisternehotel, die Nummer zwei in Szczecin, im hauseigenen Kasino können Sie ein Spiel riskieren, die 277 Zimmer sind mit allem Komfort ausgestattet.*
- *Reda €€€, ul. Cukrowa 2, 71-004 Szczecin, Tel. 48 22 461, Fax 48 26 323, E-Mail: reda@orbis.pl, ez.reda@orbis.pl, www.orbis.pl. Unweit der deutschen Grenze fünf Kilome-*

ter außerhalb des Zentrums gelegenes Dreisternehotel mit gutem Preis-Leistungs-Verhältnis. Die 150 Zimmer sind mit allem Komfort ausgestattet. Hierher können Sie auch Ihr Haustier mitbringen.

- ***Arkona €€**, Panieńska 10, 70-535 Szczecin, Tel. 48 80 261, Fax 4880260, E-Mail: arkona@orbis.pl, www.orbis.pl. Kleines, aber komfortables Haus mit 70 schönen und ruhigen Zimmern mitten in der Altstadt in unschlagbarer Lage zwischen Schloss, Stary Rynek und Oder.*
- ***Hotel Ibis Szczecin €€**, Dworcowa 16, 71-215 Szczecin, Tel. 480 18 00, Fax 480 18 88, E-Mail: H3369@accor-hotels.com, www.ibishotel.com. Direkt im Zentrum, unweit von Hauptbahnhof und Oder gelegenes neues, komfortables und recht preiswertes Haus.*

Camping

***Camping Marina (Nr.25)**, ul. Przestrzenna 23, 70-900 Szczecin, Tel. 46041165, E-Mail: camping.marina@pro.onet.pl. Vom 1.4. bis zum 31.10. geöffneter wohnmobiltaugli-*

© graphic

S

cher Ein-Stern-Platz nach Kategorisierung der PFCC, sehr schön am Wasser baumumstanden gelegen. Vorhanden sind Zimmervermietung, Bar und Entsorgung chemischer Toiletten.

Jugendherberge

***Schronisko Młozieżowe PTSM**, ul. Monte Cassino 19 a, 70-467 Szczecin (Dąbie), Tel. 224761 Fa: 4235696 Sehr ordentliche Jugendherberge der ersten Kategorie, ganzjährig geöffnet. Hier bekommt man auch Einzel- und Doppelzimmer.*

Restaurants

*• **Vivaldi**, Pl. Rodła im Hotel Radisson, im Niveau zum Hotelstandard passend, gehört der exklusiven Vereinigung „Euroteques" an. In diesem Spitzenrestaurant werden nur die besten, frischesten Zutaten verwandt. Neben saisonalen Gerichten gibt es hier leichte italienische Top-Küche.*

*• **Chief**, ul. Rayskiego 16, Tel. 434 37 65, wer es vegetarisch mag, ist in Szczecins einzigem Fischrestaurant richtig. Sie haben die Wahl zwischen 300 Gerichten und 50 Fischsorten, von Austern bis Zander ist alles dabei, auch polnische Spezialitäten.*

*• **Bajka**, Al. Niepodległości 30, Tel. 488 02 25, das Szczeciner Traditionshaus entstand 1927 als Weinstube Wilhelm Ohlen und hat in der 1930er Jahren Max Schmeling gehört, fast das ganze Interieur blieb erhalten. Versuchen Sie die gebratene Ente mit schlesischen Klößen und Rotkohl oder die Wildbret-Terrine.*

*• **Na Końcu Korytarza**, ul. Korsarzy 34 (im Schloss), Tel. 489 03 40, Treff der Künstler, Sänger und Schauspieler der anliegenden Oper. Passend zur Klientel sind die Räume künstlerisch ausgestaltet. Schwerpunkt ist die regionale pommersche Küche mit Spezialitäten wie Kartoffelwurst oder „Hering a la Kwaśniewski" mit rot-weißer Sauce.*

*• **Grand Cru**, ul. Bogusława 9, Tel. 488 91 91, hier treffen sich die Yuppies bei phantasievoller mediterraner Küche in luftig leichtem und offenem Ambiente mit einem für polnische Verhältnisse wirklich unschlagbaren Weinangebot von 300 Sorten. Freitags und samstags kann hier auch die Nacht durchtanzt werden.*

Pubs und Bars

*• **Pub Brama/Brama Jazz Café**, Pl. Holdu Pruskiego, Tel. 464 64 03, im Königstor, moderne bunte Lampen im Kontrast zu dem alten Gemäuer. Tagsüber können Sie hier Kaffee trinken, den Sie unter zig Sorten auswählen können, abends gibt es im Sommer draußen auch Livemusik.*

*• **Café 22**, Pl. Rodla 8, Tel. 3595200, befindet sich im obersten Stock des Rundturmes im Pazim-Center. Hier haben Sie den besten Blick über Szczecin und Umgebung, den Sie bei Kaffee und Kuchen oder kleinen Snacks genießen können.*

*• **Pianobar „Copernikus"**, Pl. Rodla 8, Tel. 3595972 auf halber Höhe im Hotel Radisson SAS. Bei Pianoklängen können Sie Ihre Drinks nehmen und den Blick über Stadt und Haff genießen.*

*• **Tiger Club**, ul. Felczaka 9, Tel. 4220020, Pub des Boxers Dariusz „Tiger" Michalczewski mit exquisiten kleinen Speisen und Cocktails, wird Treffpunkt der Szczeciner Schickeria.*

*• **Columbus**, ul. Wały Chrobrego, Tel. 489 34 01 und **Colorado**, ul. Wały Chrobrego 2, Tel. 488 19 21 heißen die beiden originellen, ganz aus Holz gestalteten, gemütlichen Pubs auf den Hakenterrassen, die im Sommer auch auf den Außenterrassen servieren.*

*• **Propaganda**, Królowej Jadwigi 32, Tel. 0609-023-170, Nostalgiekneipe, Rote Sterne, Plakate, Losungen und Wandzeitungen lassen die Verstehenolksrepublik wieder auferstehen.*

Klubs, Diskotheken, Livemusik

• *Adrenalina, ul. Powstanców Wielkopolskich 20, Tel. 4827709, für die Fans von Housemusik und Hiphop.*
• *Café Prawda, ul. Wielka Odrzanska 20, Tel. 812 22 79, abends ein angesagter cooler Treff mit Techno-Musik für junge Leute, tagsüber gibt's Kaffee.*
• *Lokomotywa, ul. Czarnieckiego 20, Tel. 488 94 17, das Mekka der Techno-Freaks in einer Fabrikhalle am Bahnhof.*
• *Soho, ul. Boh. Warszawy 34/35, Tel. 484 19 45 Schickimickitreff mit Disco-Klängen.*
• *The Blue Crow Blues Club, ul. Wojska Polskiego 67, Tel. 433 37 91 hier sind die Liebhaber von Blues, Jazz und Soul richtig, im alten Backsteinbau gibt es sowohl spontane Jam-Sessions als auch Auftritte von Bands.*

Internetcafés

• *Portal, ul. Kaszubska 52, Tel. 464 62 32*
• *Backup, ul. Krzywoustego 56, Tel. 484 65 61*
• *MediaNet Cafe, al. Wojska Polskiego 67, Tel. 488 71 07, 488 72 14*

Taxis

• *Auto Taxi, Tel. 919*
• *Euro Taxi, Tel. 434 34 34*
• *Taxi Radio, Tel. 487 58 75*

Autovermietung

• *Avis, AVIS Szczecin, Jupol-car Sp. Z O.o., Radisson SAS Hotel, plac Rodla 10, 70-419 Szczecin, Tel. 359 51 27, Fax 359 51 27*
• *Hertz*
- *Pl. Zwycięstwa 1, Tel. 488-93-50, Fax 434-44-25, E-Mail: szczecin@hertz.com.pl*
- *Lotnisko Goleniów, 72-110 Szczecin, Tel. 4889350, Fax 4344425, E-Mail: szczecin@hertz.com.pl*

• *Europcar*
- *Szczecin-Airport Service Location, 71-616 Szczecin, Tel. 8121614, Fax 8121614*
- *Szczecin-Malczewskiego 10–12, 71-616 Szczecin, Tel. 8121614, Fax 8121614*

Flughafen Szczecin

Lotnisko Szczecin - Goleniów, 45 km von Stettin an der S3 gelegen.
Stadtbüro der poln. Fluglinie LOT, Szczecin, al. Wyzwolenia 17, Mo–Fr 9–18, Sa 9–15, Tel. 433 99 26.
Von dort Transport mit dem Mikrobus zum Flughafen, kostenlos bei Flug mit LOT.

Szczytno/Ortelsburg (S. 321)

Vorwahl Region Olsztyn 089

Touristeninformation

• *Informacja Turystyczna, ul. Polska 10, 12-100 Szczytno, Tel. 6241142, geöffnet Mo–Sa 9–16 Uhr, www.szczytno.com.pl.*
• *Kulturverein der Deutschen „Heimat" in Ortelsburg, ul. Warzawska 1, 12-100 Szczytno, Tel. 6245720, geöffnet Mo u. Do 13–18 Uhr.*

S

U

Unterkunft

- ***Hotel Krystyna* €**, *Joanna i Mariusz Ziółek, ul. Żwirki i Wigury 10, 12-100 Szczytno, Tel./Fax 624 21 69. Am See in einer ruhigen Ecke des Stadtparks gelegenes neues Haus mit komfortablen Zimmern, in dem auch Familien gut untergebracht sind.*
- ***Pensjonat Sasek* €**, *Sasek Mały 14, 12-100 Szczytno, Tel. 6221160, Fax 6221160, E-Mail: sasek@sasek.pl, www.sasek.pl. Außerhalb der Stadt in Sasek Mały gelegener Hof, auf dem Pferdefreunde auf ihre Kosten kommen. Für 20 Złoty/Stunde kann man hier reiten lernen. Die gemütliche kleine Familienpension mit 10 Zimmern ist auch für Familien mit Kindern geeignet, denn die Hälfte der Zimmer sind Mehrbettzimmer. Hier wird auch Deutsch gesprochen.*

Jugendherberge

Szkolne Schronisko Młodzieżowe Pod Kasztanem, *Pasymska 7, 12-100 Szczytno, Tel. 6243992. Hier gibt es auch Doppelzimmer und ein reichhaltiges Sportangebot von Tischtennis bis zum Wassersport, auch Boote werden hier verliehen, an der Rezeption wird Deutsch gesprochen.*

Internationaler Flughafen Szczytno-Szymany

Verwalter: Porty Lotnicze, Mazury-Szczytno" Sp. z o.o., ul. Wielbarska 5, 12-100 Szczytno, Tel./Fax 6243281, 6242294

Ustka/Stolpmünde (S. 244)

Vorwahl *Region Ustka: 059*

Tourismusinformation

Turismusinformation, *ul. Marynarki Polskiej 87, 76-270 Ustka, Tel. 8147170, Fax 8149926, E-Mail: ustka@parr.slupsk.pl, www.ustka.pl, geöffnet Mo–Fr 11–15 Uhr, Juli und August Mo–Sa 8–20 Uhr.*

Hotels

- ***Hotel Lubicz* €€€**, *ul. Grunwaldzka 13, 76-270 Ustka, Tel. 8143102, Fax 8143103, www.hotel-lubicz.pl, E-Mail: biuro@hotel-lubicz.pl. Schön ausgestattetes Haus, mit 24 komfortablen Zimmern, 500 m vom Meer gelegen.*
- ***Hotel Trojanowski* €€€**, *ul. Darłowska 16, 76-270 Ustka, Tel. 814 89 65, 814 89 64, Fax 814 89 63, www.trojanowski.ta.pl, E-Mail: hotel@hoteltrojanowski.com.pl, hoteltrojanowski @poczta.onet.pl, hoteltrojanowski@wp.pl. Neues, behindertengerechtes Haus.*
- ***Hotel Rejs* €€€**, *ul. Marynarki Polskiej 51, 76-270 Ustka, Tel. 147859, Fax 147 851, E-Mail: info@hotelrejs.com, www.hotelrejs.com. Im Zentrum von Ustka gelegenes kleines Haus Leitung mit 30 Betten und einem gutem Restaurant.*
- ***Villa Red* €€€**, *ul. Żeromskiego 1, 76-270 Ustka, Tel. 8148000, Mobil: 0601 777444, deutschsprachig, Tel. 0048 601 633 255, Fax 8148001, E-Mail: villa-red@ villa-red.pl, www.villa-red.pl. Im Jahre 1886 als Sommerresidenz für Reichskanzler Otto von Bismarck erbautes, vollständig renoviertes Haus in Strandnähe in herrlichem Ambiente. Deutsche Leitung, stilvoll und sehr gutes Preis-Leistungsverhältnis.*
- ***Pensjonat Sonata* €€**, *ul. Armii Krajowej 1, 76-270 Ustka, Tel. 8146803, 8147047, Fax 81468032, E-Mail: sonata@netbit.com.pl, www.sonata.oferty.com.pl/sonata. Neues, sehr ruhig, etwas abseits gelegenes Haus mit Restaurant, 17 komfortable Zimmer.*

Restaurants

• ***Trojanowski***, *ul. Darłowska 16, 76-270 Ustka, Tel. 814 89 65, im Hotel Trojanowski, gute internationale und polnische Küche, reiche Auswahl an Fischspezialitäten.*
• ***Kapitańska***, *ul. Dąbrowszczaków 1, 76-270 Ustka, Tel./Fax 8144526, hervorragende Fischgerichte, Spezialität: Fischsuppe.*

Camping

Camping Morski 101, *ul. Armii Krajowej, 76-270 Ustka-Przewłoka, Tel. 144426, www.camping-morski.afr.pl, geöffnet 15.5.–30.9., wohnmobiltauglicher, baumumstandener Zweisterneplatz nach Kategorisierung der PFCC, hier werden auch Bungalows vermietet, Laden, Waschmaschinen, Entsorgung chemischer Toiletten vorhanden.*

Jugendherberge

Ul. Jagiellońska 1, 76-270 Ustka, Tel. 145081, ganzjährig geöffnete Jugendherberge, die auch Doppelzimmer vermietet.

Węgorzewo/Angerburg (S. 357)

Vorwahl *Region Węgorzewo: 087*

Tourismusinformation

• ***Informacja Turystyczna***, *ul. Wolności 11, 11-600 Węgorzewo, Tel./Fax 4274009, Mo–Fr 9–17 Ur, in der Saison auch Sa und So 9–16 Uhr. E-Mail: infotour@wegorzewo.pl, www.wegorzewo.pl.*
• ***Deutsche Gesellschaft „Mauersee" Stadt und Land Angerburg***, *ul. Pionierów, 11-600 Węgorzewo, Tel. 4273649, geöffnet Di 10–13 Uhr, Fr 14–18 Uhr.*

Hotels

• ***Hotel Nautic €€***, *ul. Słowackigo 14, 11-600 Węgorzewo, Tel. 4272080, E-Mail: info@naitic.pl, www.nautic.pl. Mehr Pension als Hotel, ordentliche Zimmer und mit einfachem Restaurant, das gute Fischgerichte serviert, in Hafennähe unweit des Anlegers der Weißen Flotte gelegen. Die Nautic-Gruppe besteht aus der Nautic-Pension und Restaurant, der Nautic-Villa und dem Nautic-Hafen, dazu kommt noch die 6 km außerhalb gelegene Nautic-Ranch.*
• ***Hotel Stara Kuźnia €€***, *Ogonki, 11-600 Węgorzewo, Tel./Fax 4270090, www.stara-kuznia.mazury.info.pl/stara-kuznia/. Modernes Motel, etwas außerhalb gelegen, ansprechende, gut ausgestattete Zimmer.*
• ***Dargin Jastrzębska Ag. Turystyczna €***, *Harsz Kolonia 62 a, 11-610 Pozedrze, Tel./Fax 4279120, E-Mail: info@jat.pl, www.jat.pl. Etwas außerhalb unweit des Schwenzaitsees an der Enge bei Harsz gelegen mit eigenem Anleger und Strand, ganzjährig geöffnetes Erholungszentrum, ordentlicher Komfort.*

Camping

Camping Rusałka, *ul. Leśna, 11-600 Węgorzewo, Tel. 4272191, Fax 4272049, E-Mail: cmazuri@elknet.pl, www.cmazur.elknet.pl. Direkt am Schwenzaitsee gelegen einer der schönsten Plätze (Kategorie 1) der Region, prima Service, wohnmobiltauglich, auch Vermietung von Campinghäuschen, geöffnet 01.05.–30.09.*

W

Jugendherbergen

Beides sind Saisonherbergen in Schulen mit Unterbringung in Mehrbettzimmern.

- *In der* ***Vorschule****/Przedszkole Nr 2, ul. Portowa 6, 11-600 Węgorzewo, Tel. 4271099, 4273282, nur Juli/August.*
- *Im* ***Internat des Lyzeums****, Internat LO, ul. Prusa 8, 11-600 Węgorzewo, Tel. 4272367, nur im Juli und August.*

Wassersport

- ***Mamry Yacht Czarter, Leszek Piskorz****, LOK Węgorzewo, 11-600 Węgorzewo, Tel. 427 31 85, Fax 427 41 51, Segelbootscharter*
- ***MR-Sailing****, ul. Teatralna 1a, 11-600 Węgorzewo, Tel. 4271892, E-Mail: info@mr.sailing.com, www.mr.sailing.com, Segelbootscharter*
- ***Camping Rusałka****, ul. Leśna, 11-600 Węgorzewo, Tel. 4272191, Fax 4272049, Wassersportausrüstung*
- ***Adam Kosłowski****, ul. Leśna 2, 11-600 Węgorzewo, Tel. (mobil) 0505144027, Wassersportausrüstung*

Weiße Flotte

Żegluga Mazurska*, ul. Portowa 4, 11-600 Węgorzewo, Tel. 5622207, www.zeglugamazurska.com.pl*

Wigierski-Nationalpark (S. 372)

Touristeninformation

- ***PTTK-Büro****, ul. Kościuszki 37, Tel. 4665961*
- ***Direktion und Museum des Nationalparks****, Krzywe 82, 16-400 Suwałki, Tel. 087-5666322, 5632562, E-Mail: wigry_pn@su.onet.pl, www.wigry.win.pl*
- ***Touristeninformation der Parkdirektion****, Krzywe 82, 16-400 Suwałki, Tel. 0/87-5632562, E-Mail: wpnbas@go2.pl, Mo–Fr 7–15 Uhr*

Unterkunft

- ***Gästezimmer in Förstereien €****. Die Parkdirektion s.u. bietet für 30 Złoty pro Person und Tag Gästezimmer in den Förstereien Gawarzec, Mikołajewo, Leszczewek, Królówek und Maækowa Ruda an. In Lipniak kann man für 170 Złoty ein ganzes Haus mieten. Kontakt und Buchung: Wigierski Park Narodowo, Krzywe 82, 16-400 Suwałki, Tel./Fax 5632562, E-Mail: wpnbas@go2.pl.*
- ***Hotel im Kloster Wigry €****. Zu buchen über: Dom Pracy Twórczej MKIS Wigry 100, 16-412 Stary Folwark, Tel. 087- 6679749, Fax 6679748. Schlafen in den Mönchsklausen des Klosters Wigry – ein besonderes Erlebnis. Die wenigen Zimmer sind immer schnell ausgebucht, rechtzeitig vorbestellen.*

Camping

- ***Camping Stary Folwark****, 16-412 Stary Folwark, Tel. 661227, 661223. Vom 1.6. bis zum 30.9. geöffneter, gut ausgestatteter und wohnmobiltauglicher Platz im Nationalpark am Wigry-See.*
- ***Camping Wigry****, Wigry 12, 16-412 Stary Folwark, Tel. 5637042, unmittelbar am Ende der Straße zum Kloster gelegen.*

Bootsvermietung

- *PTTK Stary Folwark*, Tel. 661227
- *Camping Stary Folwark*, Tel. 4661227, 4661223

Kleinbahn

Wigierska Kolej Wąskatorowa, Ośrodek „Hossa Wigry", 16-413, Płociczno, Tel. 5639263, 1.7.–31.8. täglich 10 und 12.30 Uhr ab Płociczno, zurück ab Krusznik 12 und 14.30 Uhr.

Władysławowo/Großendorf (S. 257)

Mit den Ortsteilen **Jastrzębia Góra, Rozewie, Karwia**
Vorwahl Region Władysławowo: 058

Notruf

- *Krankenwagen*: 999
- *Polizei*: 997
- *Feuerwehr*: 998
- *Pannenhilfe* (poln.): 981
- *ADAC-Pannenhilfe Warschau*: (022) 6222060
- *Intern. Pannenhilfe des poln. Autoclubs PZM*: (022) 825 97 34
- *Notruf Auswärtiges Amt*: 0049-1888-17 44444

Touristeninformation

Biuro Promocji i Obsługi Ruchu Turystycznego, ul. Ks. Stefańskiego 47, 84-140 Jastarnia, Tel. 675-20-97, Mo–Fr 8–15 Uhr, Juli bis September 8–20 Uhr, www.wladyslawowo.pl/www.polwysep.pl.

Unterkunft

- ***Hotel Faleza €€***, ul. Klifowa 5, Jastrzębia Góra, Tel. 6749400, 6749158, E-Mail: kontakt@faleza.pl, neues Hotel auf dem hohen Ufer 40 m über dem Meer gelegen, viele Zimmer mit Traumblick.
- ***Pensjonat Rejs €€***, ul. Hryniewskiego 4, 84-120 Władysławowo, Tel. 7740500, Tel./Fax 6741697, E-Mail: pensjonat-rejs@wp.pl, www.polwysep.pl/rejs, www.pensjonat-rejs.pl. Direkt am Strand sehr schön gelegen, kleine Pension mit komfortablen Zimmern, Clubzimmer u. Dachterrasse mit Meerblick.
- ***Hotel Ara €€***, ul. Rozewska 4 a, Jastrzębia Góra, Tel. 6749600, E-Mail: ara@arahotel.com.pl, www.arahotel.com.pl. Unweit des Strandes gelegenes Hotel mit Disco im Haus und schön eingerichteten Zimmern.
- ***Pensjonat Victor €€***, ul. Bałtycka 33, 84-104 Jastrzębia Góra, Tel. 7744574, Tel./Fax 6749574, E-Mail: victor.pensjonatr@wp.pl, www.pensjonatvictor.pl. Wunderbar direkt auf dem Steilufer gelegene kleine Pension

Leuchtturm Rixhöft

W

mit 27 Betten. Nehmen Sie eines der komfortablen Zimmer mit Seeblick und riesiger Terrasse, dann kann die Brandung Sie in den Schlaf singen. Die Küche des Hauses ist vorzüglich. Die Pension Victor wird als Geheimtipp gehandelt.

- ***Pensjonat Elm €**, ul. Droga Rybacka 55, 84-104 Jastrzębia Góra, Tel. 7746805, 6749756, E-Mail: elm@onet.pl, www.pensjonatelm.pl. Zentral gelegen, je hundert Meter von Wald und Meer entfernt, ordentlicher Komfort.*

Camping

***Camping OPO Cetniewo**, ul. Sportowa 11/13, 84-120 Władysławowo, Tel. 6746300. Einer der wenigen ganzjährig geöffneten Plätze, wohnmobiltauglich und mit behindertengerechten Sanitäranlagen, dazu Zimmervermietung, Waschmaschinen, Restaurant.*

IWANOWSKI'S Das kostet Sie Polen

News im Web: www.iwanowski.de

- Stand: Mai 2005 -

Auf den grünen Seiten wollen wir Ihnen Preisbeispiele für Ihren Urlaub im Norden Polens geben, damit Sie sich ein realistisches Bild über die Kosten Ihrer Reise und Ihres Aufenthaltes machen können. Natürlich sollten Sie die Preise nur als vage Richtschnur auffassen. Bei einigen Produkten und Leistungen ist eine Preis-Spannbreite angegeben. Bedenken Sie bitte, dass die saisonalen Schwankungen zum Teil beträchtlich sind, besonders bei den Unterkünften.

Aktueller Kurs:
1 € = 4,15 Złoty, 1 Złoty = 0,24 € (Stand Mai 2005)

BEFÖRDERUNG

Flüge

Die gute Nachricht: Es gibt nun auch von und nach Polen Billigflugangebote. Nach dem Vorreiter Germanwings haben andere Linien nachgezogen. Folgende Angebote sind aktuell auf dem Markt:

- **Germanwings** fliegt 3x wöchentlich von Stuttgart sowie Köln/Bonn nach Warschau, Preise ab 19 €, www.germanwings.com.
- **European Air Express** fliegt 3x wöchentlich von Köln/Bonn nach Poznan, Preise um 150 €, www.eae.aero
- **Denim Airways** fliegt 6x wöchentlich von Augsburg über Berlin/Tegel nach Gdańsk, Preise Berlin – Gdańsk incl. Steuern u. Gebühren 134 €, www.denimair.nl
- **Wizzair** fliegt 3x wöchentlich von Dortmund nach Gdańsk und 4x wöchentlich von Frankfurt/Hahn nach Warschau. Preise ab 1,99 € für einen Flug nach Gdańsk, am günstigsten immer donnerstags, www.wizzair.com
- **Centralwings** fliegt 2x wöchentlich von Hannover nach Warschau, Preise ab 4,50 €, www.centralwings.com

Die derzeit günstigsten Hin- und Rückflüge in der Economy-Class mit „normalen" Fluglinien sind:

Düsseldorf – Gdańsk 139 € (LOT)
Hamburg – Gdańsk 139 € (LOT)
München – Warszawa 139 € (LOT)
Hamburg – Warszawa 169 € (SN Brussels Airlines)

Interessant für **Süddeutsche und Österreicher**:
Sky Europe fliegt von Bratislava (nur 50 km von Wien) täglich nach Warschau (Etiuda Terminal), Preise ab 14 €, www.skyeurope.com.

Wenn Sie über Warschau fliegen, haben Sie generell mehr Auswahl, vor allem, was günstige Angebote betrifft. Wenn Sie nicht direkt fliegen, achten Sie bei der Planung auf die Flugroute, die entscheidend für die enormen Preisdifferenzen ist. Wenn Sie von München über Kopenhagen nach Warschau oder Gdańsk fliegen, ist das teuer.

- ***Buchungen und Informationen***

Bei Billiger-Reisen können Sie sich über Flugangebote nach Polen im Internet informieren, den günstigsten Preis heraussuchen und direkt online buchen. Internet: www.billiger-reisen.de/Billigflug-Polen.html. Ähnliches gilt für www.urlaubsportal-24.de oder www.flugbuchung.com, auch hier können Sie im Internet den günstigsten Flug heraussuchen und buchen.

Mietwagen

Mietwagen der großen internationalen Firmen können Sie in Nordpolen in Szczecin, Gdansk und Olsztyn buchen und natürlich auch am Flughafen Warszawa-Okecie. Günstiger wird es, wenn Sie das Fahrzeug über einen der großen Reiseveranstalter als Paket mit einem Hotelaufenthalt buchen. Die unten genannten Preise gelten inklusive Versicherung und ohne Kilometerbeschränkung.

Anbieter	Fahrzeugtyp	1 Woche
Avis	Opel Corsa	336 €
Avis	Toyota Corolla	421 €
Europcar	Opel Corsa	359 €
Hertz	Opel Corsa	435 €

Einer der günstigsten internationalen Anbieter ist **Holiday Autos**, www.holidayautos.de, einen Opel Corsa bekommen Sie dort für 280 €/Woche.

	Litauen		Russland
Avis			
Toyota Yaris o.ä.	415 €	Renault Symbol o.ä.	543 €
VW Polo o.ä.	472 €		
Europcar			
VW Polo o.ä.	362 €	Opel Corsa o.ä.	298 €
Hertz			
Opel Corsa o.ä.	365 €		

Eisenbahn

Die polnische Bahn hat ihre Strecken und den Kundenservice reduzieren müssen – sparen ist angesagt, worunter auch der Service stark leidet. Die polnische Staatsbahn PKP ist allerdings noch immer günstiger als die Deutsche Bahn AG und wird was den Kilometerpreis betrifft immer billiger, je länger die Strecke ist. Schnellzüge und Eilzüge sind durch die fälligen Zuschläge teurer.

Eine Reise kostet beispielsweise:

- Personenzug (osobowy) 2. Kl. von Gdańsk nach Olsztyn, 189 km, Dauer 3,5 bis 4 Stunden, Preis 21 Złoty
- Schnellzug (pospieszny) 2. Kl. von Gdańsk nach Olsztyn, 179 km, Dauer 2,5 Stunden, Preis 31,85 Złoty

Es hängt also entscheidend davon ab, ob man lange Reisedauern und überfüllte Züge in Kauf nimmt, oder lieber etwas mehr bezahlt, seinen Platz reserviert hat und schneller am Ziel ist.

Den Zusammenhang von Zugart, Reisedauer und Preis zeigt besonders dieser Vergleich:

- Personenzug (osobowy) 2. Kl. von Szczecin nach Gdańsk, 512 km, Dauer 10 Stunden, Preis 30,50 Złoty
- Inter City 2. Kl. von Szczecin nach Gdańsk, 359 km, Dauer gut 5 Stunden, Preis 66,44 Złoty

Fahrkarten bekommen Sie auf dem Bahnhof oder in Orbis-Büros. Stellt man sich einfach an der Kartenausgabe an, wird man allerdings nicht eben oft einen Bahnmitarbeiter finden, der sich anders als in polnischer Sprache verständigen kann. Das macht das Bahnfahren in Polen manchmal etwas schwierig. Das gilt auch für den Reservierungskauf, denn fast alle Fernzüge sind reservierungspflichtig.

Der InterRail-Pass ist in Polen uneingeschränkt gültig, der Polrailpass hingegen wird seit dem 1.1.2004 nicht mehr angeboten. Interrailer informieren sich auch über das Reisen in Polen stets aktuell auf der Internetseite www.interrailers.net. Wer den Bahncard-Zusatz „Rail Plus“ besitzt (15 % Aufschlag), spart für Reisen nach Polen durchschnittlich 25 %.

Mit dem deutschen Euro-Domino-Tarif kann man an drei bis acht frei wählbaren Tagen innerhalb eines Monats durch ganz Polen fahren. Die meisten Zuschläge sind schon inbegriffen und die Fahrt auf deutschem Territorium von und zur polnischen Grenze ist um 25 % ermäßigt. Preisbeispiel: 3 Tage/2. Kl., ein Erwachsener 56 €, pro Zusatztag 12 € Aufschlag.

Mit dem Sparpreis 25 Europa der DB kommt man um 25 % billiger nach Polen. Nutzen kann die Tickets, wer sie für Hin- und Rückfahrt mindestens drei Tage vor Reiseantritt kauft (auch im Internet buchbar). Außerdem muss zwischen Hin- und Rückfahrt eine Nacht von Samstag auf Sonntag liegen (Wochenendbindung). Die DB-Züge auf den deutschen Teilstrecken müssen bereits beim Kauf der Fahrkarte für Hin- und Rückfahrt verbindlich festgelegt werden (Zugbindung). Für mindestens eine Teilstrecke der Hin- und Rückfahrt muss ein Fernverkehrszug (ICE, IC/EC, IR) genutzt werden. Ein Besuch der Internetseite ist also lohnend: www.bahn.de.

Ein nach wie vor interessantes Angebot macht die DB: der Berlin-Warszawa-Express verkehrt dreimal täglich, die Fahrzeit beträgt sechs Stunden, das Ticket kostet für die einfache Fahrt 2. Klasse 35,20 €. Statt des Polrailpasses gibt es einige andere Angebote der PKP, die auch für Touristen interessant sind: Das **Bilet turystyczny** der PKP ist ein Wochenendangebot und kostet 50 Złoty pro Person (etwa 13 €; Fahrradmitnahme 10 Złoty extra), es gilt nicht in Express- oder IC/EC-Zügen. Damit fährt man eine unbegrenzte Zahl von Fahrten vom letzten Arbeitstag 18 Uhr bis zum letzten arbeitsfreien Tag um 24 Uhr. Das Ticket gilt nicht nur an Wochenenden, sondern auch an Feiertagen. Inzwischen gibt es auch ein **Bilet turystyczny** für das Wochenende mit dem IC, das „Weekend z IC“. Es kostet 99 Złoty und gilt in der 2. Klasse von EC, IC und Ex-Zügen außer dem Berlin-Warszawa-Express. Es ist gültig freitags ab 18 Uhr bis sonntags 18 Uhr.

Das **Bilet wycieczkowy** der PKP gilt freitags ab 20 Uhr sowie sonnabends und sonntags bis 24 Uhr und ist für Ausflüge in die nähere Umgebung gedacht (für eine Strecke von max. 200 km). Zwischen Abfahrts- und Zielort gibt es für die einfache Fahrt 15 % Ermäßigung und für Hin- und Rückfahrt 33 % Ermäßigung auf den normalen Fahrpreis. Beide Tickets gibt es in den Bahnhöfen.

Überlandbusse

In Polen gibt es ein dichtes Netz von Überlandbuslinien. Busfahren ist billig in Polen, so kostet eine Fahrt mit dem PKS-Bus von Gdansk nach Kaliningrad gerade mal 28 Złoty. Im Überlandverkehr kosten bei PKS (dem verbreiteten allgemeinen Liniendienst) 100 km Strecke 17,40 Złoty, 200 km Strecke 32 Złoty und 300 km Strecke 44 Złoty.

Taxi *siehe gelbe Seiten unter „Taxi", S. 120*

Benzinpreise

Die Benzinpreise in Polen schwanken und sind obendrein regional verschieden. Rechnen Sie etwa mit folgenden Preisen pro Liter:

- Super bleifrei 95 Oktan 3,50 Złoty
- Super Plus 98 Oktan 3,61 Złoty
- Diesel 2,90 Złoty

Pauschal-Reiseangebote

- **Städteurlaubsangebote** gibt es, vor allem für Danzig, reichlich: Flug-Städtetrip Danzig, inkl. Flug, Übernachtung im Holiday Inn, 377 €, Internet-Angebot www.travelchannel.de
- Ein elftägiger geführter **Fahrradurlaub** in Masuren kostet ab 790 € pro Person bei Panek-Touristik, In der Mackenbach 2, D-51597 Morsbach, Tel.: 02294-999 555, Fax: 999 557, E-Mail: info@panek-touristik.de, Internet: http://panek-touristik.de
- Eine Woche **Masuren** kostet ab 210 € pro Doppelzimmer im Pensionat Habenda, Krutyń 42, PL-11-710 Piecki, Tel./Fax: 0048-89-742 12 18, Handy: 0048-604 868 039, E-Mail: info@habenda.com, Internet: www.habenda.com
- Ein **Ostsee-Angebot**: Bei TUI zahlen zwei Erwachsene im Doppelzimmer mit Frühstück für eine Woche im Mittelklasse-Hotel New Skanpol in Kołobrzeg zusammen 474 €. TUI Deutschland GmbH, Karl-Wiechert-Allee 23, D-30625 Hannover, Tel.: 01803-999 884 33, Fax: 0421-5250-601, Internet: www.tui.de

Studienreisen

Eine neuntägige Bus-Studienreise durch Pommern und Masuren kostet bei Greif-Reisen, Universitätsstr. 2, 58455 Witten, Tel.: 02302-24044, Fax: 25050, Internet: www.greifreisen.de, ab 664 €.

Billig-Angebote

Wer besonders preiswert nach Polen reisen möchte oder als Individualtourist eine besonders günstige Unterkunft sucht, dem sei dieses Internetportal empfohlen: www.polen-billig.de. Dort finden Sie neben einer Reihe von aktuellen Informationen Unterkünfte ab 4,89 € pro Tag.

AUFENTHALTSKOSTEN

Übernachtung

- **Mittelklassehotels in Danzig oder Stettin** sind ab 80 € pro Tag für ein Doppelzimmer mit Frühstück zu haben.
- **Mittelklassehotels an der Ostseeküste und in Masuren** kosten ab 50 € pro Tag für ein Doppelzimmer mit Frühstück.
- **Ferien auf dem Bauernhof** kosten je nach Angebot ab 18 € pro Tag für ein Doppelzimmer mit Frühstück.
- **Ferienhäuser** kosten mit einfachem Standard von privat ab 200 € pro Woche und Haus (maximal 5–6 Personen) und von Agenturen in geprüfter Qualität ab 400 €. Agentur: NOVASOL, Brunnenstraße 181, D-10119 Berlin, Tel.: 030 2848 930, Fax: 2848 93 20, E-Mail: berlin@novasol.de, www.novasol.de. Privatangebot: www.masuren-privat.de/sommerhaus.htm
- **Pensionen**: Die Bandbreite der Leistungen ist hier besonders groß, von der kleinen Familienpension bis zum stilvollen Verwöhnangebot ist alles dabei. Die Angebote bewegen sich zwischen 30 und 80 € pro Doppelzimmer mit Frühstück.
- **Privatunterkünfte** kosten in kleineren Städten ab 15 € pro Person und Tag, auf dem Lande ab 10 €.
- **Camping** kostet ab 15 € für zwei Erwachsene mit einem Wohnmobil, Kinder unter 7 Jahren sind frei. Camping auf dem Bauernhof kommt pro Nacht und Dreimannzelt um 7 €.

Essen und Trinken

Für ein Mittagessen in einem Bistro, einer Raststätte oder einer Bar müssen Sie für ein Hauptgericht mit alkoholfreiem Getränk mit Preisen ab 4 € rechnen, in einem einfachen Restaurant kostet so ein Mittagessen ab 6 € und in einem guten Restaurant ab 15 €. In einem Gourmet-Restaurant sollten Sie für ein Mittagessen etwa 50–100 Złoty (12–25 €) veranschlagen. Alle Restaurantpreise in Polen sind Inklusivpreise, in denen Service und alle Steuern enthalten sind. Trinkgelder sind üblich und sollten etwa 10 % der Verzehrsumme betragen.

Lebensmittel:
Die meisten Lebensmittel, vor allem die Grundnahrungsmittel, sind in Polen billiger als bei uns zu haben. Aber es gibt auch schon Dinge, die dort teurer sind als in Deutschland, beispielsweise Kaffee. Wenn Sie sich also ein Appartement oder ein Ferienhaus mieten, nehmen Sie sich Ihre Kaffeeration besser mit. Wie das in einer Transformationswirtschaft so ist, ändern sich die Preise noch relativ rasch. Besonders der EU-Beitritt hat alles in Fluss gebracht, durchschnittlich sind die Preise für Lebensmittel seit dem Mai 2004 um 10 % gestiegen. Derzeit können Sie von folgenden Preisen ausgehen: 1 Brot erhalten Sie ab 1 Złoty, einen Liter Milch für 1,30–2 Złoty, ein Kilo Schweinefleisch (Kotelett) kostet ca. 28 Złoty und das Pfund Kaffee bis 20 Złoty.

Parken

Rechnen Sie mit Parkgebühren von mindestens 2 Złoty pro Stunde, an besonders begehrten Plätzen auch mehr, an der Ostseeküste bis 4 Złoty, in Danzig bis 6 Złoty.

Eintrittspreise

In polnischen Museen zahlen Sie Eintrittspreise ab 5 Złoty, es kann auch schon einmal 16 Złoty kosten. Ermäßigungen können Sie nicht geltend machen, allenfalls bei Vorlage eines internationalen Studentenausweises oder wenn Ihre Kinder sichtbar unter zwölf Jahren sind, können Sie auf einen Nachlass von 50 % rechnen, das hängt aber vom Wohlwollen des Kassierers ab. Durchschnittlich zwischen 20 und 60 Złoty zahlen Sie in der Danziger Baltischen Staatsoper für eine Karte, in der Philharmonie und in den Theatern sind die Kartenpreise vergleichbar. Kinokarten in den neueren Kinos kosten zwischen 16 und 25 Złoty, in den kleineren älteren Häusern auch schon einmal ab 10 Złoty.

Telefonieren

Für Telefonate von Deutschland nach Polen ist derzeit die Call-by-Call-Nummer 01029 am günstigsten. Mit diesem Anbieter zahlen Sie 2,5 Cent pro Minute.

Telefonieren in Polen ist mit dem Handy vergleichsweise teuer, der Minutenpreis beträgt um die 0,50 €. Der durchschnittlich preiswerteste polnische Roamingpartner ist IDEA, dort zahlen Sie derzeit 0,88 bis 1,11 €. Bei den meisten Roaming-Tarifen deutscher Provider sind alle Gespräche – auch innerhalb des polnischen Netzes – Auslandsgespräche und kosten bis 1,50 € die Minute. Das gilt auch für die Abfrage der Mobilbox.

Billiger als vom Hotelzimmer aus ist Telefonieren mit einer Telefonkarte, die Sie in den Kiosken der Gruppe „Ruch" oder in jedem Postamt erhalten. Den Anfang machten in Polen die nach wie vor erhältlichen Karten mit Magnetstreifen. Die neuen Karten mit Chip oder Magnetstreifen (nicht jeder Automat akzeptiert jede Version) zu 15, 30 oder 60 Einheiten kosten 9, 15, oder 24 Złoty. Am billigsten ist der Einheitspreis auf der Karte mit 60 Einheiten.

Zur Orientierung: Inlandsgespräche kosten pro Minute je nach Tarif (auch in Polen ist der Tarifdschungel kaum durchschaubar) etwa um 0,70 Złoty, Auslandsgespräche nach Deutschland, Österreich oder die Schweiz 1,77 Złoty.

Aktuelle Informationen über das Telefonieren in Polen finden Sie im Internet bei http://www.tariftip.de/rubrik/15434/18/Billig+telefonieren+aus+Polen.htm. Dort können Sie auch Calling Cards mit Werten ab 10 € bestellen. Auch über Internetzugangsmöglichkeiten wird dort ausführlich und immer aktuell informiert.

4. REISEN IN NORDPOLEN

Die westpommersche Ostseeküste

Überblick

Pommern, Pomorze wie es polnisch heißt, bedeutet Land am Meer, eine treffende Beschreibung für diesen von Świnoujście/Swinemünde bis fast nach Gdańsk/Danzig reichenden längsten Abschnittes der insgesamt über 500 km langen polnischen Ostseeküste. Endlose bis zu hundert Meter breite herrlich weiße Sandstrände im Wechsel mit einigen über 100 m hohen urwaldbestandenen Steilküsten und landeinwärts sanfte Hügel ausgedehnter Moränenlandschaften mit vielen kleinen Seen machen die polnische Küste zu einem attraktiven Urlaubsgebiet. Der gleich hinter der Oder beginnende Teil der polnischen Küs-

weiße Sandstrände

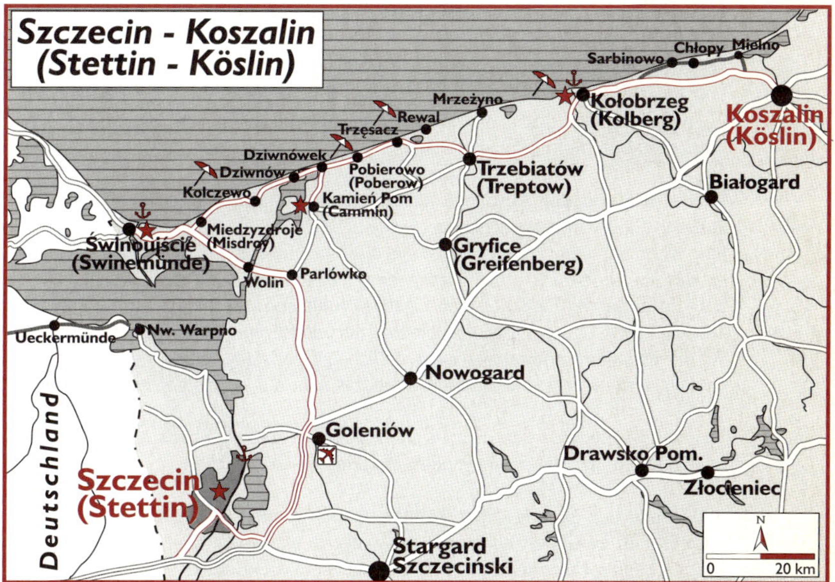

te, der früher Hinterpommern genannt wurde, gehört heute zur Wojewodschaft Pomorze Zachodnie, was Westpommern bedeutet. Hauptstadt dieser Wojewodschaft ist Szczecin/Stettin.

Szczecin/Stettin (ⓘ s. S. 127)

Überblick

Nur 150 km von Berlin entfernt und direkt hinter der deutsch-polnischen Grenze gelegen ist Szczecin/Stettin die westlichste polnische Großstadt und als einzige mit dem deutschen Autobahnnetz verbunden. Jährlich fast 300.000 Touristen entdecken sie als lohnendes Ziel, die Hälfte von ihnen Deutsche, die Stettins Nähe während eines Kurztrips kennen lernen.

Wirtschaftszentrum

Szczecin ist mit seinen bald **450.000 Einwohnern** die größte Stadt zwischen Danzig und Hamburg und sowohl für die Schifffahrt als auch die Werftindustrie von überragender Bedeutung. Kein Zweifel, Szczecin ist Zentrum eines boomenden Wirtschaftsgebietes, in Verbindung mit Świnoujście besitzt es sogar das bedeutendste Ostseehafenareal überhaupt. Überdies hat die historische Hauptstadt Pommerns eine über tausendjährige Handelstradition im Schnittpunkt wichtiger europäischer Handelswege. Im strukturschwachen deutschen Grenzgebiet Mecklenburg-Vorpommerns wartet man schon darauf, wirtschaftlich wieder das zu werden, was man immer war, Hinterland Stettins. Um die fünf Hochschulen mit ihren rund 50.000 Studenten herum hat sich Hochtechnologie angesiedelt, die darauf wartet, den deutschen Markt zu erschließen.

Szczecin, die siebtgrößte Stadt Polens, ist durch das auch Oderhaff genannte Stettiner Haff/Zalew Szczecinski mit der Ostsee verbunden und geschichtlich **vom Seehandel und dem Hafen geprägt**, weltoffen war diese Stadt schon immer, auch in kultureller Hinsicht.

Wenn man von der Autobahn nach Szczecin abbiegt, erreicht man bald einen äußeren Ring von ansprechenden, vielfältigen Neubauten, deren Art verrät, dass hier nicht mit dem Pfennig gerechnet werden musste. Ein wenig fühlt man sich an die Hanse erinnert, der Stettin einst angehörte. Auch dort wurde – wenn auch in anderem Baustil – der eigene Wohlstand durch prächtige Bauten zur Schau gestellt. Diesem Ring von Neubauvierteln folgen in kilometerlangem Wechsel die üblichen Randbezirke einer östlichen Großstadt, Gewerbegebiete, Industrieanlagen und trostlose Plattenbauten, bis man die Innenstadt erreicht.

Stadt im Grünen

Überraschenderweise entpuppt sich Szczecin als **grüne Stadt** mit vielen baumbestandenen Straßen sowie großen und kleinen Grünflächen.

Mit Hochdruck ist man dabei die immer noch großen Baulücken der Innenstadt, die 1944 zu zwei Dritteln zerstört wurde, zu schließen. Die Stadt möchte sich ansprechend präsentieren, wenn sie mit dem EU-Beitritt Polens wieder das wird, was sie einst war – der Hafen Berlins.

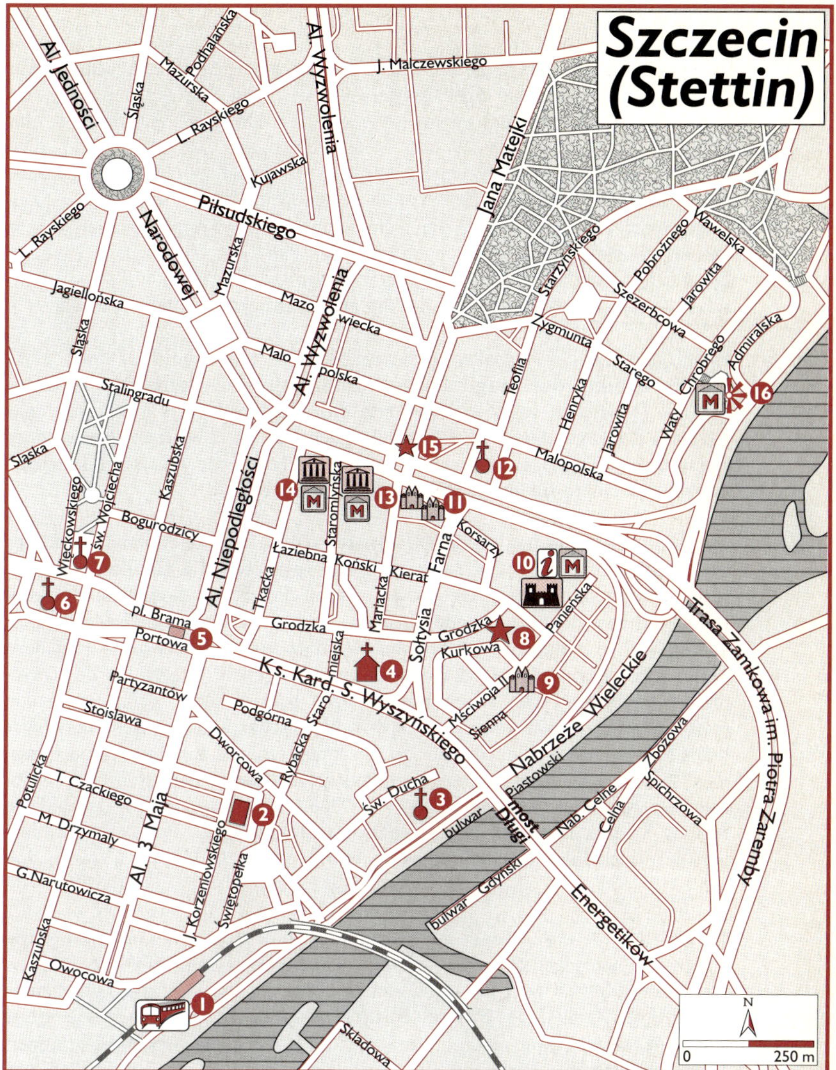

1 Hauptbahnhof / Dworzec Szczecin Główny
2 Rotes Rathaus
3 Johanniskirche / kościół św. Jana
4 Kirche des hl. Jakobus / kościół św. Jakuba
5 Hafentor / Brama Portowa
6 St. Adalbertkirche / kościoł św. Wojciecha
7 Kirche des Allerheiligsten Herzen Jesu / kościół Najświętszego Serca Pana Jezusa
8 Loitzenhof / Kamienica Loitzów
9 Altes Rathaus /Stary Ratusz
10 Schloss der Pommerschen Herzöge/ Zamek Ksiąrzat Pomorskich/Touristeninformation
11 Professorenhäuser / Kamienice Profersorskie
12 St. Peter-und Paul Kirche / kościół św. Piotra i Pawła
13 Nationalmuseum / Muzeum Narodowe
14 Nationalmuseum / Muzeum Narodowe
15 Königstor / Brama Królewska
16 Hakenterrasse / Waly Chrobrego

Geschichte

Bis zum **9. Jahrhundert** zurück reicht die Geschichte Stettins, bereits damals gab es auf dem heutigen Schlosshügel eine slawische Siedlung und Burg, die durch den Handel bekannt geworden waren. Im Jahre 967 vereinnahmte der polnische Piastenherrscher *Mieszko I.* den befestigten Ort, aber schon 1005 erlangten die slawischen Pommern ihre Unabhängigkeit zurück. Der polnische König *Bolesław Krzywousty* (*Schiefmund*) unterwarf 1121 die wendischen Siedlungsgebiete und verpflichtete den Pommeranenherzog *Wartislaw I.* zur Tributzahlung an die polnische Krone und zur Annahme des christlichen Glaubens. Doch schon der nächste Pommernherzog *Boguslaw I.* huldigte 1181 dem deutschen Kaiser *Friedrich Barbarossa*, der ihn im Gegenzug mit Pommern belehnte.

Hansestadt

Einem dänischen Herrschaftsintermezzo zwischen 1184 und 1227 folgt **1243 die Verleihung der Magdeburger Stadtrechte** an Stettin durch Herzog *Barnim I.* Inzwischen strömten seit Mitte des 12. Jahrhunderts mehr und mehr deutsche Siedler in die Stadt, die im Laufe der Zeit die slawischen Ureinwohner assimilierten. Die junge Stadt, deren geschützter Hafen von Anfang an das große Kapital war, blühte auf und **trat 1272 der Hanse bei.**

Seit 1121 bestimmte nun die Greifendynastie die Geschichte Pommerns und der Hauptstadt Stettin. Über 500 Jahre **bis 1637 regierten die Greifen** das autonome Pommern, zwischen Deutschem Orden, Polen und Brandenburg taktierend. Nachdem *Boguslaw I.* kinderlos starb, starben nicht nur die Greifen aus, es endete auch die Blütezeit Stettins. Im Westfälischen Frieden wurde Pommern **1648 unter Schweden und Brandenburg aufgeteilt**. Stettin wurde schwedisch, und Stadt, Hafen sowie Handel lagen bald danieder, dafür wurden in Stettin Festungsanlagen gebaut. Nach dem Nordischen Krieg verzichtete Schweden 1720 für zwei Millionen Taler zu Gunsten Preußens auf Stettin, und **Preußen** baute die Stadt in der Folge zu einer gewaltigen Militärfestung aus. Während der napoleonischen Besetzung von 1806 bis 1813 ging der wirtschaftliche Abstieg Stettins rasch voran. Erst nach der Rückkehr zu Preußen gesundete Stettin wirtschaftlich, Handel und Hafen erholten sich, die Werftindustrie blühte auf.

Paris als Vorbild

Ab 1873 konnte die Stettiner Stadtverwaltung damit beginnen, die Befestigungsanlagen zu schleifen, die einer weiteren Stadtentwicklung im Wege standen. Nun konnte Stettin wachsen, neue ambitionierte Städtebaukonzepte entstanden mit Paris als Vorbild. Der **Pariser Stadterneuerer Baron *Georges Eugene Haussmann*** war zwar nie in Stettin, aber seine Pläne inspirierten die Stettiner. Weite Boulevards entstanden, an denen klassizistische Gründerzeitvillen und Jugendstilbauten errichtet wurden. Aufgelockert wurde die Bebauung durch Parks und Plätze, von denen die Straßen sternförmig abgingen, ein Baukonzept, das heute noch das Pariser Viertel um den **Płac Grunwałdzki** beherrscht.

Das alte Stettin sank im August 1944 in Schutt und Asche, nach der Eroberung durch die Rote Armee wurde Stettin am 5. Juli 1945 von Polen übernommen und fortan **Szczecin** genannt. Die deutsche Bevölkerung wurde großteils vertrieben, die polnischen Neusiedler kamen in eine Trümmerwüste, die **Stadtbebauung war zu zwei Dritteln zerstört**, entlang der Oder stand kein Stein mehr auf dem anderen, der Hafen war zu drei Vierteln zerstört, die Industrieanlagen zu fast 90 %, Stettin gehörte zu den 20 am meisten zerstörten Städten des Deutschen Reiches.

Redaktions-Tipps für Szczecin

Sehenswürdigkeiten

- Stettin, die Stadt am Meer, hat erstaunlich viel zu bieten, besonders schön ist die Gegend um die **Wały Chrobrego** (S. 213) mit dem schönen Blick über den Hafen.
- Das **Schloss der Pommerschen Herzöge** (S. 211) auf dem hohen Ufer über der Oder ist das kulturelle Zentrum der Stadt. Auch ein Essen im Schlossrestaurant **Na Końcu Korytarzu** ist als Abrundung sehr zu empfehlen.
- Bei einem **Spaziergang an der Oder** hat man die Sehenswürdigkeiten Szczecins sehr eindrucksvoll panoramaartig im Blick.

Gastronomie

- Exquisit essen kann man im **Restaurant Vivaldi,** dem Spitzenrestaurant der Stadt im Hotel Radisson SAS.
- Der **Tiger** ist noch immer angesagt für Szczecins In-Gesellschaft, er gehört dem Boxer „Tiger“ *Dariuz Michalczewski.*
- Das **Café** im 22. Stock des Radisson SAS bietet zu Snacks sowie Kaffee und Kuchen den tollsten Blick über Szczecin.
- Im **Grand Cru** gibt es die beste Weinauswahl Szczecins, außerdem verwöhnt das Restaurant mit phantasievoller mediterraner Küche.

Übernachten

- Wer es sich leisten kann, wählt Szczecins Top-Hotel, das **Hotel Radisson SAS** €€€€.
- Preiswerter ist das intime **Hotel Arkona** €€ mitten in der Altstadt.
- Am Park Żeromskiego liegt sehr ruhig Szczecins Nummer 2, das **Orbis Hotel „Neptun“** €€€ mit einigem Komfort und einem hauseigenen Kasino.

Stadtrundgang

Ideal für den Beginn eines Stadtrundganges sind der Stettiner **Bahnhof (1)** oder Busbahnhof, die zentral an der Oder am südöstlichen Rand der Szczeciner Altstadt liegen. Man spaziert dann einfach an der Oder entlang und hat die Hauptsehenswürdigkeiten panoramaartig im Blick.

Vom Bahnhof aus linker Hand ist das **Rote Rathaus (2)** nicht zu übersehen. In dem mächtigen neogotischen 1879 vollendeten Backsteinbau befindet such heute die Küstenverwaltung.

Ein paar Schritte weiter nur führt links die Ks. Kard. S. Wyszyńskiego im Bogen bergauf, dominiert wird die Straßenszenerie von der wuchtigen **Kościół Św. Jakuba/Kirche des hl. Jakobus (4)**, der gotischen Backstein-Basilika am Płac Orła Białego, mit deren Bau Baumeister *Hinrich Brunsberg* bereits Mitte des 13. Jahrhunderts begann. Errichtet wurde damals zunächst eine dreischiffige Kathedrale an der Stelle der ersten Kirche, die Herzog *Boguslaw I.* dort 1187 hatte erbauen lassen. Ursprünglich hatte die Kirche Zwillingstürme, bis zum Anfang des 15. Jahrhunderts wurden außerdem Chor und Kapellenkranz beigefügt. Nachdem der südliche Turm 1456 eingestürzt war und vor allem das Seitenschiff stark beschädigt hatte, wurde die Kirche in anderer Gestalt wieder

Kirche des Hl. Jakobus

aufgebaut und 1503 in Gebrauch genommen. Die Jakobikirche war nun eine Hallenkirche mit nur einem, allerdings gewaltigen und 120 m hohen Turm mit quadratischem Grundriss.

Im II. Weltkrieg wurde die Kirche fast völlig zerstört, fast nichts blieb vom Inventar, einzig das Altartriptychon und ein Flügelaltar aus dem 14. Jahrhundert zieren die Kathedrale noch heute, alles andere stammt aus der Nachkriegszeit. Der Wiederaufbau wurde 1981 mit dem Einbau der Orgel abgeschlossen. Ein Gedenkstein vor der Kirche erinnert an die große Kirchenmusiktradition dieses Gotteshauses und ihren bedeutendsten Vertreter, den romantischen Komponisten ***Carl Loewe***, der von 1820 bis 1866 hier als Organist tätig war. Sein Herz ist im Stützpfeiler an der Orgel bestattet. Der Turm der Kirche ist heute nur noch halb so hoch wie vor dem Krieg, man verzichtete auf den Aufsatz. Die alte gut 5,5 Tonnen schwere, schon 1682 gegossene Jakobsglocke überstand die Kriegswirren. Sie hängt in einem Gerüst vor der Nordseite der Kathedrale, die heute Bischofssitz ist.

Stettiner Panorama

Weiter oben an der Ks. Kard. S. Wyszyńskiego steht das in den 20er Jahren des 18. Jahrhunderts nach dem Kauf Stettins von den Schweden errichtete **Hafentor/ Brama Portowa (5)** (früher Berliner Tor), in dem sich heute ein Café befindet. Am Ende der Ks. Kard. S. Wyszyńskiego, schon am Płac Zwycięstwa, sehen Sie zwei neogotische Kirchen. Die nördliche ist die **Kościół Najświętszego Serca Pana Jezusa/Kirche des Allerheiligsten Herzens Jesu Christi (7)**, sowie im Westen die **Kościół Św. Wojciecha/St. Adalbertskirche (6)**, die beide Anfang des 20. Jahrhunderts erbaut wurden, letztere diente als Garnisonkirche.

Hafentor

Biegt man unterhalb der Jakobikirche nach rechts in die ul. Mściwoja ein, erreicht man nach wenigen Schritten das einstige altstädtische Zentrum am **Stary Rynek**. Hier gibt es immer noch einige freie Flächen, die Kriegswunden sind bei allem Bemühen und einem wahren Bauboom noch immer nicht ganz verheilt. Es ist unmöglich, die komplette Altstadt originalgetreu wieder aufzubauen, man entschloss sich in Szczecin nur einige Gebäude detailgenau wieder zu errichten. Die verbleibenden Straßenzüge werden nun mit Hochdruck im Retrostil neu bebaut. Dabei hält man sich an die Originalstraßenzüge und Größenverhältnisse, die Fassaden werden dem alten Stil angepasst. So wirkt das **Alte Rat-**

Rathaus und Stary Rynek

Stary Rynek in Stettin

haus/Stary Ratusz (9) noch etwas verloren am Stary Rynek mit seiner zuerst spätgotischen, später mit Barockelementen umgestalteten prächtigen Schaufassade. Im Krieg völlig zerstört, wurde das Gebäude originalgetreu rekonstruiert. Auch dieses Gebäude wurde vermutlich von dem Baumeister *Hinrich Brunsberg* geplant und im 14. Jahrhundert erbaut. Im 17. Jahrhundert wurde das ursprünglich spätgotische Rathaus barock umgestaltet. Heute beherbergt das Alte Rathaus das stadtgeschichtliche Museum. Im Kellergewölbe, das teils noch im Original erhalten ist, befindet sich Szczecins beliebtestes Weinlokal „U Wyszaka" mit einer tollen Atmosphäre.

Altes Rathaus

Nationalmuseum, Zweigstelle Stadtgeschichte, ul. Mściwoja 8, Tel. 4880249, Di–Fr 10–18 Uhr.

Hier um den Stary Rynek entsteht mitsamt der neuen Altstadt auch ein neues, sich fast täglich veränderndes gastronomisches Zentrum. Tagsüber beleben Touristen die Straßencafés, originellen Lokale und Bistros, abends dringen Klänge von Techno bis Jazz aus den Kellergewölben, in denen sich immer mehr Szenetreffs für junge Leute etablieren.

Ein Stückchen vom Rathaus Richtung Norden an der Ecke zur ul. Kurkowa sehen Sie ein prächtiges weiß getünchtes Patrizierhaus, den **Loitzenhof/Kamienica Loitzów (8)**. Dieses Wohn- und Kontorhaus der Kaufmannsfamilie Loitz wurde 1547 im Renaissancestil fertig gestellt.

Von hier aus sind es nur noch ein paar Schritte zum unübersehbar die Altstadt-dominierenden **Schloss der Pommerschen Herzöge/Zamek Książat Pomorskich (10)**. Auf dem hohen Steilufer der Oder gelegen, ist das Greifenschloss der von weitem sichtbare, die Stettiner Altstadt dominierende Bau und das kulturhistorisch bedeutendste Denkmal der Stadt. Bereits unter Herzog *Barnim III.* wurde 1346 am Platz der alten Slawenburg mit dem Bau begonnen. Bis zur Fertigstellung in seiner heutigen Gestalt im Renaissancestil sollte es aber noch 200 Jahre dauern.

Schloss der Pommerschen Herzöge

Zur Zeit Herzog *Johann Friedrichs* wurden im 16. Jahrhundert der südliche und östliche Flügel umgebaut sowie im Norden und Westen neue Flügel errichtet,

Herzogsschloss

wodurch der quadratische Innenhof entstand. Mit dem Ende des Greifengeschlechtes 1637 begann auch der Niedergang des Schlosses, das in der Folge vielfältig missbraucht wurde. Um 1720 wurde es wiederum umgebaut, 1840 wurden Teile des Ostflügels, 1872 der Südflügel abgerissen, weitere Teile wurden der Mode der Zeit entsprechend neogotisch umgewandelt. Bis zu seinem Ende im Bombenhagel des August 1944 diente es als Bürogebäude, Kaserne und zuletzt als Flakstellung.

Nach vielen Jahren der immer von chronischem Geldmangel bestimmten Wiederaufbautätigkeit war 1982 der Wiederaufbau abgeschlossen, als planerische Vorlage hatte ein Kupferstich von *Matthias Merian* gedient.

Heute ist das Greifenschloss das Kulturzentrum der Stadt. Es beherbergt Oper, Operette, Theater und eine Galerie. Das **Schlossmuseum** ist mit seiner Ausstellung zur Geschichte des Schlosses und der mühsamen Rekonstruktion im Westflügel untergebracht sowie zum Teil im Kellergeschoss, wo man sich sechs herzögliche Sarkophage anschauen kann.
Zamek Książąt Pomorskich, ul. Korsarzy 34, 70-540 Szczecin, Tel. 4891630, Fax 4347984, Di–So 10–18 Uhr.

Im Nordflügel befindet sich die Schlosskapelle aus dem 14. Jahrhundert, die heute als Konzertsaal dient. Ebenfalls im Nordflügel sieht man schon den 59 m hohen **Glockenturm**. Wer bereit ist, die 200 Stufen hinauf zu steigen, hat von oben einen sehr schönen Blick über die Schlossanlage sowie Stadt und Oderhaff. Sollten Sie nun hungrig geworden sein, empfiehlt sich eine Stärkung im ausgezeichneten Schlossrestaurant „Na Koncu Korytarza" oder wenn man einfach nur noch ein wenig verweilen möchte, kann man sich bei einem Kaffee im Schlosshof erholen.

Professorenhäuser

Verlässt man das Schloss Richtung Osten durch die ul. Korsarzy, trifft man auf die ul. Farna, in der einstmals im nicht mehr vorhandenen Gebäude des Kommandanten der Stadt 1729 Prinzessin *Sophie von Anhalt Zerbst* geboren wurde, die spätere Zarin *Katharina die Große*. Danach sieht man linker Hand eine lange Reihe kleiner Häuser, die sich bis zum Płac Żołnierza Polskiego hinzieht. Diese **Kamienice Profesorskie/Professorenhäuser (11)** mit ihren heute klassizistischen Fassaden wurden bereits im 15. Jahrhundert für die Lehrer des Mariengymnasiums errichtet.

Ist man an der Häuserreihe vorbeigeschlendert, gelangt man zu zwei rechts und links der einmündenden ul Staromłyńska stehenden Palais, in denen sich **Abteilungen des Nationalmuseums (13/14)** befinden. Im Barockpalais gibt es Ausstellungen zur sakralen und weltlichen Kunst Pommerns.
Nationalmuseum, Hauptgebäude, Staromłyńska 27, 70-561 Szczecin, Tel. 4335066 App. 53, Fax 4347894, Di, Mi, Fr. 10–17 Uhr, Fr. 9–15.30 Uhr, Sa, So 10–16 Uhr.

Im klassizistischen Gebäude gegenüber, das einst den pommerschen Landtag beherbergte, finden Sie Zeitgenössisches.
Nationalmuseum, Zweigstelle Moderne Kunst, ul. Staromłyńska 1, Tel. 4335066 App. 33, Di, Mi, Fr. 10–17 Uhr, Fr. 9–15.30 Uhr, Sa, So 10–16 Uhr.

Einzige Barocktore an der Ostsee

Richtung Nordosten am anderen Ende geht der weite Platz in den **Płac Hołdu Pruskiego/Platz der Preußischen Huldigung** über. Nördlich an der ul. Matejki sehen Sie ein 1728 fertig gestelltes Schwesterbauwerk des Hafentors, das barocke **Königstor/Brama Królewska (15)**, in dem wechselnde Ausstellungen präsentiert werden. Diese beiden Schwestertore sind die einzigen Barocktore an der südlichen Ostseeküste.

Eine Querstraße weiter Richtung Oder steht an der ul. Farna die spätgotische, einschiffige **Kościół Św. Piotra i Pawła/St.-Peter-und-Paulskirche (12)** vom Anfang des 15. Jahrhunderts. Die bunten Keramikbilder an der Außenwand stellen Stettiner Bürger dar. Im Innenraum sind besonders sehenswert die als Scheingewölbe ausgeführte Holzdecke und die daran hängenden schönen Leuchter.

Hakenterrassen

Von hier aus sind es nur noch einige Minuten Fußweg die ul. Małopolska hinunter bis zur Oder, von wo aus die **Wały Chrobrego/Hakenterrassen (16)** besonders imposant wirken. Vom Oderufer führt eine weit ausladende Freitreppe hinauf zu Szczecins Prachtboulevard. Die Hakenterrassen wurden Ende des 19. Jahrhunderts angelegt und nach dem früheren Stettiner Oberbürgermeister *Hermann Haken* benannt. Drei repräsentative Verwaltungsgebäude stehen hier, das Schifffahrtsmuseum, das vor dem Krieg Stadtmuseum war, die ehemalige Landesversicherungsanstalt, die heute die Marinehochschule beherbergt und das alte Regierungsgebäude, in dem heute das moderne Pendant, das Wojewodschaftsamt, sei-

Hakenterrassen

nen Sitz hat. Direkt vor dem 1913 fertig gestellten Neo-Renaissancebau des Museums befindet sich die Terrassenanlage, aus deren romantischen Aussichtspavillons man einen schönen Blick auf den Hafen hat.
Nationalmuseum, Zweigstelle Meeresmuseum, Wały Chrobrego 3, Tel. 4336002, 4336018, Di, Mi, Fr. 10–17 Uhr, Fr. 9–15.30 Uhr, Sa, So 10–16 Uhr.

Hafenrundfahrt

Wer sich für Szczecins Hafen interessiert, kann hinunter zu Oder spazieren und nur hundert Meter weiter nordöstlich vom Dworzec Morski aus eine **Hafenrundfahrt** unternehmen.

Nur zwei Blocks nördlich der Hakenterrasse beginnt der Park Żeromskiego, ein beliebter Treffpunkt der Szczeciner. Von hier aus sieht man das neue Wahrzeichen der Stadt, den runden Glas-Turm des **Pazim-Centers**, der Szczecins nobelstes Hotel, das Radisson SAS sowie eine Shoppingmeile beherbergt. Vom Restaurant „Café 22" im 22. Stock des Turms hat man einen phantastischen Blick über Stadt und Oderhaff.

Pariser Viertel

Hier beginnt auch das **Pariser Viertel**, das sich bis zum sternförmigen, nach dem Muster der Pariser Place Etoile angelegten Płac Grunwałdzki und südlich zum Płac Żołnierza Polskiego erstreckt. In diesem Viertel finden sich die Szczeciner zum Bummeln ein, auf den ebenfalls nach Pariser Muster angelegten Grünflächen, die den Mittelstreifen zwischen den Fahrbahnen bilden, wird Schach gespielt, Großmütter hüten Enkel, und Straßencafés laden zum Verweilen ein. Klein Paris mit seinen Bistros und kleinen Läden bringt tatsächlich ein wenig französisches Flair in die Ostseestadt.

Von Stettin nach Świnoujście und Wolin

Hinweis zur Route

Fahren Sie in Szczecin über die Odra/Oder und folgen Sie der Beschilderung Richtung Świnoujście. Auf der S3/N6 fahren Sie 35 km nach Norden bis zur Kreuzung kurz hinter Goleniów bei Bialum. Dort fahren sie auf die E 65/3 und weiter nach Norden, bis Sie nach weiteren 30 km direkt hinter der Brücke über die Dzwina Wolin erreichen.
Von Wolin fahren Sie weiter auf der E 65/3 Richtung Świnoujście, bis Sie nach 30 km bei Łunow einen Hinweis nach Kasibór mit dem Fährsymbol sehen, dem Sie links abbiegend folgen. Mit der kostenlosen Autofähre setzen Sie über die Świna nach Usedom über. Danach fahren Sie 6 km weiter nach Norden und erreichen Świnoujście.
Sie können auch auf der E 65/3 weiter bis nach Świnoujście/Ost fahren, bis sie am Wasser endet. Dort nehmen Sie die Fußgängerfähre und landen genau im Zentrum von Świnoujście.
Von Świnoujście fahren Sie die 7 km zur Fähre zurück und setzen auf die Insel Wolin über und fahren weiter, bis Sie nach 6 km auf die E 65/3 stoßen, auf der Sie etwa 10 km zurück Richtung Osten/Szczecin bis zum Abzweig Międzyzdroje, dem Sie links abbiegend folgen und nach 4 km Międzyzdroje/Misdroy erreichen.

Überblick

Auf den ersten Blick wirken sie wie Halbinseln, so schmal sind ihre Trennungen vom Festland, aber sie sind schon veritable Inseln, sowohl das westliche Usedom, das zur Hälfte deutsch ist, als auch das östlich gegenüber liegende Wolin. Die beiden Inseln schließen das Oderhaff/Zalew Szczeciński zur Ostsee hin ab und sind die einzigen polnischen Ostseeinseln.

Die 35 km lange Insel Wolin wird im Osten von der Dziwna/Dievenow vom pommerschen Festland getrennt. Im Westen trennt die Swine/Świna Usedom von Wolin und teilt die Stadt Świnoujście in einen östlichen und einen westlichen Teil. Mit 500 ha nimmt der Woliński Park Narodowy/Woliner Nationalpark ein Fünftel der Fläche Wolins ein. Traditionsbäder mit quirligem Badebetrieb, einsame Sandstrände, wunderbare Wanderwege und Fahrradrouten, Wald und ein Nationalpark, die Insel Wolin hat viel zu bieten. Nur drei Stunden von Berlin ist Wolin gleich hinter der deutsch-polnischen Grenze auch ein attraktives Ziel für einen Wochenendausflug.

Redaktions-Tipps für diese Strecke

Sehenswürdigkeiten

- Der **Wolińsk Nationalpark** (S. 222f) bietet von tiefen Urwäldern über verträumte Seen und wildromantische Kliffs die unterschiedlichsten Naturparadiese. Zugabe: das Wisentreservat.
- **Świnoujście** (S. 216) mit seinem Lenné-Kurpark hat noch etwas vom Flair des alten Seebades und den breitesten Strand weit und breit. Wegen seiner Grenznähe eignet es sich auch für einen Wochenend-Trip.
- **Międzyzdroje** (S. 221) ist eines der quirligsten polnischen Ostseebäder, an der vier Kilometer langen Promenade und dem Seesteg herrscht buntes Urlaubstreiben, am Ortsende beginnt hingegen eine Landschaft der Stille, der Woliński Nationalpark.

Übernachten

- Das Hotel **Amber Baltic** €€€€€ in Międzyzdroje ist eine der absoluten Topadressen an der polnischen Ostseeküste.
- Unweit der Ostsee ist das **Pensjonat Victoria** €€ in einer schönen alten Villa des Kurviertels von Świnoujście gelegen.
- Im stilvollen Ambiente einer – allerdings neu erbauten – Jugendstilvilla im Ortskern wohnt man im **Hotel Marina** €€ in Międzyzdroje.

Gastronomie

- Essen kann man in den polnischen Ostseebädern generell recht gut **in den Hotels**.
- Das im Jugendstil eingerichtete **Restaurant Marina** im gleichnamigen Hotel serviert moderne Variationen polnischer Traditionsgerichte, Mittelmeerküche und Fischgerichte, versuchen Sie Zander blau.

Stadt Wolin

Die Stadt Wolin liegt am östlichen Rand Wolins direkt an der **Dziwna**/Dievenow. Vom Ostufer an der Brücke der E 65 hat man den schönsten Blick auf das Städtchen. Der Name von Stadt und Insel geht auf den im 9. Jahrhundert hier lebenden slawischen Stamm der Woliner zurück. Das kleine Volk errichtete eine Burg im Gebiet der heutigen Stadt, an der sich damals wichtige Handelsstraßen kreuzten und die Dziwna an einer seichten Furt über-

alte slawische Stadt

Blick auf Wolin

quert werden konnte. Wolin ist somit eine der ältesten slawischen Städte überhaupt. Die Stadt entwickelte sich rasch zu **einer der größten Städte** des damaligen Europa, wie der Chronist *Adam von Bremen* 1047 feststellte, sie hatte damals über 10.000 Einwohner, mehr als doppelt so viel wie heute. Einiges spricht dafür, dass Wolin das sagenumwobene **Vineta** war.

Zu jener Zeit war Wolin auch Mittelpunkt der **Christianisierung** der Region, von hier aus wurde die Missionierung Pommerns durch das 1140 gegründete Bistum betrieben, bevor der Bischofssitz im 13. Jh. wegen der dauernden Bedrohung durch dänische Überfälle nach Cammin verlegt wurde. Viel ist im heutigen Wolin nicht mehr zu finden von der einstigen Größe und Bedeutung.

Nikolaikirche

Von der christlichen Vergangenheit zeugt die Kościół Św. Mikołaja/**Nikolaikirche** am Marktplatz, die aus dem 14. Jahrhundert stammt und deren Wiederaufbau erst 2000 abgeschlossen wurde. Das Heimatmuseum befindet sich ebenfalls am Marktplatz und veranschaulicht die Geschichte der Region. Die der Nikolaikirche gegenüberliegende Seite des Marktplatzes wird vom 1881 erbauten neogotischen Rathaus dominiert, das heute als Stadtamt dient.
Heimatmuseum, ul Zamkowa 24, Di–Fr 9–16, Sa 9–14 Uhr.

Ein Spaziergang zum Młynówka-Hügel, wo Tausende Urnengräber aus dem 9. und 10. Jahrhundert gefunden wurden, bringt die heidnische Vergangenheit der Stadt näher, genau wie die vielen **Holzskulpturen** am Marktplatz. Sie stellen *Swantewit*, die viergesichtige Gottheit der slawischen Woliner sowie weitere verehrte Gottheiten dar.

Wikingerfest

Bekannt ist Wolin für sein jährlich im Juli stattfindendes Wikingerfest, das an die vielen mittelalterlichen Einfälle der Dänen erinnert, ein wahres Spektakel mit „echten" Wikingerschiffen und noch „echteren" verwegenen Wikingern.

Świnoujście (ⓘ s. S. 127)

Bereits 1184 wurde am Ort des heutigen Świnoujście ein Handelsplatz erwähnt, und 1297 sicherte Pommernherzog *Boguslaw IV.* ansiedlungswilligen Kaufleuten alle Privilegien zu. Dennoch, bis ins 18. Jahrhundert blieb Świnoujście ein unbedeutendes Fischernest.

INFO Vineta – das Byzanz des Nordens

War Wolin Vineta? Der Berliner Wissenschaftler *Rudolf Virchow* jedenfalls war überzeugt davon, als er 1871 seine Ausgrabungen präsentierte. Mehr als zehntausend Einwohner soll das reiche und mächtige Vineta zum Ende des ersten Jahrtausends seiner Ansicht nach gehabt haben. Nach dem II. Weltkrieg stützte der Szczeciner Archäologe *Władysław Filipowiak* Virchows Thesen, nachdem von ihm geleitete Ausgrabungen Friedhöfe, vier Häfen und ganze Stadtviertel mit Zehntausenden von Fundstücken freigelegt hatten. Es gibt andere Theorien, nach denen Vineta an der Peenemündung bei Usedom lag, schon im 16. Jahrhundert glaubte man dort vor Koserow das Vineta-Riff gefunden zu haben. Weitere Experten sehen Vineta bei Bath westlich von Stralsund.

Vineta, sagenhaft reiches Byzanz des Nordens, gab es die goldene Stadt wirklich? Und wenn ja, wo lag sie, wann und warum ging sie unter? Wurde sie ein Atlantis des Nordens? Auch heute noch gibt es da mehr Fragen als Antworten. Gesichert ist, dass es eine überragende Handelsmetropole an der pommerschen Ostseeküste gegeben hat. Schon *Tacitus* berichtete von einem großen Handelszentrum am Mare Suebicum und der maurisch-jüdische Handlungsreisende und Chronist *Ibn Jakub al Israeli* erzählte 965 von einer großen Stadt am Meer in den westslawischen Ländern, die zwölf Tore und einen Hafen hatte.

Der Reisende und Chronist *Adam von Bremen* berichtet 1075 von den Wilzen, wie die Woliner auch genannt wurden. Die sagenumwoben reiche Stadt lag nach seinen Beschreibungen auf einer von drei Meeren umspülten Insel genau da, wo die Oder, der reichste Strom der slawischen Lande, ins Skythenmeer fließt. Diese von ihm Jumne genannte Stadt sei ein Handelstreffpunkt für Barbaren sowie Griechen und angefüllt mit allerlei begehrenswerten und seltenen Waren aller Völker des Nordens. Und es gab weitere Quellen, die von einer berühmten Stadt berichten, die größer und schöner als irgend eine andere menschliche Ansiedlung Europas war, auch *Helmold von Bosau* nannte sie Jumne, bei den Wikingern hieß sie Hynnisburg und in der Jomsvika-Saga Jomsburg. Unermesslich reich sei dieses Vineta gewesen, tolerant und offen, denn Kaufleute aus aller Herren Länder lebten dort. Später allerdings wurden die Reichen hartherzig und hochmütig, das Wohlleben trieb merkwürdige Blüten. Von silbernen Glocken, goldenen Tellern und Spindeln, auch von mit Edelsteinen verzierten Pokalen und Schweinen, die aus goldenen Trögen fraßen, wurde fabuliert.

Über den Untergang Vinetas mutmaßt *Helmold von Bosau* in seiner slawischen Chronik, ein Wikingerfürst habe diesen höchst wohlhabenden Platz mit einer großen Flotte angegriffen und zerstört. Der Sage nach allerdings ging Vineta ob der Hochmut seiner Bevölkerung unter, wie es die Wasserfrau prophezeite. „Vineta, Vineta du rieke Stadt, Vineta schall unnergoan, wieldess se hätt väl Böses dahn." Und die Flut kam und das Meer überspülte die Stadt. Von da an sollte die Stadt alle hundert Jahre am Ostermontag auftauchen, und die prächtigsten, wohlhabendsten Handelsherren würden bitten und betteln, dass eine barmherzige Seele sie von diesem Los mit einem einzigen Pfennig erlösen möge.

Der Aufstieg begann, als Świnoujście 1720 preußisch wurde, die Swine wurde schiffbar gemacht, und *Friedrich II.* gründete einen **Hafen** als Gegengewicht und preußische Konkurrenz zu der immer noch schwedischen Peenemündung. *Friedrich* legte 1743 den heutigen Ort an, der seit 1756 die Stadtrechte besitzt, damals hatte Świnoujście bereits 2.500 Einwohner. Die Handels-, Marine- und Fischereihäfen entstanden, und schon 1824 begann der Badebetrieb. Die ersten Kureinrichtungen wurden eingerichtet, drei für Damen, Herren und Kinder getrennte Badeanstalten, und der von *Peter Joseph Lenne* geplante **Kurpark** wird geschaffen. Später entdeckte man die Heilwirkung der Solequellen und weitete das Angebot 1895 zum Kurbetrieb aus.

Kurstadt und Seebad

Nach der Fertigstellung der Kaiserfahrt/Kanał Piastowski wurde es auch großen Seeschiffen möglich ins Oderhaff und bis nach Stettin weiter zu fahren. Seitdem liegt Świnoujście auf drei Inseln. Bahnhof, Industriegebiete sowie die Fähr- und Fischereihäfen liegen auf Wolin, der eigentliche Ort mit Kur- und Badebetrieb auf Usedom/Uznam. Der Bereich um Kasibór/Kaseburg zwischen Szczecin, Haff und Kanal war nun auch zur Insel geworden. Ende des 19. Jahrhunderts hatte sich Świnoujście dank des 1875 erfolgten Bahnanschlusses sowie des milden Klimas und des schönen Strandes zu **einem der beliebtesten Seebäder** entwickelt. Vorbei war es nun mit der so beklagten tristen Provinzialität aus *Theodor Fontanes* frühen Kindertagen, als sein Vater 1827 die dortige Adler-Apotheke übernommen hatte. Immerhin ließ *Fontane* seine „Effi Briest" teils in Swinemünde spielen.

Die Badeidylle ging 1945 unter, als im März amerikanische Bomber die von Flüchtlingen überfüllte Stadt an einem Tag in Schutt und Asche legten, die erbitterten Kämpfe um die Region gaben Swinemünde den Rest, 55 % der Stadt waren zerstört. Noch immer sind Spuren der Kriegswunden in der 45.000-Einwohner-Stadt sichtbar, etliche nach dem Motto Hauptsache schnell errichtete Plattenbauten sollten den Wohnungsmangel beseitigen helfen und erschweren nun – scheinbar plan- und wahllos in der Innenstadt verteilt – die Stadtsanierung.

Grenzstadt

Świnoujście ist Grenzstadt, den deutsch-polnischen **Fußgängerübergang nach Ahlbeck** kann man vom Zentrum aus in wenig mehr als einer halben Stunde errei-

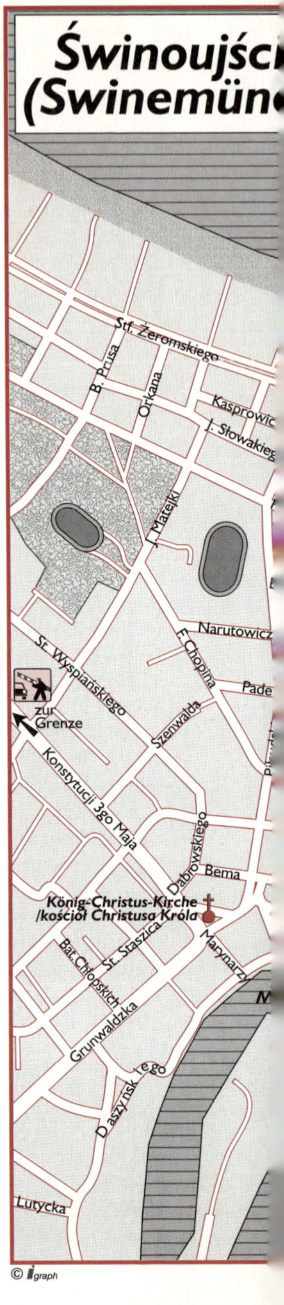

© igraph

N
0
300 m
Morze Bałtyckie
Ostsee
St. Młyn
P
Uzdrowiskowa
Powst. Śląskich
Trentowskiego
Komandorska
Kapitańska
Krzywoustego
Latarnia Morska
Kurpark/ Park Zdrojowy
Jachtowa
Świna (Swine)
Monte Cassino
Sikorskiego
B. Chrobrego
Mieszka I
Rogozińskiego
Boheterów Września
Jana z Kolna
Beniowskiego
Żeglarska
Teligi
Wybrzeże
Władysława IV
Bunkrowa
Portowa
Barlickiego
Szwedska
Holenderska
N. Barlickiego
Niecała
Czeska
Ssosnowa
Okolna
Dworcowa
Łakowa
Norweska

chen. Ein Spaziergang Richtung Grenze ist übrigens allemal interessant, ist der Weg doch – je dichter man an die Grenze kommt – umso mehr von Buden gesäumt. Es gibt absolut nichts, was man auf so einem Grenzmarkt nicht bekommen könnte, von russischem Werkzeug über türkische Damenunterwäsche, chinesische Lederjacken, Haushaltsgegenstände aus aller Herren Ländern und vor allem Gartenzwerge in einer schier unglaublichen Vielfalt – dieser Markt ist, wie die Händler versichern, besonders auf den deutschen Geschmack ausgerichtet.

Im Woliner Teil der Stadt, in dem direkt am Fähranleger der Bahnhof liegt, befinden sich der Kohle- und Erzhafen Świnoport sowie die Fischerei-, Kriegs- und Fährhäfen Odraport. Neben der typischen Hafenatmosphäre mit der Mischung aus „dicken Pötten", schreienden Möwen, die den vorbei tuckernden Fischkuttern in Schwärmen folgen, der Salzluft und dem Hauch von Seefahrtromantik gibt es dort das maritime Wahrzeichen der Stadt zu besichtigen. Der 68 Meter hohe, zwischen 1854 und 1857 erbaute **Leuchtturm** ist der höchste seiner Art an der polnischen Ostseeküste.

maritimes Ambiente

Das Zentrum auf Usedom befindet sich genau dort, wo die kostenlose Fußgängerfähre von Wolin ankommt. Am **Kai der Wybrzeże Władysława IV** liegt ein Ausflugsdampfer am anderen und bietet Rundfahrten, Hochseeangeln sowie Butterfahrten an. Ein kunterbuntes fröhliches Treiben herrscht hier im Sommer, ein Stand neben dem anderen bietet Souvenirs und kleine Leckereien an. Abgerundet wird die maritime Szenerie von dem Geruch nach frisch geräuchertem Fisch und dem Duft von Meerwasser.

Im Zentrum von Świnoujście

Direkt gegenüber vom Fähranleger am płac Rybacka ist im schön restaurierten Alten Rathaus das Museum für Hochseefischerei zu finden, das über das harte Leben der Fischer informiert und auch eine Abteilung für Stadtgeschichte unterhält.

Muzeum RyboBówstwa Morskiego/Museum für Hochseefischerei, Płac Rybaka 1, 72-600 Świnoujście, Di–Fr 9–15, Sa u. So 11–15 Uhr, 15.5.–30.9. Di–Fr 9–17, Sa u. So 11–17 Uhr.

Nicht weit entfernt sieht man schon an der ul. Armii Krajowej die 1792 fertig gestellte Kościół Chrystusa Króla/**König-Christus-Kirche**. In der Kirche können Sie einige gotische Skulpturen aus dem 15. Jahrhundert sowie ein wunderschönes über zwei Meter langes hölzernes Schiffsmodell besichtigen. Nur ein Stückchen zurück Richtung Świna finden Sie linker Hand an der Ecke ul. Armii Krajowej an der ul. Słowiańskiego 15 die Tourismusinformation.

Strand von Świnoujście

Vom Fischereimuseum führt die ul. Chrobrego schnurgeradeaus mitten durch den Kurpark zum Ostseestrand, den man nach wenig mehr als einem Kilometer erreicht. Ein Spaziergang lohnt sich, vorbei an prächtigen Gründerzeithäusern, schön wieder hergestellten Pensionen im Bäderarchitekturstil sowie Jugendstilvillen lassen einen Hauch der alten Bäderromantik ahnen. Der einst **„Plantage" genannte Kurpark** wurde nach Plänen des Generaldirektors der königlich preußischen Gärten *Peter Joseph Lenne* geschaffen und ist heute wieder in schönem gepflegten Zustand, in einigen idyllischen Ecken meint man *Fontanes* Effi Briest, die teils hier spielt, sei leibhaftig hier gewesen.

Die Strandpromenade ist Zentrum des heutigen Badebetriebes, Spiel, Sport und allerlei Unterhaltung verführen zu stundenlangem bummeln, Souvenirs suchen und Eis zu schlecken oder vielleicht sogar eine Fischmahlzeit zu sich zu nehmen. Dahinter kommt das Highlight Świnoujścies, der schier **endlos breite weiße Strand**, Kilometer über Kilometer nur feinster Sand mit ein paar Muschelfeldern. Am Ende der Steinmole längs der Świna-Mündung leuchtet strahlend weiß gegen den tiefblauen Himmel die eigentlich als Seezeichen dienende Windmühle – Griechenlandfeeling an der Ostsee.

endlos breiter Strand

Międzyzdroje (ⓘ s. S. 127)

Międzyzdroje/Misdroy, direkt an der Grenze des **Woliński-Nationalparks** gelegen, ist der ideale Standort, um die Gegend zu erkunden, sowohl Strand als auch Nationalpark sind bequem zu Fuß erreichbar. Bereits Mitte des 13. Jahrhunderts soll es hier einen Krug gegeben haben. Erstmals als Ort für Handelsreisende erwähnt wurde Międzyzdroje im 16. Jahrhundert. Als Badeort gibt es Misdroy seit der Zeit um 1830, als eine Berliner Arzt die heilende Wirkung der Seeluft bekannt machte. Bereits ab 1835 wurden Badehäuschen für Herren und Damen errichtet.

Schnell ging die Entwicklung zum Badeort, um 1860 wurde das heutige Kulturhaus erbaut, und ab 1897 waren etliche Pensionen bereits zum Ganzjahresbetrieb übergegangen. Als 1903 die Bahnverbindung nach Berlin eröffnet wurde, kam der große Aufschwung, 1906 wurde mit der 300 Meter langen **Seebrücke und Dampferanlegestelle** eine weitere Attraktion eröffnet. Von Pferderennen bis zu Feuerwerken wurde den Schönen und Reichen der ersten Jahrzehnte des 20. Jahrhunderts mondänes Badeleben geboten wie sonst nur in Sopot. Viel Prominenz war in dem eleganten Seebad mit Tradition zu Gast, schon Kaiser *Friedrich III.* sowie *Rudolf Virchow* und Generalpostmeister *Heinrich von Stephan* waren hier zur Sommerfrische.

mondäner Badeort

Mittelpunkt des heutigen quirligen 6.000-Einwohner-Ortes, den pro Sommer fast eine halbe Million Urlauber besucht, ist die gut **vier Kilometer lange Promenade**. Kleine Karussells und Scooter für Kinder, Imbisse, Straßencafés, Bänke die einladen, das Treiben Eis lutschend zu beobachten, vom Minigolf bis zur Pantomime alle paar Meter eine neue Attraktion und die unvermeidlich dazu gehörenden Waffelbuden. Gofry, große, frisch gebackene rechteckige Waffeln mit oder ohne Heidelbeeren und Sahne muss man in Polen probiert haben. Mitte der 1990er Jahre wurde die morsche alte Seebrücke durch einen modernen Neubau ersetzt mit einer lauten, schrill-bunten Futtermeile im überdachten Bereich. Schnell merkt man, warum der eigentliche Seesteg so leer ist, das Betreten kostet pro Person 2 zł Eintritt. Fröhliches Treiben auch um den **Kurpark** herum, besonders wenn abends die Discos in den umliegenden Straßen öffnen und man sich in den lauen Sommernächten dort trifft, um zu sehen und gesehen zu werden.

Promenade von Międzyzdroje

Im Zentrum von Międzyzdroje befindet sich auch das **Museum des Woliński Park Narodowy**/Woliński Nationalpark. Dort können Sie u.a. eine sehenswerte Bernsteinsammlung betrachten.

Museum des Woliński Park Narodowy, ul. Niepodległości 3, 72-510 Międzyzdroje, geöffnet 1.5.–30.9. Di–So 9–17 Uhr.

Woliński Nationalpark

Der **Woliński Park Narodowy** beginnt gleich östlich von Międzyzdroje. Er umfasst ein wunderbares 10.000 ha großes Naturschutzgebiet mit echten Urwäldern, lichten Mischwäldern, menschenleeren Stränden und schroffen Steilküsten. Wenn Sie ein paar Tage bleiben und sich den Park erwandern möchten, lohnt es sich, vor Ort eine Karte des Parks zu erwerben, in der die drei farbig markierten Hauptwanderwege eingezeichnet sind.

Folgt man der **grün makierten Tour** von der ul. Leśna aus, die südlich der Hauptstraße parallel zu dieser verläuft, Richtung Nordosten, wird man in einem gut halbstündigen Fußmarsch direkt zum 1,5 Kilometer entfernten **Europäischen Wisentreservat** geführt. Dort kann man sich die urtümlichen Vorfahren unserer heimischen Steaklieferanten anschauen. Sie haben dort auch schon Junge bekommen, alle Rufnamen der im Reservat geborenen Wisente beginnen mit „P" wie Polen, die zutraulichsten von ihnen hören auf die Namen Popitka, Poleczka und Podwyżka.

Wisentreservat

Reserwat żubrów/Europäisches Wisentreservat im Woliński Park Narodowy, geöffnet 1.5.–30.9. Di–So 10–18, sonst 8–16 Uhr.

Man kann diesen Weg weiter wandern, er führt zum Czajcze-See und weiter nach Kolczewa. Insgesamt ist dieser Weg 10,7 Kilometer lang, von Kolczewa können Sie, wenn Ihnen das zu viel wird, mit dem Bus zurück nach Międzyzdroje fahren. Sollte der Fußweg zu beschwerlich sein, kann man auch mit dem Auto in den Park fahren und es dort auf einem der sechs Parkplätze abstellen, alle Sehenswürdigkeiten sind von diesen Parkplätzen aus erreichbar. Ganz ohne Fußmarsch geht es aber nicht, hier hat die Natur Vorrang.

Der **blau bezeichnete Wanderweg** führt von Misdroy nach Süden durch die Wälder und über Moränenhügel durch Wicko, Wapnice um den Turkusowe-See herum und weiter bis Karnocice. Dieser weg ist 16,9 Kilometer lang, auch hier gibt es malerische Steiluferabschnitte. Ein wunderbarer **rot markierter Wanderweg** führt von Misdroy aus an der See entlang nach Osten. Menschenleerer weißer Strand, kaum dass man den Ort verlassen hat, der zu einem erfrischenden Bad einlädt oder einfach zum Sonnenbaden und Schauen. Vorbei an dem 61 Meter hohen **Kliff Góra Kawcza**/Kaffeeberg geht es weiter, bis hinter der Góra Gosani/Gosanberg ein Weg steil hinauf führt und Sie vom 95 Meter über dem Meer liegenden Aussichtspunkt einen weiten Blick auf den tief unten liegenden Strand und über die Ostsee haben. Im Westen können Sie bei guter Sicht bis nach Świnoujście und nach Deutschland hinein sehen.

schöne, zahlreiche Wanderwege

Man kann auch weiter am Meer entlang wandern, am Leuchtturm von Kikut vorbei und bis zum Seebad Międzywodzie/Heidebrink, falls die 20 Kilometer nicht zu viel sind. Das Seebad liegt am äußersten östlichen Ende Wolins, schon außerhalb des Natio-

Blick vom Kliff

nalparks auf einer Landzunge zwischen Ostsee und dem **Zalew Kamienski/ Camminer Haff**. Dünen und Kiefernwälder, die vielen verträumten Buchten am Haff und ein Traumstrand haben den Ort als ruhigen Kontrapunkt zum lärmenden, mondänen Międzyzdroje bis heute prosperieren lassen. Hier machen Familien Urlaub, die Natur und ein wenig mehr Ruhe suchen.

Von Międzyzdroje nach Koszalin

Hinweis zur Route

Von Międzyzdroje fährt man auf der 102 über Międzywodzie und Dziwnów bis Dziwnówek, das man nach 32 km erreicht. Dort biegt man nach rechts auf die 107 nach Kamień Pomorski, das man nach 9 km erreicht.
Zurück geht es auf dem gleichen Weg nach Dziwnówek. Dort biegt man auf die 102 nach Osten ein und erreicht nach 9 km Pobierow. Weiter nach Osten geht es auf der 107 über Trzęsacz nach Rewal. Dort biegt die Straße von der Küste ab nach Trzebiatów, das nach 36 km erreicht ist. Auf der 104 kann man einen Ausflug nach Mrzeżyno an der Ostsee machen, es sind nur 10 km. An der Küste entlang führt keine brauchbare Straße von Mrzeżyno nach Kołobrzeg, obendrein ist ein großer Teil des Geländes miltärisches Übungsgebiet, da ist es besser nach Trzebiatów zurückzukehren.
Von Trzebiatów erreicht man auf der 102 Kołobrzeg nach 28 km. Bis Koszalin sind es dann noch 44 km auf der N 11.

Redaktions-Tipps für diese Strecke

Sehenswürdigkeiten

- Eine überraschende kleine Perle ist das traumhaft am Camminer Bodden gelegene **Kamień Pomorski** (S. 225) mit sehenswerter Altstadt und Dom.
- **Kołobrzeg** (S. 230) mit seiner wieder schön hergerichteten Innenstadt und dem imposanten Dom ist Kurort und von Touristen begehrtes Ostseebad.
- Schön ist ein Strandspaziergang von **Pobierowo** nach **Trzęsacz/Hoff** (S. 227), wo man vom breiten weißen Strand aus auf der 20 m hohen Steilküste die Ruine einer gotischen Kirche sieht

Übernachten

- Am schönsten wohnt man in Kołobrzeg im **Hotel Budzistowo Palace** €€€, einem schönen alten Palais in der Altstadt mit stilvollem Ambiente.
- Das **Hotel Etna** €€€ ist Kołobrzegs neuestes einem Schiff nachempfundenes Hotel am Yachthafen, mit allem Komfort und in den oberen Etagen traumhaften Blick.

Gastronomie

- Im **Restaurant Quo Vadis** in Kołobrzegs Zentrum bekommt man originelle Spezialitäten wie Seezunge an Kapern und danach flambierte Bananen.

Dziwnów/ Dievenow

Gleich hinter Międzywodzie/ Heidebrink ist das östliche Ende von Wolin erreicht. Über die 300 m breite Dziwna/Dievenow, die der östlichste der Odermündungsarme ist, geht es zurück aufs Festland. Kurz hinter dem Übergang liegt auf der schmalen Nehrung zwischen Ostsee und **Camminer Bodden** Dziwnów. Schon seit 1828 ist Dziwnów Seebad und seit 1895 sogar Solebad. Unzählige Ferienquartiere sind malerisch in den Wäldern versteckt. Buntes Urlaubstreiben macht sich rund um den Haff-Hafen breit. Wie auf allen Nehrungsgebieten findet auch hier das Ortsleben am Haff statt und das Strandleben an der Ostsee. Spiel und Spaß, Imbisse und die Hafenpromenade laden zum Schlendern vor der malerischen Kulisse der Fischkutter ein, wo man frisch geräucherte Flundern für 15 Złoty das Kilo probieren kann. Vom Kai aus kann man auch auf der Dziwna und dem Oderhaff **Schiffstouren bis nach Stettin** unternehmen.

Drei Kilometer östlich liegt mit Dziwnówek/Wald Dievenow, ein weiterer kleiner Badeort am Ufer der sich hier zum Bodden Zalew Wrzosowski ausweitenden Dziwna.

Kamień Pomorski (ⓘ s. S. 127)

Kamień Pomorski oder **Cammin**, wie es deutsch heißt, ist eine kleine Perle, schon weithin sind die Türme der 10.000-Einwohner-Stadt zu erkennen. Malerisch am Ufer des Camminer Boddens/Zalew Kamienski gelegen hat das Städtchen trotz großer Kriegsschäden einiges von seinem mittelalterlichen Charme bewahrt, die Zahl der Plattenbauten im Ortskern hält sich in Grenzen.

Kamień Pomorski

Cammin ist **eine der ältesten Städte** der heutigen Region Westpommern, die früher Hinterpommern genannt wurde. Erste Ansiedlungen gab es bereits im Altertum, und schon im 9. Jahrhundert stand hier eine Burg, hundert Jahre später bildete sich hier eine wendische Ansiedlung.

älteste Stadt Westpommerns

Die ganze pommersche Ostseeküste litt im 12. Jahrhundert unter dauernden Däneneinfällen. Nachdem Wolin mehrmals zerstört wurde, machten die dortigen Bischöfe das geschütztere Cammin 1175 zum **Bischofssitz**, was es bis zur Reformation blieb.

Schon 1124 errichtete *Otto von Bamberg* eine erste Kapelle in Cammin, die Domschule wurde 1175 gegründet. Im Jahre 1274 verlieh Pommernherzog *Barnim I.* Cammin lübisches Stadtrecht, und die junge Stadt trat der **Hanse** bei. Mit dem Bau der Stadtmauern wurde nach Brandenburger Überfällen 1308 begonnen. Im Schutze dieser Mauern entwickelte sich die Stadt zu einem bedeutenden Handelsplatz. Im Dreißigjährigen Krieg wird Cammin genauso wenig verschont wie das übrige Pommern. Erst nach der Übernahme durch Brandenburg 1678 folgt eine Friedensperiode. Gegen Ende des 19. Jahrhunderts begann sich Cammin einen Namen als **Kurort** zu machen, das Sole- und Moorbad wurde zur „Stadt der Wellen und Quellen" und erhielt 1882 dank seines 580 m tiefen **Solestollens** den offiziellen Status eines Solbades.

Sole- und Moorbad

Die Sehenswürdigkeiten Kamień Pomorskis sind um den Stary Rynek/Alten Markt konzentriert und leicht zu Fuß erreichbar. Den Camminer Bodden mit dem Anlegesteg im Rücken hat man – zentral auf dem Platz gelegen – das wieder aufgebaute gotische Rathaus aus dem 15. Jahrhundert vor sich. Beachtenswert sind die üppigen Stuckornamente sowie die Backsteinbögen und der geschwungene Stufengiebel der Westseite.

Nach Westen schauend hat man schon das **Wolliner Tor**/Brama Wolińska im Blick. Oben im Tor, das Anfang des 14. Jahrhundert erbaut wurde, befindet sich ein kleines Museum, von wo man einen wunderbaren Blick auf den Bodden hat.
Museum Wolliner Tor, geöffnet Di–So 10–16 Uhr.

Vom Wolliner Tor kann man zwischen Wasser und Stadtmauerresten zurückspazieren und dabei nachschauen, was die zahlreichen Angler so gefangen haben und das Können der Windsurfer auf dem Bodden bewundern. Einen schönen Blick auf die Stadt hat man auch vom Anleger, von wo man auch Schiffstouren bis ins Oderhaff hinein, nach Stettin und nach Nowe Warpno an der deutschen Grenze antreten kann. Im Sommer finden sich rund um den Dampfersteg zahlreiche Souvenirstände und Imbisse, an denen man frisch gebratenen Fisch genießen kann.

Kamień Pomorski, Johannis-Dom

Den **Johannis-Dom**/Katedra Św. Jana erreicht man nach einem fünfminütigen Spaziergang durch die Altstadt vom Stary Rynek Richtung Osten. Begonnen wurde mit dem Bau der „Kathedrale Pommern" schon 1176 noch im spätromanischen Stil, im 13.–15. Jahrhundert wurde der Dom gotisch umgebaut. Der neogotische Turm wurde am kreuzförmigen Backsteinbau erst im 19. Jahrhundert angebaut.

Johannis-Dom

Weitere sehenswerte Details im **Außenbereich** sind der einzige in Pommern erhaltene gotische Kreuzgang an der Nordseite sowie die Johannes dem Täufer geweihte Südwand. Original aus der Zeit vor 1300 sind noch Portal und Wandmalereien. Von kunsthistorischer Bedeutung sind der **spätgotische Schnitzaltar** sowie das gotische Taufbecken, auch Fresken aus dem 13. Jahrhundert und gotische Skulpturen gehören zu diesen ältesten Kunstschätzen des Camminer Doms.

Kunstschätze von Rang birgt auch das Museum in der alten **Schatzkammer** im Obergeschoss, auch Teile des alten Domschatzes können dort bewundert werden, vieles, wie auch der Cordulaschrein aus der Wikingerzeit, ging in den Kriegswirren verloren. In der Krypta des Doms können die Grabmale pommerscher Herzöge und Bischöfe besichtigt werden. Aus späteren Epochen verdient die Barockkanzel aus dem Jahre 1683 Erwähnung.
Museum im Dom, pł. Katedralny 7, Tel: 3823600, Mo–Sa 9–17 Uhr, So 13–18 Uhr.

Kunstschätze von Rang

Überregional bekannt machte den Camminer Johannis-Dom die **Barockorgel**, die von *Michael Birgel* 1669 erbaut und vom Stargarder Künstler Johann Schmidt verziert wurde. Dominiert wird der Orgelprospekt von der Figur des Erzengels *Michael* mit dem Flammenschwert. Das heutige Werk der Orgel wurde 1888 von der Stettiner Firma *Grüneberg* eingebaut und umfasst 47 Register sowie 2707 Stimmen. In jedem Sommer kommt die Orgel während des Internationalen Orgel- und Kammermusikfestivals so richtig zur Geltung. Zumindest eine Präsentation der Orgel sollte man nicht versäumen.
Orgelpräsentation von Juni bis August täglich 11 und 16 Uhr sowie freitags zusätzlich 19 Uhr.

Schräg gegenüber der Kathedrale befindet sich das **Bischofspalais** aus dem 16. Jahrhundert, das einst als Bischofssitz diente und heute als Bibliothek genutzt wird.

Einer der berühmtesten Söhne der Stadt ist übrigens der 1934 hier geborene Schriftsteller *Uwe Johnson*.

Pobierowo (ⓘ s. S. 127)

Wieder auf der Küstenstraße 102, reihen sich die Badeorte aneinander wie Perlen einer Kette. Unmerklich gehen die Orte ineinander über, immer wieder finden sich Pensionen und Ferienanlagen gleichsam verloren in den ausgedehnten Kiefernwäldern entlang der Straße.

zahlreiche Badeorte

Vier Kilometer hinter Dziwnówek ist Łukecin erreicht und nach weiteren fünf Kilometern Pobierowo/Poberow, der schönste dieser Badeorte. Von Pobierowo aus kann man einen schönen langen Strandspaziergang nach Osten unternehmen. Ungefähr eine Stunde braucht man bis nach **Trzęsacz/Hoff**, wo man vom breiten weißen Strand aus auf der 20 m hohen Steilküste die Ruine einer gotischen Kirche sieht. Niemand weiß genau um das Alter des Kirchleins, als

Baujahr wird etwa 1250 angenommen. Kaum zu glauben, aber diese Kirche war einst Mittelpunkt des Ortes, erst 1874 fand hier der letzte Gottesdienst statt. Die raue Ostsee rückte immer näher, Sturmfluten höhlten das Steilufer immer weiter aus, und 1901 stürzte die Nordwand der Kirche beim Abbruch der unterspülten Kliffkante in die Tiefe. Exakt durch die Kirchenruine verläuft der 15. Längengrad, der Bezugspunkt für unsere mitteleuropäische Zeit.

raue Ostsee

Immer wieder zog die Ruine in den letzten hundert Jahren Künstler an, der bekannteste war ***Lyonel Feininger*** (1871–1956), der zwischen 1891 und 1936 regelmäßig den Sommer an der pommerschen Ostseeküste verbrachte, meist in Mrzeżyno/Treptower Deep. Etwa 30 seiner Gemälde und Zeichnungen befassen sich mit der Ruine von Trzęsacz.

Rewal (ⓘ s. S. 127)

Rewal/Rewahl folgt keine drei Kilometer hinter Trzęsacz. Vom hohen Steilufer hat man einen schönen Blick auf die Region, die ganze Küstenlinie mit den wild zerklüfteten Steilküsten, den malerischen Fischerorten und dem breiten, aus einer Sandbank entstandenen Strand.

zerklüftete Steilküsten

Niechorze

Niechorze/Horst liegt zwischen Ostseestrand und dem Binnensee Jezioro Liwia Łuża inmitten größtenteils bewaldeter Dünen. Der **Jezioro Liwia** Łuża/Eiersberger See ist ein sehenswertes Reservat für Wildschwäne. Ein Wasserarm, die Liebelose, verbindet den See mit der Ostsee und teilt den Ort in Großhorst und Kleinhorst. Einen prächtigen Ausblick kann man von der Plattform des 45 m hohen Leuchtturms auf der Steilküste genießen. Von Niechorze aus führt eine **Schmalspureisenbahn**/Wąskatorowa, der Ciuchcia Retro Express, mit der man im Sommer über Rewal nach Trzebiatów fahren kann, ein herrlich nostalgisches Erlebnis, Blümchen pflücken während der Fahrt ist allerdings verboten.

Trzebiatów

Schon 1170 gab es hier eine wendische Burg. Trzebiatów oder Treptow an der Rega, wie es deutsch heißt, wurde erstmals 1180 erwähnt, als an drei Seiten von der schiffbaren Rega umströmter Burgflecken. 1277 erhielt Trzebiatów lübisches Stadtrecht und trat im folgenden Jahrhundert der Hanse bei, was das Städtchen zu Wohlstand kommen ließ. In der **Heilig-Geist-Kapelle** an der ul. Wojska Polskiego beschloss 1543 der pommersche Landtag die Einführung der Reformation in Pommern. Heute dient die Kirche der unierten Glaubensgemeinschaft der Ukrainer als Gotteshaus.

wertvolle Kulturdenkmäler

Im 2. Weltkrieg wurde hier nicht so viel historische Bausubstanz zerstört wie in anderen pommerschen Städten, so ist Trzebiatów eine „Stadt wertvoller Kultur-

INFO Pommersche Weite

Heiteres, fast mediterranes Treiben an den Molen und Strandpromenaden und kaum ein paar hundert Meter weiter Einsamkeit an den sagenhaft breiten Stränden und malerischen Steilküsten. Quirliger Betrieb in den Ferienorten, Musik, Karussells und jede Menge Lustbarkeiten. Der Sommer wird zelebriert in Polen, die Leichtigkeit des Seins mit allen Fasern genossen.

Aber kaum fünf Kilometer im Landesinnern gibt es nichts als Landschaft und pommersche Weite. Es ist dieser Kontrast, der Urlaub an Pommerns Ostseeküste so reizvoll macht. Stundenlang kann man auf der Küstenstraße fahren und das Rauschen der Brandung hören, ohne das Meer dabei auch nur einmal gesehen zu haben. Hier macht man Urlaub am Meer und wohnt dabei im tiefsten Wald, die Kiefernwälder reichen meist bis direkt an den Strand.

Im Landesinneren dann die dünn besiedelte Moränenlandschaft voller Hügel, sanfter Hänge und Kuppen mit ausgedehnten Wäldern und vielen Seen. Dazwischen immer mal wieder im Verfall begriffene Güter und Katen, zu weit entfernt von Warschau, um das Interesse der neuen Reichen zu wecken.

Ab und zu kommt man durch ein verträumtes Dorf, das im Tiefschlaf zu liegen scheint, in dem nicht nur die Kinder sich nach einem fremden Auto oder Radfahrer noch umsehen. Idylle pur, die aber trügt, denn Idylle ist für den Dorfbewohner nichts als Armut, weil das landwirtschaftliche Staatsgut allzu offensichtlich pleite ist und verfällt. Perspektivlosigkeit durch Strukturschwäche in einem stillen Land, in dem am Wegesrand oft das Gezirpe der Grillen das lauteste Geräusch weit und breit ist.

Pommerns Schönheit ist unaufdringlich, einfach da und nicht herausgeputzt, Pommern gewöhnt das Auge an sanfte Töne, klare Farben, das Ohr an die Geräusche der Stille, das Gezirpe am Wegesrand, das sanfte Rauschen des Windes und der Wellen, an diese Ruhe, die mit jedem Kilometer zunimmt, den man weiter nach Osten fährt. Ab und an wird die Straße vom Wald verschluckt, scheint plötzlich im Dunkel der dichten Bäume zu verschwinden. Nach Kilometern dehnt sich der Wegessaum aus, der Baumbestand wird lichter, bevor sich der Blick weitet, über kilometerlange gelb leuchtende wogende Felder und die ganze im sommerlichen Farbrausch befindliche Natur weit über die Lande schweift und erst bei der nächsten Kuppe einen Halt findet. Über allem der weite östliche Himmel, hoch, strahlend blau mit weißen wie hingetupften und stetig mit dem Wind ziehenden Wolkengebirgen. Die Attraktion unter Pommerns Straßen sind die langen Alleen, Pommerns grüne Tunnel, die auch bei großer Sommerhitze herrlichen Schatten spenden.

Ein Land wie geschaffen, die Seele baumeln zu lassen, mit dem Zug der Wolken in den Himmel zu träumen sowie für Wanderungen und Radtouren, die die pommersche Weite erst so richtig erfahren lassen.

Marktplatz mit Rathaus

denkmäler", wie der schmückende Titel verheißt.

Zentrum der historischen Bausubstanz ist der genau vier preußische Morgen große quadratische **Marktplatz**, der sehr schön restauriert ist. Geprägt wird das Bild des Marktplatzes vom 1701 errichteten barocken Rathaus. Umbaut ist der Platz mit frisch restaurierten Bürgerhäusern, von spätgotischen Bauten über barocke Fassaden bis hin zu klassizistischen Häusern finden sich hier die verschiedensten Baustile.

Unübersehbar vom Markt aus ist die Kościół Mariacki/**Marienkirche**, ein spätgotischer Bau aus dem 15. Jahrhundert. Der wuchtige Backstein-Hallenbau dominiert den Ort von weitem, wenn man aus Richtung Kołobrzeg kommt. Besonders imposant ist ihr 90 m hoher Turm, den man besichtigen kann. Für die Mühen des Aufstiegs wird man von einem lohnenden Ausblick über Stadt und pommersche Weite belohnt. Im Turm hängen zwei eindrucksvolle Glocken, die „Gabriel" von 1390 und die 7,2 Tonnen schwere „Maria", die 1515 gegossen wurde.

Etwas südlich des Marktes, unweit der Heilig-Geist-Kirche, ziehen sich am Flüsschen Rega entlang die Reste der mittelalterlichen Stadtmauern mit der Baszta Kaszana/**Grützturm** aus dem 15. Jahrhundert, einer Rundfestung, die sowohl von Lionel Feininger als auch von Friedrich Schinkel gezeichnet wurde.

Mrzeżyno

Wiesen und Heide

Von Trzebiatów aus lohnt ein Ausflug auf der Straße 104 an die Ostsee nach Mrzeżyno/Treptower Deep, das an der Regamündung unweit des Sees Jezioro Resko Przymorskie gelegen ist. Wiesen und Heide mit einigen Moorgebieten kennzeichnen hier die Landschaft. Den von Dünen umgebenen Strand hielt nicht nur *Lionel Feininger* für den schönsten Pommerns.

Kołobrzeg (ⓘ s. S. 127)

Von den anderen Ostseebädern des polnischen Küstenabschnittes unterscheidet sich Kołobrzeg allein schon durch seine Größe, mit gut 50.000 Einwohnern ist es eine veritable Stadt. Mit rund anderthalb Millionen Besuchern jährlich ist Kołobrzeg einer der **bedeutendsten Urlaubsorte** Polens. Aus der Stadt des Salzes und der Heringsfischerei ist ein quirliger Kurort geworden.

bedeutender Urlaubsort

Im 13. Jahrhundert wurde der „Ort am Ufer", was Kołobrzeg bedeutete, erstmals urkundlich erwähnt, aber bereits zur Zeit des Piastenherrschers *Bolesław Chrobry* um die erste Jahrtausendwende existierte hier eine **slawische Handelssiedlung**. Der Kern lag in einer Biegung der Persante, wo heute Budzistowo liegt. Die Überreste der Wälle der damaligen Burg sind noch zu erahnen, von der Kathedrale sieht man nichts mehr. Schon bald zogen die Siedler nach Norden, dichter an die Handelsprofite versprechende Ostsee. Im Jahre 1255 verliehen Bischof *Hermann zu Cammin* und Herzog *Wartislaw III. von Pommern* Kołobrzeg lübisches Stadtrecht. Wenig später verlegte der Camminer Bischof seinen Wohnsitz nach Kołobrzeg, und die Stadt trat 1284 der Hanse bei.

Der Naturhafen an der Parsęta/Persante und die **Salzgewinnung** verhalfen der Stadt zu Wohlstand. Besonders der Salzhandel auf dem alten Handelsweg von Kolberg über Schneidemühl/Piła, Breslau und Ungarn zum Schwarzen Meer trug zum Aufblühen der Stadt bei. Ab dem 14. Jahrhundert kamen noch der **Heringsfang** und im 17. Jahrhundert der Getreidehandel dazu.

Salzgewinnung und Fischerei

Bis weit ins 18. Jahrhundert sicherte der Salzhandel Kolbergs Wohlstand, dann erstarkte die Konkurrenz so weit, dass Kolbergs Salzsiederei 1858 eingestellt wurde. Nachdem die Stadt 1859 ans Eisenbahnnetz angeschlossen wurde und direkte Verbindungen mit Stettin sowie Berlin erhielt, begann Kolbergs Aufstieg zum **nach Norderney beliebtesten deutschen Seebad**. Durch die Mineralquellen begann gleichzeitig Kolbergs Aufstieg zu einem wichtigen Kurort mit heute um 100.000 Kurgästen im Jahr.

wichtiger Kurort

Aber auch Kolbergs Geschichte war keine glatte Erfolgsstory, in der es ohne Brüche aufwärts ging. Im Dreißigjährigen Krieg erstmals niedergebrannt, wurde die inzwischen zur Festung ausgebaute Stadt während des Siebenjährigen Krieges 1759, 1760 und 1761 gleich dreimal von den Russen belagert, letztendlich eingenommen und geplündert, dass kaum ein Stein auf dem anderen blieb. Im Zuge der napoleonischen Kriege wurde die preußische **Festung Kolberg** 1806/07 von den Franzosen belagert. Verteidigt wurde die Stadt von *August Graf von Gneisenau* sowie *Joachim von Nettelbeck*, die Kolberg bis zum Tilsiter Frieden von 1807 hielten. Kolberg zahlte einen hohen Preis, wiederum war es zum großen Teil zerstört.

Von nun an wurde am Mythos der Festung Kolberg gestrickt. Das Hohe Lied vom Kampf bis zum letzten Atemzug, vom Halten um jeden Preis war die Folge. Die Pervertierung des ursprünglichen Freiheitswillens der Kolberger zur platten, brutalen Durchhalteparole wurde Veit Harlans **Propagandafilm „Kolberg"**.

Mythos Kolberg

Der von dem längst im Untergang begriffenen Reich mit einem sagenhaften Aufwand gedrehte Streifen kostete 8,5 Millionen Reichsmark und bedurfte einer Komparsenschar von mehr als einer ganzen Division Soldaten (meist SS-Männer), fast 20.000 Mann sollen mitgespielt haben. Gerade noch rechtzeitig zur Götterdämmerung des Großdeutschen Reichs wurde „Kolberg“ am 30.1.1945 uraufgeführt.

Wenig später wurde die Filmfiktion in Kolberg zur Wirklichkeit, wahre Blutströme wurden um jeden Häuserblock vergossen, die Grenzen zwischen Wahn und Wirklichkeit längst verwischt.

große Zerstörung

Als am 18.3.1945 Russen und Polen einrückten, gab es Kolberg nicht mehr, die Stadt war zu 90 % zerstört. Auch die neuen Herren hatten einen gewissen Sinn für Pathetisches, noch am Tag des Einmarsches fand die symbolische Vermählung Polens mit der Ostsee statt, als polnische Offiziere schworen, dass Kolberg nun für alle Zeit polnisch bleiben sollte und besiegelten ihren Schwur indem sie einen Ehering ins Meer warfen.

An dieses Ereignis erinnert ein Denkmal im Kurpark, der sich zwischen Hafenmole und Seesteg erstreckt. „Wir schwören, dich nie zu verlassen, denn du, das Meer, bist seit Jahrhunderten und für immer polnisch“, lautet die Aufschrift.

Unübersehbar beherrscht der **Backsteinleuchtturm** von 1770 auf dem alten Münder Fort die Gegend um Kurpark und Hafen. Seine Aussichtsplattform bietet einen wunderbaren Blick über Strand, Mole und Hafen.

Am Kai des alten Handelshafens machen heute vor allem die Flotte der Ausflugsdampfer und immer noch viele Fischkutter fest, auch die Marine hat hier ihr Areal. Natürlich gehört auch ein Seglerhafen zur **maritimen Szenerie** sowie all die Buden, welche die begehrten Ansichtskarten, Souvenirs und ein wenig Seefahrtsromantik feilbieten. Fürs leibliche Wohl wird hier selbstredend auch ge-

Kołobrzeg
(Kolberg)
Ostsee
Mole/Moło
al. Nadmorska
Promenada
Kurpark
Marii Rodziewiczówny
Słowackiego
W. Reymonta
J. Waszyngtona
M. Borzymowskiego
M. Konopnickiej
ks. P. Ściegiennego
J. Conrada Korzeniowskiego
Cypriana K. Norwida
Artura Grottgera
M. Kopernika
Fryderyka Chopina
Zdrojowa
Jana Kasprowicza
Spacerowa
Portowa
Bahnhof/
Dworzec
Kolejowa
Władysława
Źródlana
Solna
Zwycięzców
Al. i Armii Wojska Polskiego
Piastowska
Kniewskiego
L. Waryńskiego
Michała Drzymały
Okopowa
Unii Lubelskiej
Łopuskiego
Katedralna
Walki Młodych
Bulwar Im.
Marynarzy Okrętów Pogranicza
Dworcowa
Sybiraków
Edmunda
Armii Krajowej
Altstadtviertel
um die ul. Dubois
Zygmuntowska
Marienkirche/
kościół Marii
Mariacka
Ratuszowa
Gieldowa
Budowlana
Rathaus
Wąska
Brzozowa
Słowińców
Kaliska
Bogusława X
ppor. Emilii Gierszak
G. Narutowicza
Museum der polnischen
Waffen/Muzeum
Oręża Polskiego
Budowlana
Kamienna
Józefa Śliwińskiego
Edmunda Łopuskiego
Szpitalna
Parsęta
Rzeczna
Radomska

Kołobrzegs Hafenregion

sorgt, von gebratenem und geräuchertem Fisch bis hin zu leckeren Waffeln.

Östlich vom Leuchtturm beginnen Strandpromenade und direkt davor der schöne, breite Strand. Bis zur Seebrücke hin reiht sich Stand an Stand, Kinderspielplätze mit großen Rutschen und Beachvolleyballturniere verheißen einige Kurzweil. Bis zur Seebrücke herrscht quirliger Badetrubel, dahinter verlaufen sich die Menschenmassen, die aus ihren Pensionen an den Strand strömen.

Günstig gelegen als Startpunkt für einen Besuch Kołobrzegs ist der Bahnhof an der ul. Kolejowa, nach Norden ist man in zehn Minuten am Strand, im Osten nach zwanzig Minuten am Hafen und im Südosten läuft man keine halbe Stunde zur Altstadt, die zu großen Teilen Fußgängerzone ist. Parkraum findet sich am Rathaus und am Bahnhof, in Strandnähe wird es im Sommer knapp.

Kollegiatskirche St. Marien

Überragt wird die Altstadt von der **Kollegiatskirche St. Marien**/Kolegiata N.P. Marii. Dieser gewaltige frühgotische Dom aus dem 13.–15. Jahrhundert wurde ursprünglich als einfache Hallenkirche erbaut und im 15. Jahrhundert dann auf fünf Schiffe erweitert. Acht starke, schiefe Pfeiler tragen das Herzgewölbe des Mittelschiffes. Ob des riesigen, alle fünf Schiffe bis zur Turmhöhe überspannenden Daches wird die Kirche „die Weite" genannt. Die klotzigen Doppeltürme sind nach oben hin zu einer Spitze vereint. Beeindruckend sind die enorme Weite und Höhe dieses Gotteshauses, das Inventar mit seinen reichen Schnitzereien und Fresken überstand den Krieg nicht. Es blieben ein bronzenes Taufbecken aus dem 14. Jahrhundert sowie einige Freskenreste und Triptychen.

Eine Querstraße weiter östlich in der ul. E. Gieczak befindet sich das **Museum der Polnischen Waffen**, dessen Ausstellungen sich auch der Schlacht um Kolberg vom März 1945 widmen.
Muzeum „Dzieje Oręża Polskiego", ul. Gierczak 5, 78-100 Kołobrzeg, geöffnet Mo–Sa 9–17 Uhr, von September bis Mai 9.30–15 Uhr, So nur der Freiluftbereich 9–16 Uhr.

Spaziergang durch die Altstadt

Ein kleiner Spaziergang durch die engen Straßen und Gassen um St. Marien in Kołobrzegs Fußgängerzone zeigt eine gemütliche Stadt mit kleinen Lädchen, Straßencafés und Kneipen. Hier konnte nicht alles original wieder aufgebaut werden, zu groß waren die Zerstörungen, man entschied sich für den Retrostil mit angepassten Fronten und Fassaden mit modernem Komfort dahinter.

Kołobrzeg, Altstadt mit Rathaus

Das Zentrum der Altstadt markiert das neogotische **Rathaus am Rynek**, das auf spätgotischen Resten aus dem 15. Jahrhundert errichtet wurde. Geplant von *Karl Friedrich Schinkel* wurde es 1828–32 errichtet. Die **Pulverbastei**/Baszta Prochowa in der ul. Dubois aus dem 15. Jahrhundert liegt gleich um die Ecke und beherbergt heute die Touristikinformation. Einen der wenigen originalgetreuen Straßenzüge findet man hier in der ul. Dubois mit ihren malerischen alten Handwerkerhäusern.

Das **Stadtmuseum Kołobrzegs** mit Exponaten zur Stadtgeschichte befindet sich im Pałac Braunschweigów, einem spätgotischen Patrizierhaus, das einst der Familie Schlieffen gehörte, aus der auch der Chef des Preußischen Generalstabs *Alfred von Schlieffen* (1833–1913) gehörte, der Autor des Schlieffenplans war, nach dem die Zangenoperation der kaiserlichen Armee im August 1914 vorgenommen wurde.
Museum Mieści ul. Armii Krajowej 13, 78-100 Kołobrzeg, geöffnet Mo–Fr 9–17 Uhr.

Koszalin (ⓘ s. S. 127)

Provinzmetropole

Rund um die Innenstadt findet sich der übliche Gürtel von Plattenbauten und auch sonst nicht viel kulturhistorisch Bedeutsames entlang der breiten Hauptverkehrsachse al. Zwycięstwa.

Koszalin/Köslin ist eine Provinzmetropole mit fast 110.000 Einwohnern, deren Wirtschaftsleben von der Produktion von Baumaschinen sowie Auto- und Elektronikteilen geprägt ist, auch die Fischverarbeitung ist immer noch von großer Bedeutung.

Einen Rückschlag für die Stadt brachte die polnische Verwaltungsreform, die Koszalin den **Verlust des Wojewodschaftssitzes** brachte.

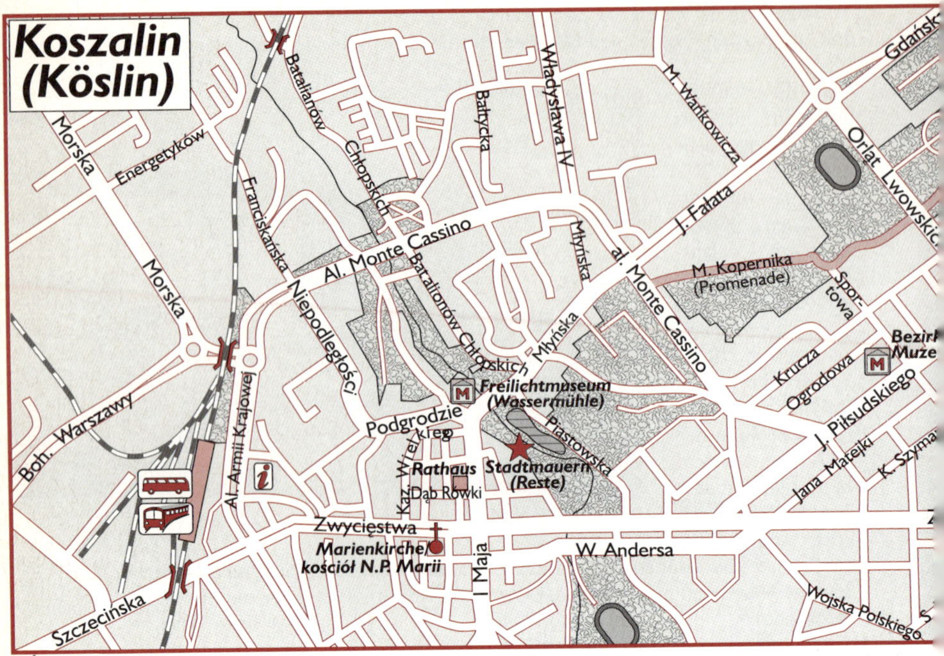

Erstmals urkundlich erwähnt wurde Koszalin 1214 als Dorf Cosalitz, 1266 erhielt der Ort vom Camminer Fürst *Hermann von Gleichen* lübisches Stadtrecht, wird später Hansemitglied und blüht auf. Schwere Zerstörungen erlitt Koszalin sowohl im Dreißigjährigen als auch im Siebenjährigen Krieg. Ein großer Brand vernichtete 1718 die Stadt zu zwei Dritteln, kaum ein Baudenkmal aus Köslins Blütezeit blieb erhalten. **König *Friedrich Wilhelm I.*** ließ die Stadt nach damals modernsten Gesichtspunkten mit auf dem Reißbrett entworfenen schnurgeraden Straßen und rechtwinkligen Grundstücken neu entstehen. Köslin entwickelte sich in der Folge zu einem Verwaltungszentrum. Das im 2. Weltkrieg zu 40 % zerstörte Köslin wurde am 4.3.1945 von der Roten Armee eingenommen und kam als Koszalin zu Polen.

Koszaliner Dom

Wichtigstes Nachkriegsereignis für die Koszaliner war der **Papstbesuch in Polen von 1991**, der am 1. Juni in Kos-

zalin begann. Die ganze Region war auf den Beinen, als der Papst die Bedeutung der ersten Kapelle auf dem am östlichen Stadtrand von Koszalin liegenden **Gollenberg**/Góra Chełmska für die Christianisierung Pommerns betonte. Das gotische Kreuz dieser aus dem 13. Jahrhundert stammenden Kapelle befindet sich heute in der spätgotischen **Marienkirche**/Kościół Św. N.P.Marii am Rynek/Markt, dem Zentrum der Stadt, in dem sich die Ost-West-Magistrale al. Zwycięstwa und die Nord-Süd-Achse ul. Młyńska schneiden.

Marien-kirche

Die zwischen 1300 und 1333 erbaute dreischiffige Backstein-Basilika mit ihrem wuchtigen Turm ist seit 1972 Kathedrale des Bistums. Unter dem Sternengewölbe sind neben dem Kreuz aus der Kapelle vom Gollenberg und dem Taufbecken aus dem 14. Jahrhundert in der Vorhalle von der alten Einrichtung nur noch einige gotische Heiligenfiguren aus dem 16. Jahrhundert sowie der **Hauptaltar von *Andreas Wenzel*** aus dem Jahre 1512 erhalten.

Gegenüber sieht man das 1960–62 errichtete Rathaus. Von der mittelalterlichen Bausubstanz ist in erster Linie ein spätgotisches Patrizierhaus in der ul. Bogusława III erwähnenswert, das als Hochzeitspalast eine schöne Verwendung gefunden hat. Des Weiteren wären noch zu nennen ein gotisches Bürgerhaus mit Spitzbogenportal in der ul. Grodzka und einige westlich vom Rynek gelegene Überreste der Stadtmauern aus dem 13. und 14. Jahrhundert.

Unweit der Stadtmauern an der Ecke Młyńska befindet sich die im 19. Jahrhundert erbaute **Wassermühle**, die heute als Museum dient. Das angegliederte Freilichtmuseum berichtet über die Jamno/Jamund-Kultur. Von Fischerkaten und Bauernhöfen bis zu allerlei Gerätschaften zeigen die Exponate das Leben der Menschen der Jamund-Region.

Jamund-Kultur

Muzeum w Koszalinie, ul. Mły ńska 37/38, www.muzeum.koszalin.pl geöffnet Di–So 10–16 Uhr.

Von Koszalin nach Gdańsk

Überblick

Dünenlandschaft

Kilometerlange, gut 50 m breite Strände mit feinstem weißen Sand, ab und zu Steilküstenabschnitte, die, je weiter man nach Osten kommt, immer weniger schroff und hoch sind. Fast unmerklich geht der Küstenstreifen in eine Dünenlandschaft über, deren weiche Kuppen sich östlich von Rowy beginnen hoch aufzutürmen, immer höher, bis bei Łeba der Wind ein wahres Wüstengebirge aufgeschichtet hat, die polnische Sahara der Lonsker Düne. Eine Landschaft, die sich ständig verändert, alles ist in Bewegung, der stetige Wind lässt die Dünen im Słowyński-Nationalpark ohne Pause wandern.

Direkt hinter einem nur schmalen, nehrungsähnlichen Strandstreifen trifft man auf verträumte Binnenseen. Schilfumstandene einsame Naturparadiese sind diese Süßwasserseen allesamt. Eine Handvoll kleiner Fischerdörfer und einige verstreute Badeorte sind die einzigen menschlichen Spuren in diesem überaus dünn besiedelten Küstenabschnitt. Entsprechend menschenleer sind Wege und Straßen, Natur rechts und links des Wegesrands so weit das Auge reicht, eine Atem beraubende sommerliche Farbenpracht vom strahlenden Blau der Kornblumen bis zum tiefen, leuchtenden Rot des Klatschmohns, versetzt mit dem Dunkelgrün der Wälder und weiten, goldwogenden Weizenfel-

Atem beraubende Farbenpracht

Redaktions-Tipps für diese Strecke

Sehenswürdigkeiten

- Rügenwalde ist mehr als nur Teewurst, **Darłowo** (S. 242) wie die Stadt heute heißt, hat den am besten erhaltenen mittelalterlichen Stadtkern Pommerns und ist die Stadt des Piratenkönigs Erik.
- **Ustka** (S. 244) gilt als die Sommerhauptstadt Polens, die kleine Hafenstadt bietet riesige Strände und viel maritimes Flair.
- Als das pommersche Paris galt **Słupsk** vor dem Krieg, als es noch Stolp hieß, vor allem der Bereich um das Schloss (S. 245) ist sehenswert, aber auch die Fußgängerzone (S. 246) bietet manchen überraschenden Blick.
- Der nördlichste Seehafen Polens ist das Ostseebad **Łeba** (S. 248) und hervorragend zur Erkundung des unmittelbar westlich beginnenden Słowiński Nationalparks geeignet.
- Der **Słowiński Nationalpark** (S. 250) ist allein eine Reise wert und besonders für Wanderer interessant.
- Einmal auf der Łącka Góra, der großen Düne bei Łeba im Słowiński Nationalpark stehen und die **Polnische Sahara** (S. 251) genießen ist die Mühen des Aufstiegs allemal wert.
- Das **kaschubische Küstenland** (S. 253ff) bietet menschenleere Strände und urige kleine Badeorte in der Region des „Polnischen Nordpols" um Rozewie/Rixhöft.

Übernachten

- Im **Schlosshotel Krokowa** €€ im Europäischen Begegnungszentrum Krokowa kann man schlafen wie einst der Graf.
- Das Schlosshotel Neptun **Hotel Zamkowy na Plaży** €€€ ist ein stilvolles 1903 erbautes Haus in wunderschöner Lage direkt am Strand von Łeba mit tollem Komfort.
- Unweit vom Strand in Łeba gelegen ist das komfortable **Hotel Wodnik** €€, von Wald umgeben und nicht weit entfernt vom Lebsko und Sarbskosee.
- Das **Hotel Trojanowski** €€€ in Ustka ist behindertengerecht eingerichtet und mit empfehlenswertem Restaurant.
- Das schönste Hotel in Słupsk ist das **Staromiejska** €€ mitten im Stadtzentrum in einer alten Villa.

Gastronomie

- Das **Restaurant Trojanowski** im gleichnamigen Hotel bietet gute internationale und polnische Küche, reiche Auswahl an Fischspezialitäten.
- Das Restaurant **Zamkowa** befindet sich gegenüber vom Schloss **Słupsk** im gleichnamigen Hotel und bietet hervorragende altpolnische sowie internationale Küche.

dern. Durchgehend bis nach Danzig hin zieht sich südlich des unmittelbaren Küstenstreifens die anheimelnd hügelige Moränenlandschaft, mal flacher, mal höher mit steilen Kuppen und tief eingeschnittenen Seen wie in der Kaschubischen Seenplatte.

Von Koszalin nach Ustka

Hinweis zur Route

Von Koszalin fährt man 7 km westlich auf der N 11, bei Mścice dann nach rechts auf die 165 und erreicht nach 5 km Mielno. In Mielno biegt man nach rechts ein und fährt an der Ostsee entlang am Jamno-See vorbei. Nach etwa 10 km ist Łaczy erreicht. Dort biegt man nach rechts ab und fährt weiter jetzt am Ostufer des Jamno-Sees entlang über Osieki nach Sucha Koszalińska, das nach 8 km erreicht ist. Dort biegen Sie nach links Richtung Norden auf die 203 und fahren 24 km nach Darłowo/Rügenwalde. Auf der 205 kann man einen Abstecher nach Darłówko/Rügenwaldermünde an die Ostsee machen. Von Darłowo geht es weiter auf der 203, bis Ustka nach 38 km erreicht wird.

Mielno (ⓘ s. S. 127)

Zu Mielno gehört heute auch das etwas westlich gelegene **Gąski**/Funkenhagen, das die älteste Siedlung der Region ist und bereits 1288 erstmals erwähnt wurde. Markant ist der 1878 erbaute 51 m hohe **Backstein-Leuchtturm**, von dem man einen prächtigen Rundblick hat.

Das gleichfalls zu Mielno gehörende **Sarbinowo**/Sorenbohm, ein kleines von Dünen umgebenes Ostseebad, galt schon vor dem Krieg zu Recht als eines der schönsten und ältesten Bäder der pommerschen Ostseeküste. Sarbinowo wurde 1306 erstmals erwähnt als die Siedlung „bei dem soren bom".

Auch **Chłopy**/Bauernhufen ist heute ein Teil von Mielno. Das verträumte Dorf hat wie vor dem Krieg gerade mal gut 200 Einwohner. Die hohen Dünen und der feine weiße Sand machten das kleine Chłopy zur bevorzugten Idylle für Maler der Region.

Kurpark und Kurpromenade

Mielno/Großmöllen und das schon auf der Nehrung zwischen Meer und Jezioro Jamno/Jamno-See gelegene **Unieście**/Nest sind heute zusammengewachsen und bilden einen langgestreckten Ferienort. Schon vor dem 2. Weltkrieg war das damalige Großmöllen die **Badewanne der Kösliner**, die man seinerzeit per Straßenbahn, mit der „Elektrischen", erreichte. Heute fahren neben den großen Linienbussen auch Kleinbusse, die nach Bedarf für drei Złoty auf festen Routen verkehren. Der zwischen Dünen gelegene **Kurpark mit seiner Kurpromenade** trennt den Ort Mielno von der oben auf dem Deich verlaufenden Strandpromenade und dem dahinter liegenden Strand. Die vielen Beton-Wellenbrecher und Buhnen gegen die Land raubende Wucht der Ostsee sind kunterbunt angemalt. Auf den Zuwegen zum Strand, die von allerlei Ständen gesäumt sind, gibt es alles, was der Tourist so brauchen könnte, an den Plätzen herrscht regelrechtes Flohmarktfeeling, Bazare dieser Art sind der Renner in Polen.

Da Mielno wegen seines Heilmoores und der Thermalquelle auch ein bekannter Badeort ist, findet man Jahr für Jahr mehr Kureinrichtungen um das **Seewasser-Thermalbad**.

Ostseebad Mielno

Noch bevor Mielno in Unieście übergeht, sieht man auch rechts der Straße Wasser, hier beginnt der **Jezioro Jamno**/Jamundsee, Unieście selbst liegt bereits auf der Nehrung.

Der flache, nur drei Meter tiefe Süßwasser-Binnensee mit seinen schilfbestandenen Ufern ist ein Nist- und Brutparadies vieler **Vogelarten** und ein wunderbares kleines Segelrevier für Binnensegler, auch Paddler kommen hier auf ihre Kosten, einfach in Unieście bei einem der zahlreichen Vermieter ein Kajak mieten, und in der nächsten Bucht wähnt man sich unendlich fern ab jeglicher Zivilregionen.

Vogelparadies

Von Unieście aus gibt es zahlreiche Möglichkeiten für ausgedehnte Spaziergänge und Wanderungen auf die an der schmalsten Stelle nur gut 200 m breite **Nehrung**. Da sitzt man am Ufer des Jamundsees, lässt die Füße vom Seewasser umspülen und hört hinter sich das Rauschen der Ostsee, dazwischen der Kiefernwald auf dem sandigen Dünenboden, der abrupt in den Ostseestrand übergeht. In der Mitte der acht Kilometer langen Nehrung befindet sich ein Durchstich vom Jamundsee zur Ostsee. Auch landeinwärts bieten die Wege und Straßen am Jamno, die sich auch wunderbar für Radtouren eignen, überraschende Sichten, wogendes Schilf und verschwiegene Buchten, eine verträumte, stille Landschaft voller runder Kuppen und Hügel, die jede Idylle bietet.

Wer möchte, kann noch einen Abstecher zum Südufer des Jamno machen. In Jamno und Łabusz findet man noch einige Bauten im traditionellen Stil der **Jamno-Kultur**, die sich in dieser Abgeschiedenheit bis ins 20. Jahrhundert erhalten hatte. Typisch für diesen Baustil war der abgeschlossene, auf allen Seiten von Wirtschaftsgebäuden umstandene Hof mit breitem Hoftor und schmaler Fußgängerpforte. Bekannt war die Jamund-Kultur für ihre kunstvoll geschnitzten Möbel und die Tracht der „**Rieke Bure**“, die als eine der schönsten Pommerns galt. Weitere Zeugnisse dieser Kultur findet man im Koszaliner Freilichtmuseum. Ein ähnliches Naturparadies ist der Jezioro Bukowo/Buckower See. Auch dieser etwas kleinere Strandsee ist durch eine sandige Nehrung vom Meer getrennt und hat wie der Jamno in der Mitte der Nehrung einen Durchstich.

Jamno-Kultur

Im östlich des Sees gelegenen **Bukowo Morskie**/See-Buckow steht eine schöne alte Klosterkirche, die zu einem 1253 gegründeten Zisterzienser-Kloster gehörte. **Dąbki** am nordöstlichen Zipfel des Bukowosees ist ein Allerwelts-Ostseebad mit vielen Sanatorien zur Behandlung von Atemwegserkrankungen. Bis vor wenigen Jahren strotzte diese Region noch geradezu vor Militär, auch einige sowjetische Raketenbasen verhinderten ein touristisches Aufblühen.

Darłowo/Rügenwalde (ⓘ s. S. 127)

Stadt der Wurstwaren

Rügenwalde? Genau – die mit der roten Mühle. Rügenwalde war die **Stadt der Wurstwaren**, Pommersche, Rügenwalder Teewurst und die berühmte „pommersche Spickbrust" trugen den Namen der Stadt in die Welt. Aber nicht wegen der Wurst sollte man sich Darłowo anschauen, sondern wegen seines fast vollständig erhaltenen **mittelalterlichen Stadtkerns**. Rund 15.000 Einwohner hat das Städtchen heute, das sich an der Wieprza/Wipper entlang erstreckt und als ein Muster für das frühere Aussehen pommerscher Kleinstädte gelten kann.

Eine erste, vom Rüganer Füsten *Wizlaw II.* hier gegründete Ansiedlung zerfiel bald wieder. Bereits 1312 erfolgte die Neugründung nach lübischem Stadtrecht, und zur Zeit des Pommernherzogs *Bisgislaws V.* wurde mit dem Bau des Schlosses der Herzöge von Pommern begonnen und ab 1347 wurde Rügenwalde für 300 Jahre sogar Herzogssitz und 1365 auch Hansestadt.

Seeräuber und Piraten

Bekannt und berüchtigt wurde Rügenwalde aber durch den **Piratenkönig *Erik VII.*** Der 1382 auf Rügen geborene und aufgewachsene Erik wurde 1397 als Nachfolger seiner Großtante *Margarete* zum König von Dänemark gekrönt und nach ihrem Tode 1412 automatisch in Personalunion auch König von Schweden und Norwegen. Nach seiner Niederlage im Kampf um Schleswig wurde der unbeliebte *Erik* 1439 in Dänemark und Schweden sowie 1442 auch in Norwegen abgesetzt. Der Ex-König floh ins Exil nach Gotland und wurde als **Seeräuber** zum Schrecken der Hanse.

Die Altstadt von Darłowo

Sagen rankten sich bald um seinen unermesslichen Reichtum, den er aber zu großen Teilen in den Ausbau des Rügenwalder Schlosses steckte, in das er sich um 1449 zurückzog und 1459 starb. Zwar sollte *Erik* der einzige jemals zum König gekrönte Greife bleiben, aber auch die weiteren Greifenherzöge zeigten sich mit Rügenwalde verbunden, bis hin zu *Boguslaw XIV.*, dem letzten Greifen, hinterließ hier fast jeder Herrscher bauliche Spuren.

Auch wirtschaftlich war Rügenwalde eine gute Adresse, war es doch der **bedeutendste Hafen** zwischen Danzig und Kolberg. Vom Großen Kurfürst bis zu *Friedrich II.* hin hatten auch die Preußen die Bedeutung des Hafens erkannt und bauten ihn weiter aus. Die strategisch günstige Lage ließ die Stadt zur Zeit der Napoleonischen Kontinentalsperre durch den Schmuggel reich werden. Obwohl die Stadt 1878 einen Bahnanschluss erhielt, ging der Handelsumschlag zurück, dafür entwickelte sich Rügenwalde zum **beliebten Seebad**, sind es doch nach Rügenwaldermünde/Darłówko an die Ostsee gerade mal drei Kilometer.

Schloss der Pommerschen Herzöge

Hauptsehenswürdigkeit der Stadt ist das **Schloss der Pommerschen Herzöge**, das heute eine sehenswerte Sammlung sakraler Statuen in seinem Regionalmuseum zeigt, sowie gleichermaßen über die Greifenzeit und die Rügenwalder Hansezugehörigkeit informiert. Des Weiteren kann man einige restaurierte Säle aus der Greifenzeit sowie die Schlosskapelle besichtigen. Gruselig interessant ist auch die Folterkammer mit den Gefängniszellen im Keller des Schlosses.
Muzeum-Zamek Książąt Pomorskich, ul. Zamkowa 4, Tel. 314-23-51, Di–Do 10–17, Mo, Fr, So 10–16 Uhr.

Mittelpunkt der Altstadt ist der **Marktplatz/**Rynek, wie er typisch für pommersche Städte war. Umstanden ist er von restaurierten Bürgerhäusern aus Renaissance und Barock. Das **spätbarocke Rathaus** aus dem Jahre 1723 mit der Fontana Rybacka/Fischerbrunnen davor wird dominiert von der schräg dahinter am pł. Kościuszki stehenden Kościół N.P. Marii/**Marienkirche** aus dem 14.–16. Jahrhundert, einem wuchtigen Bau mit 60 m hohem Turm. In der Fürstengruft befinden sich die Gräber des Piratenkönigs *Erik* und weiterer fürstlicher Vorbilder, unter ihnen die Herzoginnen *Hedwig* und *Elisabeth* von Schleswig-Holstein-Sonderburg, Gattinnen der beiden letzten Greifenherzöge.

Begrenzt wird die Altstadt im Norden von der Brama Kamienna/**Steintor** aus dem 14. Jahrhundert sowie Resten der alten Stadtmauern. Einen guten Kilometer weiter sieht man schon die weiß getünchte zwölfseitige **Kapelle St. Gertrud**/Kościół Św.Gertrudy aus dem 15. Jahrhundert mit ihrer sehenswerten Kanzel. Zwischen dem Tor und der Wieprza im Südwesten liegen enge Gassen und Kopfsteinpflasterstraßen, die kaum breit genug sind, zwei Autos passieren zu lassen, altersschiefe kleine Häuschen mit winzigen Läden darinnen zaubern einen Hauch mittelalterlichen Hansetreibens in das Städtchen.

Darłówko/Rügenwaldermünde

Wie jedes küstennahe Städtchen in Pommern hat auch Darłowo sein eigenes Ostseebad. Nur drei Kilometer von Rügenwalde entfernt liegt der kleine Badeort Darłówko. Ein Erlebnis ist die Fahrt mit der kleinen Straßenbimmelbahn, die regelmäßig rumpelnd von Darłowo nach Darłówko zockelt. Gleich links am

Darłówko an der Ostsee

Ortseingang, unweit der Wieprzamündung, befindet sich der durch die langen Molenarme geschützte **Fischereihafen** mit seinem malerischen maritimen Ambiente, davor verbindet eine Klappbrücke beide Ufer. Auf der östlichen Mole weist ein Leuchtturm den Fischerbooten den Weg. Vom Leuchtturm nach Osten zieht sich der lange Strand, hinter dem sich nach Süden hin ein Gürtel von Ferienunterkünften anschließt. Der gemütliche kleine Ort wirkt ursprünglicher und einfacher als andere Badeorte an der Ostsee.

Ustka/Stolpmünde (ⓘ s. S. 127)

Seehafen und Fischerei

Das an der Mündung der fast 150 km langen **Słupia**/Stolpe gelegene Stolpmünde/Ustka ist heute ein quirliges Städtchen mit 17.000 Einwohnern. Bereits 1337 erstmals erwähnt, entwickelte sich der einstige Ruhesitz alter Seeleute im 17. Jahrhundert zum **Seehafen von Stolp/Słupsk**. Um 1900 begann Preußen den Hafen, der ihm 1913 vom Stolper Rat übergeben worden war, auszubauen und um ein Marineareal zu erweitern, auch Fischerei und Fisch verarbeitende Industrie blühten auf. Noch heute nutzt die Marine den Hafen, Marineuniformen gehören zum Ortsbild, genau wie die malerischen Fischkutter und der alte Leuchtturm von 1875.

Lantarnia Morska/Leuchtturm, geöffnet täglich 9–13 und 15–18 Uhr.

Es ist genau dieses **Teerjackenflair einer alten Hafenstadt**, das Ustka als Urlaubsort so attraktiv macht. Dazu kommen herrliche Kliffküsten und endlos weite weiße Sandstrände, die man in Polen für die schönsten an der Ostsee hält. Das machte Ustka zu einem der beliebtesten Ostseebäder Polens und trug dem zwischen Kolberg und Danzig größten Bad den Titel „**Sommerhauptstadt Polens**“ ein.

Ostseetouren

Vom Hafen aus kann man mit den **Ausflugsschiffen** für 200 Złoty pro Person sogar Tagestouren nach Bornholm machen. Daneben fährt von hier aus so ziemlich alles aufs Meer was schwimmt, kleine Motorboote, Fischkutter, Segler und Wikingerboote bieten für jeden das passende Angebot. Salzluft, Möwengeschrei an der Mole, das Strandtreiben im Rücken lässt sich der Trubel bei einem

Espresso auf der Mole genießen. Ustka lädt zu ausgedehnten **Strandwanderungen** und zum Erkunden der einsamen Landschaft der Umgebung mit Mooren und Sümpfen, endlosen Weideflächen, Kiefernwäldern und pittoresken kleinen Dörfern aus einer anderen Zeit ein. Immer wieder wird man landeinwärts auf Spuren des deutschen Anteils pommerscher Geschichte in Gestalt von mehr oder minder gut erhaltenen alten **Gutshäusern** treffen, manche nur noch als verwitterte Ruinen in verwilderten Parks.

Strandwanderungen

Ustka

Eine weitere Spur unheilvoller deutscher Geschichte findet sich vor Stolpmünde in der Ostsee. Hier wurde am 30.1.1945 die ***„Wilhelm Gustloff"*** von einem sowjetischen U-Boot versenkt, Tausende starben in den eisigen Fluten.

Von Ustka nach Łeba

Hinweis zur Route

Von Ustka fahren Sie auf der 210 die 18 km nach Słupsk/Stolp.
Słupsk verlassen Sie nach Norden auf der 213 über Głoczyce und Pobłocie nach Wicko, das Sie nach 50 km erreichen. Dort biegen Sie auf die 214 ein und erreichen nach 12 km Łeba.

Słupsk (ⓘ s. S. 127)

Einst wurde sie **„Klein-Paris von Pommern"** genannt, die alte Kreisstadt Słupsk. Als Stolp war sie vor dem Krieg Hauptstadt des größten deutschen Landkreises. Die Region war stark geprägt durch die **Landwirtschaft**, vor allem Kartoffeln werden auch heute noch auf riesigen Feldern angebaut. Immer wieder sieht man Kartoffelfelder, so weit das Auge reicht.

Der Kreis Stolp war das Terrain der **großen Güter**, hier hatten bekannte Familien wie die *Krockows*, *Puttkammers*, *Zitzewitz*, *Kleists* und *Belows* ihre Stammsitze und Güter, die vor allem in den östlichen und südlichen Bereichen des Kreises lagen. Einige **Herrenhäuser** im Stolper Raum stehen noch: das teils von Schinkel geplante Herrenhaus der von Belows in Redecin, der Stammsitz

Guts- und Herrenhäuser

der Zitzewitz in Sycewice, das Gut in Borzeciko, das zuletzt den Zitzewitz und früher den Puttkammers gehörte, das Wasserschloss Karczniczka der Puttkammers und viele mehr. Gleichzeitig verlief bei Słupsk schon immer eine unsichtbare Grenze, hier beginnt das Land der **Kaschuben**, das sich an der Ostsee entlang bis nach Danzig und im Süden bis nach Kościerzyna und an die Weichsel erstreckt.

Erstmals erwähnt wird der Ort an der Słupia/Stolpe im Jahr 1013, und zu Beginn des 13. Jahrhunderts wird am Fluss eine Burg gebaut. Stolp kommt 1295 mit Schlawe an Brandenburg, und im Jahre 1310 erhält die slawisch-kaschubische Gründung, die inzwischen mehr und mehr eine Ansiedlung der Handwerker und Händler ist, von den Brandenburgern das lübische Stadtrecht verliehen. Kurz darauf, im Jahre 1317, geht Stolp an **Pommern-Wolgast**, eine Seitenlinie des Herzogshauses. Der durch den Getreide-, Vieh- und besonders den Bernsteinhandel prosperierende Hafen **Stolpmünde** an der 18 km entfernten Flussmündung – er gehörte bis 1831 zu Stolp – trug vor allem nach dem Hansebeitritt Stolps im Jahre 1381 zum rasanten wirtschaftlichen Aufschwung in Stolp bei. Nach dem Dreißigjährigen Krieg kam Stolp 1648 an Preußen. Einen großen Teil der mittelalterlichen Bausubstanz vernichtete der große Brand von 1718. Im Jahre 1807 zogen marodierende napoleonische Legionen durch die Stadt und richteten großen Schaden an.

Die Altstadt von Słupsk

Die schwersten Zerstörungen seiner Geschichte erlebte Stolp allerdings im März 1945, als die Rote Armee die Stadt zwar kampflos einnahm, sie dann aber niederbrannte. Nachdem Słupsk nach der Verwaltungsreform seit dem 1. Januar 1999 nicht mehr Wojewodschaftshauptstadt ist, muss die 102.000-Einwohner-Stadt sich nun wieder mit dem Dasein eines **Regionalzentrums** für einen von der Landwirtschaft – überwiegend Kartoffelanbau – geprägten Raumes bescheiden. Nichts mehr erinnert an den größten Sohn der Stadt, den ersten deutschen **Generalpostmeister *Heinrich von Stephan*** (1831–1897), der 1874 den Weltpostverein gründete und 1877 den Fernsprecher einführte, auch die Postkarte geht wohl auf ihn zurück.

Regionalzentrum

Vieles in der Innenstadt wurde in den letzten Jahren wieder aufgebaut, ein Stadtrundgang in Słupsk ist wieder sehr lohnend. Kulturhistorisch am bedeutendsten ist **der Bereich zwischen der ul. Zamkowa und der ul. Dominikańska** östlich der Słupia. Hier finden sich auf engem Raum konzentriert das Schloss der pommerschen Herzöge, die Schlosskirche, die Schlossmühle und das Mühlentor.

Mit dem Bau des schönen **Renaissanceschlosses** wurde bereits 1507 begonnen. Nachdem große Teile des wertvollen Inventars 1731 auf Veranlassung des Preußenkönigs *Friedrich Wilhelm I.* nach Berlin verbracht wurde, fristete das Schloss ein kümmerliches Dasein als Kaserne und Zeughaus. Im Zweiten Weltkrieg wurde das Schloss zerstört, erstrahlt aber heute wieder in frisch restauriertem Glanz. Im Rittersaal des Herzogschlosses findet alljährlich im September das bereits 1967 ins Leben gerufene **polnische Klavierfestival** im Rahmen der „Dni Słupska"/Stolper Tage statt. Im Übrigen beherbergt das Schloss heute das Museum von Mittelpommern/Muzeum Pomorze Środkowego, das sich mit der Geschichte der Region befasst. Sehenswert ist auch die Ausstellung mit Pastellzeichnungen von dem *Witkacy* genannten polnischen kulturellen Multitalent *Stanisław Ignacy Witkiewicz* (1885–1939).

Renaissance-schloss

Muzeum Pomorza Środkowego, ul. Dominikańska 5-9, 76-200 Słupsk, Tel. 842 40 81, 842 65 18, E-Mail: muzeum@mars.slupsk.pl, www.muzeum.slupsk.pl, 1.6.–30.9: täglich 10–17 Uhr.

Direkt neben dem Schloss sehen Sie die **Kościół Św. Jacka/Schlosskirche**, die vom 13. bis 15. Jahrhundert dem Dominikanerorden als Kirche diente. Im 15. Jahrhundert wurde sie erstmals komplett umgestaltet und während der Reformationszeit (um 1524) von den Einwohnern der Stadt verwüstet, bevor sie Anfang des 17. Jahrhunderts wieder hergerichtet wurde und ihre endgültige barocke Gestalt erhielt. Im Inneren sehenswert sind eine sehr schöne **Orgel**, die reich verzierte Kanzel und der Hochrenaissance-Hochaltar sowie die Grabmale der pommerschen Herzöge und Herzoginnen, unter ihnen die reich verzierten **gusseisernen Grabmale** von Herzog *Bogislaw von Croy* und seiner Frau *Anna*.

Schloss-kirche

In der **Schlossmühl**e am Fluss ist eine Kunstgalerie untergebracht,

Galeria „Młyn Zamkowy", 76-200 Słupsk, ul. Dominikańska, Tel. 841 19 19, Handy 0 501 477 487, Mo–Sa 9–17 Uhr,

genau wie in dem schräg gegenüber stehenden **Hexenturm**/Wieża Czaronicza.

Bałtycka Galeria Sztuki Współczesnej, 76-200 Słupsk, ul. Partyzantów 31 A, Tel. 842 56 74, 842 62 46, 841 19 49.

Das spätgotische Mühlentor/Brama Młynska aus dem 14. und 15. Jahrhundert sowie Reste der alten Stadtmauern beschließen hier den Altstadtbereich.

In nordöstlicher Richtung durch die ul. Michala Mostnika gelangt man in fünf Minuten zum **Alten Markt**/Stary Rynek, von dem man östlich in der Fußgängerzone durch einige malerische schmale Straßen mit Gründerzeithäusern, enge Gassen und überraschend grüne Innenhöfe hindurch das Flair der alten Stadt genießen kann.

Alter Markt

Besonders der Bereich um die ul. Nowobramska ist sehr hübsch hergerichtet. Dominiert wird er von der Kościół N.P. Marii/**Marienkirche**, einer massigen Backsteinkirche, die im 14. Jahrhundert dreischiffig in spätgotischem Stil erbaut wurde. Besonders wuchtig wirkt der Turm, seit er nach dem Krieg seines barocken Helmes verlustig ging. Sehenswert ist besonders die hölzerne Kanzel aus dem Jahre 1609. Abgeschlossen wird der Altstadtbereich hier vom **spätgotischen Neuen Tor**/Nowa Brama aus dem Jahr 1530. Tritt man hindurch, sieht man gleich links am riesigen pl. Zwycięstwa/Stephansplatz den nicht minder gewaltigen Backsteinbau des **neogotischen Rathauses** aus dem Jahr 1901.

Die Marienkirche

Geht man vom Tor nach rechts, gelangt man zur direkt auf den Bahnhof zulaufenden Aleja Wojska Polskiego, einer weiteren **Fußgängerzone**. Diese Gegend erinnert mit dem Grün der Baumstreifen auf dem Mittelstreifen tatsächlich an Paris. Hier ist das Zentrum des urbanen Lebens, hier kauft man ein in den Läden mit dem vielfältigen Angebot, hier trinkt man seinen Espresso, wenn man gesehen werden will oder geht geschäftig seinem Business nach. An der Al. Wojska Polskiego befindet sich auch das Touristikinformationsbüro.

Fußgängerzone

Słupsk bietet sich aber nicht nur an, wenn man bei so viel Landschaft und Natur ringsum mal wieder ein wenig städtisches Treiben braucht und richtig **shoppen** möchte, sie ist auch mehr als eine Schlechtwetter-Alternative im Besichtigungsprogramm, sie ist als Standquartier für Ausflüge an die See und den Slowiński-Nationalpark hervorragend geeignet.

Łeba/Leba (ⓘ s. S. 127)

Auf das kleine Fleckchen Land zwischen dem Łebsko-See im Westen, dem Sarbsko-See im Osten und der Ostsee im Norden gezwängt, ist Łeba/Leba der **nördlichste Seehafen** Pommerns. Doch Łeba ist mehr als ein See- und Fischereihafen. Zum beliebtesten Badeort der Region Pomorze/Ostpommern macht Łeba seine traumhafte Lage als **Stadt in den Dünen** inmitten von Kiefernwäldern in einer unverbrauchten Landschaft mit kilometerlangen, breiten und strahlend weißen Stränden, Mooren und Sumpfwiesen, sowie mit Schilfdickicht umgebenen großen Seen.

Slowiński-Nationalpark

Ein so einzigartiges Naturparadies ist diese Landschaft, dass die Region westlich von Łeba 1967 zum **Slowiński-Nationalpark** gemacht wurde. Schon im 13. Jahrhundert gab es hier einen kaschubischen Fischerort, dem 1357 zu Zeiten Deutschordensherrschaft das Stadtrecht verliehen wurde. Doch Łeba hatte es schwerer als andere pommersche Hafenstädte, Jahrhunderte währte Łebas Kampf gegen die Naturgewalten. Immer wieder bedrohten Sturmfluten und die wandernden Dünen den Ort, und ständig drohte der Hafen zu versanden. 1570 gaben die Łebaer auf und **verlegten den Ort** ans östliche Łeba-Ufer.

Vom ersten Leba sind heute nur noch die Ruinen der aus dem 14. Jahrhundert stammenden und schon halb von Sand **verschütteten alten Nikolaikirche** vorhanden, die im westlichen Teil des Nationalparks liegen. Im neuen Leba bauten die Fischer auch eine neue Pfarrkirche, die sie wiederum Nikolaikirche/ Kościół Św. Mikołaja nannten, 1683 wurde sie fertig gestellt.

Der Hafen des neuen Leba blühte bald auf, Kartoffeln und Getreide sowie Salz wurden hier umgeschlagen. Die Hauptwirtschaftskraft Lebas machte aber von jeher die **Fischerei** aus, 1889 wurde der Fischereihafen groß ausgebaut. Erst recht nach dem Bahnanschluss von 1899 waren Fischerei und Fischverarbeitung für das Wohl der Stadt entscheidend, Lebaer Sprotten waren in ganz Deutschland begehrt.

Mit der Bahn kamen auch die **ersten Reisenden**, bald sprachen sich Lebas Naturschönheiten herum, und der Fremdenverkehr setze ein. Ein schönes architektonisches Zeugnis des beginnenden Badebooms vom Anfang des 20. Jahrhunderts ist das alte schlossähnliche **Kurhaus von 1903**, in dem sich heute ein elegantes Hotel befindet.

gute Wassersportmöglichkeiten

Nur die kleinen **eingeschossigen Fischerhäuser** aus dem 19. Jahrhundert um die ul. Abrahama und die ul. Kościuszki künden noch vom alten Fischerort Leba. Der Tourist findet in dem 4.000 Einwohner-Städtchen einen hervorragend erschlossenen Urlaubsort. Für jede Art von **Wassersport** findet sich hier reichlich Gelegenheit, von Kajakfahren bis zum Windsurfen, Hochseeangeln und Segeln. Seit 1998 der neue Yachthafen für 120 Segelyachten eröffnet wurde, gibt es hier nicht nur Ausflugsfahrten, sondern immer wieder auch Regattaveranstaltungen. Man kann so ziemlich alles ausleihen, was zum Freizeit- und Ausflugsvergnügen gebraucht wird, vom Mountainbike bis zum Surfboard.

Łeba

Fischerort und Badeparadies

Immer noch ist Łeba beides, **Fischerort und Badeparadies**, die Symbiose ist geglückt und die Fischkutter tragen nicht nur zur romantischen Hafenidylle bei. So spielt sich denn das sommerliche Treiben im Ort rund um den Fischerhafen ab, natürlich mit Frischfischverkauf direkt ab Kutter und jeder Menge Fischimbissen. Fröhlich, laut und bunt geht es zu in Łeba, heiteres sommerliches Treiben – die Leichtigkeit des polnischen Sommers, der hier in Łeba besonders zelebriert wird mit südlicher Lebensfreude, Łeba im Sommer, das ist ein einziges Fest. Und bei allem Trubel: nur ein paar hundert Meter außerhalb des Ortes trifft man auf seinem Spaziergang auf menschenleere Strände.

Der Slowiński Park Narodowy (ⓘ s. S. 127)

Seinen Namen verdankt der Slowiński Park Narodowy der kleinen slawischen Volksgruppe der **Slowinzen**, die in der Gegend des heutigen Parks bis ins 20. Jahrhundert hinein lebten, vor allem in Kluki und Smołdzino. Im Gegensatz zu ihren Nachbarn und Verwandten, den Kaschuben, waren die Slowinzen, die auch **Lebakaschuben** genannt wurden, Protestanten, was zu ihrer weitestgehenden Vertreibung nach Kriegsende führte.

Der Park, der auf der Liste der UNESCO-Biosphärenreservate steht, ist 18.000 ha groß, zu ihm gehört mit dem **Jezioro Lebski** der größte der pommerschen Seen und als Hauptattraktion die großen Wanderdünen. Die größte der Dünen ist die 56 m hohe bewaldete **Leuchtturmdüne**/Latarnia Moska Czołpino am Jezioro Dołgie Wielkie/Dolgensee, die bekannteste aber die weiße **Lonsker Düne**/Góra Łącka, ein gewaltiges 42 m hohes Wüstengebilde, das den Lebaer Wanderdünen den Namen **„Polnische Sahara"** einbrachte. Nur 2,5 km breit ist die nehrungsartige Landzunge zwischen Leba-See und Ostsee, auf der die Dünen immer noch im Schnitt 10 Meter pro Jahr nach Osten wandern.

Im Slowiński Park Narodowy

Auf 140 Kilometern markierten Fußwanderwegen und 30 Kilometer Radwanderwegen kann man die vielfältigen Lebensgemeinschaften des Parks erkunden: die **Wasservogelreservate** der Seen, die **Sumpfpflanzenwelt** der Torfmoore, das Leben im Schilfgürtel, vor allem aber die Lebensformen auf Sand, von den Pionierpflanzen der Strände und Dünen bis zu den Kiefernwäldern, tote Bäume mitten im Sand als **Zeugen der Dünenwanderung** und über allem andernorts fast ausgestorbene Vogelarten vom Schwarzstorch bis zum Seeadler. Drei Gruppen von Vögeln findet der ornithologisch Interessierte im Park. Zu den nistenden Arten zählen Weißschwanzadler sowie **Schwarzstorch**, Kranich und Uhu. Wandervögel, die man im Herbst im Park antrifft, sind diverse Wildgänsearten, und den Winter verbringen hier sowohl einige Entenarten als auch Alk und **Singschwan**. Auch Waldbewohner lassen sich im Slowiński Park trefflich beobachten, unter ihnen Hirsche, Wildschweine und Dachse, aber auch Elche.

vielfältige Flora und Fauna

Ausflüge in den Nationalpark

Von kleinen Spaziergängen bis hinzu großen Wander- oder Trekkingtouren ist alles möglich, daher können wir Ihnen nur ein paar Anregungen sozusagen als Appetithäppchen servieren. In jedem Fall sollte man sich vor Ort eine detaillierte Karte des Parks kaufen, in der die Wanderwege markiert sind.

Für **Autofahrer** gibt es zum Park mehrere Zugänge, im äußersten Westen am Gardno-See bei Rowy, im Osten bei Rąbka/Łeba, und im Nordwesten über Smołdzino und weiter bis **Czołpino** in die Nähe des Leuchtturms, an den Endpunkten all dieser Zufahrten befinden sich große Parkplätze.

Łącka Góra – die große Düne

Die **große Lonsker Düne/Łącka Góra** erreicht man am besten mit einem Ausflug in den östlichen Teil des Parks, wozu man mit dem Auto die etwa drei Kilometer zum großen Parkplatz und Parkeingang von Łeba nach **Rąbka** fährt. Man kann die Strecke allerdings auch im Zockeltrab mit der kleinen Straßen-Bimmelbahn zurücklegen. In Rąbka gibt es nun mehrere Möglichkeiten, entweder nimmt man sich die ganze Strecke von etwa sechs Kilometer zur Lonsker Düne zu Fuß vor, oder man mietet sich ein Fahrrad, mit dem man bis zum Fuße des Dünengeländes kommt, wo man es für eine Gebühr von 2 zł abstellen kann, die Radtour ist allerdings nur bei trockenem Wetter zu empfehlen, bei Regen ist der matschige Waldweg eine Schlitterbahn. Man kann aber auch fahren, entweder mit Stil in einer der **Pferdekutschen** oder mit den **Elektrokarren**. Die Pferde und kleinen Elektrokarren dürfen bis zur Düne, die langen Elektrobahnen fahren nur die Hälfte der Strecke bis zum Platz an der alten **Abschussrampe der V1 und V2**, die auch von hier aus Richtung England abgefeuert wurden. Einige Reste der Anlage sind noch vorhanden, und ein kleines Museum ist eingerichtet worden, in dem man neben alten Ansichten von Leba auch sowjetische **Raketen** findet. Diesen Platz laufen auch die Ausflugsschiffe von Rąbka aus an, und hier kann man sich mit den letzten Stärkungen versorgen. Der Weg durch den Wald zur Lonsker Düne ist nicht zu verfehlen. Bald sieht man linker Hand das sumpfige Gelände des Seeufers, während rechter Hand die **Sandberge** immer dichter an den Wald herankommen, der immer schmaler wird, bis er von schräg vorne in ihn hineinzufließen scheint und der Weg an einem schroff ansteigenden Sandberg endet.

Die Lonsker Düne

V2-Raketen

Von hier an kommt nur noch Sand, nach einem ersten bissigen Anstieg breitet sich die Sahara vor den Augen aus. Links die hohe Düne, voraus ein Sandgebirge mit Kuppen, Mulden und Ebenen bis hin zur schwarzblauen Ostsee. Das allein ist schon fantastisch, dennoch, der anstrengende Aufstieg auf die hohe Düne lohnt in jedem Fall. Steil geht es bergan, mit aller Kraft dem nachgebenden Sand trotzend schafft man es auch an der Abbruchkante mit allerdings brennenden Waden. Oben dann ein Panorama, das nicht von dieser Welt zu sein scheint, tief unten die dunkelblaue Ostsee mit ihren weißen Gischträndern, im Rücken der türkis schimmernde Lebasee, oben ein tiefblauer Himmel mit rasenden weißen, scharfkonturigen Wolkengebirgen und rundum **weißer Sand**, der sich im pfeifenden Wind in zarten weißen Schleiern über die Kuppen legt. Bergab geht es die Abbruchkanten mit Schwung auf den Hacken rutschend – was für eine Landschaft.

einzigartiges Panorama

Zurück nach Łeba, Rąbka oder nur bis zu den Abschussrampen kann man natürlich auch an der Ostsee entlang laufen. Wenn man möchte kann man diesen Weg von der Düne aus in die andere Richtung nach Westen gehen und trifft dort nach wenigen Minuten keine Menschenseele mehr am Strand. Der Weg, der nach Westen am Strand entlang führt, kann theoretisch bis ins 25 km entfernte **Rowy** fortgesetzt werden. Man kann auch zum Leuchtturm/Latarnia Moska Czołpino hoch gehen, von dort nach Smołdzino marschieren, diese Strecke ist von der Düne aus etwa 12 km lang, zurück kann man nach Łeba mit dem **Bus** fahren. Den Leuchtturm kann man besichtigen und eine wunderbare Aussicht genießen.

In Smołdzino, das auch gut mit dem Auto zu erreichen ist, lohnt die Besichtigung des Museums für Naturkunde, das sehr detailliert über Pflanzen und Tierwelt sowie die Umweltsituation des Parks informiert. Südöstlich von Smołdzino liegt der 115 m hohe **Rowokół**, der eigentümlich einsam aus dem umliegenden Flachland aufragt und ein Heiliger Ort der Slowinzen war. Von Smołdzino kann man nach Kluki weiterfahren und das Freilichtmuseum **Skansen Słowiński** oder Muzeum Wsi Słowińskiej w Klukach, wie es offiziell heißt. In diesem Freilichtmuseum, das sich ausschließlich mit der Kultur der Slowinzen befasst, findet man auf einer Fläche von fünf Hektar anderswo abgebrochene und hier originalgetreu wieder aufgebaute Bauernhöfe, Fischerkaten mit allem Hausrat und ihren Wirtschaftsgebäuden, die fast alle aus den slowinzischen Siedlungen Smołdzino und Kluki stammen.

Freilichtmuseum Skansen Słowiński

Die äußerste westliche Gegend des Parks erschließt man sich am besten von dem kleinen, am Westrand des Lebaer Sees gelegenen Fischerort **Rowy**/Rowe aus. Wie das landschaftlich ähnliche Nidden auf der Kurischen Nehrung wurde auch diese Dünenwüste mit ihren pittoresken Fischerdörfern und malerischen windschiefen Katen, den besonderen Lichtverhältnissen und den großartigen Himmelsstimmungen von Künstlern als attraktives Motiv entdeckt.

Rowe wurde als zweite „Sandakademie" eine **Künstlerkolonie**. Bezeichnend ist, dass die bedeutendsten Künstler der Kolonie Rowe, die Brücke-Maler *Max Pechstein* und *Karl Schmidt-Rotluff*, auch in Nidden malten. Von der Fischeridylle der Vorkriegstage ist allerdings nicht mehr viel geblieben, dennoch lohnt sich ein Besuch, denn von Rowy aus kann man eine wunderbare markierte Radtour rund um den Gardno-See machen, auch zu Fuß gehen von hier einige Wanderwege aus.

Künstlerkolonie

Von Łeba durch das Kaschubische Küstenland nach Gdańsk

Hinweis zur Route

Von Łeba fahren Sie auf der 214 nach Süden Richtung Lębork 12 km bis Wicko. Dort biegen Sie nach links Richtung Osten auf die 213 ein und folgen der Straße 44 km nach Krokowa, das Sie kurz nachdem Sie am größten See der Region, dem Jezioro Żarnowieckie vorbeigefahren sind erreichen. Kurz nachdem man den Jezioro Żarnowieckie und den Ort Żarnowiec passiert hat, kann man nach links abbiegen und einen Abstecher nach Dębki machen, das man nach 6 km erreicht. Von Krokowa kann man entweder direkt nach Süden auf der 218 die 22 Kilometer nach Wejherowo fahren oder weiter auf der 213 etwa 15 km bis Celbowo und dort auf die 216 nach Reda einbiegen, das man nach 9 km erreicht.

Man kann auch einen lohnenden Trip zum Meer machen und von Krokowa zunächst auf der 213 drei Kilometer nach Reda fahren und dort nach links auf die 215 abbiegen. Nach 7 km kommt man bei Karwia an die Küste, an der man über Jastrzębia Góra und Rożewie 15 km bis Władysławowo fährt. Von Władysławowo geht es auf der 216 22 km nach Süden bis Reda und von dort auf der Stadtautobahn S 6 nach Danzig.

Überblick

Ostpommern, das Kaschubische Küstenland zumal, ist eine einsame Landschaft, geprägt durch Landwirtschaft, ohne größere Städte und auch ohne größere Badeorte. Die Fahrt an sich ist hier die Attraktion, kilometerweit über leere Straßen und verträumte Alleen, auf denen tatsächlich manchmal noch ein Pferdefuhrwerk auf dem staubigen Sommerweg neben der Fahrbahn entlang zockelt. *einsame Landschaft*

Runde Kuppen, die sanft gewellte **Puszcza Wirzchucinsko**, dazwischen verträumte Dörfer mit windschiefen Hütten und vereinzelt auch noch traditionellen kaschubischen Holzhäusern.

Bis an die Küste schiebt sich die Moränenlandschaft heran mit mal tiefen Einschnitten zwischen steil aufragenden Hügeln, dann wieder sanftere Rundungen sowie weite Felder und Wiesen im Wechsel mit Wäldern und Seen prägen das Bild dieser Landschaft. Insgesamt aber deutlich rundlicher und flacher als die manchmal mittelgebirgsartig anmutende südlich gelegene Kaschubische Schweiz ist dieses **kaschubische Küstenland**. *kaschubisches Küstenland*

An der Küste dann immer wieder Regionen mit Salzwiesen, Moor- und Sumpfgebieten, nur durch die Küstenwälder vom Strand getrennt. Auch die Küstenformation ist überaus vielfältig, bewaldete Steilküstenabschnitte folgen steilen Abbruchkliffs und weiten, sanften Übergängen ins Flache. Und vor all dem zieht sich eine weiße Bahn scheinbar ohne Anfang und Ende von Ost nach West, herrlicher pommerscher Sandstrand, so weit das Auge reicht. Menschenleer ist es meist an dieser kaschubischen Küste.

INFO Die Kaschuben

Wer erinnert sich nicht an die „Blechtrommel“ von *Günter Grass* und dort an *Anna Bronski*, die kaschubische Großmutter des Protagonisten *Oskar Matzerath*? Wer ist dieser Volksstamm, der den einen zu wenig deutsch und den anderen zu wenig polnisch war und deshalb wie *Günter Grass'* Großmutter *Bronski* sagen lässt: „Das Koppchen hinhalten musst, denn wenn man Kaschub ist, das raicht weder de Daitschen noch de Polacken. De wollen es immer jenau haben.“ Bestenfalls verspottet wurden die Kaschuben, kaschubisch zu sein war sowohl in Polen als auch in Deutschland nur ein anderes Wort für rückständig sein. Bezeichnend war die Auslassung *Bismarcks*: „Bütow ist die nächste Stadt, man hört die Wölfe und die Cassuben allnächtlich heulen.“ Erst das Buch „Von einem unbekannten Volke“ des Lehrers und Ethnographen *Ernst Seefried-Gulgowski* über die Kaschubei aus dem Jahre 1911 rückte diesen Volksstamm ein wenig mehr ins Bewusstsein.

Die Kaschuben sind als slawischer Volksstamm Nachfahren der einst weit an der Küste verbreiteten Pomeranen (Wortbedeutung: die am Meer wohnen). Das Siedlungsgebiet erstreckt sich von jeher grob östlich der Linie Łeba, Lębork, Bytów und nördlich der Linie Bytow Kościerzyna Gdańsk. Im Osten und Norden bildet die Ostsee Sprach- und Siedlungsgrenze. Die Bedeutung des Namens Kaschube (Kaszëb) ist nicht endgültig geklärt, die Zahl der Deutungen ist Legion. *Hieronim Derdowski*, der kaschubische Volksschriftsteller, sieht die Namensherkunft folgendermaßen: die Wiege der Kaschuben waren die Ufer der unteren Oder, wo es viele Sümpfe und Moorbrüche gibt. Ähnliche Sümpfe sind auch am Ufer des Lebasees. Eine Grasart, die in diesen Sümpfen wächst, nennt das dort lebende Volk „koszebe“, woher sich der Name ableiten soll. In frühen Urkunden, etwa bis ins 14. Jahrhundert, wurden die Kaschuben Pomeranie genannt. Mit Cassubia wurde die Region um Belgard an der Persante bezeichnet. Erst ab dem 16. Jahrhundert wurde dieser Name für das ganze heutige Kaschubien verwandt.

Klosterkirche Kartuzy

Beständig war während der ganzen kaschubischen Geschichte der Wechsel der Staatsangehörigkeit. 1309 kam die Region Pommerellen an den Deutsch-Ordensstaat, 1466 zur polnischen Krone, 1722 mit der 1. Polnischen Teilung zu Preußen und ging in Westpreußen auf. Nach dem Ende des 1. Weltkrieges wurde die Kaschubei wieder polnisch, 1939 nach dem Angriff auf Polen wurde sie als Teil des Reichsgaus Danzig-Westpreußen dem Deutschen Reich angegliedert. Ob ihrer slawischen Abstammung und Eigenständigkeitsbestrebungen wurden die Kaschuben endgültig zum Opfer, 12.000 Kaschuben wurden umgebracht, vor allem die kaschubische Intelligenz wurde nahezu ausgerottet. Endgültig zu Polen kam die Kaschubei 1945, aber damit hatte die Drangsal keinesfalls ein Ende, denn nun waren die Kaschuben eine Gruppe von Hitleristen und Spionen, bei allen Danziger Streiks der Nachkriegsgeschichte galten die Kaschuben als Drahtzieher und wurden als „übliche Verdächtige" denunziert und verfolgt. Erst mit der politischen Wende 1989 hatten die Jahrhunderte des Wechsels von Zwangsgermanisierung und Zwangspolonisierung ein Ende. Jahrhunderte hatten sie zwischen den Stühlen gesessen, von den einen als slawisch-katholische Fremdkörper im protestantisch-deutschen Umland betrachtet, von den anderen bedrängt, sich endlich als Polen zu bekennen.

Obwohl sie nie einen eigenen Staat besaßen, konnten die Kaschuben ihre kulturelle Eigenständigkeit immer behaupten. Heute gibt es in Nordpolen noch etwa 500.000 Kaschuben, von denen 300.000 das Kaschubische als alltägliche Umgangssprache nutzen. Dabei blieb die Frage umstritten, ob Kaschubisch eine Sprache oder nur ein polnischer Dialekt ist. Erstmals wurde vom Danziger Pastor und Lehrer *Christoph Coelestin Mrongovius* (1764–1855) eine Eigenständigkeit bestätigt.

Vater der kaschubischen Nationalbewegung wurde *Florian Cejnowa*. Er gilt als Begründer der kaschubischen Schriftsprache, da er eine erste Grammatik erarbeitete und Kaschubisch schreibbar machte, indem er dem polnischen Alphabet zwei weitere Buchstaben beifügte. Auf dieser Grundlage wurde später eine eigene Rechtschreibung erarbeitet, die noch heute verwendet wird und das Kaschubische deutlich vom Polnischen abgrenzt.

Erst im aufgeklärten Polen des ausgehenden 20. Jahrhunderts mit seinen anerkannten und geschützten nationalen Minderheiten kann man sowohl Pole als auch Kaschube sein, mit kultureller Eigenständigkeit und eigenen Parlamentsabgeordneten.

Żarnowiec/Zarnowitz

Fast fährt man vorbei, aber das Benediktinerkloster im verträumten Żarnowiec lohnt einen kurzen Besuch. Erbaut wurde es im 12. Jahrhundert zwar von Zisterzienserinnen, gehört aber seit dem 16. Jahrhundert zum **Benediktinerinnenorden**. Sehenswert ist die gotische Klosterkirche, mit deren Bau im 13. Jahrhundert begonnen wurde, ein relativ schlichtes, weißes Gotteshaus mit wenigem, aber wertvollem Inventar, zu dem ein wunderbares Tiefrelief der Muttergottes gehört. Im Kreuzgang befindet sich ein kleines Museum mit liturgischen Gewändern und einigen Informationen über das Leben und Wirken in diesem Kloster. Insgesamt ist dieses Kloster, in dem heute noch einige Benediktinerin-

Benediktinerinnenorden

nen leben, ein interessantes Beispiel für das Klosterleben in einem der wenig bekannten Ordenshäuser der ländlichen Abgeschiedenheit.

Krokowa/Krockow (ⓘ s. S. 127)

Das ursprünglich aus dem 14. Jahrhundert stammende und Mitte der 1990er Jahre komplett renovierte **Schloss der Familie *von Krockow*** ist heute Zentrum der Stiftung Europäische Begegnung – Kaschubisches Kulturzentrum Krockow und dient als inzwischen renommierte deutsch-polnische Begegnungsstätte. Seit Anfang des 13. Jahrhunderts war das Schloss Stammsitz der *Krockows*. Seine endgültige Gestalt erhielt das Schloss in der 2. Hälfte des 18. Jahrhunderts. Das Schlossinnere ziert ein schönes barockes Treppenhaus, der Neorenaissancekachelofen mit seinen Reliefkacheln aus dem 19. Jahrhundert sowie ein noch älterer Kachelofen aus dem Jahre 1738. Den Wiederaufbau 1992 bis Ende 1998 beaufsichtigte der Wojewodschaftskonservator, finanziert wurde er von der Stiftung deutsch-polnische Zusammenarbeit. Das Schloss dient heute der **deutsch-polnischen Versöhnung** sowie der ökonomischen sowie sozio-kulturellen Entwicklung des nördlichen Kaschubiens. Das in einem Gebäude neben dem Schloss befindliche Museum zeigt unter anderem eine sehenswerte Ausstellung über das frühere Schulwesen in Kaschubien mit alten Schulklassen und Lehrmaterialien.

Schloss Krokowa

Schloss Krokowa

Muzeum Krokowa, ul. Zamkowa 1, 84-110 Krokowa, Tel. 774 22 75

Außerdem befindet sich im Schloss ein Hotel, das allerdings wegen vieler Veranstaltungen oft ausgebucht ist, rechtzeitiges Buchen empfiehlt sich unbedingt. Die **Schlossatmosphäre** macht Krokowa zu einem angenehmen Standort für Ausflüge in das kaschubische Küstenland. Auf jeden Fall kann man die hervorragende Küche im gediegenen Ambiente des Schlossrestaurants genießen.

Dębki/Eichberg

In Dębki mündet die Piaśnica, die zuvor den Jezioro Żarnowieckie durchfloss, in die Ostsee. In dem kleinen Badeort sind die Polen so ziemlich unter sich, ein paar Ferienheime, die den alten sozialistischen Charme in die Jahre gekommener Plattenbauten fast nostalgisch wach halten, und Camper bestimmen das Bild. Dazu ein paar Imbiss-Buden und Fischbratküchen – fertig ist der Ferienort.

Begehrt ist Urlaub in Dębki vor allem unter Polens wenigen **Naturisten**, wie die FKK-Anhänger hier genannt werden, denn in Dębki werden sie zumindest toleriert.

Karwia/Karwen

Der schon 1274 erstmals urkundlich erwähnte kleine Badeort, in dem die Polen gleichfalls noch weitgehend unter sich sind, ist Karwia/Karwen. Einen wunderschönen in Dünen auslaufenden breiten Strand, der durch Kiefernwald vom Ort getrennt wird, trifft man hier an. Viel Trubel und **einfache, bezahlbare Quartiere** machen Urlaub in Karwia auch für diejenigen Polen möglich, die nicht zu den Spitzenverdienern gehören. Ein Ort, der wie Dębki ohne die neuen Reichen und Schönen einen Einblick in polnisches Urlaubsleben bietet, das immer noch Familienurlaub bedeutet, und Familie heißt hier Großfamilie.

Familienurlaub

Fröhlich und mit viel Lachen breiten die Familien sich an den weiten Stränden aus. Auch in Karwia werden manchmal kilometerweit unglaubliche Mengen von Taschen, Plastikkrokodile, Luftmatratzen und Campingstühle angeschleppt. Dann macht man es sich so richtig gemütlich und packt Essen und Trinken in Mengen aus, die selbst größten Familien auch ein längeres Überleben sichern würden. Es ist nicht außergewöhnlich, wenn solch eine Großfamilie in ihrer grenzenlosen Gastfreundschaft die deutschen Nachbarn heranwinkt, das klappt auch ohne Kenntnisse der jeweils anderen Sprache – schon hat man polnische Bekannte.

Władysławowo/Großendorf (ⓘ s. S. 127)

Von Karwia ostwärts folgt der reizvollste Teil dieses Küstenabschnitts. Bei **Jastrzębia Góra**/Habichtsberg kann man durch tiefe Wälder auf der Steilküste entlang wandern, die hier über 30 m hoch ist, davor das übliche weiße Band des herrlichen Strandes. Von Jastrzębia Góra an findet man ein ganz anderes Bild in den Küstenorten, denn sie profitieren nicht nur von ihrer Nähe zu Danzig, sondern haben bereits seit Jahrzehnten eine eigene Badetradition, eine im Gegensatz zu allen westlicher gelegenen Bädern Pommerns **polnische Tradition**. Dieses Gebiet gehörte zu den 1919 vom Deutschen Reich abgetrennten Korridor, der Polen einen Zugang zum Meer ermöglichte.

polnische Tradition

In der Folge wurde der 1848 erstmals erwähnte Fischerort Jastrzębia Góra bevorzugter Badeort der polnischen Prominenz, selbst Marschall *Józef Piłsudski* gehörte zu den Gästen. Neben den schönen, breiten Stränden bietet Jastrzębia Góra den nostalgischen Charme der 1930er Jahre, mit vielen schönen Bauten der Zwischenkriegszeit. Die touristische Infrastruktur ist hier gut ausgebaut, denn der auch zu kommunistischen Zeiten beliebte Ferienort ist auf dem Weg zu einem Seebad mit internationalem Flair.

Ein schöner Spaziergang führt vom auf dem hohen Ufer gelegenen Jastrzębia Góra zur **Fuchsschlucht Lisi Jar**, einem sagenumwobenen tiefen Einschnitt in

Leuchtturm Rixhöft

Polens Nordpol

die Steiluferlandschaft, der ein kleines Naturparadies ist.

Immer höher werden nun die steilen Abbruchkliffs Richtung Osten und erreichen am Kap **Rozewie/Rixhöft** eine Höhe von gut 45 Metern. Hier liegt mit dem „Nordpol Polens" der nördlichste Punkt des Landes. Kein Cap ohne Leuchtturm, denn Caps sind die günstigsten Punkte für Seezeichen, die Schifffahrt und Fischern den Weg weisen. Der 33 m hohe Leuchtturm von Rixhöft wurde 1821 erbaut und kann besichtigt werden. Rund 60 m über dem Meer hat man eine wunderbare Aussicht auf die Ostsee und die kaschubische Küste, bei guter Sicht nach Westen sogar bis zu den Dünen von Łeba. Benannt wurde der im kaschubischen Volksmund Bliza genannte Turm nach *Stefan Żeromski*, einem polnischen Schriftsteller, dessen Leben und Werk im Leuchtturmmuseum vorgestellt wird. Eine weitere Ausstellung gibt Einblick in die Geschichte der Leuchttürme und Seezeichen an Polens Küste.
Latarnia Morska w Rozewie, täglich 10–13 und 14–17 Uhr.

Sowohl Rozewie als auch Jastrzębia Góra gehören heute zur Samtgemeinde Władysławowo/Großendorf. Seit 1920 hieß der Ort mit Unterbrechung der Kriegszeit Wielka Wieś-Hallerowo zu Ehren des polnischen Generals *Józef Haller*, der eine große Rolle bei der Wiedererlangung der polnischen Souveränität nach dem I. Weltkrieg spielte. 1954 wurde der Ort in Władysławowo umbenannt und erhielt 1963 die Stadtrechte. Die Fischerstadt hat heute um 12.000 Einwohner und den bedeutendsten Fischereihafen der Region.

Halbinsel Hela/Mierzeje Helska (ⓘ s. S. 127)

Attraktiv für Urlauber ist Władysławowo durch seine Lage direkt am Beginn der Halbinsel Hela/**Mierzeje Helska**. Von Władysławowo aus sind es 34 km bis zur Spitze der Halbinsel Hela, die früher auch Putziger Nehrung genannt wurde. Man kann alle Orte mit dem Auto erreichen, allerdings ist die relativ schmale Straße im Sommer meist stark befahren, und man kommt nur im Schneckentempo vorwärts, eine Alternative wäre die Fahrt mit dem Zug oder am schönsten mit einem Ausflugsschiff von Gdynia, Sopot oder Gdańsk aus, wobei die längste Tour vom Danziger Mottlauufer unter dem Krantor aus auch die schönste ist.

Zwischen 300 Metern bei **Chałupy** und drei Kilometern bei Hel misst die Breite der Halbinsel Hela/Mierzeja Helska. Von alters her war Hela von kaschubischen Fischern besiedelt und ein abgelegener Sandstreifen, der fern aller Romantik seine Bewohner zu ständigem Kampf mit der kargen Natur nötigte. In ihrer Eigenart ist diese schmale Landzunge tatsächlich am ehesten mit einer der weiter östlich gelegenen Nehrungen zu vergleichen. **Lange breite Strände mit feinem weißen Sand**, malerische, von stetigem Wind aus Norden aufgetürmte Dünenketten und Kiefernwälder bestimmen die Landschaft Helas, die man von der Landstraße übersehen kann, auf einer Seite die See, auf der anderen Seite die flache Putziger Bucht mit ihren geschützten Ankerplätzen im Blick.

Sandstrände, Dünen und Kiefernwälder

Wenn man von Władysławowo auf die Halbinsel kommt, erreicht man als ersten Ort Chałupy, wegen seiner früheren Abgeschiedenheit neben Dębki einziger Naturisten-Treff und **FKK-Strand** der Region. Bekannt wurde der Ort allerdings eher wegen der „Botë pod żoglame", einer kunterbunten Regatta von allem, was segelt und alt aussieht, von farbenfrohen auf alt getrimmten Fantasiebooten über traditionelle kaschubische Fischerboote bis hin zu schönen alten Holzyachten. Vor allem aber ist die **„Botë pod żoglame"**, was so viel wie Boote unter Segeln bedeutet, ein großes Fest kaschubischer Kultur und Volkskunst. Jastarnia/Putziger Heisternest, zu dem auch Kuźnica/Kussfeld gehört, liegt nicht nur auf der Hälfte der Halbinsel, **Jastarnia**, ist auch der Mittelpunkt des touristischen Treibens auf Hela. Der Fischerort, von dem aus die Fischerwallfahrt der Kaschuben an St. Peter und Paul ausgeht, hat einen sehenswerten, malerischen Hafen mit einem großen Leuchtturm. Jastarnia ist ein Anlaufpunkt aller Liniendampfer der Weißen Flotte von Gdynia, Sopot und Gdańsk.

Auf der Halbinsel Hela

Am Fischereihafen befindet sich auch das **Fischermuseum**, das Interessantes aus Geschichte und Leben der kaschubischen Fischer vermittelt.
Fischermuseum ul. Mickiewicza 115, 84-140 Jastarnia, geöffnet Di–So 9–18 Uhr.

An der breitesten Stelle der Halbinsel, unweit der Spitze, liegt Hel/Hela, das bereits 1351 erstmals erwähnt wurde. Schon damals war Hel eine blühende kleine Stadt, was bald Danzigs Begehrlichkeit erweckte und zur Übernahme führte. Vor dem Krieg war **Hela** bereits ein beliebtes Ausflugsziel für die Danziger und ein bekannter Badeort mit einem berühmten Strand an der Südseite der Nehrung, ein 100 Meter breiter Streifen feinsten weißen Sandes zieht auch heute wieder Urlauberströme an.

Fachwerk-Fischerhäuser

Zwischen 1945 und 1990 war Hela ein hochgerüsteter Militärstandort und für Ausländer Sperrgebiet. In den vergangenen zehn Jahren hat sich Hela erstaunlich rasch von einer Militärbasis zurück zum Badeort entwickelt. Der geschützt hinter einem Dünengürtel und Kiefernwald liegende Ort putzt sich heraus, die anheimelnden alten Fachwerk-Fischerhäuser aus dem 19. Jahrhundert um die ul. Wiejska sind wieder ansehnlich restauriert.

Sehenswert ist auch das Fischermuseum in der im 15. Jahrhundert erbauten ehemals gotischen **Kirche St. Peter und Paul**. Zahlreiche Boots- und Schiffsmodelle sowie Fischfanggeräte veranschaulichen die Geschichte und das harte Leben der kaschubischen Fischer. Daneben gibt es immer auch Ausstellungen zu Flora und Fauna der kaschubischen Ostseeküste. Der alte 21 m hohe Glockenturm ist zu einem Aussichtsturm umgestaltet worden, von dem man einen wunderbaren Blick über die Bucht hat. Etwas westliche des Museums befindet sich das vom ozeanographischen Institut der Danziger Universität betriebene Seehundbecken, das täglich zwischen 9 Uhr und dem Sonnenuntergang besichtigt werden kann.
Muzeum Rybołówstwa, Bulwar Nadmorski 2, Hel, Tel. 6750552, Di–So 9–16 Uhr im Juli und August Di–So 9–18 Uhr.

Helaer Leuchtturm

Der 41m hohe **Helaer Leuchtturm** – ebenfalls zu besichtigen – ist im Gegensatz zu den meisten anderen der Region ein relativ junger Bau und zeugt von der leidvollen Geschichte des 20. Jahrhunderts. Er wurde 1942 vom Deutschen Reich an Stelle des alten Leuchtfeuers erbaut, das die polnischen Verteidiger 1939 gesprengt hatten. Das Denkmal der Verteidiger Helas/Pomnik Obrońców Helu erinnert daran, dass Hela nach erbittertem Widerstand der Verteidiger als letzter Küstenstützpunkt Polens erst im Oktober 1939 fiel.

Puck/Putzig (ⓘ s. S. 127)

Am nordwestlichen Ende der Zatoka Pucka/Putziger Bucht liegt das kleine Städtchen Puck/Putzig. Schon 1348 bekam der kleine Ort um die im 13. Jahrhundert errichtete Burg die Stadtrechte verliehen. Das Städtchen mit dem drolligen Namen machte Geschichte. Während des 13-jährigen Krieges kam Putzig erstmals an Danzig, und nach einem schwedischen Intermezzo ab 1457 wurde Putzig 1567 Heimathafen der unter *Zygmunt II. August* (1548–1572) neu entstehenden **polnischen Kriegsflotte**, deren vordringlichste Tätigkeit Kaperfahrten gegen russische Schiffe wurde.

Noch einmal gelangte Putzig zu Bedeutung, als es zwischen 1660 und 1665 wie Danzig die schwedische Belagerung zu überstehen hatte. Danach fiel das Städtchen mehr und mehr in den Dornröschenschlaf der Bedeutungslosigkeit. Erweckt wurde es mit der Wiedererstehung Polens nach dem I. Weltkrieg, als es zum Gebiet des polnischen Korridors geschlagen wurde. General *Józef Haller*, der ein besonderes Gespür für Symbolik hatte, feierte in Puck, dem vor dem Ausbau Gdynias **einzigen Hafen Polens**, persönlich ein pathetisches Fest, wie es sowohl 1920 als auch 1945 in etlichen polnisch gewordenen Ostseeorten inszeniert wurde. Die symbolische Vermählung Polens mit dem Meer wurde jeweils mit einem Ehering besiegelt, der in die See geworfen wurde.

St.-Peter-und-Paulskirche

Sehenswert in Puck ist die **St.-Peter-und-Paulskirche**/Kościół Św. Piotra i Pawła, eine im 14. Jahrhundert erbaute massive Backsteinkirche. Das dreischiffige Gotteshaus besitzt einige interessante Kunstwerke wie den barocken Altar sowie die gotische Taufkapelle. Diese Kirche ist auch Zielpunkt der berühmten Fischerwallfahrt am 29.6. eines jeden Jahres dem Tag St. Peter und Paul, einem sehenswerten Spektakel mit prächtig herausgeputzten Fischerbooten und Menschen in alten Trachten.

Puck

Einen Besuch wert sind in Puck auch das Museum des Putziger Landes, das im alten Hospital der Stadt untergebracht ist, einem schönen Fachwerkgebäude mit benachbarter Schmiede aus dem 19. Jahrhundert mit vollständigem Inventar. Die Sammlung zur Geschichte und Kultur der Region ist sehr umfangreich und informativ.

Muzeum Ziemi Pucki, pl. Wolności, Tel. 6732972, Di–Fr 10–16 Uhr, Sa u. So 10–15 Uhr.

Interessant ist auch das Fischereimuseum, das über die Geschichte des einst so bedeutenden Hafens informiert.

Fischereimuseum, Zbiory Rybackie, ul. Morska 13, Tel. 6732972 Di–So 10–16 Uhr.

Wejherowo/Weihersfrei

Die Gründung der heutigen 50.000-Einwohner-Stadt geht auf eine der bedeutendsten Familien der Region zurück. 1643 durfte die Marienburger Familie *Weiher* hier mit Erlaubnis der polnischen Krone einen Ort gründen, an dem ***Jakob Weiher*** und die Seinen den katholischen Glauben ohne Repressalien einer protestantischen Umwelt leben konnten, so wurde der Ort bald Weihersfrei genannt.

„kaschubisches Jerusalem"

Auch der drei Kilometer vom Stadtzentrum entfernte Kalvarienberg an der Straße nach Kartuzy geht auf *Jakub Wejher*, wie die Polen den Stadtgründer nannten, zurück. Das „**kaschubische Jerusalem**" oder die Kalwaria Wejherowo ist ein wichtiger Pilgerort für die Kaschuben, ja er gilt als deren Heiligtum. Die zum Franziskanerkloster gehörende 1648–1651 erbaute Kirche St. Anna, das Torgebäude sowie 26 Kapellen bergen Darstellungen der Passion Christi. Der gesamte Pilgerweg beträgt 5936 Schritte. Ursprünglich ganz im Barockstil geschaffen, ist im Laufe der Jahrhunderte viel umgestaltet und dazu gebaut worden, sodass sich vom Barock bis zur Neogotik fast jede Stilrichtung findet. In der Krypta der Kirche befinden sich die Särge der Gründerfamilie Wejher und der Grafen Przebendowski.

Weder den **Kalvarienberg** noch den barocken Stadtkern vermutet man in Wejherowo, wenn man mit dem Auto auf der E28/6 in die Stadt kommt, beliebig mit Plattenbauten verunziert, und mit großen Gewerbegebieten im Außenbereich zeigt sich die Stadt recht nichtssagend.

Ein kleiner Rundgang führt vom Stary Rynek, wo auch ein Denkmal zu Ehren des Stadtgründers steht, durch die umliegenden Straßen. Am westlichen Ende des Rynek sieht man schon die Kollegiatskirche St. Trinitatis aus dem Jahre 1754, das ehemalige Armenhaus sowie das alte Hospital aus dem Jahr 1760. Im anschließenden Park befindet sich der Palast der Grafen *Przebendowski* und *Keysserling* aus dem 17. Jahrhundert, in dem heute das Kaschubisch-Pomerellische Museum für Schrifttum und Musik untergebracht ist. Bedeutende Stiftungen vieler bekannter Familien der Region ermöglichten die interessante Ausstellung.
Muzeum Piśmiennictwa i Muzyki Kaszubsko-Pomorskiej, ul. Klasztorna 1, 84-200 Wejherowo, Tel./Fax (058) 6722956, Di–So 10–17 Uhr.

Danzig erleben (ⓘ s. S. 127)

Danzig, die Perle der Ostsee, wurde viel besungen, von den unterschiedlichsten Poeten und Schriftstellern, jeder beschreibt eine Facette dieser Stadt oder ein Stück Danziger Lebens. *Josef von Eichendorff* beschrieb romantisch die malerische alte Stadt:

Dunkle Giebel, hohe Fenster,
Türme tief aus Nebeln sehn,
Bleiche Statuen wie Gespenster
lautlos an den Türen stehn,
Träumerisch der Mond drauf scheinet,
dem die Stadt gar wohl gefällt,
Als läg zauberhaft versteinert
drunten eine Märchenwelt.
Ringsher durch das tiefe Lauschen
über alle Häuser weit
Nur des Meeres fernes Rauschen:
Wunderbare Einsamkeit!
Und der Türmer wie vor Jahren
singet sein uraltes Lied,
Wolle Gott den Schiffer wahren,
der bei Nacht vorüberzieht.

Facetten einer Stadt

Günter Grass beschrieb seine Stadt, das Leben und die Sehnsüchte der kleinen Leute: *Amerika! Was ist Amerika gegen die Straßenbahnlinie neun, die nach Brösen fuhr* („Die Blechtrommel").

Überblick

Auferstanden aus Ruinen – wenn das für irgendeine Stadt gilt, dann für Gdańsk/Danzig. Die Hansestadt an der Ostsee ist das **Paradebeispiel polnischer Restaurationskunst**, der Kunst, mit knappen Mitteln aus Nichts eine ganze Stadt neu zu erschaffen. Mit Gewalt und unermesslichem Leid wurden vor gut sechzig Jahren von hier aus Danzigs Nachbarn überzogen. Das Echo der Geschichte ließ am Ende Danzig selbst in einem Sturm von Feuer und Gewalt versinken. Das muss man sich vor Augen halten, wenn man das heutige Gdańsk besucht.

© graphic

Danzig heute, strahlend schön, die pure Ästhetik, ein Kleinod der in

Danzig heute – pure Ästhetik?

eigene städtebauliche Künste verliebten Denkmalsschützer? Ein gigantisches Freilichtmuseum? Eine einzige überdimensionale Werbebühne für polnische Restaurationskunst? Nein, auch wenn dieser Vorwurf von Zeit zu Zeit immer mal wieder laut wird. Man übersieht dabei auch, wie diese zu über 90 % zerstörte Stadt nach dem Krieg wieder aufgebaut wurde und welche Alternativen es gab. Das alte Danzig war die **Stadt des Bürgertums**, der reichen Bourgeoisie gewesen, also des erklärten Klassenfeindes und obendrein auch noch deutsch geprägt, denn über 90 % der Bewohner waren Deutsche gewesen – immer.

Die Stadt lag in Schutt und Asche, die Bevölkerung wurde fast komplett ausgetauscht. Die radikale Alternative, ein neues Gdańsk an der Ostsee zu bauen und die Trümmer als Mahnmal liegen zu lassen, fand kaum Anhänger. Auch der Mittelweg, die Trümmer einzuebnen und auf den planierten Ruinen eine völlig neue Stadt zu erbauen, traf kaum auf Gegenliebe. Nicht einmal hartgesottene Kommunisten konnten sich mit dem sowjetischen Vorbild Kaliningrad anfreunden. Was für ein Segen!

mühsamer Aufbau

Es war keinesfalls ein von staatlichen Stellen aufoktroyierter Gewaltakt, dieser unvorstellbar **mühsame Aufbau**, ohne Geld, ohne Material, ohne Maschinen, dieses Zusammenklauben auch winzigster Reste aus gigantischen Trümmerbergen, dieses Suchen nach Plänen, Dokumenten, Abbildungen in Haufen durch die Schuttwüste flatternden, angesengten Papiers. Die Euphorie dieser ersten Nachkriegsjahre in Polen, diese Art von Pioniergeist der neu in die ehemals deutschen Gebiete strömenden Menschen, dieser unbändige Wille zum Neuanfang und zum Wiederaufbau machte diese Leistung erst möglich.

Staat, Partei und Volk waren sich einig über das, was geschehen sollte. So wurde das neue Danzig auch nie als Museum der Städtebaukunst geplant. Hinter den historischen Fassaden sollte das **Proletariat** wohnen, und so geschah es auch. Auch heute noch leben „kleine Leute" im Zentrum dieser Stadt, wenn auch im Zeitalter der Marktwirtschaft die Verdrängung der weniger kapitalkräftigen Bewohner längst eingesetzt hat. Ein alter Vorwurf stimmt allerdings: es gibt in der Altstadt zu viele Wohnungen von Menschen, die hier nicht arbeiten und zu wenig Geschäfte sowie Dienstleistungseinrichtungen für die Bewohner, arbeiten und einkaufen tun die hier lebenden Menschen woanders.

Prozess des Umdenkens

Der Prozess des Umlernens der Geschichte nach der politischen Wende fiel den heutigen Danzigern nicht weniger schwer als anderen Polen. Mittlerweile ist der Schock der Erkenntnis überwunden, dass etliche der wiedergewonnenen Gebiete wie Ostpreußen und auch Danzig tatsächlich überwiegend deutsch besiedelt waren. Man setzt jetzt auf die EU, hofft, dass dann die Bedeutung der Nationalität zweitrangig wird. Inzwischen geht man jedenfalls lockerer und souveräner mit der deutschen Vergangenheit auch Danzigs um, und man platzt fast vor Stolz auf ***Günter Grass***, den größten lebenden Sohn der Stadt.

Weltoffenheit hat in Danzig wieder Einzug gehalten in den letzten Jahren, Internationalität ist Alltag geworden, babylonisches Sprachgewirr während der touristischen Hochsaison normal. Noch vor ein paar Jahren hörte man auch som-

Redaktions-Tipps für Danzig

Sehenswürdigkeiten

- Die **Marienkirche** (S. 273) ist eine der größten Backsteinkirchen der Welt und dennoch innen von luftiger, lichter Weite und Höhe.
- An der **Mottlau** vorbei an vielen Läden und Verkaufsständen zu bummeln, in einem der Bistros und Restaurants zu sitzen und das **Krantor** (S. 274) zu sehen, ist besonders im Sommer ein Genuss.
- Die **Langgasse und der Lange Markt** (S. 270) sind beginnend mit dem Goldenen Tor und endend mit dem Grünen Tor gespickt mit Sehenswürdigkeiten wie dem Rechtstädtischen Rathaus, dem Artushof und dem Neptunbrunnen.
- Während des **Dominikanermarkts** in den ersten beiden Augustwochen finden Konzerte, Theateraufführungen und allerlei Kleinkunst statt, die Hauptattraktion ist der große Flohmarkt mit vielen kunstgewerblichen Ständen in der Rechtstadt.
- Die polnische Post **Poczta Polska** (S. 275) war ein Symbol des polnischen Widerstands im September 1939, ein kleines Museum zeigt, wie die Kämpfe dort abliefen.
- In **Langfuhr**/Wrzeszcz (S. 281) kann man auf den Spuren von ***Günter Grass*** und seiner Protagonisten *Oskar Matzerath* und *Tulla Pokriefke* wandeln.

Übernachten

- Mitten in der Altstadt am Krantor liegt das **Hotel Hanza** €€€€, ein gediegenes, kleineres Haus.
- Direkt am Bahnhof liegt Danzigs neues Viersternehotel, das **Holiday Inn Gdańsk** €€€€.
- Im Vorort Wrzeszcz liegt das **Hotel Szydłowski** €€€€, das Lieblingshotel von Günter Grass. Gediegen und ruhig, stilvolles Hotelrestaurant mit leckeren Kuchen aus der eigenen Bäckerei sowie hervorragender Regionalküche.
- Ideal fürs enge Budget ist das Hotel **Jantar** €€ im Herzen der Altstadt mit einfachen, sauberen Zimmern.

Gastronomie

- Der 1598 gegründete **Lachs/Pod Łososiem** war und ist „das" Danziger Restaurant. Seine Likörfabrik war auch die Geburtsstätte des berühmten Likörs „Danziger Goldwasser". Im Lachs bekommen Sie Spitzenküche in einem Spitzenambiente.
- Hervorragende polnische Küche mit Wild und Wildschwein als Spezialität bekommt man im Restaurant **Gdańska** in rustikalem Ambiente.
- Das seit 1918 bestehende Restaurant **Kubicki** ist der älteste Familienbetrieb der Stadt. Traditionelle polnische Küche mit Riesenportionen wird im von der Seefahrt angehauchten Interieur serviert.
- Das Kellerrestaurant **Pod Wieza** ist Treffpunkt der Segler mit maritimem Ambiente und bietet Danziger Regionalküche.

Einkaufen

- **Bernstein** ist das Souvenir in Danzig. Preiswertes findet man an den Ständen an der Mottlau, Hochwertiges in den Kellerläden der Beischlaghäuser in der **Frauengasse** (S. 272), hier sieht man auch ausgesprochen kunstvoll verarbeiteten Bernstein.

Weltoffenheit und Internationalität

mers nur zwei dominierende Sprachen in der Stadt, Polnisch und Deutsch, ausländische Touristen kamen hauptsächlich in Gestalt der Heimattouristen vor, von ein paar Skandinaviern auf Duty-Free-Tour mal abgesehen. Spätestens seit der **Tausendjahrfeier** jedoch hat die Welt Danzig entdeckt, der Tourismus boomt.

Das heutige Gdańsk hat fast eine halbe Million Einwohner und ist Teil des zur **Trójmiasto** – Dreistadt – zusammengewachsenen urbanen Gebildes aus Gdańsk, Sopot und Gdynia mit 750.000 Einwohnern. Aber eigentlich ist dieser Ausdruck Dreistadt nicht ganz zutreffend, denn das 1926 nach Danzig eingemeindete Oliwa hatte den Anfang gemacht beim Zusammenwachsen. So waren es eigentlich vier Städte, die in diesem sich dynamisch entwickelnden Ballungsraum an der Danziger Bucht aufgingen.

Geschichte Danzigs

Erstmals erwähnt wurde Danzig 997, als der vom Polenkönig *Bolesław Chrobry* zur Missionierung der Pruzzen herbeigerufene Bischof *Adalbert von Prag* von einem pruzzischen Priester erschlagen wurde. Schon zwei Jahre später berichtete der Chronist *Johann Canaparius* über diesen Vorfall in der „**Urbs Gyddanycz**“ und erwähnte damit den Namen Danzig erstmals.

Gründung im 11. Jh.

Die erste Ansiedlung an der Mottlau geht wohl auf die Zeit des ersten Piastenherrschers *Mieszko I.* zurück, bereits im 11. Jahrhundert stand hier eine Burg. Schon zur Regierungszeit des letzten **Pomerellenherzogs *Swantopolk*** (1220–1266) war Danzig ein blühendes Gemeinwesen. Von den Erbschaftskämpfen nach Swantopolks Tod blieb Danzig nicht verschont und geriet in der Folge in die Zwistigkeiten zwischen polnischer Krone und Deutschem Orden. 1295 kam Danzig an Polen, 1309 annektierte der Deutsche Orden die Stadt, das reiche Danzig und der Wunsch Polens nach einem Zugang zum Meer wurden für Jahrhunderte zu Zankäpfeln.

Danzig als Hansestadt

Danzig trat 1295 der **Hanse** bei, eine bereits blühende Handelsstadt, reich durch zugewanderte Kaufleute vor allem aus dem Lübecker Raum, aber auch durch Handwerk, Fischfang und das Gold der Ostsee, den Bernstein. Der Deutsche Orden verlieh der Danziger Rechtstadt 1343 die Stadtrechte. Danzigs Reichtum überdauerte sowohl den Niedergang der Hanse als auch den des Deutschen Ordens. Die Danziger pflegten sich taktisch meist klug zu verhalten, 1454 unterstellten sie sich in den Wirren der Kriege zwischen Preußischem Bund und Deutschem Orden der polnischen Krone. Viele Herren hatten begehrlich nach dem reichen Danzig geschielt. Erwählt wurde das Werben der Polen 1457 ob der überaus großzügigen Privilegien einer **freien Stadtrepublik**, die polnischen Schutz genoss.

bedeutendes Kulturzentrum

Ein goldenes Zeitalter brach für Danzig an, das zur mächtigsten Stadt und zum bedeutendsten Kulturzentrum im östlichen Ostseeraum wurde und Berühmtheiten aus Kunst, Kultur sowie die besten Baumeister der Zeit magnetisch anzog.

Einige der schönsten Baudenkmäler stammen aus dieser Epoche, und auch in späteren Epochen sollten glanzvolle Patrizierhäuser aus Renaissance und Barock vor allem eines: den Reichtum der Besitzer angemessen zur Geltung bringen. Das Ende dieser **Goldenen Jahre** deutete sich mit der ersten Polnischen Teilung 1772 an, als Danzig sein Vorland verliert und die preußische Zollgrenze den Handel behindert. Anlässlich der zweiten Polnischen Teilung 1793 endet dann die so fruchtbare Jahrhunderte lange polnische Oberhoheit, **Preußen** verleibte sich die Freie Stadt Danzig ein, und das wurde keineswegs mit Entzücken zur Kenntnis genommen. *Johanna Schopenhauer*, die Mutter des großen Philosophen, hielt den Einzug der Preußen jedenfalls für etwas ganz Schreckliches.

Der vordem gänzlich unbedeutende Gedanke der Nation, ein Kind der Französischen Revolution und vor allem der Napoleonischen Befreiungskriege, schwappte in Gestalt des Nationalismus auch nach Danzig. Er versuchte in seinem Germanisierungswahn polnische Spuren der Geschichte auszulöschen, wie bis vor kurzem in einfacher Umkehrung alles Deutsche wegpolonisiert werden sollte.

Freie Stadt

Nach dem verlorenen Ersten Weltkrieg wurde Danzig zur **Freien Stadt** unter Kontrolle des Völkerbundes. Dem Versailler Vertrag gemäß bildete Danzig eine Zollunion mit Polen und wurde außenpolitisch von Polen vertreten. Vor allem aber ein dauernder Zankapfel, wurde die Stadt von beiden Seiten propagandistisch missbraucht. Von Danzig ging der Zweite Weltkrieg aus, mit den Beschießungen der Westerplatte und der Polnischen Post begann ein Martyrium, an dessen Ende das alte Danzig in Schutt und Asche sinken sollte.

Danziger Leninwerft

Aber auch Neues ging von Danzig aus. Wenn es im kommunistischen Polen Unruhen gab, ging es fast immer zunächst um Preiserhöhungen, und fast immer begann es in Danzig. Die **Danziger Leninwerft** wurde zum politischen Unruheherd der Nation, 1970 wurden die demonstrierenden Arbeiter zusammengeschossen, es gab Tote. Zehn Jahre später dann der gleiche Anlass, aber nun gab es nicht nur Proteste und Demonstrationen, die Arbeiter streikten. In Folge dieses Streikes geriet das System ernsthaft ins Wanken und musste der Gründung der **Solidarność**, der ersten freien Gewerkschaft im Ostblock, zustimmen. Auch ein Denkmal für die Toten von 1970 wurde durchgesetzt, bis heute immer blumengeschmückt und ein Symbol dessen, was von hier ausging: gut zehn Jahre später gab es keinen Ostblock mehr, und der damalige Arbeiterführer *Lech Wałęsa* war der erste frei gewählte Präsident Polens.

Rundgang durch die Rechtstadt

Als Startpunkt für einen Rundgang durch das alte Danzig eignet sich der **Hauptbahnhof**, denn er liegt fast genau gegenüber der Altstadt. Noch besser ist der bewachte Parkplatz am **Targ Sienny**, auf dem man fast immer einen Platz findet, was in Danzig nicht selbstverständlich ist. Man unterquert die mehrspurige Straße dort bequem durch den Fußgängertunnel und landet direkt vor dem kulturhistorischen Juwel Danzigs, der Rechtstadt/Główne Miasto, mit neun Hauptstraßen, die durch kleine malerische Gassen verbunden werden.

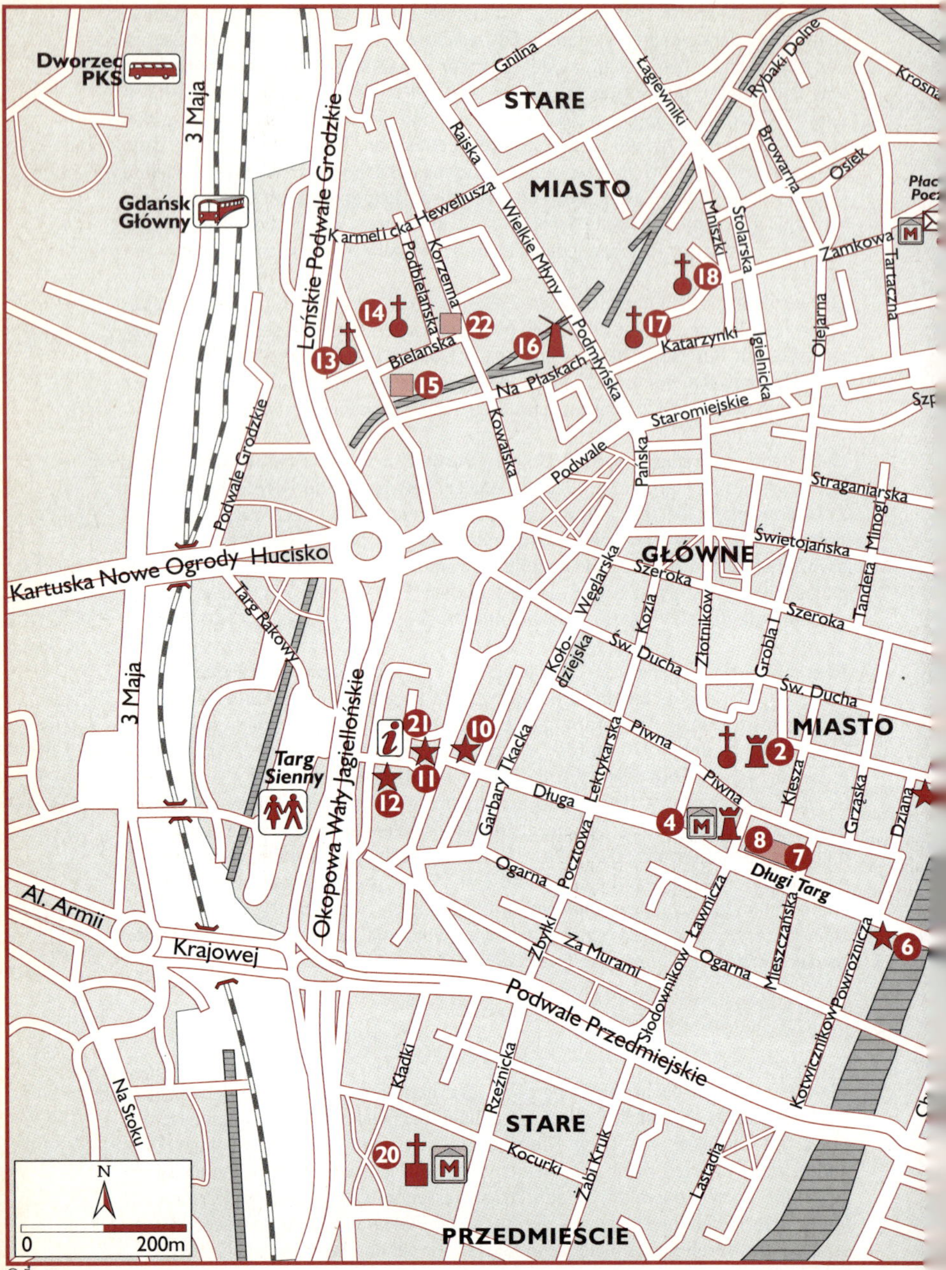
Dworzec PKS
Gdańsk Główny
3 Maja
STARE
MIASTO
Gnilna
Łagiewniki
Rybaki Dolne
Krosna
Rajska
Browarna
Osiek
Heweliusza
Karmelicka
Podbielańska
Korzenna
Wielkie Młyny
Mniszki
Stolarska
Zamkowa
Tartaczna
Lońskie Podwale Grodzkie
Bielańska
Na Piaskach
Podmłyńska
Katarzynki
Igielnicka
Olejarna
Staromiejskie
Kowalska
Podwale
Pańska
Podwale Grodzkie
Straganiarska
Świętojańska
Mnogi
Kartuska Nowe Ogrody Hucisko
GŁÓWNE
Szeroka
Węglarska
Tandeta
Targ Rakowy
Kozia
Złotników
Grobla I
Kołodziejska
Św. Ducha
Okopowa Wały Jagiellońskie
Targ Sienny
Tkacka
Piwna
MIASTO
Garbary
Lektykarska
Długa
Klesza
Grząska
Dziana
Pocztowa
Ogarna
Długi Targ
Ławnicza
Mieszczańska
Al. Armii
Krajowej
Zbytki
Za Murami
Słodowników
Kotwiczników
Powroźnicza
Podwale Przedmiejskie
Na Stoku
Kładki
Rzeźnicka
STARE
Kocurki
Żabi Kruk
Lastadia
PRZEDMIEŚCIE
N
0
200m
© graphic

Wenn man aus der Unterführung auf den Kohlenmarkt/Targ Węglowy hochkommt, läuft man direkt auf das **Hohe Tor/ Wysoka Brama (12)** zu. Das schräg dahinter gelegene Vortor bilden **Stockturm/Wieża Wiązienna (11)** aus dem 16. Jahrhundert und die **Peinkammer/Katownia (11)**. Dort finden Sie auch ein Museum, das allerlei gruselige Gerätschaften aus dem Gefängnisalltag früherer Jahrhunderte präsentiert, auch eine richtige Folterbank ist dabei.

Hohes Tor

Das Hohe Tor diente ursprünglich als Durchgang durch die Festungswälle. Ein erster einfach aus Ziegeln gemauerter Durchlass wurde hier zwischen 1574 und 1576 erbaut. 1588 wurde das Tor in seiner jetzigen repräsentativen Gestalt von dem Flamen *Wilhelm van den Block* im Renaissancestil errichtet mit der Antwerpener Porte St. George als Vorbild. Fortan diente der Bau mit den allegorischen Figuren von *Peter Ringering* aus dem Jahre 1648 und der Aufschrift Friede, Freiheit, Eintracht als Haupttor der Stadt. Verziert wurde das Tor über den Bögen mit den drei Wappen Danzigs, Polens und Preußens. Bis vor dieses Tor kamen die Danziger

Langgasse

Honoratioren hochgestellten Besuchern entgegen. Hier begann der Königsweg, den die polnischen Könige bei ihren jährlichen Danzigbesuchen durchschritten und der nun direkt auf das auch **Goldenes Tor (10)** genannte Langgässer Tor/Złota Brama zuführt. Das Goldene Tor wurde 1612–1614 von *Abraham van den Block* erbaut. Über dem breiten Torbogen prangt die deutsche Aufschrift: „Es müsse wohlgehen denen, die dich lieben. Es müsse Frieden sein inwendig in deinen Mauern und Glück in deinen Palästen."

Durch den Torbogen betritt man nun die eigentliche **Rechtstadt/Główne Miasto** und Danzigs Prachtstraßen, die Lange Straße/ul. Długa und den Langen Markt/Długi Targ. Hier finden sich neben unzähligen prächtigen Patrizierhäusern die wichtigsten Baudenkmäler unterschiedlichster Baustile, von der Spätgotik bis zum Klassizismus. Fast stockt der Atem vor so viel Schönheit, denn vor einem liegt nun Danzigs ganze Pracht breit entfaltet, ein Eindruck, der von alters her genau so gewünscht war. Und seltsam vertraut wirkt dieses alte Danzig, wie in Lübeck, Bremen und anderen norddeutschen Städten ist das architektonische Erbe der Hanse ein einendes Band, nur ist hier alles viel prächtiger und größer.

Wohnhäuser Danziger Familien

Gleich hinter dem Tor folgt die spätgotische ehemalige Versammlungshalle der St. Georgsbrüderschaft, die **St. Georgshalle/Dwór Św. Jerzego**, die 1487 bis 1494 erbaut wurde und auf dem Dach mit einer Georgs-Statue versehen ist. Weiter führt der Weg die **ul. Długa** hinunter zur Nummer 12, dem Rokoko-Bau des 1776 von *Johann Benjamin Dreyer* erbauten **Uphagen-Hauses**, das man besichtigen sollte, denn es blieb dem letzten Willen des Senators *Uphagen* gemäß über die Jahrhunderte unverändert. Dann geht es vorbei am **Ferber-Haus** mit der Nummer 28 aus dem 16. Jahrhundert, einem ebenfalls zu besichtigenden Wohnhaus einer der angesehensten Danziger Familien, die auch einige Bürgermeister stellte. Weiter schlendert man zur Nummer 35, **Löwenschloss/Lwi Zamek**, in das der polnische König *Władysław IV.* einst einlud, wenn er in Danzig weilte.

Rechtstädtisches Rathaus

Dort, wo sich die Langgasse zum Langen Markt weitet, steht das ab 1378 erbaute **Rechtstädtische Rathaus/Ratusz Głównego Mista (4)**, das 1561 mit dem Aufsetzen der Statue König *Zygmunts II.* auf die Spitze des 82 m hohen Turms endgültig fertig gestellt wurde.

Fast ein wenig an Brügge erinnert der flandrisch beeinflusste Bau, das barocke Eingangsportal mit den beiden das Danziger Stadtwappen haltenden Löwen, die genau Richtung Goldenes Tor schauen, wurde allerdings erst 1768 von dem

Schweden *Daniel Eggert* geschaffen. Der prunkvolle, ganz mit rotem Samt bespannte genannte Rote Saal/Sala Czerwona diente dem Rat als Verhandlungssaal und besitzt geschnitzte und vergoldete Decken- und Gewölbereliefs mit eingelassenen Malereien insbesondere des Niederländers Isaak van den Block. Anzumerken ist, dass die Decke sogar ein Original ist, wurde sie doch 1943 demontiert und in umliegende Dörfer ausgelagert. Das Deckengemälde van den Bloks trägt den Titel „Die Verherrlichung der Einheit von Gdańsk und Polen". Zwar besaß der Saal einen Kachelofen des Meisters *Willem van der Meer*, genutzt wurde er aber nur im Sommer und wurde daher auch Sommerratsstube genannt. Sehenswert im Rathaus ist das Museum zur Stadtgeschichte. Der schlanke Rathausturm lohnt den Aufstieg, von dort oben hat man einen eindrucksvollen Blick über das alte Danzig.

Museum Historii Miasta Gdańska/Museum zur Stadtgeschichte (im Rechtstädtischen Rathaus), ul. Długa 47, Tel. 3014871, Di bis Sa 10–15.30, So 11–15 Uhr

Eines der schönsten Baudenkmäler am Langen Markt ist der mehrfach umgestaltete **Artushof/Dwór Artusa (8)**. Zunächst im gotischen Stil 1476 – 1481 errichtet, wurde er 1552 nach einem Brand im Renaissancestil wieder aufgebaut und Mitte des 17. Jh. von *Abraham van den Block* im Stil des Manierismus umgestaltet und mit drei hohen gotischen Fensterbogen versehen. In seiner dreischiffigen Festhalle traf sich die Kaufmannschaft Danzigs, empfing Könige sowie Gesandtschaften. Ab 1742 wurde der Artushof als Börse genutzt. Der Name Artushof stammt von der legendären Tafelrunde des Königs *Artus*, und mindestens so legendär sind bis heute die Gelage, die Danzigs Patrizier und Bruderschaften in diesem Haus feierten, das einst gesellschaftlicher Mittelpunkt der Stadt war.

Artushof und Neptunbrunnen

Seit kurzem kann der Artushof wieder besichtigt werden. Sehenswert sind das sternförmige Gewölbe der Decke in der Haupthalle mit ihren zierlichen Stützsäulen und das Prunkstück, der 12 m hohe Renaissanceofen mit seinen handbemalten Fayencekacheln.

Dwór Artusa/Artushof, Długi Targ 44, Tel. 058-3463358, Di–Sa 10–15.30, So 11–15.30 Uhr

Vor dem Artushof steht der 1612–15 von dem Augsburger *Hans Reichel* erbaute **Neptunbrunnen (8)** mit seinem verzierten Eisengitter von 1633, dem Jahr, in dem auch der Brunnen aufgestellt wurde. Der ganze Sandsteinunterbau wurde 1757–1761 von *Johannes Carl Stender* im Rokokostil erneuert. Die Darstellung des den Dreizack schwingenden Meeresgottes Neptun verdeutlicht Danzigs besondere Verbundenheit mit dem Meer.

Neptunbrunnen

Nur ein paar Schritte hinter den Artushof kommt man zum Steffenschen Haus mit der Nummer 41, einem der schönsten Patrizierhäuser am Langen Markt.

Goldenes Haus

Der auch **Goldenes Haus/Złota Kamienica** genannte Renaissancebau wurde 1609 von dem reichen Getreidekaufmann *Hans Speymann* in Auftrag gegeben und vom Rostocker Künstler *Hans Voigt* reich mit Gold verziert. Leicht zu erkennen ist das später von der Familie *Steffens* bewohnte Haus durch seine vier das Dachsims zierenden Figuren.

Zur Mottlau hin schließt sowohl den Langen Markt als auch den Königsweg das **Grüne Tor/Zielona Brama (6)** ab, das 1568 von *Hans Cramer* im flämischen Renaissancestil erbaut wurde und ursprünglich grün angemalt war. Einst diente es als Residenz für die in Danzig zu Besuch weilenden polnischen Könige, heute hat hier unter anderen *Lech Wałęsa* sein Büro. Wenn man das Grüne Tor passiert, ist man an der **Mottlau/Motława** angelangt und hat die Grüne Brücke/Zielony Most vor sich mit der Speicherinsel dahinter, auf der einst 175 Speicherhäuser standen.

Krantor

Von der Brücke genießt man den berühmtesten Danziger Blick, das auf keiner Ansichtskarte fehlende Panorama mit Mottlau, der Langen Brücke/Długie Pobrzeże, wie der alte Danziger Hafenkai genannt, wird und dem **Krantor/Stary Żuraw (1)**. Es macht Spaß, an dieser beliebtesten Danziger Uferpromenade entlang zu schlendern, sich durch das Gewühle an den vielen Souvenir- und Bernsteinständen hindurch zu schieben und bei schönem Sommerwetter, das Treiben vor historischem Hintergrund genießend, sich in einem der Straßenbistros eine Erfrischung zu gönnen.

Nacheinander kommt man an mehreren Toren und den hinter ihnen beginnenden Straßen vorbei. Am einfachsten geht man die immer parallel verlaufenden Gassen hinauf und die nächste wieder hinunter, so sieht man am meisten von der Rechtstadt. Der Danziger Wohlstand beschränkte sich nämlich nicht auf den Langen Markt. In den Parallelstraßen, vor allem in der **Brotbänkengasse** (Chlebnica) und der **Frauengasse** (ul. Mariacka) entstanden in diesen goldenen Jahren die für Danzig charakteristischen Häuser mit **Beischlägen**, den Terrassenaufgängen, unter denen sich in kleinen Kellern liebevoll eingerichtete Bernsteinläden und Silberschmieden befinden. Hier kann man schon einmal ein außergewöhnlich schön gefasstes Bernsteinstück erstehen, während die Massenware an den Ständen längs der Mottlau feilgeboten wird, wo der Preis nach Gewicht ermittelt wird.

Brotbänkentor und Brotbänkengasse

An der Mottlau folgen der Reihe nach das **Brotbänkentor/Brama Chlebnika (9)**, das Frauentor/Brama Mariacka, das Heilig-Geist-Tor/Brama Św. Ducha und zuletzt das Krantor/Stary Żuraw.

Hinter dem Brotbänkentor/Brama Chlebnika aus dem Jahre 1454 beginnt die Brotbänkengasse/ul. Chlebnicka, die später in die Jopengasse/ul. Piwna übergeht. Auf langen Bänken lagen in der Brotbänkenstraße einst die von den hier ansässigen Bäckern frisch gebackenen Brote zum Verkauf. Der schönste Bau an der Brotbänkenstraße ist die Nummer 16, das 1569 erbaute **Englische Haus/Dom Angielski (7)**, das seinerzeit mit seinen acht Stockwerken das größte Haus der Stadt war.

Die ul. Piwna endet vor dem **Großen Zeughaus/Wielka Zbrojowna**, das 1601–1609 von Anthony von Obbergen geschaffen wurde. Das alte Waffenarsenal ist mit seiner Prachtfassade einer der schönsten Renaissancebauten der Stadt mit einigen schönen barocken Elementen.

Frauengasse mit Marienkirche

Das nächste Tor an der Mottlau ist das **Frauentor/Brama Mariacka (5)**, durch das man in die Frauengasse ul. Mariacka gelangt.

Gleich neben dem Tor steht das schon 1599 nach Plänen von *Anthony von Obbergen* erbaute Haus der Naturforschenden Gesellschaft/Dom Przyrodników, ein fünfstöckiger Renaissancebau der 1743 gegründeten Gesellschaft, indem sich heute das Archäologische Museum befindet.
Muzeum Archeologiczne, ul. Mariacka 25/26, Tel. 301 50 31, Di, Do, Fr 09–16, Mi 10–17, Sa und So 10–16 Uhr.

Zwischen der ul. Piwna und der ul. Mariacka steht unübersehbar, die engen Gassen dominierend, eine imposante Backsteinkirche, die **Marienkirche/Kościół Św. Mariacki (2)**, eine der größten Kirchen Europas mit Platz für 25.000 Gläubige. Sie wurde ab 1343 fast 150 Jahre lang bis 1502 erbaut, ist 105 m lang, im Querschnitt 66 m breit und hat einen 78 m hohen Turm. Mit einer Grundfläche von 4.115 qm ist sie die wohl größte Backsteinkirche der Welt. Von außen ungeheuer wuchtig wirkend, löst sich die Backsteinwehrhaftigkeit im gleichfalls riesigen Inneren in nichts als lichte, hohe Weite auf. *Hans Memlings* „**Jüngstes Gericht**" in der Seitenkapelle St. Reinhold ist eine Reproduktion. Das Original-Triptychon wurde vom Danziger Kapitän *Paul Beneke* bei einer Hanse-Kaperfahrt 1473 erbeutet und nach Danzig gebracht und ist heute in der Danziger Abteilung des Nationalmuseums zu bewundern. Der als Wandaltar ausgeführte Hochaltar von 1517 des Meisters *Michael von Augsburg* mit der „Krönung der Jungfrau" ist genauso sehenswert wie die St. Annenkapelle mit der „Schönen Madonna" von 1410, eine Darstellung der Ostrobramska, der „Muttergottes von Wilna", oder die Kapelle der Elftausend Jungfrauen mit dem gotischen Kruzifix und die Schatzkammer mit schönen Brokaten und Paramenten.

Hans Memlings „Jüngstes Gericht"

Etwas ganz Besonderes ist die **Astronomische Uhr** des Thorner Meisters *Hans Düringer* im Nordschiff, die neben den Uhrzeiten auch Tage, Monate sowie alle Heiligen des Kalenders mit ihren Namenstagen, die Mondphasen sowie Tierkreiszeichen anzeigt. Aus der zur Zeit ihrer Erschaffung 1470 größten Uhr der Welt treten stündlich die Apostel hervor und mahnen an die Zeit, die

Astronomische Uhr

unaufhaltsam verrinnt. Der Turm, der auch besichtigt werden kann, erlaubt einen wunderbaren Blick über Danzig.

Das folgende Tor an der Mottlau ist das **Heilig-Geist-Tor/Brama Św. Ducha**, durch das man in die Heilig-Geist-Straße/ul. Św. Ducha gelangt. Das Haus Nummer 81 wurde Schildkrötenhaus genannt, hier wurde am 9. Juli 1766 *Johanna Schopenhauer* geboren. Nur ein Stückchen weiter im Haus Nummer 114 wurde ihr Sohn *Arthur Schopenhauer* am 22. Februar 1788 geboren.

Das Krantor an der Mottlau

Als nächstes Tor an der Mottlau sieht man das auch als Wahrzeichen Danzigs geltende **Krantor/Stary Żuraw (1)**. Dieser 1443 errichtete mittelalterliche Hafenkran,

Krantor

der gleichzeitig als Wehrtor diente, gilt als eines der wichtigsten technischen Denkmäler der Zeit und war einst der größte Aufzug der Welt. Heute ist hier das **Zentrale Meeresmuseum/Centralne Muzeum Marynarki (3)** untergebracht. Weitere Museumsabteilungen befinden sich auf der anderen Seite der Mottlau in den drei Getreidespeichern Jungfrau/Panna, Kupfer/Miedź und Oliwski/Oliven.

Centralne Muzeum Marynarki/Meeresmuseum, ul. Szeroka 67/68, Tel. 301 53 11, Di bis Fr 9.30–16, Sa und So 10–16 Uhr.

Hinter dem Krantor beginnt die ul. Szeroka, in der sich im Gebäude mit der Nummer 51 ein altes Danziger Traditionsrestaurant befindet. Der „Lachs" heißt heute „Pod Łososiem" und wurde bereits 1598 gegründet. Aus diesem Hause stammt auch das berühmte Danziger Goldwasser. Immer noch ist der Lachs die erste Adresse unter Danzigs Restaurants. Spaziert man noch weiter an der Mottlau entlang, kommt man an zwei weiteren Toren vorbei, dem **Johannestor** und dem **Häkertor**, bevor die Uferpromenade in den **Fischmarkt/Targ Rybny** einmündet. Dessen Ende, der **Altstädtische Graben/Podwale Staromiejski**, trennt die Rechtstadt von der Altstadt.

Johanniskirche

An der Johannisgasse/ul. Świętojańska, die hinter dem Johannistor beginnt, stößt man auf die **Johanniskirche/Kościół Św. Jana**, einstmals eine der schönsten Kirchen Danzigs. An der gleichen Straße liegt die **Nikolaikirche/Kościół Św. Mikołaja**, eine Backsteinkirche aus dem 14. Jahrhundert, die einst Kirche der Dominikaner war und als einzige Innenstadtkirche während des Krieges erhalten blieb. Gegenüber sieht man die Markthalle aus dem 19. Jahrhundert, in der buntes Markttreiben herrscht, vor allem die zur traditionellen polnischen Küche nötigen Lebensmittel findet man hier, besonders der herrlich frische Fisch ist empfehlenswert.

Sehenswertes in der Altstadt

Der Begriff „Altstadt" bezeichnet in Danzig nicht wie in anderen Städten den restaurierten, herausgeputzten historischen Stadtkern. Herausgeputzt und schön wieder aufgebaut ist in Danzig die Rechtstadt, in der **Altstadt** sind nur wenige Gebäude wieder erstanden, mehr hätte alle Kräfte überstiegen. Wenn man das vor Augen hat, lohnt sich dennoch ein Blick in die Danziger Altstadt. Von der Uferpromenade an der Mottlau noch gut zu erreichen ist die **Polnische Post/ Poczta Polska (19)** am Pł. Obrońców Poczty Polskiej, sie liegt nur zweihundert Meter nördlich des Altstädtischen Grabens. Die Polnische Post wurde zum Symbol des polnischen Widerstandes und Kampfesmutes, denn nur 51 polnische Postbeamte verteidigten die Post 14 am 1. September 1939 stundenlang gegen die deutsche Wehrmacht. Auch *Günter Grass* schilderte diesen Kampf in der „Blechtrommel" eindrucksvoll. Zwölf Kämpfer fielen, die Überlebenden wurden auf dem Friedhof Zaspa erschossen, auf dem Platz vor der Post ehrt ein Denkmal die Opfer. Ein kleines Museum in der Post dokumentiert die Ereignisse von 1939.

Symbol des Widerstandes

Poczta Polska/Polnische Post, pl. Obrońców Poczty Polskiej 1-2, Tel. 301 76 11, geöffnet Mo, Mi, Do u. Fr. 10–16, Sa u. So 11–14 Uhr.

Weitere Altstadtziele lassen sich am besten wiederum vom Parkplatz oder Bahnhof aus erreichen. Das Interessante in der Altstadt findet sich recht konzentriert um den Radaunekanal gelegen. Beginnen kann man an der ul. Elżbietańska eben nördlich des Radaunekanals, wo das barocke Hospital der heiligen Elisabeth/Szpital Św. Elżbiety aus dem Jahre 1753 und die **Elisabethkirche/Kościół Św. Elżbiety (13)** aus der Zeit um 1400 benachbart sind. Etwas östlich in der ul. Bielańska sieht man schon die **Josephskirche/Kościół Św. Józefa (14)**. Aus den Jahren 1467–1494 stammt der älteste Teil, das Presbyterium, die eigentliche Kirche wurde von den Karmelitern 1623 als Anbau fertig gestellt. Vom alten Inventar ist bis auf den barocken Hochaltar nichts erhalten. Fast gegenüber und nur ein paar Schritte weiter südlich, ziemlich direkt am Radaunekanal gelegen befindet sich das **Haus der Pelpliner Äbte/Dom Opatów Pelplińskich (15)**, das 1612 erbaut wurde. Das im Stil der Danziger Variante des Manierismus erbaute Haus wurde 1648 an die Pelpliner Zisterzienser übergeben.

Josephskirche

In der ul. Korzenna 33/35 steht das **Altstädtische Rathaus/Ratusz Staromiejski (22)**, ein fast zierlich wirkender Renaissancebau des Meisters *Anthony van Obbergen*, der 1587–95 erbaut wurde. Das Denkmal vor dem Rathaus zeigt einen weiteren großen Sohn Danzigs, den Astronomen *Jan Heweliusz/Johannes Hevelius* (1611–1687), der hier auch als Ratsherr fungierte. Das Rathaus, das viele Jahre von der Stadtverwaltung genutzt wurde, dient heute als Sitz des Baltischen Kulturzentrums/Nadbałtyckiego Centrum Kultury. Sehenswert sind

Große Mühle

der schöne Kaminsaal sowie eine Ausstellung zu Kultur und Geschichte des Danziger Raums. Besichtigungen sind nur dann nicht möglich, wenn das Gebäude gerade für kulturelle Großereignisse genutzt wird.

Ratusz Starego Miasta/Altstädtisches Rathaus, ul. Korzenna 33/35, Tel. 301 10 51, geöffnet tägl. 9–18 Uhr

Auf der Radauneinsel etwa 200 Meter weiter östlich sieht man schon die **Große Mühle/Wielki Młyn (16)** aus dem Jahre 1350. Die vom Deutschen Orden erbaute siebenstöckige Mühle war damals die größte Europas und gilt heute als der größte erhaltene mittelalterliche Gewerbebetrieb Europas. Fast 600 Jahre bis zu ihrer Zerstörung 1945 waren Mühle und Backofen in Betrieb. Mit 18 Mühlrädern wurden bis zu 200 Tonnen Getreide täglich gemahlen, während der Herrschaftszeit des Deutschen Ordens 1308–1454 wurde ganz Danzig von hier aus mit Brot versorgt. Heute ist hier ein großes Handelszentrum untergebracht. Schräg gegenüber an der ul. Podmłyńska steht die **Katharinenkirche/Kościół Św. Katarzyny (17)**, Danzigs älteste Kirche. Bereits 1185 errichtete Fürst *Subislaus* hier eine Holzkirche. Anfang des 13. Jahrhunderts wurde sie als dreischiffige Backstein-Hallenkirche neu erbaut. Das im Krieg 1940 zu Rüstungszwecken zerstörte Glockenwerk wurde 1989 mit Spenden aus Deutschland original wiederhergestellt, 36 Glocken klingen wieder wie seit Jahrhunderten. In der Katharinenkirche ist *Jan Heweliusz* begraben, am nördlichen Chorpfeiler wurde ein Denkmal für ihn errichtet. Des Weiteren sehenswert sind Reste der Wandmalereien aus dem 15. Jahrhundert sowie ein geschnitzter spätgotischer Flügelaltar.

Katharinenkirche

Gegenüber befindet sich die **Brigittenkirche/Kościół Św. Brygidy (18)** aus dem 14.–17. Jahrhundert, die in den siebziger Jahren wieder aufgebaut wurde. Berühmt wurde sie als Pfarrkirche der Solidarność. Hier las Pfarrer *Henryk Jankowski* – Beichtvater und Berater *Lech Wałęsas* – die Messen für das Vaterland, hier wurde der 1984 vom polnischen Sicherheitsdienst ermordete Priester *Jerzy Popiełuszko* beigesetzt. Erinnert wird mit Gedenktafeln auch an die in Katyń von den Sowjets ermordeten Polen sowie den Marschall und Staatspräsident *Józef Piłsudski*. Weiter zum farbenfrohen Inventar gehören eine Kopie des Werftarbeiterdenkmals sowie eine Reproduktion der Schwarzen Madonna mit Rubinen im Haarkranz, die die Zahl der Toten der Unruhen von 1970 symbolisieren. Nicht der kunsthistorische, sondern der zeitgeschichtliche Wert macht diese Kirche sehenswert, ein wenig wird hier noch einmal wach von dem Lebensgefühl der großen Zeit der Solidarność.

Brigittenkirche

Sehenswertes in der Alten Vorstadt/Stare Przedmieście

Die Alte Vorstadt beginnt südlich der Ost-West-Magistrale Danzigs, der Podwale Przedmiejskie, ein paar hundert Meter südlich vom Parkplatz am Targ Sienny.

Gesehen haben sollte man hier die Danziger Dependance des **Nationalmuseums (20)** in der ul. Toruńska 1.
Museum Narodowe, ul. Torunska 1, Tel. 301 70 61, Di bis Fr 10–18, Sa u. So 10–15 Uhr

Untergebracht ist das Museum im Komplex des alten **Franziskanerkloster/ Klastor Francziskanów (20)** mit der Trinitatis-Kirche/Kościół Św. Trójcy. Zu dem Komplex des Franziskanerklosters gehört die **Trinitatis-Kirche/Kościół Św. Trójcy**, mit deren Bau als zunächst einschiffige kleine Kirche die Franziskaner 1422 begannen, um sie nur wenige Jahrzehnte später zu einer dreischiffigen backsteinernen Hallenkirche auszubauen und sie reich auszustatten. Sehenswert sind der schöne Hochaltar und das Triptychon *Isaak van den Blocks*. Das Kloster wurde bis 1555 von den Franziskanern genutzt, zwischen 1558–1817 diente es als Gymnasium, und ab 1872 befand sich hier das Stadtmuseum.

Trinitatis-Kirche

Prunkstück des heutigen Nationalmuseums ist sicherlich *Memlings* „**Jüngstes Gericht**", aber das ist längst nicht alles, was das Museum zu bieten hat. Neben Memling finden Sie hier Werke aller bedeutenden Maler, die in Danzig gewirkt haben, von *Anton Möller* bis *Daniel Chodowiecki*, aber auch viele bedeutende Niederländer wie *Jan van Goyen* oder *Pieter Breughel* sind vertreten. Daneben werden Sammlungen von Tuchen und Textilien sowie Silber- und Goldschmiedearbeiten gezeigt. Hochrangig ist auch die Ausstellung gotischer Kunst und Skulpturen aus dem Danziger Raum.

Wenn Sie vom Museum die ul. Rzeźnika nach Süden fahren, kommen Sie nach knapp einem Kilometer auf die ul. Wały Grodzka Kamienna. Wenn Sie dieser Straße nach Osten folgen, kommen Sie an den Bastionen der alten **Wallanlagen** vorbei, die der Rat der Stadt während des Dreißigjährigen Kriegs bei italienischen Ingenieuren in Auftrag gab. Nacheinander fahren Sie an den Bastionen Wisent/żubr, Wolf/Wilk, Bär/Miś und Kaninchen/Królik entlang.

Sehenswürdigkeiten außerhalb der Altstadt

Oliwa/Oliva

Oliwa war einst eine eigenständige Stadt, gehört aber schon seit 1926 zu Danzig und liegt etwas nordwestlich von Danzigs Zentrum am Beginn des Oliwaer Forsts mit seinen Höhen.

Der **Dom von Oliwa** ist eine Sehenswürdigkeit, die man sich keinesfalls entgehen lassen sollte. Er gehört zum Areal eines ehemaligen Zisterzienserkloster. Bereits 1178 ließen sich hier Zisterzienser nieder und gründeten eine Abtei.

Dom von Oliwa

Der Dom von Oliwa

Der Name Oliwa/Oliva geht wahrscheinlich auf die von den **Zisterziensern** hier errichteten Ölmühlen zurück. Mit dem Bau des Doms begannen die Zisterzienser im 13. Jahrhundert. Schon in der Mitte des Jahrhunderts wurde die Klosterkirche der Zisterzienser mehrfach ausgeraubt, auch Deutschordensritter waren unter den Plünderern. Ein Jahrhundert später, um 1350, wurde sie durch einen verheerenden Brand schwer beschädigt und in gotischem Stil wieder hergestellt. Nach einer Zeit der Ruhe waren es diesmal die Schweden, die 1626 die Oliwaer Klosterkirche ausraubten. Keine drei Jahrzehnte später kam es 1655 wieder zum Krieg zwischen Polen und Schweden, der 1660 durch den Friedensvertrag von Oliwa in der Abtei des Klosters unterzeichnet wurde.

Nun im Frieden, wurde das Gotteshaus aufwendig restauriert und dem Zeitgeschmack angepasst. Die **berühmte Orgel** wurde zwischen 1763 und 1788 von Friedrich Dalitz und Johann Wulf erbaut. Nach den Teilungen Polens 1772–1793 kam auch das Kloster Oliwa an Preußen und wurde 1831 aufgelöst. Den Zweiten Weltkrieg überstand Oliwa ohne allzu große Schäden. Seit 1926 ist die Oliwaer Kirche Sitz des Danziger Bischofs.

Außergewöhnlich ist schon das Äußere der Kathedrale. Zwei schlanke, backsteinerne Zwillingstürme aus der Gotik, die mit Renaissancespitzen versehen sind, unterstreichen vor der Rokoko-Stuckfassade den zierlichen Eindruck des Baus, dabei ist der Oliwaer Dom die längste Kirche Polens.

bedeutende Orgel

Das Innere birgt eine Reihe einzigartiger Kunstschätze. Dazu gehören der barocke Hochaltar von 1680 sowie das Chorgestühl. Das Highlight allerdings ist die **Orgel**, ein Meisterwerk von Friedrich Danitz und Johann Wulf aus dem späten 18. Jahrhundert, das man unbedingt gesehen haben sollte. Sich bewegende Figuren und wunderbare Schnitzornamente korrespondieren in ihrer Pracht mit dem großartigen vollen Klang. Die Wucht der Bässe lässt den Boden vibrieren und füllt mit den glockenhellen Hochtönen zu einem Gebrause vereint das Kirchenschiff aus, wenn viele der 110 Register gezogen und die meisten der 7876 Pfeifen in Betrieb sind.

Die Oliwaer Orgel

Der besondere Klang dieser Orgel beruht auch auf der besonderen Architektur des Kirchenschiffes, das bei einer Länge von

90 m nur 9 m breit ist und dessen Bodenplatte 1 m unter dem umgebenden Erdreich liegt. Im Sommer findet vom Juni bis zum August ein internationales Festival der Orgel- und Kirchenmusik statt (Musica Sacra), aber Sie können die Orgel auch bei einer der in der Saison zwischen 10 und 15 Uhr stündlich stattfindenden **Orgeldemonstrationen** genießen. Am Samstag finden im Dom nachmittags Trauungen fast wie am Fließband statt. Man kann sich einfach still hinten in die Kirche setzen. Bei jedem „Ave Maria“ werden auch dann die Figuren bewegt, samt Trompete blasendem Engel.

internationales Festival

Das Kloster dient heute als Priesterseminar, während das aus dem Rokoko stammende 1754–1756 errichtete **Bischofspalais** heute ein Museum für moderne Kunst beherbergt. Dort wird eine interessante Sammlung moderner Kunst aus der Region gezeigt.
Museum für moderne Kunst, ul. Cystersów 18, Tel. 5521271, Di–Sa von 9–16 Uhr, So 10–17 Uhr.

Im ehemaligen bischöflichen Getreidespeicher befindet sich ein ethnografisches Museum mit einer sehenswerten Ausstellung kaschubischer Heiligenbilder.
Ethnografisches Museum im Speicher/Spichlerz Opaki, ul. Cystersów 19, Tel. 5521271, Di–Sa von 9–16 Uhr, So 10–17 Uhr.

Umgeben sind die Gebäude von einem gepflegten Park, in dem man gerne ein wenig verweilt.

Erreichen
kann man Oliwa auch mit der Straßenbahn 6 vom Hauptbahnhof Danzig aus oder mit dem Vorortzug der Dreistadtbahn zum Bahnhof Oliwa.

Werftarbeiterdenkmal

Nördlich von Radaune-Kanal und Altstadt schließt sich das Danziger Werftgelände an. Nur auf dem geringsten Teil dieses Areals werden noch Schiffe gebaut oder repariert. Ein paar hundert Meter nördlich des Hotels Hevelius oder des Hauptbahnhofs liegt die ehemalige **Danziger Leninwerft**/Stocznia Gdańska im. Lenina. Hinter den Toren dieser Werft, die längst bankrott ist und im Gegensatz zur Werft in Gdynia auch damals schon defizitär arbeitete, wurde Geschichte geschrieben. Hier kam ein kleiner schnauzbärtiger Werftelektriker zu Weltruhm, als unter seiner Führung 1980 die Solidarność gegründet wurde und auch das **Denkmal der gefallenen Werftarbeiter** erstreikt wurde. Es erinnert an die Opfer der blutigen Streiks und Arbeiteraufstände von 1956 und 1970.

Danziger Leninwerft

Direkt vor dem alten Werfttor am Plac Solidarnośći Robotniczej ragen drei 40 m hohe Stahlkreuze in den Himmel, die mit drei Ankern versehen sind, dem Symbol der Hoffnung. Am 16. Dezember 1980 wurde das von den Werftarbeitern selbst geplante und hergestellte Ehrenmal eingeweiht, genau zehn Jahre nach dem Tag, an dem hier viele Arbeiter im Feuer der Miliz starben.

INFO Die Solidarność

Welcher der Streikenden hätte im August 1980 in der Danziger Leninwerft auch nur geahnt, dass er dabei war Weltgeschichte zu schreiben? Erst in der Rückschau wird klar, dass die Gründung der freien Gewerkschaft Solidarność den Anfang vom Ende des Ostblocks bedeutete. Ursache für die damalige Streikbewegung war die katastrophale Wirtschaftsentwicklung in Polen, verbunden mit einem faktischen Staatsbankrott. Allein 40 % des Staatshaushaltes wurde für die Subventionierung der Lebensmittelpreise verwandt. Die damalige Regierung *Gierek* versuchte sich finanzielle Erleichterung durch Anheben der Preise für Grundnahrungsmittel zu verschaffen, was eine landesweite Protestwelle auslöste.

Lech Wałęsa

Anders als bei früheren Preiserhöhungsversuchen, bei denen die Proteste sowohl 1956 als auch 1970 in Blutbädern endeten, wählten die Arbeiter der Leninwerft diesmal eine andere Taktik. Sie gingen nicht auf die Straße, sondern verbarrikadierten sich auf dem Werftgelände. Die Bilder des blumengeschmückten Werfttores, durch das den Arbeitern Lebensmittel gereicht wurden, gingen durch die Welt. Mit dem Elektriker *Lech Wałęsa* war ein charismatischer Führer gefunden, der sowohl vom Klerus als auch von Reformsozialisten unterstützt wurde. Der Instinktpolitiker *Lech Wałęsa* erkannte damals mit fast traumwandlerischem Gespür die Möglichkeiten und riss das ganze Land mit in die Vision eines freien Polen, sehr schnell ging es nicht mehr nur um die Rücknahme der Preiserhöhungen.

Zähe Verhandlungen führten am 31. August 1980 zum Danziger Abkommen, mit dem der Streik beendet wurde. Erstmals im Ostblock wurde eine unabhängige, selbst verwaltete Gewerkschaft zugelassen. Zwar wurde die politische Ordnung nicht angetastet, aber der Anfang zur Entwicklung hin zur pluralistischen Gesellschaft war gemacht. Der Erfolg der Solidarność beruhte auch darauf, dass es in Polen erstmals gelungen war ein Bündnis der Arbeiter mit der Intelligenz zu schmieden. Wichtige Partner der Solidarność waren damals das Komitee zur Verteidigung der Arbeiter KOR mit den führenden Köpfen *Jacek Kuroń* und *Adam Michnik* sowie katholische Oppositionelle wie *Tadeusz Mazowiecki.*

Zum Mythos wurde die Solidarność im Untergrund, nachdem Ministerpräsident *Jaruzelski* am 13.12.1981 das Kriegsrecht verhängt hatte. Mit der Verleihung des Friedensnobelpreises an *Lech Wałęsa* im Jahre 1983 und der dadurch ausgelösten Euphorie im Lande sowie dem Machtantritt Gorbatschows 1985 waren weitere Schritte hin zur Systemerweichung. Nachdem es 1988 in Polen wegen einer Preiserhöhung wiederum zu einer gewaltigen Streikwelle kam, war die Regierung Jaruzelski am Ende. Es kam zu den Verhandlungen am Runden Tisch – die ein Jahr später zum Muster der deutschen Gespräche wurden –, die das Machtmonopol der Partei beendete.

Tadeusz Mazowiecki wurde erster frei gewählter und nicht kommunistischer Ministerpräsident im Ostblock und *Lech Wałęsa* 1991 erster frei gewählter Staatspräsident Nachkriegspolens – die Solidarność war auf dem Zenith. In der Folge zeigten sich die Strukturen der Solidarność, die nun sowohl Gewerkschaft und Massenbewegung als auch Partei war, als genauso überlebt wie ihre Führerfiguren. Die Solidarność zerfiel in rivalisierende Gruppen, und auch *Lech Wałęsa*, der als Präsident nicht immer die glücklichste Hand hatte, ist heute eine politisch bedeutungslose Figur.

Wrzesczcz/Langfuhr

Schauplatz der „Blechtrommel"

Fährt man noch weiter in Richtung Gdynia, kommt man als nächstes in den Stadtteil **Wrzesczcz/Langfuhr**. Nur in der alten Villengegend um die Al. Zwycięstwa herum war Wrzeszcz ein Viertel betuchter Danziger. Vor allem östlich der Bahnlinie war Wrzesczcz immer ein Kleineleutestadtteil und Arbeiterviertel. Hier in Langfuhr wurde *Günter Grass* am 16. Oktober 1927 geboren, hier wuchs er auf und hier spielt großenteils die „**Blechtrommel**". Auch heute noch ist in Wrzeszcz ein Hauch des Danzig von *Günter Grass* zu finden. Östlich der ul. Grunwałdzka wurde der Nobelpreisträger in der ul. Lelewela 13 geboren. Das Haus, in dem sich einst der Kolonialwarenladen von Vater *Grass* befand, ist an der Erinnerungstafel leicht zu erkennen.

Geburtshaus von Günter Grass

Fast scheint die Zeit stehen geblieben am Schauplatz der „Danziger Trilogie". Sogar des Blechtrommlers Schule gibt es noch, hier in der Pestalozziego 7/9 ging auch *Grass* zur Schule. In der Mireckiego am Bahndamm steht weithin sichtbar die Herz-Jesu-Kirche, in der sowohl *Grass* als auch sein Protagonist ***Oskar Matzerath*** getauft wurden. Hier versuchte *Oskar* das Jesuskind zum Trommeln zu bewegen. Auch Spuren von „Katz und Maus" kann man in Wrzeszcz noch finden. In der Ecke ul. Zbyszka/ul. Bogdańca ließ *Grass* den Erzähler *Pilenz* in einem unscheinbaren Reihenhaus leben, in der ul. Dubois den großen Mahlke. Die kleinen Freuden der kleinen Leute dieses Viertels fanden am Strand von **Brösen** statt, dem heutigen Brzeźno. Immer noch fährt man wie zu *Oskar Matzeraths* Zeiten mit der Straßenbahn an die See.

Westerplatte

Zur Westerplatte gelangt man, wenn man die E 77/N7 Richtung Warschau aus Danzig zwei Kilometer herausfährt und dann nach links der ausgeschilderten Straße zur Westerplatte folgt, oder den Bus 106 vom Busbahnhof aus nimmt. Schöner ist es allerdings, von der Mottlau aus mit dem kleinen Ausflugsdampfer zu fahren, der dort in Höhe des Grünen Tores abfährt.

Auf der strategisch wichtigen und der Mündung der Toten Weichsel vorgelagerten Halbinsel **Westerplatte** befanden sich 1939 ein polnisches Munitionsdepot mit einer Mannschaftsunterkunft und ein kleines Hafenbecken. Dieser Stützpunkt war eine der durch den Versailler Vertrag garantierten polnischen Präsenzen in der damaligen Freien Stadt Danzig.

Beginn des 2. Weltkrieges

Der Zweite Weltkrieg begann hier am 1. September 1939 um 4.47 Uhr, als das im gegenüberliegenden Hafenbecken zu einem Besuch liegende deutsche **Linienschiff Schleswig-Holstein** die Westerplatte unter Feuer nahm. Sechs Tage hielt die nur 182 Mann starke polnische Garnison gegen die erdrückende Übermacht der deutschen Wehrmacht stand. Genau wie der Kampf um die polnische Post wurde auch der Kampf um die Westerplatte ein Symbol polnischer Tapferkeit und polnischen Widerstandswillens. Heute existieren auf der Westerplatte noch einige Reste des alten Standortes, das intakte kleine Hafenbecken, die Ruinen der Unterkünfte sowie das Wachhaus. In einem Kasernenteil ist das Museum untergebracht, das die Geschehnisse der ersten Septembertage 1939 dokumentieren. Ein paar Minuten Fußweg sind es zum weithin sichtbaren monumentalen Denkmal aus den 1960er Jahren. Von dort hat man eine herrliche Aussicht auf Danzig.
Museum Westerplatte, ul. Sucharskiego 1, Tel. 343 69 72. Geöffnet täglich 9–16 Uhr.

Festung Weichselmünde/Twierdza Wisłoujście

Von der Westerplatte ist es nicht allzu weit bis zur **Twierdza Wisłoujście**, der alten Danziger Burg. Mit dem Bau der Burg wurde 1480 nach den Plänen niederländischer Baumeister begonnen. Die achteckige Verteidigungsanlage wurde in den folgenden Jahrhunderten ständig erweitert, auch ein Leuchtturm kam dazu. Bis zum 16. Jahrhundert lag die Burg nämlich direkt an der Weichselmündung. Später diente sie als Gefängnis, bevorzugt für polnische politische Gefangene wie auch ***Józef Piłsudski***. Die Feste hat beeindruckende Ausmaße, bot sie doch Platz für 1.000 Mann und war sie mit 40 Kanonen bestückt.

Nach Jahrzehnten des Verfalls ist die Feste heute wieder in passablem Zustand. Vom Leuchtturm hat man den besten Blick über die Anlage, die Westerplatte und die Bucht. Nach und nach werden immer weitere Teile der Burg instand gesetzt und zur Besichtigung freigegeben. Erreichen können Sie die Feste von der Westerplatte aus oder mit dem Bus 106, der hier auf Verlangen hält.

Das Danziger Umland

© igraphic

Danzig gehört als größte und am weitesten südlich gelegene Stadt zur Trójmiasto/Dreistadt, zu der auch Gdynia im Norden und Sopot in der Mitte gehören. Das relativ schmale Städtekonglomerat Trójmiasto kann sich nur in Nord-Süd-Richtung weiter ausdehnen. Im Osten wird es von der Ostsee und im Westen von den waldreichen Höhen des Trójmiejski Park Krajobrazowy, des Dreistadt-Naturparks, begrenzt.

Sopot (ⓘ s. S. 127)

Sopot/Zoppot, das legendäre, **mondäne Ostseebad**, ist heute wieder Treffpunkt junger Reicher, junger Familien und junger Musikliebhaber. Immer noch oder vielmehr nun wieder ist Zoppot alles andere als ein x-beliebiger Badeort

mondänes Ostseebad

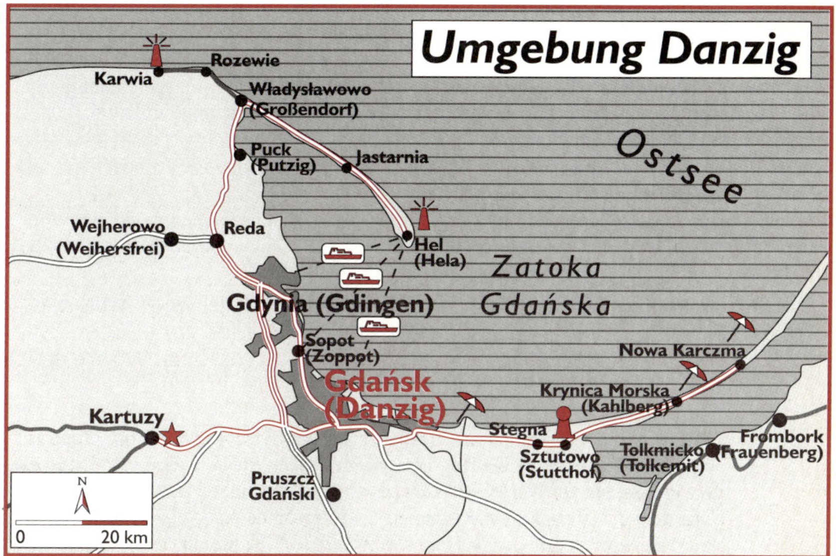

© igraphic

Redaktions-Tipps für das Danziger Umland

Sehenswürdigkeiten

- Die Orgel im **Dom zu Oliwa** (S. 277) sollte man sich nicht entgehen lassen.
- **Sopot** (S. 283ff), das mondäne Ostseebad, ist eine Reise wert, auf dem **Seesteg** flanieren und bei strahlendem Sonnenschein und kühlendem Seewind das Treiben zu beobachten ist ein Sommertraum.
- Der Hafen macht den Reiz von Gdynia aus, auf dem alten Windjammer **Dar Pomorza** (S. 290) kann man von Kap Horn träumen.
- **Krynica Morska** (S. 297) hieß früher Kahlberg und ist das schönste Ostseebad auf der Frischen Nehrung mit herrlichem Strand und bewaldeten Dünenhöhen.
- Das **Konzentrationslager Stutthof** (S. 293ff) ist ein Ort vieltausendfachen Leidens, vor dem Worte versagen.

Übernachten

- Eine wunderschöne Sopoter Jugendstilvilla ist das **Hotel Villa Hestia** €€€€€, es gilt als eines der schönsten Hotels in Polen, hier stimmt einfach alles, Ambiente, Service und Lage.
- Das legendäre **Grand Hotel** €€€ in Sopot, in dem die Großen der Welt wohnten, ist immer noch eindrucksvoll in seiner Eleganz, ein Haus mit Stil und Gesicht. Die Zimmer der Nordseite haben einen traumhaften Meeresblick. Die Atmosphäre gibt es zu einem wirklich annehmbaren Preis.
- Ein preiswertes, kleines Haus in einem Kiefernwald am Meer bei Sopot gelegen ist das Hotel **Bursztyn** €€.
- Das Hotel **Willa Lubicz** €€€ in Gdynia ist eine stimmungsvolle, elegante Villa von 1936, Hotel und Restaurant sind ganz im Stile der 1930er Jahre eingerichtet.
- Auf einer Anhöhe ruhig gelegen mit Traumblick auf die Bucht ist das Hotel **Antracyt** €€ in Gdynia, das Zimmer mit allem Komfort bietet.

Gastronomie

- Der Gourmettempel der Region ist das **Restaurant Villa Hestia** im gleichnamigen Hotel, dafür ist es auch nicht eben billig. Eine Sünde wert: Seezunge in Knoblauchbutter mit jungem Schnittlauch.
- Die Bar **Kinski** in *Klaus Kinskis* Sopoter Geburtshaus hat eine tolle Atmosphäre, und der Filmbösewicht ist allgegenwärtig.
- Am Strandweg von Sopot nach Brzeźno mit schöner Sicht aufs Meer gelegen ist die **Bar Przystań**, sie bietet eine ungeheure Vielfalt von Fischgerichten, von Aal bis zu Shrimps. Gleich nebenan ist eine Bar.
- Das Restaurant **Polonia** ist eines der ältesten Restaurants in Gdynia, der Name ist Programm, hier gibt es gute Küche mit polnischen Spezialitäten.

an der Ostsee. Zwei Millionen Besucher jährlich machen das heutige Zoppot zu einem der beliebtesten Seebäder im gegenwärtigen Polen. Schon im 13. Jahrhundert wurde der auf den **Hügelterrassen** gelegene obere Ortsteil erwähnt, das Unterdorf am Strand wurde erstmals 1609 genannt, erst 1805 wird dieser Teil als Fischerdorf Sopot bezeichnet. Das **Oberdorf** blühte ab Mitte des 16. Jahrhunderts auf, als Danziger Patrizier durch die Kontrolle des polnischen Seehandels reich geworden waren und den herrlichen freien Seeblick von Sopots Hängen im Grünen entdeckten. Aus dem unbedeutenden Oberdorf wurde ein Villenvorort.

Doch der große Aufschwung kam erst mit der Entwicklung des Badewesens an der Ostsee Ende des 18. Jahrhunderts, so lange blieb das **Unterdorf** ein verschlafenes Fischernest. Den Durchbruch in der Entwicklung zum Bade- und Kurort brachten die Aktivitäten von *Johann Georg Haffner*, einem Elsässer, der als Militärarzt der Napoleonischen Truppen 1808 nach Danzig kam. 1823 errichtete Haffner die erste Naturbadeanstalt mit Warmbadehaus, Duschen, Bädern und Badebuden. Von da an erlebte Zoppot eine geradezu stürmische Entwicklung, 1827 wurde der erste kleine Seesteg erbaut, Pensionen schossen wie Pilze aus dem Boden, Kurpark und Kurhaus entstanden.

Entwicklung zum Kurort

Um die Wende zum 20. Jahrhundert hatte sich Zoppot zur „**Riviera des Nordens**" gemausert mit 12.000 Badegästen im Jahr, als Kaiser *Wilhelm II.* am 8. Oktober 1901 Zoppot den Status einer Stadt zuerkannte. In der Oberstadt entstanden zum Teil heute noch erhaltene **Jugendstilvillen**, man hatte seit 1898 eine eigene Pferderennbahn in Zoppot, und 1909 entstand die Waldoper, die damals ob ihrer traumhaften Akustik als Weltwunder galt.

Riviera des Nordens

Nach dem Ersten Weltkrieg gehörte Zoppot zum **Freistaat Danzig** und boomte trotz Inflation und Wirtschaftskrisen ungerührt weiter. Im Jahr 1920 wurde das Casino eröffnet, was Zoppot einen neuen Namen einbrachte: **Monte Carlo des Nordens**. Der Seesteg wurde 1927 auf seine derzeitige Länge von 512 m ausgebaut und das berühmte Casino-Hotel, das heutige Grand Hotel, eröffnet.

Kein anderer Kurort an der Ostsee erreichte einen solchen Ruf oder galt gar als Weltbad wie Zoppot. Das war nicht einmal übertrieben, denn die **Welt war zu Gast in Zoppot**. *Josephine Baker*, *Marlene Dietrich* und mit ihnen die Reichen und Schönen aus ganz Europa flanierten auf dem auch heute noch **längsten hölzernen Seesteg der Welt**, der auch gegenwärtig wieder Treffpunkt und Flaniermeile zum sehen und gesehen werden ist.

Grand Hotel Sopot

Die Verlängerung des Seesteges in den Ort ist die ul. Bohaterow Monte Cassino, ein breiter

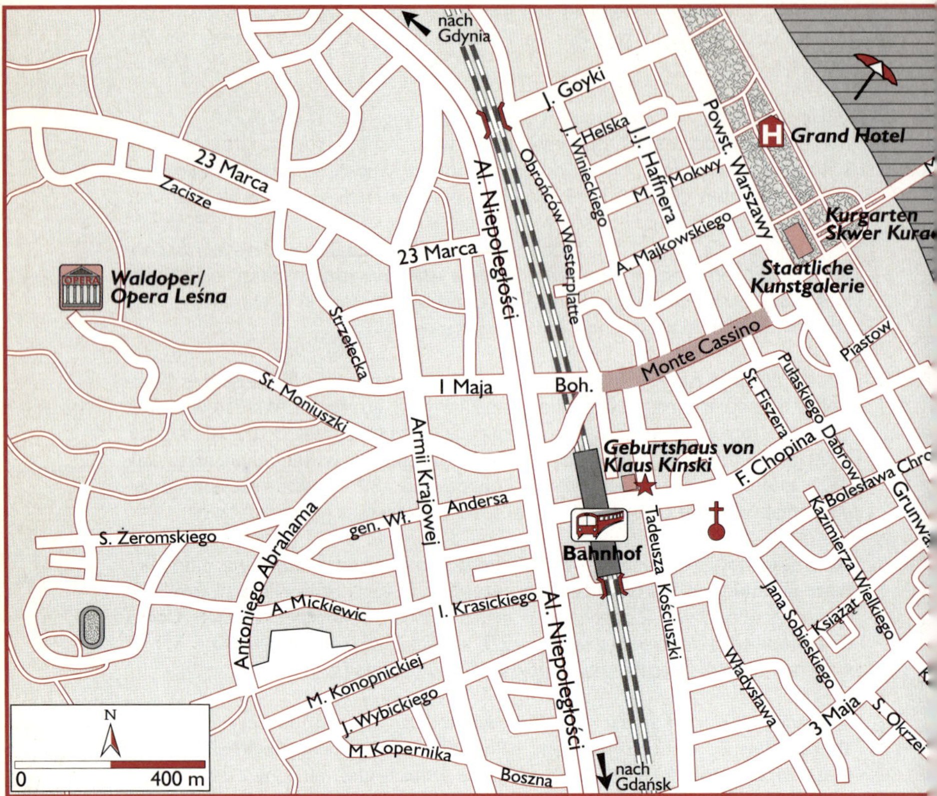

© graphic

für Autos gesperrter **Fußgängerboulevard**, der die Achse des Shoppingtrubels ist. Ein Blick in die Nebenstraßen der Amüsiermeile mit ihrer speziellen Bäderarchitektur lohnt sich. Die schönen alten Häuser der Nebenstraßen sind heute vielfach Pensionen und beherbergen unzählige Sommergäste. Sopot ist mehr als ein x-beliebiger Badeort an der Ostsee, kilometerlange weiße Sandstrände und längst auch wieder erstklassige Wasserqualität ziehen Touristenströme an.

erstklassiger Touristenort

Am Angebot sieht man deutlich, dass Sopot längst auch wieder Sommerfrische der Reichen ist: Dinner im Grand Hotel neben dem Seesteg, Tee auf der Strandterrasse, abends ein wenig Geld im **Casino** verspielen und vielleicht in Sopots Gourmet-Tempel „Villa Hestia" wohnen, deren Jugendstilambiente auch das Auge verwöhnt.

Vor allem aber ist Sopot im Sommer ein angesagter Ort für junge Leute mit Stranddiscos und einem riesigen Open-Air-Angebot. Von *Bryan Adams* bis *Tina*

Turner reicht die Liste der Popgrößen, die bereits in Sopot auftraten, und das **Sopot-Festival** im August ist fest etabliert auf dem Terminkalender der Stars.

Wem das zu laut ist, für den hat Sopot und auch der Großraum Danzig ein Kulturangebot vom Feinsten parat, vom Opern-Festival in der **Opera Leśna** (Waldoper) im Juli und August über das **Jazzfestival** an der Mole hin zu zahlreichen Theatergastspielen. Gerade das kulturelle Angebot unterscheidet Sopot von anderen Seebädern. Die staatliche Kunstgalerie an der Mole ist berühmt für ihre Ausstellungen polnischer Gegenwartskunst, zahlreiche kleine Galerien interessieren den Kunstfreund. Theaterensembles und die polnische Kammerphilharmonie treten regelmäßig auf, zahlreiche Gastspiele auch ausländischer Ensembles ermöglichen einen abwechslungsreichen Spielplan. Zur Hundertjahrfeier 2001 hat auch Sopot mit ***Klaus Kinski*** den bekanntesten deutschen Zoppoter des 20. Jahrhunderts für sich entdeckt.

Klaus Kinski

In der Szene ist das Enfant terrible der deutschen Schauspielerszene „in" und ein relativ unscheinbares Haus in der Kosciuski 10 ist ein „must", denn auf einen Drink zu Kinski geht man, wenn man zu Sopots In-Gesellschaft gehören will. In seinem Elternhaus in der Schulstraße 10 haben *Ewa* und *Andrzej Reichel* die **„Kinski-Galerie"** etabliert, eine Art Museums-Café, in dem sich die Zoppoter Schickeria trifft. Im Café Kinski kann man an seinen Drinks nippen und dabei Filmplakate und Kinski-Filme ansehen.

Urlaub in Sopot

Gdynia (ⓘ s. S. 127)

wichtiger Industriestandort

Gdynia ist der nördlichste Teil der Dreistadt. Zwar wurde hier bereits 1253 erstmals ein **kaschubisches Dorf** erwähnt, die Stadt Gdynia hat allerdings nur eine kurze Geschichte. Nach dem I. Weltkrieg wurde das Gebiet des heutigen Gdynia gemäß **Versailler Vertrag** Polen zugeschlagen und gehörte fortan zum „Korridor“. In nur vier Jahren Bauzeit stampfte Polen zwischen 1923 und 1927 einen Großhafen aus dem Boden, der mit dem Danziger Hafen konkurrieren sollte. Binnen nur eines Jahrzehnts erfolgte Gdynias Aufstieg vom verschlafenen Fischernest zum Industriestandort und bereits 1933 war Gdynia, das seit 1926 Stadtrechte besaß, der **umschlagsstärkste Hafen** der südlichen Ostsee.

Als Badeort ist Gdynia nicht unbedingt geeignet, ist es doch eine Industrie- und Hafenstadt. Wer möchte bei so viel Auswahl rundherum schon unbedingt direkt

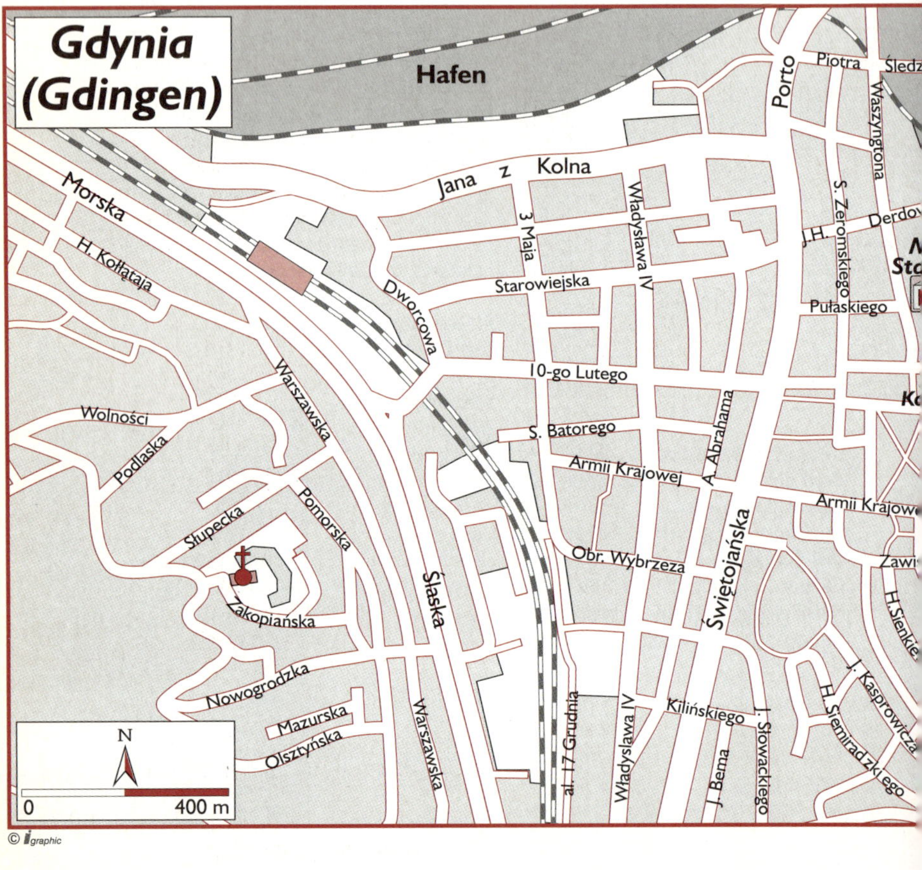

neben einem Hafen baden oder in Nachbarschaft von Werften, die als einzige der Region florieren. Dennoch lohnt sich ein Abstecher nach Gdynia.

Auf der Fahrt von Danzig nach Gdynia führt die Straße die **Uferhöhen/Kamienna Góra** hinauf. Auf der Seeseite finden sich einiger Park-

Gdynia, Skwer Kościuszki

plätze, die mit Ausgucksymbolen gekennzeichnet sind, wo Sie nach nur wenigen Schritten einen schönen Blick auf Gdynia haben. Wenn man Gdynia erreicht hat, sollte man einen kleinen Umweg machen und am Ortseingang dem Schild „**molo**" Richtung Ostsee folgen. Belohnt wird man mit einem traumhaften Blick auf die Danziger Bucht.

Kulturgeschichtlich Herausragendes sollte man in der jungen Stadt Gdynia nicht suchen. Städtebaulich herrschen nüchterne Zweckbauten vor, glatt und kantig, ohne Schnörkel, nur im Zentrum um den **Skwer Kościuszki** findet man einige Bauhausanklänge. Interessant macht Gdynia – kein Wunder bei der Geschichte – das maritime Flair im Hafengebiet, das auch heute noch das eigentliche Zentrum der 250.000 Einwohner-Stadt ist, und hier gibt es durchaus auch einige Sehenswürdigkeiten. Den Skwer Kościuszki findet man leicht, wenn man den Schildern „port" (Hafen) folgt, dort finden sich auch Parkplätze. An diesem großen Platz mit einigem ganz hübsch gestalteten Grün in der Mitte herrscht im Sommer ein reges Treiben. Stand an Stand ist um den Platz herum und die halbe Südmole hinauf aufgereiht. Von bunten Kindertröten bis zum Bernstein gibt es hier nichts, was es nicht gibt. Vor allem maritim angehauchte Souvenirs werden feilgeboten, Muscheln, Fischernetze, Schiffsmodelle bis zur unvermeidlichen Matrosenmütze. Für die Unterhaltung wird mit Karussells gesorgt, was die Rummelplatzatmosphäre verstärkt.

maritimes Flair

Natürlich gibt es auch Schiffe an der Südmole. Von hier aus fahren die Ausflugsschiffe nach Danzig und zur Westerplatte, nach Hel und Sopot sowie die Schnellkatamarane nach Kaliningrad. Auch Fischkutter gibt es hier, solche, von denen man fangfrischen Fisch kaufen kann, und solche, die zu kleinen Bistros umgebaut sind. Dort lässt sich das fröhliche Urlaubstreiben bei einer Erfrischung genießen.

Gdynia, Museumsschiff Dar Pomorza

Highlights des maritimen Teils von Gdynia sind die beiden **Museumsschiffe**. Vorn liegt der alte **Zerstörer Błyskawica**, ein polnisches Kriegsschiff des Zweiten Weltkrieges, das überwiegend in englischen Gewässern Dienst tat, dort wurde es auch in Cowes 1937 gebaut.
Museumsschiff Błyskawica, Skwer Kościuszki Tel. 626 36 58, geöffnet tägl. bis auf Mo von 10–12.30, 14–16 Uhr.

Dahinter liegt sie dann, die Perle des Hafens von Gdynia, ein wunderschöner alter Windjammer. Die **Dar Pomorza**/Geschenk Pommerns lief 1909 in Hamburg bei Blohm & Voss als *Prinz Eitel Friedrich* vom Stapel und wurde 1929 von Polen gekauft. Der Name Dar Pomorza bedeutet nichts weiter, als dass die Mittel für dieses Schiff damals durch Spenden der Bevölkerung dieser Region aufgebracht worden. Auf der Dreimastbark wurden im Laufe ihrer Jahrzehnte währenden Schulschifftätigkeit fast 15.000 Kadetten ausgebildet. Einen Hauch jener Segelschiffszeit, als das große Abenteuer Kap Horn hieß, kann man bei der Besichtigung noch spüren.
Museumsschiff Dar Pomorza, Skwer Kościuszki, Tel. 620 23 71, geöffnet tägl. bis auf Mo 10–16 Uhr.

Museumsschiffe

Gegenüber befindet sich das **Ozeanografische Institut**, das auch ein interessantes Meeresaquarium besitzt, dessen Attraktionen die Piranhas und Haie sind.
Muzeum Oceanograficzne i Akwarium Morskie, Al. Zjednoczenia 1, Tel. 621 70 21, Fax 620 13 95, www.mir.gdynia.pl/akw/muz_akw.htm, geöffnet: tägl. außer Mo 10–17 Uhr.

Wenn man weiter bis zur Spitze der Mole spaziert, erreicht man ein Denkmal, das an ***Joseph Conrad*** (1857–1924) erinnert, den großen polnischen Schrift-

steller der See. Von hier hat man einen weiten Blick nach Norden über den Yachthafen. Wer mehr über die Geschichte Gdynias erfahren möchte, wird im **stadtgeschichtlichen Museum** unweit des Skwer Kościuszki mit vielen Dokumenten und Fotos über den Ausbau Gdynias zum Welthafen informiert.
Museum der Stadt Gdynia, ul. Starowiejska 30, Tel./Fax 621 62 18, geöffnet: tägl. außer Mo 11–17 Uhr.

Das **Museum der polnischen Kriegsmarine** liegt einen halben Kilometer südlich des Hafens. Die Exponate stellen nicht nur die polnische Marine und ihre Geschichte dar, sondern informieren über die gesamte polnische Seefahrt.
Muzeum Marynarki Wojennej, Bulwar Nadmorski, Tel. 626 39 84/626 36 58, geöffnet tägl. 10–16 Uhr.

Die Kaschubische Schweiz

Die Kaschubische Schweiz liegt nordwestlich von Danzig und kann der Straße 219 folgend schnell erreicht werden. Die verträumte Hügellandschaft mit den vielen Seen lässt kaum die Nähe der Großstadt ahnen. Gerade mal zehn Kilometer ist der Danziger Flughafen von **Żukowo**/Zuckau entfernt, einem Kaschubendorf im Radaunetal. Sehenswert ist die Kirche der Prämonstranserinnen aus dem Jahre 1213 ob ihrer reichhaltigen Barockinnenausstattung, namentlich der Schreinaltar aus dem 17. Jahrhundert.

Hügellandschaft

Zwölf Kilometer weiter gelangt man auf der Straße 219 nach **Kartuzy**/Karthaus, einem kleinen Städtchen mit 6.000 Einwohnern, das als Hauptstadt Kaschubiens gilt und malerisch zwischen drei Seen und ausgedehnten Wäldern liegt. Bevor Kartuzy 1926 Stadt wurde, war es in erster Linie als **Kloster** bekannt. Bereits im 14. Jahrhundert gründeten die Kartäuserbrüder, nach denen der Ort benannt wurde, hier eine Klostersiedlung mit vielen Kartausen, den kleinen Häuschen, in denen sie lebten. Zu jener Zeit begannen sie auch mit dem Bau der **Klosterkirche**/Kośiół Kalsztorny. Außergewöhnlich ist die Form der Kirche mit ihrem barocken Walmdach, sie hat die Gestalt eines Sarges und erinnert an die Ordensregel „memento mori", die an die Sterblichkeit des Menschen gemahnt.

Klosterkirche

Kaschubische Landschaft

Von kunstgeschichtlichem Wert sind der **Renaissance-Hochaltar**, der Prunkthron von 1677 sowie die flämischen Ledertapeten aus dem Jahr 1685. Im gotischen Refektorium neben der Kirche sind heute wechselnde Ausstellungen untergebracht.

In der Innenstadt sind der schöne **Marktplatz** mit den Gründerzeithäusern und der evangelischen Kirche von 1683 sehenswert.

Das **Kaschubische Museum** zeigt eine ganze Reihe von Exponaten kaschubischer Volkskunst, Arbeitsgeräte, bäuerliche Gerätschaften sowie Musikinstrumente und erzählt so das Alltagsleben der Kaschuben. Die bunt bemalten Holzfiguren kann man dort auch kaufen.
Muzeum Kaszubskie,ul. Kościerska, 1, geöffnet im Juli und August Di–Fr 9–16, Sa 9–15, So 9–14, sonst Di–Sa 9–15 Uhr, So 10–14 Uhr.

Wer mehr vom Leben und der Kultur der Kaschuben erfahren möchte, fährt vierzig Kilometer weiter ins **Freilichtmuseum Wdzydze Kiszewskie**, südlich von Kościerzyna. Dort ist ein ganzes kaschubisches Dorf aufgebaut, in dem auch Vorführungen bäuerlicher Arbeitsweisen stattfinden. Gelegen ist das Freilichtmuseum am Ufer des größten kaschubischen Sees, des Jezioro Wdzydze.
Kaszubski Park Etnograficzny, 83-406 Wąglowice, Tel. 058-861288, Fax 864364, geöffnet vom 15.4. bis 15.10. täglich außer Mo 9–16 Uhr, sonst 10–15 Uhr und Juli und August 10–18 Uhr.

Kaschubischer Naturpark

Am meisten von der kaschubischen Endmoränenlandschaft mit den vielen Seen sieht man, wenn man Kartuzy auf der 228 in südöstlicher Richtung verlässt und in den Kaszubski Park Krajobrazowy/**Kaschubischer Naturpark** fährt. Besonders schön sind die Dörfer **Chmielno** und Brodnica gelegen. Chmielno am Kłodnosee ist auf dem besten Weg zum Ferienort und obendrein eine Hochburg kaschubischer Töpferkunst, hier können Sie an jeder Ecke günstig Töpfer- und Keramikarbeiten einkaufen.

Von Danzig auf die Frische Nehrung (ⓘ s. S. 127)

Hinweis zur Route

Zur Mierzeja Wiślana/Frischen Nehrung kommt man auf zwei Wegen. Für die schnelle Alternative verlässt man Danzig auf der E 77/N 7 Richtung Warszawa. Nach 36 km erreicht man Nowy Dwór Gdański/Tiegenhof. Dort biegt man nach links auf die 502 nach Stegna ein, das man nach 14 km erreicht.
Die schönere Variante führt auf der E 77/N 7 nur bis zum Danziger Stadtrand, wo man nach links auf die 501 nach Stegna abbiegt. Bei Wiślinka überquert man einen Weichselarm und ist nun auf der Insel Sobiszkowo, die man nach 14 km bei świbno/Schievenhorst wieder verlässt. Nun setzt man mit einer Fähre über die Weichsel und fährt weiter auf der 501 nach Stegna, das man nach 12 km erreicht. Von Stegna/Stegen geht es weiter auf der 501, bis man nach 24 km Krynica Morska/Kahlberg und weiteren 11 km Piaski/Neukrug erreicht.

Das Weichselwerder

Die Fahrt durchs Weichselwerder (auch Danziger Werder genannt)/Żulawy Wiślane führt durch eine an Holland erinnernde **Marschlandschaft**, die bis zu drei Metern unter dem Meeresspiegel liegt. Zahllose kleine Wasserarme im Weichseldelta, Sperrwerke und Kanäle ähneln den Grachtenlandschaften der Niederlande. Aber nicht nur die Landschaft hat **holländische Anklänge**, auch die leider nur noch wenigen charakteristischen **Vorlaubenhäuser**/domy podcieniowe. Auf wuchtigen Holzsäulen stehende große Vorbauten dominieren die Vorderfronten der Häuser und schufen so einen selbst für Wagen ausreichenden überdachten Vorraum. Durch die Vorkragungen war es möglich, das Heu direkt vom Wagen auf den Speicher zu laden.

Marschlandschaft und Vorlaubenhäuser

Vorlaubenhaus

Diese Häuser sind genau wie die wenigen noch existierenden **Windmühlen** tatsächlich holländische Hinterlassenschaften. Im 17. Jahrhundert wurden **holländische Einwanderer** angeworben, vor allem Mennoniten kamen wegen der zugesicherten Religionsfreiheit. Sie bauten Kanäle, Deiche sowie erste Schleusen und waren in der gesamten Melioration tätig.

Stegna/Steegen ist ein beliebtes Ostseebad wie auch das kleinere, etwas östlich gelegene **Jantar**/Pasewark. Letzteres ist ein schon seit 13. Jh. bekannter Fischerort. Der Name stammt aus der russischen Sprache, in der Jantar Bernstein bedeutet. Bekannt wurde Jantar durch die alljährlich im August dort stattfindenden **Weltmeisterschaften im Bernsteinsammeln**, einer fröhlichen Juxveranstaltung für die Urlauber, bei der die Veranstalter vorher den Strand mit Bernstein präparieren. Schließlich beginnt hier die **Bernsteinküste**/Bursztynowe Wybrzeże, die sich die Nehrung hochzieht.

Beginn der Bernsteinküste

Bis zur russischen Grenze hin kann man fast 40 Kilometer am Strand entlang wandern und wird immer wieder Menschen treffen, die in gebückter Haltung am Strand entlang gehen – Bernsteinsammler.

Sztutowo

Drei Kilometer östlich von Stegna liegt **Sztutowo**/Stutthof, ein Badeort, der zu trauriger Berühmtheit gelangte. In idyllischer Lage auf einer hellen Waldlichtung liegt eine Stätte zehntausendfachen Todes, das **KZ Stutthof**. Selten ist der Kontrast größer, fröhlich lärmender Urlaubstrubel rund um dieses Zentrum des Grauens. Das Konzentrationslager liegt kaum einen Steinwurf von der Straße entfernt und ist auch eine Haltestelle der Kleinbahn *Jantar Express*, welche die

Konzentrationslager Stutthof

INFO Das Konzentrationslager Stutthof

Bereits Mitte August 1939 – Danzig war noch Freie Stadt – rückte ein SS-Trupp mit einer Gruppe von etwa 500 Danziger Gefängnisinsassen an und begann die inzwischen geräumte Altenheimanlage in ein Lager zu verwandeln. Sie errichteten Baracken, zäunten das Gelände ein und trafen organisatorische Vorbereitungen.

Bereits am ersten Kriegstag verhafteten Rollkommandos die ersten 1500 Danziger, und am 2. September wurden die ersten 150 Danziger Juden nach Stutthof gebracht, viele Polen folgten, später ab 1942 auch Sowjets, Norweger, Franzosen, Holländer, Belgier, Tschechen, Litauer, Letten, Dänen sowie Sinti und Roma. Bis zum November 1941 galt Stutthof als Zivilgefangenenlager, wurde dann SS-Sonderlager und erst nach einem Besuch Himmlers im Januar 1942 offiziell zum staatlichen KZ erklärt. Das Lager Stutthof platzte bald aus allen Nähten und wurde bis 1945 ständig weiter ausgebaut. Der Kern der Wachmannschaften war aus dem Danziger SS-Trupp hervorgegangen, der im Sommer 1939 das Lager errichtet hatte, der damalige Anführer Hauptsturmführer *Max Pauly* wurde bis 1942 erster Lagerkommandant.

Die Krematorien von Stutthof

Zum Lager gehörte eine Reihe von Satellitenlagern, die über ganz Ost- und Westpreußen verteilt waren, in Stutthof selbst waren Anfang 1942 durchschnittlich 3.000 Häftlinge, 1944 schon 8.000 und am Ende über 20.000. Zusammen mit den über 100 Außenkommandos belief sich die Häftlingszahl damals auf über 52.000, davon waren über 33.000 Frauen (26.000 der 29.000 Juden waren Frauen).

Gegen Ende 1944 nahmen die Häftlingszahlen sprunghaft zu, ganze Transporte ungarischer Jüdinnen (20–30.000) kamen an. Wegen des Vormarsches der Sowjetunion wurden sowohl aus dem Baltikum als auch aus Auschwitz immer wieder Transporte geschickt. Entsprechend veränderte sich die Häftlingszusammensetzung dramatisch, Ende 1944 waren mindestens 70 % der Häftlinge Juden.

Stutthof war in erster Linie Arbeitslager. Die meisten Häftlinge arbeiteten als Sklaven in SS-eigenen Betrieben wie den Deutschen Ausrüstungswerken (DAW) direkt neben dem Lager, in Lagerwerkstätten, in anderen Betrieben und Werken, in den Ziegeleien der Umgebung sowie in der Landwirtschaft. Die Sterblichkeitsrate war hoch, es kam zu großen Typhus- und Fleckfieberepidemien. Die vielen Erschießungen, auch mit der eigens entwickelten Genickschussanlage, und unsägliche Misshandlungen forderten ebenso viele Menschenleben. Die im Sommer 1944 in Betrieb genommene Stutthofer Gaskammer war klein, ihre Kapazität reichte nicht aus, so wurden immer wieder Häftlinge in besonders abgedichteten Eisenbahnwaggons der ins Lager führenden Kleinbahn vergast.

Die militärische Situation verschlechterte sich seit Sommer 1944 ständig, mit dem russischen Großangriff im Januar 1945 setzte Chaos und Desorganisation ein, da Ostpreußen nicht rechtzeitig evakuiert worden war. Am 25. Januar, als die Russen nur noch wenige Kilometer entfernt waren, befahl Kommandant *Paul-Werner Hoppe* die Evakuierung des Lagers ins Reich. Wahrscheinlich waren noch etwa 47.000 Häftlinge (davon 35.000 Juden) im Lager. Es wurden Marschkolonnen von je 1.000–1.500 Häftlingen gebildet, die durch die kaschubische Schweiz Richtung Lauenburg marschierten, bei bitterer Kälte und Schnee, wer nicht mehr weiter konnte, wurde erschossen. Niemand weiß, wie viele auf diesen Todesmärschen gingen und wie viele starben, wahrscheinlich aber um 10.000, von denen mehr als die Hälfte starb. Sowjetische Truppen befreiten die Überlebenden im März 45 in Pommern.

Tausende Häftlinge wurden schon Mitte Januar 1945 nach Osten Richtung Königsberg geschickt, zum Ausbau der „Festung“. In diesen bitterkalten Wintertagen erfroren viele. Weitere Tausende wurden aus den Außenlagern vor der heranrückenden Roten Armee ins Samland gejagt, eine Blutspur markierte den Leidensweg. In Palmnicken wurden die Häftlinge ins Bernsteinwerk an der Ostsee getrieben. Am 31. Januar wurden am Strand unzählige jüdische Häftlinge von der SS massakriert, Hunderte wurden mit Maschinengewehrfeuer in die Ostsee gehetzt, andere im Hof der Bernsteinfabrik erschossen, nicht viel mehr als ein Dutzend überlebte.

Immer noch waren Tausende im seit April 45 von allen Landverbindungen abgeschnittenen Lager, hauptsächlich Jüdinnen. Ende April begann unter ständigen sowjetischen Luftangriffen die Evakuierung über See in 5 kleinen Barkassen Richtung Schleswig-Holstein, viele starben auf diesem letzten Weg. Erst nach der Kapitulation marschierte eine Einheit der Roten Armee am 10.5. ein und befreite Stutthof als letztes KZ der Nazis, nur 120 Häftlinge hatten überlebt. Der erste Kommandant, Hauptsturmführer *Max Pauly*, wurde 1946 hingerichtet, der zweite Kommandant, Sturmbannführer *Paul Werner Hoppe*, wurde 1957 in Bochum zu neun Jahren Haft wegen Beihilfe zum Mord verurteilt.

Und die Opfer? Von den 110–120.000 Häftlingen, die das Lager durchlaufen hatten, starben mindestens 65.000, vielleicht sogar 80.000. Von den über 50.000 Juden, die nach Stutthof gebracht worden waren, wurden fast alle ermordet.

Seebäder von Mikoszewo bis Sztutowo verbindet. Derzeit ist sie leider außer Betrieb, aber es wird über eine Weiterführung unter Gemeinderegie verhandelt.

Vom Parkplatz des KZ Stutthof, das heute Museum ist, hat man einen ersten Eindruck von den gewaltigen Ausmaßen dieses „kleinen" Lagers. Die **Gedenkstätte** umfasst einige alte Lagerbaracken, in denen die Exponate den grauenvollen KZ-Alltag wieder lebendig werden lassen, auch werden stündlich Filme gezeigt, die man auch als Video am Parkplatzkiosk erwerben kann, genau wie Informationsmaterial und einen Lagerplan (deutsch).

KZ Stutthof

Der Besuch der an einem Hochsommertag stickigen und glutheißen Baracken verstärkt noch die Vorstellung von den unmenschlichen Lebensbedingungen im Lager. Der Bereich der **Gaskammer** und des Krematoriums liegt vom Tor aus gesehen ganz am anderen Ende des Lagers. Der Gang dorthin durch die heute friedliche Stille der Gedenkstätte, dieser Gang, welcher der letzte Gang tausender Häftlinge war, macht den ganzen Wahnsinn deutlich. Für die Gaskammer und das Krematorium gibt es keine Worte, nur Fassungslosigkeit.

Gedenkstätte

Staatl. Museum Stutthof in Sztutowo, 82-110 Sztutowo, Tel. 055-2478359, Fax 2478358, geöffnet 1.5. bis 30.9. tägl. 8–18 Uhr, 1.10. bis 30.4. tägl. 8–15 Uhr, montags jeweils keine Filme und Führungen, Eintritt frei, um Spenden wird aber gebeten. Zutritt für Kinder unter 13 Jahren – auch in Begleitung Erwachsener – untersagt.

Frische Nehrung

Hinter Sztutowo beginnt die Frische Nehrung/Mierzeja Wiślana, die schon seit dem 19. Jahrhundert die **Sommerfrische der Danziger und Elbinger** war. Insgesamt 70 Kilometer lang ist die 500 m bis 2 km schmale zwischen dem Süßwasserhaff und der Ostsee gelegene Landzunge ein landschaftliches Kleinod. Dem sumpfigen, schilfbestandenen Haffufer folgen vorwiegend von Kiefern bewaldete Höhen, die auch im Sommer erfrischend schattige Waldwanderungen ermöglichen. Vom Scheitelpunkt der bewaldeten Höhen an hört man das Rauschen der Ostseebrandung. Bergab geht der Wald schnell in den **Dünengürtel** über, der in einem breiten, weißen und vielfach menschenleeren Sandstrand übergeht.

landschaftliches Kleinod

Als ersten Badeort auf der Nehrung erreicht man **Kąty Rybackie**/Bodenwinkel, der einst genau wie der größte Urlaubsort Krynica Morska/Kahlberg ein verträumtes Fischerdorf war.

In Krynica Morskas kleinem Haffhafen legen die Ausflugsdampfer aus Elbląg und Frombork an. Der Ort liegt um diesen Hafen auf der Haffseite herum, der Strand an der Ostseeseite. **Krynica Morska** ist der Hauptbadeort der Nehrung, hier herrscht allerhand Trubel, viele Stände suchen Käufer für alle Arten von Souvenirs – besonders Bernstein. Zum Badestrand führt ein steiler Anstieg über die bewaldete Höhe, den man mit dem Auto hochfahren kann, und einen Pendeldienst aus dem Ort gibt es für 2 zł auch. Vorbei kommt man dabei an den vielen im schattigen Wald geschützt gelegenen Ferienheimen und Pensionen.

Strand bei Krynica Morska

Traumstrand

Der Traumstrand lädt natürlich nicht nur zur Bernsteinsuche ein, sondern auch zum Baden. Das Wasser wird an der Nehrung allerdings auch im Hochsommer wegen einer kalten Meeresströmung selten wärmer als 18° warm. Hinter Krynica Morska folgt noch das Fischerdorf **Piaski**/Neukrug, dessen deutscher Name von einem bereits im 14. Jahrhundert erstmals erwähnten Krug stammt. Dort endet die Straße kurz vor der russischen Grenze.

Von Danzig über Malbork nach Ostróda und Olsztyn

Überblick

Von Danzig über Weichsel und Nogat zu fahren, heißt in vielerlei Hinsicht eine Grenze überqueren. Bis hierhin traf man auf seiner Reise fast ausschließlich auf alte slawische Ortgründungen, mal waren Kaschuben die Ortgründer, mal Slowinzen oder Pomeranen.

© graphic

Östlich der Weichsel betritt man das einstige Land der Pruzzen (oder Prussen wie es richtiger heißen sollte), die ein westbaltischer Volksstamm waren. In diesem Landstrich waren also entweder die pruzzischen Ureinwohner oder der Deutsche Orden Ortgründer, der das Pruzzenland ab dem 13. Jahrhundert eroberte, später wurde es Ostpreußen und das erste Einwandererland in Europa. Viele Kulturen prägten daher dieses Land, auch wenn der Ordenseinfluss allein schon durch die Häufung von Backsteinarchitektur übermächtig erscheint.

Land der Wälder und Seen

Hier beginnt nun das Land der Wälder und Seen, nein nicht der tausend Seen, es sind viel mehr – über 3.000. Die Wälder werden nun immer ausgedehnter und dichter, manche erinnern noch immer an die Zeit, als der Deutsche Orden die „Große Wildnis" eroberte. Heute wird das ganze alte Ostpreußen südlich der polnisch-russischen Grenze von den Polen Mazury/Masuren genannt, auch die Gebiete um Augustów und Suwałki hat man dazugeschlagen und Warmia/Ermland großzügig miteinbezogen, als ob es immer ein Teil Masurens war. Das alles ist zwar historisch nicht ganz richtig, aber wir wollen bei dieser heutigen Benennung bleiben, um nicht zu verwirren.

Von Danzig über Malbork nach Ostróda

Hinweis zur Route

Von Danzig fahren Sie auf der E 75-N 1 die 38 km nach Tczew. Sechs Kilometer hinter Tczew biegen Sie auf die N 50 nach Malbork ab. Man überquert Weichsel sowie Nogat und erreicht nach 18 km Malbork. Von Malbork fahren Sie auf der 515 etwa 37 km nach Stary Dzierzgón. Dort biegen Sie nach links auf die 519 und fahren über Zalewo 27 km nach Małdity, wo Sie nach rechts auf die E 77-N 7 einbiegen und nach 32 km Ostróda erreichen.

Redaktions-Tipps für diese Strecke

Sehenswürdigkeiten

- Die **Marienburg** (S. 301ff), eine der gewaltigsten mittelalterlichen Wehrburganlagen, ist die zu Stein gewordenen Ordensmacht. Die Bernsteinsammlung muss man gesehen haben.
- Der **Elbląg-Ostróda-Kanal** (S. 317f), in dessen Verlauf Schiffe über Berge fahren, ist nicht nur ein technisches Baudenkmal ersten Ranges. Eine Fahrt auf ihm ist auch ein Naturerlebnis der besonderen Art.
- Die Kernsdorfer Höhen/**Dylewska Góra** (S. 319) sind ein Geheimtipp für Wanderer und Naturliebhaber.
- Das Freilichtmuseum **Skansen Olsztynek** (S. 321) zeigt viel vom früheren Leben der Menschen.
- Wer sich für historische Schlachten interessiert, sollte das **Grunwałd-Denkmal** und -Museum besuchen (S. 320) und sich am 15. Juli eines jeden Jahres die Ritterspiele anschauen.
- Der Domhügel in **Frombork** (S. 313) mit der imposanten Kathedrale und der berühmten Orgel ist der Ort, an dem *Kopernikus* das Weltbild auf den Kopf stellte.
- Wer Pferde mag, sollte sich das **Gestüt Kadiny** (S. 312) ansehen.

Übernachtungen

- Das Erlebnis Marienburg abrunden kann man mit einer Übernachtung im **Hotel Zamek** €€ – dem stilvollen Schlosshotel in der Vorburg.
- Das **Hotel Zamek Karnity** €€ befindet sich in einem neogotischen Schloss (1855), direkt am See bei Miłomłyn gelegen – im Urlaub einmal Graf sein, hier geht das.
- In einem Herrenhaus aus dem 19. Jahrhundert bei Małdyty befindet sich das Hotel **Dworek Sople** €, stilvoll eingerichtet, familiär. Die Plakette „der besten Wirtin“ sagt alles.
- Am hohen Ufer des Szeląg-Sees traumhaft gelegen ist das **Hotel Anders** €€ (S. 156), das Haupthaus ist ein altes Herrenhaus, die ganze Anlage fast wie ein Club.
- Das **Hotel Kadyny Country Club** €€ befindet sich im ehemaligen Sommerpalast von Kaiser *Wilhelm II.*, inmitten des Gestüts gelegen.
- Erstes Haus in Elbląg ist das **Hotel Elzam** €€ im ehem. Polizeipräsidium, ein komfortables, zentral gelegenes Haus.
- Ein kleines, ganz neues, aber gemütliches Haus mit gediegenem Komfort mitten in der Elbinger Altstadt gelegen ist das Hotel **Vivaldi** €€.

Gastronomie

- Nicht nur Pub, in dem man abends gemütlich sein Bierchen trinkt, sondern ein prima Restaurant ist der **Pub La Luna** an Ostródas Seepromenade, mit ausgefalleneren Fischspezialitäten wie Lachs mit Spargel auf Spinat oder Lachs-Carpaccio.
- Das **Restaurant Zamkowa** des **Hotel Zamek** in der Vorburg der Marienburg bietet sehr gute polnische Küche im stilvollen Ambiente der Burg mit dicken Backsteinmauern, Ritterrüstungen und Menus bei Kerzenschein.

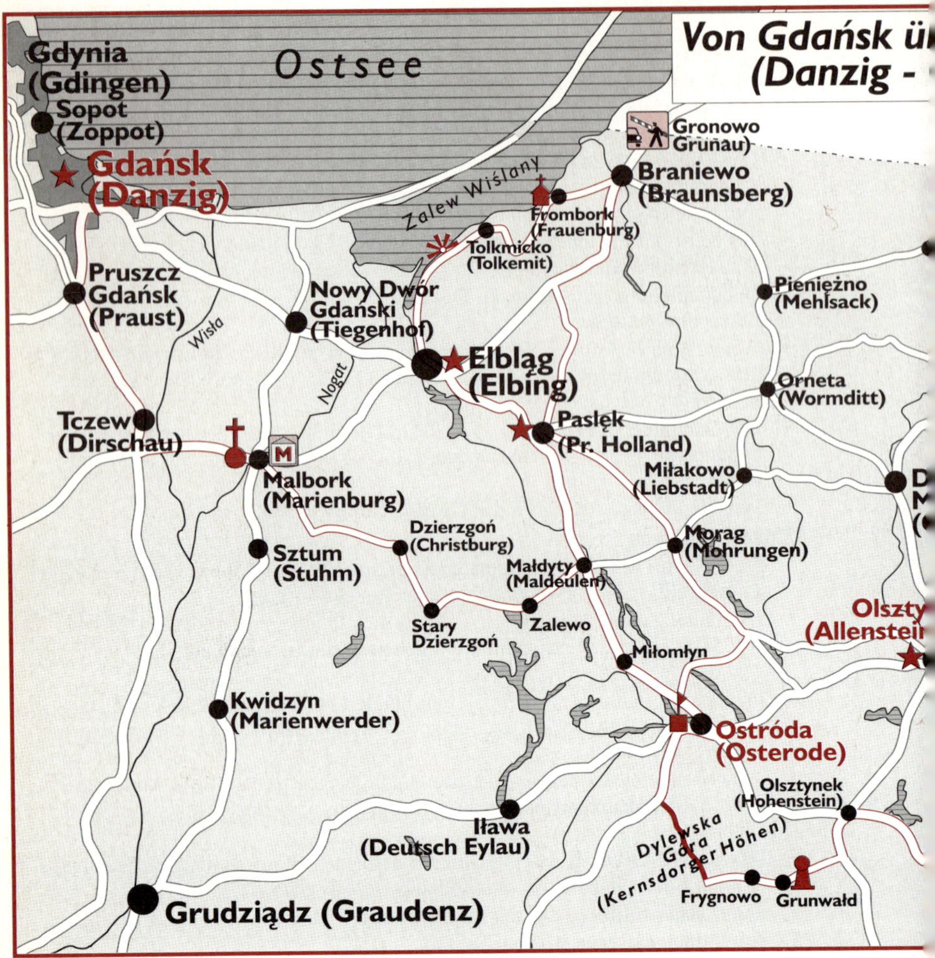

Tczew/Dirschau

Knapp 40 km südlich von Danzig liegt weithin sichtbar Tczew am hohen Ufer der Weichsel.

Seit 1308 **Dirschau** mit seiner großen Nachbarin Danzig an den Deutschen Orden kam, ist seine Geschichte eng mit Danzig verbunden. Von der alten Stadt hat nicht viel mehr als die bereits 1275 erbaute Kościół Św. Krzyża-Heiligkreuzkirche überdauert. Bekannt und bedeutend wurde Tczew durch seine Weichselbrücken. Im Jahre 1857 wurde hier nach sechsjähriger Bauzeit erstmals eine

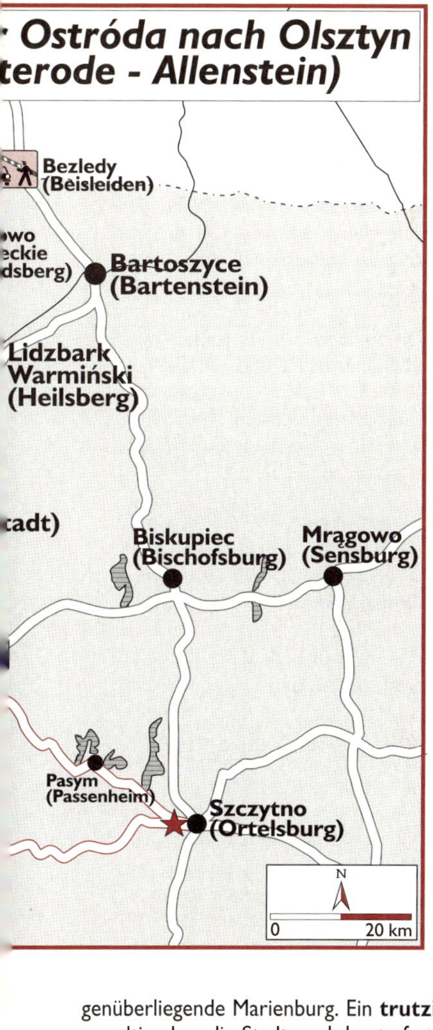

Brücke eingeweiht Die **Gitter-Bogenbrücke** war ein viel bestauntes technisches Meisterwerk, dem sogar Schriftsteller wie *Louis Passarge* (1825–1912) ihre Aufmerksamkeit widmeten. Die 837 m lange kombinierte Straßen- und Bahnbrücke war damals die längste Brücke Nordeuropas. Nun konnte die Ostbahn gebaut werden, die dann auch Königsberg mit Berlin verband.

Das Verkehrsaufkommen entwickelte sich rasant, und bereits 1891 wurde eine neue Eisenbahnbrücke direkt neben die alte gesetzt, die nun Straßenbrücke wurde. Nach dem Versailler Vertrag kam Tczew zu Polen und wurde Grenzbahnhof zur **Freien Stadt Danzig**. Beide Brücken wurden 1939 vom abrückenden polnischen Militär gesprengt. Die erst 1935 im Zuge der geplanten Autobahnverbindung nach Königsberg gebaute neue Brücke wurde 1945 gesprengt und später wiederaufgebaut.

Die Marienburg – Stein gewordene Ordensmacht (ⓘ s. S. 127)

Marienburg – größter Backsteinbau der Welt

Die Marienburg, größter Backsteinbau der Welt, ist nach dem Prager Hradschin und dem Moskauer Kreml die drittgrößte Burganlage Europas. Vom Westufer der Nogat aus gesehen hat man den schönsten Blick auf die gegenüberliegende Marienburg. Ein **trutziger Backsteinbau**, so dominierend und gewaltig, dass die Stadt noch heute fast dahinter verschwindet.

Von hier aus erkennt man die Gliederung der Marienburg am besten: die Vorburg im Norden, das Mittelschloss mit der zur Nogat zeigenden, reich gegliederten Fassade des Hochschlosses. Südlich schließt sich die Altstadt von Malbork an die Burgmauern an. Die ab 1270 erbaute Marienburg war ab 1309, als Hochmeister *Siegfried von Feuchtwangen* den Sitz hierher verlegte, Hochmeistersitz des Deutschen Ordens und belegt eindrucksvoll über sieben Jahrhunderte deutscher und polnischer Geschichte.

INFO Aus aller Herren Länder

Ostpreußens Eingeborene waren die westbaltischen Pruzzen. Nach der Eroberung ihrer Territorien durch den Deutschen Orden brauchte der entstehende Ordensstaat ein Staatsvolk.

Da man das rebellische Pruzzenvolk schwerlich ganz ausrotten konnte, strebte der Orden eine Vermischung der eingeborenen Pruzzen mit zugewanderten Christen an. Die Klammer um das so entstehende Völkergemisch sollte also nicht ethnischer Natur sondern würde der Glaube sein.

Es folgte die erste große Kolonisation, die energisch betrieben wurde, wobei systematisch pruzzische Siedlungsgebiete mit Kolonisten durchsetzt wurden, um die Vermischung zu beschleunigen. Bevorzugt wurde im Deutschen Reich, in Skandinavien und der Schweiz um Neusiedler geworben, aber auch Polen, Russen, Tschechen, Franzosen und getaufte Litauer kamen. So wurde das Gebiet des späteren Ostpreußen bereits vor 1300 zu einem der ersten großen Einwanderungsgebiete.

Die Pruzzen gingen allmählich auf in diesem neu entstehenden Volk. Das nun über die Jahrhunderte entstehende Volk war durch Erziehung deutsch geprägt, nicht durch Herkunft. Zum (Ost-)Preußen wurde man durch Anerkennung der Herrschaft und lange Zeit durch den Glauben, also aus eigenem Wollen und nicht durch Abstammung.

Nach den Schlachten des 15. Jahrhunderts wurden wiederum Menschen gebraucht, um die Verluste auszugleichen, die Tore standen offen, auch für Polen, Litauer, Russen. Auch Asylanten kamen, denn keiner, der sich im Ordensstaat niederlassen wollte, wurde an sein Heimatland ausgeliefert, die Freiheiten im Ordensstaat waren größer als anderswo.

Ostpreußen wurde nach dem Ende des Ordensstaates 1525 Zentrum des neu entstehenden Herzogtums Preußen, ein Einwanderungsland mit einem Bevölkerungsgemisch aus Pruzzen, Deutschen, Polen, Litauern, Franzosen, Niederländern, Schotten, Russen, Tschechen, und immer mehr ein Land großzügiger Religionsfreiheit für Lutheraner, Calvinisten, Katholiken, Hussiten, Methodisten, Hugenotten und später selbst für Juden – dann allerdings etwas weniger großzügig. Preußen damals war toleranter und fortschrittlicher als jedes andere bekannte Staatsgebilde unter der Sonne.

Als Friedrich III. sich 1701 selbst zum König in Preußen gekrönt hatte, forcierte er die Einwanderung nach Preußen, vor allem den französischen Hugenotten und den schweizerischen Calvinisten öffnete er das Land, denn sie waren durchweg gut ausgebildete Handwerker.

Durch die Pestwellen von 1709–1711 wurde die Hälfte der Ostpreußen dahingerafft.

Mit seinem Retablissement betrieb *Friedrich Wilhelm I.* eine weitsichtige Einwanderungspolitik. Er warb Kolonisten durch Steuerfreiheiten für die erste und zweite Generation, geregelte Landvergabe und allerlei sonstige Anreize an. Holländer, Franzosen, Pfälzer, Nassauer und Schweizer kamen neu ins Land.

1723 gründete er zur weiteren Erhöhung der Einwandererzahlen die litauische Deputation, die vor allem in Litauen und Polen Siedler anwarb. 1732 holte er auf einen Schlag 15.000 protestantische Salzburger ins Land, denen er Land und die freie Religionsausübung zugesichert hatte. So hinterließ er seinem Sohn *Friedrich II.* bei seinem Tode 1740 ein blühendes Ostpreußen, es lebten wieder gut 600.000 Menschen im Lande, ein Vielvölkergemisch, das zu fast einem Viertel aus Jungemigranten bestand.

Mit der ersten polnischen Teilung 1772 kam das Ermland an Preußen. Von nun an gab es in Ostpreußen eine fast rein katholische Enklave im ansonsten fast vollständig gemischt-protestantischen Ostpreußen. Die großen Einwanderungsströme versiegten, denn zum Ende der Regierungszeit *Friedrichs II.* tat sich eine Alternative auf, die USA erklärten ihre Unabhängigkeit und verhießen Einwanderern mehr als nur Religionsfreiheit.

Im Völkergemisch Ostpreußens wurde zur größten Integrationskraft die preußische Staatsidee, die ja nicht auf einem Staatsvolk gleicher regionaler oder stammesgeschichtlicher Identität beruhte, sondern auf der Loyalität der Bürger Herrscherhaus und Staat gegenüber.

Deutsch wurde Amts- und Verkehrssprache, die jeweilige Umgangssprache jedoch richtete sich nach der eigenen Umgebung, bis in unser Jahrhundert hielten sich so noch Litauisch, Polnisch und Masurisch neben dem Deutschen. Ob man der betreffenden Volksgruppe selbst angehörte, spielte dabei nicht immer eine Rolle, man passte sich ohne Vorbehalte seiner Umgebung an.

Die Probleme kamen erst mit der Gründung des deutschen Nationalstaates, als es nicht mehr genügte, ein loyaler preußischer Bürger zu sein, nun musste man deutsch sein, oder man wurde unversehens Angehöriger einer ausgegrenzten, später auch verfolgten Minderheit.

Bald war nichts mehr zu spüren von der großzügigen Toleranz, die dieses Land einmal ausgezeichnet hatte. Schon im Bismarckschen Kulturkampf wurde die veränderte Lage deutlich.

Der verlorene Erste Weltkrieg, die Prozedur der Volksabstimmungen mit den vorhergehenden Volkstumskämpfen polarisierte stärker, wechselseitige nationale Begehrlichkeiten erweckten Hassgefühle, als Ostpreußen nur noch deutsch sein wollte, führte der Weg geradewegs in den Nationalsozialismus und in seiner Folge direkt in den Untergang.

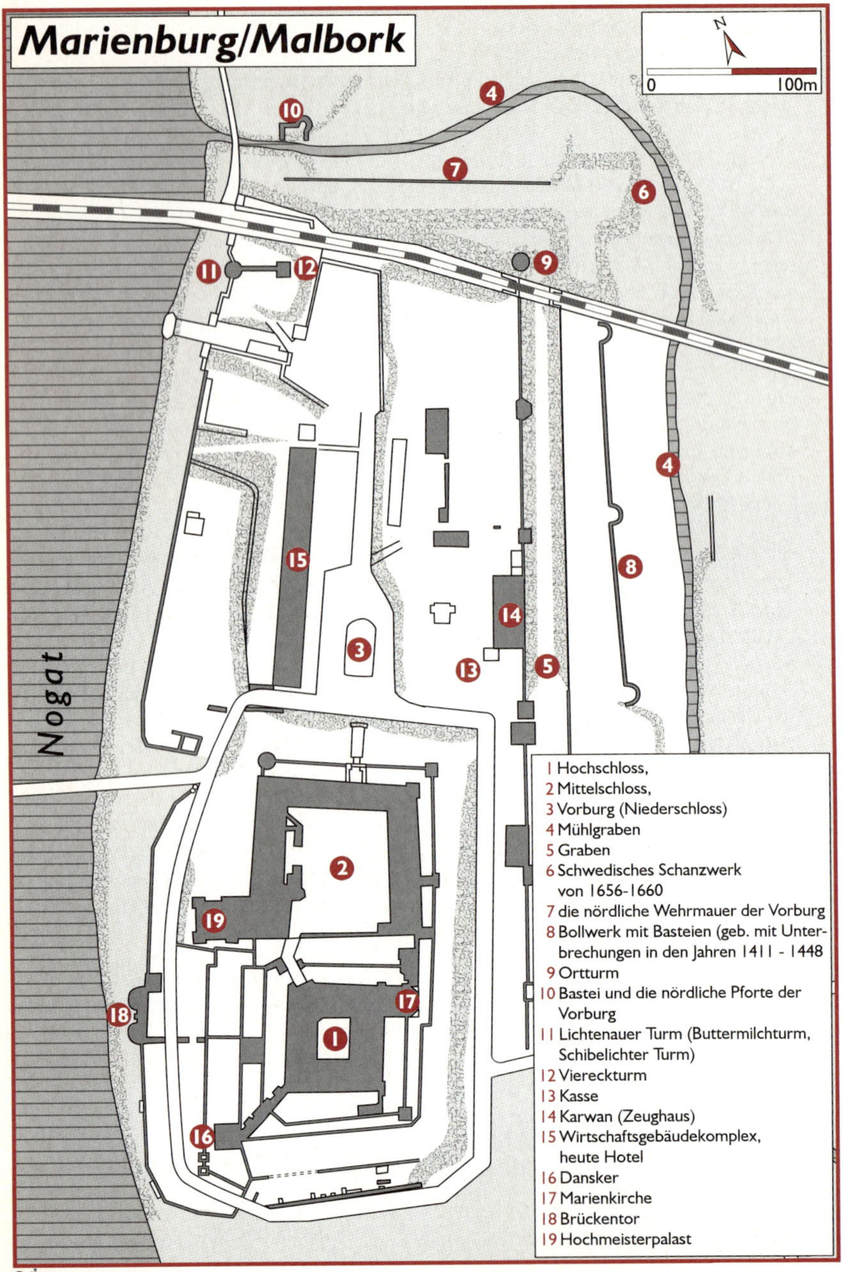
Marienburg/Malbork
N
0
100m
Nogat
1 Hochschloss,
2 Mittelschloss,
3 Vorburg (Niederschloss)
4 Mühlgraben
5 Graben
6 Schwedisches Schanzwerk von 1656-1660
7 die nördliche Wehrmauer der Vorburg
8 Bollwerk mit Basteien (geb. mit Unterbrechungen in den Jahren 1411 - 1448
9 Ortturm
10 Bastei und die nördliche Pforte der Vorburg
11 Lichtenauer Turm (Buttermilchturm, Schibelichter Turm)
12 Viereckturm
13 Kasse
14 Karwan (Zeughaus)
15 Wirtschaftsgebäudekomplex, heute Hotel
16 Dansker
17 Marienkirche
18 Brückentor
19 Hochmeisterpalast

INFO Der Deutsche Orden

Gegründet wurde der Orden unter dem Namen „Brüder und Schwestern vom Deutschen Haus St. Mariens in Jerusalem“ als Hospitalbruderschaft Lübecker und Bremer Bürger 1090 bei Akko im Heiligen Land. 1198 wurde der Krankenpflegeorden in einen Ritterorden zur Verbreitung des Glaubens umgewandelt. Nachdem Palästina von Muslimen erobert wurde, brauchte der Deutsche Orden ein neues Betätigungsfeld. Nach einem Intermezzo in Ungarn, wo der Orden die östliche ungarische Grenze in Siebenbürgen stabilisieren half, eigene Ansprüche aber nicht durchzusetzen vermochte, kam der Ruf des polnischen Herzogs *Konrad von Masowien* gerade Recht. Er brauchte Hilfe, da er außer Stande war, seiner heidnischen Nachbarn, der Pruzzen, Herr zu werden. Diesmal sicherte der Orden seine Forderungen vor Beginn des Feldzugs ab und erhielt das Kulmer Land von Konrad zum Lehen. Als Kaiser *Friedrich II.* dem Orden 1226 in der Goldenen Bulle von Rimini die Herrschaft über alle von ihm eroberten Territorien zusicherte, gab Hochmeister *Hermann von Salza* den Marschbefehl. Im Jahre 1230 überschritt Landmeister *Hermann Balk* mit dem Ordensheer die Weichsel.

Ein befestigter Platz nach dem anderen wurde auf dem Marsch nach Osten errichtet, eine Burg nach der anderen erbaut. Bis 1280 waren die Pruzzen besiegt, und als 1309 der Orden seinen Hochmeistersitz aus Venedig in die Marienburg verlegte, war der Deutschordensstaat bereits die dominierende Wirtschafts- und Militärmacht der Region. Im Schutzkreis der Burgen entstanden Siedlungen, eine gezielte Einwandereranwerbung hatte begonnen, der Orden schuf sein eigenes, neues Staatsvolk. Die ethnische Herkunft des Einwanderers war nebensächlich, Hauptsache der Neusiedler war loyal und Christ. In diesen Blütejahren galt der Ordensstaat das fortschrittlichste Staatsgebilde Europas – wenn man nicht gerade Pruzze war. Zu jener Zeit war der Orden, der streng hierarchisch aufgebaut war, attraktiv für die Söhne des Adels und hatte mit 3.000 auch seine größte Ritterzahl. An der Spitze der durchweg adeligen Ritter- und Priesterbrüder stand der Hochmeister, dem fünf Großgebietiger beigesellt waren, der Großkomtur, der als Stellvertreter des Hochmeisters fungierte, der für das Heerwesen zuständige Marschall, der Tressler genannte Schatzmeister und der als Zeugmeister tätige Trapier sowie der Spittler als Leiter des Hospitalwesens.

Mit der Christianisierung der Litauer und deren Union mit Polen war die eigentliche Daseinsberechtigung des Ordens entfallen. Es gab nichts mehr zu christianisieren in der Region, und der Interessenkonflikt mit Polen wurde unüberbrückbar. Die Niederlage bei Tannenberg am 15.7.1410 läutete mit ersten Gebietsverlusten den Niedergang ein. Unfähig zur Reform von innen, die den Städten und Ständen Mitsprache zugestanden hätten, fühlten sich diese zunehmend fremd bestimmt, und neben dem äußeren Druck beschleunigte der innere Zwist den Verfall des Ordens.

Im 2. Thorner Frieden von 1466 musste der Orden weite Gebiete an Polen abtreten und den Hochmeistersitz nach Königsberg verlegen. 1525 endete die Ordensherrschaft, als Hochmeister Markgraf *Albrecht von Brandenburg-Ansbach* das Ordensland in ein weltliches Herzogtum Preußen unter polnischer Lehnhoheit umwandelte.

Weltkulturerbe der UNESCO

Sie war 147 Jahre Sitz des Hochmeisters und damit so etwas wie der Regierungssitz des Deutschordensstaates. Später diente sie 315 Jahre lang bis zur ersten polnischen Teilung von 1772 den polnischen Königen als Residenz. Die Ordensritterburg in Malbork an der Nogat gehört zu den wertvollsten Kulturdenkmälern der Region. Sie ist die bei weitem größte mittelalterliche Festungsanlage und steht auf der **UNESCO-Liste des Weltkulturerbes**.

Gut eine halbe Million Kulturinteressierter besuchen die Burg jährlich, welche nach schwersten Kriegszerstörungen von polnischen Restauratoren wiederaufgebaut wurde. Der ganze 20 Hektar große Burgkomplex ist von mächtigen Mauern und Wassergräben umgeben. Das quadratische, vierflügelige ab 1274 erbaute Hochschloss ist der älteste Teil der Burg, später kam das repräsentative Mittelschloss dazu. Etwa drei Stunden dauert eine Besichtigung der Burg, die man durch ein Tor des 1318 erbauten **Mittelschlosses**-Zamek średni betritt, aber man sollte sich mehr Zeit nehmen. Zu den schönsten Burgteilen gehört der **Hochmeisterpalast**-Pałac Wielckich Mistrzów mit dem Sommer- und Winterremter und deren jeweils auf nur einer Stütze ruhenden Palmengewölben. Der Hochmeisterpalast war von Anfang an zuvorderst als eleganter Repräsentationsbau geplant.

Die Marienburg

Größte mittelalterliche Burganlage Europas

Das **Hochschloss**-Zamek Wysoki mit dem am Ende eines 65 m langen Ganges liegenden Danskers (der Burgtoilette) und der Goldenen Pforte-Żółta Brama schließt sich südwestlich an. Dieser große, quadratische Bau wurde ab 1280 erbaut, als die Hochmeister ihren Sitz noch in Italien hatten, hier residierte nur ein Komtur. Im Nordflügel des Hochschlosses befindet sich übrigens die 1340 fertig gestellte **Marienkirche**. In diesem als Hauptschloss fungierenden Bau liegen auch sämtliche Wirtschaftsräume. In der ersten Etage des Nordflügels liegt der große **Kapitelsaal**, während Süd- und Ostflügel die Schlafsäle der Ritter beherbergten sowie in der zweiten Etage den Konventsremter genannten Speise- und Versammlungssaal der Ritter. In diesem Saal ist heute die Ausstellung über die Marienburg untergebracht.

Das Mittelschloss, mit dessen Bau 1309 begonnen wurde, ist mit dem Hochschloss durch eine Brücke verbunden. Hier befand sich der **Große Remter**, der seinerzeit mit 30 m Länge und 15 m Breite einer der größten Säle Europas war: bis zu 400 Gäste konnten hier gleichzeitig bewirtet werden. Im alten Gästeflügel, dem Ostteil des Mittelschlosses ist eine besonders eindrucksvolle Ausstellung untergebracht, die man sich unbedingt ansehen sollte: die **Bernsteinausstellung**. Eine ungeheure Vielfalt an Formen und Farben des Goldes der Ostsee und eine schier unglaubliche Kreativität bei der Verarbeitung wird hier in wunderschönen Exponaten belegt.

Bernsteinausstellung

Wer das Erlebnis Marienburg abrunden möchte und bei ansprechendem Komfort so richtig ins Mittelalter abtauchen will, sollte im **Schlosshotel** übernachten, welches in den Kreuzrittergemäuern im Vorhof untergebracht ist.
Muzeum Zamkowe, ul. Starościńska 1, Tel. 2723364, Fax 2722405. Das Burggelände ist auch täglich von 8–20 Uhr geöffnet, die Ausstellungen vom 15. Mai–15. Sept. Di bis So 9–17 Uhr, sonst 9–15 Uhr. Im Mai bis Sept. abends „Son et Lumiere" mit mittelalterlichen Vorführungen, Wein und Gebäck.

Ostróda/Osterode (ⓘ s. S. 127)

Ostróda, das frühere Osterode, gilt als **Tor nach Masuren**. Mit kulturhistorisch bedeutenden Bauwerken ist die Stadt nicht allzu gesegnet, zu groß waren die Zerstörungen der Kriegszeit. Anziehend macht Ostróda die schöne Lage an einer malerischen Bucht des Drwęcko-Sees-Drewenzsees inmitten von vier weiteren wunderbaren Seen, was der Stadt den Beinamen Perle Masurens eintrug. Der Deutschordenskomtur *Luther von Braunschweig* verlieh Ostróda 1329 die Stadtrechte. Berühmtester Besucher Ostródas war *Napoleon*, der 1807 mehrere Wochen in der Stadt weilte. Quartier hatte er auf der Ordensburg genommen, die in den Jahren 1349 bis 1370 erbaut wurde. Der wuchtige, fast quadratische Backsteinbau hatte einst vier Flügel und einen Turm. Nachdem sie 1788 abgebrannt war, wurde sie als dreiflügeliges Schloss wieder aufgebaut. 1945 brannte das **Schloss** wiederum ab und erstrahlt heute wieder im alten Glanz. Genutzt wird es als Kulturzentrum, auch die Stadtbibliothek und das Heimatmuseum sind hier untergebracht
Muzeum Regionalne, ul. Mickiewicza 22, Tel. 6462602, geöffnet Juli bis September Mo–Fr 8–18 Uhr, Sa u. So 10–14 Uhr.

Perle Masurens

Ostróda, Panorama vom Drwęcko-See

Sehenswert ist auch die Pfarrkirche des Hl. Dominikus Savio-Kościół Św. Dominika Savio, die 1351 fertig gestellt wurde. Die einschiffige gotische Backsteinkirche steht auf einer Feldsteinuntermauerung. Die Attraktion der Stadt und ihr Sommerzentrum ist die **Promenade am Seeufer** und dem neuen Seesteg mit Pavillon. Hier am See gibt es im Sommer fast täglich Livemusik, hier kann man auch abends noch einen Drink am See nehmen. Am Seesteg ist die Anlegestelle der **Weißen Flotte**, von zweistündigen Spazierfahrten auf dem See bis zu Tagestouren nach Elbląg reicht das Programm. Ostróda eignet sich hervorragend als Standquartier für ausgedehnte Ausflüge sowie Rad-, Wasser- und Fußwanderungen im westlichen Masuren. Das gilt genauso für die Umgebung der Stadt. Ein wunderbarer Urlaubsort ist **Stare Jabłonki**-Alt Jablonken, das an einem mit Ostróda durch das Kanalsystem des **Ostróda-Elbląg-Kanals** verbundenen 17 km langen Rinnensee liegt, dem Jez. Szeląg-Schillingsee.

Ostróda, Uferpromenade

Standquartier für ausgedehnte Ausflüge

Direkt am See finden sich hier Unterkünfte in idyllischen Waldlagen abseits der großen Verkehrsströme. Gleiches gilt für das bei Miłomłyn-Liebemühl völlig abseits im Wald am Jez. Bartążek-Bärtingsee gelegene **Tarda**-Tharden mit seiner urwüchsigen Umgebung. Karnity und Sople mit ihren Schlosskomplexen in idyllischer dörflicher Lage nicht weit von Miłomłyn sind gleichfalls schöne Alternativen.

Iława (ⓘ s. S. 127)

Ostróda-Elbląg-Kanal

Reizvoll ist auch ein Ausflug nach Iława, nicht mit dem Auto, sondern mit dem Schiff ab Ostróda über den **Ostróda-Elbląg-Kanal**. Gegen 15 Uhr ist der Dampfer in Iława, und von dort kann man mit dem Zug nach Ostróda zurückkehren. Iława-Deutsch Eylau ist eine idyllisch am **Jeziorak-See**-Geserichsee gelegene Kleinstadt mit 30.000 Einwohnern.

Wassersportrevier

Der Jeziorak ist mit 27 km der längste Rinnensee Polens und ein tolles Wassersportrevier inmitten der Pojezierze Iławskie-Eylauer Seenplatte. Das Stadtzentrum, das im Zweiten Weltkrieg fast völlig zerstört wurde, ist heute wieder ansprechend, wenn auch nicht originalgetreu aufgebaut. An alten Bauten existiert nur noch die gotische Pfarrkirche aus dem 14. Jahrhundert.

Von Ostróda über Elbląg ans Frische Haff und nach Morąg

Hinweis zur Route

Von Ostróda fährt man auf der E 77/N 7 nach Elbląg, das man nach 74 km erreicht. Dort biegt man auf die 503 ein und fährt am Haffufer 26 km nach Tolkmicko. Nach weiteren 7 km erreicht man Pogrodzie, wo man nach links auf die 504 einbiegt und nach 10 km Frombork sowie nach weiteren 10 km Braniewo erreicht. Von Braniewo fahren Sie auf der 508 zehn km nach Süden, bis man die ehemalige Autobahn Elbing/Königsberg erreicht, auf die man Richtung Elbląg 8 km bis zur nächsten Abfahrt fährt. Dort biegt man nach links auf die 505 ein, der man durch Młynary folgt und nach 25 km Pasłęk/Preußisch Holland erreicht. Von Pasłęk fährt man auf der 527 Richtung Morąg/Mohrungen, das man nach 28 km erreicht. Von Morąg führt die Route 17 km auf der 527 bis Łukta und biegt dort auf die 530 nach Ostróda ein, das man, kurz vor Ortsanfang auf die E 77/N7 einbiegend, nach 18 km erreicht.

Elbląg (ⓘ s. S. 127)

Elbląg oder Elbing, wie es früher hieß, bekam 1246 die Stadtrechte, nachdem 1237 der Deutsche Orden hier eine Burg errichtet hatte, um die sich rasch eine Siedlung bildete.

ehemalige Hansestadt

Die Landkarte sah zu jener Zeit noch ganz anders aus, denn die Stadt lag an der Mündung von Elbingfluss und Weichsel ins Frische Haff. Daher war auch die **Hansestadt Elbing** damals der bedeutendste Seehafen des Ordens. Das änderte sich nach 1370, als die Weichsel sich ein neues Bett suchte und ihren Mündungsverlauf nach Danzig verlegte. Dem blühenden Elbinger Handel tat das wenig Abbruch. Nach der Niederlage des Ordens wurde Elbing 1457 unter polnischer Oberhoheit **autonome Stadtrepublik**. 1772 nahm *Friedrich der Große* nach der ersten Teilung Polens auch Elbing in Besitz, das bis 1945 preußisch-deutsch blieb.

Werft-industrie

Zwei Namen beherrschten in preußischer Zeit Elbings Wirtschaftsleben: *Loeser & Wolff* sowie *Schichau*. *Loeser & Wolff*, die größte Tabakwarenfirma im Vorkriegsdeutschland, hatte genauso in Elbing ihren Sitz wie die **Schichau-Werft**. Bereits 1837 hatte der Elbinger *Ferdinand Schichau* (1814–1896) seine Schiffswerft gegründet, später wurden auch noch Lokomotiven ins Produktionsprogramm aufgenommen.

Elbląg mit Nikolaikirche

Anfang 1945 ging das alte Elbing unter, zu fast hundert Prozent wurde die Altstadt zerstört, die nun in

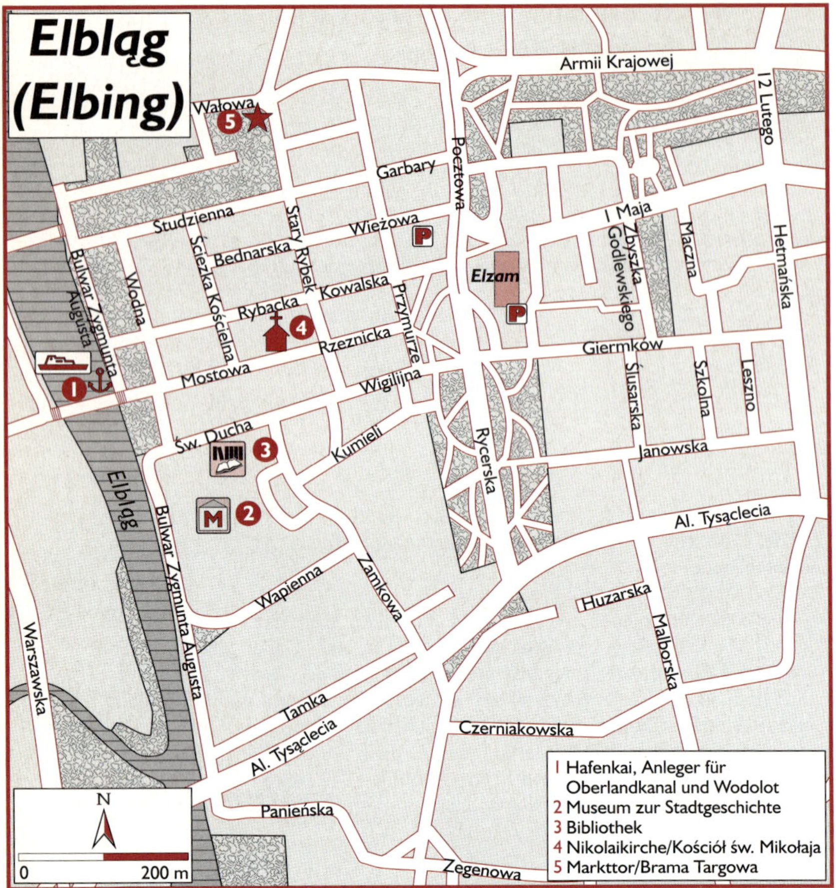

mühsamer Kleinarbeit wieder aufgebaut wird. Wer Elbląg bereits vor einigen Jahren einmal sah, wird es kaum wiedererkennen. Zwar hat die 120.000-Einwohner-Stadt einen herben Rückschlag erlitten, als sie mit Inkrafttreten der Verwaltungsreform Anfang 1999 den Wojewodschaftssitz verlor, aber im Konzept des Altstadtaufbaus ließ man auch unter den veränderten Strukturen nicht locker. Nur ausgesuchte Straßenzeilen können originalgetreu aufgebaut werden, das meiste wird im Retrostil errichtet. Die Grünflächen mitten in Elblągs Zentrum waren riesig, eine neue Innenstadt wird aus dem Boden gestampft, der man nun versucht auch Leben einzuhauchen mit bisher erfreulichem Erfolg.

Nikolaikirche

Sehenswert in Elbląg ist die **Nikolaikirche/Kościół Św. Mikołaja (4)** aus dem 19. Jahrhundert, die einen weithin sichtbaren 95 m hohen Turm hat. Bemer-

INFO Wulfstans Reise nach Truso

Truso, wie Vineta eine sagenumwoben reiche Handelsstadt an der Ostsee, bot lange Anlass für Spekulationen und immer noch Antrieb für Schatzsucher. Lange schoben seriöse Wissenschaftler die Existenz Trusos ins Reich der Fabeln und Legenden ab. Dieses Urteil ist revidiert, Truso hat es wirklich gegeben, und es lag am Druzno-See/Drausensee, Ausgrabungen belegen das, wahrscheinlich wurde der See sogar nach dem Ort Truso benannt. So geht man heute davon aus, dass der Handelsplatz Elbing keine Ordensgründung war, sondern in dieser Gegend sich das „Troja des Nordens", das märchenhaft reiche Truso, die pruzzische Handelsstadt befand.

Schon früh gab es einen Bericht über eine Truso-Fahrt. *Wulfstan*, der legendäre Wikingerkapitän, segelte im Auftrag des Angelsachsenkönigs *Alfred* 890 von Haithabu sieben Tage und Nächte vor westlichen Winden die Ostseeküste entlang. Die Absicht des zwischen 871 und 901 regierenden Königs *Alfred* war, das „Buch über die Weltgeschichte durch die Erkenntnisse dieser Expedition zu ergänzen. Von Truso hatte man nämlich nur die vage Vorstellung, dass Schweden regen Handel mit diesem reichen Handelsplatz trieb.

Die Segelbeschreibung *Wulfstans* enthält genaue Schilderungen der Fahrt. An der pommerschen Küste entlang segelnd erreichte der Wikinger die Weichselmündung. Im damaligen Weltbild markierte die Weichsel die Grenze zwischen Wendland und Widland. Letzteres galt als Territorium der Ostländer, zu denen auch die Pruzzen gehörten. In dieses Widland fuhr *Wulfstan* nun, überquerte das Frische Haff, erreichte die Elbingmündung und bald darauf Truso. Zweimal nennt er in seinem Bericht den Namen Truso, und er erwähnt auch erstmals den von ihm Ilfing genannten Elbingfluss.

770 Kilometer war *Wulfstan* bis Truso gesegelt, etwa 110 km pro Tag, ein Etmal, das manchem Segler auch heute noch Respekt abringt.

kenswert sind das Triptychon aus dem Jahr 1510, das Messingtaufbecken mit den Löwenköpfen von 1387 sowie die Renaissancekanzel.

In der ul. Św. Ducha 5-7/Heiliggeiststraße befindet sich im 1457 erbauten schön wieder hergerichteten einstigen Heiliggeistspital die **Elbinger Bibliothek (3)**, die schon vor dem Krieg eine der bedeutendsten der Region war. Große Teile der Bestände haben den Krieg überstanden und sind nach langem Exil in Toruń heute wieder hier versammelt, auch die einmalige Sammlung von über 8.000 alten Drucken und 48 Inkunabeln, deren schönste Stücke präsentiert werden.
Biblioteka Elbląska im. K.C. Norwida, ul. Świętego Ducha 5-7, Tel. 232 69 24, 232 79 81, geöffnet Mo–Fr 10–18 Uhr, Sa 11–15 Uhr.

Die nördliche Altstadtgrenze markiert das **Markttor (5)** aus dem Jahre 1319 an der ul. Wałowa, an der sich auch die Reste der alten Stadtmauern befinden. Nur

Markttor und Marienkirche

ein paar Schritte vom Tor entfernt steht auch die **Marienkirche**, mit deren Bau die Dominikaner 1246 begannen. Die Kirche diente später als evangelische Hauptkirche der Stadt und galt früher als schönstes Gotteshaus der Stadt. Heute beherbergt sie eine Galerie mit wechselnden Ausstellungen moderner Malerei.
Galeria EL, ul. Kuśnierska 6, Tel. 232 53 86, geöffnet Mo–Sa 10–18, So. 10–17 Uhr.

Das **städtische Museum (2)** befindet sich im Gebäude des alten Elbinger Gymnasiums, das auf den Grundmauern der alten 1454 abgerissenen Burg um 1460 zunächst als Brigittenkloster errichtet wurde, bevor es dem 1535 gegründeten Gymnasium als Schulhaus diente.
Muzeum Państwowe, ul. Zygmunta Augusta 11, Tel. 232 72 73, geöffnet Di–Sa 8–16 Uhr, So 10–16 Uhr.

Kadyny (ⓘ s. S. 127)

türkisblaues Haff

Gleich hinter Elbląg geht es hoch in die Wzniesienne Elbląskie, die Elbinger Höhen, eine landschaftlich wunderschöne Strecke am Haff entlang. Herrliche Alleen wie aus Großmutters Zeiten, dichte Wälder, und zwischendurch blitzt das türkisblaue Haff tief unten zwischen den Bäumen hindurch, eine fast südlich anmutende Landschaft. Die Schönheiten dieses Landstriches hatten es der Prominenz schon früher angetan. Kaiser *Wilhelm II.* erwarb das Gut Cadinen und ließ dort einen herrlichen Park anlegen.

Heute dient der wieder wunderbar in Stand gesetzte Gutshof als Gestüt, das über die Grenzen Polens hinaus bekannt ist. Auch ein Hotel im Stile echt britischer Country Clubs ist dort untergebracht.

kaiserliche Vergangenheit

An die **kaiserliche Vergangenheit** erinnern die beiden Wachhäuschen vor dem noch nicht wieder restaurierten Palais. Die Hohenzollern hatten dieses Gutshaus auch nach Ende des Kaiserreiches genutzt. Der spätere Chef des Hauses Hohenzollern, Prinz *Louis Ferdinand von Preußen*, lebte hier mit seiner Familie bis 1945. Direkt am Dorfeingang findet sich ein Parkplatz, in dessen Nähe eine **1.000jährige hohle Eiche** zu bewundern ist. Berühmt war Cadinen nicht nur wegen des kaiserlichen Sommersitzes, sondern auch ob der **Cadiner Majolika**-Manufaktur. Auch heute noch kann man im Gut die Majolika mit ihrer charakteristischen rotbraunen Farbe erwerben.

Tolkmicko/Tolkemit, die Gemeinde, zu der Kadyny gehört, ist ein alter Fischerort, der schon zu pruzzischer Zeit eine Burg hatte. Schön ist der ins Haff ragende Seesteg, von dem aus man eine schöne Aussicht über das Haff hat.

Frombork (ⓘ s. S. 127)

Den schönsten Blick auf Frombork hat man draußen auf der **Mole** des kleinen Hafens. Neben Fischerbooten und Segelyachten machen hier auch die Ausflugsschiffe nach Krynica Morska, Elbląg und Kaliningrad fest.

Trutzig und allzeit verteidigungsbereit steht die Kathedralfestung Frombork/ Frauenburg am hohen Ufer des Frischen Haffs. Die **Domburg** gilt als künstlerisch bedeutendster Sakralbau der Region und stammt in ihren Anfängen aus der zweiten Hälfte des 14. Jahrhunderts.

Der als Wehrkirche errichtete Backsteindom, ob des Zisterziensereinflusses nur mit vier kleinen **Ziertürmen** versehen, gilt als das Meisterwerk ermländischer Baukunst. Dem Baustil nach gotischer Hallenbau, ist die Innencinrichtung der 1388 fertig gestellten Kathedrale mit einer Rokoko-Kanzel deutlich barock geprägt. Hier in der Kathedrale befinden sich auch Epitaph und **Grab von *Kopernikus*.**

INFO Kopernikus

Wenn er auch kein Sohn dieses Landes ist, *Kopernikus* ist der bekannteste Name des Ermlandes. 1473 als Sohn eines Kaufmanns in Toruń/Thorn geboren, studierte er in Krakau und Italien Medizin, Philosophie, Rechtswissenschaft und Astronomie. 1503 kehrte er zurück und wirkte von da an in den drei Kopernikus-Städten Lidzbark Warmiński/Heilsberg, Olsztyn/Allenstein und Frombork/Frauenburg.

Zunächst ging er an die Residenz seines Onkels und Gönners, des ermländischen Fürstbischofs *Lukas von Watzenrode*, den er bis 1510 als Leibarzt betreute. Nebenher übersetzte er die Episteln des Theophylaktos aus dem Griechischen und widmete das Werk seinem Onkel, auch erste Himmelsforschungen stellte er hier bereits an. 1512–1516 weilte er erstmals in Frombork bei der Kurie auf der Domburg. 1516 wurde er zum Kapiteladministrator und Landpropst von Olsztyn (Allenstein) ernannt und war dort zunächst bis 1519 tätig und dann nochmals zwischen 1521 und 1524. Er verwaltete dort die Kammerämter des Domkapitels, sorgte für die Besetzung wüster Bauernstellen und bereitete die Verteidigung des Domkapitels im Reiterkrieg (1519–1521; Hochmeister *Albrecht von Brandenburg-Ansbach* versucht sich der polnischen Oberhoheit zu entledigen) vor.

Von 1524 bis zu seinem Tode 1543 lebte *Kopernikus* auf der Domburg in Frombork (Frauenburg). Kopernikus war als Arzt, Kartograph, Münzexperte, Verwalter und Politiker tätig, eine Art Universalgenie, das hier in Frombork seine astronomischen Studien in seinem Hauptwerk „De Revolutionibus Orbium Coelestium" vollendete. Viele Jahre blieb dieses Werk unveröffentlicht, Kopernikus selbst scheute die Veröffentlichung, erst sein Schüler *Rheticus* sorgte 1543 für die Drucklegung, und Kopernikus selbst hielt es erst an seinem Todestag erstmals in Händen.

Seine Erkenntnisse revolutionierten das herrschende Weltbild. *Kopernikus* erkannte, dass sich die Erde und die Planeten in Kreisen um die Sonne bewegen und nicht umgekehrt, wie man bis dahin glaubte, und begründete damit das heliozentrische, kopernikanische Weltsystem. Dies leitete eine neue geistige Epoche der Menschheit ein, die kopernikanische Wende.

Die Orgel ist die spektakulärste Sehenswürdigkeit im Dom, sie wurde 1684 vom Danziger Meister *Daniel Nitrowski* erschaffen. Man sollte keinesfalls eine der mehrmals täglich stattfindenden **Orgeldemonstrationen** versäumen. Diese Orgel zu hören, ist ein Erlebnis, wenn vom dröhnenden, grollenden Brausen der Tiefen der Boden des riesigen Kirchenschiffes erzittert und die Höhen die ganze lichte Halle in einen einzigen schwingenden Klangkörper verwandelt, erlebt der Zuhörer sich inmitten der Musik und nicht frontal gegenüber, wie sonst gewohnt.

Die Orgel in Frombork

Kathedrale Frombork, geöffnet Mai bis August Mo–Sa 9–17 Uhr, So 9–17 Uhr außerhalb der Messen, übrige Jahreszeit 9–16 Uhr. Während der Saison finden mehrsprachige Erläuterungen und Orgelvorführungen statt.

Planetarium

Auf dem von mächtigen Wehranlagen umgebenen **Domhügel** befinden sich neben der Kathedrale noch der am südwestlichen Eckpunkt stehende als Glockenturm genutzte mächtige Oktagonalturm, in dessen Erdgeschoss jetzt das **Planetarium** untergebracht ist, der Bischofspalast, der das Kopernikusmuseum beherbergt, einige Domherrenhäuser, am nordwestlichen Eckpunkt der Festungsanlagen der Kopernikusturm. In diesem Turm arbeitete *Kopernikus* an der vielleicht größten Entdeckung aller Zeiten. Hier begründete er unser bis heute gültiges Weltbild mit seinem „Sonne steh still, Erde beweg dich", der Entdeckung, dass die Erde sich um die Sonne dreht und nicht umgekehrt. Diese **Kopernikanische Wende** war das eigentliche Ende des Mittelalters, der unwissenden Finsternis, das erste von menschlicher Geisteskraft erschlossene und erklärte Weltbild – und es wurde hier erschaffen.

Der Domhügel in Frombork

Kopernikus-Museum

Im Erdgeschoss des Glockenturms ist das Museums-Planetarium untergebracht mit dem riesigen **Foucaultschen Pendel**. Das Nikolaus-Kopernikus-Museum

ist im 1530 fertig gestellten Bischofspalast beheimatet, das seine heutige barocke Gestalt 1727 erhielt. Das Museum informiert über Leben und Werk des großen Astronomen sowie die Geschichte der Astronomie.
Kopernikus-Museum, geöffnet Di–So 9–16 Uhr.

Pasłęk

Pasłęk

Pasłęk/Preußisch Holland, eine kleine Stadt mit 12.000 Einwohnern, liegt am Rande der Elbingger Niederung/Żuławy Wiślane auf einer Anhöhe, die einen herrlichen Blick über die Weite der Landschaft bietet. Paslok war bereits zu Pruzzenzeiten eine wichtige Feste, und genau dort errichtete Ordensmeister 1288 die **Ordensburg Paslok**, der er 1297 die Stadtrechte verlieh. Bis zu zwei Meter unter dem Meeresspiegel liegt die Umgebung Pasłęks. Zur Melioration und zum Deichbau holte der Orden bereits Ende des 13. Jahrhunderts Fachleute ins Land, und die kamen aus Holland.

Ordensburg Paslok

Die Stadt, die einst als „**ostpreußisches Rothenburg**" galt, wurde im Krieg zu gut 50 % zerstört. Obwohl bei weitem nicht komplett wieder aufgebaut, lässt sich die einstige Schönheit des bis 1945 ähnlich wie Rothenburg o.d. Tauber komplett erhaltenen Stadtkerns noch erahnen. Auch Bausünden wurden in der Nachkriegszeit begangen, findet man doch so einige Plattenbauten im einstigen Stadtkern.

ostpreußisches Rothenburg

Erhalten blieben immerhin 1,2 km lange **Reste der Stadtmauer** mit dem Mühlentor, dem Steintor, die Ordensburg aus dem 13. Jahrhundert, die benachbarte St.-Bartholomäi-Kirche/Kościół Św. Bartołomieja aus dem 14. Jahrhundert und die St.-Georgs-Kirche/Kościół Św. Jerzego aus dem 16. Jahrhundert, das **gotische Rathaus** sowie alte Häuser, von denen viele deutlich holländischen Einfluss zeigen.

Die Gegend zwischen Preußisch Holland und Mohrungen/Morąg war das Land der großen Güter und der großen Namen. Kunsthistorisch am bedeutendsten war das um 1700 erbaute **Barockschloss Schlobitten**/Słobity der Fürsten zu Dohna-Schlobitten, das nur noch als Ruine existiert. Das Barockschloss des Schlobittener Vorwerks Davids/Dawidy, das um 1730 erbaut wurde, ist von

Land der großen Güter

einem privaten polnischen Investor wieder hergerichtet worden und heute ein nobles Gästehaus. Qittainen/Kwitajny war das Dönhoffsche Gut, von dem aus *Marion Gräfin Dönhoff* die Flucht antrat. In dem verschlafenen Dorf steht nicht nur das äußerlich restaurierte um 1700 erbaute Herrenhaus, auch einige alte Vorlaubenhäuser finden sich noch.

Morąg

Dichter und Philosoph

Morąg, das unweit des traumhaften **Narien-Sees**/Jez. Narie gelegene alte Mohrungen, gilt als Herder-Stadt. Der Orden baute hier am Jez. Skiertąg/Schertingsee eine Burg, um die sich rasch eine Siedlung bildete, die bereits 1327 Stadtrechte erhielt. Die Stadt wurde bei Kriegsende stark zerstört, auch das Geburtshaus des größten Sohnes der Stadt, ***Johann Gottfried Herder*** (1744–1803), sank in Trümmer. Wo es sich einst befand, erinnert heute eine Gedenktafel in der ul. Herdera an den großen Dichter und Philosophen. *Herder*, dessen „Stimmen der Völker in Liedern" nicht unbeträchtlich zum Erwachen eines nationalen Bewusstseins vor allem bei Polen und Litauern beitrug, wird im Mohrunger Museum gebührend gewürdigt.

Morąg, Pałac Dohnów

Das Museum befindet sich im Pałac Dohnów/**Dohna-Palais**, dem bis 1985 wieder aufgebauten barocken Stadtschloss der Dohnas, das auf einem Teil der mittelalterlichen Stadtmauer steht. Neben der Herderausstellung befindet sich dort auch eine Portrait- und Epitaphsammlung.

Muzeum Warmii i Mazur, Pałac Dohnów, ul. Dąbrowskiego 54, Tel. 089-7572848, geöffnet Di–So 9–17 Uhr.

Weitere Sehenswürdigkeiten in Morąg sind die um 1310 erbaute St.-Peter-und-Paul-Kirche, vor der sich eine Herderbüste befindet, sowie das gotische Rathaus auf dem Marktplatz mit den beiden Kanonen davor.

Der Elbląg-Ostróda-Kanal

In gleichmäßigem, gemächlichem Tempo kommt der kleine weiße Ausflugsdampfer den Berg heraufgefahren, etwas ächzend, als ob es mühsam ist hinauf zu klettern. Unten, bis zum Rand der Steigung, Wasser, oben, da wo die Steigung hinter der Kuppe flach ausläuft, Wasser und dazwischen – Wiese. Erst wenn das Schiff ganz nahe ist, erkennt man den niedrigen, zierlichen Wagen, auf dem es steht, und das Drahtseil, von dem er gezogen wird. Fast gleichmütig selbstverständlich gleitet das Gefährt hinter der Kuppe ins Wasser, ein paar Meter nur, und das Schiff schwimmt wieder. Der Maschinist wirft den Diesel an, die Leinen werden gelöst, und ruhig tuckernd zieht das Schiff auf dem Kanal davon, als ob das alles das Natürlichste auf Erden wäre.

Elbląg-Ostróda-Kanal

Was für ein sonderbarer Wasserweg, eine Zeit lang fährt das Schiff auf einem Kanal, mal durchquert es einen See, dann wird es geschleust, und mehrfach führt die Route über Land. Eine in Europa einmalige Attraktion ist dieser **Elbląg-Ostróda-Kanal**, wie er heute heißt. Früher nannte man ihn Oberlandkanal, nach der Landschaft, die er durchquert. Die gesamte Wasserstraße ist **195 km lang**, wovon aber nur etwa 48 km auf den Kanal selbst entfallen, die restliche Strecke führt durch Seen. Das Besondere an diesem Kanal ist aber nicht das Wasser, Kanäle gibt es schließlich überall. Außergewöhnlich sind die Strecken, auf denen die **Schiffe über Land fahren** – diese auch Rollberge genannten schiefen Ebenen. Auf Schienen laufende Wagen ziehen hier die Schiffe über Land und zwar ohne Elektrik, ohne Maschinenkraft, ausschließlich durch die Kraft des Wassers, ein überaus umweltfreundliches Prinzip.

einmalige Attraktion – Elbląg-Ostróda-Kanal

Wozu das Ganze gebraucht wird? Der zwischen den beiden Endpunkten Elbląg und Iława bestehende **Höhenunterschied beträgt 104 m** und musste irgendwie ausgeglichen werden, was durch dieses System von zwei Schleusen und fünf geneigten Ebenen erreicht wurde.

Dieses europaweit einmalige technische Baudenkmal wurde Mitte des letzten Jahrhunderts vom Königsberger Baurat *Steenke* geplant und erbaut. Eröffnet wurde der Kanal 1860. Mit Anschluss Ostpreußens an das sich schnell ausbreitende Eisenbahnnetz verlor er jedoch bald seine wirtschaftliche Bedeutung. Schon vor dem Zweiten Weltkrieg war er daher das, was er noch heute ist, eine **Touristenattraktion**. Die Fahrt auf dem Kanal mit einem der speziell für die Verhältnisse dieses Wasserweges gebauten Passagierschiffe gleicht einer Reise in eine andere Welt, eine Naturwelt, die uns Menschen nicht braucht.

Urwaldbesäumte Kanalufer rechts und links, längst von der Natur zurückerobert. Lautlos schließen sich die vom gelassen tuckernden Schiff durchteilten gelben Mummelfelder wieder. Malerische Seen mit verschwiegenen Buchten werden durchfahren, ganz selten nur menschliche Spuren, wenn der Blick sich weitet und die **ursprüngliche Landschaft** den Blick frei gibt auf ein von fetten, sattgrünen Wiesen umgebenes verschlafenes Dorf, oder wenn ein Segelboot entgegenkommt. Ein **Paradies für Wasservögel** aller Art, eine Fahrt zum Träumen durch ein verwunschenes, aus der Zeit gefallenes Land.

Druzno-See

Während der Sommersaison vom 1.5.–30.9. kann man die Strecke Ostróda – Elbląg (13 Std.) mit den Schiffen der Żegluga Ostródzko-Elbląska im Rahmen einer Tagestour befahren. Es ist dies der interessanteste Teil des Kanals, an dem die schiefen Ebenen liegen, und eine weitere Attraktion bei Elblag, der **Druzno-See (Drausensee)**. Dieser nur 2,5 m tiefe See, ein Naturschutzgebiet, ist der Rest einer Bucht des Frischen Haffs, die vor Jahrhunderten trocken gelegt wurde. Eher einem verlandenden Sumpf gleichend fällt er in regenarmen Sommern bis auf ein paar Wasserrinnen trocken und ist ein Paradies für zahlreiche Vogelarten. Wer die Zeit für eine Schiffstour nicht aufbringen kann, hat auch vom Land aus die Möglichkeit, sich die **geneigten Ebenen** einmal anzusehen und die Funktionsweise an Ort und Stelle zu besichtigen. Am besten zugänglich sind die Ebenen in Małdyty und Całuny Nowe. Überaus lohnend ist das ganze Revier auch für Kanuten. Der Wasserweg ist durchgängig für Segelboote, Kanus und Kajaks befahrbar, auch Sportboote werden über die schiefen Ebenen gezogen. Einige Teile des Systems sind ihnen sogar vorbehalten, wie der Abschnitt Ostróda – Stare Jabłonki (17 km).

Von Ostróda durch die Dylewska Góra nach Olsztyn

Hinweis zur Route

Von Ostróda folgt man der Straße 52 Richtung Brodnica 8 km bis kurz hinter Smykówko, wo man nach links Richtung Pietrzwałd abbiegt und den Ort nach 3 km erreicht. Man folgt der Straße weiter, bis sie nach weiteren 9 km in die 537 nach Olsztynek einmündet. Man fährt weiter auf der 537 Richtung Olsztynek, bis man kurz hinter Frygnowo nach 12 km das Grunwałd-Ehrenmal erreicht. Weiter fährt man auf der 537, bis diese bei Pawłowo nach 14 km auf die E 7/77 mündet. Hier biegt man nach links ein Richtung Gdańsk und erreicht nach 6 km Olsztynek. Von Olsztynek geht es weiter auf der 603 Richtung Wielbark, bis man nach 44 km in Jedwabno ankommt. Hier biegt man nach links auf die 545 ein und fährt 16 km bis nach Szczytno. Von Szczytno folgt man der 53 und erreicht nach 46 km Olsztyn.

Die Dylewska Góra

Das Oberland mit dem Zentrum Ostróda erstreckt sich zwischen der Pasłęka/Passarge und dem Weichseldelta etwa von Elbląg/Elbing aus bis südlich Olsztynek/Hohenstein. Ähnlich wald- und seenreich wie Masuren, gehört diese Landschaft aber zum baltischen Höhenrücken, der ganz Südostpreußen im Halbrund durchzieht. Eine **Moränenlandschaft** ist es, entstanden durch die Erd- und Geröllberge, die riesige Gletscher aus dem Norden, gewaltigen Lawinen gleich, vor sich her schoben.

Moränenlandschaft

Schon *Simon Grunau* nannte dieses Land 1525 in seiner Chronik Höckerland, was soviel wie Hügelland bedeutet, und genau das ist es auch, ein Hügelland. Die in ganz Nordpolen mit 313 m höchste Erhebung, die Dylewska Góra/**Kernsdorfer Höhen**, ein Paradies zum Herumstreifen durch richtige Täler, über bewaldete Kuppen und im Winter zum Skilaufen.

Mitten im Urwald liegt verschwiegen der Jezioro Francuskie, der **Franzosensee**. Seinen Namen erhielt er, als die Bauern aus der Umgebung Rache an den Franzosen nahmen für die Plünderungen, Brandschatzungen und Morde des Jahres 1807. Als die schwer geschlagene Napoleonische Grande Armee nicht mehr so groß war und von den Russen bis hierher gejagt worden war, überfielen die Bewohner die Soldaten und warfen sie in diesen See.

Franzosensee

Franzosensee

Der südöstlich von Ostróda gelegene **Naturpark Kernsdorfer Höhen**/Park Krajobrazowy Wgórz Dylewskich ist meist menschenleer, gepflegte Wege, Rast- und Spielplätze sind umgeben von nahezu unberührter Natur und fast undurchdringlichen Urwäldern, wie sie der Deutsche Orden einst im ganzen Land vorfand, absolut das richtige Ziel für Naturbegeisterte und Wanderer. Von **Wysoka Wieś**/Kernsdorf aus kann man einen befestigten Weg bis fast ganz hinaufgehen, ja sogar fahren, denn auf der Höhe befindet sich eine Radiosendestation, in deren Nähe ein Parkplatz ist. Der Ausblick von hier oben ist überaus lohnend, und es ist so still hier, nur der Wind rauscht in den Bäumen, wiegt das Gras. Hier kann man zwischen flammendem Klatschmohn sitzend genießen, und schauen, schauen, Bilder des Friedens, der Ruhe in sich aufnehmen, verankern, für immer speichern.

Grunwałd

Durch dieses immer noch ursprüngliche Land mit seinen dichten Wäldern quälte sich einst die Truppen des Deutschen Ordens über die Höhen und erreichte am **15. Juli 1410** die Gegend von Tannenberg, wo sie schon von den vereinigten polnisch-litauischen Heeren erwartet wurden. Es entbrannte die wohl größte Schlacht des Mittelalters, an deren Ende eine verheerende Niederlage des Ordens stand, dessen Vormachtstellung in der Region damit gebrochen war. Diese erste **Schlacht bei Tannenberg** wurde später zum polnischen Grunwałd-Mythos hochstilisiert. Die Deutschen standen nicht nach, die zweite Schlacht von Tannenberg Ende August 1914, als die Russischen Truppen in Ostpreußen einmarschiert waren und von ***Hindenburg*** vernichtend geschlagen wurde, begründete die deutsche Variante des Tannenberg-Mythos.

geschichtsträchtige Region

Grunwałd-Denkmal

Diese geschichtsträchtige Gegend beginnt gleich hinter der Dylewska Góra. In Grunwałd können die Schlachtfelder der ersten Schlacht angesehen werden, im Museum ist der Verlauf der Schlacht dargestellt. Wer es ein wenig lebendiger liebt und das mittelalterliche Geschehen nacherleben möchte, sollte seine Reise auf Mitte Juli terminieren. In jedem Jahr findet zum **Jahrestag der Schlacht am 15. Juli** eine Rieseninszenierung statt, die größten Ritterspiele Europas stellen mit Tausenden von Darstellern die Schlacht nach, und auch am Rande wird allerlei mittelalterliches Treiben geboten.

Die Besichtigung des Schlachtfeldes beginnt mit dem Aufstieg vom Parkplatz zum **Denkmalshügel**. Der Obelisk besteht aus 265 Granitflächen aus dem von den Nazis 1939 in Krakau gesprengten Grunwałd-Denkmal. Die Stahlmasten mit den Wappen sollen symbolisieren, was damals die Einheit der Nation sowie die Eintracht litauischer und polnischer Truppen vermochte. Die Darstellung des Schlachtfeldes ist eingebettet in ein Amphitheater, unter dem sich das Museum befindet, dessen Ausstellung den Verlauf der Schlacht veranschaulicht.
Muzeum Bitwy Pod Grunwałdem, vom 1.5.–15.10. täglich 10–18 Uhr geöffnet.

Die Deutschen hatten in den 20-er Jahren des 20. Jh. auch ein **Tannenbergehrenmal** errichtet, gewaltig, riesig, nach der Beerdigung des Reichspräsidenten

Hindenburg 1934 endgültig zum missbrauchten nationalen Wallfahrtsort gemacht. Kein Stein davon ist geblieben in Olstynek/Hohenstein, nur der Bogen vom Einfahrtstor an der Straße Ostróda – Olsztynek ist noch erkennbar.

Olsztynek

Olsztynek ist eine Ordensgründung. Der Osteroder Komtur *Günter von Hohenstein* ließ hier 1351 eine Burg erbauen, um die sich schnell eine Siedlung bildete, die bereits 1359 die Stadtrechte erhielt. Das Städtchen hieß bis 1945 nach seinem Gründer **Hohenstein** und hat heute 6.000 Einwohner. Erhalten von der alten Stadt blieben nur einige Häuser, ein Teil der Stadtmauern sowie das Rathaus mit seinem hübschen kleinen Vorplatz.

Freilichtmuseum

Im **Freilichtmuseum Skansen** bei Olsztynek erfährt man viel über das Leben der Menschen in dieser Region. Alle Gebäude, die zu einem Dorf arrangiert sind, stammen aus dem Land zwischen Weichsel und Memel. Die kompletten Innenausstattungen und die Einrichtungen der Wirtschaftsteile, Schuppen und Ställe und auch die Vorführungen ländlicher Arbeitstechniken wie in der Schmiede führen die harten Lebens- und Arbeitsbedingungen der Masuren und Ermländer in früheren Zeiten vor Augen.

Bereits 1909 wurde das **Museum** in Königsberg gegründet, mehr als 20 der dortigen Exponate wurden 1938–42 nach Olsztynek transportiert und wieder aufgebaut, um dort den Fremdenverkehr anzukurbeln. Zwölf der alten Königsberger Bauten gehören noch heute zu dem 56 Objekte volkstümlicher Baukunst umfassenden Museum.
Muzeum Budownictwa Ludowa Park Etnograficzny w Olsztynku, ul. Sportowa 21, 11-015 Olsztynek, Tel. 5192164, 5191524, geöffnet im Sommer (15. April bis 30.9.) Di–Fr 9–17 Uhr, Sa u. So 9–18 Uhr, übrige Zeit Di–So 9–15 Uhr.

Szczytno (ⓘ s. S. 127)

Als Grenzfestung wurde die **Ortulfsburg** um 1350 vom Elbinger Komtur Ortulf von Trier begründet und immer wieder von Polen, Litauern und Tataren zerstört. Auf ihren Grundmauern steht heute das Rathaus mit dem hohen, eckigen Turm, den man besteigen kann, einen Teil der Grundmauern der Burg kann man hinter dem Rathaus erkennen.

Die Stadtrechte erhielt Szczytno/Ortelsburg 1723 und wurde bereits im Ersten Weltkrieg 1914 stark zerstört, heute hat die Stadt 25.000 Einwohner und ist Sitz einer Polizeihochschule.

Das **masurische Heimatmuseum** befindet sich im Rathaus und besitzt eine sehenswerte Sammlung zur Volkskunst, Alltagskultur und Tierwelt der Region.
Muzeum Warmii i Mazur, ul. Sienkiewicza 1 (Ratusz), Tel. 624 24 37, geöffnet Di–Sa 9–17 Uhr.

Das Rathaus von Szczytno

An der ul. Konopnickiej 16 steht noch eine der seltenen **masurischen Katen**. Der schönste Ausflug von Szczytno aus ist die tatarische Wanderroute, die dem Weg folgt, den die Tataren 1656 bei ihrem sagenumrankten Einfall nach Masuren nahmen. Sie führt von Szczytno am Marksoby-See entlang durch den Wald nach Babięta/Babenten an der Krutynia/Krutinne. Knapp 15 km südlich von Szczytno liegt bei Szymany/Groß Schimanen der einzige internationale **Flugplatz** der Wojewodschaft Warmia i Mazury, allerdings ohne Linienbetrieb. Im Sommer starten und Landen hier regelmäßig Charterflüge von und nach Deutschland.

tatarische Wanderroute

Land der Burgen, Schlösser und Kirchen – durchs Ermland/Warmia

Hinweis zur Route

Von Olsztyn fährt man die N 51 nach Dobre Miasto, das man nach 22 km erreicht. Für den Abstecher nach Glotowo fährt man von Dobre Miasto aus vier Kilometer auf der 530 Richtung Łukta. Von Dobre Miasto nach Lidzbark Warmiński fährt man weitere 22 km auf der N 51. Smolajny erreicht man bereits vier Kilometer hinter Dobre Miasto.

Um nach Krosno zu kommen, geht es von Dobre Miasto auf der 507 nach Orneta, das nach 24 km erreicht ist. Von dort fährt man auf der 513 nach Nordosten und folgt kurz hinter dem Ortsschild dem Wegweiser nach Krosno. Auf der 513 kommt man von Orneta aus nach 37 km Fahrt in Lidzbark Warmiński an.

© graphic

Der 513 folgt man weiter über Kiwity 20 km, bis sie in die 589 einmündet, der man 4 km Richtung Biskupiec folgt und auf die 594 nach Reszel einbiegt, wo man nach 18 km ankommt. Von Reszel folgt man der 594 Richtung Kętrzyn 4 km nach Święta Lipka. Eine kleine Stichstraße führt einen Kilometer hinter Święta Lipka acht Kilometer nach Wilkowo, wo man auf die 591 Richtung Süden einbiegt. Nach 18 km kommt man in Mrągowo an.

Überblick

Es lohnt sich Zeit zu nehmen und sich auf diese Landschaft einzulassen. Einfach mal anhalten, raus aus dem Auto und den erstbesten Feldweg entlang schlendern, im nächsten Wald spazieren gehen, in den nächsten See springen. Oder einfach da sitzen und den Wolken nachträumen am weiten, hohen östlichen Himmel, die unzähligen Störche beobachten, die Geräusche am Feldrand aufnehmen, dieses Gezirpe und Gesumme im Gebüsch, diese pralle Farbigkeit des kurzen, glühenden Sommers, die über den Straßen flirrende Sommerhitze. Dieser Eindruck von der Weite dieses rundlichen, gemütlichen Landes, die Ruhe und Gelassenheit, die über allem liegt – all das verlangt geradezu danach die Seele baumeln zu lassen.

Seele baumeln lassen

Das Ermland oder Warmia, wie die Polen es nennen, ragt wie ein Keil vom Ufer des Frischen Haffes zwischen Elbing und Braunsberg südöstlich ins Land bis hinter Allenstein. Zum Ermland gehören neben der Hauptstadt Olsztyn/Allen-

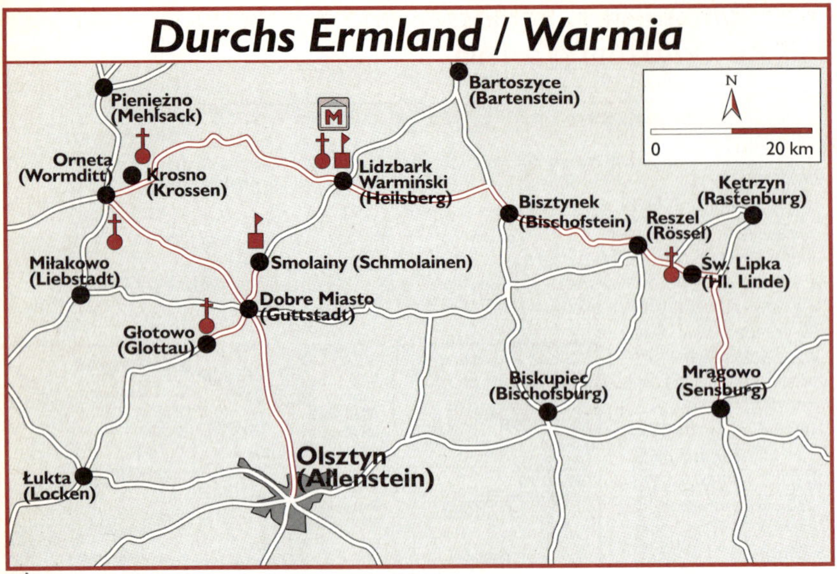

stein noch so bedeutende Orte wie Frombork/Frauenburg und Lidzbark Warmiński/Heilsberg. Hier lebte Kopernikus und stellte das Weltbild auf den Kopf. In dieser der katholischen Religion schon immer besonders stark verhafteten Region findet man jede Menge sehenswerter Kirchen und Kalvarien, aber auch Burgen, die vom Erbe der Ordenszeit zeugen.

Zentrum Olsztyn/Allenstein (ⓘ s. S. 127)

Überblick

rasante Entwicklung

Nach der Verwaltungsreform umfasst die neue **ermländisch-masurische Wojewodschaft** nahezu das ganze ehemalige Südostpreußen mitsamt der Hauptstadt Olsztyn (Allenstein) und entwickelt sich in atemberaubendem Tempo. Die neu geschaffenen 16 Wojewodschaften entsprechen in der Größe nun eher unseren Bundesländern als den 49 Bezirken, die sie vorher waren. So mancher Tourist reibt sich schon heute die Augen, wenn er Olsztyn nach Jahren wiedersieht, besonders die alten Allensteiner trauen ihren Sinnen kaum, wenn sie sich davon überzeugen können, was aus der einstmals braven Beamtenstadt Allenstein mit ihren bei Kriegsende knapp 50.000 Einwohnern geworden ist. Riesige Neubauviertel umgrenzen fast die ganze Stadt, an der Peripherie ist Olsztyn fast explodiert, kleine, vor lauter Hochhäusern wie in einer kleinen Mulde versteckte Siedlungshäuser markieren den einstigen Stadtrand. Nach dem Krieg wurde aus Allenstein Olsztyn, die bis heute einzige ehemals ostpreußische Stadt, die wirkliches Wachstum aufweist. Olsztyn hat heute 171.610 Einwohner und wächst und wächst...

Kein Zweifel, diese Stadt boomt, nicht in der Art eines wachgeküssten Prinzen, mehr schon explosionsartig. Die Trabantenstädte schlucken umliegende Dörfer, die Stadt zieht Menschen an, hier gibt es Arbeitsplätze. Die Reifenfabrik Stomil ist der einzige große industrielle Arbeitgeber, der den Sprung in die Marktwirtschaft halbwegs überstanden hat und heute zu einem französischen Konzern gehört. Allerdings ist dies der einzige große Arbeitgeber der ganzen Region, sonst findet man nur mittelständische Produzenten, handwerklich orientiert oder im Bereich der Lebensmittelverarbeitung und immer mehr Dienstleistungsbetriebe.

Im Jahr 1999 wurden die bestehenden drei Hochschulen der Stadt zur ermländisch-masurischen Universität vereinigt. 2.700 Arbeitsplätze sind dabei entstanden, schon bald werden hier 30.000 Studenten eingeschrieben sein. Die hohe Studentenzahl wird den Eindruck verstärken, dass Olsztyn eine junge Stadt ist. Viele Gebäude erscheinen auch an den Altstadträndern im frischen Glanz, in den eben renovierten Straßenzeilen halten immer mehr schicke Geschäfte Einzug, polierte Granitsäulen, Marmortreppen, blank poliertes Messing, glänzender Edelstahl allenthalben, verbunden

Redaktions-Tipps für diese Strecke

Sehenswürdigkeiten

- Das Schloss in Olsztyn beherbergt im **Muzeum Warmii i Mazur** (S. 330) die sehenswerte Kopernikus-Ausstellung.
- Im **Dom Gazety Olstyńskiej** (S. 327) in Olsztyn erfährt man Interessantes aus der Stadtgeschichte und über das Verhältnis von Deutschen und Polen.
- Das Schloss in **Lidzbark Warmiński** (S. 337) hat ein Museum, das von seinen berühmten Bewohnern Ignacy Krasicki, Lukas von Watzenrode und Nikolaus Kopernikus berichtet.
- Die Wallfahrtskirche **Święta Lipka** (S. 338) ist ein barockes Kleinod unter all der Backsteinwucht.

Übernachten

- Sieht aus wie jedes Novotel, funktioniert solide wie jedes Novotel, nichts besonderes also, aber die Lage des **Hotel Novotel** €€ etwas außerhalb an der Straße nach Ostróda direkt am Ukiel-See, in dem man wunderbar baden kann, ist herrlich.
- Alles andere, als der Name deutsch-polnisches Jugendzentrum vermuten lässt, ist das direkt am Schloss in der Altstadt gelegene **Hotel Centrum** €€ eher Luxushotel als Jugendbegegnungsstätte.
- Das Olsztyner Hotel **Villa Pallas** €€ ist eine stilvolle Gründerzeitvilla, ein kleines, intimes Haus mit dem Ambiente einer Stadtvilla des alten Großbürgertums.

Gastronomie

- Wer eine wirklich gute und moderne polnische Küche mit leichten Variationen traditioneller Gerichte probieren möchte, ist im Restaurant **Nowoczesna** in Olsztyn goldrichtig.
- Das Olsztyner Altstadtcafé **Staromiejska** hat den Charme eines Wiener Caféhauses, das mit seiner regelmäßigen Livemusik aber alles andere als altbacken ist. Probieren muss man hier einfach Naleśniki, ein süßer, warmer Traum von Eierpfannkuchen.

Aktivitäten

- Ein **Rundflug** (S. 333) von Olsztyn-Dajtki aus über die Stadt zeigt die wunderschöne landschaftliche Lage zwischen ausgedehnten Wäldern und elf Seen.

mit dem hochgestylten Ambiente von Hochwertparfümerien und Designerboutiquen. Aber auch das kulturelle Angebot kann sich sehen lassen. **Sommerfestivals** aller möglichen Sparten, von Theater bis zu verschiedenen Musikrichtungen, Kunstworkshops, Ausstellungen, spezielles Sommertheater.

Olsztyn macht Spaß

Olsztyn macht Spaß – allen: Gästen und Einwohnern.

Geschichte

Allenstein, das **1348 erstmals urkundlich erwähnt** wird, bekam 1353 vom Domkapitel Frauenburg die Handfeste verliehen. Bald wurde mit dem Bau des Schlosses begonnen, das bis heute das Altstadtbild beherrscht. Dort residierte bis 1772 der Kapiteladministrator, der höchste Beamte des Fromborker/Frauenburger Domkapitels. Von ihrer Gründung an war die Stadt an den Kämpfen mit den noch heidnischen Litauern beteiligt, aber auch zivile Katastrophen trafen die Neugründung. Schon 1400 zerstörte der erste Großbrand fast die ganze Stadt, drei weitere Feuersbrünste folgten 1420, 1458 und 1622. Bekannt wurde das Schloss durch Allensteins berühmtesten Dompropst *Nikolaus Kopernikus*, der von 1516 bis 1519 und 1521 sowie 1524 hier als Administrator wirkte. Der Astronom war ganz nebenbei auch ein fähiger Kriegsherr, der 1521 die Stadt so gut gerüstet hatte, dass der letzte Ordenshochmeister und spätere erste preußische Herzog *Albrecht von Brandenburg* sie nicht angriff.

Olsztyn, Altstadt mit Jakobikirche

Von Anfang an hatte das **Bistum Ermland**, zu dem Allenstein gehörte, im Ordensstaat eine Sonderstellung mit vielen Freiheiten. Mit dem zweiten Thorner Frieden von 1466 wurde das Ermland autonomes Gebiet der polnischen Krone und blieb auch nach 1525 katholisch, als der Rest des Ordensstaates in ein weltliches Herzogtum Preußen umgewandelt wurde und die Reformation einführte.

Nach der **ersten Teilung Polens 1772 kam Allenstein zu Preußen** und wuchs, nachdem es 1872 Eisenbahnknotenpunkt geworden war, zu einer Beamten- und Garnisonsstadt heran, die 1905 Bezirkshauptstadt wurde. Kurz nach Ausbruch des Ersten Weltkrieges war Allenstein vom 28.–29. August 1914 von russischen Truppen besetzt, über diese Zeit berichtet *Alexander Solschenyzin* in seinem Roman „August 1914“. Im Sommer 1920 war die Stadt Hauptquartier der „Interalliierten Kommission“ des Völkerbundes, die hier die im Versailler Vertrag angeordnete **Volksabstimmung vom 1.7.1920** überwachte, in der die Bevölkerung Südostpreußens zwischen der Zugehörigkeit zu Polen oder Deutschland wählen sollte und sich zu 97,8 % für einen Verbleib bei Deutschland entschied.

Volksabstimmung

Am 22. Januar 1945 wurde die Stadt von der Roten Armee fast unzerstört eingenommen, worüber *Lew Kopelew* in „Aufbewahren für alle Zeit" schreibt. Erst im März des Jahres wurde die Stadt von außer Kontrolle geratenen Rotarmisten in Brand gesetzt, wie die ersten zu jener Zeit in die Stadt gekommenen polnischen Eisenbahner bezeugten. Am 23. Mai 1945 übernahm die polnische Verwaltung die nun zu 40 % zerstörte Stadt von der Roten Armee.

Altstadtrundgang

Olsztyns kulturhistorische Reize erkennt man erst, wenn man den umgebenden Gürtel von Plattenbauten durchfahren hat und im Zentrum ankommt. Das Auto stellt man am Rande der Fußgängerzone am besten auf dem bewachten Parkplatz am pl. Jedności Slowiańskiej ab. Die Überraschung folgt, sobald man die Altstadt betritt, ein fast fertig restauriertes geschlossenes, mittelalterliches Ensemble mit malerischen Gassen und einigen Sehenswürdigleiten von Rang verwöhnt das Auge. Das kleine, intim wirkende Altstadtviertel lässt sich gut zu Fuß besichtigen.

kulturhistorische Bedeutung

Durch das gotische **Hohe Tor/Wysoka Brama (5)** aus der zweiten Hälfte des 14. Jahrhunderts, dem einzigen noch erhaltenen Stadttor, gelangt man in die Altstadt. Von 1858 – 98 diente dieses früher Obertor genannte Stadttor als Gefängnis. Prominentester Insasse war der Historiker und Publizist *Wojciech Kętrzynski*, ein Aktivist für die Sache der Polen. Er wurde 1863 wegen Waffenschmuggels für einen geplanten Aufstand inhaftiert. Rechter Hand vom Tor beginnt der Fischmarkt/Targ Rybny, der als letzter Bereich des Stadtzentrums gemäß alten Plänen wieder bebaut worden ist. Die Häuser an dieser Seite des Hohen Tors sind ausnahmslos neu und meist im Retrostil den Originalen nachempfunden.

Olsztyn Wysoka Brama

Aus Kostengründen werden nur wenige Bauten originalgetreu wieder aufgebaut, wie der große Backsteinbau der **„Gazeta Olsztyńska" (7)**, der heute als Museum dient. Die 1886 gegründete **polnischsprachige Zeitung** war die Zeitung der polnischen Minderheit im Ermland (Warmia) und von großer politischer und kultureller Bedeutung. Wichtig war sie für die Polen vor allem in der Zeit der Volksabstimmung 1920. Über die Jahrzehnte sammelte sich um die Redaktion die geistige Elite der polnischen Volksgruppe.

© igraphic

Namen wie *Seweryn Pieniężny* stehen für das furchtbare Schicksal der polnischen Ermländer. Nachdem er den Ersten Weltkrieg als deutscher Soldat mitgemacht hatte, übernahm *Pieniężny* das Chefredakteursamt von seinem Vater. Sofort nach dem Verbot der Zeitung im September 1939 wurde die ganze Redaktion in Konzentrationslager verschleppt. *Seweryn Pieniężny* wurde 1940 im KZ Hohenbruch von Nazischergen ermordet, ihm zu Ehren wurde nach dem Krieg Mehlsack in Pieniężno umbenannt. Gleich nach Kriegsende entstand die *Gazeta Olsztyńska* wieder. Die Zeitung, die, solange Olsztyn deutsch war, für das Polentum kämpfte, gehört heute als eine von elf polnischen Regionalzeitungen zur deutschen Zeitungsgruppe der Passauer Neuen Presse.

Regionalgeschichte

Im Erdgeschoss des Hauses der Gazeta Olsztyńska befindet sich eine Ausstellung von Fotografien zur Olsztyner Stadtgeschichte. Die oberen Etagen sind der Geschichte der Zeitung gewidmet, die bei aller natürlich vorhandenen Parteilichkeit ein sehenswertes Stück Regionalgeschichte darstellen. Besonders die Fotos und Dokumente aus der ersten Nachkriegszeit sind auch für den nicht polnisch sprechenden Touristen sehr aussagekräftig. Im Untergeschoss des Museums findet man wechselnde Ausstellungen zur Geschichte von Olsztyn im letzten Jahrhundert, bis hin zu einer viel beachteten Ausstellung zur Geschichte der Ruhrmasuren sind die Themen oft auch für deutsche Touristen interessant. *Dom Gazety Olstyńskiej, ul. Targ Rybny, Di–So–16 Uhr.*

Vom Targ Rybny geht man weiter auf Olsztyns Paradestraße, der ul. Staromiejska, nach Süden zum alten Marktplatz, der heute ul. **Stare Miasto** heißt. Umstanden ist dieser für ostpreußische Verhältnisse recht kleine Markt von einem Geviert anheimelnder Giebelhäuser mit Laubengängen. Auch diese barock anmutenden Laubenhäuser sind Nachkriegsbauten, denn fast die gesamte Altstadt brannte im Frühjahr 1945 nieder. Diese neuen Bürgerhäuser sind mit Sgraffito-Medaillons verziert, die mit Olsztyns Geschichte verbundene polnische Persönlichkeiten darstellen, von den Volksdichtern *Michał Kajka* und *Andrzej Samulowski* über den Komponisten der Warmia-Hymne *Feliks Nowowiejski* bis hin zum Dichter-Bischof *Ignacy Krasicki* und natürlich *Kopernikus.*

wichtige Persönlichkeiten der Stadt

Die ehemals zentrale Bedeutung des Marktplatzes wird durch das dominierende **Alte Rathaus (3)** unterstrichen, das die Stadt-Bibliothek beherbergt. Der südliche, älteste Teil steht auf den Grundmauern des ersten gotischen Rathauses, das 1620 abbrannte. Im Sommer spielt sich das Leben draußen ab in Olsztyns Altstadt, Biergärten, Straßenbistros und besonders das an der nördlichen Ecke des Marktes gelegene Altstadtcafé „Staromiejska“ lässt als sommerliches Straßencafé italienisches Piazza-Flair aufkommen.

Olsztyn Stary Rynek

Am südlichen Ende des Marktplatzes geht die ul. Stare Miasto in die **ul. Prosta** über, die rechts und links von ansprechend restaurierten kleinen Läden, Bistros und Restaurants gesäumt wird. Schlendert man die Straße hinunter, kommt man nach vierhundert Metern an die **Łyna/Alle**. Die frisch restaurierte alte Johannesbrücke wird von der Statue ihres Namenspatrons, des Heiligen *Johann Nepumuk*, überragt. Nach Westen vor der Brücke führt ein neu angelegter Fußweg, die nach der Partnerstadt benannte Aleja Gelsenkirchen, der alten Stadtmauer folgend an der Łyna/Alle entlang.

Durch eine grüne Oase mitten in der Stadt gelangt man zur **Kościół Św. Jakuba/St.-Jakobi-Kirche (2)**, deren wuchtiger Turm schon weithin sichtbar ist. Der eindrucksvolle chorlose, dreischiffige Hallenbau wurde Ende des 14.

Jahrhunderts erri... Backsteingotik. ... der Seitenschiff... quadratische T... Kirche stamm... spätgotische... Kreuzaltars... stand der ... schwer b... 1807 als ... überdauert... schehen von 194... ermländischen Bischofs, ... Bischof war von 1979–1981 Józef ...

St.-Jakobi-Kirche

Vom Hauptportal des Doms aus wendet man sich ... Kopfsteinpflaster der ul. Stanisława Staszica wieder zum ... Miasto hoch. Am Altstadtcafé *Staromiejska* vorbei läuft man ... Schloss zu. Eingezwängt zwischen der ...tigen Kreuzritterburg und den hohen Bürgerhäusern liegt rechts die kleine **Evangelische Kirche**, die 1877 eingeweiht wurde. Sie wird bis heute von der klei... Gemeinde genutzt, di... im Ermland/Warmia immer in der Dia...ra lebte. Die Kirche besitzt eine sehr ...öne Orgel der Königsberger Orgelbauer...ma *Terlitzki* und erhielt ihr heutiges Aus...hen 1899, als sie im neugotischen Stil um...ebaut wurde.

Olsztyner Schloss

Das **Olsztyner Schloss (1)** mit seinem quadratischen Grundriss liegt nur ein paar Schritte entfernt hoch über der Łyna auf einer Insel im Flussbogen. Als **Baubeginn wird das Jahr 1348 angenommen**, anfangs wurde nur der Wohnflügel auf der Nordseite mit einer kleinen Kapelle, das Tor an der Ostseite und der Turm im Südwesteck errichtet. Ende des 14. Jahrhunderts wurde der Südflügel erbaut, der im 16. Jahrhundert durch eine neue Schlosskapelle erweitert wurde. Mitte des 18. Jahrhunderts wurde auf den Resten der abgerissenen östlichen Verteidigungsmauer ein dritter, nun allerdings barocker Flügel gebaut, wobei auch der heutige Zugang angelegt wurde. Der letzte große Umbau fand 1909/1910 statt, als Wohnung und Repräsentationsräume für den Regierungspräsidenten geschaffen wurden. Im Burghof fallen sofort drei rätselhafte, grob behauene Steinfiguren

Planetarium/Observatorium

um, denn was lag näher, als in dieser ... **tarium und Observatorium** in de... täglich außer Montag, Observatorium ... wurde 1973 zum 500. Geburtstag d... heute das bedeutendste polnische Hi... Ausstellungen, organisierte Himmelsbe... gen machen einen Besuch lohnend.

Wer etwas mehr vom Leben der **deuts...** möchte, sollte im **Haus Kopernikus** in ... Dort gibt es Informationen über die Lebe... land und Masuren, auch mit Adressen für ... den. In jedem Falle kommt man hier in K... vor der Sprachbarriere zu stehen.

Fährt man mit dem Auto ein Stück nach No... Al. Wojskiego Polskiego, liegt hinter der ... Olsztyner Friedhof und gleich rechts, wenn ... einbiegt, das 1926–32 im Neorenaissancestil e... letzte vor dem Krieg entstandene Kirche.

Jakobsberg

Fährt man weiter nach Norden, liegt nach gut ... **bowo/Jakobsberg**, eine hübsche alte Parkanlag... stimmung errichtete Abstimmungsdenkmal entfe... allerdings heute noch erkennbar. Noch ein paar ... links zum **Stadion Leśny**. Von dort aus kann ma... markierten Wanderwegen im idyllisch an der ... Stadtwald unternehmen.

letzten Jahrhundert, bis hin zu einer viel beachteten Ausstellung zur Geschichte der Ruhrmasuren sind die Themen oft auch für deutsche Touristen interessant. *Dom Gazety Olstyńskiej, ul. Targ Rybny, Di–So–16 Uhr.*

Vom Targ Rybny geht man weiter auf Olsztyns Paradestraße, der ul. Staromiejska, nach Süden zum alten Marktplatz, der heute ul. **Stare Miasto** heißt. Umstanden ist dieser für ostpreußische Verhältnisse recht kleine Markt von einem Geviert anheimelnder Giebelhäuser mit Laubengängen. Auch diese barock anmutenden Laubenhäuser sind Nachkriegsbauten, denn fast die gesamte Altstadt brannte im Frühjahr 1945 nieder. Diese neuen Bürgerhäuser sind mit Sgraffito-Medaillons verziert, die mit Olsztyns Geschichte verbundene polnische Persönlichkeiten darstellen, von den Volksdichtern *Michał Kajka* und *Andrzej Samulowski* über den Komponisten der Warmia-Hymne *Feliks Nowowiejski* bis hin zum Dichter-Bischof *Ignacy Krasicki* und natürlich *Kopernikus*.

wichtige Persönlichkeiten der Stadt

Die ehemals zentrale Bedeutung des Marktplatzes wird durch das dominierende **Alte Rathaus (3)** unterstrichen, das die Stadt-Bibliothek beherbergt. Der südliche, älteste Teil steht auf den Grundmauern des ersten gotischen Rathauses, das 1620 abbrannte. Im Sommer spielt sich das Leben draußen ab in Olsztyns Altstadt, Biergärten, Straßenbistros und besonders das an der nördlichen Ecke des Marktes gelegene Altstadtcafé „Staromiejska" lässt als sommerliches Straßencafé italienisches Piazza-Flair aufkommen.

Olsztyn Stary Rynek

Am südlichen Ende des Marktplatzes geht die ul. Stare Miasto in die **ul. Prosta** über, die rechts und links von ansprechend restaurierten kleinen Läden, Bistros und Restaurants gesäumt wird. Schlendert man die Straße hinunter, kommt man nach vierhundert Metern an die **Łyna/Alle**. Die frisch restaurierte alte Johannesbrücke wird von der Statue ihres Namenspatrons, des Heiligen *Johann Nepumuk*, überragt. Nach Westen vor der Brücke führt ein neu angelegter Fußweg, die nach der Partnerstadt benannte Aleja Gelsenkirchen, der alten Stadtmauer folgend an der Łyna/Alle entlang.

Durch eine grüne Oase mitten in der Stadt gelangt man zur **Kościół Św. Jakuba/St.-Jakobi-Kirche (2)**, deren wuchtiger Turm schon weithin sichtbar ist. Der eindrucksvolle chorlose, dreischiffige Hallenbau wurde Ende des 14.

Jahrhunderts errichtet und ist eine der bedeutendsten Leistungen ermländischer Backsteingotik. Das Netzgewölbe des Hauptschiffes sowie die Zellengewölbe der Seitenschiffe entstanden Mitte des 16. Jahrhunderts, der über 60 m hohe quadratische Turm 1596. Die Innenausstattung der mystisch-dunkel wirkenden Kirche stammt größtenteils aus dem 20. Jahrhundert, von Rang sind aber das spätgotische Triptychon im hinteren Seitenschiff und das Schreingemälde des Kreuzaltars aus dem Jahre 1553. Zwei Feuersbrünste im 15. Jahrhundert überstand der Dom leidlich, beim Schwedeneinfall im 16. Jahrhundert wurde er schwer beschädigt. Auch Napoleons Zweckentfremdung, der die Kathedrale 1807 als Gefangenenlager für 1500 preußische und russische Soldaten nutzte, überdauerte die robuste Kirche relativ unbeschadet, nicht einmal das Kriegsgeschehen von 1945 konnte sie zerstören. Seit 1945 ist die Jakobi-Kirche Sitz des ermländischen Bischofs, seit 1992 sogar Erzbischofssitz. Bekanntester Olsztyner Bischof war von 1979–1981 *Józef Glemp*, der spätere Primas von Polen.

St.-Jakobi-Kirche

Vom Hauptportal des Doms aus wendet man sich nach rechts und geht über das Kopfsteinpflaster der ul. Stanisława Staszica wieder zum Markt an der ul. Stare Miasto hoch. Am Altstadtcafé Staromiejska vorbei läuft man direkt auf das Schloss zu. Eingezwängt zwischen der mächtigen Kreuzritterburg und den hohen Bürgerhäusern liegt rechts die kleine **Evangelische Kirche**, die 1877 eingeweiht wurde. Sie wird bis heute von der kleinen evangelischen Gemeinde genutzt, die im Ermland/Warmia immer in der Diaspora lebte. Die Kirche besitzt eine sehr schöne Orgel der Königsberger Orgelbauerfirma *Terlitzki* und erhielt ihr heutiges Aussehen 1899, als sie im neugotischen Stil umgebaut wurde.

Olsztyner Schloss

Das **Olsztyner Schloss (1)** mit seinem quadratischen Grundriss liegt nur ein paar Schritte entfernt hoch über der Łyna auf einer Insel im Flussbogen. Als **Baubeginn wird das Jahr 1348 angenommen**, anfangs wurde nur der Wohnflügel auf der Nordseite mit einer kleinen Kapelle, das Tor an der Ostseite und der Turm im Südwesteck errichtet. Ende des 14. Jahrhunderts wurde der Südflügel erbaut, der im 16. Jahrhundert durch eine neue Schlosskapelle erweitert wurde. Mitte des 18. Jahrhunderts wurde auf den Resten der abgerissenen östlichen Verteidigungsmauer ein dritter, nun allerdings barocker Flügel gebaut, wobei auch der heutige Zugang angelegt wurde. Der letzte große Umbau fand 1909/1910 statt, als Wohnung und Repräsentationsräume für den Regierungspräsidenten geschaffen wurden. Im Burghof fallen sofort drei rätselhafte, grob behauene Steinfiguren

Lohnende Ausflüge in die nähere Umgebung

Olsztyn liegt verkehrsgünstig in einer gemütlichen rundlich-hügeligen Landschaft mit ausgedehnten Wäldern und zahllosen großen und kleinen Seen, deren Wasserflächen sich mal einladend tiefblau direkt an den Straßen erstrecken, mal verträumt silbrig zwischen Bäumen hindurch glitzern. So kommt der Naturfreund bei jedem Ausflug in der Olsztyner Umgebung bestimmt auf seine Kosten. Die Stadt an der Łyna ist aber auch idealer Standtort für größere Exkursionen, nach Danzig sind es nur 185 km, an die Großen Masurischen Seen gar nur 60 km.

Einen idealen Überblick über die Gegend liefert ein **Rundflug** über Stadt und Land. Die weiten, dunklen Wälder, aufgelockert nur hie und da durch ein Dorf sowie von den elf strahlend blauen Seen der Umgebung, sind garantiert ein unvergessliches Erlebnis. Man braucht nur ein kleines Stück der Straße 16 nach Ostróda zu folgen und trifft einen Kilometer hinter dem Novotel rechts auf den **Flugplatz Dajtki/Deuthen**, auf dem bereits 1913 das erste Flugzeug landete und auf dem später Generationen von Segelfliegern über dieser Traumlandschaft ausgebildet wurden. Den ganzen Sommer über kann man dort Rundflüge buchen.

Olsztyn am Ukiel-See

Eine **Paddeltour auf der Łyna/Alle** ist ein erstaunliches Naturerlebnis mitten in der Stadt. Der Startpunkt der Tour liegt unweit des Schlosses direkt am Yu Grill Boro und der Brücke hinter dem Wehr an der ul. Warszawska. Unter den mächtigen Backsteinbogen des 1872–92 erbauten Eisenbahnviaduktes und kurz dahinter unter einer Straßenbrücke hindurch, und schon verebbt der Großstadtlärm. Vorbei geht es an waldbestandenen hohen Ufern auf der immer breiter werdenden Łyna bis zur Mündung des Wadąg-Flusses am nördlichen Ende des Stadtwaldes.

Paddeltour auf der Łyna

Einen Eindruck von der Volksfrömmigkeit und der immer noch überragenden Bedeutung der polnischen Kirche erhält man im **Sanktuarium Gietrzwałd/ Dietrichswalde**. Man fährt 21 km auf der Straße 16 nach Ostróda bis Gietrzwałd, biegt in den Ort ab und folgt den Schildern „Sanktuarium“. Die prachtvoll ausgestattete Wallfahrtskirche und der Kalvarienberg waren schon vor dem Krieg „Hauswallfahrtsort“ der Allensteiner.

Wer einen Einblick in die Komplexität der Geschichte dieser Region gewinnen möchte, macht der Straße 51 folgend einen Ausflug ins 25 Kilometer entfernte **Olsztynek/Hohenstein und Grunwald**. In Kortowo, am Olsztyner Stadtrand liegt rechter Hand die Uniwersitet Warminsko-Mazurski auf dem Gelände der ehemaligen Heil- und Pflegeanstalt Kortau. Nicht ein einziger Insasse dieser Heilanstalt hat *Hitlers* Euthanasieprogramm und das Inferno zum Kriegsende überstanden.

Ermland/Warmia ist anders

Das Fürstbistum Ermland/Warmia war zwar Teil des Ordensgebietes – aber mit weitgehender Autonomie. Mit dem 2. Thorner Frieden von 1466 gingen alle Rechte des Hochmeisters an die polnische Krone über. Nach der Umwandlung des Ordensstaates in das weltliche Herzogtum Preußen im Jahre 1525 blieb ja das Fürstbistum Ermland katholisch und unter polnischer Oberhoheit. In der ersten Zeit war es so, dass Protestanten kein Dauerwohnrecht hatten, sie mussten für drei Tage im Jahr das Ermland verlassen, danach durften sie wieder zurückkehren, also fuhren sie für drei Tage etwa nach Zinten „im Ausland".

So blieb dieses Gebiet in seiner Entwicklung relativ kompakt und einheitlich geprägt, die Gesellschaft blieb zwar offen für Zuwanderer, die waren aber fast ausnahmslos entweder katholisch oder wurden schleunigst durch Heirat assimiliert. Es liegt auch nahe, dass sich in diesem Teil Ostpreußens mehr Polen ansiedelten als anderswo. Bis 1772 blieb das Ermland unter polnischer Hoheit, natürlich gab es da polnische Einflüsse. Der Gedanke der Nation, das Streben, ein einig Volk von Brüdern sein zu wollen, und damit auch der Nationalismus sind Kinder der Französischen Revolution und der Napoleonischen Befreiungskriege. Zu jener Zeit, als Ermland polnisch war, blieb die Nationalität der Herrschaft dem Untertanen meist noch herzlich egal, er hatte andere Sorgen. Vor allem der Klerus war polnisch geprägt, den **Bischofssitz Heilsberg** muss man als ein Zentrum polnischer Hochkultur einschätzen. Bekanntester Vertreter war der letzte hier residierende Bischof *Ignacy Krasicki*, gleichzeitig ein bedeutender Dichter Polens.

Gedanke der Nation

Die Sprache taugte in diesem Land nicht zur Unterscheidung zwischen Polen und Deutschen, denn auch zu deutschen Zeiten bis zum Ende 1945 waren viele Menschen zumindest zweisprachig und beherrschten auch die polnische Sprache, es gab auch Menschen, die Deutsche waren und dennoch besser Polnisch als Deutsch sprachen. Wichtiger als die Nationalität war aber im Ermland mit Ausnahme der ersten Hälfte des 20. Jahrhunderts immer die Konfession. Das Ermland war diesbezüglich sehr homogen, anders als die übrigen Teile Ostpreußens in ihrer protestantischen Konfessionsvielfalt. Die Klammer war und blieb hier der Glaube, der das Leben bestimmte in dieser **katholischen Enklave**.

katholische Enklave

Das Alltagsleben im Ermland war und ist bestimmt von einer tiefen Volksfrömmigkeit. Da gibt es die großen Prozessionen zu Fronleichnam, da gibt es Wallfahrten, die hier keine Frage des Einkommens sind, man muss ja nicht unbedingt gleich nach Lourdes. Gietrzwałd/Dietrichswalde, Św. Lipka/Heilige Linde oder Krosno/Krossen tun es ja auch, und dahin wurde und wird zu Fuß gepilgert.

Das gemeinsame Band des Glaubens erleichterte selbst in heutiger Zeit noch die Annäherung der deutschen und der polnischen Ermländer, vereinfachte den Verständigungs- und Versöhnungsprozess. **Prozessionen und Wallfahrten** waren und sind feste Eckpunkte im Jahreslauf. Auch für einen Nicht-Katholiken ist das Erleben eines solchen Festes des Glaubens eine außergewöhnliche Erfahrung, besonders an einem Wallfahrtsort wie dem barocken Św. Lipka/Heilige Linde. Denn das hat diese tiefe Religiosität uns allen beschert: einige der herrlichsten Kirchenbauten.

Prozessionen und Wallfahrten

Besonders lohnend sind die **Wallfahrtskirche Heilige Linde**, voll barocker Prachtausstattung mit einer wunderbaren Orgel, der Dom in Frauenburg mit einer Akustik, die beim Orgelklang der Bachschen Toccata und Fuge den Boden vibrieren lässt, die im Gegensatz zum lichten Frauenburger Dom fast mystisch dunkle Jacobikirche in Allenstein, heute Bischofssitz, die Kirchen und Anlagen der Wallfahrtsorte Dietrichswalde und Krossen, das Sanktuarium in Glottau, das Schloss mit Kapelle in Heilsberg, die Wormditter Kirche, um nur einige zu nennen. Man kann sich so eine ganze Besichtigungsroute von sehenswerten Kirchen, Wallfahrtskirchen und Sanktuarien zusammenstellen – die **ermländische Kalvarienroute**. Im Ermland herrscht da eine ungeheure Dichte, selbst kleine Dorfkirchen sind reizvoll ausgestattet und legen Zeugnis ab von der Frömmigkeit dieses Landes.

ermländische Kalvarienroute

Dobre Miasto

Kalvarien, Kirchen und Kreuzritterburgen – unterwegs in Warmia

Dobre Miasto/Guttstadt

Gegründet wurde die Stadt von schlesischen Siedlern Anfang des 14. Jahrhunderts. Von Olsztyn kommend hat man von der **Anhöhe über der Łyna/** Alle den schönsten Blick auf die Flussniederung, die von der mächtigen Kollegiatskirche dominiert wird. Die 1376–89 erbaute hufeisenförmig angelegte dreischiffige **Backsteinkirche** ist die zweitgrößte Kirche des Ermlandes nach Frombork und wunderbar ausgestattet, besonders der Gnadenthronaltar von 1504 ist sehenswert. Im anschließenden Kollegiatsstift, das heute als Priesterseminar dient, lohnen vor allem die Malereien im Kreuzgang des ersten Stocks einen Besuch.

Unübersehbar in Dobre Miasto ist die **Storchenbastei** am Stadteingang zwischen Resten der alten Stadtmauern. Jeder Stadteinwohner schwört heilige Eide, dass vom ersten Jahr des Bestehens an in ununterbrochener Folge das Storchennest auf der Turmspitze bewohnt war.

Smolajny/Schmolainen

Sommerresidenz der Bischöfe

Auf der direkten Weiterfahrt nach Lidzbark Warmiński sehen Sie nach etwa vier Kilometern linker Hand etwas abseits der Straße auf einer Anhöhe ein helles Palais durch das Grün hervorleuchten. Das kleine Barockschloss war die **Sommerresidenz der ermländischen Fürstbischöfe**. Erbaut wurde das barocke Palais 1741–1746 unter Bischof *Adam Grabowski*, besonders *Ignacy Krasicki*, der Dichterbischof, liebte dieses Schlösschen, er ließ den Park einrichten und 1765 Tor sowie Gartenhaus bauen. Heute beherbergt das Palais eine Schule.

Głotowo/Glottau

Nur vier Kilometer südwestlich der Straße nach Ostróda liegt Głotowo. In Głotowo/Glottau, unweit von Orneta/Wormditt, steht die dritte große, einschiffige **Barockwallfahrtskirche** im Ermland. Erbaut wurde sie von 1722–1726 vom Wormditter Baumeister *Christoph Reimers*, der auch die Krossener Kirche errichtet hatte. Der Backsteinbau wurde später das Zentrum, der Endpunkt eines Kreuzweges. Im Tale eines Flüsschens beginnt der Weg, der über die vierzehn Leidensstationen Christi einen Kalvarienberg hinauf zur Kirche führt und den die Wallfahrer betend ersteigen. Dieser auch im Sommer in schattigem kühlen Grün gelegene **Kalvarienberg** wurde erst ab 1877 errichtet.

Wallfahrtskirche Krosno

Orneta/Wormditt

Lohnend ist der Umweg über Orneta/Wormditt, das 1309 gegründet wurde und wie Dobre Miasto einst von Schlesiern besiedelt wurde, um nach Krosno zu gelangen. Einen Blick wert sind das gotische Backsteinrathaus von 1373 und die 1379 fertig gestellte gleichfalls gotische St.-Johann-Kirche, eine imposante dreischiffige Basilika.

Krosno/Krossen

Im etwas östlich von Wormditt gelegenen Krosno/Krossen steht eine direkt nach dem Vorbild von Heilige Linde gebaute und 1720 geweihte **barocke Wallfahrtskirche**. Der Legende nach hatten Diebe in der Gegend einen Kelch mit geweihten Hostien gestohlen und diese achtlos auf eine Weide geschüttet, da sie nur am Kelch interessiert waren. Der Bauer fand am nächsten Morgen seine dort weidenden Kühe auf den Knien im Kreis um die Hostien liegend. Der herbeigerufene Priester sammelte die Hostien auf und sorgte für den Bau der Wallfahrtskirche an eben dieser Stelle. Die Kirche **Mariä Heimsuchung** wirkt vielleicht nicht ganz so grazil wie Heilige Linde, ist aber ebenfalls ein hervorragendes Zeugnis des ermländischen Barocks. Heute ringt sie ums Überleben, da sie auf einem Feuchtwiesengebiet steht, ist Nässe ins Mauerwerk gedrungen und macht aufwendige Sanierungen nötig. Obwohl nur drei Kilometer von Wormditt entfernt und gut erreichbar, ist die Krossener Kirche heute fast vergessen, man hat sie bei der Besichtigung meistens fast für sich. Das verhilft dem Besucher zu Momenten der inneren Einkehr und Ruhe, macht aber andererseits gleich das Dilemma deutlich: wenig Touristen – wenig Spenden – wenig Sanierung.

Mariä Heimsuchung

Lidzbark Warmiński (ⓘ s. S. 127)

Schon 1241 hatte der Orden hier eine hölzerne Pruzzen-Feste erobert und eine erste Burg errichtet, um die sich eine Siedlung entwickelte, die bereits 1308 die Stadtrechte erhielt. Ab 1350 wurde hier von Bischof *Johann von Meißen* eine mächtige, fast **quadratische Burganlage** erbaut, die von breiten Wassergräben umgeben ist. Dominiert wurde die gotische Backsteinanlage vom achteckigen Bergfried, die drei übrigen, viel zierlicheren Ecktürmchen wurden nach 1442 erbaut, als die Burganlage nach einem Brand und Renovierung ihre heutige Gestalt erhielt. Die **vierflügelige Burg** hat einen Innenhof, der in den beiden unteren Stockwerken von Laubengängen umsäumt ist. Der obere, arkadenähnliche Umgang mit seinen Spitzbögen scheint dem Himmel zuzustreben. Die Wirtschafts- und Amtsgebäude der Vorburg entstanden nach 1420. Von 1350 bis 1795 war die Burg Sitz der ermländischen Bischöfe und hatte eine ganze Reihe berühmter Bewohner. Bischof *Lukas von Watzenrode* (1489–1512), der als einflussreicher Berater am polnischen Königshof galt, war der Onkel und Förderer von *Nikolaus Kopernikus*. Er holte seinen Neffen als Domkapitular, Berater und Leibarzt 1503–1510 nach Heilsberg.

Schloss Lidzbark Warmiński

Als letzter Bischof residierte *Ignacy Krasicki* (1735–1801), einer der bedeutendsten polnischen Schriftsteller, in Heilsberg, das zu einer der wichtigsten Stätten polnischer Hochkultur geworden war. Die alte Bischofsburg dient heute als Museum. Besonders sehenswert sind der **Kapitelsaal** und der **Große Remter** mit ihren gotischen Malereien und Wandfriesen sowie die Schlosskapelle mit ihrem Sternengewölbe aus dem 15. Jh. und der wertvollen Rokokoausstattung. In den Räumen des Hauptgeschosses werden neben der Dokumentation zum Bistum Warmia/Ermland unter anderem noch **Ausstellungen zur ermländi-**

schen Malerei und Holzschnitzkunst sowie eine Sammlung von Ikonen aus Wojnowo/Eckertsdorf präsentiert.
Muzeum Warmii i Mazur, Pł. Zamkowy 1, Tel. 7672111, geöffnet Di–So 9–17 Uhr, September bis Juni 10–16 Uhr

Pfarrkirche St. Peter und Paul

Von den Stadtmauern des mittelalterlichen Heilsberg sind im nördlichen Bereich noch Überreste vorhanden, von den Stadttoren existiert nur noch das 1474 erbaute Hohe Tor/Wysoka Brama. Die **Pfarrkirche St. Peter und Paul**/Kościół Św. Piotra i Pawła wurde Ende des 14. Jahrhunderts erbaut und nach dem großen Stadtbrand von 1497 als dreischiffige, chorlose Hallenkirche neu errichtet, besonders interessant sind ihre Seitenaltäre mit spätgotischen Skulpturen und Renaissance-Malereien. Ganz in der Nähe von Lidzbark Warmiński liegt der Höhenzug **Góra Krzyżowa**, wo im Winter am Wochenende und während der Winterferien täglich ein Schlepplift betrieben wird.

Reszel/Rössel (ⓘ s. S. 127)

verträumte Kleinstadt

Bereits 1241 errichtete der Deutsche Orden hier in der Nähe der alten Pruzzensiedlung Resel ein festes Haus. Die ermländischen Bischöfe errichteten auf einer Anhöhe, die auf zwei Seiten von der Izera/Eiser umgeben ist, in fünfzigjähriger Bauzeit ab Mitte des 14. Jahrhunderts eine heute noch bestehende **Burg**, in deren Schutz die kleine Stadt prächtig gedieh. Heute ist Reszel eine verträumte Kleinstadt mit knapp 4.000 Einwohnern mit einem hübschen, von alten Bürgerhäusern umstandenen Marktplatz und mit einem Rathaus von 1815. Der wuchtige quadratische Backsteinbau mit seinem dicken Bergfried ist ein typischer Vertreter der Ordensarchitektur und beherbergt heute im Südflügel das **Museum Ermland und Masuren**. Präsentiert wird dort eine Ausstellung zeitgenössischer Malerei und Bildhauerkunst.
Muzeum Warmii i Mazur, ul. Podzamcze 3 im Schloss, geöffnet Mai bis September tägl. 10–17 Uhr, sonst tägl. 10–16 Uhr.

Święta Lipka/Heilige Linde (ⓘ s. S. 127 unter Reszel)

ermländischer Barock

Fast unwirklich, man möchte sich die Augen reiben, so viel **zierlich üppiger Barock** in dieser abgeschiedenen Gegend, in der man zwischen all den Wäldern und Seen als Sakralbau eher etwas Rustikaleres erwartet hatte. Heilige Linde liegt zwar eigentlich knapp außerhalb des alten ermländischen Bodens, gehörte aber immer zum ermländischen Domkapitel. Die Wallfahrtskirche wurde 1687 – 1730 vom Wilnaer Architekten *Ertly* auf den Fundamenten zweier älterer Kirchen erbaut und wird von Jesuiten betreut. Sie ist ein Prachtbeispiel **spezifisch ermländischen Barocks** mit deutlich italienischeren Anklängen als im mehr niederländisch geprägten preußischen Potsdamer Barock.

Der Überlieferung nach erschien die Muttergottes hier im Laub einer Linde Kindern, die dann einen Maler veranlassten, das Erlebte auf einem Bild für ihre

Kirche festzuhalten. Dieses Bild kehrte jedoch immer wieder zur Linde zurück, und die Muttergottes gab den Kindern ein, eine Kirche um die Linde herum bauen zu lassen. Daraufhin wurde die Wallfahrtskirche gebaut.

Das Gotteshaus ist mit einem viereckigen Kreuzgang umgeben, an dessen Ecken jeweils Kuppelkapellen stehen. Den großen Eingangsbereich umzäunt ein filigranes **schmiedeeisernes Gitter**. Man betritt das Kirchengelände durch ein prachtvolles Eisenportal, welches von den Rösseler Schmieden *Johannes* und *Christoph Schwarz* gefertigt wurde. Kolonnaden umgeben das Kirchenschiff, üppig ausgestattet mit 44 Figuren des Tiroler Bildhauers *Christoph Perwanger* und verziert mit Fresken des Heilsberger Künstlers *Mathias Meyer*, der 1722–1737 auch den inneren Kirchenraum ausgestaltete. Überhaupt zeigt der Innenraum eine atemberaubend reiche Ausstattung, eine geradezu verschwenderische Prunkentfaltung, die noch übertroffen wird von der 1712–1714 erschaffenen **Orgel** des Meisters *Johann Josua Mosengel* aus Königsberg, mit einer schier unglaublichen Vielfalt von Verzierungen und den berühmten beweglichen Figuren und sich drehenden Sonnenrädern. Im Sommer ist der Andrang oft so groß, dass man für die halbstündlich stattfindenden Demonstrationen der Orgel kaum einen Sitzplatz finden kann.

Święta Lipka

Orgeldemonstrationen: Mo–Sa 9.30, 10.30, 11.30, 13.30, 14.30, 15.30, 16.30, 17.30 Uhr; an Sonn- und Feiertagen: 10.30, 12.30, 15.30, 16.30 Uhr.
Messen: Mo–Sa 6.30, 7.30 Uhr, So 7, 8.45, 11, 17 Uhr.
Wallfahrtstage: Mariä Heimsuchung letzter Mai-Sonntag, 14./15. August Mariä Himmelfahrt.
Geöffnet ist die Kirche täglich zwischen 8 und 18 Uhr.

Zu den Großen Seen

Hinweis zur Route

Von Olsztyn folgen Sie der N 16 über Biskupiec 62 km nach Mrągowo. Dort biegen Sie auf die 602 nach Süden ein und erreichen nach 14 km Piecki. Nun fährt man nach links auf die 610 etwa acht Kilometer weit und folgt dann nach links dem Schild Krutyń, das man nach drei Kilometern erreicht.

© graphic

Beim Ausflug nach Wojnowo und Iznota/Mazurski Eden geht es von Krutyń vier km nach Süden bis zur 611, der man 2 Kilometer Richtung Ruciane Nida folgt. Dann biegt man ab Richtung Ukta-Mikołajki und erreicht nach 10km Wojnowo und nach weiteren fünf Kilometern Ukta. Dort fährt man auf die 609 nach Mikołajki, und nach fünf Kilometern stößt man rechts auf ein hölzernes Tor mit der Aufschrift Galindia und einem Wegweiser nach Iznota auf einen breiten Weg (gestampft, gefahrlos befahrbar), dem man über Iznota hinaus fünf Kilometer bis zum Mazurski Eden folgt.

Von Krutyń fährt man vier Kilometer weiter nach Süden, bis man die N 611 nach Ruciane Nida erreicht, wo man nach 10 km ankommt, nach weiteren 17 km ist Pisz erreicht.

Von Pisz fahren Sie auf der N 644 nach Orzysz, das nach 24 km erreicht ist. Von Orzysz fährt man auf der N 16 die 29 km bis Mikołajki. Mikołajki verlässt man auf der N 16 Richtung Ełk und biegt nach 6 km auf die 642, auf der man nach 11 km in Ryn ankommt. Dort fährt man nach rechts auf die 608 und erreicht nach 23 km Giżycko.

Auf der 644 geht es von Giżycko 22 km weiter nach Węgorzewo, wo man auf die 607 einbiegt. Nun kann man der Straße 28 km bis Barciany folgen und dann auf der 591 die 18 km nach Kętrzyn fahren, oder man biegt bereits nach fünf Kilometern links ab nach Kamionek Wielki und fährt von dort aus noch 2 km bis Sztynort. Von dort geht es zurück nach Kamionek Wielki und dann über Stawiska, Radzieje und Nowa Różanka nach Kętrzyn. Von Kętrzyn gelangt man auf der 591 nach 27 km nach Mrągowo.

Überblick

Unsere Route führt nun in das **Land der Großen Seen**, die einmal ganz umrundet werden. Mit den Großen Seen sind vor allem der Jezioro Śniardwy/Spirdingsee und der Jezioro Mamry/Mauersee gemeint, aber rund um sie liegen Tausende andere kleinere Seen, oft verträumt im Wald versteckt, die menschenleer sind. Die Großen Seen sind durch ein System von Flüssen und Kanälen miteinander verbunden, sodass man ohne weiteres auf dem Wasserweg von Ruciane Nida bis Węgorzewo fahren kann.

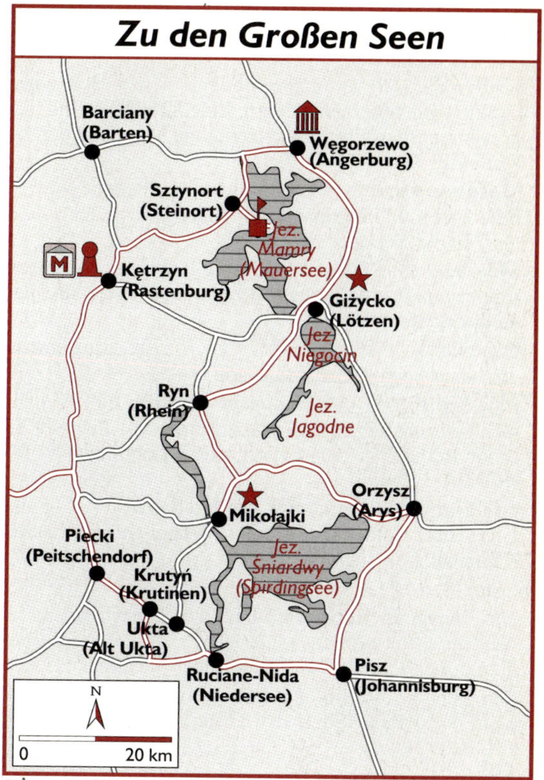

© graphic

Der Jezioro Śniardwy ist mit 114 km² der größte See Polens, der Jezioro Mamry mit 104 km² der zweitgrößte. Hier spielt die Natur die erste Geige, alle kulturhistorisch bedeutenden Baudenkmale treten in den Hintergrund. Nehmen Sie sich Zeit, sich auf dieses Land einzulassen und ganz spontan dort zu verweilen, wo es Ihnen besonders gut gefällt, dann erleben Sie Masuren am eindringlichsten. Im Laufe dieser Route gibt es immer wieder Gelegenheit für Wanderungen, Paddeltouren, Schiffsfahrten oder Radtouren.

Durch menschenleere, endlose Wälder führen die Straßen, stundenlang kann man hier zu Fuß oder mit dem Rad unterwegs sein, ohne dass einem ein Mensch begegnet. Als Kontrast dazu die quirligen Badeorte Mikołajki, Giżycko und Ruciane Nida mit dem bunten polnischen Sommertreiben und dort wie auch an einsamen Buchten Atem beraubend schöne See-Szenen.

Am Rande der Geschichte habe Masuren immer existiert, charakterisierte *Siegfried Lenz* seine Heimat, umso unbegreifbarer erscheint es da, dass in dieser traumverlorenen Landschaft *Hitlers* Vernichtungskrieg geplant und geleitet wurde – auch die Wolfsschanze ist Masuren.

Von Olsztyn nach Mrągowo

Barczewo/Wartenburg

Die 1336 vom Orden gegründete Stadt wurde bereits 1410 im Zuge der Kämpfe zwischen dem Deutschen Orden und Polen/Litauen erstmals schwer in Mitlei-

Redaktions-Tipps zu Masurens Großen Seen

Sehenswürdigkeiten

- **Krutyń** (S. 346), das malerische masurische Dorf liegt inmitten von Märchenwäldern. Eine Kahnpartie mit gestaktem Boot führt in die einmalige Naturwelt der Krutinna.
- **Mazurski Eden** (S. 352) ist ein kleines Paradies am Beldahnsee. In traumhafter Umgebung wähnt man sich in die Zeit der Galinder zurückversetzt.
- **Mikołajki** (S. 348) ist als Venedig Masurens ein quirliger, südlich anmutender Urlaubsort mit unzähligen Ausflugsmöglichkeiten.
- **Giżycko** (S. 354) ist eine Stadt am Wasser, wie gemalt, mit lauter Seen in der Umgebung.
- Eine **Schiffstour mit Masurens „Weißer Flotte"** muss man gemacht haben, egal von welchem Ort aus, sehr schön ist die Fahrt von Giżycko zur Kormoraninsel (S. 356).
- Das **Führerhauptquartier Wolfsschanze** (S. 361) in Gierłoż bei Kętrzyn ist bei allem Trubel ein historisches Mahnmal.

Übernachten

- Das **Pensjonat Habenda** € hat einen komfortablem Neubau dazu bekommen, hier geht's familiär zu, Seniorchefin *Brigitta Nosek* weiß alles über Masuren.
- Schlafen wie die Grafen geht in Sorkwity gleich zweimal, nämlich im **Pałac Sorkwity** €€ und im **Hotel im Park** €€ **Jędrychowo**.
- Bei den Galindern im masurischen Paradies **Galindia-Mazurski Eden** €€ wohnt man in Zimmereinrichtungen aus Ökomaterialien und hat Möglichkeiten wie sonst nur in einem Club.
- Schon etliche Jahre „das" Hotel in der Gegend ist das **Hotel Mrongovia** €€€ am Stadtrand von Mrągowo auf einer Anhöhe über dem Czos-See gelegen mit allem Komfort.
- Das **Hotel Mazurski Dworek** €€ ist ein Hotel im Landhaus-Stil, am Tałty-See drei Kilometer außerhalb von Mikołajki gelegen.
- Das **Hotel Gołębiewski** €€€ ist ein am Ortsrand von Mikołajki auf einer Anhöhe über dem Talter Gewässer gelegenes riesiges Areal.

Gastronomie

- Am besten isst man im **Restauracja „Błękitna"**, dem Restaurant des Hotels Mrongovia.

denschaft gezogen und 1945 noch einmal zur Hälfte zerstört. Das Städtchen liegt in einer Senke und ist weithin am **Wasserturm** und am Turm der **St.-Anna-Kirche**/Kościół Św. Anna zu erkennen. Die im 14. Jahrhundert erbaute dreischiffige Hallenkirche brannte 1798 aus und wurde im 19. Jahrhundert umgestaltet und mit einem Turm sowie dem neogotischen Chor versehen.

Ebenfalls aus dem 14. Jahrhundert stammt das **Rathaus** am Marktplatz. Die im 14. Jahrhundert als einschiffige Hallenkirche erbaute ehemalige Klosterkirche St. Andreas gehörte einst zum 1390 fertig gestellten Franziskanerkloster, das nach der Reformation an die Bernhardiner ging. 1810 fiel das nun säkularisierte Kloster an den preußischen Staat und diente als Gefängnis.

Zu trauriger Berühmtheit gelangte dieses **Gefängnis** durch seinen bekanntesten Insassen, den ehemaligen Gauleiter von Ostpreußen und Reichsstatthalter der Ukraine *Erich Koch* (1896–1986). Der prominente Gefangene war 1959 zum Tode verurteilt worden, aber wegen Krankheit nicht hingerichtet worden. Bis zu seinem Tode im Jahre 1986 lebte er im Wartenburger Gefängnis, überreichlich versorgt durch einen nicht abreißen wollenden Strom von Paketen vor allem aus Südamerika. Anfangs der 1980er Jahre bekam er die Gesellschaft vieler Solidarność-Anhänger, die zur Kriegsrechtszeit hier inhaftiert waren.

Nowowiejski-Museum

Interessant ist das ganz in der Nähe gelegene **Nowowiejski-Museum**, in dem Leben und Werk des Komponisten *Feliks Nowowiejski* (1877–1961) dokumentiert werden, das neben der Musik dem Kampf für das Polentum in der Region gewidmet war.
Muzeum Feliksa Nowowiejskiego, ul. Mickiewicza 13, April-Oktober Di–So 10–14 Uhr geöffnet.

Sorkwity/Sorquitten (ⓘ s. S. 127)

Gut Sorquitten

Der kleine Ort liegt auf einer Landenge zwischen dem Gehlandsee/Jezioro Gieląd und dem Lampaschsee/Jezioro Lampackie. Gegründet wurde Sorquitten 1379 von Ordensgroßmeister *Winrich von Kniprode*. Das **Gut Sorquitten** sah viele verschiedene Eigentümer, mal war es im Besitz einer polnischen, mal einer deutschen Familie. Ein erstes Herrenhaus am Ufer des Lampackiesees wurde zunächst 1788 von der polnischen Familie *Bronikowski* erbaut. Der Besitz ging 1804 an die deutsche Familie *von Mirbach* über. In den Jahren 1850–56 baute *Julius von Mirbach* das Haus aus und errichtete ein neogotisches Backsteinschloss mit Zinnen und Türmen. Im Laufe der Kriegsereignisse 1914 brannte das Schloss aus und wurde 1922 von den letzten Besitzern, der Familie *von Paleske* restauriert. Nach dem Krieg gehörte das **Schloss** einer PGR. Heute ist es wieder wunderbar restauriert und dient als Hotel. Ein Besuch des Hauses in seiner gepflegten Parkanlage lohnt in jedem Falle.

Schloss Sorkwity

Sehenswert in Sorkwity ist die **evangelische Kirche**, die bereits 1470 erstmals erwähnt wurde. Vollkommen neu erbaut wurde sie um 1595 und erhielt ihre heutige Form als Barockkirche 1754. Betritt man das Gotteshaus, scheint einem der Taufengel des Königsberger Meisters *Izaak Riga* im Kirchenschiff frei entgegen zu schweben. Beachtenswert ist auch der hölzerne Spätrenaissancealtar, dessen Schnitzwerk aus dem Jahre 1623 stammt.

Höhepunkt der Kirchenbesichtigung aber ist die Darstellung der **Himmelfahrt Christi** in der Bekrönung des Altaraufsatzes. Als seien sie die plastische Nachbildung einer Momentaufnahme, ragen nur noch Jesu Beine herab ins Diesseits. Der deutsch sprechende Pastor *Krzysztof Mutschmann* erzählt gerne mehr über seine Kirche.

Parafia Ewangelicko-Augsburgska w Sorkwitach, ul. Plaiowa 3, 11-731 Sorkwity, Tel./Fax 7428178.

Lampaczsee

Auch für Naturliebhaber hat Sorkwity einiges zu bieten, hier beginnt nämlich die **Krutynia-Route**, eine der schönsten und bekanntesten Paddeltouren Polens. Ausgangspunkt ist die unmittelbar neben den Schlosspark gelegene PTTK-Station am Lampackiesee. Aber auch kleinere Paddeltouren auf den beiden Seen kann man von Sorkwity aus unternehmen oder auch Einzelabschnitte der Krutynia-Route als Tagestour unternehmen. Auch für ausgedehnte Wanderungen in die waldreiche Umgebung eignet sich Sorkwity.

Krutynia-Route

Mrągowo/Sensburg (ⓘ s. S. 127)

Mrągowo liegt sehr zentral in Masuren, nach Olsztyn sind es 59 km, nach Ełk 89 km, noch dichter ist es nach Giżycko, Kętrzyn und Pisz, die kleine Stadt eignet sich daher hervorragend als Standort für Ausfüge in die Umgebung.

idealer Ausgangsort für Aktivitäten

Sowohl motorisierte Touristen als auch Wanderer und Radfahrer finden hier einen **idealen Ausgangsort**, und auch Wassersportler sind hier gut bedient, denn die 20.000-Einwohner-Stadt liegt zwischen dem Jezioro Czos/Schosssee und dem Jezioro Juno/Junosee. Urkundlich erstmals erwähnt wurde die Stadt 1397, gegründet aber wohl schon 1348. Eine Burg und Stadtmauern gab es hier nie, die natürlichen Sicherungen machten das unnötig, 1527 erhielt der Ort die Marktrechte. Verheerend für die Stadt waren zwei Feuersbrünste, die große Teile der Altstadt in Schutt und Asche legten. Ab 1822 wurde Sensburgs Innenstadt im Stil der Zeit neu aufgebaut. Nach den Zerstörungen von 1914 und 1945 ist nicht viel geblieben von Mrągowos historischer Bausubstanz.

Der Stadtkern mit den vielen kleinen Häusern aus dem 19. Jahrhundert ist heute wieder schön restauriert, eine Vielzahl kleiner Läden hat darin Platz gefunden. Besonders der **Marktplatz** mit dem Rathaus aus dem Jahre 1825 erinnert immer noch an eine preußische Kleinstadt. Im Rathaus befindet sich auch das Heimatmuseum, das über die Geschichte der Region unterrichtet. Das alte **Stadtwappen mit der Bärentatze** ist hier gleichfalls ausgestellt, denn erst 1804 wurde in dieser Region der letzte Bär Masurens erlegt. Aber auch *Ernst Wiecherts* wird hier gedacht, der ganz in der Nähe im Forstort Kleinort/Piersławek 1887 geboren wurde.

Bärentatze als Stadtwappen

Muzeum Regionalne w Mrągowie, ul. Ratuszowa 5, Tel. 741 2812, Di–So 9–17 Uhr.

Gegenüber vom Rathaus steht die evangelische Kirche, die 1734 erbaut wurde. Sensburg, das polnisch eigentlich Ządzbork hieß, wurde 1947 in Mrągowo umbenannt. Namensgeber war *Krzysztof Celesty Mrongowiusz* (1764–1855), ein Vorkämpfer für das polnische Masuren.

Landesweit bekannt ist Mrągowo als Veranstaltungsort des „Piknik Country Mrągowo"-Festivals Ende Juli, bei dem zahlreiche in- und ausländische Gruppen Country-Musik auf einer Freilichtbühne spielen. Cowboyhüte, Harleys und Country-Musik aus jedem Auto lassen einen Hauch von Stars and Stripes durch Masuren wehen.

Von Mrągowo nach Mikołajki

Piersławek

Piecki/Peitschendorf wurde bereits 1401 gegründet und ist als Sitz der Samtgemeinde ein kleines Regionalzentrum. Es lohnt sich, hier einen kleinen Abstecher von der Reiseroute zu machen. Auf der Straße nach Lipowo und Mikołajki gelangt man nach gut drei Kilometern Fahrt durch dichte masurische Wälder zu einer kleinen Holztafel am rechten Straßenrand und sieht am Waldrand ein altes Backsteinhaus mit Nebengebäuden, die **Försterei Kleinort/** Piersławek.

Försterei Kleinort

Hier wurde am 18.5.1887 der Schriftsteller *Ernst Wiechert* geboren und wuchs inmitten dieser masurischen Wälder- und Seenlandschaft auf. *Wiechert*, der 1950 in seiner Wahlheimat Schweiz starb, war einer der großen masurischen Schriftsteller. In Polen genießt Wiechert ob seiner antifaschistischen Haltung, die ihn 1938 für einige Zeit ins KZ Buchenwald brachte, hohes Ansehen. Das war schon zu kommunistischer Zeit so, und viele

bedeutender Schriftsteller

seiner Bücher wurden schon früh ins Polnische übersetzt. Alle seine autobiographisch geprägten Bücher befassen sich mit dem Erleben des einfachen Lebens in der Natur auf der Suche nach dem Sinn des Seins. Literarische Denkmäler setzte *Wiechert* seiner Heimat in „Wälder und Menschen", „Die Jeromin-Kinder" sowie „Das einfache Leben". In dem Backsteinbau, der auch heute noch der Forstverwaltung dient, ist ein **kleines Museum** untergebracht, das sich mit Leben und Werk *Wiecherts* befasst.

Wiechert-Museum Piersławek, Di–Fr 9–16 Uhr, Juli und August auch am Wochenende.

Krutyń/Krutinnen (ⓘ s. S. 127)

Krutyń war schon zu deutscher Zeit ob seiner Schönheit berühmt. Der Ort ist auch als Ziel für Busrundreisen entdeckt worden, aber keiner dieser Busse bleibt über Nacht, sodass immer noch genug Zeit bleibt, die Ruhe zu genießen, die über dieser Landschaft liegt. Erst dann entdeckt man in Krutyń das **ursprüngliche Masurendorf** mit seinen charakteristischen Holzhäusern. Direkt vom Busparkplatz gelangt man nach ein paar Schritten zum Krutynia-Fluss. Direkt an der Brücke starten die Kahntouren auf diesem wohl einmaligen Fluss. **Kristallklares Wasser** in dem flachen Gewässer lässt bis zum Grund schauen, Fische beobachten, selbst Krebse kann man erkennen. Die Tour mit den **gestakten Holzkähnen** führt durch unberührte Landschaft, mit sich selbst überlassenen Urwäldern, kleinen Inseln und schilfbestandenen Ufern. Die Stille der Natur ist überwältigend, verträumte Buchten, nach jeder Biegung ein Wechsel zwischen Steilufer und flach auslaufenden Sandbänken. Die Kahnpartie dauert eine gute Stunde und führt bis zum Krutinnasee. Auch ein Trip mit dem Paddelboot bietet sich an und ist mit der Strömung auch für nicht so geübte Paddler machbar. Niemand paddelt hier stromauf, denn die Fließgeschwindigkeit der Krutynia ist immerhin so hoch, dass sie im Winter nicht zufriert.

ursprüngliches Masuren

Paddeln auf der Krutinna

überwältigende Stille

Über die **Krutyniabrücke** führt der Weg in den Wald. Stundenlange Wanderungen sind auf gekennzeichneten Wegen möglich. Der erste markierte Weg nach links führt zum **Teufelssee**, einem verwunschenen kleinen Paradies, von

Wollgraswiesen und federnden Hochmooren umgeben, im tiefen Wald gelegen und von Sagen und Märchen umrankt. Der Hauptweg führt direkt zum **Jezoiro Mokre/Muckersee**, der zum Bad lädt, das man sich nicht entgehen lassen sollte. Noch weiß in dieser Region niemand, was Wellness ist, aber genau so ein Bad ist es: was für eine Wohltat ist dieses klare, kühlende Wasser, das die Haut wie Seide so weich umschmeichelt, viel erfrischender als jede Dusche.

Muckersee

Krutyń eignet sich hervorragend als Urlaubsquartier, von hier aus sind viele Ausflüge, Wanderungen sowie Rad- und Kajaktouren möglich. Auskünfte über die vielen Wanderwege in den zahlreichen Reservaten erhält man auch in deutscher Sprache im **Verwaltungsgebäude des Masurischen Landschaftsparks** in der Ortsmitte beim Markt. Dort ist auch eine kleine, interessante Ausstellung über die Region untergebracht.
Mazurski Park Krajobrazowy, Krutyń, Tel. 7421405, Mo–Fr 8–15 Uhr.

Ruciane-Nida/Niedersee (ⓘ s. S. 127)

Ruciane-Nida liegt am Rande der Puszcza Piszcza zwischen Jezioro Niedzkie/Niedersee und dem **Jez. Beldany**/Beldahnsee. Die 5.000 Einwohner leben fast ausschließlich von der Forstwirtschaft und dem Tourismus. Vor allem vom Wasser aus erkennt man die Reize dieser erst Ende der 1950er Jahre aus dem Zusammenschluss von Ruciane und Nida entstandenen Gemeinde.

Forstwirtschaft und Tourismus

Ruciane-Nida

Bis an die Ufer reichende Wälder geben nur hin und wieder den Blick auf hübsche alte Holzhäuschen frei. Der Doppelort ist ein beliebtes Ferienziel, um die **ul. Dworcowa** (Bahnhofstr.), die Shoppingmeile des Doppelortes, herrscht fröhliches Treiben. Ruciane-Nida ist eines der bedeutendsten Wassersportzentren Polens mit einem großen Yachthafen. Immer empfehlenswert ist eine Fahrt mit der **Weißen Flotte**, sowohl verschiedene Rundfahrten als auch der Linienverkehr nach Giżycko und von dort weiter bis Węgorzewo werden angeboten.

Pisz/Johannisburg (ⓘ s. S. 127)

urwaldähnliche, riesige Forste

Johannisburg erhielt erst 1643 vom Großen Kurfürst die Stadtrechte. Die Stadt liegt am südlichen Ende der Großen Seen am Jezioro Roś/Roschsee, direkt am Rande auch heute noch **urwaldähnlicher, riesiger Forste**. Das architekto-

nisch Attraktivste an der Stadt ist der kleine, von hübschen Bürgerhäusern umstandene Marktplatz. Im Sommer laden hier kleine Cafés und Bistros zum Verweilen. Im Rathaus am Marktplatz ist ein kleines **Heimatmuseum** untergebracht, das neben der Stadtgeschichte auch über die Johannisburger Heide und ihre Flora sowie Fauna unterrichtet.
Heimatmuseum Pisz, Mo–Sa 9–16 Uhr.

Noch heute ist die **Johannisburger Heide**/Puszcza Piszcza, die einst von den pruzzischen Galindern bewohnt war, der größte geschlossene Waldkomplex Polens. Das herrliche Wandergebiet besteht zu 80 % aus Nadelwald, der Rest ist Mischwald mit vielen Eichen. Nicht nur wegen ihrer schönen Seen, sondern vor allem ob des Wildreichtums wurde die Region bekannt, schon August II. der Starke erlegte hier Elche.

Kaum ein Wald ist pilz- und beerenreicher als die Johannisburger Heide.

Orzysz/Arys

Arys erhielt die Stadtrechte 1525 und brannte 1945 fast vollständig ab, an kulturhistorisch interessanten Bauten ist nichts geblieben. Heute ist Orzysz das, was es schon immer war, eine Stadt mit großer Garnison und weiträumigen **Truppenübungsplätzen**, auf denen auch westeuropäische NATO-Soldaten bereits übten. Reizvoll an Orzysz ist allein die Lage am Jezioro Orzysz/Aryssee.

Mikołajki/Nikolaiken (ⓘ s. S. 127)

„Masurisches Venedig" wurde der 5.000-Einwohner-Ort bisher genannt, ein ehrgeiziges städtebauliches Programm soll daraus nun das „**Monte Carlo Polens**" machen. Kaum ein Ort Masurens verändert sich dermaßen rasch wie Mikołajki, das an der Enge zwischen dem Jezioro Mikołajki/Nikolaikersee und dem Jezioro Tałty/Talter Gewässer liegt. Über den Nikolaikersee ist Mikołajki direkt mit dem Jezioro śniardwy, dem größten polnischen Binnensee, verbunden.

südliches Flair

Im Sommer könnte Mikołajki genauso gut am Gardasee oder an einer Lagune liegen, so **südlich wirkt das Flair des Ortes** mit den vielen Brücken und Stegen, die tiefblauen Seen und der blitzblaue Himmel mit den plastischen Pustewolken tun ein Übriges. Der Ortskern rund um den Markt ist attraktiv hergerichtet, viele kleine Lädchen animieren dazu, die Urlaubskasse zu erleichtern, kleine Restaurants und Cafés laden zum Erfrischen. Mittelpunkt ist das gepflegte Grün mit dem Brunnen und dem stilisierten Król Sielaw, dem König der Maränen.

Der berühmte **Stinthengst** liegt im Wasser an der Zentrumsbrücke angekettet. Viele Sagen drehten sich um diesen Stinthengst, sie stammen meist schon aus pruzzischer Zeit. Der Stinthengst war einst Herrscher des Sees und ein riesiger Fisch mit edelsteinbesetzter Krone, den alle Fischer fürchteten, denn er hatte schon viele Boote umgekippt. Eines Tages gelang es, den Riesen mit einem

Im Masurischen Landschaftspark

arten wachsen hier, und mehr als **150 Vogelarten** finden hier ihren Lebensraum. Der 1977 gegründete Park, der in einen Nationalpark umgewandelt werden soll, erstreckt sich zwischen Mikołajki im Norden und Ruciane-Nida im Süden, zwischen Orzysz im Osten und fast bis Mrągowo im Westen. Damit beinhaltet er auch den größten See Polens, den Jezioro Śniardwy. Er bietet, egal ob von Mikołajki, Ruciane-Nida oder Krutyń aus, herrliche Ausflugsmöglichkeiten, von der Wanderung über Radtouren bis zu Kajaktörns kann man sich dieses **Naturparadies** erschließen. Die Verwaltung des Parks befindet sich in Krutyń mitten im Ort in einem schönen Holzhaus. Auch ein kleines **Museum** ist dort untergebracht, das alles Wissenswerte zum Park zeigt. Hier und auf dem benachbarten Markt bekommt man eine reiche Auswahl an Karten, speziellen Parkführern und über die Region, auch in deutscher Sprache.

Naturparadies

Mazurski Park Krajobrazowy, Krutyń, 11-712 Stary Kielbonki, Tel. 7421405, E-Mail: mpkraj@box43.gnet.pl, geöffnet Mo–Fr 8–15 Uhr. Im Sommer auch Sa u. So.

Wer Interesse an Pferden und dem Reiten hat, sollte einen Ausflug nach Gałkowo machen, das an der Straße Piecki – Ukta liegt. Dort betreibt *Alexander Potocki*, polnischer Adliger und Sohn der bekannten deutschen Journalistin *Renate Marsch*, das **Gestüt Ferenstein**, von Reitstunden über Kutschfahrten bis zu mehrtägigen Reitsausflügen reicht das Programm. Zum Anwesen gehört auch eine der urigsten Kneipen Masurens, in der man nicht nur hervorragend feiern, sondern auch essen kann.

Stadnina Koni Ferensteinów/Gestüt Ferenstein, Alexander Potocki, Gałkowo 45, 12-240 Ukta, Tel./Fax (0-87) 4257123.

Popielno/Popiellnen

Zehn Kilometer nordöstlich von Ruciane-Nida liegt auf einer Halbinsel zwischen Beldany und Śniardwy der Ort Popielno. Bei diesem kleinen Dorf befindet sich das **zoologische Forschungszentrum** der Polnischen Akademie der Wissenschaften „Zakład Doświadczalny PAN". Hier kann man die erfolgreiche Rückzüchtung der kleinen polnischen Wildpferde in freier Wildbahn beobachten. Weil sie ihren längst ausgestorbenen historischen Vorbildern so ähneln, wurden sie nach ihnen **Tarpan** genannt. Neben der Tarpanrückzucht widmen sich die

zoologisches Forschungszentrum

Zoologen der Biberforschung, die große Attraktion ihrer Station aber sind die so urtümlich wirkenden, in stoischer Ruhe grasenden Kreuzungen aus Wisent und Rind, sowie einige **Bisons**. Den Tarpanen zuschauen kann man am besten bei einer der in Popielno angebotenen Kutschfahrten.
Zakład Doświadczalny PAN w Popielnie, 12-222 Wejsuny, Tel. 087-4231519.

Zu erreichen ist Popielno nicht nur von Ruciane-Nida aus über Wejsuny, sondern auch von Mikołajki aus. Dort fährt man Richtung Südost nach Ruciane-Nida und dann in Karlowo nach links. Nach Wierzba kommt man mit der **Fähre** über den Beldany-See.
Fähren verkehren im Sommer stündlich zwischen 8 und 17 Uhr.

Wojnowo/Eckertsdorf

Wojnowo/Eckertsdorf war das Zentrum der russischen **Altgläubigen**, die im zaristischen Russland ihres Glaubens wegen verfolgt wurden. Nach der Reform der russisch-orthodoxen Kirche 1667 ließen die Verfolgten sich zunächst im Gebiet Suwałki – Augustów nieder, bevor Preußenkönig *Friedrich Wilhelm II.* ihnen die Ansiedlung gestattete. Die Religionsfreiheit Preußens befreite die **Philipponen**, wie die Altgläubigen auch genannt wurden, von der Militärpflicht. Heute leben noch etwa 3.000 Altgläubige im Nordosten Polens. Die meisten Philipponen der Region Wojnowo siedelten nach dem Krieg nach Deutschland um.

Kloster in Wojnowo

Bereits 1836 wurde von *Lawrentij Rastropin* eine **Einsiedelei** gegründet, die 1847 zunächst zum Männerkloster ausgebaut wurde. Nach religiösen Auseinandersetzungen wurde das Kloster 1868 aufgegeben. 1885 wurde es von der Nonne *Eupraksja* übernommen und diente fortan einem **Frauenorden** als Kloster. Von den vor dem Krieg hier lebenden 40 Ordensfrauen sind heute nur noch zwei betagte Schwestern übrig. Der Küster zeigt gerne jedem Besucher das Kloster sowie die **Kirche der heiligen Dreifaltigkeit und des Erlösers**, das etwas abseits des Dorfes am Jezioro Duć/Dussee gelegen ist.

Die wertvollsten **Ikonen** dieses Klosters findet man aber nicht hier, sondern aus Sicherheitsgründen im **Museum Lidzbark Warmiński**. Hinter der Kirche

philipponische Siedlungen

liegt der alte Friedhof mit seinen russischen Grabkreuzen. Im Ort selbst steht an der Hauptstraße die Backstein-Kirche der Altgläubigen, die ebenfalls besichtigt werden kann. Neben der Kirche erinnert ein Gedenkstein mit der Aufschrift „1830–1930" an das erste Jahrhundert philipponischer Siedlungen in Masuren. Etwas abseits steht unübersehbar die hölzerne **weiße orthodoxe Kirche** mit ihrem charakteristischen Zwiebelturm. Sie dient noch heute den zur Orthodoxie konvertierten Altgläubigen als Gotteshaus.

Galindia – Mazurski Eden

Schon die Anfahrt über gestampfte, ungeteerte Wege ist anders. In Iznota, einem kleinen Dorf an der Krutinna, scheint die Zivilisation zu enden, aber es sind noch ein paar Kilometer, bis der dichte Wald sich öffnet. Martialische **hölzerne Krieger** halten die Wacht vor dem Tor der palisadenumwehrten Galinderfestung. Man wähnt sich um Jahrhunderte in die Pruzzenzeit zurück versetzt, als hier die **Galinder** lebten.

Mazurski Eden

Garten Eden Masurens

Cezary Kubacki, von Haus aus Arzt und Psychotherapeut, schuf sich hier seinen Garten Eden, der mittlerweile zum veritablen Hotel und Erholungszentrum ausgebaut ist, auch Camper finden hier ihren Platz. Nebenher ist *Cezary Kubacki* Bildhauer, die vielen Holzplastiken, die alle mit der Welt der Galinder zu tun haben, schuf der Hausherr selbst. Nach und nach

INFO Von Göttern und heiligen Hainen

Manche dunklen Wälder scheinen noch von den alten Pruzzengöttern zu erzählen. In ihnen scheint er noch überlebt zu haben, der alte heidnische Glaube. Drei Hauptgötter hatten die Pruzzen: *Perkunos*, *Pikollos* und *Potrimpos*. *Perkunos*, der Donnergott, wurde hoch verehrt und kommunizierte donnernd mit dem Priester. Zwar holte er die Glücklichsten per Blitzstrahl direkt zu sich, aber er war auch der Gott des Sonnenscheins, des Feuers, des Regens und des Windes, der auch Krankheiten heilte. *Potrimpos*, der Gott der Fruchtbarkeit, war die Lebenslust schlechthin, wurde um Glück, Wohlleben und Aufgehen der Saat angefleht. Dargestellt wurde er als Jüngling mit einem Ährenkranz. *Pikollos* hingegen stand für Tod und Verderben, er sorgte auch für die Bestrafung derjenigen, die dem Krive zuwiderhandelten.

Neben dieser ersten Götterriege gab es noch unzählige kleine Nebengötter, für jedes Anliegen einen. Der wichtigste von ihnen war wohl Kurche, der ebenfalls allgemein verehrte Darreicher der Speisen und Getränke, dem unzählige Opfersteine geweiht waren. Die Pruzzen sahen in den Naturgewalten das Wirken der Götter, die sie in **heiligen Hainen** verehrten. Allen diesen Hainen war die immergrüne Eiche als Zentrum gemeinsam, sie war der Hauptsitz der Götter. Wahrscheinlich hatte jeder Stamm mindestens einen solchen Hain, aber es gab auch ein oberstes Heiligtum, den heiligen Hain von Romowe, den alle Stämme verehrten.

In diesem Romowe amtierte auch der oberste Priester, der Krive, der gleichzeitig Hüter des ewigen Feuers war. Er wurde von den Priestern aller Stämme auf Lebenszeit gewählt und hatte besonders weise zu sein, was meist mit sich brachte, dass er bereits recht betagt war.

Dieser oberste Krive war gleichzeitig oberster Richter und somit höchste Instanz unter den baltischen Stämmen, denn es gab keine ihm entsprechende weltliche Machtstellung. Die einzelnen Stämme hatten alle ihre eigenen gewählten Führergestalten, die *Reiks*, eine Zentralgewalt gab es nicht, sie lebten nur in losen Stammesverbänden. Auch die Reiks traten eigentlich nur im Kriegsfalle hervor, dann hatten sie uneingeschränkte Macht, aber eben nur über ihren eigenen Stamm, was einheitliches Vorgehen erschwerte, welches gegen ein gut organisiertes Heer wie das der Deutschordensritter nötig gewesen wäre.

In Friedenszeiten bestimmten der Oberpriester Krive, die Stammespriester *Krivaiten* und die *Waidelotten*, die Dorfpriester, alle Belange des öffentlichen Lebens. So bestimmten de facto die Priester das Leben der Pruzzen. Sie sorgten für die Überlieferung der Chronik, unterrichteten auf den *Krawul* genannten Dorfzusammenkünften und wachten über Recht und Ordnung, Sitte, Moral, die Einhaltung der Glaubensgrundsätze sowie die Regeln des Zusammenlebens, die sehr pragmatisch waren.

So war diese Religion eigentlich recht lebensnah, die Kulthandlungen waren einfach. Und sie war lebensfroh, denn das Wichtigste waren nicht die Opferrituale an der heiligen Eiche, sondern die dazu gehörenden Feste, die allesamt fröhliche, mehrtägige Gelage waren. Friedlich, lebensfroh, trinkfest und lustbetont waren die alten Pruzzen also, was hatte ihnen das Christentum da vordergründig schon zu bieten, nichts als Gebote, Verbote und Verzichte. Wie erschien ihnen da der alte Glaube doch menschenfreundlich!

Die Pruzzen starben aus, wurden vernichtet, andere vermischt mit Einwanderern. Manches blieb über die Jahrhunderte erhalten, auch wenn sie keine Schrift kannten, einiges in Sagen, weniges in einzelnen Worten. So manche Götter überlebten durch Großmutter-Mund als gute und böse Geister in den Wäldern und Seen, manche Sitten, Alltagsregeln und Gebräuche überdauerten.

entstand ganz nebenbei eine Art Freilichtmuseum galindischer Lebensart. Nur die Touristen sind hier nach der heutigen Mode gekleidet, die Galinder stehen über solchen Dingen und tragen sämtlich ihre alten Gewänder. Dieser **masurische Garten Eden** ist obendrein noch paradiesisch gelegen, direkt am Beldany-See, den nicht nur die Galinder sondern auch viele Masuren für den schönsten ihrer Seen halten.

Von Wanderungen über Paddelfahrten, Segeltörns uns Radtouren ist hier vieles möglich, auch Kutschfahrten oder ein Bootsausflug mit „echten" Galindern, und im Winter natürlich Eissegeln und Hundeschlittenfahrten.

Nach Giżycko/Lötzen (ⓘ s. S. 127) und Węgorzewo

Auf einer Landenge zwischen Jezioro Niegocin/Löwentinsee und dem Jezioro Kisajno/Kissain-See liegt Giżycko. Was für eine Lage, überall Wasser und Schiffe, die auf dem **Luczanski-Kanal**, der die beiden großen Seen verbindet, mitten durch die Stadt fahren. Kein Wunder, dass die 32.000-Einwohner-Stadt ein **touristischer Mittelpunkt** der Großen Seen ist.

wirtschaftliches Zentrum

Nachdem die erste vom Deutschen Orden 1337 erbaute Burg von Litauern 1365 zerstört worden war, wurde sie an der heutigen Stelle wieder aufgebaut. Nur ein Flügel dieser Ordensburg steht heute noch neben der Drehbrücke. 1612 erhielt die um die Burg herum entstandene Siedlung das Stadtrecht. Wirtschaftlich bergan ging es mit Lötzen, als 1772 der Luczanski-Kanal fertig gestellt wurde, damit gab es endlich eine **Verbindung zwischen Mamry-See und Śniardwy-See**. Endgültig zum wirtschaftlichen Zentrum an den Großen Seen wurde die Stadt durch den Bahnanschluss 1868, bald sprach sich die Schönheit der Stadt herum, und die ersten Sommerfrischler kamen. Schon damals war eine **Schifffahrt auf den Seen** die Attraktion, denn bereits 1856 fuhr mit der „Masovia" der erste Dampfer von Johannisburg nach Angerburg.

Festung Boyen

Doch auch für das Militär war Lötzen von Interesse, die Lage auf der Landenge war von strategischer Bedeutung. Zwischen 1844 und 1847 wurde eine der gewaltigsten Festungen Preußens errichtet, die **Feste Boyen**/Twierdza

Boyen. Benannt wurde sie nach dem preußischen Kriegsminister *Hermann von Boyen*. Die Festung bewährte sich, sie hielt im 1. Weltkrieg der Belagerung der Russen stand. Während des 2. Weltkrieges war hier zeitweilig die Abteilung „Fremde Heer Ost“ des späteren BND-Chefs *Reinhard Gehlen* untergebracht.

Gizycko

Die Feste überstand den Krieg fast unzerstört und kann heute besichtigt werden. Unweit des Stadtzentrums gelegen ist die Umwanderung der Feste gleichzeitig ein wunderbarer Waldspaziergang. Mehrere Kasematten, die Wälle und Bastionen sind zugänglich, und ein **Museum** informiert über die Geschichte von Stadt und Feste, besonders aber über ihre großen Tage im Sommer 1914. Das Amphitheater an den Wällen wird heute für kulturelle Zwecke genutzt, besonders für die zahlreichen Sommerfestivals.

Towarzystwo Miłośników Twierdzy Boyen/Gesellschaft der Freunde der Feste Boyen (Eigentümer), 11-500 Giżycko, ul. Turystyczna 1, Tel. (087) 428 29 59, Tel./Fax 429 32 62, geöffnet Di–So 10–17 Uhr.

Im Zentrum sehenswert ist die **evangelische Kirche**, ein in den Jahren 1826–27 erbautes Gotteshaus mit klaren Linien, die Baupläne stammen von *Karl Friedrich Schinkel*. Sie dient heute noch der evangelisch-augsburgischen Gemeinde als Gotteshaus, im Sommer gibt es an jedem Sonntag um 9.30 Uhr auch einen Gottesdienst in deutscher Sprache. Im Sommer finden in der Kirche an jedem Sonntag abends um 19 Uhr im Rahmen der **Lötzener Orgeltage** Orgelkonzerte statt. Begründet hatte das Orgelfestival der damalige Gemeindepfarrer *Janusz Jagucki*, der inzwischen zum polnischen Bischof und damit geistigem Oberhaupt der evangelischen Christen in Polen aufgestiegen ist.

Friedrich Schinkel

Nicht weit entfernt steht an der ul. Warszawska das Geburtshaus von *Wojciech Kętrzyński*, einem als *Adalbert von Winkler* geborenen Vorkämpfer für das polnische Masuren. Giżycko erhielt seinen Namen nach dem Johannisburger Pastor *Gustaw Gisewiusz* (1810–48), der sich um die polnische Sprache in Masuren verdient gemacht hatte. Sehenswürdigkeiten allerdings treten in den Hintergrund, hier dominiert eindeutig die Lage. Nur einen Steinwurf vom Zentrum entfernt liegt der Hafen mit dem **Kai der Weißen Flotte**, östlich davon der Yachthafen, westlich der Stadtstrand.

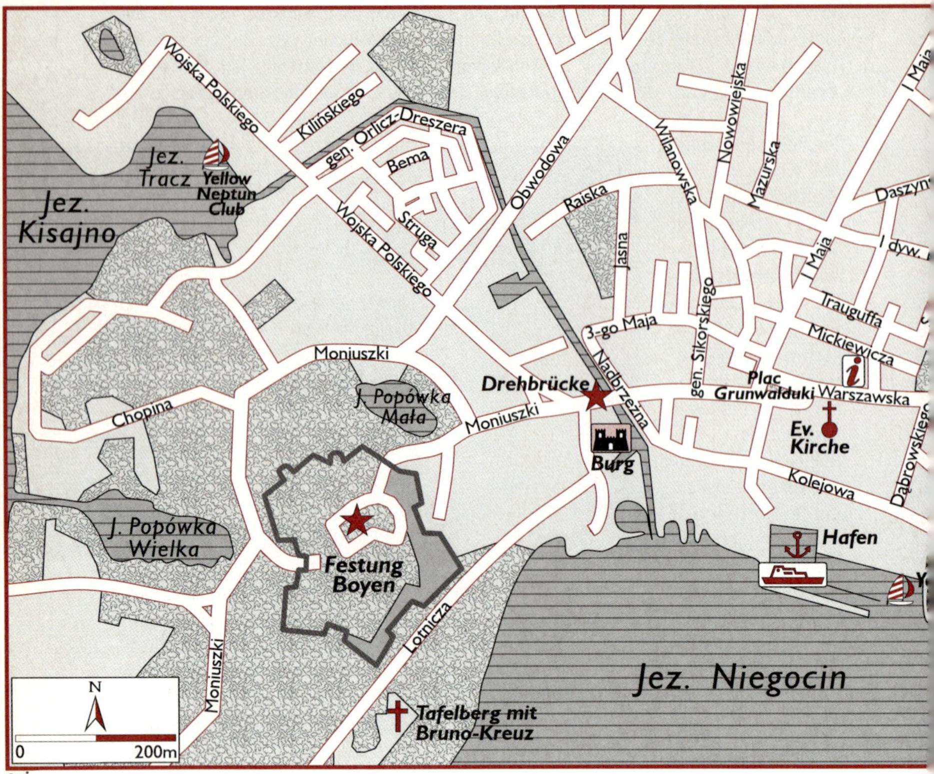

Der Kanal führt von dort aus mitten durch die Stadt. Passiert wird er vom Straßenverkehr mittels einer **Drehbrücke**. Hier meckert niemand über die Wartezeit an der geöffneten Brücke, es ist eine der Hauptattraktionen, wenn eine lange Reihe von Seglern hinter dem Ausflugsschiff hertuckert. In Giżycko löst im Sommer ein Festival das andere ab, von den Orgeltagen bis zum Motorradfest ist für jeden etwas dabei. Bei der Lage ist Giżycko natürlich prädestiniert für **alle Arten von Wassersport**. Mittlerweile ist der neue Yachthafen in Betrieb und im Besitz der einzigen Wassertankstelle an den Masurischen Seen.

Wassersport

Die Weiße Flotte bietet eine ganze Reihe von Möglichkeiten, die Großen Seen zu erkunden, von der Ganztagestour nach Węgorzewo oder Ruciane-Nida angefangen bis hin zu kurzen Rundfahrten zum Heranschnuppern. Besonders schön ist die mehrstündige Tour zur **Kormoraninsel**, einem Naturreservat, das nicht betreten werden darf. Aber auch vom Schiff aus kann man die Tausende von Kormoranen gut beobachten, die dort brüten. Giżycko ist einer der ganz wenigen Orte Masurens, die schon touristischen Ganzjahresbetrieb bieten, im **Winter mit Eissegeln, Hundeschlittenrennen und Skilanglauf**.

Ausflug mit der Weißen Flotte

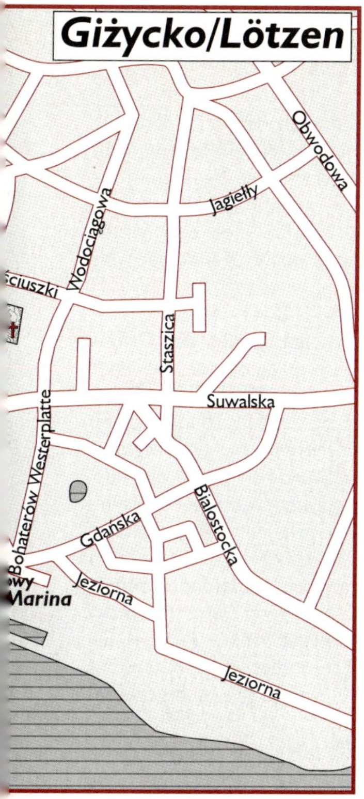

Wenn man **Schloss Steinort** schon jetzt besichtigen möchte und nicht erst von Węgorzewo aus auf der Fahrt nach Kętrzyn, kann man das auch von dieser Seite des Sees aus tun.

Auf der Weiterfahrt nach Węgorzewo kommt man nach Pozezdrze/Grossgarten, wo *Heinrich Himmler* von 1941–1944 sein Feldquartier hatte. Dort kann man nach links Richtung Harsz abbiegen und die Brücke über die Seeenge zwischen dem Dargin-See und dem Mamry-See überqueren. Durch die Ulmen- und Eschenwälder des Reservats Mokre kommt man nach Sztynort, wo man dem Wegweiser „Pałac Lehndorffów" folgend das Schloss erreicht.

Węgorzewo/Angerburg

(ⓘ s. S. 127)

Węgorzewo, eine Kleinstadt mit 14.000 Einwohnern, die früher Angerburg hieß, markiert den nördlichsten Endpunkt der Großen Seen. Die kleine Stadt liegt unweit des Jez. Święcajty/Schwenzaitsee. Von hier sind es nur noch 15 km bis zur **russischen Grenze**, eine Randlage, die jegliche Nachkriegsentwicklung bis zur Wende 1989 behinderte, weshalb die Stadt heute touristisch längst nicht so erschlossen ist wie Giżycko.

unweit der russischen Grenze

Bereits die Pruzzen hatten auf einer Insel der hier aus dem Mamry-See tretenden Węgorapa/Angerapp eine Festung angelegt, die Ordenshochmeister *Dietrich von Altenburg* niederbrennen ließ. In ihrer Stelle wurde eine hölzerne Festung errichtet, die aber schon 1365 von den Litauern wieder zerstört wurde. Daraufhin entschloss sich der Orden nun eine steinerne Festung zu bauen, die 1398 fertig gestellt war. Nun war der Platz gesichert, und die noch kleine Siedlung um die Burg blühte rasch auf. Angerburg erhielt 1571 die Stadtrechte.

Das **fünfeckige Ordensschloss** wurde im Krieg stark zerstört, ist nun aber wieder aufgebaut und erstrahlt in alter Pracht. Derzeit plant ein neuer Investor aus dem Schloss ein Hotel zu machen.

Neben dem Schloss sehenswert ist die spätgotische Kościół Św. Piotra i Pawła/**Peter-und-Pauls-Kirche**, die 1611 vollendet wurde. Der barocke Hauptaltar stammt aus dem Jahre 1652, die 1648 fertig gestellte Orgel ist die älteste Masurens, die Flügelgemälde wurden erst 1651 fertig. Interessant ist auch das **Museum für Volkskultur**, das über die Geschichte, Kultur und Volkskunst

Museum für Volkskultur

aller Bewohner dieser Region informiert, dazu gehören auch die nach dem Krieg hier angesiedelten Ukrainer.
Muzeum Kultury Ludowej, Di–Sa 10–15 Uhr, So 8–18 Uhr.

Mehrfach wurde die kleine Stadt von durchziehenden, marodierenden Kriegerscharen heimgesucht, auch die üblichen Epidemien machten vor Angerburg nicht halt. Erst im 19. Jahrhundert kam die Stadt zu wirtschaftlicher Bedeutung, als der durch Kanäle vollendete Wasserweg Angerburg sowohl mit dem Süden Masurens als auch mit dem Norden verband. Nun konnte das Holz der masurischen Wälder über Angerburg und die Angerapp, die in den Pregel mündet, bis Königsberg geflößt werden.

Zentrum der Eissegler

Den Durchbruch in der Entwicklung brachte wie in vielen Städten des Ostens der Anschluss ans Eisenbahnnetz. Ab der Jahrhundertwende wurde die Stadt denn auch vom Fremdenverkehr entdeckt. Schnell wurde die Stadt zu einem Mekka der Segler, vor allem der **Eissegler**, deren Zentrum Angerburg seit den 1920er Jahren war. Überregional bekannt wurde sie durch die Ausrichtung vieler Deutscher Meisterschaften sowie der Europameisterschaft im Eissegeln 1935 auf dem Schwenzaitsee, Postsonderstempel kündeten in ganz Deutschland davon. Es siegte damals übrigens *Georg Tepper* in der 15-m²-Klasse mit seinem legendären „Feuervogel".

Sonderstempel Eissegeln in Angerburg

Jägerhöh hieß das Seglerzentrum damals, heute steht dort das Sportzentrum Rusałka. Jägerhöh ist ein Naherholungsgebiet auf einer Anhöhe über dem Schwenzaitsee mit einem einzigartigen Ausblick. Aber **Jägerhöh** war und ist auch ein großer Soldatenfriedhof, der bereits 1917 errichtet wurde. Über 500 gefallene russische und deutsche Soldaten aus dem 1. Weltkrieg fanden hier ihre letzte Ruhe, nach dem 2. Weltkrieg kamen noch 317 sowjetische Gefallenen dazu. Nach Jägerhöh/Rusałka gelangt man, wenn man Richtung Giżycko fährt und gleich nach der Stadtgrenze dem Wegweiser nach rechts folgt. In jedem Falle gilt für Węgorzewo gleiches wie für Giżycko, nicht der kulturgeschichtliche Wert der Bauten macht den Reiz aus, sondern die Lage. Natürlich ist auch Węgorzewo eine **Wassersporthochburg** und natürlich kann man von diesem Endpunkt der Ausflugsdampferlinien aus herrliche Fahrten auf den Seen unternehmen.

Von Węgorzewo nach Kętrzyn

Masurischer Kanal

Die Idee einer auch für größere Schiffe passierbaren Wasserstraße vom **Mauersee bis zum Pregel**, die schon zu Ordenszeiten bestand, wurde zwar 1911 in Angriff genommen, fertig gestellt wurde der Masurische Kanal jedoch nicht mehr. Zunächst wurden die Arbeiten wegen des Ersten Weltkrieges und der anschließenden Geldnot unterbrochen. Erst 1934 wurden die Bauarbeiten wieder aufgenommen, bis der Zweite Weltkrieg dem Projekt 1940 endgültig ein Ende machte. Einige der imposanten 10 Schleusen sind noch heute intakt, die einzige vollendete **Schleuse liegt bei Guja**, 15 km nordwestlich von Węgorzewo. Wenn man nach Kętrzyn weiterfährt, überquert man den Kanal entweder bei Przystań, sofern man nach Sztynort fährt, sonst zwischen Stawki und Leśnięwo, wo sich eines der gewaltigen **Wehre** des Kanals befindet.

Masurischer Kanal

Jäglack/Jegławki

Von Węgorzewo keine 20 km entfernt liegt Jäglack/Jegławki an der Straße nach Barciany. Hier wurde am 20.8.1934 der Schriftsteller *Arno Surminski* geboren. Jokehnen oder Jäglack/Jegławki, wie der fiktive Ort aus dem Roman „Jokehnen – oder wie lange fährt man von Ostpreußen nach Deutschland" wirklich heißt, ist heute noch ein verträumtes Dorf, und sogar das im 19. Jahrhundert im neogotischen Stil erbaute Schloss mit dem kleinen Park gibt es noch.

Schloss Steinort

Sztynort/ Steinort

Zweifellos das bedeutendste Kulturdenkmal der Region ist das Schloss der **Grafen Lehndorff**/Pałac Lehndorffów, das in herrlicher Lage auf der Halbinsel zwischen dem Jez. Mamry und dem Jez. Dargin liegt. Die *Lehndorffs* spielten sowohl in der Geschichte Polens als auch Ostpreußens eine bedeutende Rolle.

Der erste Bau des Lehndorffschen Schlosses wurde zwischen 1554 und 1572 errichtet, der während des Tatareneinfalls von 1656 zerstört wurde. Das zweite Schloss entstand 1689–1691 im Barockstil auf Veranlassung von *Marie Eleonore*

Schloss der Grafen Lehndorff

von Lehndorff, einer geborenen Dönhoff (1634–1688). Der damals errichtete Bau bildet das heutige Mittelschloss, ab 1829 wurden zwei Flügel angebaut und der Bau in die heutige klassizistische Form gebracht, 1860–80 kamen dann noch die Eckpavillons dazu. Genau wie das Schloss, erhalten blieben auch das **hölzerne Jägermeisterhaus**, die Gesindehäuschen, Wirtschaftsgebäude und Ställe, selbst das Schulhaus des Gutes gibt es noch.

Am eindrucksvollsten wirkt das Schloss, wenn man sich von der Westseite durch die prachtvolle Eichenallee nähert. Aber was wäre dieses Schloss ohne die Namen, die mit ihm im Zusammenhang stehen. Einige davon wurden über die Region hinaus bekannt.

1936 erbte *Heinrich Graf von Lehndorff* das Anwesen von seinem Onkel Carol von Lehndorff. Nachdem Hitler im Juni 1941 sein Hauptquartier in die Wolfsschanze verlegte, verfiel Reichsaußenminister *Joachim von Ribbentrop*, auf der Suche nach einer in der Nähe seines Führers gelegenen adäquaten Bleibe, auf Steinort.

Widerstand gegen Hitler

Das Schloss wurde kurzerhand requiriert, Hausherr *Heinrich von Lehndorff* in einem der Flügel eben noch geduldet. Wenig später war *Heinrich Graf Lehndorff* am Umsturzversuch des 20. Juli 1944 beteiligt. Er wurde zum Tode verurteilt und am 4. September 1944 in **Plötzensee** hingerichtet. Eng verbunden und verwandt mit dem Hause *Lehndorff* waren die *Dönhoffs*. *Marion Gräfin Dönhoff*, die ihrem Cousin *Heinrich von Lehndorff* sehr nahe stand und selbst an der Verschwörung beteiligt war, hat in ihren Erinnerungsbüchern immer wieder das Leben in Steinort beschrieben.

Kętrzyn/Rastenburg (ⓘ s. S. 127)

Kętrzyn, das alte Rastenburg, liegt an der Grenze zwischen Warmia/Ermland und Mazury/Masuren am Ufer der Guber, eines Nebenflusses der Łyna/Alle, und hat heute 30.000 Einwohner. Bereits 1329 errichtete der **Deutsche Orden** hier einen zunächst hölzernen Wachtturm, in dessen Schutz sich rasch eine kleine Siedlung bildete. 1345 wurde der Holzturm von den Litauern zerstört, und ab 1350 wurde mit dem Bau von Befestigungsanlagen begonnen, die hinter tiefen Wassergräben lagen. Zehn Meter hoch waren die Wehrmauern mit den 13 Basteien. Rastenburg erhielt 1357 die Stadtrechte. Im Südwesten der Wehranlagen wurde 1359–1407 die St.-Georgs-Kirche gebaut und im Südosten zwischen 1360 und 1370 die Burg.

Drei Jahrhunderte hielt die Befestigungsanlage allen Widrigkeiten und Angriffen stand, bis die Stadt 1647 ein Raub der Flammen eines Großbrandes wurde. Ein großer Teil der Befestigungen wurde abgerissen, und Rastenburg entwickelte sich zu einem regionalen Wirtschaftszentrum.

stadtgeschichtliches Museum

Die gotische Ordensburg wurde im letzten Krieg stark beschädigt und ist nun wieder restauriert. Das mächtige **Backsteingeviert**, das auf einem Feldsteinsockel steht, ist heute Sitz des städtischen Kulturzentrums. Neben der Stadtbibliothek befindet sich hier auch das **stadtgeschichtliche Museum**, das neben heimatgeschichtlichen Ausstellungen auch eine Abteilung unterhält, die Leben und Werk *Wojciech Kętrzyńskis* gewidmet sind. *Kętrzyński* wurde 1838 in Lötzen geboren und später einer der engagiertesten Vorkämpfer für das Polentum in Masuren. Nach ihm wurde Rastenburg nach dem Krieg Kętrzyn genannt.

Muzeum i. Wojciecha Kętrzyńskiego, pl. Zamkowy 1, 11-400 Kętrzyn, Tel. 7523282, Fax 7522965, geöffnet 15.6.–15.9. täglich 9–17 Uhr, sonst 9–15 Uhr.

Ordensburg Kętrzyn

Von den alten Stadtbefestigungen und den drei Meter dicken Mauern aus dem 14. Jahrhundert kann man noch Reste an der Nord- und Westseite der alten Stadtfestung finden, von den ursprünglich 13 Türmen steht nur noch einer.

Gleichfalls sehenswert ist die **Kościół Św. Jerzego**/Georgskirche, die ihr Dasein 1407 als Wehrkirche begann und von dicken Mauern sowie vier Basteien umgeben war. 1517 war dann ihre Umgestaltung zur Basilika beendet. Beachtenswert sind das in Polen einmalige Sternengewölbe von 1517 und das sich nach links neigende Presbyterium. Die Legende besagt, diese Neigung nach links von der Kirchenachse sei schon beim Bau so beabsichtigt gewesen. Sie entspräche genau der Neigung, die Christi Haupt am Kreuz gehabt habe.

Die Wolfsschanze/Wilczy Szaniec (ⓘ s. S. 127)

Führerhauptquartier Wolfsschanze

Nur zehn Kilometer östlich von Kętrzyn liegt bei **Gierłoż**/Görlitz das ehemalige Führerhauptquartier Wolfsschanze. Eine Fläche von 250 ha umfasst dieses zu meterdickem Beton gewordene Mahnmal deutschen Wahns. Über 3.000 Arbeiter – darunter viele polnische Zwangsarbeiter – bauten unter Leitung der Organisation *Todt* hier ab 1940 das größte **Führerhauptquartier *Hitlers*** mit 120 Einzelgebäuden.

Das beiderseits der Bahnlinie Rastenburg – Lötzen gelegene Gelände war so tief im dichten Wald versteckt, dass es selbst aus der Luft nicht auszumachen war. „Chemische Werke Askania" war der Tarnname der Baustelle, als im Spätsommer 1940 mit Hochdruck die Arbeiten begonnen wurden. Benötigt wurde dieses östlichste Führerhauptquartier für den bereits im Plan befindlichen **Angriff**

Wolfsschanze

auf die Sowjetunion. Fertig war die Bunkersiedlung immer noch nicht, als sie am 24. Januar 1945 durch die abziehende Wehrmacht gesprengt wurde, bis dahin waren 36 Millionen Reichsmark verbaut worden.

Zwei Tage nach Beginn des Ostfeldzuges gegen die Sowjetunion am 22.6.1941 bezog Hitler das neue Quartier, **letztmals verließ er es am 20. November 1944**, als die Rote Armee die Reichsgrenzen zwischen Gumbinnen und Goldap bereits erstmals überschritten hatten.

Zum Komplex dieser hoch gesicherten Nomenklatura-Stadt gehörten zwei eigene Flugplätze sowie ein Bahnhof, eine komplette Energieversorgung, eine Nachrichtenzentrale auf dem damaligen Stand der Technik sowie Freizeiteinrichtungen wie Offizierskasinos und ein Erholungsheim.

Der **Sperrkreis I** war der Bereich mit der höchsten Sicherheitsstufe. Hier hatten in achtzig unter Bäumen versteckten Gebäuden – meist als Hochbunker gebaut – die zur Kriegführung gebrauchten Größen des III. Reiches ihre Quartiere. Neben *Hitler* hatten hier *Bormann*, *Göring*, *Keitel* sowie *Jodl* ihre Bunker, dazu kamen weitere für Luftwaffe, Kriegsmarine sowie Unterkünfte für Mitarbeiter, Stäbe und Wachen, auch die Lagebaracke, in der am **20. Juli 1944 das Attentat auf *Hitler*** geschah, befindet sich in diesem Bereich.

Besichtigungsmöglichkeiten

Um 1.500 Soldaten bewachten die drei Sperrzonen auch, als am 20. Juli 1944 *Claus Graf Schenk von Stauffenberg* das Attentat gegen Hitler beging. Seit 1992 erinnert am Ort der einstigen Lagebaracke ein Gedenkstein an den Aufstand der Offiziere. Besichtigt werden kann der gesamte Sperrbezirk I, es gibt **drei unterschiedlich lange Besichtigungswege**, die farblich markiert sind, der kürzeste, gelb markierte Weg dauert 45 Minuten, der Rote Weg 60 Minuten, und für den blauen Weg braucht man etwa 90 Minuten. Beginn ist jeweils der Parkplatz, man kann auch als Individualtourist einen Führer nehmen, was etwa 15 € kostet, aber unbedingt nötig ist das nicht. Auf jeden Fall empfiehlt es sich aber, einen Plan zu erwerben, den es dort auch mit deutschen Erläuterungen gibt.

Zwar wurden **bombastische Sprengladungen** von um die 10 Tonnen TNT verwendet, sie konnten aber die meterdicken Betonwände und Decken nicht völlig zerstören. Es blieben riesige Tonnen schwere Betonklötze, die in den bizarrsten Stellungen kreuz und quer übereinander gehäuft sind, manche ragen

mahnend in den Himmel, andere Bunker sind teilweise gut erhalten, und man kann sie betreten.
Wilczy Szaniec, geöffnet täglich 9 Uhr bis zur Dämmerung, Tel. 7524294.

Die Orientierung ist problemlos bei einem Rundgang auf eigene Faust, denn **die Bunkerreste sind durchnummeriert**, Nr. 3 ist der Platz der Attentatsbaracke, später kommt man unter anderem an den Bunkern von *Bormann*, *Göring* und *Hitler* vorbei. Vor allem mit einem sollte man bei einem sommerlichen Rundgang rechnen: Myriaden von Stechmücken.

Was bleibt, ist ein merkwürdiges Gefühl des Nichtwissens, wie man das Gesehene einordnen soll. Längst hat der Trubel überhand genommen. 350.000 Besucher kommen Jahr für Jahr, ein fataler Hauch von Disneyland hängt über der Wolfsschanze. Viel hat nicht gefehlt, und Wachsfiguren sowie Personal in SS-Uniformen hätten hier Einzug gehalten. Irgendwie kommt die dem Ort angemessene Betroffenheit nicht durch. **Sommertrubel**, Urlaubslaune und Geschäftemacherei dominieren. Entsprechend sind auch die Preise dreimal so hoch wie anderswo in Polen, eine Eintrittskarte kostet um vier Euro.

andere Stellungen

Die Wolfsschanze war **nicht die einzige ausgebaute Stellung** der Naziführung in Masuren. Der Chef der Reichskanzlei, *Hans Lammers*, hatte sein Feldquartier nur 10 km entfernt in Wendula. Das Quartier Anna des Oberkommandos des Heeres befand sich in Mauerwald/Mamierki 18 km östlich der Wolfsschanze und bestand aus den Zonen Quelle, Fritz und Brigittenstadt. *Ribbentrop* residierte im 15 km entfernten Schloss Steinort, *Heinrich Himmler* 22 km entfernt in der Schwarzschanze Großgarten/Pozedrze. In der Feste Boyen im 36 km entfernten Lötzen saß *Reinhard Gehlens* „Abteilung Fremde Heere Ost". Die Stellung des Militärnachrichtendienstes befand sich im 48 km entfernten Mikołajki. Das Oberkommando der Luftwaffe hatte sein Quartier im 70 km entfernten Breitenheide/Szeroki Bór, später wurde es in die Nähe des 70 km von der Wolfsschanze entfernten Gołdap verlegt, Luftwaffenchef *Göring* hatte sein Domizil etwa 20 km östlich davon in der Rominter Heide.

Der Nordosten, die Grüne Lunge Polens

Hinweis zur Route

Von Orzysz fährt man 31 km auf der N 16 nach Ełk, wo man auf die 657 einbiegt. Über Olecko, das man nach 30 km passiert, erreicht man nach 66 Kilometern die Grenzstadt Gołdap. Ab Gołdap geht es auf der 651 an der Rominter Heide entlang über Dubeninki (16 km) fünf Kilometer hinaus, bis man rechts einen Wegweiser nach Stańczyki erreicht, dem man folgt und den Ort nach einem Kilometer erreicht.

Weiter fährt man zurück auf der 651 und erreicht nach 28 km Rutka Tartak. Dort biegt man auf die N 658 ein und erreicht nach 27 km Suwałki. Von Suwałki kann man entweder auf der N 19 die 32 km nach Augustów weiterfahren, oder man macht einen landschaftlich sehr schönen Umweg und fährt von Suwałki auf der 660 über Stary Folwark 30 km nach Sajny. Dort folgt man der 663 nach Süden, bis sie nach 7 km auf die N 663 einmündet, der man nach Süden 17 km bis Frącki folgt. Kurz hinter dem Ort und der Überquerung der Czarna Hańcza biegt man nach links ab und fährt über Sucha Rzeczka weiter, bis man nach 18 km die 663 wieder erreicht und die 9 km nach Augustów fährt.

Von Augustów geht es auf der N 19 etwa vier Kilometer bis Bialobrzegi, wo man nach rechts abbiegt und über Kopiec Mognilnice nach Stary Dolistowo fährt, wo man nach 31 km die 670 erreicht, auf der man über Goniądz nach 18 km Osowiec erreicht. Dort biegt man nach rechts auf die N 669 ein und erreicht nach 20 km Grajewo. Weiter geht es auf der 610 nach Pisz, das nach 49 km erreicht ist.

© igraphic

Überblick

wildes Land

In die Grüne Lunge Polens führt diese Route. War Masuren um die Großen Seen schon ein stilles Land, wähnt man sich an der Biebrza und östlich von Augustów und Suwałki am Rande der Wildnis. Genau so nennen auch die Polen das Dreiländereck zwischen Polen, Litauen und Weißrussland Dziki Kraj – **wildes Land**. In dieser urwüchsigen Landschaft, in der vom Sumpfgelände und Moor über Urwälder bis zu den großen Heidegebieten der Rominter Heide und der Puszcza Piska, der Johannisburger Heide, alles vorkommt, befinden sich mit dem Wigierki und dem **Biebrzański Park Narodowy** gleich zwei Nationalparks. Hier finden sich so viel geschützte Pflanzenarten wie sonst nirgends in Polen, hier gibt es Tiergattungen, die woanders vom Aussterben bedroht oder

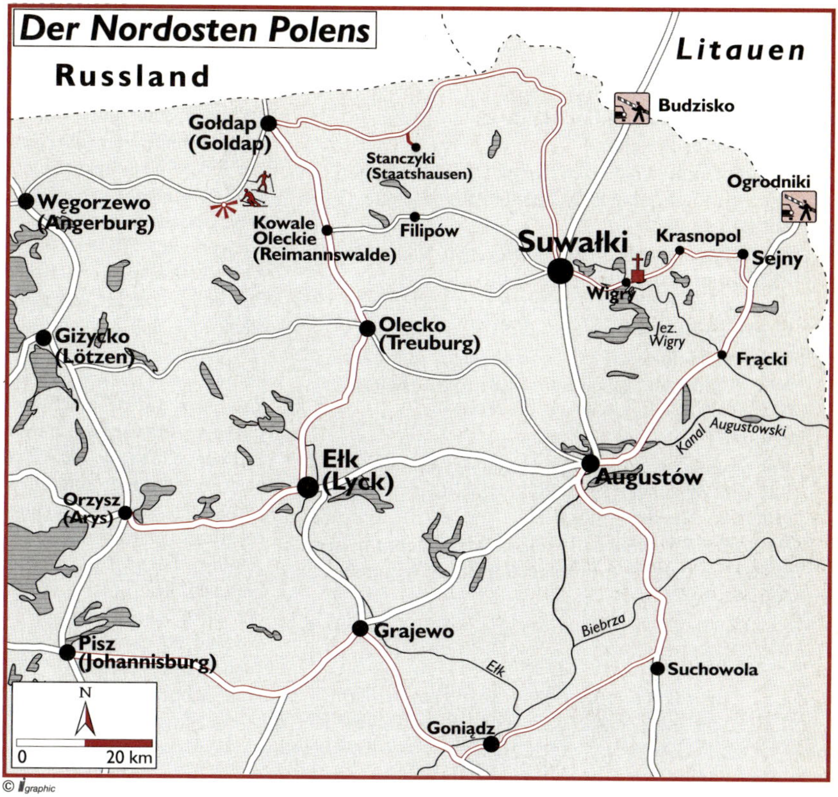

schon ausgestorben sind wie Seeadler oder Wisente. Hier gibt es noch Seen, die fast unzugänglich sind, so naturbelassen sind ihre Uferzonen, und mit der Czarna Hańcza mäandert wildromantisch einer der schönsten Flüsse Polens durch die Landschaft. Diese Landschaft wirklich zu genießen, sollte man sich ein wenig Zeit nehmen, Zeit genug, um die Stille dieser Region aufzunehmen und Zeit genug, abseits der Straßen in den Nationalparks zu wandern.

Von Ełk nach Gołdap

Ełk/Lyck (ⓘ s. S. 127)

Die Hauptstadt Masurens ist überaus reizvoll auf dem hohen Ufer des Jezioro Ełckie/Lycksee gelegen, die ganze 45.000-Einwohner-Stadt blickt auf den See mit der Burginsel. Auf dieser Insel baute der Deutsche Orden 1398 eine Burg an der Stelle einer alten Pruzzenfeste. Von hier aus sollte der Urwald der Großen Wildnis durchdrungen werden.

Hauptstadt Masurens

Redaktions-Tipps zum Nordosten Polens

Sehenswürdigkeiten

- Eine der einsamsten und ursprünglichsten Naturreservate ist die **Rominter Heide** (S. 369), ein Paradies für Wanderer.
- Der **Biebrzański-Nationalpark** (S. 372ff) bietet unberührte Flusslandschaften und ausgedehnte Sumpfregionen.
- Der **Wigry-See** (S. 379) im Wigierski-Nationalpark ist nicht nur ein Naturparadies mit vielfältigen Ausflugsmöglichkeiten, hier beginnt auch die **Czarna Hańcza-Route** (S. 379ff).
- Wer nicht selbst paddeln möchte, kann zumindest eine **Schiffstour auf dem Augustowski-Kanal** (S. 380) von Augustów aus machen.

Übernachten

- Ein Nachtquartier der besonderen Art sind die Klosterklausen des Kamaldulenserklosters Wigry: **Hotel im Kloster Wigry** €.
- Wer der Natur ganz nahe sein möchte, wohnt in den **Gästezimmern der Förstereien** € des Wigierski-Nationalparks.

In Sichtweite auf dem Festland bildete sich eine Fischersiedlung, die 1425 die Stadtrechte erhielt. Immer wieder wurde die junge Stadt Lyck, wie sie deutsch hieß, von Überfällen und Epidemien heimgesucht, 1655 zerstörten die Schweden Lyck, ein Jahr später waren die Tataren da, 1709–11 folgte eine verheerende Pestwelle. Fast völlig zerstört wurde die Stadt im 1. und 2. Weltkrieg.

Zentrum der polnischsprachigen Masuren

Immer war Lyck auch ein **Zentrum der polnischsprachigen Masuren**, bereits 1536 errichtete *Jan Malecki/Johann Maletius* hier eine Druckerei, die polnischsprachiges religiöses Schrifttum herausgab für die protestantischen Masuren. Sein Sohn eröffnete die erste Schule, die auf das Studium an der Königsberger Albertina vorbereitete, 1587 wurde sie in den Rang einer Provinzialschule erhoben. Schon 1842 wurde hier die erste masurische Zeitung herausgegeben, die „Przyjaciel Ludu Lecki" hieß, was soviel wie Lycker Volksfreund bedeutete. Mit Erwachen des Nationalismus war das Zusammenleben deutschsprachiger und polnischsprachiger Bevölkerungsteile Masurens nicht mehr so problemlos. Die Volksabstimmung im Sommer 1920 wurde zum Höhepunkt von Chauvinismen auf beiden Seiten und hochstilisiert zu einem ewig währenden Grenzlandkampf. Seine große Zeit hatte Lyck vor dem 1. Weltkrieg, als die Stadt ein wichtiger Umschlagplatz des grenzüberschreitenden Handels war.

Wasserturm Ełk

Von der alten Bausubstanz ist nach den Zerstörungen der letzten beiden Kriege nicht mehr viel geblieben. Von der Ordensburg auf der Insel im Lycksee gibt es nur noch wenige Reste. Was man dort heute sieht, ist der Umbau aus dem 19. Jahrhundert, als dort ein Gefängnis eingerichtet wurde. Weithin sichtbar in Lyck ist der **backsteinere Wasserturm**, der heute als Sitz des Vereins der

deutschen Minderheit dient. Hier kann man sich über die Geschichte und das Leben im heutigen Ełk informieren, auch ein kleines Museum ist im Wasserturm untergebracht.
Stowarzyszenie Mniejszości Narodowej Niemieckiej „Mazury" w Ełku, Muzeum „Kropli Wodnej", ul. 11-ego Listopada 4, 19-300 Ełk, Tel. 6213200, täglich 10–18 Uhr.

Schmalspurbahn Ełcka Wąskatorowa

Eine Attraktion in Ełk ist die 1917 fertig gestellte **Schmalspurbahn Ełcka Wąskatorowa**. Vom Kleinbahnhof Ełk Wąskatorowy, der sich direkt neben dem „richtigen" Bahnhof befindet, gehen zwei Linien ab, eine nach Turowo im Nordosten, die andere nach Zawady im Südosten. Bis vor kurzem wurden beide Routen von der polnischen Staatsbahn PKP im Linienverkehr mit kleinen Dieselloks bedient, nun sind auch sie ein Opfer der nötigen Sparmaßnahmen. Dennoch hat die Bahn als Touristenattraktion überlebt. Im Sommer gibt es nun für Touristen an jedem Samstag Fahrten, auch unter Dampf. Größere Gruppen können auch Sonderfahrten buchen. Erkundigen kann man sich beim deutschen Verein im Wasserturm und natürlich im Kleinbahnhof, zu dem auch ein sehenswertes Kleinbahnmuseum gehört.
Wąskatorowa Ełcka Kolej Dojazdowa, Muzeum Zabytków Kolejowych, ul. Wąski Tor 1, 19-300 Ełk, Tel. 6108471 App. 328

Auf dem Masurenhof bei Ełk

Sogar literarisch wurde diese Kleinbahn bereits verewigt. Der am 17.3.1926 in Lyck geborenen Schriftsteller *Siegfried Lenz* setzte ihr als „Kleinbahn Namens Popp" in „So zärtlich war Suleyken" ein Denkmal. Dort beschreibt er die Jungfernfahrt des Bähnchens, das so schwer bergan schnaufte, dass es sich schon mal verpusten musste und die besorgten Passagiere ihr zu trinken holten. Auch für Kanuten und Kajaksportler ist Ełk ein hervorragend geeigneter Urlaubsort. Der Ełk-Fluss ist mit einem ganzen Netz von Seen und Wasserläufen verbunden, im Norden bis in die Puszcza Borecka/Borkener Forst sowie im Süden mit der Biebrza und noch weiter dem Narew.

Die Landschaft um Lyck ist zum Wandern und für Radtouren wunderbar geeignet. Ein Mountainbike wäre hier von Vorteil, das Gelände ist sehr hügelig. Hügel, sanfte Kuppen, Wälder und ab und zu ein See, ein stilles, abgeschiedenes Land, an dem die Zeit vorübergegangen zu sein scheint. Siegfried Lenz' Figuren scheinen hier immer noch ganz real, man erwartet in einem Dorf wie Szarejki Großväterchen *Hamilkar Schaß* hinter der nächsten Ecke zu finden. Kurz hinter Szarejki gibt es dann nur noch Landschaft, bis man hoch oben auf einer Kuppe den **„Masurenhof"** der Familie *Elsner* sieht. Der aus Norddeutschland stammende inzwischen tödlich verunglückte *Jochen Elsner* versuchte hier neben einer Landwirtschaft und dem Hofcafé Schritt für Schritt neue Tourismuskonzepte umzusetzen, sogar ein Wildpark war geplant. Geblieben sind das Heuhotel und die Übernachtungsmöglichkeit im Doppelzimmer auf dem Hof sowie natürlich das Hofcafé. Hier kann man die Stille und Weite Masurens auf sich wirken lassen, im Obstgarten eine Erfrischung oder ein warmes Gericht in der Umgebung eines urwüchsigen Bauernhofes genießen. Den Traumblick auf Lyck und den See bekommt man auf der Aussichtsterrasse gratis dazu.

neue Tourismuskonzepte

Olecko/Treuburg (ⓘ s. S. 127)

Olecko/Marggrabowa/Treuburg liegt im Schnittpunkt der Straßen Ełk-Gołdap sowie Giżycko-Suwałki. Gegründet wurde der Ort 1560, als sich Herzog *Albrecht von Brandenburg* dort mit seinem Vetter, dem polnischen König *Sigismund August II.*, in seinem Jagdhaus traf. Beide verständigten sich darauf, dass jeder zur Erinnerung an dieses Treffen auf seinem Territorium eine Stadt gründen sollte. *Albrecht* gründete **Marggrabowa**, der Name der Stadt ist also auf den Markgrafentitel Albrechts zurückzuführen. *Sigismund August II.* gründete keine 50 km entfernt **Augustów**. Den späteren Namen Treuburg erhielt Marggrabowa wegen des überragenden Ergebnisses bei der Volksabstimmung im Sommer 1920, als die Stadt einstimmig für den Verbleib bei Ostpreußen votierte. Bekannt wurde Marggrabowa durch seine **Wochen- und Pferdemärkte**, denn der Marktplatz (heute pl. Wolności) war der größte Ostpreußens.

Man sieht der 18.000-Einwohner-Stadt an, dass sie auf dem Reißbrett entworfen wurde, alles ist schön ordentlich am **Jezioro Oleckie Wielkie/Treuburger See** um den Marktplatz herum angeordnet. Die Stadt wurde im Krieg fast völlig zerstört, bedeutende Baudenkmäler sind nicht vorhanden. Nur das Granitdenkmal für die Toten des 1. Weltkrieges in den Grünanlagen am See ist geblieben. Olecko liegt sehr schön am See, an dem man sogar einen feinen Sandstrand findet. Die günstige Lage im Verkehrsknotenpunkt lässt die Stadt als Standort für Ausflüge in den polnischen Nordosten durchaus als geeignet erscheinen.

Treuburger See

Gołdap/Goldap (ⓘ s. S. 127)

Gołdap/Goldap liegt nur noch drei Kilometer von der **russischen Grenze** entfernt sehr schön am Goldapfluss und Goldapsee. Südlich der Stadt liegt die 271 m hohe Gołdapska Góra/Goldaper Höhe, und im Osten beginnt gleich hinter der Stadtgrenze die Puszcza Rominska/Rominter Heide. In der Tat macht diese Lage Goldap attraktiv, nicht etwaige städtebauliche Schönheiten. Die Stadt, die 1565 von Herzog *Albrecht* als Grenzbollwerk errichtet wurde und 1570 Kulmer Stadtrecht erhielt, war wegen ihrer Grenznähe immer wieder bedroht und wurde mehrmals verwüstet, sei es durch die Krimtataren 1656 oder im Oktober 1944 durch die Rote Armee. Dazu kamen die verheerenden Brände von 1623, 1638, 1660, 1691 und 1694. Auch die Pestwellen von 1709 und 1711 machten vor Goldap nicht halt.

viel umkämpfte Stadt

Immer war Goldap dabei hart umkämpft und wechselte im 1. und 2. Weltkrieg mehrmals den Besitzer. Die Folge waren große Zerstörungen, historische Bausubstanz ist so gut wie keine mehr vorhanden. Entwicklungschancen für die 16.000-Einwohner-Stadt sind der Grenzübergang, der den Handel mit den Nachbarn beleben soll, und der Tourismus. Allerdings ist dieser Grenzübergang gerade für den Tourismus immer noch kaum nutzbar, denn er ist nur für Polen und Russen passierbar. Goldap macht sich auch als Kurort zunehmend einen Namen, viele Kurheime und Kureinrichtungen sind derzeit im Umbau begriffen und werden in nächster Zukunft auch Westtouristen umwerben.

Am Goldapsee

Weil die Winter hier so schön knackig sind, ist Goldap einer der wenigen Orte Nordpolens mit Ganzjahrestourismus. Der Schnee liegt hier besonders lange, und die herrliche Umgebung ist wie geschaffen für den Skilanglauf. Aber nicht nur das, auch Alpinskilauf ist möglich, es gibt eine richtige Liftanlage mit präparierten Pisten an der **Piękna Góra**, und der regelmäßig zugefrorene Goldapsee ist längst ein Magnet für Eissegler und Schlittschuhläufer. Südlich von Goldap beginnt die um 250 km² große Puszcza Borecka, der Borkener Forst, ebenfalls ein Naturreservat und auch für Radtouren hervorragend geeignet. Ein für Rad- und Fußwanderer traumhaftes Ziel ist die **Rominter Heide/Puszcza Romincka**, die östlich der Stadtgrenze beginnt. Abgeschiedenheit und Ursprünglichkeit macht diese Landschaft zu einem immer beliebteren Ziel für naturverbundene Individualtouristen.

Rominter Heide

Von Gołdap (ⓘ s. S. 127) durch die Rominter Heide nach Suwałki und Augustów

Die Rominter Heide ist durch die nördlich von Goldap schnurgerade von West nach Ost verlaufende russisch-polnische Grenze geteilt. Zwei Drittel des 260 km² großen Waldgebietes liegt heute im russischen Kaliningrader Gebiet. Den **Wildreichtum** der Wälder hatte die Prominenz schon früh entdeckt. Bereits unter den Hohenzollern war die Rominter Heide ein bevorzugtes Jagdgebiet.

Rominter Heide

Über die Reichsgrenzen hinaus bekannt wurde die Region durch Kaiser *Wilhelm II.*, der in Theerbude, das seit 1891 „Kaiserlich Rominten" hieß, ein Jagddomizil errichten ließ. 1891 ließ er in Norwegen einen Holzpalast fertigen, den er in der Rominter Heide aufbauen ließ, 1893 kam noch die ebenfalls hölzerne Hubertuskapelle dazu. Reichsjägermeister *Hermann Göring* entdeckte gleichfalls die Rominter Heide als adäquates Jagdrevier, er ließ auf dem 2 km entfernten Picknickplatz der kaiserlichen Familie 1936 seinen Jägerhof errichten. Beide Baukomplexe sind nicht mehr vorhanden. Heute ist die Rominter Heide ein geschützter Landschaftspark, von den früheren Jagdleidenschaften zeugen heute noch 15 Gedenksteine im Wald.

ausgedehnte Wander- und Radwege

Die Eisenbahnviadukte von Stańczyki

Mit dem Auto kann man nur am Rand entlang fahren, aber **ausgedehnte Wanderungen** sind möglich. Hirsche und Biber, Elche, ja sogar Wölfe sind hier genauso anzutreffen wie Schreiadler, Schwarzstörche und Milane. Der Grenzverlauf ist nicht immer deutlich erkennbar, es empfiehlt sich, durch genügend Abstand Grenzverletzungen zu vermeiden. Unzählige Fuß- und Radwandermöglichkeiten gibt es, gute Karten und Führer mit Routenvorschlägen erhält man bei der Touristeninformation in Gołdap. Mitten durch die Waldlandschaft führt eine Route, die den an die Jagdleistungen der Hohenzollern erinnernden Kaisersteinen folgt und auf der Straße von Suwałki nach Gołdap zurückführt. Andere Touren führen über kleine Nebenstraßen durch die Region oder zu Fuß über die alten Eisenbahndämme. Ein lohnender Abstecher unweit der durch eine wunderbare Landschaft führenden Straße nach Suwałki sind die **Eisenbahnviadukte von Stańczyki**/Staatshausen. Hier tut sich Erstaunliches, schon der angelegte Parkplatz und etliche Imbisse sowie Souvenirbuden lassen eine Touristenattraktion mitten in der Wildnis vermuten.

Nicht nur der wunderbare Rundblick von den Brücken motiviert dazu hinauf zu klettern. Die 182 m langen und 42 m hohen, 1927 von der Reichsbahn in Betrieb genommenen Brücken taugen noch zu etwas anderem: Bungeejumpen, das ist hier zwar ganz und gar nicht mehr erlaubt, aber nie wirklich zu verhindern gewesen trotz 5.000 Złoty Strafandrohung. Diese Attraktion inmitten der Abgeschiedenheit ist mit Preisen zwischen 40 und 70 zł obendrein immer ein relativ günstiges Vergnügen gewesen.

Suwałki (ⓘ s. S. 127)

Suwałki ist die erste Stadt auf dieser Reise, die niemals zu Deutschland gehörte, was man hier wie in der ganzen **Suwalszczyzna** genannten Region um die Suwałki-Seenplatte schon am Baustil erkennt, der deutlich an Litauen erinnert. Hier ist auch das Hauptsiedlungsgebiet der litauischen Minderheit Polens, bunte Holzhäuser bestimmen das Bild. Fast ein Drittel von Suwałkis Einwohnern sind Litauer, Weißrussen und Ukrainer.

Stadtgeschichte

Wie Masuren ist auch die Suwalszczyzna zuvorderst nicht wegen der kulturgeschichtlich wertvollen Bauten, sondern ob der Natur interessant. Das gilt auch für Suwałki, die 68.000-Einwohner-Stadt an der Czarna Hańcza. Kamaldulensermönche hatten Suwałki Ende des 17. Jahrhunderts gegründet, 1720 erhielt der Ort von König *August II. von Polen* die Stadtrechte. Viele der alten Bauten wurden im 2. Weltkrieg zerstört. Dennoch gibt es im Zentrum einige hübsche Altstadtreste mit restaurierten **klassizistischen Bürgerhäuserzeilen**, vor allem um die ul. Sejnenska und die ul. Kościuszki herum. Auch einige russisch anmutende Bauten in der Umgebung der russisch-orthodoxen Kirche stehen noch. Den besten Überblick über die wechselvolle Geschichte der Suwalszczyzna und der verschiedenen sie bewohnenden Nationen erhält man im **Bezirksmuseum**.

Muzeum Okręgowe, ul. Kościuszki 81, Di–So 10–14 Uhr.

Sejny

Sejny markiert den östlichsten Punkt der Reise, es ist nur noch zehn Kilometer von der litauischen Grenze entfernt und Zentrum der litauischen Minderheit in Polen. Die kleine 5.000-Einwohner-Stadt inmitten der großen Wälder und Seen der Suwalszczyzna hat eine hübsche Altstadt, die einen kurzen Stopp lohnt. Um den alten Marktplatz findet man schön erhaltene und restaurierte Bürger- und Patrizierhäuser.

Sejny

schöne Altstadt

Dominiert wird das Städtchen von der imposanten **Basilika St. Marien** mit ihrer Marienfigur aus dem 15. Jahrhundert. Die **Weiße Synagoge** kündet noch von der vielfältigen Kultur dieser Region, in der Polen, Litauer und Juden einst friedlich zusammen lebten.

Augustów (ⓘ s. S. 127)

Kanał Augustowski

Gegründet wurde Augustów 1561 von König *Sigismund August II. von Polen* (siehe Kapitel 4.8.2), heute hat die Stadt 32.000 Einwohner. Kunsthistorisch Interessantes bietet Augustów kaum. Allenfalls die klassizistische Alte Post aus dem Jahr 1828 an der ul. Wybieckigo 1 und die neogotische Herz-Jesu-Kirche aus dem Jahre 1911 lohnen einen Besuch. Interessant für den Reisenden macht Augustów die Lage mit dem Urwald der Puszcza Augustowska im Osten, dem **Kanał Augustowski** und dem Biebrzański-Park im Süden. Neben den Urwäldern ist die Stadt auch von vier Seen umgeben, was sie zu einem Paradies für Wassersportler macht.

Zu einiger Bedeutung kam Augustów erst durch den Bau des Kanał Augustowski zwischen 1824 und 1829, der eine Wasserverbindung von der Weichsel bis zum Njemen herstellte. Heute hat der Kanal nur mehr touristische Bedeutung, neben Wassersportlern nutzt ihn nur noch die Weiße Flotte. Die Vielfalt der möglichen Paddeltouren ist kaum zu übertreffen, von engen Wasserläufen durch sich selbst überlassene Urwälder bis zu tiefblauen Seen mit reizvollen Badebuchten reicht die Palette der Möglichkeiten. Augustów eignet sich daher hervorragend als **Standort für Ausflüge** in die Urwälder und Nationalparks der Umgebung. Interessant ist das **Heimatmuseum**, das über die Geschichte der Region informiert.
Muzeum Ziemi Augustowski, ul. Hoza 7, Tel. 6432754, Di–So 9–16 Uhr.

Wer mehr über den Kanal erfahren möchte, sollte das Museum des Augustowski-Kanals besuchen.
Muzeum Historii Kanału Augustowski, ul. 29. Listopada 5 a, Di–So 9–16 Uhr.

Ausflüge in den Wigierski- und Biebrzański-Nationalpark

Der Wigierski-Park (ⓘ s. S. 127)

große Artenvielfalt

Gleich östlich von Suwałki beginnt das 14 800 ha große Areal, das 1989 zum Wigierski Park Narodowy/**Wigierski Nationalpark** erklärt wurde. Die Zahl von insgesamt über 750 Pflanzenarten unterstreicht die ungeheure Artenvielfalt dieses Nationalparks, mehr als die Hälfte aller im polnischen Naturschutzregister aufgeführten Pflanzen kommt hier vor. Die Wälder sind nicht nur mit großem **Wildreichtum** gesegnet, sondern von genauso reicher Artenvielfalt wie im Pflanzenbereich. Verschiedene Adlerarten, Falken, Eisvögel, Auerhähne sowie Rehe, Hirsche, Wildschweine, Füchse, Dachse, ja sogar Elche und Wölfe sind hier heimisch.

Der Wigry-See

Das Wappentier jedoch ist der **Biber**, der hier nachgezüchtet und erfolgreich ausgewildert wurde. So erfolgreich war die Biberansiedlung, dass die Bauern der Umgebung über ständig durch Biberdämme überflutete Felder klagen. Zentrum des Nationalparks ist der 22 km² große **Wigry-See**, der einer der klarsten Seen Polens ist. Um ihn herum finden sich weitere 40 kleinere Seen im Park. Den Wigry-See durchfließt auch die Czarna Hańcza, einer der schönsten polnischen Flüsse.

Man kann den See auf einem grün markierten gut 50 km langen Rundweg umwandern und dabei Flora und Fauna genießen. Natürlich sind Einzeletappen möglich, und weitere gleichfalls markierte Wege sind nicht minder schön, insgesamt gibt es **190 km gekennzeichnete Wanderwege**. Hügelige Moränenlandschaft erwartet den Wanderer, dichte Kiefernwälder wechseln sich mit kristallklaren Seen ab. Zehn Kilometer südlich von Suwałki liegt Płonciczno. Von dort ab kann man in der Sommersaison den Park während einer Fahrt mit der Kleinbahn genießen. Bis nach Krusznik führt die Tour um den Südzipfel des Wigry-Sees herum.

Wandermöglichkeiten

Auf einer Halbinsel befindet sich auf einer Anhöhe unvermutet in dieser Naturlandschaft ein kleines architektonisches Juwel, das **Kamaldulenserkloster Wigry**. 1604 übersiedelte der Orden aus Italien hierher, gestiftet wurde das Kloster 1667 vom polnischen König *Johann Kasimir*. Das weithin sichtbare weiße Kloster und seine Kirche wurden 1795 säkularisiert, während die Kirche noch immer als Gotteshaus dient. Sie gehört zum „Adel" unter polnischen Kirchen, denn Papst *Johannes Paul II.* stattete ihr einen Besuch ab. Die gesamte Anlage ist inzwischen sehr schön hergerichtet, und der ganze Komplex kann besichtigt werden.

Die Mönchsklausen sind heute als Gästehäuser sehr begehrt und mit einigem Komfort versehen. Wenn abends die Touristenströme versiegen, herrscht in dem romantischen Ambiente der alten Einsiedelei eine ganz eigene Stimmung. Zu erreichen ist das Kloster mit dem Auto von **Stary Folwark** aus.

Der Wigry-See ist ein Eldorado für Wassersportler. Einige wenige Ausflugsschiffe sind die einzigen Motorfahrzeuge auf dem See, sonst gibt es nur Segler, Kanuten und Paddler.

Dieser Nationalpark ist wie geschaffen dafür, ihn sich vom Wasser aus zu erschließen, am besten von Stary Folwark aus, das an der Straße Suwałki – Sejny liegt, dort gibt es ein großes Wassersport- und Erholungszentrum. Bei der PTTK-Station erhält man alle Informationen und Karten, die man für die schönsten **Wasserwanderungen** auf dem See braucht, das passende Boot dazu kann man sich hier auch gleich mieten. Im Winter ist der Park ein Paradies für Skilangläufer, Eissegler und Eisangler, und eine Tour mit dem Pferdeschlitten durch den tief verschneiten Wald ist ein Wintertraum.

Wasserwanderungen

Der Biebrzański-Park (ⓘ s. S. 127)

Ein landschaftlich ganz anderes Bild bietet der Biebrzański-Park Narodowy/Biebrzański-Nationalpark. Endlos weite, bis zum Horizont reichende Sumpfgebiete bestimmen das Bild, denn er schützt **Europas größtes Niedermoorgebiet** und umfasst eine Fläche von 59.223 ha.

Niedermoorgebiet

Der Biebrzański-Park erstreckt sich südlich von Augustów beiderseits der von den Einheimischen „Bobra" genannten **Biebrza** und wurde erst 1993 zum Nationalpark erklärt.

In der Abgeschiedenheit der völlig sich selbst überlassenen Natur um die 165 km lange Biebrza leben 235 verschiedene Vogelarten, besonders lang ist die Liste der anderswo längst ausgestorbenen Arten. Vor allem in den Zeiten der alljährlichen **Frühjahrsüberschwemmungen** finden sich auf dem für sie reich gedeckten Tisch tausende Zugvögel zur Rast ein. Aber auch die nicht gefiederten Zeitgenossen haben hier ihren geschützten Lebensraum gefunden. Hier leben Fischotter, die Biber, die Fluss und Park den Namen gaben, und sogar einige Wölfe. Vor allem aber ist die Biebrza-Senke der **größte zusammenhängende Lebensraum polnischer Elche**. Man möchte es kaum meinen in dieser Abgeschiedenheit, aber im Biebrzański-Park ist man mitten in Europa, bei Suchowola befindet sich der exakte geometrische Mittelpunkt Europas.

Die Biebrza entspringt in der Nähe von Augustów, unweit der weißrussischen Grenze bei Lipsk, und fließt bei Jedwabne in den Narew. Mit Augustów ist sie durch den Kanał Augustowski verbunden, Richtung Westen mit der Lycker Fließ/Ełk, die bei Goniądz in die Biebrza mündet.

Große Teile des Parks darf man betreten, ein ausgeklügeltes System von markierten Pfaden und Wegen von 395 km Länge führt den Wanderer zu den landschaftlich schönsten Stellen.

geführte Touren

Einige Gebiete wie den Roten Sumpf/Czerwone Bagno im mittleren Bereich des Parks sollte man aber möglichst nur im Rahmen einer **geführten Tour** besuchen. Man erreicht die Czerwone Bagno auch von Rajgrod aus über Woźnawieś, von wo aus es in den Park geht. Führer kann man sich jederzeit im Verwaltungsbüro des Parks bestellen, auch die Teilnahme an organisierten Exkursionen ist von dort aus möglich. Boote kann man hier auch mieten und sich mit allem erdenklichen Informationsmaterial versehen.

Im Biebrzański-Park Narodowy

Mit dem Kanu oder Kajak kann man **fast die ganze Biebrza befahren**, von Lipsk bis in den Narew hinein und wer das will weiter zur Weichsel. Auch die Wasserverbindungen mit dem Kanał Augustowski und der Ełk können befahren werden. Die Nationalparkdirektion informiert auch über besonders schöne und empfehlenswerte Abschnitte und darüber, was dem Wassersportler im Naturschutzgebiet erlaubt ist und was nicht. Die besten Zugänge zum Park sind Lipsk für Paddler, Woźnawieś und Goniądz bei der Parkdirektion.

5. AKTIVURLAUB IN POLEN

Nordpolen ist nicht Mallorca und Ballermann schon gar nicht, das Nachtleben ist verglichen mit der Mittelmeerkonkurrenz ausgesprochen unterentwickelt. Daneben darf man nicht vergessen, dass Polen ein Transformationsland mit geringerer Massenkaufkraft als in Westeuropa ist und immer noch Nachholbedarf in der Schaffung touristischer Infrastruktur hat.

prädestiniert für Naturliebhaber

Das hat den Vorteil des weitgehenden Fehlens negativer Massentourismuserscheinungen, wie man sie in anderen Ländern findet. Der Norden Polens ist nichts für Eventjäger, notorische Discogänger und Freunde eines ausschweifenden Nachtlebens. Prädestiniert ist Nordpolen für Naturliebhaber aller Art. In kaum einem anderen Land Mitteleuropas gibt es so viel Platz wie in Polen, das im Norden nur ein Viertel so dicht besiedelt ist wie Deutschland.

Das lässt ein Naturerleben ohne Menschenmassen zu, vom einsamen Strandspaziergang an der Ostsee bis zum Paddeln in den menschenleeren Urwäldern des Nordostens. Für Aktivurlauber ist der polnische Norden daher eine ausgezeichnete Urlaubswahl. Kaum ein Land bietet so vielfältige Möglichkeiten für Wanderer, Wassersportler oder Radfahrer.

Segeln und Surfen

Bei über 400 km Küstenlänge einerseits, einigen der schönsten Flussläufe Europas andererseits und als Zugabe Tausenden von Seen aller Größen ist der Norden Polens eine Top-Adresse für Wassersportler.

Für **Hochseesegler** ist die Ostseeküste ein attraktives Ziel. Die Häfen von Świnoujście, Dziwnów, Niechorze, Mrzeżyno, Kołobrzeg, Darłówko, Ustka, Rowy, Łeba, Władysławowo, Jastarnia, Hel, Puck, Gdynia und Gdańsk können angelaufen werden. Die meisten Yachthäfen und Marinas genügen heute westlichen Ansprüchen und haben Versorgungsanschlüsse an den Stegen. Es gibt bei den üblichen Lieferanten wie *Eckardt und Messtorff* oder *Bade und Hornig* genügend deutschsprachige Hafenhandbücher, Seekarten und Beschreibungen für die Region.

Ostseeküste kein einfaches Revier für Segler

Ein einfaches Revier ist die polnische Ostseeküste jedoch nicht, wenn die vorherrschenden Westwinde auf Nord/Nordwest drehen, erreichen sie auch im **Sommer oft Starkwindniveau** mit Beaufort 6 und mehr und machen zeitweilig ein Einlaufen auf der gesamten Küstenlinie zwischen Szczecin und Hela unmöglich. Die gesamte Küstenlinie bis Hela ist **relativ ungeschützt**, und auch die gelegentliche Ruppigkeit der Danziger Bucht darf man nicht unterschätzen. Mit Booten geringeren Tiefgangs ist auch das **Oderhaff** ein lohnendes, nicht so raues Ziel.

Nicht ungefährlich ist auch die küstennahe Strömung, die stark versetzt ist und das Einlaufen in die flachen Häfen mit ihren durchweg engen Einfahrten zum

Abenteuer werden lässt. Das sollte man bedenken, wenn man an der polnischen Ostseeküste eine Yacht chartern möchte. Als Charterskipper darf man es auch nicht versäumen, sich rechtzeitig über die küstennahen Sperrgebiete zu informieren.

polnische Häfen

Die Prozeduren beim **Einlaufen** in polnische Häfen sind ebenfalls nicht mehr mit dem früheren Aufwand zu vergleichen. Anlegen muss man in jedem Hafen bei der „Kontrola Graniczna", dem Abfertigungskai, Zoll und Grenzpolizei fertigen dann meist gemeinsam ab. Vorzulegen sind ein noch mindestens sechs Monate gültiger Pass, der Sportbootführerschein See (bei kleinen Motoren bis 5 PS Segelschein), die Schiffspapiere (bei deutschem Boot int. Bootsschein des DSV) und eine **Crewliste** mit Passnummern und Schiffsangaben. Jede ausländische Yacht hat sich auf dem üblichen Weg via UKW-Kanal 16 an- und abzumelden.

Windsurfen

Die polnische Ostseeküste ist auch bestens für **Windsurfer** geeignet, sowohl für Anfänger, die den Sport hier erlernen können, als auch für Könner. Für Anfänger besonders geeignet sind die Flachwasserzonen um Puck, genau wie die Binnenseen an der Ostseeküste und das Oderhaff. Das polnische Surfmekka allerdings sind Augustów und der Jezioro Necko.

Ein Segelrevier besonderer Art sind die **Großen Seen** Śniardwy und Mamry. Selten sind Segeln und das hautnahe Erleben einer traumhaften Natur so eng verbunden wie in Masuren. Die Großen Seen bieten genügend Möglichkeiten für einen langen Urlaub, da sie alle durch ein Netz von Kanälen und Flüssen verbunden sind.

Segler, die sich für einen Urlaub in Masuren entscheiden, sollten wirkliche **Naturliebhaber** sein, vor allem die kleinen Orte bieten keine Häfen im Marinastil mit allen Sanitär- und Versorgungsmöglichkeiten am Steg, nicht überall gibt es Strom. Dafür kann man immer wieder in verschwiegenen Buchten ankern, wo man garantiert weit und breit auf keinen Menschen trifft. Bisher gibt es nur in Giżycko eine Wassertankstelle speziell für Segler. Andere für Segler geeignete Reviere sind die **Eylauer Seenplatte** um Iława und Ostróda mit der Möglichkeit, über den Ostródzko-Elbląsko-Kanał das Frische Haff zu erreichen.

Segeln in Masuren

Es lohnt sich kaum, das eigene Schiff auf dem Trailer mitzubringen, denn es gibt genügend Möglichkeiten Yachten

Yachthafen Mikolajki

zu chartern, am besten schon von Deutschland aus. Unnötig ist es auch den eigenen Außenbordmotor mitzubringen, die Zeiten der Knatterbüchsen russischen Ursprungs sind auch in Masuren vorbei, man fährt auch hier Motoren wie Mariner.

Wer doch sein eigenes Boot mitbringen möchte, sollte Folgendes bedenken: Kielboote sind für die oft flachen Gewässer nicht geeignet, Kimmkieler nur bedingt. Am besten kommt man mit Jollenkreuzern oder Jollen klar, die nur ein Schwert haben. Für einen Törn auf den Masurischen Seen muss das Boot über eine **Mastlegevorrichtung** verfügen. Die reizvollen Strecken im Bereich der Großen Seen lassen sich wegen der vorherrschenden Westwinde sowohl in Nord- als auch in Südrichtung ohne viel Kreuzen gut absegeln und können als Hin- und Rücktörn geplant werden.

Wer nur einmal für einen Tag ein **Boot mieten** möchte, kann das am besten vor Ort tun, vor allem in den größeren Orten wie Giżycko, Mikołajki oder Węgorzewo ist das kein Problem. Man sollte in jedem Falle seinen Segelschein dabei haben, der fast überall verlangt wird.

Kanu- und Kajaksport

Küstenkanuwandern

Eine Faszination der besonderen Art ist das **Küstenkanuwandern** über die Ostsee an der polnischen Ostseeküste entlang. Das allerdings ist wirklich nur etwas für geübte Paddler, die auch firm in der Navigation sind. Informationen dazu bekommt man beim Deutschen Kanu-Verband.

Die ganze Schönheit **Masurens** erschließt sich eigentlich erst vom Wasser aus, die Gewässer sind auch von nicht so geübten Paddlern zu bewältigen, tückische Strömungen gibt es nicht. Meist herrschen im Sommer stabile Schönwetterlagen, aufziehende Gewitter allerdings sollte man auf gar keinen Fall unterschätzen. Die auftretenden Windstärken sind so hoch und die Böen so heftig, dass auch die sonst so gutmütig wirkenden Seen einen erstaunlichen Seegang mit beachtlicher Wellenhöhe zustande bringen.

Wer ein Kanu oder Kajak mieten möchte, kann das in Polen bei jeder **PTTK-Station** tun. Von einer kleinen Spazierfahrt auf einem See bis hin zu ausgedehnten Wasserwanderungen ist alles möglich. Beliebte Touren führen über den Kanał Augustowski und den **Elbląsko-Ostródzkie-Kanał**. Die beiden schönsten Touren sind jedoch die Krutynia- und die Czarna Hańcza-Route.

Die Czarna Hańcza und Kanał Augustowski-Route (ⓘ s. S. 127)

Diese Kajakroute gehört zu den populärsten Polens. Die Czarna Hańcza entspringt dem mit 108,5 m tiefsten See Polens, dem nördlich von Suwałki gelegenen Hańcza-See. Die Paddelroute beginnt allerdings erst am Austritt des Flusses aus dem in der Nähe von Suwałki gelegenen Wigry-See in **Stary Folwark**. Ausgangspunkt ist die dortige PTTK-Station.

© igraphic

Von hier aus führt die 83 km lange Route im **Wigierski Park Narodowy** durch das mit 1.100 km² größte geschlossene polnische Waldgebiet, die Puszcza Augustowska hindurch in den **Kanał Augustowski**. Dieser schon zwischen 1824 und 1839 erbaute, 102 km lange Kanal sollte eine Wasserverbindung bis Kiew schaffen und verband die Biebrza mit dem Njemen, da die 142 km lange Czarna Hańcza ein Nebenfluss des Njemen ist.

Die Czarna Hańcza

populäre Kajakroute

Die Czarna Hańcza ist ein sehr vielfältiger Fluss, vom behäbig durch Tiefland und Sumpfgebiete mäandernden Strom bis hin zum quicklebendigen, an einen Mittelgebirgsfluss erinnerndes Gewässer, auf dem man sich bei einer Wildwassertour wähnt. Ein einmaliges Naturleben verspricht diese Paddelroute, in den **tiefen Wäldern** sind nicht nur Luchse, sondern auch Elche und vereinzelt Wölfe anzutreffen, ganz zu schweigen von Kormoranen, Graureihern, Seeadlern und Schwarzstörchen. Die Tour ist in **fünf Tagen** zu absolvieren, es lohnt sich aber, sie auf sieben oder acht Tage auszudehnen. Dann kann man sich zu Beginn einen Tag gönnen, um den **Wigry-See** zu erkunden.

Auf diese Art sind die **Etappen** alle um die 20 km lang und auch von nicht so geübten oder älteren Paddlern zu bewältigen, da man ausschließlich mit dem Strom fährt. Die erste Flussetappe geht nach **Wysoki Most** und führt über

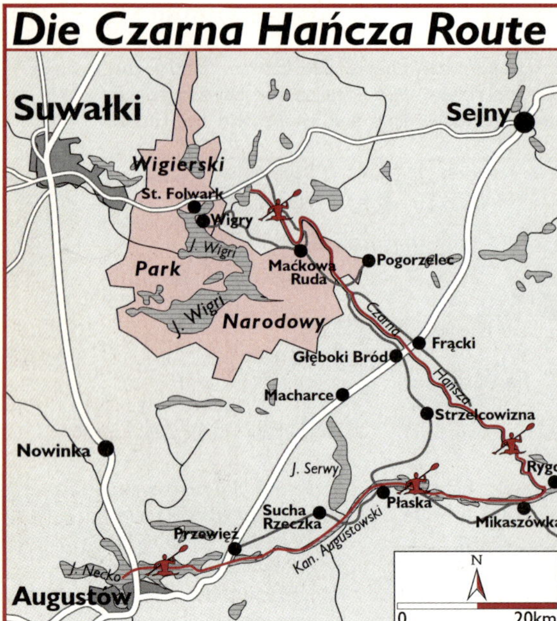

einen der schönsten Flussabschnitte. Baumbestandene Ufer wechseln sich mit schilfbestandenen Strecken ab, denen wieder in Weiden übergehende Ränder folgen. Die Czarna Hańcza ist flach, jeder Stein am Boden ist im klaren Wasser zu erkennen. Kurz vor dem Etappenziel scheint sich die Czarna Hańcza im Schilf zu verlieren und ist kaum noch fünf Meter breit.

einzelne Etappen – Zeit die Landschaft zu erkunden

Die nächste Teilstrecke führt nach **Frącki** und ist sehr kurz, damit unterwegs genug Zeit zum Schauen bleibt, soviel gibt es zu sehen. Wiederum sehr schmalen, fast verlandeten Flussabschnitten folgen kleine Einmündungen und immer breiter werdende Strecken, sogar kleine Schilfinselchen finden sich. Ein langer Schlag nach **Jalowy Róg** bildet die nächste Etappe. In immer engeren Windungen schlängelt sich der Fluss durch die dichten Wälder, die nur ab und zu einmal durch Weiden- und Wiesenflächen unterbrochen werden. Immer schneller fließt die Czarna Hańcza, nachdem die Wälder in eine Wiesenlandschaft übergehen, bis ein weiterer ausgedehnter Waldabschnitt das Ziel ankündigt.

Die nächste Etappe führt hinein in den **Kanał Augustowski**. An diesem Tag gilt es fünf Schleusen zu passieren und daneben fünf kleinere Seen zu durchpaddeln, was die Route sehr abwechslungsreich macht. Am letzten Tag geht es nochmals durch einen Wechsel von Kanal- und Seeabschnitten, die wiederum durch vier Schleusen unterbrochen werden. Die Tour endet an der **PTTK-Station Augustów**. An allen Übernachtungsorten befinden sich PTTK-Wasserstationen, in der Hochsaison sollte man besser vorbestellen. Im Übrigen bieten auch zahlreiche Reiseveranstalter betreute Touren an.

Der Kanał Augustowski

Die Krutyniaroute (ⓘ s. S. 127) – Europas schönste Paddeltour

Dem Alltag davon paddeln in einer Landschaft, die süchtig macht – eine Kanutour auf der **Krutynia (Krutinne)** sollte man nicht beschreiben, sondern erleben. Die Stille ist überwältigend, schon nach einem Tag erscheint der Anblick von Fischottern, Reihern und Störchen so normal wie gestern noch der Stau auf der Autobahn. Das Wasser der Krutynia ist so klar, dass man die Kiesel auf dem Grund zählen, Fische und manchmal sogar Krebse beobachten kann.

schönste Paddeltour Europas

Hinter jeder Flussbiegung eine neue Landschaft, durch weite Wiesenräume vorbei an verschlafenen Dörfern, hinein in verträumte Seen und weiter durch urwaldgleiche grüne Tunnel. Die, wenn man den Polen glaubt, **schönste Paddeltour Europas** ist insgesamt gut hundert Kilometer lang und führt durch 16 Seen sowie zahlreiche Flussabschnitte, von denen der Teil auf der Krutynia der schönste ist. Die Krutynia sollte man sich keinesfalls entgehen lassen, denn dieser Fluss ist einmalig. Er fließt so schnell, dass es auch in den harten masurischen Wintern nicht zufriert, auch wenn die Wassertiefe gerade mal maximal einen Meter beträgt.

© graphic

Am **Lampacz-See bei Sorkwity**, in der Nähe von Mragowo, ist Startpunkt der Tour, die weiter in den Lampacz-See führt und weiter durch kleine Seen und romantische Flussabschnitte. Zuvor müssen einmal bei der Wassermühle von Babięta/Babanten die Boote über die Straße getragen werden und dann noch einmal 80 m über einen Damm im Abschnitt zwischen **Nowy Zyzdroj** und Zgoń/Hirschen. Man paddelt nun durch einige der schönsten Waldgebiete der Johannisburger Heide. Hinter **Zgoń** erreicht man den Mokre-See mit seinen vielen kleinen Inseln.

Von dort geht es weiter durch den Krutynskie-See in den eigentlichen Krutynialauf, vorbei am idyllischen Dorf Krutyń. An **Wojnowo** und seinem russisch-orthodoxen Philliponenkloster mit seiner schönen Ikonensammlung entlang paddelt man dann in den Gardynskie-See und endlich durch einen der schönsten masurischen Seen, den **Beldany**, bis Ruciane-Nida. Bei einer Übernachtung in Krutyn bietet sich ein Extra an, dort kann man sich auf dem Fluss staken lassen, was an sich schon ein Genuss ist. Zum Hochgenuss wird es als Fahrt in die Dunkelheit hinein, „Krutinnaleuchten“ wird die **Lampionbootsfahrt** genannt, die Abendruhe über dem Fluss ist überwältigend. Unter polnischen Kanuten und Kajakfahrern ist dies die beliebteste Tour, und man kann sie in neuen Tagen gemütlich in voller Länge absolvieren, natürlich kann man sich auch Einzelab-

Beldany-See

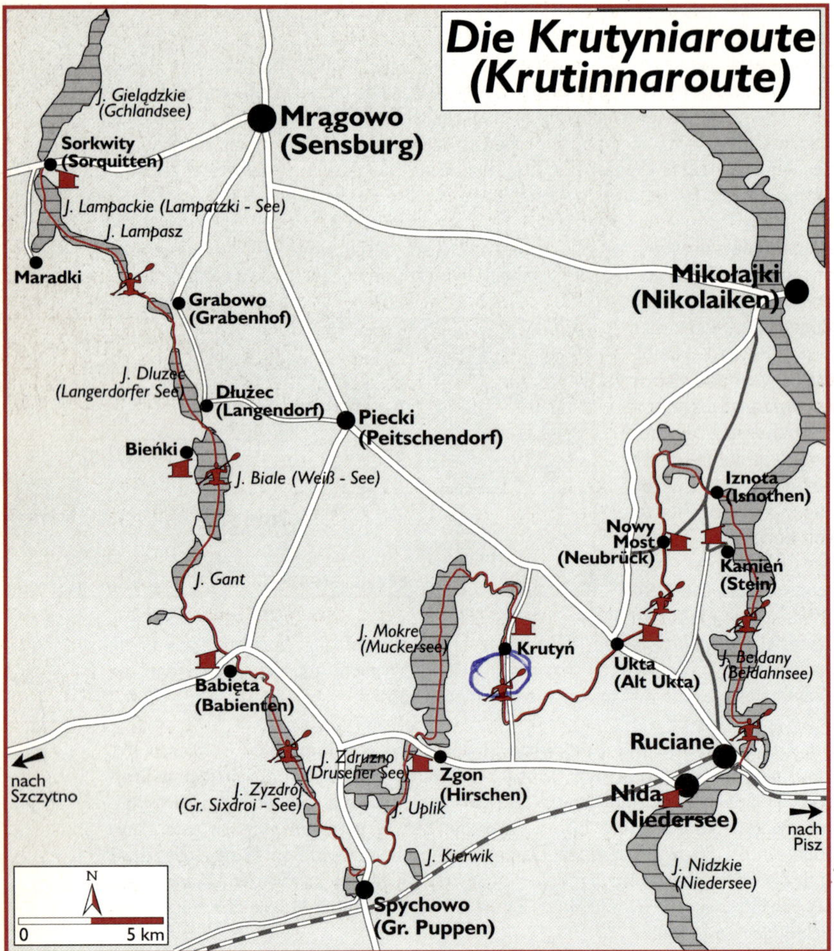

© graphic

schnitte vornehmen. Für das volle Naturerlebnis sollte man zumindest eine mehrtägige Teiltour einplanen. Bei Selbstgebrutzeltem am Lagerfeuer den Tag ausklingen zu lassen und in einem der charakteristischen, dreieckigen hölzernen **PTTK-Campinghäuschen** oder im Zelt zu übernachten, rundet den Abenteuertrip in die Wildnis erst richtig ab.

Wem das dann doch zu viel Urwüchsigkeit ist oder wer lieber im Hotelbett schläft und die Dusche dem Sprung in den See vorzieht, kann auch im Hotel oder in der Pension wohnen. Es gibt genügend Anbieter, die den morgendlichen Transport zum nächsten Teilstück und die Abholung mitsamt Boot vom Etap-

Die Krutynia

penziel anbieten. Egal ob mit Kajak oder Kanu, mit gemietetem oder eigenem Boot, diese **Tour ist für Anfänger geeignet** und auch von älteren Naturliebhabern gut zu bewältigen, denn man fährt ausschließlich mit dem Strom. Rührige Veranstalter nehmen einem dabei die Organisation ab, vom Transport der Boote über die sichere Unterstellung des Autos bis hin zur Stellung von Zelten oder der Anmietung von PTTK-Häuschen wird individueller Service geboten, auf Wunsch kann man auch mit Guide paddeln.

auch für Anfänger

Wandern und Radwandern in Nordpolen

Wandern

Genauso wie Wasserwandern ist Fußwandern eine hervorragende Möglichkeit, Land und Natur in ihrer ganzen Schönheit kennen zu lernen. Auch hier gilt: die Vielfalt der Möglichkeiten ist kilometerweit, ja tagelang kann man auf den **Stränden der Ostseeküste** von Ort zu Ort wandern und muss nur ab und zu ein Kliff landeinwärts umgehen oder eine kleine Flussmündung überqueren. Ein ganz anderes Wanderrevier ist der **Słowiński-Nationalpark** mit seinen Dünen. Stundenlang hängen hier die Trekkingstiefel am Rucksack, denn hier ist barfuß marschieren angesagt.

Fuß- und Wasserwandern

Masuren bietet wiederum andere Trekkingmöglichkeiten. Einmal kann man auf befestigten Wegen um Seen herum gehen, dann wieder durch Feld und Flur sowie menschenleere Weiten von Ort zu Ort wandern. Noch weiter östlich in der **Rominter Heide,** dem **Wigierski-Park** oder an der Biebrza zieht man durch tiefe Urwälder und schon an die Steppen Osteuropas erinnernde Abgeschiedenheiten. Hier am Rande Mitteleuropas gibt es noch wilde Natur, sei es in der Rominter Heide, den **Wäldern um Augustów** oder den ausgedehnten Sümpfen an der **Biebrza**. Wer lieber etwas näher an der Zivilisation bleibt, kann dies in Masuren gleichfalls haben. Wanderungen von Ordensburg zu Ordensburg werden immer beliebter, führen sie doch durch eine anmutige Hügellandschaft und können abends mit einer Übernachtung in einem Schloss abgerundet werden.

Trekking- und Wandermöglichkeiten in Masuren

Wo man auch wandert, in keinem Falle sollte man die oft **große trockene Sommerhitze** unterschätzen, die das Licht über den Straßen flirren lässt – also immer reichlich Flüssigkeit mitführen. Ansonsten sollte man die Ausrüstung genauso sorgfältig auswählen wie das Wandern und Trekking in der Abgeschiedenheit allgemein erfordern. An **Kleidung** haben sich für Waldwanderungen besonders langärmlige Hemden und Trekkinghosen bewährt, am besten solche mit variabler Beinlänge, also mit Zipp-Off-System, gegen FSME sollte man sich impfen lassen, gegen Borreliose ist das jedoch nicht möglich, da hilft nur schützende Kleidung.

Besonders auf ordentliches **Kartenmaterial** darf man nicht verzichten, das es aber vor Ort mittlerweile in Hülle und Fülle gibt. Ein guter Marschkompass, mit dem man allerdings auch umgehen können sollte, ist in den tiefen Wäldern nützlich und sollte ebenfalls im Gepäck sein.

Wandern im Słowiński-Nationalpark

markierte Wanderwege

In Polen gibt es um die 30.000 km **markierte Wanderwege**. Zwei europäische Fernwanderwege führen durch das Land. Der E 9 startet an der französischen Atlantikküste und geht über Belgien, die Niederlande und Deutschland nach Polen. Dort führt die Route von Świnoujście an der Ostseeküste entlang bis nach Braniewo an der russischen Grenze. Der E 11 fährt südlicher in Słubice über die Grenze nach Polen und dann bis nach Ogrodnik an der polnisch-litauischen Grenze. Wer eine mehrtägige Wanderung in Polen plant, aber sich mit der Organisation nicht belasten mag, kann unter einem reichhaltigen Angebot von Spezialanbietern wählen.

Radwandern

markierte Radwege und ...

Sowohl die Pommersche Ostseeküste und ihr Hinterland als auch Masuren sind **Dorados für Fahrradtouristen**. Auch hier reicht die Variationsbreite von gelegentlichen Radausflügen von einem festen Standquartier aus bis zur mehrtägigen Radwanderung. Über **3.000 km markierter Radwege** gibt es in Polen, wobei man klar erwähnen muss, dass es sich hier um markierte Streckenabschnitte von Landstraßen handelt. Neben den Autofahrbahnen her führende, vom Autoverkehr separierte Radwege gibt es kaum. Die markierten Wege führen aber meist über **wenig befahrene Landstraßen**. Was Masuren betrifft, sollte man bedenken, dass diese Landschaft genau wie die küstennahen pommerschen Gegenden kein flaches Land ist, sondern eine **hügelige Moränenlandschaft**, deren höchste Erhebungen über 300 m hoch sind. Sowohl lange Anstiege als auch kurze, giftige Steigungen kommen reichlich vor. Ganz anspruchslos sind die Strecken also nicht.

Auf Polens Wanderwegen

.... hügelige Moränenlandschaften

Eine gute Wahl sind **Trekking- oder Mountainbikes** mit breiten, gut profilierten Reifen sowie Gangschaltungen mit genügend großer Variationsbreite. Dann erschließen sich dem Radwanderer auch die vielen Feld- und Waldwege, die oft auch Teile der markierten Routen sind.

Fahrradzubehör

Auch für Radfahrer gilt: immer für genug Flüssigkeit sorgen, denn an sehr vielen Sommertagen klettert das Thermometer in Pommern und noch mehr in Masuren weit über 30 Grad. **Fahrradläden** gibt es mittlerweile selbst in den kleineren Städten, gängige Ersatzteile und nicht zu ausgefallenes Reparaturmaterial bekommt man problemlos. Für die polnischen „Goldhändchen" gibt es „geht nicht" sowieso nicht, durch irgendeine Improvisation wird man immer Hilfe erhalten. Natürlich kann man sich auch vor Ort ein **Fahrrad mieten**, wenn man nur ab und zu einen Ausflug unternehmen möchte, fast jede Pension und jedes Hotel bieten das mittlerweile als Service an, und an jedem Urlaubsort gibt es weitere Vermieter.

Besonders Masurens Vielfalt bietet **Traumhaftes für Radwanderer**, die tiefen Urwälder und dünn besiedelten Landschaften des polnischen Nordostens, die wogenden Weizen- und Rapsfelder und die uralten Landstraßen mit ihren Sommerwegen, die durch grüne Tunnel führenden Alleen. Immer wieder blitzen silbern Seen zwischen den Bäumen, mehr als 3.000 solcher Seen locken zu erfrischendem Bad, eine willkommene Abkühlung verheißend. Wer eine mehrtägige ausgedehnte Radwanderung unternehmen möchte, kann auch auf einen der zahlreichen Spezialanbieter zurückgreifen, die solche Touren in kleinen Gruppen anbieten.

6. POLEN UND DER OSTEN

Reisen nach Russland

Reisen im Kaliningrader Gebiet

Viele Jahre lang, genau genommen viereinhalb Jahrzehnte lang war die **Kaliningradskaja Oblast**, wie das Königsberger Gebiet russisch heißt, ein hermetisch abgeriegeltes Sperrgebiet, für Ausländer unzugänglich, und ein waffenstarrendes, riesiges Militärlager mit der höchsten Militärkonzentration pro Quadratkilometer Fläche. Heute schätzt man die Militärstärke im Gebiet auf etwa 35.000 Mann.

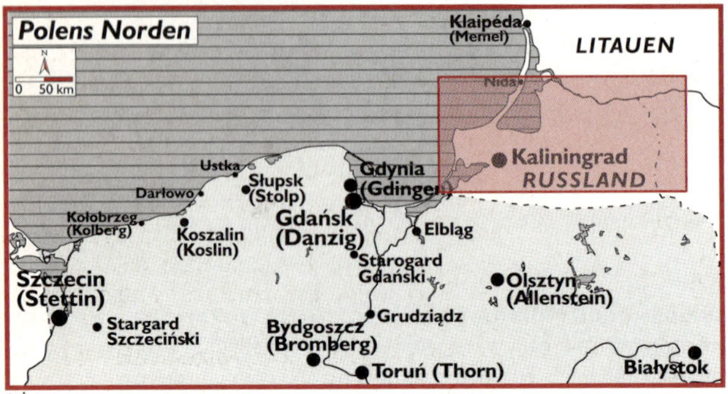

© igraphic

Leben in der Kaliningradskaja Oblast, das hieß aber auch immer Armut, denn die hat das Land seit Kriegsende fest im Griff, je weiter weg von Kaliningrad, desto mehr. Immer größer drohte der Abstand zu den Nachbarn Polen und Litauen zu werden. Ganze Landstriche, in denen es einst Dörfer gab mit großen landwirtschaftlich genutzten Flächen, sind heute wie ausgestorben, kein Stein kündet mehr von den **ausradierten Orten**, die Natur erobert sich das versteppende Terrain zurück. Die Städte haben in und nach dem Krieg schwer gelitten, **Baudenkmäler sind rar**, denn anders als in Polen sollten alle Spuren der Geschichte getilgt werden, nichts mehr an die deutsche Zeit erinnern, etwas Neues sollte aufgebaut werden. Immer noch gibt es vielerorts ganze Stadtteile, die im rasanten Verfall begriffen sind, nach über sechzig Jahren ohne Re-

schwierige Vergangenheit

Grenzübergang Bagrationowsk

novierung wird auch an sich intakte Bausubstanz plötzlich zum Sanierungsfall und werden beschädigte Häuser zu Ruinen. Aber immer mehr Bewohner suchen **ihren Städten das Gesicht zurückzugeben**, sammeln, restaurieren und bauen auf, oft mit geringsten finanziellen Mitteln in bewundernswertem unerschütterlich optimistischem Engagement.

Trotz aller Schwierigkeiten, **es geht voran**, langsam, aber voran. Nach Wirtschaftskollapsen, nicht enden wollenden Korruptionsskandalen, Ämterpatronage und Misswirtschaft hat die Region die Talsohle durchschritten, sogar ein Wirtschaftswachstum hat sich eingestellt. Es wird auch zukünftig für Kaliningrad nicht leicht sein, als russische Enklave im EU-Umland zu existieren. Der Nachbar Polen hat die deutlichen Aufwärtssignale bemerkt, wittert den lukrativen Markt, erkennt die Möglichkeit, selbst eine Drehscheibenfunktion für den EU-Handel mit Russland zu übernehmen und intensiviert seine Wirtschaftskontakte mit Kaliningrad.

Ein großes Problem sowohl für die Wirtschaft als auch für Reisende sind die **russisch-polnischen Grenzübergänge**. Die Lage ist geprägt von Schlangen von „Ameisen" – Kleinschmugglern polnischer und russischer Nationalität, ein westeuropäischer Pkw ist noch immer ein Exot. Für Westeuropäer sind die Zustände, vorsichtig formuliert, gewöhnungs-

Redaktions-Tipps für das Kaliningrader Gebiet

Sehenswürdigkeiten

- **Swetlogorsk/Rauschen** (S. 396) gilt als das Sotschi des Nordens und ist der schönste Badeort an der Steilküste des Samlandes.
- Eine Fahrt mit einer Barkasse von Polesk/Labiau aus über das Kurische Haff in die **Gilge**, den **Nemonienstrom** und den **Großen Friedrichsgraben** führt in die unberührte Natur der **Elchniederung** (S. 390f) und bleibt ein unvergessliches Erlebnis.
- Trotz allem, **Kaliningrad** sollte man gesehen haben und sich sein eigenes Urteil bilden aus einer Mischung von Fassungslosigkeit und Faszination. Unbedingt sollte man sich dort den **Dom** (S. 395) und das **Bernsteinmuseum** (S. 393) anschauen.
- Die **Kurische Nehrung** (S. 401ff) mit ihrem fast endlosen Sandstrand und den Dünengebirgen ist von so außerirdischer Schönheit, dass die UNESCO sie auf die Liste des Weltnaturerbes gesetzt hat.
- Immer noch ist **Cranz/Zelenogradsk** (S. 400) die Badewanne der Königsberger, der Strand lädt ein zum Baden und zu langen Strandspaziergängen.

Unterkunft

- Das **Hotel zum Bären** €€ in Insterburg/Tschernjachowsk mit der familiären Atmosphäre hat den wohl besten Service im Gebiet, ein Unmöglich gibt es hier nicht.
- Das am alten Platz völlig neu aufgebaute **Hotel Königin Luise** €€ in Cranz/Zelenogradsk mit dem Traditionsnamen bietet allen Komfort und liegt nur einen Steinwurf vom Meer entfernt.
- Das **Hotel Kaliningrad** €€ liegt ideal mitten in der Stadt, fast dort, wo einst das Schloss stand, und eignet sich gut von hier aus die Stadt zu Fuß zu erkunden.

Einkaufen

- Das Souvenir aus dem Bernsteinland ist natürlich **Bernstein**. Man bekommt ihn vor und im **Bernsteinmuseum** (S. 393) (günstiger kauft man an den Ständen vor dem Eingang) und in **Rauschen/Swetlogorsk** (S. 396), wo alle paar Meter ein Stand zu finden ist.

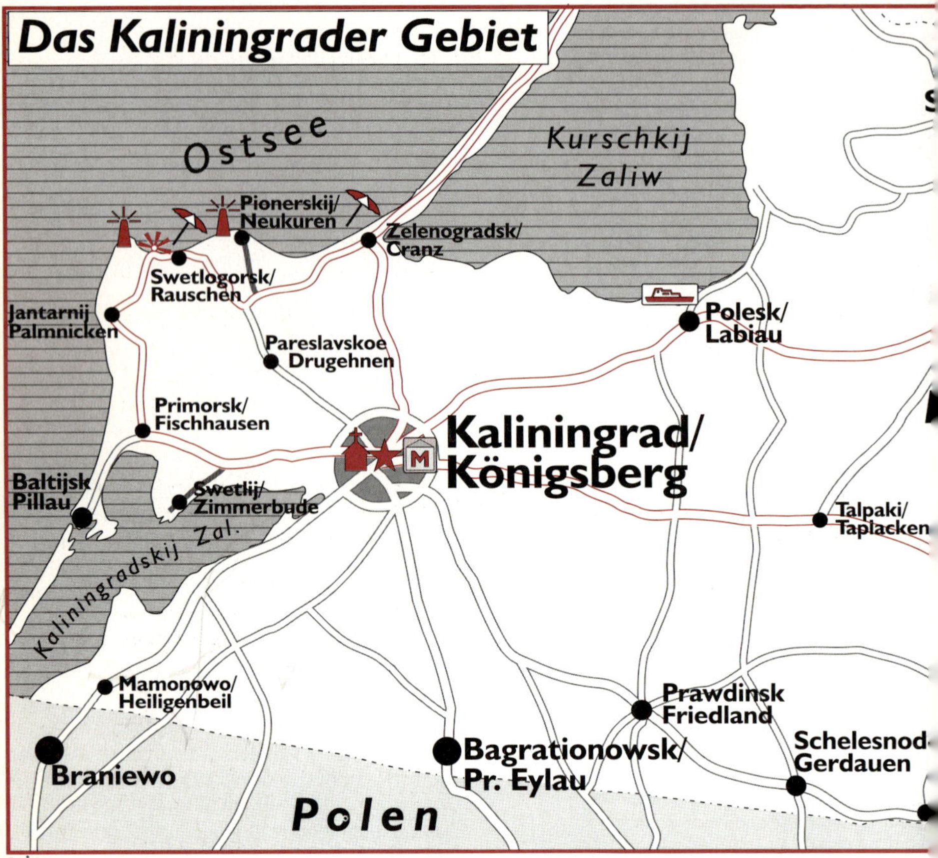

Grenz-übergänge

bedürftig. Zwar sind die Schlangen nach dem EU-Beitritt Polens und der gegenseitigen Einführung der Visumpflicht zwischen Russland und Polen deutlich kürzer geworden, Geduld ist dennoch gefragt. Selbst wenn man sich dort gut auskennt und einschlägige Sprachkenntnisse wenigstens einer der beiden Sprachen besitzt, behindern die Schlangen doch, und zwei Stunden Abfertigungszeit sollte man einplanen. Wenn man sich nicht scheut auch mal laut zu werden, geht es schneller. Generell sollte man sich nie so in eine Schlange stellen, dass man nicht ohne weiteres wieder herauskommt, und wenn einem ein freundlicher russischer oder polnischer Auto- oder Lastwagenfahrer gestikulierend bedeutet, doch weiter zu fahren, sollte man das schleunigst tun, man kann dadurch sehr viel Zeit sparen.

In jedem Falle braucht man als Individualreisender in die Russische Föderation ein **Visum**, das man sich schon in Deutschland beim für den Wohnsitz zuständi-

gen Russischen Konsulat besorgen muss. Voraussetzung dafür ist eine bestätigte Hotelbuchung oder die amtlich beglaubigte Einladung eines Kaliningrader Bürgers. **An den Grenzübergängen werden keine Visa für Individualtouristen ausgestellt**.

Visumspflicht

Die einzige Möglichkeit, relativ spontan von Polen nach Kaliningrad zu reisen, ist mit dem Schnellkatamaran von Elbląg, Gdańsk oder Gdynia aus. Vom Veranstalter wird das Visum dann in Gdańsk besorgt. Dieses Visum ist aber ebenfalls für mindestens 72 Stunden gültig, man kann also ohne weiteres mindestens drei Tage bleiben.

So ein **Tagesausflug** ist in jedem Falle eine bequeme, problemlose Angelegenheit, keine langen Wartezeiten bei der Einreise in Kaliningrad, sowohl Exkursionen und Stadtrundfahrten werden angeboten oder für den Individualisten ein Taxi mit Deutsch sprechendem Fahrer ans Schiff geordert.

Wer mit dem **eigenen Pkw** ins Kaliningrader Gebiet reisen möchte, kann das ohne weiteres tun, neben dem Visum braucht man nur einen Führerschein und den Fahrzeugschein. Für den Wagen wird bei der Einreise ein Zolldokument ausgestellt, dessen Kopie man mitbekommt und bei der Ausreise wieder vorweisen muss. Dieses Dokument sollte man hüten wie seinen Augapfel.

Es soll nicht verschwiegen werden, dass individuelles Reisen in der Russischen Föderation schwieriger ist als eine Polentour. Das beginnt mit den **Sprachproblemen** schon an der Grenze, man sollte nicht damit rechnen, dass überall Deutsch oder Englisch gesprochen wird. Diese Probleme setzen sich unterwegs fort, nicht im Hotel, dort wird man keinerlei Schwierigkeiten mit der Verständigung haben, aber um dort überhaupt anzukommen, sollte man zumindest die Verkehrsschilder und die ohnehin sehr raren Wegweiser flüssig in **kyrillischer Schrift** lesen können. Da hilft nur zu Hause lernen!

Auch sollte man auf schlechtere Straßenverhältnisse als in Polen eingerichtet sein, nicht nur in den Dörfern, selbst in Kaliningrad muss man auf wesentlich schlechteren Straßenbelag gefasst sein und allzeit zu schnellster Reaktion bereit mit tiefen, großen Löchern rechnen. Natürlich macht das Fahren bei Dunkelheit oder schwerem Regen zu einem kleinen Abenteuer. Was das Benzin betrifft, hat sich die Versorgung in den letzten beiden Jahren geradezu dramatisch verbessert, mittlerweile erhält man an den großen nicht Tankstellen auch bleifreies Benzin.

Hauch von Abenteuer

Wenn man das berücksichtigt, ist das Kaliningrader Gebiet vielleicht gerade wegen dieses Hauchs von Abenteuer ein interessantes, ja **faszinierendes Reiseziel**. Durch Jahrhunderte deutscher Geschichte geprägt, ist das nun von der russischen Kultur dominierte Kaliningrader Gebiet eine anziehende Mischung aus Vertrautheit und fremdartiger Exotik mit Bewohnern, die einem genauso freundlich entgegentreten wie die Polen das tun.

In der Elchniederung

Es gibt Ausflüge, die kann man im Kaliningrader Gebiet als Individualtourist nicht so ohne weiteres selbst organisieren. Das erledigen aber durchweg die Hotels für ihre Reisenden oder sind zumindest dabei behilflich. So kann das Hotelmanagement beispielsweise eine **Sondergenehmigung** für eine Reise nach **Pillau** oder in den grenznahen Teil der **Elchniederung** beschaffen, beide Regionen sind immer noch Sperrgebiete. Ansonsten kann man sich frei bewegen und die weite Landschaft mit dem hohen Himmel darüber genießen, die Samlandküste, die Kurische Nehrung und die Pregelniederung.

Reise nach Pillau und in die Elchniederung

Einen Ausflug sollte man sich nicht entgehen lassen: von **Labiau/Polesk** mit der Barkasse über das Kurische Haff nach Matrosowo, in den Nemonienstrom und über den **Großen Friedrichsgraben**/Poleskij Kanal zurück.

Die Fahrt durch einen völlig abgeschiedenen, vergessenen Landstrich mit den vielen Wasserläufen bleibt ein unvergessliches Erlebnis. Die Natur hat sich diese einstige Kulturlandschaft der **Elchniederung** zurück erobert. Schilfbesetzte Ufer, ab und zu ein Dorf am Kanal mit uralten, farbigen Holzhäusern, die wie an der Schnur gezogen am Deich aufgereiht sind. Wildschwäne, Wasserschlangen, Seerosenfelder und traumhafte Lichtspiegelungen im Wasser, Natur pur und immer mehr Wildnis, je tiefer man in das Wasserlabyrinth eindringt.
Solche Touren können Sie buchen bei:

Sergey V. Kotikow, Moskowskij Prospekt 140-14,236006 Kaliningrad, Tel./Fax 007 0112 437943. Sergey Kotikow begleitet die von ihm ausgearbeiteten Touren (auch mit Badestopps oder stundenlangen Wanderungen verbunden) selbst und spricht hervorragend Deutsch.

Kaliningrad (ⓘ s. S. 127)

Kenig, wie die meisten seiner Einwohner die Stadt heute nennen, lag als Kaliningrad Jahrzehnte außerhalb der bekannten Welt im **militärischen Sperrgebiet**, weil Königsberg, wie diese Stadt einst hieß, untergegangen war. Am **Domplatz** versagt menschliches Vorstellungsvermögen, selbst ausgesprochen Phantasiebegabte können sich nicht vorstellen, im alten Königsberger Zentrum zu stehen. Da steht die Domruine und sonst: nichts. Eine grüne Insel, von der alten Börse bis zur Bauruine des sowjetischen Palastes der Räte verstellt kein Haus den Blick. Der **Skulpturenpark**, in dem große russische Dichter und Denker dargestellt werden, wirkt da eher wie ein hilfloser Trostversuch.

Spuren verwischt

Dies war einmal das Zentrum der Stadt Königsberg, hier schlug sein Herz, die Dominsel und die Umgebung waren eng bebaut, da war die alte Universität, waren unzählige Läden, gegenüber war das Schloss und so weiter und so weiter. Hier kommt einem das alte Königsberg fast unwirklich vor, als ob man es nur geträumt hätte, so gründlich sind die Spuren verwischt.

Königsberg war eine der frühen Gründungen des Deutschen Ordens. Schon 1255 wurde mit dem Bau einer Burg begonnen, die zu Ehren des Miteroberers des Samlandes, König *Ottokar I. von Böhmen*, Königsberg genannt wurde. Die drei Orte **Altstadt**, **Löbenicht** und **Kneiphof** waren jeder mit Kulmer Recht, eigener Feste, eigenem Markt und einer Kirche ausgestattet. Nur nach außen hin traten die drei Teilstädte gemeinsam als Königsberg auf. Zu einer Stadt Königsberg wurden sie erst 1724, dem Geburtsjahr Kants, vereint.

Königsberg stieg wirtschaftlich sehr schnell auf, wurde Hansestadt, später Hochmeistersitz des Deutschen Ordens, seit 1525 Residenz des dann weltlichen Herzogs von Preußen und seit **1701 Krönungsstadt der Preußenkönige**.

Das neue Kaliningrad

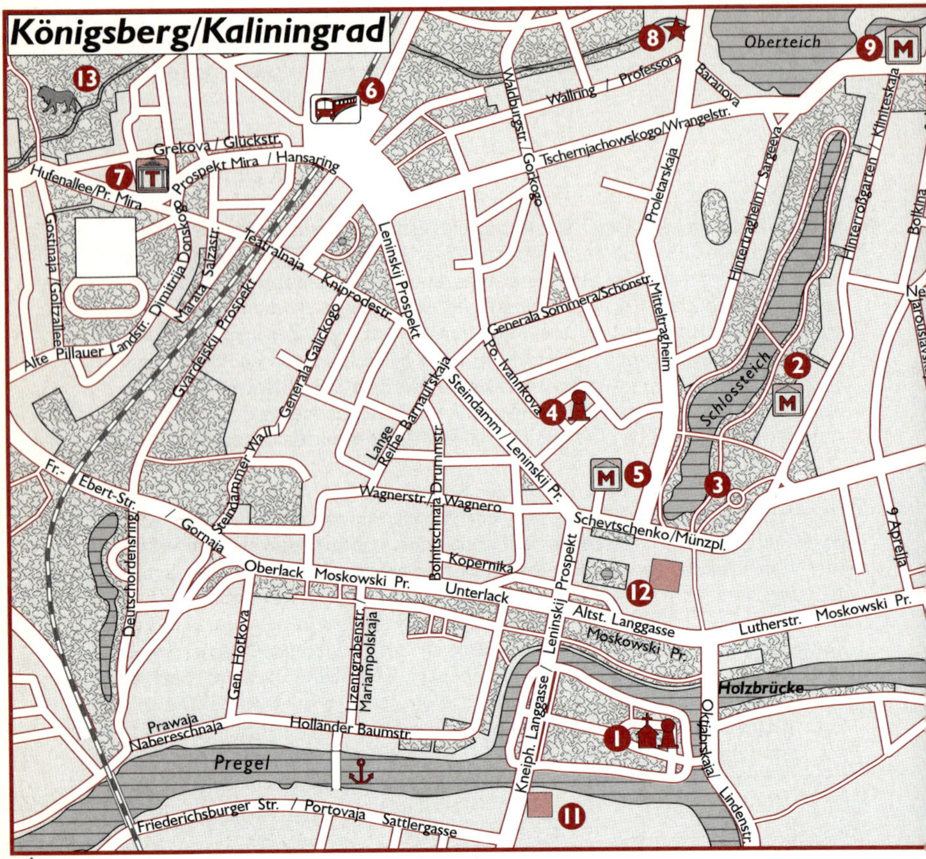

© graphic

Krönungs-stadt der Preußen

Das hinderte Königsberg allerdings nicht, im Siebenjährigen Kriege Zarin *Elisabeth*, der Intimfeindin des *Großen Friedrich*, zu huldigen und anständig mit den Russen zu kollaborieren. *Friedrichs* Verhältnis zu Ostpreußen blieb darob gestört. Das Schleifen der alten 1626–1634 erbauten Befestigungsanlagen des Schwedischen Krieges Mitte des 19. Jahrhunderts schaffte der aus allen Nähten platzenden Stadt Raum zu wirtschaftlicher Entfaltung. Das blühende Wirtschaftsleben konnte nicht einmal die Insellage Ostpreußens nach dem I. Weltkrieg nachhaltig erschüttern. Der Zweite Weltkrieg kam in Königsberg erst mit den **Bombennächten vom August 1944** in Ostpreußen an. Die Königsberger Innenstadt wurde in Schutt und Asche gelegt. Was dann noch stand, wurde im Kampf um Königsberg zerstört, der erst am 9.4.1945 mit der Kapitulation endete.

Königsberg war untergegangen, es sollte sterben, das war der erklärte Wille der Sowjets. Dieser Hort des preußischen Militarismus sollte mit Stumpf und Stil

ausgerottet werden, auf den geschliffenen Trümmern sollte eine ganz neue Stadt entstehen. Kaliningrad, wie die Stadt seit 1946 heißt, hat wieder gut so viel Einwohner wie Königsberg, etwa 400.000.

Was den städtebaulichen Stil Kaliningrads kennzeichnet, ist das Zerschlagen aller gewachsenen Strukturen innerhalb der Stadt. Die 1967 gesprengte **Schlossruine (12)** wurde genauso zerstört wie andere Zentren, Plattenbauten an ihrer Stelle wie zufällig errichtet, umgeben von **öden Flächen**, Abbruchlandschaften und Geröllfeldern, die, wenn man Glück hatte, von alleine begrünten. Durchschnitten wurde das Ganze von riesig dimensionierten, meist schnurgeraden Straßenzügen. Symbolisch dafür ist das Haus der Räte, eine Bauruine aus Beton, die wegen statischer Mängel nie vollendet und bezogen wurde. Sie steht etwas neben der Stelle des Schlosses.

Dort wo einst das ursprünglich als Ordensburg und später um Renaissance- und Barockanbauten erweiterte **Schloss** mit seiner prächtigen Schlosskirche und dem Moskowitersaal stand, befindet sich heute der riesige **Zentralnaja Ploschad**.

Was blieb? Unter wenig anderem die **Börse (11)** am Leninskij pr., ein Neorenaissancebau von 1870–75, dessen Fundament auf 2.000 Lärchenpfählen steht. Ende des 19. Jahrhunderts als Zentrum des Getreidehandels eingerichtet, wird das im Krieg abgebrannte und in den 1970er Jahren restaurierte Gebäude heute als Kulturhaus der Handelsflotte genutzt. Aus deutscher Zeit stammen auch einige der alten Stadttore im neugotischen Backsteinstil, wie das **Brandenburger Tor** neben dem Hauptbahnhof (auch Südbahnhof genannt), den 34 m dicken **Dohnaturm (9)** mit dem 6.000 Exponate umfassenden sehenswerten Bernsteinmuseum. Sowohl im Museum als auch an den vielen Ständen davor kann man günstig Bernstein erwerben.

Bernsteinmuseum im Dohnator, Pl. Marschala Wassilewskogo 1, Di–So 10–17 Uhr.

Das Haus der Räte

Die Börse

Auch das *Scharnhorst* und *Gneisenau* gewidmete **Roßgärter Tor** (Wasilewskogo) steht noch, genau wie das **Königstor** (Litowskij wal./Frunze), das den Krieg fast unbeschädigt überstanden hat und dessen Westfassade von links nach rechts mit den jetzt allerdings kopflosen Statuen *Ottokars II.*, *Friedrich I.* und Herzog *Albert* verziert sind. Ebenfalls noch vorhanden sind das **Sackheimer Tor** (Moskowskij/Litowskij val.) **(10)**, das früher die Reliefs der Grafen *Yorck* und *Bülow* zierte, und der 1853 erbaute **Wrangelturm (8)**.

Königstor und andere Sehenswürdigkeiten

Erhalten blieben auch der 1896 in Betrieb genommene, um sein Überleben kämpfende **Tiergarten (13)** genannte Königsberger Zoologische Garten (Mira pr.) sowie einige Häuser in seiner Umgebung.
Tiergarten, Mira pr. 12, tägl. 9–20 Uhr.

Die 1912 erbaute **Stadthalle (2)** wurde ebenfalls in den 1944er Bombennächten zerstört, 1991 aber wieder aufgebaut. Sie beherbergt heute das Museum für Geschichte und Kunst, das auch eine Abteilung zur Geschichte der Region enthält.
Museum für Geschichte und Kunst, Klinitcheskaja 21, Di–So 10–18 Uhr.

Einige Bahnhöfe überlebten ebenfalls, so der **Nordbahnhof (6)** und der 1929 erbaute Hauptbahnhof. Der noch funktionierende alte Hauptbahnhof mit seinem riesigen Vorplatz geht in den genauso groß dimensionierten Busbahnhof über. Eine riesige öde Pflasterfläche ist der Platz, mit ein paar Blumenrabatten um ein mit 13 m Höhe ebenso gigantisch dimensioniertes Denkmal – die **Kalininstatue**, eine Scheußlichkeit des sozialistischen Realismus.

Diese Statue verkörpert exemplarisch die Gigantomanie, die lieblos seelenlose Ausdruckslosigkeit vieler Denkmäler und Bauten, glatt polierter kalter Heroismus, seltsam steril und unbelebt, eine Städtebaukunst, die jeden eigenen Stil strikt vermeidet. Zu nicht unbeträchtlichen Teilen besteht Kaliningrad aus diesem gesichtslosen Einheitsbrei.

Kein Stein, keine Aufschrift, kein Krümel sollte mehr an Königsberg erinnern, diese Stadt sollte nun Kaliningrad sein – und sie wurde es auch.

Nur eine historische Reminiszenz wurde von der Sowjetunion gestattet: dies war die Stadt des auch in der Sowjetunion hoch verehrten Philosophen *Immanuel Kant* (1724–1804), der dort als Vordenker von Karl Marx galt. Es wurde schnell zur Tradition für russische Brautpaare, an seinem Grab auf der Dominsel, dem alten Kneiphof, den Brautstrauß niederzulegen. Letztlich um seines 1924 anlässlich seines 200. Geburtstages in seiner heutigen Form errichteten Grabes wegen blieb die Domruine vor dem Einebnungswahn verschont. *Kant* selbst ist ja schon zurück, *Marion Gräfin Dönhoff* schenkte Kaliningrad eine Kopie der 1857 von *Christian Daniel Rauch* geschaffenen Kant-Statue, die nun wieder an ihrem angestammten Platz vor der **Universität (4)** (Universitetskaja) steht.

Immanuel Kant

Kant verbrachte sein ganzes Leben in seiner Vaterstadt Königsberg, über deren Vororte er nicht hinauskam. Von 1755–96 lehrte er als Professor an der Königsberger Universität. Eine seiner Maximen soll auch für das heutige Kaliningrad prägend sein und ist an der Pregelbrücke des Leninskij prospekt auf einer Tafel in deutscher und russischer Sprache eingemauert: „Zwei Dinge erfüllen das Gemüt mit immer neuer und zunehmender Ehrfurcht, je öfter und anhaltender sich das Nachdenken damit beschäftigt: Der bestirnte Himmel über mir und das moralische Gesetz in mir."

Der Königsberger Dom

Der 1333–1382 erbaute **Dom (1)** wird von Deutschen und Russen seit 1990 gemeinsam restauriert. Besonders die Russen, die seine Ruine im Laufe der Nachkriegszeit so vehement gegen den Abriss verteidigten und obendrein für die Beschaffung russischer Mittel sorgten, sind ein bestimmendes Element bei den Arbeiten. Sie wurden nicht vom westlichen Geld erdrückt, eine deutsch-russische Partnerschaft ist entstanden, und so kann der Dom auch zu einem Stück russischer Geschichte und regionaler Identität werden.

Königsberger Dom

Der gotische Königsberger Dom wurde als dreischiffige Hallerkirche errichtet und war zugleich die Grablege aller Ordens-Hochmeister ab 1457. Davor wurde bereits Luther von Braunschweig hier zu Grabe getragen, der 1333 die Bauerlaubnis erteilt hatte. Nach dem Ende des Ordensstaates wurden hier die preußischen Herzöge beigesetzt. Ihr heutiges Aussehen erhielt die Doppelturmfassade des Doms nach dem Brand von 1455, als der Nordturm keine Spitze mehr, sondern nur noch ein einfaches Satteldach erhielt. Die in Form von Spitzbögen ausgestalteten Fassaden-Blendnischen hatten ihr Muster in der Kirche vom Chełmno/Kulm an der Weichsel.

Es lohnt sich wieder, den 88,5 m langen und 30 m hohen Dom zu besichtigen. Er hat nun wieder ein Dach und auch die vier Domglocken läuten seit 1995 wieder alle Viertelstunde und lassen zu jeder vollen Stunde den Anfang von Beethovens 5. Sinfonie erklingen. Im Innenraum werden in einem Museum Geschichte und Wiederaufbau dokumentiert.
Dommuseum, Mo–Sa 9–18 Uhr.

Neben dem Grab Kants findet sich ein weiterer Gedenkstein im Außenbereich. Ein Findling erinnert an *Julius Rupp* (1809–1884), den Theologen und Freigeist. Der Gedenkstein befindet sich genau an der Stelle, an der einst *Rupps* Wohnhaus stand. Das Denkmal mit dem Bronzerelief ist eine Nachbildung des 1909 von *Rupps* Enkelin *Käthe Kollwitz* geschaffenen Originals.

Weiterhin sehenswert in Kaliningrad ist der Blindasch genannte Befehlsstand des letzten Festungskommandanten *Lasch*, eine unscheinbare Treppe führt vom Universitätsplatz hinunter in die unterirdische **Bunkeranlage (5)**. Neben einigen Ausrüstungs- und Kleidungsstücken sowie dem **Kapitulationszimmer**, in dem General *Otto Lasch* am 9.4.1945 die Kapitulation Königsbergs unterzeichnete, sind besonders die Fotos und Karten von der Schlacht um Ostpreußen, die man auch ohne Russischkenntnisse versteht.
Muzej Blindasch, ul. Universitetskaja, tägl. 10–17.30 Uhr.

Die Bernsteinküste

Swetlogorsk/Rauschen (ⓘ s. S. 127)

Stadtgeschichte

Swetlogorsk/Rauschen liegt 55 km nordwestlich von Königsberg im Samland, an der sagenumwobenen Bernsteinküste. Einst war Rauschen nicht so mondän wie Zelenogradsk/Cranz und galt eher als Volksbad. Heute ist das ganz anders. Der ganze Königsberger Bezirk war zwar Sperrgebiet, aber nicht für die Nomenklatura, die High Society der Kommunistischen Partei. Rauschen wurde zum Sotschi des Nordens. Daher wurde der Ort auch in den sowjetischen Jahren gehegt und gepflegt, Altes restauriert und erhalten und die meisten sozialistischen Bausünden in den reichlich vorhandenen Wäldern versteckt.

Auch landschaftlich ist Rauschen sehr reizvoll zwischen geheimnisvollen Wäldern an der traumhaften, von malerischen Schluchten durchzogenen Steilküste des Samlands gelegen. Das Samland erstreckt sich als kastenförmige Halbinsel in der Höhe von Königsberg aus in westlicher Richtung gut siebzig Kilometer in die Ostsee hinaus und hat im Norden und Westen Steilküsten. Wie früher ist Rauschen auch heute zweigeteilt. Die eigentlichen Bewohner leben in Swetlogorsk I, dem alten Rauschen-Ort, und das Strandleben findet in Swetlogorsk II, Rauschen-Düne statt. Von Königsberg fährt der Badegast mit der Samlandbahn gleich durch bis zum Endpunkt Rauschen-Düne. Lange Jahre war Rauschen genau wie Cranz für den Autoverkehr komplett gesperrt, heute sind die Orte teilweise wieder für den Verkehr freigegeben.

Rauschen-Ort ist der schönste Platz im Königsberger Gebiet. Zentral im Ort liegt der **alte Mühlenteich**, der zum Rudern einlädt und von einer einladenden Promenade umgeben ist.

Rauschen

Auf der anderen Seite, Richtung See, stehen malerische baumumstandene alte Holzvillen, vom Wald umgebene Kurhäuser und **Sanatorien** sowie Cafés und Restaurants, alles in überraschend gutem Zustand. Auch das Wahrzeichen des Ortes hat die Zeiten überlebt. Das **Warmbad** mit seinem 25 m hohen Turm, der alten Sonnenuhr und dem charakteristischen Kuppeldach strahlt in frischem Glanz. Im hier beginnenden Kurpark (Lärchenpark) steht am altvertrauten Platz die Wasserträgerin, eine Statue des Stuttgarter Bildhauers *Hermann Brachert* (1890–1972).

Von der Promenade gelangt man auch zum Strand. Am Ostende geht man die riesige Paradetreppe hinunter. Am Westende fährt man mit der kleinen Seilbahn, oder wenn sie mal wieder nicht läuft, geht man den Serpentinenweg hinab. In der Mitte gibt es dort, wo früher die Drahtseilbahn stand, einen vom Veteranenverband betriebenen Fahrstuhl, der zumindest bergauf immer Touristen befördert, strandwärts ist manchmal Verhandlungssache. Ob an der Strandpromenade oder im Ortskern, eines gibt es hier an jeder Ecke und zwar unschlagbar billig: **Bernstein – das Gold der Ostsee**.

INFO Das Gold der Ostsee

Vielfach wird Bernstein wie ein Edelstein oder Halbedelstein behandelt, dabei ist das Gold der Ostsee überhaupt kein Stein, sondern ein erhärtetes fossiles Harz aus einer den Koniferen ähnlichen Kiefernart und um die 30 Millionen Jahre alt. Zu jener Zeit versanken im Norden große Wälder im Meer, es brauchte vermutlich eine Million Jahre, bis das Harz dieser Bäume erhärtete. Als das Meer die Bernsteinwälder überflutete, wurden große und kleine Brocken herausgespült. Das Meer trug sie mit fort bis an die heutigen Fundorte, wo sie sich anlagerten. Meist waren dies die Meeresgründe der Ostsee-Küstengebiete, vor allem in Ostpreußen.

Besonders interessant sind für Wissenschaftler die Inklusen, Pflanzenteile, Kleintiere und Insekten, vermitteln sie doch ein Bild vom urzeitlichen Leben auf unserem Planeten.

Seinen Namen erhielt der Bernstein, weil er brannte und angezündet sogar als Weihrauchersatz diente. Bernstein ist keineswegs immer goldfarben, die Palette der möglichen Färbungen reicht von gold- bis dunkelbraun, von einem weißlichen Gelb bis fast ins Schwarze, sogar grünen Bernstein gibt es. Im Rohzustand ist er oft völlig unscheinbar, weil mit einer Verwitterungsschicht umgeben. Wie man Bernstein erkennt? Die Griechen nannten ihn Elektron, wenn man ihn nämlich an Stoff reibt, lädt er sich so sehr negativ auf, dass er Papierschnipsel anzieht. Überdies ist er als Harz sehr viel leichter als ein Stein. Natürlich, bei Bernstein denkt man an Omas gediegene Bernsteinkette, klassisch, goldbraun, ebenmäßig geschliffen, und an die Erzählungen von sagenhaften Bernsteinfunden bei Strandspaziergängen an der Ostsee.

Faszination Bernstein

Kaum ein Reisender kann sich der Faszination Bernstein entziehen, irgendwann kauft fast jeder ein Stück auf seiner Reise nach Polen, Russland oder Litauen, und irgendwann läuft fast jeder in der charakteristischen Haltung am Strand entlang: den Blick starr auf den Boden gerichtet. Bernsteinwind weht immer dann, wenn ein Sturm, der bisher nach Nord wehte, plötzlich nach Süd dreht. Dann sieht man sie an der Ostseeküste in ihren langen Watstiefeln mit den großen Keschern im Wasser stehen. Die Bernsteinfischer sammeln auf diese Art die Stücke, die mit der Brandung heranrollen, oder im Seetang hängen geblieben sind.

Das Hin- und Hergerolle in der Brandung wirkt wie eine Poliertrommel, und so ist dieser Bernstein oft relativ blank poliert und rund geschliffen.

Viele Sagen, Legenden und Märchen ranken sich von Alters her um das Gold der Ostsee, dem sogar Heilkräfte nachgesagt werden, und er war gleichfalls seit Menschengedenken ein begehrter Schmuck. Relativ profan ist allerdings die Herkunft des heutigen Schmuckbernsteins. Über 90 % des weltweit im Handel befindlichen Schmuckbernsteins, rund 700 Tonnen pro Jahr, stammen aus dem Kaliningrader Gebiet. Dieser Bernstein wird keinesfalls am Strand gesammelt, sondern im Tagebau aus der Blauen Erde von Palmnicken/Jantarnij abgebaut. Hier liegt die Blaue Erde, die Bernsteinschicht, nur ein paar Meter unter der Oberfläche, riesige Bagger fraßen sich hier schon vor dem Krieg durch das Gelände und hinterließen eine kleine, blaue Mondlandschaft.

Jantarnij/Palmnicken

Palmnicken liegt 50 km westlich von Königsberg an der Samlandküste. Der Name Jantar, Bernstein, sagt es: Palmnicken ist **die** Bernsteinstadt und kein Badeort, hier wird der Bernstein im Tagebau gewonnen. Einen wunderbaren Ausblick auf die blaue Erde des Abbaugebietes hat man von oberhalb des Ortes. Auch von hier oben erkennt man die Bernsteinfischer in ihrem gelben Ölzeug. Sie fischen mit Netzen Bernsteinklumpen aus dem Abwasser der Mine, ein einträglicher Job, lizenziert, aber das Lizenzsystem ist längst außer Kontrolle geraten.

Bernsteinfischer und Bernsteinmuseum

Der Zugang zum Werk ist wegen der Diebstahlsangst sehr beschränkt, denn fast ein Drittel der Produktion verschwindet in dunklen Kanälen – Mafiagerüchte kreisen. Bernsteinmuseum und Bernsteingeschäft der Mine sind aber immer zugänglich.

Bereits in prähistorischer Zeit wurde hier Bernstein gesammelt, der im Tauschhandel bis Mesopotamien und Ägypten gelangte. Später hatte der deutsche Orden das Monopol auf den Bernsteinhandel. Das Volk durfte nur gegen kargen Lohn einsammeln und die Kostbarkeiten abgeben, wer das nicht tat, hatte drakonische Strafen zu erwarten, meist wurden kleine Diebe ohne viel Federlesen an Ort und Stelle aufgehängt.

1872 errichtete die Firma Stephan und Becker hier das erste Bernsteinwerk. Der Bernstein liegt in dieser Gegend in 40–50 m Tiefe, in einer Schicht blauer Erde. Ab 1913 wurde der Bernstein dann mit einem großen Bagger im Tagebau abgebaut. Die Szenerie erinnert heute etwas an Garzweiler. Ungefähr anderthalb Tonnen der blauen Erde enthalten durchschnittlich zwei Kilogramm Bernstein. Der Betrieb, der heute Russky Jantar heißt, fördert jährlich 600–800 Tonnen Bernstein, das sind 94 % der Weltproduktion.

Direkt am Meer steht in Jantarnij ein **Mahnmal**, das an einen der letzten Akte der Verbrechen des Dritten Reiches und zugleich das größte NS-Massaker in Ostpreußen erinnert. Tausende KZ-Häftlinge wurden aus dem KZ Stutthof und dessen zahlreichen über Ostpreußen verteilten Außenlagern vor der heranrückenden Roten Armee durch das Samland gejagt und nach Palmnicken getrieben. Erbarmungslos wurde jeder strauchelnde oder entkräftete Häftling erschossen oder erschlagen. Eine Blutspur markierte den Leidensweg, Tausende starben. Im Palmnicken wurden die Häftlinge ins Bernsteinwerk an der Ostsee getrieben. Am 31. Januar 1945, dem Tag der Versenkung der „Wilhelm Gustloff", wurden am Strand unzählige jüdische Häftlinge von der SS massakriert, Hunderte wurden mit Maschinengewehrfeuer in die Ostsee gehetzt, andere im Hof der Bernsteinfabrik abgeknallt, nicht viel mehr als ein Dutzend überlebte.

Wenn Sie das Thema interessiert, lesen Sie diesen Augenzeugenbericht:
Martin Bergau, Der Junge von der Bernsteinküste, *Universitätsverlag Winter, ISBN 3825370682. Im Internet finden sie weitere Informationen bei www.shoa.de unter www.shoa.de/endloesung_ostpreussen_1945.html, www.shoa.de/kz_stutthof.html.*

Zelenogradsk/Cranz (ⓘ s. S. 127)

Cranz war schon immer neben Rauschen die Badewanne der Königsberger, denn es ist nur gut 30 km nordwestlich gelegen, dort wo die Samlandküste in die Kurische Nehrung übergeht. Einst war der Ort stilvoller als Rauschen, aber davon ist nichts geblieben. Im Ort sieht es ähnlich aus wie im ganzen Königsberger Gebiet, der Wasserturm steht, ebenso wie der Bahnhof und einige alte Häuser, etliche davon ziemlich angefressen. Die Pracht ist dahin. Von den schönen weißen Strandvillen steht kaum noch eine, und die alte holzbeplankte Seepromenade ist durch einen Betonweg ersetzt worden. Aber langsam entstehen auch hier wieder Strandcafés und Imbisse, die oft noch ein wenig improvisiert sind, aber nun doch deutlich nur die graue Betonpiste beleben. Auch landeinwärts beginnt die Tristesse der vielen mürben Häuser immer öfter Neubauten oder renovierten Altbauten zu weichen. Man sieht deutliche Fortschritte im Bemühen die Lücken zu schließen und der Agonie des Verfalls und der Lücken wieder ein Stück Strandleben und Urlaubstrubel entgegen zu setzen.

Cranz

Steilküste des Samlandes

Steht man mit dem Rücken zum Land, erkennt man, was den Reiz dieses Ortes ausmachte, ein **tolles Panorama**, links die Steilküste des Samlandes, rechts die Nehrung. Wasser, Sonne und Sand satt unter dem hohen östlichen Himmel. Das ist es, was einen Besuch lohnend macht.

Die Kurische Nehrung

Gleich hinter Cranz beginnt der **Nationalpark Kurische Nehrung** mit eingeschränktem Touristenverkehr. Am Schlagbaum muss man sich zunächst Eintrittskarten und damit die Erlaubnis zum Betreten der Nehrung besorgen, was schnell erledigt ist.

Die Informationen, was man im Park darf und was nicht, gibt es allerdings nur in russischer Sprache. Der wichtigste Punkt daraus: Parken Sie bitte nur auf den dafür vorgesehenen ausgeschilderten Parkplätzen und nicht auf Waldwegen oder am Straßenrand außer in den Ortschaften. Es könnte sonst teuer werden. Nun sind Sie also im Nationalpark Kurische Nehrung und nach der Schranke dann nur noch Wind, Wald, Sand und Wasser – Natur pur. Diese Landschaft ist einmalig und überhaupt nur mit Superlativen zu erfassen. *Superlative*

Die zwischen der Ostsee und dem Süßwasser-Haff gelegene Landzunge ist 98 km lang und damit der **längste Sandstrand Europas**. Die alte Poststraße führt durch Kiefernwälder, die an ihren Rändern auch heute noch in den riesigen wandernden Dünengebieten zu ertrinken drohen.

Lesnoje/Sarkau (ⓘ s. S. 127)

Lesnoje ist der erste Ort auf der Kurischen Nehrung, wenn man von Cranz aus kommt. Hier ist die Nehrung mit 400 m am schmalsten, immer wieder überspülte die Ostsee hier in Sturmnächten die schmale Landzunge und vereinigte sich mit dem Haff. Noch am Haffhafen des kleinen Fischerortes hört man das Rauschen der Ostsee. Sarkau wird derzeit zum Sommerdomizil der „Neuen Russen" aus Kaliningrad ausgebaut, am Haff entsteht eine einem Hochsicherheitstrakt gleichende Villensiedlung, hermetisch abgeriegelt mit Dutzenden bis an die Zähne bewaffneter Sicherheitskräfte.

Kurz hinter Sarkau befindet sich rechts unweit der Straße das **Museum der Kurischen Nehrung**. Nur ein paar Minuten Fußweg entfernt liegt ein ehemaliges Erholungsheim, in dem das Museum untergebracht ist. Viele Exponate sind auch in deutscher Sprache beschriftet. Präsentiert wird hier Wissenswertes über die einmalige Natur sowie die Vogelwarte und auch die Segelflieger von Rossitten.
Muzej Kurschkoj Kosoj, Di–So 11–17 Uhr.

Ribatschij/Rossitten (ⓘ s. S. 127)

Bekannt wurde Rossitten durch seine **Vogelwarte**, die vor 100 Jahren durch den evangelischen Pfarrer *Johannes Thienemann* gegründet wurde. Er hatte bei seinem ersten Besuch schnell festgestellt, dass die Kurische Nehrung ein viel tausendfach genutzter Rastplatz für unzählige Arten von Zugvögeln auf ihrem Flug in die Winterquartiere im Süden ist. *Thienemann* begann mit großen Netzen Vögel einzufangen und zu beringen, um mehr über den Zug nach Süden zu erfahren. Die 1901 gegründete Vogelwarte wurde 1911 als Vogelwarte Rossitten in die Kaiser-Wilhelm-Gesellschaft übernommen. *Vogelwarte in Rossitten*

Die Vogelwarte wird heute von der Russischen Akademie der Wissenschaften betrieben. Im Verwaltungsgebäude der Biologischen Station Ribatschij gibt es eine Ausstellung, in der über Geschichte und Tätigkeit der Vogelwarte informiert wird. Sie befindet sich im Ort in der Nähe der Kirche.
Museum der Biologischen Station Ribatschij, ul. Pobedy, tägl. 9–18 Uhr; am Tor klingeln.

Kurische Nehrung, nichts als Sand, Wasser, Wald und Himmel

Geht man an der Station weiter nach links in die ul. Gagarina, findet man dort Thienemanns letztes Wohnhaus, das von einer Plakette gekennzeichnet ist. Die evangelische Kirche ist ein 1873 fertig gestellter Backsteinbau, der frisch renoviert nun einer russisch-orthodoxen Gemeinde als Gotteshaus dient. Ein schmiedeeisernes Kreuz und eine Tafel erinnern auch in deutscher Sprache an die ehemaligen Bewohner Rossittens.

Die eigentliche Beobachtungsstation, die Feldstation Fringilla (Buchfink)/Polewoi Statzionar Fringilla befindet sich unweit der Nehrungsstraße 10 Kilometer südlich von Ribatschij. Sie ist durch den groß angelegten und beschrifteten Parkplatz nicht zu verfehlen. Eine Besichtigung, bei der auch das Beringen der Vögel gezeigt und erläutert wird, ist sehr zu empfehlen.
Biological Station Rybachy, Rybachy 238535, Kaliningrad Region, Russia Fax +7 011 50 21345; E-Mail: mailto:rybachy@bioryb.koenig.surybachy@bioryb.koenig.su, www.zin.ru/rybachy.

Das Grab *Thienemanns* und das des Düneninspektors *Franz Epha*, dem es gelang die Dünen zu befestigen, existieren noch. Auf der Ostsee-Seite der Nehrungsstraße befindet sich ein Verwaltungsgebäude der Nationalparkverwaltung, an dem ein Fahrweg in den Wald hinein führt. Den russischen Friedhof lässt man rechts liegen und geht weiter in den Wald hinein, bis man direkt auf die Gräber trifft. Nicht nur ob der Vogelwarte und als Sommerfrische der Königsberger war Rossitten bekannt, es war in den 1920er und 1930er Jahren des vorigen Jahrhunderts ein **Dorado der Segelflieger**, denn hier über dem heißen Sand herrschte eine ganz besondere Thermik. Diese Spuren allerdings bedeckte der weiße Sand, nichts erinnert mehr an die Flieger auf dem Predinberg.

Morskoje/Pilkoppen (ⓘ s. S. 127)

Ephas Höhe

Morskoje ist der letzte russische Nehrungsort, ein verschlafenes Fischernest, das wie am Ende der Zivilisation zu liegen scheint. Hier am Haffufer stehen noch alte Holzhäuser im Dünensand, stets bedroht, von der gewaltigen Düne zugedeckt zu werden. **Ephas Höhe** wird die große, direkt und drohend am Ortsrand aufragende Düne genannt. Hier in Pilkoppen war es Düneninspektor *Franz Epha* gelungen, die Düne zu befestigen und das Dorf zu retten.

Lohnend ist hier in Pilkoppen ein längerer Spaziergang vom Ortskern am Haff entlang über Ephas Höhe oder weiter am Haff zur früher **Altdorfer Berg** genannten großen Düne, auf der es eine Aussichtsplattform gibt. Hier begegnet man keiner Menschenseele, nichts als türkisblaues Haff, weißer, gleißender Sand und ein tiefblauer Himmel mit weißen Wolkengebirgen.

Am Pregel entlang

Tschernjachowsk/Insterburg (ⓘ s. S. 127)

Tschernjachowsk liegt **mitten in der Kaliningradskaja Olblast**, genau dort, wo sich Instrutsch/Inster und Angrappa/Angerapp zum Pregolja/Pregel vereinen. Schon von weitem erkennt man die Stadt an den beiden Kirchentürmen und dem Wasserturm. 1336 gründete Hochmeister *Dietrich von Altenburg* das Haus Insterburg auf dem **hohen Angerappufer** an der Mündung der kleinen Schernuppe in die Angerapp. Im Kreis der Burg bildete sich eine Siedlung, die 1541 zum Marktflecken „Stetlein Inster“ wurde. Markgraf *Georg Friedrich von Ansbach* erteilte Insterburg **1583 die Stadtrechte**. Stadtmauern hatte Insterburg nie, Mittelpunkt der Stadt war der lang gestreckte Alte Markt mit der 1610–12 erbauten Lutherkirche.

Im Zentrum von Tschernjachowsk

Berühmte Gäste und Einwohner hatte die Stadt durchaus aufzuweisen, 1643–48 beherbergte das Schloss *Eleonora*, die Witwe des Schwedenkönigs *Gustav Adolf*, und in Insterburg starb 1689 das vielbesungene *Ännchen von Tharau* als Pfarrerswitwe *Beilstein*. Im August und September 1914 residierte das russische Oberkommando unter General *Paul von Rennenkampf* im Insterburger Hotel Dessauer Hof, kurz darauf folgte die Befreiung Insterburgs, das in der Folge *Paul von Hindenburg* als Hauptquartier diente. Dazwischen lagen Jahrhunderte, in denen die Stadt immer wieder von Heimsuchungen getroffen wurde, mal waren es die Moskowiter, dann die Tataren, Schweden und Russen, bevor 1812 Napoleons Truppen die Stadt besetzten. Feuersbrünste und Pestwellen kamen dazu.

Einwanderer im 18. Jh.

Die durch die Verheerungen immer wieder entvölkerte Stadt nahm im 18. Jahrhundert eine große **Welle von Einwanderern** auf, protestantische Salzburger, Schweizer, Franzosen, Schotten und Litauer fanden hier eine neue Heimat. Als 1860 die Eisenbahnstrecke nach Königsberg fertig wurde, kam der große Aufschwung, Handel und Industrie blühten auf, **großzügige Grünanlagen** und eine ungewöhnlich weitsichtige städtebauliche Planung machten Insterburg zu einer attraktiven und fortschrittlichen Stadt. Das ist heute noch zu erkennen, wenn auch viele Bauten nicht mehr existieren.

Gründerzeit-Häuser

Die **Lutherkirche wurde erst 1972 gesprengt**, wodurch der Alte Markt nun noch viel größer wirkt, keine Häuser fangen den Blick auf. Die **Reformierte Kirche** wird heute von der russisch-orthodoxen Gemeinde genutzt und heißt jetzt St. Michalskirche, die 1911 erbaute neogotische katholische Kirche ist renoviert und dient wieder einer katholischen Gemeinde als Gotteshaus. In der Wilhelmstraße/Pionerskaja genau wie in der Hindenburgstraße/Lenina und etlichen Querstraßen finden sich noch etliche **schöne alte Bürgerhäuser** aus der Gründerzeit, die mehr oder minder gut erhalten sind.

Tschernjachowsk, das nach dem bei Mehlsack/Pieniężno gefallenen sowjetischen Marschall *Iwan Tschernjachowski* benannt wurde, hat heute um 40.000 Einwohner und ist die drittgrößte Stadt des Gebietes. Immer noch prägen Uniformen das Stadtbild, trotz Heeresverkleinerung sind etliche Kasernen und der Flugplatz weiter in Betrieb. Interessant ist es, sich das Treiben in der **Markthalle** und ihrem Außengelände anzuschauen, denn hier bekommt man einen Einblick in den russischen Alltag, sieht, was es so zu kaufen gibt und wie viel es kostet.

Sehenswert ist die **Schlossruine**, in der eine Gruppe aus Tschernjachowsker Künstlern und historisch Interessierten fast ohne Geldmittel einen Wiederaufbau versucht. Sie haben dort ein kleines stadtgeschichtliches Museum eingerichtet, das besichtigt werden kann.
Schloss „Zamok Insterburg" Di–So 10–17 Uhr

Sehr schön und erholsam ist ein Spaziergang an den Sportanlagen vorbei, von denen heute im Wesentlichen nur noch das Stadion steht, und weiter **an der Angerapp entlang** durch die fast unmerklich in die freie Natur übergehenden Grünanlagen der Stadt bis hin zum ehemaligen Turnierplatz.

Georgenburg

Tschernjachowsk eignet sich hervorragend als Standort für eine Erkundung des Kaliningrader Gebietes, auch deshalb, weil es hier eines der besten Hotels der Region gibt. Dort kann man sich auch ein Fahrrad mieten und die Umgebung erkunden. Gleich hinter Insterburg an der Straße nach Sowjetsk/Tilsit liegt an der Inster das kleine Dörfchen **Majowka/Georgenburg**, das von der imposanten gleichnamigen Burg überragt wird. Die um 1350 erbaute Ordensburg kann nicht besichtigt werden. Bekannt wurde die Georgenburg durch den Roman „Die Barrings" von *William von Simpson*, dessen Familie Gut und Burg einst gehörten. Die Gebäude des zur Georgenburg gehörenden berühmten Gestütes sind 1997 abgebrannt, der Betrieb wird aber weitergeführt. Gestüt und Burg sind in Privatbesitz.

Das Gestüt Kaliningradskij will auch an Insterburgs alte Tradition als Turnierplatz des Ostens anschließen. Die ersten Turniere haben auf dem neuen Majowekaer Turnierplatz stattgefunden, auch ein Hotel ist im Bau.

Die Georgenburg

Gwardejsk/ Tapiau

Das 32 km östlich von Tschernjachowsk gelegene Gwardejsk hat einen relativ gut erhaltenen **kleinstädtischen Stadtkern**, außer der bombastischen Leninstatue hat sich der Markt kaum verändert. Die alte Ordensburg aus dem 13. Jahrhundert an der Deime war seit dem 18. Jahrhundert Provinzial-Besserungsanstalt und dient heute als Gefängnis. Am Deimeufer in der ul. Wodnaja 12 wurde 1858 der **Maler *Lovis Corinth*** geboren, woran eine dort angebrachte Gedenktafel erinnert. Sein berühmtes Altarbild „Golgatha" aus dem Jahr 1910, das sich in der Kirche am Markt/pl. Pobedy befand, ist in den Wirren des Krieges abhanden gekommen.

Gusew/Gumbinnen (ⓘ s. S. 127)

„Potsdam des Ostens" wurde der einstige **Regierungsbezirkssitz Gumbinnen** schon zu Zeiten des Preußenkönigs *Friedrich Wilhelm I.* genannt. Das heutige Gusew ist mit seinen 35.000 Einwohnern wieder ein regionales Zentrum. Siedlungsfunde gab es hier schon aus der Zeit um 9000 vor Christi, aber erst 1724 verlieh *Friedrich Wilhelm I.* Gumbinnen die Stadtrechte. *Stadtgeschichte*

Der Monarch sorgte für den **planmäßigen Ausbau der Stadt**, man merkt selbst dem heutigen Gusew noch an, dass es einst am Zeichenbrett entstanden ist. Rechtwinklig gehen die Straßen vom Markt ab, den heute die obligatorische Leninstatue ziert. Heute ist die Neue Regierung das einzige alte Gebäude am Markt.

Schön ist immer noch der Weg an der Pissa entlang, diesem Fluss, dessen Name so ungeliebt war, dass die Bewohner ihn geändert haben wollten, worauf König *Friedrich Wilhelm IV.* den Namen „Urinoko" vorschlug. Die Salzburger Altstadt mit den malerischen Gassen gibt es nicht mehr. Gegenüber dem Markt in der ul. Mendelejewa steht die wieder hergerichtete **Salzburger Kirche**. Ein Stückchen weiter kreuzt die ul. Malachowa die ul. Mendelejewa. Dort befindet sich im Haus Nr. 10 das **Heimatmuseum** mit einigen interessanten Exponaten zur Stadtgeschichte.

Regionalmuseum Gusew, ul. Malachowa 10, Mi–So 12–16 Uhr.

Jasnaja Poljana/Trakehnen

Gestüt Trakehnen

Der Ort Trakehnen, die Heimat der berühmten ostpreußischen Pferde, wurde ausschließlich zum Zweck dort Pferde zu züchten angelegt. Den Auftrag gab 1732 Preußenkönig *Friedrich Wilhelm I.*, er ließ die verstreuten Gestütsdependancen zum **Königlichen Stutamt** zusammenfassen, das als Gestüt Trakehnen berühmt wurde und bis 1945 bestand.

Das Eingangstor des Gestütes ziert nach wie vor das Brandzeichen der Trakehner Pferde, die siebenzackige Elchschaufel mit der Jahreszahl 1732. Am 1819 errichteten Landstallmeisterhaus fehlt nur der Holzturm, und auch das Schloss steht noch, es dient heute als Dorfschule, die ehemalige Reithalle ist nun Turnhalle. Die **Tempelhüterstatue** von 1932, die an den berühmtesten der Trakehner Gestütsbeschäler erinnert, ist in Moskau. An seinem Sockel prangt dafür jetzt ein Sowjetstern. Die Pferdeställe, die aus dem Jahr 1820 stammten, werden heute als Kuhställe genutzt. Es steht also noch relativ viel in Jasnaja Poljana, was helle Lichtung bedeutet und an Lew Tolstois gleichnamiges Landgut erinnert.

Eingangstor zum Gestüt Trakehnen

Auch ein **Museum** gibt es im ehemaligen Gestüt. In einem Raum des heute als Schule dienenden alten Landstallmeisterhauses an der ul. Szkolnaja ist ein Raum mit vielen Fotos, Dokumenten und Gegenständen aus dem Gestütsalltag eingerichtet worden, in dem auch interessante historische Filme über Trakehnen gezeigt werden.

Dem Touristen wird auffallen, dass relativ viel Deutsch gesprochen wird. Seit einigen Jahren haben sich hier verstärkt **Russlanddeutsche** angesiedelt. Leider haben sich unter dem Deckmantel der Hilfe für die Russlanddeutschen **Rechtsradikale** aus der Bundesrepublik eingefunden und führen das große Wort im Dorf. Es ist ein Leichtes Menschen zu veranlassen, nach diesem Strohhalm zu greifen, die aus der Abgeschiedenheit Kasachstans oft völlig mittellos hierher kamen und die auf sich allein gestellt weder Absichten noch Herkunft der dringend benötigten Hilfe einordnen können. Aus diesem Grund kann die Redaktion auch Pension und Gasthaus „Zur Alten Apotheke" nicht empfehlen, da sie von diesen rechten Gruppierungen finanziert werden, hinter denen der **Kieler Verleger *Dietmar Munier*** steht.

Sowjetsk/Tilsit (ⓘ s. S. 127)

Mit seinen 50.000 Einwohnern ist Sowjetsk/Tilsit **zweitgrößte Stadt** der Kaliningradskaja Olblast. Heute ist die **Tilsiter Memelbrücke** wie nach dem Ersten Weltkrieg schon einmal Grenze zur Republik Litauen und damit eine der Lebensadern des Gebietes. Drei Namen hat der Strom heute, deutsch heißt er Memel, russisch Njemen und litauisch Nemunas. Neben zahlreichen nicht mehr vorhandenen Bauten, diesen Wunden, die der Krieg und der Sowjetisierungswahn der Stadt zufügten, fehlt vor allem das, was die Stadt weltbekannt machte: **Tilsiter Käse** gibt es in Sowjetsk nicht. Im Jahre 1409 hatte der Deutsche Orden hier die Burg Tilse errichtet. Herzog *Albrecht* verlieh Tilsit 1552 das Stadtrecht.

Lebensader des Gebietes

Schon seit jeher war die vor dem Krieg nordöstlichste Stadt Deutschlands eine tolerante Stadt im Grenzbereich deutscher, polnischer, litauischer und russischer Kultur. Die Sowjetunion versuchte auch hier die Spuren vergangener deutscher Kultur zu tilgen und riss noch in den 1960er Jahren Kirchen und sogar das Rathaus ab.

Bekanntestes Bauwerk der Stadt war allerdings die **Luisenbrücke** mit ihrem 1907 fertig gestellten Portal. Gewidmet war die Brücke der preußischen Königin *Luise*, die hier in Tilsit genau hundert Jahre zuvor vergeblich mit Napoleon gesprochen hatte, um erträglichere Friedensbedingungen für ihr Land zu erreichen. Auf einem Floß auf der Memel unterzeichneten Napoleon und seine Gegner Zar *Alexander I.* von Russland sowie König *Friedrich Wilhelm III.* von Preußen 1807 den **Tilsiter Frieden**. Das charakteristische Portal der alten Königin-Luisen-Brücke überstand 1945 die Sprengung durch die Deutsche Wehrmacht. Der riesige öde Platz vor der Brücke heißt heute pl. Pobedy. Hier wurde 1992 ein Gedenk-

Tilsiter Frieden

Die Luisenbücke über die Memel

stein errichtet, der an einen großen Sohn der Stadt erinnern soll, denn hier wurde 1917 der Schriftsteller *Johannes Bobrowski* geboren, der sich in seinen Werken immer wieder mit der Region befasste. Ferner befindet sich an diesem Platz auch das Denkmal zum Tilsiter Frieden.

Mit der Luisenbrücke im Rücken kommt man den pl. Pobedy nach links überquerend an den Schlossmühlenteich, den die Bürger von Sowjetsk heute Stadtsee nennen. Geht man an ihm entlang, hat man nach rechts immer wieder passabel erhaltene Straßenzüge im Blick. Ein Spaziergang an der Memel ist ebenfalls reizvoll, lässt er doch einen Hauch des früheren Flairs dieser Stadt lebendig werden. Um die Fußgängerzone der ul. Pobedy herum, die einst Hohe Straße hieß und die Tilsiter Shoppingmeile war, stehen noch einige alte Gebäude. Nur ein paar Schritte, und man sieht auf der linken Straßenseite das **Heimatmuseum,** mit einer erstaunlichen Vielzahl von Exponaten und Dokumenten auch zur deutschen Vergangenheit der Stadt.

Museum für Heimat und Geschichte, ul. Pobedy 34, Di–So 10–18 Uhr.

Die Straße führt von der Luisenbrücke weg ins Zentrum und endet am pl. Lenina, der durch die übliche weithin sichtbare Leninstatue nicht zu verfehlen ist. Hier am Hohen Tor/pl. Lenina stehen neben dem **Hotel Rossija** noch das alte Amts- und das Landgericht. Hier schließt sich der Anger an, eine Grünanlage, in deren Mitte an der Angerpromenade ein Panzer auf dem Sockel steht, auf dem einst die Elchstatue stand, die sich heute im Königsberger Zoo befindet. Nur einen Steinwurf entfernt steht das klassizistische Gebäude des 1893 eröffneten **Theaters**, das nach dem Ersten Weltkrieg in Grenzlandtheater umbenannt wurde.

Reisen nach Litauen

Unterwegs in Litauen

Was für ein Unterschied! Gleich hinter der russisch-litauischen Grenze auf der Kurischen Nehrung geht es rechts ab nach **Nidden/Nida**. Ein Schlagbaum, der Welten trennt, denn soweit haben sich diese beiden Teile der einstigen Sowjetunion mittlerweile auseinander entwickelt. Die Litauer sind mit Siebenmeilenstiefeln auf dem Weg nach vorn, zuversichtlich und selbstbewusste Mitglieder von NATO und EU, die Russen in ihrer Enklave Kaliningrad immer isolierter und immer noch ohne zündende Perspektive.

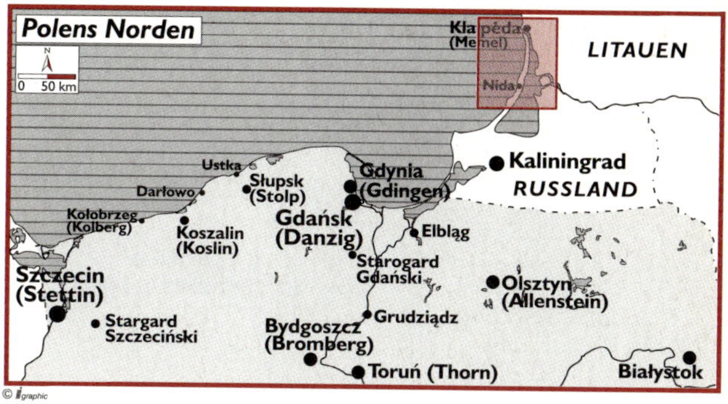

© igraphic

Litauen ist anders, ganz anders, im Gegensatz zu Ribatschij oder Lesnoje sind die litauischen Nehrungsorte richtige Badeorte, herausgeputzt, aber traditionsbewusst. Wenn die Litauer das schaffen, was sie vorhaben, nämlich die Qualität des Angebotes, nicht aber so sehr die Zahl der Betten zu erhöhen, haben die **Naturparadiese** des Landes wie die Kurische Nehrung gute Überlebenschancen. Wer sich die Zeit nimmt zu verweilen, wird gerade die Nehrung mit allen Sinnen in sich aufnehmen und diese Bilder, diese Farben, diesen speziellen, mit Kiefernharz gewürzten Salzgeschmack, den Geruch des sandigen Windes nie mehr vergessen.

Naturparadies Kurische Nehrung

Auf der St. Petersburg nach Klaipėda

Für eine Reise nach Litauen benötigt man **kein Visum** mehr, ein nach Reiseende noch 2 Monate gültiger Reisepass oder **Personalausweis** genügt. Reist man allerdings aus der Russischen Föderation an, sollte man sich schon vor Reiseantritt Gedanken über die Rückreise machen. Das russische Visum berechtigt nur zu einmaliger Einreise ins Kaliningrader

Visumsfreiheit

Klaipėda (Memel) und die Kurische Nehrung

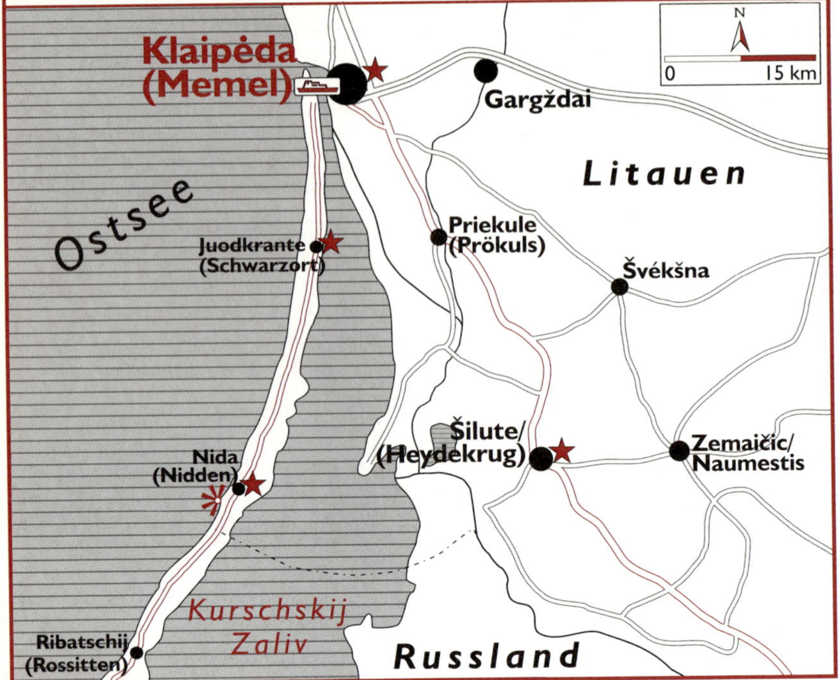

Gebiet. Wenn man also durch das Kaliningrader Gebiet nach Polen zurückreisen möchte, muss man vor Reiseantritt ein Visum für zweimalige Einreise (*dwukhratnaja*) beantragen. Vor Ort in Kaliningrad oder Litauen kann man das nicht erledigen. Es ist auch nicht möglich, an der Grenze Transitvisa oder Tagesvisa für die Durchfahrt zu erhalten.

Alternativen für die Rückreise

Es gibt dennoch **Alternativen für die Rückreise**. Einmal kann man um das Kaliningrader Gebiet herumfahren und bei Ogrodniki direkt nach Polen einreisen. Das ist zwar von Klaipėda ein Weg von 300 km, lässt aber spontane Änderungen des Reisewegs und der Verweildauer offen. Wer mit dem Mietwagen von Polen aus nach Litauen fährt, muss in der Regel diesen Weg nehmen, in aller Regel lässt kein Vermieter Reisen nach Russland zu.

Eine zweite Möglichkeit ist die Heimfahrt mit der **Fähre von Klaipėda** aus nach Kiel, eine Wahl, die um 1.500 km Rückfahrt und drei Grenzübergänge einspart. Der dritte Möglichkeit ist der Heimflug von Palanga aus, dem Flughafen, der 25 km nördlich von Klaipėda liegt. Für den Individualtouristen hat Litauen eine sehr viel bessere Infrastruktur zu bieten, sowohl was die Verkehrsbedingungen und den Straßenzustand angeht, als auch, was die Möglichkeit betrifft, Unterkünfte mit Weststandard zu finden, selbst private Zimmer werden an jeder Ecke mit Schildern wie „Zimmer frei“ oder „bed and breakfast“ angeboten. Auch die Benzinversorgung bereitet keine Probleme, selbst **bleifreies Benzin gibt es flächendeckend**.

Die litauische Sprache ist für uns Deutsche mindestens so schwer wie das Russische, mit dem Vorteil, dass man sich nicht noch mit einer anderen Schrift anfreunden muss. Obendrein hat sie nicht die geringste Ähnlichkeit mit dem Russischen oder Polnischen, da sie eine baltische Sprache ist und zur **indogermanischen Sprachenfamilie** gehört. Litauisch ist die baltische Sprache, die dem Sanskrit am nächsten kommt. Mit dem Schulrussisch kommt man – obwohl die Zeiten der Sowjetunion noch nicht allzu lange her sind – nicht sehr weit. Sicher gibt es noch genügend Litauer, die Russisch können, aber man will es einfach nicht mehr, allgemein kommt man mit Deutsch oder Englisch weiter. Wenn man es mit Russisch versucht und sicher sein will, dass nicht gleich alle Klappen fallen, sollte man gleich im ersten Satz betonen, woher man kommt. Im Raum Klaipėda, auf der Kurischen Nehrung und um die Memel/Nemunas herum erstreckt sich das Gebiet mit deutscher Vergangenheit. Hier kann man sich oft ganz gut verständigen, hier hat man sich auf die **Heimwehtouristen** eingestellt.

Heimwehtouristen

Um die Verständigung sollte man sich aber nicht zu sehr sorgen, die Litauer sind durchweg überaus gastfreundliche und hilfsbereite Menschen.

Redaktions-Tipps für Litauen

Sehenswürdigkeiten

- **Klaipėdas Altstadt** (S. 415) bietet trotz großer Kriegszerstörungen wieder ein schönes, geschlossenes Bild. Am besten genießt man das Flair an einem lauen Sommernachmittag auf dem Theaterplatz in einem der Café- oder Biergärten.
- Auf der **Großen Düne bei Nida** (S. 419) hat man vom Haff bis zur Ostsee einen grandiosen Blick über die litauische Sahara.
- Eine Fahrt mit dem alten **Kurenkahn** (S. 419) – am schönsten abends, wenn die untergehende Sonne die Dünen erglühen lässt – zeigt die ganze Schönheit der Kurischen Nehrung.
- Eine **Barkassenfahrt zur Minge** (S. 420) zeigt die abgeschiedene Marschenlandschaft des Memellandes.
- An vielen traditionellen alten Häusern der Kurenfischer vorbei führt ein Rundgang durch **Nida**, der am **Thomas-Mann-Haus** (S. 417f) mit den interessanten Dokumenten zum Leben des Nobelpreisträgers endet. Hier kann man den **Italienblick** (S. 418) genießen.

Unterkunft

- Das **Hotel Lugne** €€€ mitten in Klaipėda ist ein kleineres Haus mit freundlicher, intimer Atmosphäre und allen Annehmlichkeiten.
- Das wunderbar am Haffufer gelegene Hotel **Nidos Smiltė (Niddener Sand)** €€ in Nida ist das einstige Hotel Hermann Blode und lässt in seinem kleinen Museum und vielen Fotos die alte Künstlerkolonie anklingen.

Einkaufen

- Hier ist **Bernsteinland**, unzählige Stände und kleine Läden in Juodkrantė und Nida bieten Bernstein in allen Farben, Formen und Preislagen an. Die wertvollsten und schönsten Stücke gibt es in der **Bernsteingalerie** Nida, die billigsten auf dem Markt vor der Tourismusinformation oder in Juodkrantė.

Klaipėda (ⓘ s. S. 127)

geographisch günstige Lage

Klaipėda, das alte Memel, feierte 2002 seinen 750. Geburtstag und liegt geographisch günstig, wenn man Westlitauen, die litauische Ostseeküste und die Kurische Nehrung erkunden will. Erreichen kann man das alte Memel per Zug, Bus, Flugzeug über Palanga und per Fähre von Kiel aus. Am schönsten ist Klaipėda, wenn man über die Kaliningradskaja (Kaliningrader Gebiet) die phantasievollen Dekorationen von privaten Häuserfronten, die farbigen Schaufenster der Läden, der gepflegte Eindruck der ganzen Stadt!

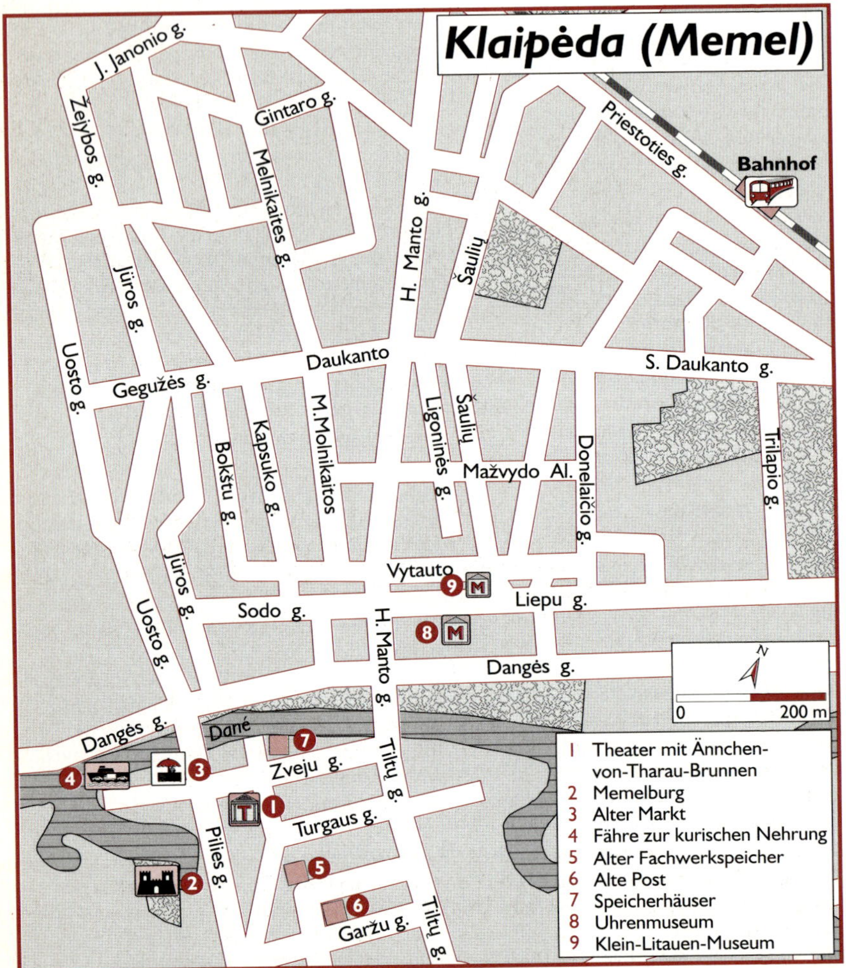

Was für ein Unterschied, wie sehr hat die Entwicklung diese beiden Teile der **ehemaligen Sowjetunion** auseinanderdriften lassen. So, wie die Einwohner mit ihrem Klaipėda umgehen, wie sie diese Stadt hegen und pflegen, sich mit ihr identifizieren, haben sie einen Kontrast zur Tristesse des Königsberger Gebietes geschaffen, der größer kaum sein könnte. Wenn man diese Stadt so erlebt, saugt man sie begierig in sich auf, so froh ist man über diesen gänzlich gegensätzlichen Entwurf einer Entwicklung.

Klaipėda – eine moderne Hafenstadt

Kein Zweifel, wie ganz Litauen ist auch Klaipėda auf dem Weg, **Aufbruchstimmung** kommt über und der Stolz eines kleinen, lange unterdrückten Volkes auf das Erreichte. Obwohl man natürlich auch in dieser Stadt Menschen trifft, die von dieser gnadenlosen Vorwärtsentwicklung beiseite geschoben wurden wie besonders Rentner und Arbeitslose ist die Grundstimmung doch positiv. Die Litauer sind Künstler darin das zu sehen, was sie schon erreicht haben, und nicht so sehr das, was ihnen noch zum westeuropäischen Lebensstandard fehlt.

Stadtgeschichte

Klaipėda ist mit seinen 200.000 Einwohnern **drittgrößte Stadt in Litauen** und eine richtige Boomtown geworden, vor allem wenn man es mit dem beschaulichen Vorkriegs-Memel mit seinen 40.000 Einwohnern vergleicht. Die Stadt hat eine lange, wechselvolle Geschichte. Schon zum Beginn unserer Zeitrechnung war diese Region an der **Dangemündung** von baltischen Stämmen besiedelt. Hier stand auch die alte Burg Klaipėda, die der Stadt ihren Namen gab.

Vom 1201 gegründeten Riga aus dehnte Anfang des 13. Jahrhunderts der Livländische Schwertbrüderorden seine Eroberungsfeldzüge Richtung Memel aus, während von Süden her der Deutsche Ritterorden die Region eroberte. **Die Burg Klaipėda** stand der Verbindung der Ordensterritorien im Wege und wurde nach erbitterten Kämpfen schließlich von den Ordensbrüdern erobert. Als die damit abgeschlossene Sicherung der Landverbindung zwischen den beiden Territorien über den Strandweg erreicht war, baute der Schwerbrüderorden hier 1252 eine Burg, die man fortan Memele nannte. Solange die Ordensherrschaft bestand, war diese Burg von strategisch großer Bedeutung. Daher wurde sie auch immer wieder von Kuren, Zemaiten und Aukstaiten angegriffen. 1323 vereinigten sich Zemaiten und Aukstaiten unter dem Großfürsten *Gediminas* erstmals zu einem litauischen Großreich und eroberten Stadt und Burg. Ein gut

Das alte Memel

hundertjähriger Krieg um das Memelgebiet entbrannte, in dessen Verlauf die Stadt mehrmals zerstört wurde und der Schwertbrüderorden Memel an den Deutschen Orden abtrat. Erst mit dem **Frieden von Melno-See von 1422**, in dem die Grenzen des Ordensstaates neu festgelegt wurden, kam das Memelland endgültig zum Orden. Memel, das **seit 1254 Hansestadt** war, blühte auf und wurde eine Stadt des Handels- und Schifffahrtswesens.

Hansestadt

Bis zum Jahre 1923 blieben die Stadt und das Umland nun deutsch. Durch den Versailler Vertrag wurde das Memelland abgetrennt und **1923 von den Litauern im Handstreich besetzt**, ohne dass die französischen Völkerbundstruppen das verhindern konnten. 1939 wurde das Memelland dann noch einmal deutsch, nachdem Hitler den Litauern ihre Ohnmacht demonstrierte und sie zur Rückgabe nötigte. Nach dem Krieg wurde Memel der **litauischen Sowjetrepublik** eingegliedert und nahm den alten Namen Klaipėda wieder an. Die Stadt blieb für Ausländer gesperrt, bis Litauen 1990 ein selbstständiger Staat wurde. Heute ist Klaipėda ein wachsendes Seehandelszentrum mit eisfreien Öl-, Handels- und Fischereihäfen und einem wichtigen Fährhafen. Auch verschiedene Industriezweige prosperieren, Fischveredelung, Lebensmittelverarbeitung, Holzverarbeitung und Möbelherstellung sind die wirtschaftlich wichtigsten Branchen.

Klaipėda ist **ideal für Ausflüge** in die ausgedehnten Kiefernwälder im Norden der Stadt, die sich 20 km landeinwärts erstrecken. Und natürlich die Ostsee, auf kilometerlangen Stränden mit festem Sand kann man stundenlang laufen. Gleich nördlich der Stadt geht es los damit. Die bekanntesten Badeorte sind hier Melnrage und Giruliai (Försterei) und dann natürlich die Kurische Nehrung.

Die **Neustadt** Klaipėdas beginnt nördlich der Dange. Gleich dahinter, an der Kreuzung Danė gatve, findet man an dem großen Platz das Musiktheater und das Alte Rathaus. Dominiert wird der Vities aikšte/Platz der Hoffnung vom Hotel Klaipėda. An der nach rechts abzweigenden Liepų gatve steht das Hauptpostamt, ein neugotischer Backsteinbau aus dem Jahre 1893 mit einem weithin sichtbaren 44m hohen Glockenturm. Die Liepų gatve wurde ab 1770 angelegt, an der Baumbestandenen Straße sieht man viele prächtige Stadthäuser aus dem Historismus und der Gründerzeit.

Sehenswert ist auch das **Klein-Litauen-Museum (9)**, das umfassend über die Geschichte der Memelregion im Spannungsfeld zwischen Deutschland, Litauen, Polen und Russland berichtet sowie Leben und Kultur der Menschen Kleinlitauens lebendig werden lässt.
Historisches Kleinlitauen Museum, Liepų g. 7, 1.6.–31.8. Mi–Sa 10–18 Uhr.

Für Liebhaber besonderer Museen ist sicher auch das **Uhrenmuseum (8)** von Interesse.
Litauisches Uhrenmuseum, Liepų g. 12, Di–Sa 12–18 Uhr, So 12–17 Uhr.

Klaipėdas Altstadt

Gleich hinter der Dange beginnt die **Altstadt**. Am Ufer herrscht buntes Treiben, Jazzbands und Folkloreensembles spielen auf, und auf dem Fluss amüsieren sich Scharen fröhlicher Tretbootfahrer, Sommerstimmung, wie sie einer Stadt am Wasser zukommt. Weiter kann man über den wuseligen **Wochenmarkt (3)** schlendern, wo immer noch spottbillige Zigaretten und Wodka locken, zur **Alten Post (6)**, weiter zur **Grünen Apotheke** aus dem Jahre 1677 an der Tiltų g. und dann zum unvermeidlichen Ziel sämtlicher Touristen, dem Theaterplatz mit dem **Simon-Dach-Brunnen** mit dem **Ännchen von Tharau**. Am Sockel des bronzenen Standbildes wird mit einem Bronzerelief an den Dichter *Simon Dach* erinnert, der 1605 in Memel geboren wurde. Er schuf das berühmte, später vertonte und zum Volkslied gewordene Gedicht „Ännchen von Tharau“. Das ursprünglich in niederdeutscher Sprache geschriebene Gedicht wurde von Johann Gottfried Herder ins Hochdeutsche übertragen und von Heinrich Albert vertont. So wurde die Liebeserklärung an die von Simon Dach angebetete und doch unerreichbare Anna Neander, die später als Pfarrerswitwe Beilstein in Insterburg starb, zum in ganz Deutschland bekannten Volkslied. Die Statue wurde ursprünglich vom Berliner Bildhauer Alfred Künne geschaffen und nach einer wieder aufgefundenen Kopie vom Berliner Bildhauer Arnold Haake neu gefertigt.

Theater mit Ännchen-von-Tharau-Brunnen

Ännchen von Tharau

Der Theaterplatz vor dem 1819 erstmals errichteten **Theater (1)**, das 1854 nach einem Brand neu als Neorenaissancebau erbaut wurde, ist riesig, Restaurants und Straßencafés laden zum Verweilen. Hier kann man das Ambiente genießen, kaum noch vorstellbar, dass dies bis vor zehn Jahren noch ein abgeriegelter Teil der Sowjetunion war.

Frisch gestärkt geht es weiter zu den Resten der alten **Memelburg (2)**, unterwegs kann man den einen oder anderen Laden mit Bernstein und anderen kunstgewerblichen Artikeln besuchen und sich den unzähligen Straßenständen ausgiebig widmen. Irgendwann kommt hier jeder ins Bernstein-Fieber. Nicht weit von den Burgresten, die hauptsächlich aus einem grasbewachsenen, einer Wurft ähnlichen Hügel besteht, auf dem die Memelburg einst stand, liegt am Dangeufer ein kleiner Sportboothafen malerisch vor den einzig erhaltenen **Speicherhäusern (7)**, meistens Salzspeichern aus dem 19. Jahrhundert, auf denen sogar noch deutsche Aufschriften erkennbar sind. Rechts neben den Speicherhäusern ist dann der Anlegeplatz der **Fähren zur Kurischen Nehrung (4)**, einer einmaligen Landschaft, die man gesehen haben muss, wie schon *Wilhelm von Humboldt* meinte.

Fähre über die Dange

Mit dieser Fähre kommt man nach **Smiltynė**, dem früheren Sandkrug. Dort befindet sich an der Spitze der Nehrung Klaipėdas Strand. Im Sommer sind die Fähren daher immer besonders voll und man muss damit rechnen, auch mal eine halbe Stunde warten zu müssen. In Smyltinė befindet sich das **Meeresmuseum** mit einem wunderbaren Delphinarium. Die Museums-Anlage ist überaus sehenswert und liegt ganz oben in der Beliebtheitsskala bei Kindern und Jugendlichen.

Museen der Stadt

Litauisches Meeresmuseum, Smiltynės pl. 3, Juni–August Di–So 10.30–18.30 Uhr.

Die litauische Sahara – unterwegs auf der Kurischen Nehrung

Glaubt man der Sage, hat eine Riesin diese Landzunge geschaffen. Die Fischertochter ***Neringa* wurde zur Riesin**, trug in ihrer großen Schürze Sand heran und kippte ihn in die See. So rettete sie die Fischer vor dem tobenden Meeresgott *Bangputis*, die Landzunge wurde künftig ihr zu Ehren Neringa genannt. Gleichfalls von dieser Sagengestalt stammt der Name der Samtgemeinde Neringa, die alle litauischen Orte der Nehrung zu einer Stadt vereint.

menschliches Fehlverhalten

Die geologische Herkunftserklärung ist nüchterner. Die Nehrung entstand in der letzten Eiszeit zwischen den Endmoränen. Seit gut 3.000 Jahren ist sie besiedelt, zuerst von Pruzzen und den gleichfalls **baltischen Kuren**. Die einzigartige Dünenlandschaft der Kurischen Nehrung entstand aber letztlich erst durch menschliches Fehlverhalten. Ursprünglich erstreckte sich von Königsberg nördlich über die ganze Nehrung ein dichtes Waldgebiet. Schon zu Zeiten des Deutschen Ordens und dann noch einmal während der Regierungszeit des Großen Kurfürsten wurde der Urwald durch **umfangreiche Rodungen** gelichtet. Als dann aber russische Kosaken während des Siebenjährigen Krieges massiv ganze Waldstücke niederhieben, weil Holz für das russische Flottenbauprogramm gebraucht wurde, nahm das Verhängnis seinen Lauf.

Blick auf die Kurische Nehrung

Der Schutz des Waldes vor dem Wind fehlte, der Boden war seines Haltes beraubt, die Pflanzendecke riss auf, der Erosion war Tür und Tor geöffnet, bis der Weststurm die Pflanzenschicht mit sich fortriss und den Sand ungehindert an der Küste auftürmte. Die Sandhaufen wuchsen und wuchsen, bis sie zu den heute bekannten an die 60 m hohen **Dünengebirgen** wurden. Nirgends fand der feine Sand einen Halt, die Dünen wälzten sich über die Nehrung wie Lavaströme, und genau wie Lavaströme verschütteten sie Ackerflächen und auch fünfzehn Dörfer. Erst zum Ende des letzten Jahrhunderts begann man mit wirkungsvollen Schutzmaßnahmen, um wenigstens die für die Menschen gefährlichsten Wanderdünen zu stoppen.

Dünengebirge

Für Touristen sind es gerade diese Wanderdünen, die den Reiz dieser Landzunge ausmachen. Eine Dünenwanderung ist so natürlich ein Muss. Am besten beginnt man sie von einem der offiziellen Parkplätze aus. Die Informationstafeln dort zeigen genau auf, wo man sich frei bewegen darf und wo nicht, denn die ganze Nehrung ist **Naturschutzpark**, sowohl auf litauischer als auch auf russischer Seite. Dann kann man eintauchen in diese sagenhafte, sonderbare Landschaft, dieses klare blaue Licht. Sie ist märchenhaft schön, diese an einer Seite vom **Süßwasserhaff** und auf der anderen von den Ostseewellen umspülte zwischen 400 und 4.000 m schmale und 98 km lange Wüstenzunge.

Dünenwanderung

Nida/Nidden (ⓘ s. S. 127)

Diese fast außerirdische Schönheit hat immer wieder namhafte Künstler angezogen. *E.T.A. Hoffmann* ließ sein Majorat hier spielen, *Thomas Mann* schrieb hier Joseph und seine Brüder. Unter den Schriftstellern, die den Sommer öfter in Nidden verbrachten, war *Thomas Mann* sicher der bedeutendste. Er baute sich auf dem Schwiegermutterberg ein Haus im ortsüblichen Stil, nicht viel mehr als einen Steinwurf vom **Hotel Blode** entfernt. 1930–1932 verbrachte er hier die Sommer, danach sollte er Nidden nie wiedersehen, *Mann* emigrierte nach Amerika.

Thomas Mann

Das war es, was *Thomas Mann* so sehr an der Nehrung schätzte: das allgegenwärtige Meeresrauschen. Regelrecht Detailversessen ist das **Thomas-Mann-**

Thomas-Mann-Haus

Haus restauriert worden. Das Mobiliar blieb nicht erhalten, man plant aber, es originalgetreu zu ersetzen. Derzeit sind in den Räumen interessante Dokumente zu Leben und Werk *Thomas Manns* ausgestellt.

Außerdem ist das Haus heute Sitz des **Thomas-Mann-Kulturzentrums**. Im Sommer wird alljährlich im Juli das Thomas-Mann-Festival veranstaltet, das mit Konzerten in der Kirche, Veranstaltungen und Lesungen im Thomas-Mann-Haus und Gemäldeausstellungen von der zentralen Figur *Thomas Mann* aus den Bogen von der Künstlerkolonie zum heutigen Kulturleben schlägt.
Thomas-Mann-Haus Skruzdynės 17, 5872 Nida, Tel./Fax 52260, E-Mail: mann@nida.omnitel.net, www.mann.lt. Di–So 11–19 Uhr.

Und dann der berühmte **Italienblick!** Am Abhang, etwas unterhalb des Hauses, stehen Bänke, auf denen man ihn genießen kann, den berühmten Blick zwischen den Zypressen gleichenden Kiefern hindurch zum königsblauen Haff hinunter, ein Ort zum Träumen. Überdies war Nidden schon vor hundert Jahren eine richtige **Künstlerkolonie**. Alles begann im Hotel von *Hermann Blode*, das auch heute noch unter dem Namen Nidos Smiltė existiert. Hier begannen sich Anfang des Jahrhunderts Königsberger Akademieprofessoren zuerst zur Sommerfrische einzumieten. Später folgten die Maler *Bischoff*, *Pechstein*, *Schmidt-Rottluff*, *Corinth* und *Mollenhauer*.

kurische Bevölkerung

Auch Reminiszenzen an die **kurische Bevölkerung** sind wieder da, ihr Brauchtum wird dokumentiert und gepflegt, seien es die fremdartig anmutenden hölzernen Grabtafeln, ihre spezielle Bootsbaukunst, überhaupt ihre Schnitzkunst. Der alte Fischerfriedhof und das Fischermuseum geben Auskunft.

Oberhalb des Zentrums auf einer bewaldeten Düne wurde 1888 aus Backstein die neogotische **Fischerkirche** erbaut. Die große Restaurierung ermöglichte *Maja Ehlermann-Mollenhauer*, die Tochter des Malers *Ernst Mollenhauer*. Heute dient die Kirche wieder als evangeli-

Die Fischerkirche von Nidden

sches Gotteshaus. Der Altarraum erstrahlt im typischen Niddener Blau, auch die Originalinschrift „Selig sind, die reinen Herzens sind, denn sie werden Gott schauen" ist wieder vorhanden. Direkt neben der Kirche kann man über den im lichten Kiefernwald gelegenen alten **Fischerfriedhof** spazieren, der heute unter Denkmalschutz steht. Die schon halb verwitterten alten Grabbretter in ihrer merkwürdigen Form sind heidnische Anklänge, denn sie stellen Kröten dar, die bei den baltischen Kuren als heilige Tiere galten. Diese *krikštai* genannten Bretter wurden beim Begräbnis vor dem Sarg hergetragen und dann am Grab aufgestellt, in dem der Verstorbene mit dem Gesicht nach Osten lag. Die heute noch vorhandenen Grabbretter sind Nachbildungen des ortsansässigen Künstlers *Eduardas Jonušas*.

Einen Besuch wert ist das **Historische Museum (Neringos istorijas muziejas)**, das umweit des Hotels Blode in einem modernen Gebäude untergebracht ist. Man kann hier viel Interessantes über das alltägliche Leben auf der Nehrung im Laufe der Jahrhunderte erfahren.
Historisches Museum, Pamario g. 53, 93124 Nida, Neringa, Mo–So 10–18, 16.9.–31.5. Di–Sa 10–17 Uhr.

Im **Fischermuseum (Muziejas Etnografinis Skyrins)** wird über das harte Leben der kurischen Fischer berichtet, das alte Holzhaus entspricht einer Original-Fischerkate, also einem schornsteinlosen Haus, in dem die Netze im Dachstuhl geräuchert wurden.
Etnografisches Museum, Naglių g. 4, 93123 Nida, Neringa, Di–So 10–18 Uhr, 15.9.–1.5. Mi–Sa 10–17 Uhr.

Bis heute lebt die Bevölkerung hauptsächlich vom Fischfang. Gerade in der Niddener Gegend betrieben manche reichere Fischer aber auch eine kleine Landwirtschaft, ein paar Schweine, ein, zwei Kühe. Ihre Weiden und ein paar kleine Felder hatten sie auf der anderen Seite des Haffs, in der heutigen Niederung.

Eine **Dünenwanderung** im Bereich der **Hohen Düne** ist der Höhepunkt eines jeden Nidden-Besuches. Von der Taikos g. geht eine kleine Straße hoch zur Parnidzio kopa/Parnidder Berg nahe der Hohen Düne, sogar einen kleinen Parkplatz gibt es dort oben, wo man Auto oder Fahrrad abstellen kann. Auf der Höhe befindet sich ein Aussichtspunkt mit Sonnenuhr. Da ist sie nun, die grandiose Landschaft der litauischen Sahara zwischen Haff und Ostsee, über die man von hier einen großartigen Blick hat, genau wie auf Nidden. Hier ist der geeignete Startplatz für eine Dünenwanderung durch das **Tal des Schweigens** bis hin zur russischen Grenze (Grenzverlauf unbedingt einprägen, besser noch: Karte mitnehmen). Benannt wurde das Tal des Schweigens so, weil hier 1870–72 französische Kriegsgefangene interniert waren.

Neben einer Dünenwanderung ist eine Tour mit dem alten **Kurenkahn**, dem für die Nehrung typischen Fischer-Segelboot, das zweite Highlight eines Abstechers auf die Kurische Nehrung. Eine solche Tour ist besonders abends, wenn die untergehende Sonne die Dünen erglühen lässt, ein unvergessliches Erlebnis.

Bootstour auf dem Haff

Auch eine Bootstour in die **Minija/Minge** auf der anderen Haffseite sollte man sich nicht entgehen lassen. Man braucht nur zum Hafen zu gehen und eines der zahlreichen dort bereitstehenden Boote zu besteigen, das ist auch als Spontanentscheidung selbst zur Hochsaison immer möglich, Plätze für Ganztagestouren kann man dort auch vormerken lassen.

Lohnend sind auch Ausflüge zu den **Toten Dünen (Kupsten)** und zur 53 m hohen **Negelschen Düne** (Nagliø kopa) kurz hinter Pervelka/Pervelk. Das Dünengebiet reicht fast bis Juodkrantė. Zugänglich ist dieses Gebiet von den drei nördlich von Pervelka gelegenen Parkplätzen der Nehrungsstraße aus, aber auch der Anblick während eines Spazierganges von Pervelka am Haff entlang ist großartig.

Kurenkahn auf dem Kurischen Haff

Schöne Radausflüge führen gleich nördlich von Nida von Purvinë aus vom Haff entlang nach und **Preila/ Preil Pervelka/Pervelk**.

Juodkrantė/Schwarzort (ⓘ s. S. 127)

Fährt man die alte Poststraße, auf der schon Königin *Luise* vor *Napoleon* flüchtete, von Nidden Richtung Schwarzort, sollte man sich den **Raganu Kalnas/Hexenberg** mit seinem Skulpturenpark nicht entgehen lassen, alle Motive stammen aus der litauischen Überlieferung. Schwarzort (Juodkrantė), ebenfalls ein beliebter Badeort, wirkt eine Nummer ruhiger und einfacher als Nidden, auch wurde der Ort nicht von so vielen Ausflugsdampfern mit Tagestouristen angefahren, alles ist etwas beschaulicher, vielleicht sogar erholsamer.

Skulpturenpark

Am alten **Bernsteinhafen** ist nicht mehr viel los, nur ein paar Fischerboote und ein, zwei Boote für Touristen sowie ein Kurenkahn. Dabei war hier einst das Zentrum der Bernsteingewinnung. Seit 1854 baggerte man 75 Tonnen Bernstein aus dem Haff, die Bucht und mit ihr der Hafen entstand. Einiges an Pensionen und kleinen Hotels gibt es direkt im Ortskern, einige wenige größere Häuser sind geschickt im Wald versteckt. Etliche wunderschön restaurierte alte Häuser gibt es im Villenviertel, das im letzten Viertel des 19. Jahrhunderts erbaut wurde. Auch alte Fischerhäuser und Katen findet man im Ort, meist teils als kleine Lädchen genutzt, in denen Kunstgewerbliches an Touristen verkauft wurde, alle von gepflegten Gärten umgeben. Auch Neubauten wurden dem alten Nehrungsbaustil mit dem vorherrschenden Niddener Blau hervorragend angepasst. Die Kirche wurde 1885 an Stelle des abgebrannten alten hölzernen Gotteshauses nunmehr aus Backstein errichtet. Die Inneneinrichtung der Kirche blieb nicht erhalten.

7. ANHANG

Kleines Wörterbuch

Regeln zur Aussprache

Vokale:

ą	nasales a ähnlich franz. bon	ó	u
ę	nasales e ähnlich franz. vin	y	i

Die Vokale a, e, i, o, u werden wie im Deutschen ausgesprochen, aber grundsätzlich kurz.

Konsonanten:

ł	u wie in engl. water	s	stimmloses s wie in dt. Pass
ń	nj wie in span. Seńora	ś	gezischter Mischlaut zwischen s und sch
c	z	sz	sch
ć	Zischlaut tch (ch wie dt. ich) und tsch	szcz	schtsch
ch	ch wie in dt. Bach	z	stimmhaftes s wie in dt. Sonne
cz	tsch	ż	j wie in franz. Journal
rz	j wie in franz. Journal	ź	stimmhaftes ś

Allgemeines

Polen/Deutschland/Österreich/Schweiz – *Polska/Niemcy/Austria/Szwajcaria*
Mann/Frau – *pan/pani*
Guten Tag – *Dzien dobry*
Guten Abend – *Dobry wieczór*
Gute Nacht – *Dobranoc*
Hallo – *Halo*
Auf Wiedersehen – *Do widzenia*
Tschüß! – *Cześć!* Oder *Serwus!*
Bitte – *Proszę*
Danke – *Dziękuję*
Entschuldigung – *Przepraszam*
ja – *tak*
nein – *nie*
Wie bitte? – *proszę ?*
Können Sie mir bitte helfen? – *Czy może mi pan (pani) pomóc?*
Ich verstehe nicht – *nie rozumiem*
Bitte, wo ist... ? – *Przepraszam, gdzie jest...?*

Unterwegs

Geradeaus – *prosto*
Nach links – *na lewo*
Nach rechts – *na prawo*
Wo ist ... – *Gdzie jest...*
Wie komme ich nach... – *Jak dojsc do...*
Entschuldigung, wie komme ich nach...? – *Przepraszam jak dojdę do... ?*

Im Falle eines Falles

Polizei – *policja*
Stadtpolizei – *straż miejska*
Wo ist bitte das nächste Polizeirevier? – *Gdzie się znajduje komenda policji?*
Ich hatte einen Unfall. – *Miałem wypadek.*
Mir ist ... gestohlen worden – *Ukradli mi...*
die Handtasche – *torebkę*
mein Auto – *samochód*
Feuerwehr – *straż pożarna*
Achtung! – *Uwaga!* Oder *Baczność!*
Hilfe – *Ratunku!*
Ich brauche einen Dolmetscher – *Potrzebuję tłumacza!*

Geld und Post

Wo ist hier bitte eine Bank/Wechselstube? – *Przepraszem, gdzie tu jest bank/kantor?*
Ich möchte Euro in Złoty wechseln – *chciałbym (fem. Chciałabym) wymienić... euro na złotych.*
Geschäft – *sklep*
Geschäft mit 24-stündiger Öffnung – *sklep całodobowy*
Post – *poczta*
Ich hätte gern ... – *chciałbym ... fem: chciałabym*
Briefmarken – *znaczki pocztowe*

Mit öffentlichen Verkehrsmitteln

Eisenbahn – Bahnhof – *dworzec kolejowy*
Bahnstation – *stacja kolejowa*
Bahnsteig – *peron*
Zug – *pociąg*
Fahrkarte – *bilet, Pl. bilety*
Straßenbahn – *tramwaj*
Abfahrt – *odjazd, Pl. Odjazdy*
Ankunft – *przyjazd, Pl. przyjazdy*
U-Bahn – *metro*
Bus – *autobus*
Busbahnhof – *dworzec autobusowy; auch dworzec PKS*
Haltestelle – *przystanek*
Taxi – *taksówka*
Rufen Sie mir bitte ein Taxi – *Proszę zawołać taksówkę?*
Fahrrad – *rower*

Besichtigung

Eingang – *wejście*
Ausgang – *wyjście*
Notausgang – *wyjście ewakuacyjne*
Museum – *muzeum*
Theater – *teatr*
Kirche – *kościół*

Mit dem Auto

Auto – *samochód*
Tankstelle – *stacja benzynowa*
Superbenzin – *benzyna wisokooktanowej*
Super bleifrei – *eurosuper*, gekennzeichnet durch durchgestrichenes „*Pb 95*“
Diesel – *olej napędowy*, gekennzeichnet als „*ON*“

Übernachten

Campingplatz – *kemping*
Jugendherberge – *schronisko młodzieżowe*
Pension – *pensjonat*
Hotel – *hotel*
Wieviel kostet es? – *Ile to kosztuje?*
Haben Sie noch Zimmer frei? – *Czy man pan/pani wolne pokoje?*
Einzelzimmer – *pokój jednoosobowy*
Doppelzimmer – *pokój dwuosobowy*
Mit Bad – *z łazięką*
Toilette – *toaleta*
Bett – *łóżko*
Bitte die Rechnung – *Proszę o rachunek*

Gesundheit

Rettungsdienst – *pogotowie ratunkowe*
Apotheke – *apteka*
Können Sie mir einen guten Arzt empfehlen? – *Czy może mi pan polecić dobrego lekarza?*
Mir geht es nicht gut – *źle się czuję*
Ich habe Schmerzen ... – *boli mnie...*
Krankenhaus – *szpital*
Zahnarzt – *dentysta*

Essen und Trinken

Guten Appetit – *smacznego*
Prost – *Na zdrowie*
Essen – *jeść*
Trinken – *pić*
Frühstück – *śniadanie*
Mittagessen – *obiad*
Abendessen – *kolacja*
Suppe – *zupa*
Früchte – *owóce*
Rohkostsalat – *surówka*
Tomaten – *pomidory*
Bohnen – *fasola*
Salat – *sałata*
Fisch – *ryba*
Fleisch – *mięso*
Eisbein – *Golonka*

Schnitzel – *sznycel*
Frikadelle – *kotlet mielony*
Leber – *wątróbka*
Kohlroulade – *gołąbki*
Geflügel – *drób*
Pute – *indyk*
Eis – *lody*
Kuchen – *ciasto*
Schlagsahne – *bita śmietana*
Wasser – *woda*
Mineralwasser – *woda mineralna*
Milch – *mleko*
Kaffee – *kawa*
Tee – *herbata*
Getränk – *napój*
Bier – *piwo*
Wein – *wino*

Ein paar Spezialitäten:
żurek z jajkiem – weiße Sauerteigsuppe mit Ei oder
żurek z kiełbasą – weiße Sauerteigsuppe mit Wurst
barszcz czerwony z pasztecikiem – Rote Rübensuppe mit Pastetchen
kotlet schabowy – Schweinskotelett
schab ze śliwkami – Schweinefleisch mit Pflaumen
zrazy zawijane – Rindsrouladen
kaczka z jabłkami – Ente mit Äpfeln
naleśniki – Pfannkuchen

Beilagen:
z kapustą – mit Kraut
z kaszą – mit Grütze
z buraczkami – mit Roten Beten
z owocami – mit Obst
z serem – mit Quark

Daten und Zahlen

Stunde – *godzina*
Heute – *dzisaj*
Gestern – *wczoraj*
Morgen – *jutro*
1 – *jeden*
2 – *dwa*
3 – *trzy*
4 – *cztery*
5 – *pięć*
6 – *sześć*
7 – *siedem*
8 – *osiem*
9 – *dziewięć*
10 – *dziesięć*
20 – *dwadzieścia*
30 – *trzydzieści*
40 – *czterdzieści*
50 – *pięćdziesiąt*
60 – *sześćdziesiąt*
100 – *sto*
200 – *dwieście*
1.000 – *tysiąc*
1.000.000 – *milion*
Achtung: 35 = *trzydzieści pięć*

Wochentage

Montag – *poniedziałek*
Dienstag – *wtorek*
Mittwoch – *środa*
Donnerstag – *czwartek*
Freitag – *piątek*
Sonnabend – *sobota*
Sonntag – *niedziela*

Monate

Januar – *styczeń*
Februar – *luty*
März – *marzec*
April – *kwiecien*
Mai – *maj*
Juni – *czerwiec*
Juli – *lipiec*
August – *sierpień*
September – *wrześień*
Oktober – *październik*
November – *listopad*
Dezember – *grudzień*

Ortsnamensverzeichnis deutsch-polnisch

Gewässer

See – *Jezioro*

- Beldahnsee – *Beldany*
- Buckow-See – *Jezioro Bukowo*
- Schosssee – *Jezioro Czos*
- Dargainsee – *Jezioro Dargin*
- Drewenzsee – *Jezioro Drwęckie*
- Dussee – *Jezioro Duc*
- Lycksee – *Jezioro Ełckie*
- Gehlandsee – *Jezioro Gieląd*
- Goldapsee – *Jezioro Gołdap*
- Jamundsee – *Jezioro Jamno*
- Geserichsee – *Jezioro Jeziorak*
- Junosee – *Jezioro Juno*
- Kissain-See – *Jezioro Kisajno*
- Lampaschsee – *Jezioro Lampackie*
- Mauersee – *Jezioro Mamry*
- Nikolaiker See – *Jezioro Mikołajki*
- Muckersee – *Jezioro Mokre*
- Nariensee – *Jezioro Narie*
- Treuburger See – *Jezioro Oleckie*
- Aryssee – *Jezioro Orzysz*
- Roschsee – *Jezioro Róś*
- Spirdingsee – *Jezioro Śniardwy*
- Schwenzaitsee – *Jezioro Świecajty*
- Okullsee – *Jezioro Ukiel*
- Löwentinsee – *Jezioro Niegocin*
- Talter Gewässer – *Jezioro Tałty*

Fluss – Rzeka

- Alle – *Łyna*
- Angerapp – *Węgorapa*
- Krutinna – *Krutynia*

Landschaften

Borkener Forst – *Puszcza Borecka*
Eylauer Seenplatte – *Pojezierze Iławskie*
Frische Nehrung – *Mierzeja Wiślana*
Halbinsel Hela – *Mierzeja Helska*
Johannisburger Heide – *Puszcza Piszcza*
Kernsdorfer Höhen – *Dylewska Góra*
Masuren – *Mazury*
Masurischer Landschaftspark – *Mazurski Park Krajobrazowy*
Pommern – *Pomorze*
Rominter Heide – *Puszcza Romińska*
Weichselwerder – *Żulaw Wiślane*

Ortsnamen

Allenstein – *Olsztyn*
Alt Jablonken – *Stare Jabłonki*
Angerburg – *Węgorzewo*
Arys – *Orzysz*
Bodenwinkel – *Kąty Rybackie*
Cadinen – *Kadyny*
Cammin – *Kamień Pomorski*

Danzig – *Gdańsk*
Deep – *Mrzeżyno/Deep*
Deutsch Eylau – *Dębki*
Dietrichswalde – *Gietrzwałd*
Dievenow – *Dziwnów*
Dirschau – *Tczew*
Dreistadt – *Trójmiasto*
Eckertsdorf – *Wojnowo*
Elbing – *Elbląg*
Ermland – *Warmia*
Feste Boyen – *Twierdza Boyen*
Frauenburg – *Frombork*
Gdingen – *Gdynia*
Glottau – *Głotowo*
Goldap – *Gołdap*
Großendorf – *Władysławowo*
Großgarten – *Pozedrze*
Großmöllen – *Mielno*
Grünfelde – *Grunwałd*
Guttstadt – *Dobre Miasto*
Habichtsberg – *Jastrzebia Góra*
Heilige Linde – *Świeta Lipka*
Heilsberg – *Lidzbark Warminski*
Hela – *Hel*
Hirschen – *Zgon*
Hoff – *Trzęsacz*
Hohenstein – *Olsztynek*
Horst – *Niechorze*
Jäglack – *Jegławki*
Johannisburg – *Pisz*
Kahlberg – *Krynica Morska*
Karnitten – *Karnity*
Karwen – *Karwia*
Kleinort – *Piersławek*
Kolberg – *Kołobrzeg*
Köslin – *Koszalin*
Krockow – *Krokowa*
Krossen – *Krosno*
Krutinnen – *Krutyń*
Langfuhr – *Wrzesz*
Leba – *Łeba*
Lonsker Düne – *Łącka Góra/Lonsker*
Lötzen – *Giżycko*
Lyck – *Ełk*
Marienburg – *Malbork*
Misdroy – *Międzyzdroje*
Mohrungen – *Morąg*
Nest – *Unieście*
Neukrug – *Piaski*
Niedersee – *Ruciane-Nida*
Nikolaiken Mikołajki – *Nikolaiken*
Oberlandkanal – *Elbląg-Ostróda-Kanal*
Oliva – *Oliwa*
Ortelsburg – *Szczytno*
Osterode – *Ostróda*
Poberow – *Pobierowo*
Popiellnen – *Popielno*
Preußisch Holland – *Pasłęk*
Putzig – *Puck*
Putziger Heisternest – *Jastarnia*
Rastenburg – *Kętrzyn*
Rewahl – *Rewal*
Rixhöft – *Rozewie*
Rößel – *Reszel*
Rügenwalde – *Darłowo*
Rügenwaldermünde – *Darłówko*
Schmolainen – *Smolajny*
Sensburg – *Mrągowo*
Sorquitten – *Sorkwity*
Staatshausen – *Stańczyki/Staatshausen*
Steinort – *Sztynort*
Stettin – *Szczecin*
Stolp – *Słupsk*
Stolpmünde – *Ustka*
Stutthof – *Sztutowo*
Swinemünde – *Świnoujście*
Tannenberg – eigentlich *Stębark*, der Schlachtenort heißt *Grunwałd*
Tharden – *Tarda*
Treptow a.d. Rega – *Trzebiatów*
Treuburg (Marggrabowa) – *Olecko*
Wartenburg – *Barczewo*
Weihersfrei – *Wejherowo*
Wolfsschanze – *Wilczy Szaniec*
Wollin – *Wolin*
Wormditt – *Orneta*
Zarnowitz – *Żarnowiec*
Zoppot – *Sopot*

Literaturhinweise

Geschichte, Politik und Landeskunde

• Brigitte Jäger-Dabek, **Polen. Eine Nachbarschaftskunde für Deutsche**. Berlin 2003, Christoph Links Verlag. Hier finden Sie alles über Polen, von der Kultur über die Geschichte bis hin zum Alltag.

• Thomas Urban, **Polen**. München 1998, Beck'sche Reihe Länder. Kleiner Band, in dem komprimiert unser Nachbarland vorgestellt wird.

• Dieter Bingen, **Die Republik Polen. Eine kleine politische Landeskunde**. Bonn 1999, Verlag Bonn aktuell. Gute kurze Darstellung des Systemwechsels, der polnischen Politik, Verwaltung und Gesellschaft.

• Klaus Bachmann, **Polens Uhren gehen anders**. Warschau vor der Osterweiterung der Europäischen Union. 2001 Hohenheim Verlag. Unvoreingenommenes aktuelles Portrait Polens kurz vor dem EU-Beitritt, mit allen Sorgen, Ängsten und Hoffnungen der Menschen.

• Norman Davies, Friedrich Griese. **Im Herzen Europas. Geschichte Polens.** München 2000, C.H. Beck Verlag. Die anerkanntermaßen beste Darstellung der polnischen Geschichte, wissenschaftlich exakt und dabei gut lesbar.

• Jörg K. Hoensch**, Geschichte Polens.** Stuttgart 1998, UTB Verlag Stuttgart. Wissenschaftliche Abhandlung über Polens Geschichte, fachlich hervorragendes Standardwerk, aber nicht so gut lesbar.

• Adam Krzeminski, **Polen im 20. Jahrhundert.** Ein historischer Essay. München 1998, C.H. Beck Verlag. Brillanter Essay des polnischen Publizisten (Herausgeber der Polytika) über Polens Kampf um Freiheit und Souveränität.

• Jan T. Gross (Übers. Friedrich Griese), **Nachbarn**. Der Mord an den Juden von Jedwabne. Über kein Buch wurde in der polnischen Nachwendezeit so kontrovers diskutiert.

• Eva Hoffman, **Im Schtetl**. Die Welt der polnischen Juden. Wien 2000, Zsolnay Verlag. Ohne Sentimentalität geschriebenes Portrait der polnisch-kanadischen Journalistin, das die Welt des Ostjudentum fassbar macht.

Deutsch - Polnisches

• Thomas Urban, **Deutsche in Polen**. Geschichte und Gegenwart einer Minderheit, München 2000, C.H. Beck Verlag. Aktualisierte Neuauflage, dieses Buch informiert über die deutsche Minderheit in Polen, vor allem in Schlesien, von der Nachkriegsgeschichte bis zu heutigen freien Organisationsformen.

• Thomas Urban, **Von Krakau bis Danzig**. Eine Reise durch die deutsch-polnische Geschichte. München 2000, C.H. Beck Verlag. Anhand der Geschichte von Krakau, Posen, Breslau, Kattowitz, Lodz, Warschau und Danzig wird die vielfältige Verflechtung polnischer und deutscher Geschichte dargestellt.

• Enno Meyer, **Deutschland und Polen**. Stuttgart 1999, Klett Schulbuchverlag. Leicht verständliche Darstellung des deutsch-polnischen Verhältnisses von den polnischen Teilungen bis zur Gegenwart.

• Marion Gräfin Dönhoff, **Polen und Deutsche. Die schwierige Versöhnung**. München, Goldmann Verlag. Kluges zu Geschichte und Perspektiven der deutsch-polnischen Beziehungen. Ein Plädoyer für die Notwendigkeit zur Versöhnung.

Ostpreußen und Pommern

• Andreas Kossert, **Masuren. Ostpreußens vergessener Süden**, 2001 Siedler Verlag. Kultur uns Geschichte eines fast vergessenen Volkes, die Masurenbibel des jungen Historikers, ausgewogen wie kein anderes Buch zum Thema.

• Ralph Giordano, **Ostpreußen ade**. Reise durch ein melancholisches Land. München 1996, dtv-Verlag. Ein Stück wunderbarer Reisejournalismus, das den Autor sich auf ganz eigene Art Ostpreußen annähren lässt. „Eine Liebeserklärung mit Trauerrand" nannte Siegfried Lenz dieses Buch.

• Klaus Bednarz: **Fernes nahes Land. Begegnungen in Ostpreußen**. München 1997, Heyne Verlag. Der Autor lässt den Leser seine Faszination und sein Berührtsein sowohl des russischen als auch polnischen Landesteiles spüren.

• Marion Gräfin Dönhoff, **Kindheit in Ostpreußen**. München 1998, btb 7 Goldmann Verlag. Unsentimentale Kindheitserinnerungen an die untergegangene Welt des ostpreußischen Landlebens auf den Gütern.

• Marion Gräfin Dönhoff, **Namen, die keiner mehr nennt.** München 1997, dtv-Verlag. Unsentimentale Liebeserklärung an ihre Heimat Ostpreußen.

• Christian Graf Krockow, **Die Reise nach Pommern**. Bericht aus einem verschwiegenen Land. DVA 1991. Krockow berichtet sehr kurzweilig über seine Heimat Pommern und das Leben auf dem Lande und auch darüber, wie so ein Gutsbetrieb überhaupt funktionierte.

• Christian Graf von Krockow, **Begegnungen mit Ostpreußen**. München 1995, dtv-Verlag. In Begegnungen mit einem Land und vor allem seinen Menschen schlägt Krockow einen Bogen von der Geschichte in die Gegenwart und tut wie immer Gescheites im Plauderton kund.

Polnische Belletristik

• Andrzej Szczypiorski, **Die schöne Frau Seidenman**. Roman. Diogenes Verlag 2000. Thema des Romans ist die Rettung der Irma Seidenman im besetzten Warschau des Jahres 1943.

• Stefan Chwin, **Tod in Danzig**. 2000 Rowohlt Taschenbuchverlag. Eines der bekanntesten polnischen Bücher, das sich mit dem Kriegsende in Danzig befasst, auch mit Flucht und Vertreibung.

• Czeslaw Milosz**, Das Tal der Issa.** Frankfurt 2000, Eichborn Verlag. Der Roman lässt die vergangene Welt der Polen in Litauen zu Beginn des letzten Jahrhunderts lebendig werden.

• Wislawa Szymborska, **Auf Wiedersehen. Bis morgen**. Frankfurt 1995, Suhrkamp Taschenbuchverlag. Große Gedichte der polnischen Literaturnobelpreisträgerin.

• Pawel Huelle, **Weiser Dawidek.** Luchterhand Literaturverlag 1990. Roman eines Sommers im kriegszerstörten Danzig.

• Pawel Huelle, **Schnecken, Pfützen, Regen und andere Geschichten aus Gdańsk**. Berichte über Huelles Heimatstadt Danzig aus der Sicht eines Heranwachsenden. 1992 Luchterhand Literaturverlag.

• Pawel Huelle, **Silberregen. Danziger Erzählungen.** Berlin 2000, Rowohlt Verlag. Noch mehr Geschichten aus dem Danzig der Nachkriegszeit.

• Stanislaw Jerzy Lec, **Sämtliche unfrisierte Gedanken.** Dazu Prosa und Gedichte. München 1999, Sanssouci Verlag. Aphorismen vom Meister. Vorsicht, es könnte auch Ihr Lieblingsbuch werden.

Litauisch

Was die litauische Sprache betrifft, muss man leider feststellen, dass es außer der Kauderwelsch-Reihe von Reise Know-How keine deutsch-litauischen Sprachführer gibt. So bleibt er trotz der konzeptionellen Mängel der Reihe die einzige Empfehlung.

Katrin Jähnert, Kauderwelsch, Litauisch Wort für Wort, Reise Know-How, Extra Aussprache-CD erhältlich

Elektronischer Übersetzer

Hexaglot **EuroTranslator EAST**. Hexaglott Hamburg 1997. Preis um 50 €. Mehr als ein Spielzeug, das unscheinbare Ding kann auch Russisch.

Lehrbücher

- Josef Kotyczka, **Kurze polnische Sprachlehre**. Berlin 2000, Verlag Volk und Wissen. Übersichtlich, klar gegliedert und mit gut strukturierten Lerneinheiten versehen führt diese Sprachlehre zu einem unschlagbaren Preis (10,90 €) in die polnische Sprache ein, das Standardwerk an Universitäten.
- Alina Köttgen, **Spotkania**. Ein Polnischlehrwerk für Erwachsene. Max Hueber Verlag 1994. Zu diesem Buch gibt es auch ein Arbeitsbuch sowie Audio-Kassetten, was es auch zum Selbstlernen tauglich macht. Das Lehrbuch der Volkshochschulen.

Stichwortverzeichnis

Europa

Sie möchten weitere interessante Destinationen in Europa entdecken? In gewohnter Iwanowski-Qualität erleben Sie mit den Reisehandbüchern einen individuellen Urlaub!

Reise-Handbuch Slowenien, 436 S, inkl. Reisekarte, ISBN 3-933041-17-1, Euro 19,95

Reise-Handbuch Tschechien, 500 S. inkl. Reisekarte, ISBN 3-933041-20-1, Euro 19,95

Reise-Handbuch Toskana, 500 S. inkl. Reisekarte, ISBN 3-923975-62-7, Euro 19,95

Reise-Handbuch Irland, 688 S. inkl. Reisekarte, ISBN 3-923975-57-0, Euro 22,95

Reise-Handbuch Provence, 568 S. inkl. Reisekarte, ISBN 3-933041-19-8, Euro 20,95

Reise-Handbuch Nord- und Mittelgriechenland, 600 S. inkl. Reisekarte, ISBN 3-923975-15-5, Euro 22,95

Das komplette **Europa-Programm** (über 30 Titel) finden Sie auf unserer Internetseite **www.iwanowski.de**